Werner W. Becker

Ein Ingenieur erlebte Krieg und Frieden

Ilsenburg 1914
Moskau 1946

The World of Books Ltd.

CIP-Kurztitelaufnahme der Deutschen Bibliothek

Becker, Werner W.:
Ein Ingenieur erlebte Krieg und Frieden: Jlsenburg 1914, Moskau 1946
Werner W. Becker. Worms: World of Books, 1984.
ISBN 3-88325-318-9

Umschlagentwurf: Petra Klein

Inhalt

Vorwort

Kernstücke der Lebensbeschreibung sind die von meinem Vater und mir in den Kriegstagebüchern erhalten gebliebenen Aufzeichnungen.
Meine Vorfahren hat der Kirchenbuchführer und Familienforscher G. Wagenführ in Veckenstedt (DDR-3701) nach Urkunden und eigener Forschung zusammengestellt.
Die unmittelbare, den Familiennamen erhaltende Geschlechterfolge wurde bei meinem Vater bis zum Ahn 32 (Ururur-Großvater), bei meiner Mutter bis zum Ahn 192 (Großvater mit 5 Ur-) ermittelt.
Die Ahnen meiner Mutter wurden nach mühevollem Suchen bis 1542 entdeckt. Mit dem Jahre 1542 beginnt der 2. Teil des Buches.

Erläuterungen

1) Zahlen-Rune (Stabzahl) auf dem Titelblatt
Walther Blachetta hat seine Zusammenstellung von 1941 »Das Buch der deutschen Sinnzeichen« auf Seite 118 und 119 mit einem Hinweis auf die Stabzahlen beendet. Er stützt sich auf Heinrich Cornelius – Agrippa von Nettesheim, der am 14. September 1486 in Köln geboren wurde und am 18. Februar 1535 in Grenoble oder Lyon starb. Dessen Schaffensdrang war ungewöhnlich – es gab fast nichts, womit er sich nicht beschäftigte. Das mag Goethe bewogen haben, einige seiner Eigenschaften in seinem Dr. Faust wieder aufleben zu lassen.
H. Cornelius veröffentlichte neben anderen Schriften sein Werk »De occulta philosophia« 1510, 1531 und 1533 in 3 Bänden. Blachetta erwähnt eine Ausgabe von 1567, in der Cornelius sich über Stabzahlen äußert und die Ansicht vertritt, daß sie so alt wie die Runen sind.
Eine der vielen möglichen Zeichenfolgen ist besonders anschaulich: mit 4 Stäben oder Strichen (ohne Kurven!) können die Zahlen von 1 bis 9999 dargestellt werden.
Anzahl und Länge der Stäbe:

1)	Hauptstab	5 Einheiten lang, z.B. 25 mm; er ist das Rückrat einer jeden Zahl. Oben rechts am Hauptstab werden in einem gleichseitigen Viereck die Zusatzstäbe für die 9 Einer gelegt, oben links für die 9 Zehner spiegelbildlich zu den Einern, unten rechts für die 9 hunderter, unten links für die 9 Tausender spiegelbildlich zu den Hunderten.
2)	Zusatzstab	2 Einheiten lang = Länge einer Viereckseite; er erscheint in den Zahlen 1, 2, 6, 7, 8 und 9. Er wird waagrecht oder gleichgerichtet zum immer senkrechten Hauptstab gelegt.
3)	Zusatzstab	1 Einheit lang = Länge der halben Viereckseite; er erscheint nur in den Zahlen 5, 50, 500 und 5000.
4)	Zusatzstab	1,4 Einheiten lang = Schräge im Viereck; als Balg-Stab wird er in die Richtung von links oben nach rechts unten gelegt, als Bar-Stab in die Richtung von links unten nach rechts oben. Der Balg-Stab erscheint in den Zahlen 3, 3000, 40 und 400; der Bar-Stab in den Zahlen 30, 300, 4 und 4000.

Als Spielzeug für die Kinder sollte der Hauptstab 25 Zentimeter lang sein – der kürzeste Stab von 5 Zentimetern ist dann immer noch gut zu handhaben.

Beispiele:

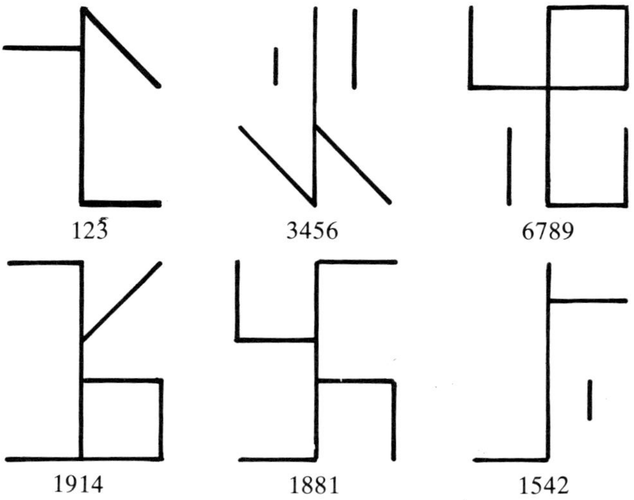

Zahlen-Runen-Reihe

entnommen aus »Das Buch der deutschen Sinnzeichen«, Seite 119; Widukind-Verlag, Alexander Boß, Berlin-Lichterfelde 1941; Faksimile-Verlag, D-2800 Bremen 1, 1982

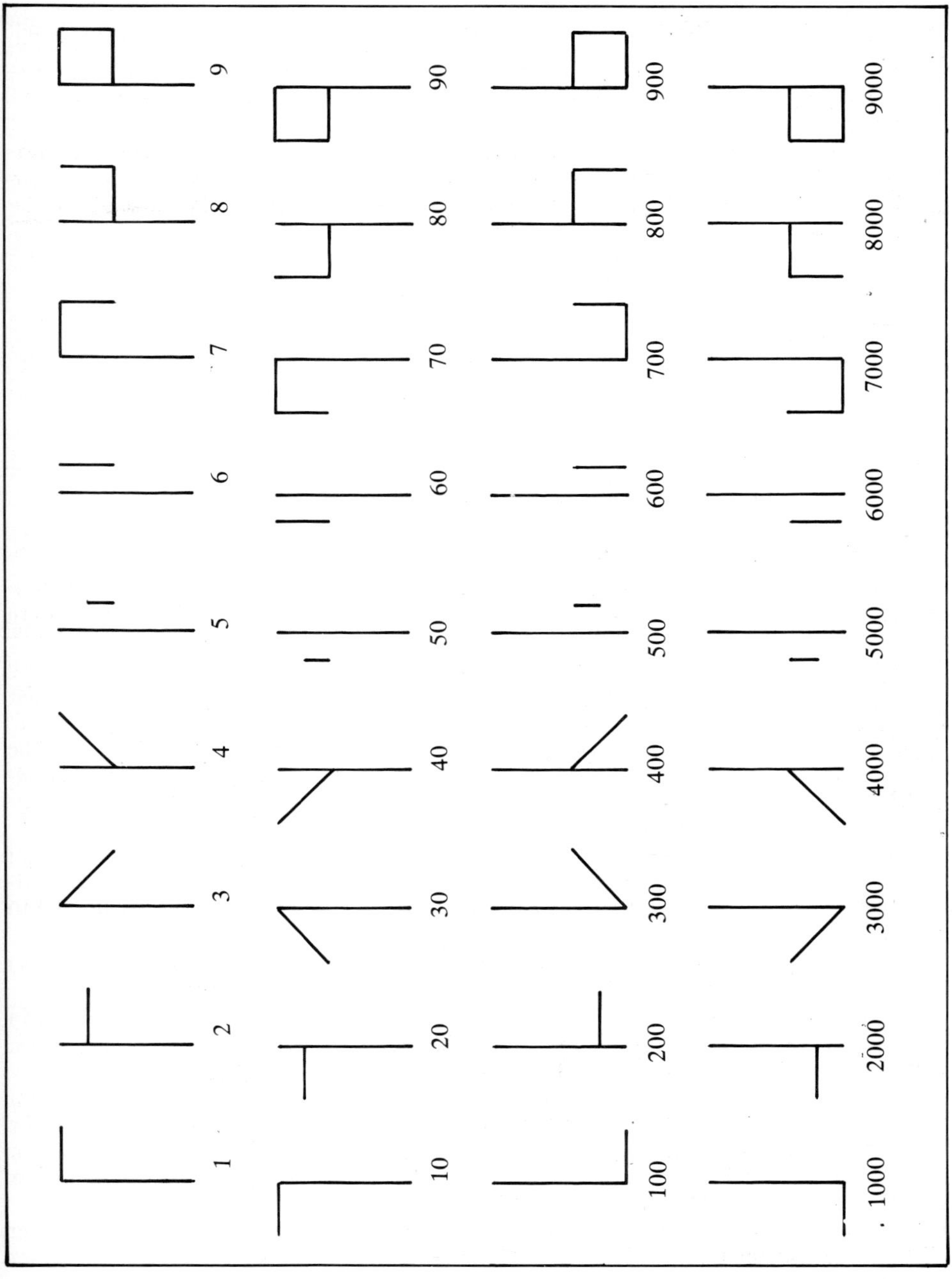

2) Ahnentafel und Geschlechterfolge (Generation)
In der Ahnentafel hat der Familienforscher die einzelnen Personen fortlaufend durch alle Geschlechterfolgen beziffert. Jede Person innerhalb einer Ahnenreihe (Geschlechterfolge) wird von links nach rechts mit arabischen Ziffern versehen. Anhand dieser Ziffer ist erkennbar, zu welcher Geschlechterfolge der Ahn oder die Ahnin gehört.
Die folgende Tafel verdeutlicht die Zuordnung der Ahnenziffern zu den Geschlechterfolgen:

Geschlechterfolge	**Ahnenziffer**	
1.	1	mein Leben
2.	2 und 3	meine Eltern
3.	4 bis 7	meine Großeltern
4.	8 bis 15	meine Urgroßeltern
5.	16 bis 31	usw.
6.	32 bis 63	
7.	64 bis 127	
8.	128 bis 255	
9.	256 bis 511	
10.	512 bis 1023	
11.	1024 bis 2047	
12.	2048 bis 4095	
13.	4096 bis 8191	
14.	8192 bis 16383	

Diesen Ziffern entspricht aber nicht die Anzahl der Ahnen.
Erscheinen beispielsweise drei Geschwister in der Ahnentafel, so werden deren Eltern dreimal erfaßt oder mit anderen Worten: derselbe Ahn taucht unter drei verschiedenen Ziffern auf.
In meiner Ahnentafel trifft das z.B. auf Jacob Förster zu, der unter den Ziffern 10 152, 4 960 und 4 864 erscheint, immer in Verbindung mit dem Jahre 1542, in dem er Türkensteuer bezahlte. Diese Erscheinung wird als Ahnenverlust bezeichnet.
Von einem Ahnenpaar aus früheren Geschlechterfolgen können aber auch der väterliche und der mütterliche Erbstrom auf verschiedenen Linien in mir zusammentreffen. Ich erhalte dann von diesem Ahnenpaar doppelt soviel Erbgut wie von jedem anderen Paar derselben Ahnenreihe. Diese Erscheinung wird Erbhäufung genannt.
Studienrat Dr. Jakob Graf hat 1934 (J. F. Lehmanns Verlag, München) dieses Wissensgebiet übersichtlich behandelt in seiner »Familienkunde und Rassenbiologie für Schüler«. Bei kritischer Durchsicht dieses Buches stelle ich 1983 fest, daß sich am Wahrheitsgehalt der 140 Seiten nichts geändert hat.
Die Natur handelt immer noch nach den Regeln, die Gregor Johann Mendel (1822 bis 1884) als Lehrer an der Oberrealschule Brünn, Hauptstadt von Mähren, ab 1856 entdeckte.
Zur Herkunft des Familiennamens Ruhberg findet sich bei Herman Wirth ein Hinweis. In seinem Werk »Die heilige Urschrift der Menschheit«, 11. Hauptstück »Die zwei Berge«, erwähnt er auf Seite 314 eine Doppelgrabkammer bei Cammerbusch (= Kammerbusch = D-2151 Sauensiek), 11 Kilometer südwestlich von Buxtehude (wo die Hunde mit dem Schwanz bellen). Das Grab ist um die Wende der Steinzeit zur Bronzezeit, um 2500 vor unserer Zeitrechnung, angelegt. Nach Angaben alter Ansässiger war der Hügel schon um 1800 mit Kreuzdorn bewachsen. Vielleicht ruhten die Toten schon zu ihrer Zeit unter einer Dornenhecke (Dornhag) in der »Hagnacht«.
Dieser Grabhügel hieß der »Rugebarg«. Nach Hermann Albert Prietze »Das Geheimnis der deutschen Ortsnamen«, Verlag Hohe Warte, Pähl (D-8121), 1956, Seite 80, steckt in der

Bezeichnung »Ruga« das Gericht und die Burg, also ein Versammlungsplatz unserer Altvorderen. Ein Ruberg könnte an solch einem Ort gewohnt haben oder auch als Richter tätig gewesen sein. Althochdeutsch »ruogen« bedeutet anklagen. Das »h« schlich sich erst 1800 in den Namen Ruberg.

3) Veröffentlichungen von Dipl.-Ing. Werner W. Becker
   1) Die Schweißtechnik auf der Lehrschau der Technologie in Leipzig
      Schweißtechnik (Berlin) 7 (1957) Heft 11, S. 399-406
   2) Neue Methoden der Schweißtechnik im Spiegel der Leipziger Messe
      Messeamt Leipzig Juni 1958, S. 38-41
   3) Vorschläge zur schweißtechnischen Gütesicherung bei der Neufertigung und Reparatur von Straßenfahrzeugen
      Schweißtechnik (Berlin) 8 (1958) Heft 10, S. 368-373
   4) Manuelle und maschinelle Verfahren für die Feldschweißung von Rohrfernleitungen
      ZIS-Mitteilungen 1/59, S. 26-53
   5) Aus der Arbeit der Technischen Abteilung des Zentralinstitutes für Schweißtechnik der DDR in Halle (Saale)
      Schweißtechnik (Berlin) 9 (1959) Heft 7, S. 252-259
   6) Die Argon-Schutzgasschweißung (WIG-Verfahren) im Maschinen- und Apparatebau
      Schweißtechnik (Berlin) 10 (1960) Heft 2, S. 49-51
   7) Die Schweiß- und Schneidtechnik bei Reparaturen im Hüttenwesen
      Bergakademie 12 (1960) Heft 4, S. 199-210
   8) Was gab die Lehrschau der Standardisierung dem Schweißfachmann?
      Schweißtechnik (Berlin) 10 (1960) Heft 5, S. 179-185
   9) Zur Technologie und Wirtschaftlichkeit des Flammstrahlens bei der Oberflächenbehandlung von Stahl und Eisen
      Schweißen und Schneiden 17 (1965) Heft 9, S. 491-494
   10) in memoriam Johannes Paul Eulitz
      Jahrbuch 1966 der Wissenschaftlichen Gesellschaft für Luft- und Raumfahrt, S. 398
   11) Zur Frage der Güteklassen für die Anstrichvorbereitung von Stahloberflächen durch Flammstrahlen
      Das Deutsche Malerblatt 38 (1967) Heft 7, S. 338-339
   12) Einsatz und Wartung von Flammstrahlbrennern für die Oberflächenbehandlung von Werkstoffen
      Der Praktiker 20 (1968) Heft 5, S. 97-98
   13) Flame Cleaning Iron and Steel
      Surface Preparation With Oxy-Acetylene Torch
      Materials Protection, Vol. 6, No. 7, pp. 36-37 (1967) July
   14) Die Flammstrahlbehandlung von Beton-, Stein- und Putzflächen vor Kunststoffbeschichtungen
      Das Deutsche Malerblatt 39 (1968) Heft 13, S. 684-686
   15) Flammstrahlen und Konservieren einer Tankerlöschbrücke
      Der Praktiker 20 (1968) Heft 9, S. 230
   16) Stand der Anwendung des Flammstrahlens von Stahl und Beton
      Schweißen und Schneiden 21 (1969) Heft 3, S. 103-110
   17) Das Flammstrahlen von Apparaten und Rohrleitungen
      Maschinenmarkt 75 (1969) Nr. 71, S. 1578-1581

4) Bennennungen unserer Monate im Laufe der Jahrhunderte
(BKL – Brockhaus Konversations-Lexikon)

1. Monat: Januar (BKL 1902, 9. Band, S. 873) wird im Deutschen Jenner, Jänner, Hartung, Hartmonat oder Eismonat genannt. Nach Behauptung der Rom-Kirche soll Numa Pompilius diesen Monat dem römischen Gott Janus geweiht haben.

2. Monat: Februar (BKL 1902, 6. Band, S. 501) wird im Deutschen Hornung benannt. Nach Grimms Wörterbuch war Horn der Name unseres 1. Monats, dem das kleine Horn = Hornung als 2. Monat folgte. Bei den heidnischen Römern war er bis zur Einführung des Julianischen Kalenders im Jahr 46 vor unserer Zeitrechnung der letzte Monat des Jahres. Februarius – Reinigungsmonat gibt einen Hinweis, daß die Römer im letzten Monat des Jahres Reinigungen und Sühnungen vornahmen. Nach Langenscheidts Großwörterbuch der lateinischen und deutschen Sprache (Menge-Güthling), 16. Auflage 1967, S. 293, soll der Februarius bis 450 vor Christo der letzte und später der 2. Monat des Jahres gewesen sein.

3. Monat: März (BKL 1902, 11. Band, S. 635) wird im Deutschen Lenzmonat genannt. Bei den heidnischen Römern war Martius der dem Mars heilige Monat.

4. Monat: April (BKL 1901, 1. Band, S. 766) wird im Deutschen Ostermond genannt. April ist aus dem lateinischen aperire = eröffnen entstanden. Bei den heidnischen Römern war er der 2. Monat des Jahres, in dem das Frühjahr begann, nach der Einführung des Julianischen Kalenders war er der 4. Monat.

5. Monat: Mai (BKL 1902, 11. Band, S. 479) wird im Altdeutschen Winnemanoth genannt; das bedeutet Weidemonat, aber nicht Wonnemonat! Trotzdem hat sich Wonnemond oder Wonnemonat im Hinblick auf die Schönheit der erwachenden Natur durchgesetzt. Die heidnischen Römer benannten den Majus nach Maja, der Göttin des Wachstums im Frühling.

6. Monat: Juni (BKL 1902, 9. Band, S. 1036) wird im Deutschen Brachmonat genannt, weil zu dieser Zeit in der Dreifelderwirtschaft das Brachfeld bearbeitet wurde. Die heidnischen Römer benannten den Junius nach der Göttin Juno. Der Junius war der 4. Monat ihres Jahres, das mit dem März anfing.
Lostage: 8. + 15. + 24. + 29.06.
Was sind Lostage?
Lostage (BKL 1902, 11. Band, S. 290) = Lurtage = Noteltage sind Tage des Jahres, denen der Volksglaube in Bezug auf die Wettervorhersage besondere Bedeutung beimißt. Mit großem Eifer hat die Rom-Kirche sich dieser Lostage angenommen, die Benennung unserer Vorfahren beseitigt und fremdartige Benennungen aufgepfropft.

7. Monat: Juli (BKL 1902, 9. Band, S. 1025) heißt in allen germanischen Sprachen Heumonat, im Deutschen Heuert. Bei den heidnischen Römern hieß er Quintilis = der 5. Monat, weil sie ihr Jahr mit dem März begannen.
Lostage: 2. + 10. + 13. + 25.07.

8. Monat: August (BKL 1901, 2. Band, S. 103) heißt im Deutschen Erntemonat = Ernting. Bei den heidnischen Römern hieß er Sextilis = der 6. Monat, weil sie ihr Jahr mit dem März begannen. Augustus (63 v.Z. bis 14 n.Z.), der erste römische Kaiser ließ Sextilis durch Augustus ersetzen, weil in diesem Monat mehrmals für ihn glückliche Ereignisse eingetreten waren.
Lostag: 15.08.; am 15. August beginnen die Dreißigtage (Frauendreißigst) – in dieser Zeit haben Heilkräuter ihre höchste Kraft.

9. Monat: September (BKL 1903, 14. Band, S. 863) wird im Deutschen Herbstmond genannt, weil mit der Tag- und Nachtgleiche der Herbst beginnt. Die heidnischen Römer nannten ihn Septembris, weil er der 7. Monat ihres Jahres war, das mit dem Monat März begann.

10. Monat: Oktober (BKL 1903, 12. Band, S. 564) wird im Deutschen Weinmonat oder Gilbhart genannt, wenn das Laub vergilbt und die Natur schlafen geht. Bei den heidnischen Römern war der October der 8. Monat ihres Jahres, das sie mit dem März begannen.
Von 6 Lostagen soll der am 16.10. der wichtigste sein.

11. Monat: November (BKL 1903, 12. Band, S. 475) wird im Deutschen Windmonat oder Nebelung genannt. Bei den heidnischen Römern war er der 9. Monat (von novem = neun) ihres Jahres, das mit dem März begann.
Lostage: 1. + 3. + 11. + 25. + 30.11.

12. Monat: Dezember (BKL 1901, 5. Band, S. 154) wird in Nordeuropa Julmond und nördlich der Alpen auch Weihemond genannt.
Bei den heidnischen Römern war December (von decem = zehn) der 10. Monat ihres Jahres, das sie mit dem März begannen.

Betrachten wir diese uns von der Rom-Kirche bei der »Bekehrung« aufgezwungenen Monatsnamen, finden wir weder eine klare Benennungsregel noch eine Beziehung zu unserem Volkstum.

Ein Vergleich von fünf bekannten Benennungs-Reihen vermittelt Denkanstöße, wie eine sechste Reihe deutscher Monatsnamen aussehen könnte.

Erklärung zur Tafel:

1) Karlinger: vom Franken-König Karl I. (ab 800 römischer Kaiser) vorgeschlagene Monatsnamen, die sein Sohn Ludwig der Fromme mit allen erreichbaren weiteren Aufzeichnungen der heidnischen Mitteleuropäer auf Betreiben der Rom-Kirche vernichten ließ.
2) Lahrer H.B. = Lahrer Hinkender Bote
3) Tir. V-kal. = Tiroler Volkskalender
4) A.J.-ztw. = Alter Jahreszeitweiser

Monatsnamen

Monat	um 800 Karlinger	1890 Lahrer H.B.	1946 Tir. V-kal.
1.	Wintar-manoth	Schnee-mond	Hartung
2.	Hornung	Hornung	Hornung
3.	Lentzin-manoth	Lenz-mond	Lenz-monat
4.	Ostar-manoth	Oster-mond	Oster-monat
5.	Winne-manoth	Wonne-mond	Wonne-monat
6.	Brach-manoth	Brach-mond	Bracher
7.	Heuui-manoth	Heu-mond	Heuert
8.	Aran-manoth	Ernte-mond	Ernting
9.	Witu-manoth	Herbst-mond	Herbsting
10.	Windume-manoth	Wein-mond	Wein-monat
11.	Herbist-manoth	Wind-mond	Nebel-monat
12.	Heilag-manoth	Winter-mond	Christ-monat

Monat	1983 A.J-ztw.	1983 amtlich	1984 Vorschlag
1.	Hart-mond	Januar/Jänner	Hartung
2.	Segen-mond	Februar	Hornung
3.	Lenz-mond	März	Lenzing
4.	Oster-mond	April	Ostermond
5.	Wonne-mond	Mai	Wonnemond
6.	Brach-mond	Juni	Bracher
7.	Heu-mond	Juli	Heuert
8.	Ernte-mond	August	Ernting
9.	Herbst-mond	September	Herbsting
10.	Heilig-mond	Oktober	Gilbhart
11.	Nebel-mond	November	Nebelung
12.	Weihe-mond	Dezember	Julmond

5) Zusätze zu Jahreszahlen
v.Z. ist vor unserer Zeitrechnung = vor Christi Geburt

Kriegstagebuch meines Vaters Hermann Wilhelm Becker 1915 bis 1918

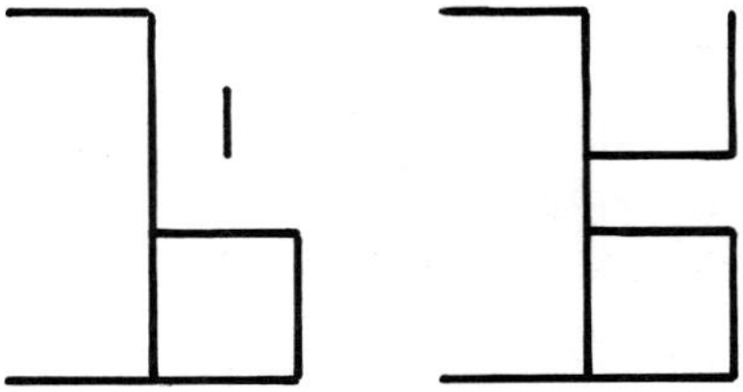

Kriegstagebuch Wilhelm Hermann Becker aus dem 1. Weltkrieg (1915-1918)

1915
15.01. eingezogen zum Infanterie-Regiment Nr. 27 in Halberstadt.

20.03. 18 Uhr 54 Min. Abfahrt von Halberstadt nach dem Westen. In der Dunkelheit fahren wir durch meinen Heimatort Wasserleben. Meine Eltern stehen auf dem Bahnhof und winken mit der Taschenlampe. Vorher sah ich in Heudeber am Bahnübergang eine Frau mit mehreren Kindern stehen. Sie winkte ihrem Manne ein letztes Mal zu – einige Wochen später fiel er an der Lorettohöhe.
In Kreiensen erhalten wir die erste Verpflegung, in Langendreer werden wir nochmals versorgt.

21.03. Um 4 Uhr sind wir in Herbesthal an der belgischen Grenze. Die Eisenbahn bringt uns über Lüttich-Landen-Löwen am

22.03. bei Valenciennes nach Frankreich hinein. Über Cambrai geht es weiter in Richtung Arras. Bei Marquion hören wir erstmals Kanonendonner von der Front. Auf dem Bahnhof Ecoust-St.Mein werden wir ausgeladen. Durch das Dorf Hendecourt marschieren wir in unser Standquartier Vis-en-Artois zur 7. Infanterie-Division. In der Hütte eines Strohteppichflechters finden wir unsere Bleibe. In den folgenden Wochen wird der Garten vor und hinter dem Haus bestellt – die Sämereien kaufen wir beim Gärtner einer großen Ziegelei.

17.04. Die Transporte zur Front beginnen.

4.05. Junge Kriegsfreiwillige kehren von der Front in Ruhestellung zurück. Wir freuen uns über den blühenden Flieder.

10.05. 13 Uhr Alarm! Wir marschieren nach Gavrelle. Ich bringe 150 französische Soldaten nach Vitry-en-Artois – ihr Benehmen ist anständig. Wir beobachten feindliche Flieger, die das Feuer ihrer Artillerie leiten. Abends marschieren wir zurück nach Fresnes-les-Montauban. Es geht das Gerücht, daß die 2. und 3. Kompanie bei Vimy etwa 30 Mann verloren haben.

13.05. Wir erhalten Essig-Flasche und Putzwolle gegen Stinkbomben. Gasmasken gab es damals noch nicht! In Fresnes unterhalte ich mich auf dem Bauernhof mit Madame. Das Mädchen auf ihrem Arm ist so alt wie mein Sohn (Verfasser dieses Berichtes). Ihr Vater war französischer Artillerist; sie wundert sich, daß ich mit ihr französisch sprechen kann.

14.05. Wir marschieren zurück nach Vis-en-Artois. Man erzählt, daß bei Fresnes mit deutschen Dreschmaschinen bis Mitte März 1915 500.000 Zentner (25.000 Tonnen) Weizen ausgedroschen wurden.

23.05. Wir feiern das Pfingstfest in einer kleinen Schankstube (Estaminet), wie sie Schmiede, Friseure, Schneider und Sonstige betreiben. Wenn ich meiner Frau schreibe wegen Tintenstift, Zigarren, Schokolade, Büchsenfleisch, kommt das Gewünschte oft schon am nächsten Tag an. Gedankenübertragung? (Michelin-Landkarte 53 Arras, 1 cm = 2 km)

30.05. Wir marschieren an die Front vor Arras. Im zerschossenen Dorf Feuchy sind noch Zivilisten. Das Infanterie-Regiment 165 nimmt uns in seine Reihen auf. Bei Tilloy-les-Mofflaines und St. Laurent heben wir Gräben und Unterstände aus – teils im sandigen Lehm, teils im schneeweißen Kalkstein. Wasser mußte eine halbe Stunde weit aus einem zerschossenen Schloßpark beschafft werden. In Blangy lief der Schützengraben mitten durch das Dorf. Aus Rußland wird uns gemeldet, daß 300.000 Russen gefangen genommen wurden.

5.06. Ich bin wieder in Feuchy, wo ich einige Landsleute aus meinem Wohnort Ilsenburg treffe. Am Scarpe-Kanal entlang marschieren wir nach Etaing und machen dort Quartier. Düsseldorfer Landwehr wartet darauf, in unsere Stellungen vor Arras einzurücken.

9.06. Ich werde für einige Tage zum Papierkrieg auf die Kompanie-Schreibstube befohlen.

12.06. Zu Fuß bewegen wir uns von Etaing nach Biache-St. Vaast und besteigen dort die Eisenbahn, die uns über Lille nach Loison bei Lens bringt. Wieder geht es zu Fuß weiter durch Lens nach Liévin im französischen Steinkohlebecken. Die Zivilisten wurden in andere Gegenden umgesetzt. Verpflegt werden sie überwiegend durch das C.R.A.B. (Comité de ravitaillement américain-belge). Vor dem Kriege waren in Liévin viele deutsche Grubenarbeiter tätig. Jetzt sitzen sie in Gefangenschaft und sind von ihren Frauen und Kindern in Deutschland getrennt.

x Fritz Becker

13.06. In Luisenheim, so wurde eine Vorstadt von Liévin von den deutschen Soldaten getauft, bauen wir unsere Unterstände aus. Westlich der Landstraße nach Noeux-les-Mines liegt die Lorettohöhe (N.D. de Lorette, 166 m), die von weißen und schwarzen Franzosen gehalten wird. Liévin hatte zu Kriegsbeginn etwa 28.000 Einwohner, von denen bis zu meiner Ankunft durch französische Granaten etwa 200 getötet und 400 verwundet wurden. Ich bin öfter im Laden »Au bon diable« und im »Café de la Jeunesse dorée«. Unser Regimentskommandeur ist jetzt Oberst von Oven.

14.06. Heute kann ich meine Sprachkenntnisse wieder einmal nutzen: Einem Trupp französicher Gefangener kann nicht klar gemacht werden, daß abmarschiert werden soll. Da fällt mir eine Stelle aus einem französischen Roman ein »L' histoire d' un Conscrit« (Geschichte eines Rekruten). Ich rufe den Franzosen zu »Serrez les Rangs« – und die Sachlage ist geklärt.

17.06. Wir werden mit Granaten und Flügelminen beschossen. An einer Stelle war der französische Graben nur 14 Meter vom deutschen entfernt. Als Meldegänger mußte ich an einer Stelle, wo der Graben nur 1 Meter tief war, zweimal über einen Kameraden hinwegkriechen, dem eine Granate den Kopf abgerissen und der mir wenige Tage zuvor das Bild seiner Braut aus Magdeburg gezeigt hatte.

4.07. Die erste Linie vor der Lorettohöhe hat uns wieder. Nach 4 Tagen vorn geht es 8 Tage in Ruhestellung bei Harnes oder Oignies, wo noch alle Zivilisten wohnen. Geistliche habe ich nie bei uns vorn gesehen – bei den Franzosen soll das anders gewesen sein. Jeder Infanterist erhält jetzt 250 Patronen und ich meine Läuse, die ich dreieinhalb Jahre nicht mehr los werde.

8.07. Zwei Läuse und vier Wanzen gefangen (erscheint nicht im Heeresbericht)
16.07. Beim Marsch durch Courrières höre ich von einem Kameraden, daß hier vor einigen Jahren 1600 Bergleute umgekommen sind. Der deutsche Kaiser Wilhelm II. hatte damals Rettungsmannschaften geschickt.
19.07. Ich bin wieder im ersten Graben vor der Lorettohöhe.
24.07. Einen Ruhetag in Liévin nutze ich zum Besuch eines alten fränkischen Kirchhofes in der Ruelle des Morts.
28.07. Unsere Rue du Saint Aimé liegt unter Granaten-Beschuß.
1.08. Ich werde zum Gefreiten ernannt. Graue Binden für Mund und Nase und ein Fläschchen gegen Gas werden ausgeteilt.
10.08. Wir ruhen uns wieder in Harnes aus. Unser Massenquartier liegt in der Grande rue auf dem Grundstück der energischen Madame Moucharles. Ihr Gatte war Ziegeleibesitzer und Soldat – sie hatte zwei Buben von 10 und 11 Jahren.
12.08. Beim Marsch durch Lens schlagen hinter uns Granaten ein.
20.08. Ruhe in Liévin. Dort wurden französische Brieftauben und eine geheime Telefonleitung entdeckt und die Beteiligten verhaftet.
5.09. Heftiger Beschuß über uns hinweg zum Infanterie-Regiment 27.
14.09. Reservestellung im Hohlweg nach Angres. (Michelin-Landkarte 51 Boulogne)
19.09. Französische Artillerie beschießt unsere Stellungen bei Souchez.
25.09. Quartier bei Madame Moucharles in Harnes. Drogist Otto Barth aus Erfurt meldet Alarm: Beginn der Schlacht bei Loos gegen die Engländer. 150 Engländer vom Yorkshire-Regiment ergeben sich. Fleischermeister Wilhelm Ringler, Atzendorf (jetzt DDR-3252, bei Staßfurt) – ein guter Kamerad – fällt und wird am Rebhuhnwäldchen bei St. August zusammen mit einem jungen Vizefeldwebel begraben. Die Gasgranaten der Engländer bei Loos-en-Gohelle waren wenig wirksam.
28.09. Englischer Feuerüberfall auf unser Buschwäldchen.
2.10. Der Tommy belegt uns mit Granat- und MG-Feuer.
15.10. Ich gehe als Gefechtsordonnanz zum Bataillon nach Liévin. Gestern hat das Alexander-Garde-Regiment an der Lorettohöhe 350 französische Gefangene eingebracht und 10 Maschinengewehre erbeutet.
21.10. Mit einem Feuerwerker sprengen wir eine schwere Blindgänger-Mine.
25.10. Wir verlegen unsere Stellung nach Cité Jeanne d'Arc, Ecole libre = Kirchliche Schule. Mademoiselle Hirt ist im Elsaß geboren.
5.11. Wir verlegen nach St. Pierre.
8.11.15 – 14.7.16 Stellungskämpfe in Französisch-Flandern und Schlacht an der Somme. Tagebuch ist verloren gegangen.

1916

15.07. Verwundung im Wald von Foureaux; ich habe Splitter einer englischen Handgranate in der rechten Kniekehle. Transport zum Kriegslazarett I Cambrai, Ecole des garcons. Von dort geht es nach Burgsteinfurt (D-4430), Evangelisches Krankenhaus. Anschließend 14 Tage Urlaub im Hotel Detering. Meine Frau und der zweijährige Werner besuchen mich.
26.08. Garnison Quedlinburg: 3. Kompanie, 165. Infanterie-Regiment.
Oktober Lehrgang auf Truppenübungsplatz Altengrabow (DDR-3271).
20.11. Abfahrt nach Kreiensen, Langendreer, Lüttich, Namur, Hirson, Laon. In Anizy verlassen wir den Zug und marschieren nach Laffaux. An der Aisne beziehen wir beim Forsthaus Missy und Schloß Carreux unsere neue Stellung.
24.12. Weihnachten verbringen wir in Chivres im Keller-Unterstand.

1917

6.01. – 6.02. Teilnahme am Unterführerkurs in Charmes bei La Fère. Mein Quartier wird mir bei Louis Riche, 82 Jahre, zugewiesen. Wenn es der Dienst erlaubt, besuche ich gern La Fère und St. Quentin.

x Wilhelm Becker

10.02. Stellung an der Aisne in Celles-s-Aisne.
14.02. Wir marschieren in unser Ruhequartier nach Laffaux. In großen Höhlen im Kalksandstein sind wir vor Beschuß sicher.
3.03. An der Front in Bucy-le-Long bei Soissons. Siegfried-Stellung.
25.03. Wir kämpfen bei der Ferme Tincelles zwischen Vauxaillon und Leuilly-s/s-Coucy.
2.04. Wieder verwundet: in der Sandgrube bei Bascule-ferme erwischt mich ein Granatsplitter am rechten Unterschenkel. Auf der Feldküche (Gulasch-Kanone) werde ich nach Vaudesson und Chaillevois mitgenommen und lande schließlich im Feldlazarett 170 in Neuville-Laon.
14.04. Halle an der Saale, Vereinslazarett Kinderheilstätte. Meine Frau und der dreijährige Werner besuchen mich. Wir fahren mit dem Boot auf der Sale und zur Raben-Insel. (Diese Bootsfahrt ist das erste Bild, das der Verfasser aus seiner Jugend in der Erinnerung bewahrt hat. 37 Jahre später wird ihn das Schicksal wieder in die Nähe der Raben-Insel verschlagen.)
8.08. Ich werde zur 3. Ersatz-Kompanie I/27 versetzt.
10.11. Abfahrt von Halberstadt nach Aschersleben, Wittenberg, Falkenberg, Kottbus, Forst in der Lausitz, Glogau (Oder) = Głogów, Fraustadt = Wschowa, Lissa = Leszno, Grenzstation Skalmierzyca, Kalisch = Kalisz, Lodsch = Lodz, Brest-Litowsk = Brest, Baranowitschi.
13.11. Wir marschieren über Nowo-Jielna, Polona und Tudarewo nach Korelitschi, das 150 km östlich von Grodno liegt. Die deutschen Stellungen liegen im Quellgebiet der Memel = Njeman und der kleinen Beresina.
7.12. Waffenruhe mit Rußland, danach soll es Waffenstillstand geben.
10.12. Russen kommen über den zugefrorenen Serwetsch bis an unseren Drahtverhau. Wir unterhalten uns und reichen uns beim Abschied die Hand.
12.12. In Kosuchowszi bekomme ich Quartier bei einem deutsch sprechendem Juden, dessen Familie mit drei Generationen vertreten ist. Unsere Garnisonstadt Bojanowo (Provinz Posen) läßt zum Weihnachtsfest nichts von sich hören.

28.12. In Wygoda wird unser Bataillon verladen, Richtung Brest-Litowsk, Warschau. In der Grenzstation Alexandrowo werden wir entlaust. Weitere Stationen auf unserer Fahrt nach Frankreich: Thorn, Bentschen, Kottbus, Guben, Taucha bei Leipzig, Weimar, Erfurt, Bebra, Frankfurt am Main, Bingen, Bad Kreuznach, Saarbrücken, Diedenhofen. Audun le Roman ist unser erster Bahnhof in Frankreich.

1918

7.01. Von Audun le Roman bringt uns die Eisenbahn nach Pierrepont wo wir auf Pferdewagen nach Han devant Pierrepont umsteigen. Dort beziehen wir Quartier bei Madame Jantzen, deren Mann 1914 bei Longwy in Gefangenschaft geriet und in Königsbrück in Sachsen im Lager lebt. Ich freue mich, daß alle Pakete, die mir von Ilsenburg nach Rußland geschickt wurden, hier in Frankreich vollzählig eingetroffen sind. Ein Hoch der deutschen Feldpost! Große Pakete holen wir jetzt in Longuyon ab und die Briefe in Pierrepont.

13.01. Unsere Dienststelle wird verlegt über Arrancy und Bazeilles bei Sedan nach Stenay an der Maas, Kronprinzenstr. 42. Die Post wird jetzt in Mouzay abgeholt. Ich besuche Servizy.

11.02. Auf dem rechten Ufer der Maas fahren wir aufwärts nach Dun-s-Meuse und Liny-devan-Dun. Unsere Feldpost 823 ist von Mouzay nach Milly-s-Bradon gezogen. Am Forges-Bach westlich der Maas haben wir Stellung bezogen.

25.03. Beginn der deutschen Offensive.

3.05. Wir sind im Waldlager bei Brieulles-s-Meuse. Ich fahre mit dem Schiff von Vilosnes nach Dun und nehme in Milly unsere Post in Empfang.

7.05. Umzug nach Laneuville bei Stenay.

12.05. Ich erhalte das Eiserne Kreuz 2. Klasse.
13.05. Wir verlegen von Laneuville über Cesse, St. Quentin, Flavy-le-Martel nach Muirancourt und Le Plessis-Patte-d'Oie.
20.05. Zwischen Plessis und Flavy-le-Meldeux treffe ich meinen Kollegen aus der Volksschule Ilsenburg, Lehrer Emil Lüttge.
30.05. Unser Umzug nach Catigny ist schwierig, weil laufende Munitionstransporte Vorrang haben.
8.06. Unser Bataillon wird in Montdidier eingesetzt. Ich bleibe in Catigny bei Noyon. In der Nacht beginnt die deutsche Offensive zwischen Noyon und Montdidier.
18.06. Bei Tilloloy und Méry fällt unser Bataillonskommandeur, Hauptmann Fritz Meyer. An der Matz und bei Courcelles wird heftig gekämpft.
21.06. Wir nächtigen in Amy und bei les Loges.
1.07. In Laberlière finden wir ein neues Quartier.
11.07. Wir verlegen über Lassigny nach Catigny.
10.08. Auf der Fahrt nach Béhéricourt kommen wir durch Noyon, wo der Merowinger-König Chilperich I. (561-584) beerdigt sein soll. Wir lagern in einer Obstplantage am Dorf Sermaize, dann nördlich von Buchoire.
29.08. Abfahrt von Buchoire über la Fère.
4.09. Wir richten uns in Nouvion ein.
15.09. In Crécy-s-Serre wohnen wir in der Rue du Blocq.
12.10. Seit 14 Tagen haben wir von der Feldpost in Guise keine Sendungen mehr erhalten.
25.10. Unser neues Quartier heißt Dagny, das wir nach einer langen Rundfahrt über Fontenelle, Papleux bei la Capelle und Martigny erreichen.
27.10. Umzug nach Clermont-les-Fermes südwestlich Montcornet.
4.11. Neues Quartier in Renneval. (Michelin Nr. 53)
5.11. Wir marschieren nach Morgny-en-Thiérache.
8.11. Ankunft in Pesche, wo wir in einem großen Schwesternkloster Quartier beziehen. (22 Jahre später wird sich 4 km südlich das Führerhauptquartier –FHQu– für den Reichskanzler Adolf Hitler befinden; 6.6. – 26.6.1940 »Wolfsschlucht«)
11.11. Heute sind wir in Matagne-la-Grande bei Mariembourg untergebracht.

●●● Waffenstillstand ●●●

12.11. Unterkunft in Ham bei Givet. Wir marschieren nach Deutschland.
13.11. Über Givet und Beauraing erreichen wir Villers-sur-Lesse.
15.11. Rochefort – Eisenbahnzüge werden von deutschen Soldaten geplündert.
16.11. Wir haben zwischen Jemelle und On Unterkunft gefunden. In diesen Tagen begegnen uns Franzosen, Engländer, Inder, die alle nach Hause streben.
19.11. Wir übernachten in Beßlingen = Basbellain in Luxemburg.
20.11. bei Burgreuland = Reuland erreichen wir wieder deutschen Boden und beziehen Quartier in Großkampenberg (D-5541) in der Eifel.
21.11. Übernachtung in Prüm (D-5540).
23.11. Ein Ruhetag wird eingelegt in Kerpen (D-5531) in der Eifel. Ich lasse mir den Kriegsbart abnehmen.
24.11. Im Ahrtal marschieren wir nach Brück (D-5481 – Ahrbrück). Wir legen die Gewehre ab.
25.11. Auf dem Schloß des Grafen Spee beziehen wir ein elendes Massenquartier.
26.11. Nach zwei Stunden Umweg überqueren wir nördlich von Linz (D-5460) den Rhein und erreichen nach einem Marsch bis morgens zwei Uhr Hümmerich (D-5461) im Westerwald. Bei einem Bauern erhalte ich ein sehr gutes und sauberes Quartier.
27.11. Unser Marsch endet in Oberhonnefeld (D-5451) im Westerwald. Es regnet, und wir landen im Massenquartier.

28.11. Wir marschieren nach Hachenburg (D-5238) im Westerwald. Ich beziehe mein letztes Soldatenquartier in der Ortskrankenkasse bei Familie Herdes.

2.12. Ich werde in die bürgerliche Freiheit entlassen. Auf Staatskosten fahre ich mit der Eisenbahn über Marburg nach Kassel, das ich mit elf Stunden Verspätung erreiche. Nach Aufenthalten in Kreiensen und Goslar bin ich abends 10 Minuten nach 7 Uhr wieder in Ilsenburg. Meine Frau und der vierjährige Werner begrüßen mich mit einem Blumenstrauß.

Militärpaß des Unteroffiziers Wilhelm Hermann Becker
Jahresklasse 1904

Diensteintritt 15.1.1915 als Ersatz-Reservist, I. Ersatz-Bataillon, Infanterie-Regiment Nr. 27, 3. Kompanie.
Versetzung am 20.3.1915 ins Feld
Halberstadt, 23. November 1916 (nachträglich ausgestellt)

22.3.–30.5.15	beim Feld-Rekrutendepot der 7. Infanterie-Division
30.5.15–15.7.16	beim Infanterie-Regiment Nr. 165:
30.5.–23.7.15	Schlacht bei La Bassée und Arras
24.7.–17.8.15	Stellungskämpfe im Artois
18.8.–19.8.15	Gefecht bei Angres
20.8.–24.9.15	Stellungskämpfe im Artois
25.9.–13.10.15	Herbstschlacht bei La Bassée und Arras
14.10.–21.11.15	Stellungskämpfe in Französisch-Flandern
28.12.–23.6.16	Stellungskämpfe in Französisch-Flandern
24.6.–7.7.16	Erkundungs- und Demonstrationsgefecht der 6. Armee im Zusammenhang mit der Schlacht an der Somme
9.7.–15.7.16	Schlacht an der Somme
15.7.16	verwundet am rechten Bein durch Handgranate, ins Kriegslazarett I, Cambrai
19.7.16	ins Vereinslazarett Burgsteinfurt in Westfalen
29.8.16	zur 3. Ersatz-Kompanie, I. Ersatz-Batail., I.R.165, entlassen
20.11.16	als Ersatz zum Inf.Reg. 27 überwiesen
21.11.16	ins Feld I.R.6/27, Stellungskämpfe an der Aisne
2.4.17	verwundet am rechten Unterschenkel, Feldlazarett 170, Laon
8.4.17	Vereinslazarett, Kinderheilstätte Halle an der Saale
10.7.17	versetzt zur 1. Genesungs-Kompanie I/27
8.8.–11.9.17	zur 3. Ersatz-Kompanie I/27
10.11.17	überwiesen zum Oberbefehlshaber Ost
10.11.–7.12.17	Stellungskämpfe an der oberen Schtschara, am Serwetsch und Njemen
7.12.17	versetzt zur 1. Kompanie, Inf. Regt. 336
7.12.–17.12.17	12 Uhr mittags: Waffenruhe im Osten
17.12.–28.12.17	Waffenstillstand im Osten
3.2.–3.5.18	Stellungskämpfe vor Verdun
13.5.–6.6.18	Große Schlacht in Frankreich
7.6.–8.6.18	Kämpfe an der Avre und bei Montdidier und Noyon
9.6.–7.8.18	Kämpfe an der Avre und an der Matz
8.8.–3.9.18	Abwehrschlacht zwischen Somme und Oise
4.9.–18.9.18	Kämpfe vor der Siegfriedfront 1918
19.9.–29.9.18	Kämpfe in der Siegfriedfront 1918
30.9.–9.10.18	Abwehrschlacht zwischen Cambrai und St. Quentin
10.10.–12.10.18	Kämpfe vor und in der Hermannstellung
13.10.–4.11.18	Kämpfe in der Hundingstellung

5.11.–11.11.18	Rückzugskämpfe vor der Antwerpen-Maas-Stellung
12.11.–1.12.18	Räumung des besetzten Gebietes und Marsch in die Heimat
12.12.18	angemeldet in Ilsenburg
6.3.18	gemeldet in Halberstadt I 379/18
17.12.32	Kriegserinnerungsmedaille mit Schwertern und Helm vom Reichsverweser von Ungarn
11.10.34	Ehrenkreuz für Frontkämpfer vom Landrat überreicht

Meine Jugendjahre in Ilsenburg am Harz 1914 bis 1924

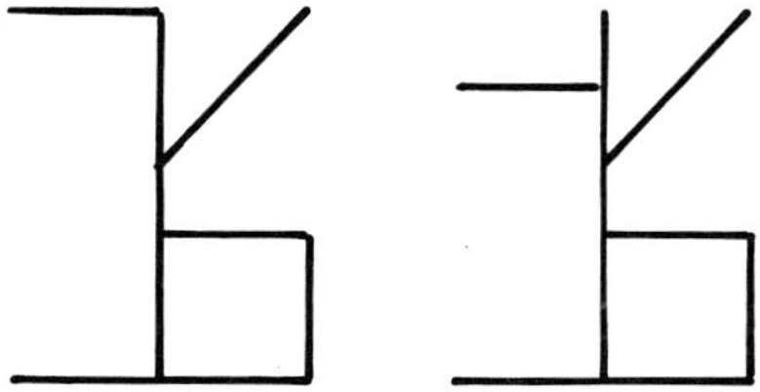

In Ilsenburg erblickte ich das Licht der Welt,
doch hat sich nicht herausgestellt
nach manchem trüb verbrachten Jahr,
daß das der einzige Lichtblick war.

Eugen Roth wird mir nicht böse sein, wenn ich seinen trefflichen Vers etwas geändert habe, aber Besseres als ihm fiel mir nicht ein. Es war recht früh an diesem winterlichen Montag, am 26. Januar 1914, um 2 Uhr 30 begann ich meinen Lebenslauf. Frau Beuger, die neben Konrad Rimmel am Markt zwischen den alten Linden wohnte, war dabei. Warum sie Hebamme genannt wurde, war mir nicht klar. Auf dem Gymnasium verstand ich dann, wie hilfreich eine Hebamme, eine weise Frau, une sage femme, für eine Mutter ist.

Als mein Dasein im Ort bekannt wurde, waren die Ilsenburger so begeistert, daß sie ihre Häuser mit Tannengrün schmückten und schwarz-weiß-rote, schwarz-weiße und schwarz-gelbe Fahnen hißten. Dann stellte sich aber heraus, daß sie das jedes Jahr so machten, weil am nächsten Tage, am 27. Januar, Kaisers Geburtstag gefeiert wurde. Wilhelm II., am 27. Januar 1859 in Berlin geboren, wurde nach dem Tode seines Vaters am 15. Juni 1888 Deutscher Kaiser und König von Preußen. Ich war also in Ilsenburg am Harz, am Ufer der Ilse, im Kreis Grafschaft Wernigerode (schwarz-gelb), im Regierungsbezirk Magdeburg, in der Provinz Sachsen, im Königreich Preußen (schwarz-weiß), im Deutschen Reich (schwarz-weiß-rot), das von der Maas bis an die Memel und von den Alpen bis Hadersleben in Nord-Schleswig reichte.

Ilsenburg, 238 bis 300 Meter über dem Meere gelegen, ist bekannt als Luftkurort am Fuße des Brockens. Mit 1142 Meter Höhe ist der Brocken die höchste Erhebung Norddeutschlands bis zu den Gestaden der Nordsee und Ostsee.

Ilsenburg ist in der Luftlinie von Seesen im Westen 35 km entfernt und von Eisleben (DDR-4250), der Stadt des Dr. Martin Luther, im Osten 70 km. Etwa senkrecht zu der Linie Seesen-Eisleben liegt Bad Lauterberg auf der südlichen Seite des Gebirges, 30 km von Ilsenburg entfernt. Zwischen diesen 4 Orten erstreckt sich eine Fläche von etwa 2300 Quadratkilometern, jetzt Harz, im Mittelalter Hart und von den römischen Besetzern Melibocus genannt.

Meine heimatliche Ilse entspringt im Brockenmoor an der Heinrichshöhe (1044 Meter) und strömt über die Ilsefälle 800 Meter bergab in die Ebene nördlich von Ilsenburg. Geruhsamer geht es weiter nach Veckenstedt, wo ihr von rechts der Rammelsbach aus Darlingerode zufließt. Über Wasserleben und Berßel erreicht sie das alte Osterwieck. Unterhalb Bühne (DDR-3601) läßt sie sich von der derzeitigen Zonengrenze nicht stören und erreicht nördlich Hornburg (DDR-4251) den Schiffgraben im Großen Bruch. Mit der Oker scheint sie nicht viel im Sinn zu haben, denn vom Bahnhof Börßum bis Kissenbrück fließen beide 6 km nebeneinander her, ehe die Oker sie gnädig aufnimmt. Wandern wir an der Oker weiter, gelangen wir über Wolfenbüttel und Braunschweig bei Münden an die Aller. Diese strebt über Celle und Verden der Weser zu, die an Bremen und Bremerhaven vorbei in die Nordsee fließt.

Am 28. Juni 1914 wird in Sarajewo, 510 km südöstlich Wien, der österreichisch-ungarische Thronfolger Franz Ferdinand durch serbische Nationalisten ermordet.

Am 23. Juli 1914 reist mein Onkel Wilhelm Burchhardt mit seiner Frau durch Tirol. In Innsbruck begleiten sie einen Umzug bis vor das Rathaus. Die Menge ruft dauernd: »Nieder mit Serbien!«

Österreich erklärt am 28. Juli Serbien den Krieg.

Deutschland erklärt als Antwort auf die russische Mobilmachung am 1. August 1914 Rußland den Krieg und nach der am 1. August erfolgten französischen Mobilmachung am 3. August auch Frankreich. Großbritannien erklärt am 4. August 1914 und Japan am 23. August dem Deutschen Reich den Krieg.

Am 20. Januar schickt Karl Bormann aus Veckenstedt mit der Feldpost ein Lichtbild an meinen Großvater in Wasserleben. Karl hat sich mit 4 Kameraden auf den Trümmern eines Hauses aufnehmen lassen. Er gehört zur 4. Kompanie des Infanterie-Regimentes 188 der 187. Infanteriebrigade und bedankt sich für ein Paket.

Am 4. Februar langt in Wasserleben, Bahnhofstr. 220, eine Karte aus Halberstadt ein, die verwundete Kriegsgefangene auf ihrem Weg zur Unterkunft zeigt. Mein Vater teilt seinen Eltern mit, daß er mit Verwandten aus Ilsenburg die Würstchenfabrik von Heyne besichtigt hat. – Eine Tochter von Ernst Ruhberg (Bruder meines Großvaters Wilhelm Ruhberg) war mit Direktor Thiele in der Firma Heyne verheiratet.

Am 5. Februar zeigt eine Karte aus Halberstadt die Abfahrt der 27er an die Front an. Mein Vater gehört zur 3. Ersatz-Kompanie des 27. Infanterie-Regiments.

Am 21. März schickt mein Vater eine Ansicht der Zeche Vollmond aus Langendreer, Landkreis Bochum, nach Wasserleben. Die Karte trägt den Stempel »Kriegsverpflegungsanstalt«.

Am 23. April übernimmt die Feldpost eine Ansicht aus Douai, 110 km südöstlich Calais, am südlichen Rande reicher Steinkohlevorkommen. Rotkreuz-Schwester E. Thomas aus dem Kriegslazarett des IV. Armeekorps in Nordfrankreich grüßt meinen Großvater und die Großmutter in Wasserleben-Odorf.

Am 27. Mai gibt mein Vater in Arras eine Feldpostkarte mit Ansicht des Museums an seine Eltern in Wasserleben auf.

Am 6. Juni erhalten die Großeltern in Wasserleben ein Lebenszeichen vom Sohn Fritz. In Leipzig hat er sich mit vier Kameraden konterfeien lassen.

Am 18. Juni erhält mein Großvater in Wasserleben wieder eine Ansicht aus Douai mit einer Innenaufnahme der Kirche Saint-Jacques. Rotkreuz-Schwester Else Thomas ist mit ihrem Lazarett jetzt im Schloß Lewarde untergebracht.

Am 9. Juli taucht erstmals der Name »Lorettohöhe« auf. Mein Vater berichtet seinen Eltern von den Zerstörungen auf dieser heiß umkämpften Höhe »Mont de Lorette».

Am 14. Juli trifft eine Ansicht der Mädchenschule in Oignies in Wasserleben ein. Mein Vater liegt mit seiner Einheit in Oignies in Ruhestellung.

Am 25. Juli ist auf einer Ansicht des Rathauses und der Kathedrale von Arras eingetragen, daß der Turm der Kathedrale zerstört ist, weil ein französischer Artilleriebeobachter von dort das Feuer gegen die Deutschen leitete.

Am 14. August 1915 vertraut Fritz Becker der Feldpost eine Ansicht aus Sedan an: Le Monument 1870, Oeuvre du Sculpteur Croisy. Fast alle Feldpostkarten bestätigen den Erhalt von Päcken, deren Inhalt stets willkommen war.

Am 5. September übernimmt die Feldpost eine Karte mit Ansichten von der Kirche in Vimy, dem Schloß Rollencourt in Liévin und der Landschaft um die Lorettohöhe. Empfängerin ist Fräulein Marie Ruhberg (Schwester meiner Mutter) im Hause Dr. med. Hüttner, Marnitz bei Parchim, Mecklenburg. Auf dem Panorama-Bild hat mein Vater die Stellung bei Liévin und die französischen Stellungen am Bois de Bouvigny angekreuzt. Auch mir hat er wiederholt von den schweren Kämpfen an der Lorettohöhe erzählt.

Am 8. September 1915 werde ich von Dr. med. Manger zum erstenmal mit Erfolg geimpft, mit dessen Sohn Helmut ich später das Reform-Realgymnasium in Bad Harzburg besuche.

Am 13. September bringt mein Vater in Lens eine Ansicht des Boulevard des Ecoles auf den Weg. Es ist Nachricht Nr. 17. Stempel: K.D. Feldpostexp., 7. Inf. Division, 13.9.15, 4-5N. Mein Großvater in Wasserleben wird gebeten, Grüße an E. Lüdecke und Nachbar Helmholz zu übermitteln.

31 Jahre später werde auch ich meine Briefe nummern, um prüfen zu können, ob meine Sendungen aus der Sowjetunion ihre Empfänger in Mitteldeutschland erreichen.

Am 23. November 1915 stirbt Johannes Trojan in Rostock. Am 14. August 1837 war er in Danzig zur Welt gekommen. Später machte er sich einen Namen als politischer Satiriker am

»Kladderadatsch« in Berlin, dessen letzte Nummer am 3. September 1944 erschien. Trojan war ein humoristischer Versdichter von Format. Siehe 1888!

Am 11. November 1915 befördert die 46. Feldpoststation im Westen die Ansicht der von den Franzosen gesprengten Eisenbahnbrücke in Rethel nach Wasserleben.

Am 19. November geht die Ansicht einer zerschossenen Straße in Vimy ab nach Wasserleben. Mein Vater erklärt seinen Eltern, daß fast alle Orte an der Front so aussehen und die deutschen Soldaten in den Kellern wohnen.

Am 22. November erfahren die Großeltern von meinem Vater, daß er zu einem Ausbildungskursus hinter der Front abkommandiert ist. Das teilt er auf einer Ansicht deutscher Heldengräber auf dem Friedhof St. Laurent vor Arras mit.

Am 5. Dezember erscheint endlich wieder einmal ein unzerstörter Ort auf der Feldpostkarte: der Botanische Garten in Brüssel. Der Besucher freut sich vor allem über den alten Markt mit seinen prächtigen Bauwerken. Mein Vater schreibt, daß es dort wie in Berlin zugehe.

Am 16. Dezember kann mein Onkel Fritz Becker mit einem neuen Lichtbild im Kreise seiner Kameraden aufwarten, das er seinen Eltern in Wasserleben zukommen läßt. Auf einer kleinen Tafel ist zu lesen: »Stubendienst Kirmse von jetzt bis zum Frieden. Parole Heimat.« Bis zum Kriegsende war aber noch ein weiter Weg.

1916 **1916**

Am 12. Januar schreibt mein Onkel Fritz Becker aus Sedan. Die Karte zeigt den Platz »D'Alsace-Lorraine« (Elsaß-Lothringen), die Protestantische Kirche und das Museum. Er teilt seinen Eltern mit, daß er noch beim Landsturm-Infanterie-Bataillon Auerbach ist und er zwei Karten von meinem Vater erhalten hat aber ohne dessen Anschrift.

Aus dem Jahre 1916 liegt eine seltene Aufnahme (Heinrich Kirchhoff Phot., Vienenburg) von der Fahrstraße Wasserleben-Veckenstedt mit Blick auf Wasserleben vor. An den Schotterhaufen sah ich oft Eduard und Karl aus dem Emmastift arbeiten, wenn sie im Schutze ihrer Drahtbrille die Steine zu zweckmäßiger Größe zerschlugen.

Am 23. Januar 1916 erhalten meine Großeltern in Wasserleben eine Ansicht des Schlachtfeldes nördlich von Loos mit der Aufschrift »Angriff der Engländer bei Neuve-Chapelle am 25.9.1915« Außer Toten und zersplitterten Baumresten ist in der Landschaft nichts übrig geblieben. Auf der Karte ist gestempelt: Inf. Rgt. 165, 5. Komp. Feldpost 7. Inf. Div. 23.1.16, 3-4N. Mein Vater: »Wir sind jetzt in Ruhe...«

Am 26. Februar sitzt mein Vater im alten Ratskeller in Gent (Gand) und genießt ein Konzert, das nicht von Granaten bestimmt wird. Vorher hat er das abgebildete Grafenschloß (Château des Comtes) besichtigt.

Am 5. März 1916 besucht mein Vater das Schlachtfeld von Waterloo (Belle-Alliance 18. Juni 1815) südlich von Brüssel und erholt sich bei schönem Sonntagswetter von den Strapazen der Front. Die Karte zeigt das Löwendenkmal auf dem 1825/1826 errichteten Hügel, einen Rundstempel »Panorama de la bataille de Waterloo« und einen Rundstempel »Brussel – Bruxelles, 18-19, 5.III1916«.

Am 12. März sieht die Hansestadt Brügge meinen Vater in ihren Mauern. Die Ansicht vom Groote Markt läßt früheren Reichtum ahnen. Die vielen Kanäle beleben das Stadtbild.

Eine an meinen Großvater August Becker gerichtete Karte verläßt am 18. März 1916 Lille. Sie zeigt eine Parade deutscher Soldaten auf dem Grand Place. Mein Vater schrieb sie auf der Durchreise nach Sedan.

Am 20. März treffen sich mein Vater und Bruder Fritz zufällig in Donchery, was den Eltern in Wasserleben umgehend berichtet wird. Die Karte zeigt das Tisserand-Haus, in dem Napoleon III., nach seiner Gefangennahme am 2. September 1870, und Bismarck über die Kapitulation von Sedan verhandelten. Donchery liegt an der Maas, 5 km westlich von Sedan.

Mein Vater und Kriegskamerad Hans Hellmann aus Halberstadt lassen sich am 26. März 1916 in Brüssel ein Lichtbild anfertigen, das die Feldpost meiner Mutter in Ilsenburg, Hoch-

ofenstr. 45, zustellt. Während der Kriegszeit wohnt sie mit mir wieder bei ihren Eltern.

Eine Ansicht der zerstörten Kirche von St. Pierre geht am 24. Mai nach Wasserleben ab. Mein Vater schreibt, daß hinter der Kirche die deutschen Gefallenen aus der Schlacht bei Loos beerdigt sind.

Am 30. Juni erhält mein Großvater in Wasserleben eine Karte aus Lens mit einer Ansicht des zerstörten Bahnhofs.

Aus Burgsteinfurt in Westfalen ist eine Karte vom 21. Juli 1916 erhalten, die das Schloß des Fürsten zu Bentheim und Steinfurt zeigt. Auf einer anderen Aufnahme erscheint die Knüppelbrücke im Fürstlichen Park (Bagno). Mein Vater liegt im Vereinslazarett – die Bein-Verwundung macht ihm noch zu schaffen. Meine Mutter reist mit mir nach Burgsteinfurt. Es sind meine ersten Erinnerungen an eine fremde Umgebung.

1917 **1917**

Auf einer Ansicht aus Laon, Rückseite der Kathedrale, teilt mein Vater seinen Eltern in Wasserleben seine neue Anschrift mit: Feld-Rekrutendepot, 1. Kompagnie, 211. Infanterie-Division, Feldpoststation 4.

Der nächste Gruß kommt aus Saint-Quentin mit einer Ansicht des Denkmals des 8. Oktober 1870 und von 12 deutschen Soldaten, die offensichtlich dienstfrei haben. Am 21. Januar 1917 verbringt mein Vater seinen Sonntagsurlaub in der Stadt.

Am Nachmittag des gleichen Tages folgt noch eine Ansicht aus La Fère, Rue de la République (2e Vue) – ein friedliches Bild aus einer Kleinstadt.

Eine Ansicht von Saint-Quentin mit Kirche enthält am 6. Februar 1917 die Mitteilung, daß mein Vater wieder an die Front geht. Hersteller dieser Ansichtskarte: Georg Stilke, Brüssel, 40, rue des Croisades.

Am 19. April teilt mein Vater seinen Eltern mit, daß er wegen Influenza noch nicht in der Klinik geröntgt werden konnte. Er liegt wieder mit einer Bein-Verwundung im Vereinslazarett Kinderheilstätte Halle an der Saale. Die Ansicht zeigt den Garten der Kinderheilstätte, in dem Genesende von einer Militärkapelle unterhalten werden.

Anfang April hatte meine Mutter mich mit nach Halle genommen. Einige Erinnerungen blieben erhalten, vor allem die Bootsfahrt zur Rabeninsel, weil ich dort beinahe ins Wasser gefallen wäre.

Am 2. Juli erinnert sich mein Vater, daß er vor 3 Monaten verwundet wurde. Das Bein wird noch geheizt. Meinem Großvater in Wasserleben teilt er mit, daß mein Großvater Wilhelm Ruhberg aus Ilsenburg ihn in Halle besucht und ihm zwei Stückchen Butter überlassen habe.

Am 1. September erhält Marie Ruhberg, z.Zt. bei meiner Tante Ida Hüttner in Marnitz in Mecklenburg, einen Gruß aus Halberstadt mit der Ansicht des Stadttheaters. Mein Vater ist aus dem Lazarett entlassen und bei der 3. Ers. Komp. I/21, Harmoniestr. 30.

Er hat gerade in Ilsenburg angerufen, daß er 14 Tage Urlaub erhalten hat.

Am selben Tage bringt sich Musketier Julius Heinrichs, 3. Komp. Inf.-Rgt. Nr. 27, Halberstadt – vormals Seminarist in Barby wie mein Vater – in Erinnerung. Auf einer Ansicht vom Regenstein bei Blankenburg berichtet er von seiner militärischen Ausbildung.

Ein Kartengruß an meinen Großvater in Wasserleben kommt diesmal aus dem Osten. Die Kriegslage hat meinen Vater in die Nähe von Lodz verschlagen. Die Ansicht vom Markt (Rynek) in Sjeradz an der Warthe, 90 km nordnordwestlich Tschenstochau, 50 km westsüdwestlich Lodz, ist am 13. November 1917 in Koluszki gestempelt und zeigt östliches Gepräge. Die Österreicher kamen damit mindestens so gut zurecht wie ihre politischen Nachfolger.

Am 7. Dezember befördert die Feldpost eine Karte nach Wasserleben, auf der Offiziere und Mannschaften einer Einheit von Oberost mit Divisions-General von Reuter abgebildet sind. Mein Vater erwähnt, daß Herr von Reuter früher Oberst in Zabern im Elsaß war.

Am 10. Dezember 1917 wählt Unteroffizier Becker, Infanterie-Regiment 336, 1. Bataillon, 1. Kompagnie, eine kolorierte Ansicht von Bauerngehöften aus Litwa aus, die er seinem Vater nach Wasserleben sendet: »...habe gestern Landsleute getroffen, Mumme und Gocke, und Osterwiecker und Wernigeröder. Die Russen kommen alle Tage an unsere Stellungen zur Unterhaltung, die haben nun keinen Krieg mehr.«

Am 6. April 1917 erfolgt die Kriegserklärung der USA an Deutschland. Das ist aber nur eine Formsache, die die rechtliche Voraussetzung für eine Ausplünderung Deutschlands durch die USA-Milliardäre schaffen muß.

1918 **1918**

Am 20. Januar schreibt mein Vater seinen Eltern, daß er Bruder Fritz in Stenay, 46 Straßenkilometer von Verdun entfernt, getroffen hat.

Für einen Gruß an seine Eltern benutzt mein Vater am 27. März noch eine Ansicht von Bauerngehöften aus Litwa, die er in Rußland erworben hat.

Am 22. April gibt mein Vater in Milly bei Dun an der Maas einen Kartengruß nach Wasserleben zur Feldpost. Das Lichtbild zeigt ihn und 17 weitere Kameraden mit ihrem Lastkraftwagen bei der Verteilung der Postsäcke.

Am 16. Mai 1918 kann auch mein Onkel Fritz Becker wieder mit einem neuen Lichtbild aufwarten. Es zeigt ihn und 8 Kameraden vor ihrer Waldstellung im Westen. Er grüßt seine Eltern und seinen Sohn Fritzchen, der in Wasserleben auf dem Lande besser ernährt werden kann als in der Großstadt Leipzig.

Am 5. Juni 1918 übernimmt die Feldpost wieder ein Lichtbild für meinen Großvater in Wasserleben. Es zeigt meinen Vater und 11 Kameraden vor ihrem mit Postsäcken beladenen Lastkraftwagen. Der hat achtspeichige Vollgummiräder und bringt Post von der Division zu den einzelnen Abteilungen. »...Hier in Frankreich ist jetzt Großbetrieb, wie ich es noch niemals sah!«

Vom Juni 1918 liegt eine Ansichtskarte vor, die mich erstmals in der Öffentlichkeit zeigt. Allerdings bin ich ohne Vergrößerungsglas kaum zu erkennen. Bäckermeister Otto Förster hatte den Verlag Fr. Wohlfahrt, Halberstadt, Telefon 1330, beauftragt, Café und Konditorei aufzunehmen. In den Fenstern des Anbaues sind Frau Förster und meine Wenigkeit zu sehen. Im Eingang zum Hof stehen zwei Bäckerlehrlinge und eine junge Frau.

Links im Bilde ist ein Teil der alten Linde zu sehen, von der ich einige Jahre später stürzte und mir den Schädel blutig schlug.

Am 21. August 1918 steckt mein Onkel Fritz Becker in Leipzig eine Ansicht vom Luna-Park am Auensee (Größter Vergnügungspark Deutschlands) für seine Eltern in Wasserleben in den Postkasten. Mit der Feldpost ist es nun vorbei – er muß eine 5 Pfennig-Marke Deutsches Reich aufkleben.

Sorge klingt aus einer Nachricht meiner Mutter an meinen Großvater in Wasserleben. Seit 8 Tagen hat sie nichts von meinem Vater im Westen gehört. Sie freut sich, daß die Großeltern Schuhe für mich mitbringen wollen, denn nach ihren Angaben besitze ich nur ein einziges Paar. Ihre Karte vom 5. September 1918 zeigt die Brockenbahn in der Gipfelstation mit Brocken-Hotel und Aussichtsturm.

Seine letzte Kriegspostkarte schreibt mein Vater am 23. November 1918 seinen Eltern. Die Ansicht von Kerpen (Eifel) ist mit 10 Pfennig-Marke freigemacht: »Liebe Eltern! Seit über 14 Tagen sind wir nun schon auf dem Heimmarsch durch Frankreich, Belgien, Luxemburg und die Rheinprovinz, alles zu Fuß, bei schönem Wetter. Herzliche Grüße W.«

In Ilsenburg habe ich derweilen auch Verdruß. Ich muß in Begleitung zum Haarschneider in der Böttcherstraße gegenüber der Schule. Als es ziept, strampele ich mit den Beinen. Der eine Fuß stößt gegen den Beckenrand und setzt den Drehstuhl in Bewegung. Weil die Schere sich in einigen Haaren verklemmt hat, ziept es noch mehr – also strampele ich noch kräftiger, diesmal gegen den Bauch des Haarkünstlers. Nach diesem Auftritt habe ich mich erst wieder sehen lassen, als Friseur Schlösser das Geschäft übernommen hatte. In der Zwischenzeit behandelte mich Andreas Schoppe an der Post schonender.

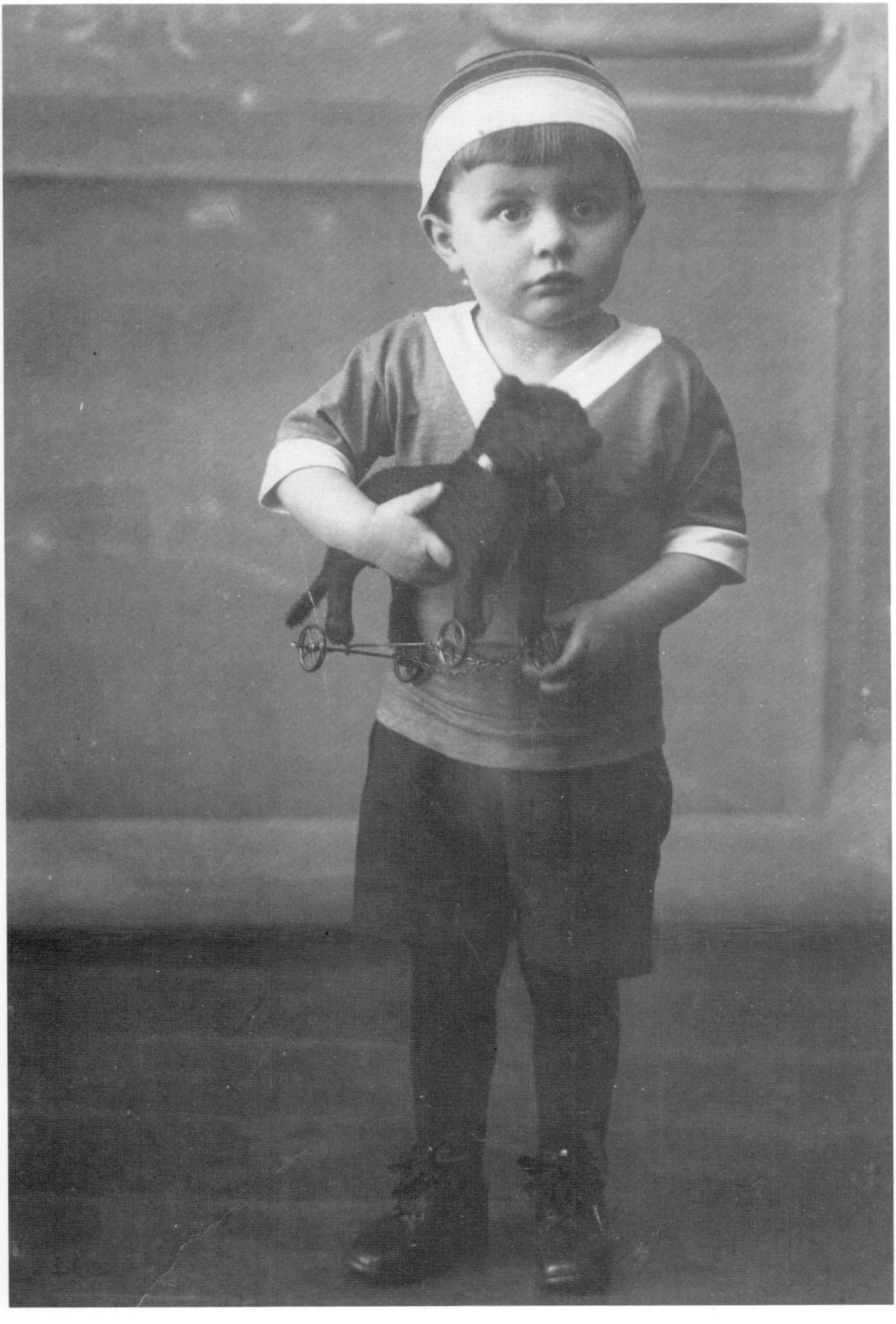

Am 8. Januar verkündet Woodrow Wilson (1856-1924), 28. Präsident der USA, sein berüchtigtes Friedensprogramm der Vierzehn Punkte, das bald durch Verzicht auf Annexionen und Anerkennung des Selbstbestimmungsrechts der Völker ergänzt wird. Siehe Brockhaus Enzyklopädie 1974, 19. Band, S. 615.

Spätestens am 28. Juni 1919 – Diktat von Versailles – ist dieses USA-Friedensprogramm als Lug und Trug entlarvt. Die zentral gelenkte Weltpresse hat es in allen Ländern mit Erfolg verbreitet, um den Raub fremden Besitztums zu verschleiern.

Am 11. November 1918 unterschreiben die Deutschen im Wald von Compiègne die ihnen von den Allierten aufgezwungenen Waffenstillstandsbedingungen, die auch die Fortdauer der Hungerblockade beinhalten.

Am 12. November 1918 beschließt die neu zusammengetretene österreichische Nationalversammlung den Anschluß der deutschen Teile Österreichs an das Deutsche Reich. Außerdem beschließt die Nationalversammlung für ihre Republik den Namen »Deutsch-Österreich«.

1919 **1919**

Welche politischen Anschauungen vertraten die Österreicher, die 1918 Deutsch-Österreich zum Bestandteil der »Deutschen Republik« erklärten? Nach den ersten Wahlen vom 16. Februar 1919 waren in der Nationalversammlung vertreten: 72 Sozialdemokraten (SPÖ), 69 katholische Christlichsoziale (CP), 26 Angehörige deutschnationaler Gruppen und 3 Sonstige.

Am 28. Juni 1919 müssen die besiegten Deutschen das Diktat von Versailles unterzeichnen.

Folgende alte Reichsgebiete werden den Deutschen geraubt:

1) Eupen, Malmedy und Moresnet von der belgischen Regierung;
2) Nordschleswig von der dänischen Regierung;
3) Teile von Schlesien und Ostpreußen, fast ganz Westpreußen und Posen von der polnischen Regierung;
4) das Hultschiner Ländchen nördlich der Oppa im preußischen Kreis Ratibor von der tschechischen Regierung;
5) das Memelland von der litauischen Regierung;
6) Elsaß und Lothringen von der französischen Regierung;
7) Danzig wird als »Freie« Stadt unter die Verwaltung des Völkerbundes gestellt;
8) das Saarland wird unter die Verwaltung des Völkerbundes gestellt.

Außerdem werden dem Deutschen Reich folgende Schutzgebiete geraubt:

1) Deutsch-Südwestafrika mit Windhuk erhält die Südafrikanische Union als Völkerbundsmandat. Heute als Namibia im Gespräch. Hinter den Kulissen wird schwer gerungen, wer zukünftig den Nutzen aus Diamanten, Gold und sonstigen Bodenschätzen ziehen wird.
2) Deutsch-Ostafrika mit Daressalam muß zum größten Teil als Tanganjika an Großbritannien abgegeben werden; seit dem 9. Dezember 1962 ist dieses Gebiet die Republik Tansania; den kleineren Teil Ruanda-Urundi erhält Belgien;
3) Kamerun mit Buëa wird zum großen Teil von Frankreich übernommen;
4) Togo mit Lome muß an Großbritannien übergeben werden;
5) Deutsch-Neuguinea mit Rabaul und dem Bismarck-Archipel übernimmt der Australische Bund;
6) Samoa mit Apia wird von Neuseeland übernommen;
7) Kiautschou mit Tsingtau und die übrigen Südsee-Inselgruppen übernimmt Japan.

So ist die Kriegsbeute gleichmäßig verteilt!

Am 10. September 1919 wird den Österreichern das Diktat von St. Germain aufgezwungen. Der Anschluß an Deutschland und der Name Deutsch-Österreich werden von den Siegermächten verboten. Den Österreichern werden folgende Gebiete geraubt:

1) Südtirol vom Brenner bis zur Salurner Klause von der italienischen Regierung;

2) Süd-Steiermark zwischen Mur und Sau mit Marburg an der Drau sowie Südost-Kärnten und Krain mit den Ortschaften Laibach (Ljubljana), Krainburg, Deutsch-Veldes, Idria, Adelsberg, Rudolfswerth, Gottschee und Zirknitz von der neu entstandenen jugoslawischen Regierung;
3) Die sudetendeutschen Siedlungsgebiete mit den Städten Troppau, Jägerndorf, Schönberg, Landskron, Trautenau, Reichenberg, Aussig, Leitmeritz, Teplitz, Brüx, Saaz, Karlsbad, Eger, Haid und Marienbad sowie den Randgebieten Böhmerwald, Deutschböhmen und Deutschmähren von der neu entstandenen tschechischen Regierung.

Auf den Briefmarken hält sich »Deutsch-Österreich« noch bis mindestens 1921 – denn am 5. August 1921 wird in Pfaffenhofen (jetzt A–6405) eine 2 Kronen-Marke mit der Bezeichnung Deutsch-Österreich gestempelt. Das entnehme ich einer Ansicht von Neustift im Stubaital in Tirol, die mein Großvater August Becker in Wasserleben erhalten hat.

Der Verlag B. Jahn, Berlin, Köpenickerstr. 32, hat 1919 die Zeichen der Zeit erkannt. Eine Ansichtskarte zeigt Wilhelm II. auf einer Park-Bank liegend und den Text: 50 Schlösser und keine Schlafstelle. Auf der Bank, ganz lang, ruht er ohne Haus!...auf dem Lorbeer aus!...

Endlich können sich auch begabte Dichter entfalten, die z.B. dem Kaiser und der Kaiserin folgenden Vers widmen:

Rasch! Zusammengerafft Speck, Schinken, Eier, Mehl,
aber recht schnell. Der Herr wird uns beschirmen!
Auguste! wir müssen türmen!

Auch der Verlag M. Simon, Berlin C. 54, Dragonerstr. 46, tat 1919 den Zeitläufen Genüge. Auf seiner Ansichtskarte sind Wilhelm II. und der Kronprinz dargestellt; dazu der Text:

Wilhelm II. und Sohn auf der Wanderschaft.
Gepackte Koffer und Zylinderhut,
Steht Wilhelm II. für alle Zeiten gut.
Er ließ vom Volk sich nicht beraten
Es ist jetzt aus von Gottes Gnaden.
Es ist vorbei mit »Feste druff«,
Es war fürs Volk ein großer Bluff.
Es lebt sich herrlich auch ohne Fee
Am holländischen Zuider-See.
Zepter und Krone zur Erde fiel,
Wilhelm eilt nach Holland ins Exil.
Ein Hoch der Freien Republik!

Aber nach 13 Jahren war schon das Tief mit 6 Millionen Arbeitslosen da und das Volk wählte die »freie« Republik ab. Für solch schnöden Undank wurden dem deutschen Volk nach 1945 von den vereinigten »Demokratien« die Daumenschrauben gehörig angezogen.

Ich bin nun 5 Jahre alt und erkunde Ilsenburg. Gern spiele ich am Forellenteich – am »Dammdieke«. Unterhalb des Dammes stehen noch die leeren Hallen des alten Walzwerkes, die aber bald entfernt werden. Bevorzugter Spielplatz ist auch das Flußbett der Ilse, wo man wunderbar von Stein zu Stein springen kann. Manchmal besuche ich auch die untere Achsenschmiede im Ilsetal an der Brennwiese, wo es mir die Loren auf den Schienen zur oberen Achsenschmiede angetan haben. Beim Hochschieben muß ich zwar gehörig schwitzen, aber die Talfahrt ist unvergleichlich – auch wenn die Bremse versagt und unten alles in einer Staubwolke endet.

Mein Onkel Ernst Ruhberg, der früher Werkmeister auf der Achsenschmiede war, hat meinen Hang zur Technik unbewußt gefördert. Auf seinem Grundstück in der Wilhelmstraße am Bach zum Zainhüttenteich schaute ich gern zu, wenn er an seiner kleinen Feldschmiede tätig war. Außerdem waren die Früchte seiner Brombeerhecke am Bach nicht zu verachten.

Ein nicht alltägliches Ereignis war ein Besuch bei den Großeltern in Wasserleben. Der große Garten in der Nähe des Waage-Hauses bei der Zuckerfabrik bot immer neue Überraschungen, und über die Verpflegung in Wasserleben konnte ich nie klagen. Bei einer nächtlichen Rückkehr nach Ilsenburg war ich auf dem Handwagen, den meine Eltern zogen, eingeschlafen. Bei den vielen Schlaglöchern sprang plötzlich der Verbindungsbolzen zur Vorderachse heraus, der Hinterteil des Wagens kippte nach vorn und ich schlug mit dem Kopf auf die Straße. Heute noch sehe ich das Jagdmesser meines Vaters im Mondschein funkeln, mit dem er die mächtige Schwellung zu lindern suchte.

In Ostpreußen, 72 km südöstlich Königsberg, in Korschen, wird am 20. April 1919 Herta Gaebel, meine spätere Frau, geboren. Korschen liegt an der internationalen Eisenbahnstrekke Berlin-Moskau. Vater Otto Gaebel, geboren am 5. April 1886 in Korschen, ist bei der Deutschen Reichsbahn beschäftigt.

Von 1914 bis 1919 starben im 1. Weltkrieg 158 Ilsenburger für ihr Vaterland. Ehre ihrem Andenken.

1920 **1920**

Ostern komme ich in die Volksschule in Ilsenburg. Der Inhalt der Oster-Tüte ist mir wichtiger als das Ereignis. Mein erstes Schuljahr verbringe ich in der Schule an der Böttcherstraße. Mein Klassenlehrer ist Herr Haberland. Rektor Lehmann wohnt im Nebenhaus, dessen Garten an den Schulhof grenzt. Später wird Rektor Lehmann desto höher in meiner Achtung steigen, je mehr Veröffentlichungen aus seiner Hand ich zu lesen bekomme.

Auch Konrektor Storbeck ist noch tätig. Ich erinnere mich an eine Religionsstunde, in der er uns vertretungsweise zusammen mit einer Mädchenklasse die Vorteile eines frommen Lebenswandels nahezubringen bemüht war. 1898 hat er als Klassenlehrer der IIb mit 78 Schülern das Zeugnis meiner Tante Lieschen Ruhberg (Schwester meiner Mutter) unterschrieben und Hauptlehrer (später Rektor) Hahne hat gegengezeichnet.

In den ersten Schultagen werde ich von Herrn Haberland ernstlich getadelt, weil ich entgegen seinem Verbot während der Pause auf Bäume geklettert bin, was meinem hellblauen Anzug nicht gut bekam. Als mein Vater das erfährt, ist er empört: als Lehrersohn hätte ich mit gutem Beispiel voranzugehen. Das kann ja heiter werden... Mein Schulweg durch die kleine Gasse links der Ilse war übrigens sehr kurz – vielleicht 4 Minuten. Diese Gasse war ein stilles Örtchen, was manche Vierbeiner (und Zweibeiner) leider nicht allzu selten mißbrauchten.

Auf die Postkarten müssen jetzt 40 Pfennig geklebt werden statt früher 5 Pfennig. Der Ankunftsstempel fällt weg – offensichtlich war das eine reaktionäre Machenschaft, die man einem freien Republikaner nicht mehr zumuten darf. Jetzt kann niemand mehr prüfen, wie lange die Reise und wie lange die Zustellung im Ortsbezirk dauerte.

Gern erinnere ich mich an den alten Herrn Bretthauer in der Marienhöferstraße gegenüber Klempner Klaus. Er war mein Munitionslieferant: Knallkorken für die Schreckschuß-Pistole und Zündplättchen-Bänder für einen anderen Krachmacher.

Im August muß ich zum Lichtbildner. Carl Köhler gibt sich große Mühe, mich in meinem weißen Matrosenanzug vorteilhaft auf die Platte zu bannen. Auch mir gefällt die Aufnahme heute noch. Aber der weiße Matrosenanzug war ein Albtraum. Wenn Verwandte und Bekannte sonntags zum Kurpark im Ilsetal zogen, war für uns Jungen die Ilse so nahe wie die obere Achsenschmiede. Wollte ich mich durch den Spalt in einer Schuppenwand zwängen, sah ich wie ein Zebra aus. Rutschte ich in der Ilse auf einem bemoosten Stein aus, war die Hose vorn zwar weiß geblieben, hinten aber grün geworden.

Als Leiter der Fürstlichen Domäne wohnt Prinz zu Bentheim und Steinfurt im Marienhof in Ilsenburg. Sohn Viktor ist etwa in meinem Alter, sein jüngerer Bruder Manfred geht bei meinem Vater in die Klasse.

Am 23. November 1920 werden die Satzungen des Männergesang-Vereins »Ilse«, die seit dem 17. Oktober 1905 gültig waren, in einigen Punkten geändert. Als Mitglieder sind genannt: 1) Wilhelm Becker, 2) Christian Berke, 3) O. Bockemüller 4) Carl Bösche, 5) R. Brunn, 6) W. Dannhauer, 7) Fr. Dressel, 8) W. Eckert, 9) H. Eggert, 10) O. Heinrichs, 11) A. Kelber, 12) W. Mewes, 13) H. Michaels, 14) Conrad Rimmel, 15) K. Ritzau, 16) Wilhelm Ruhberg, 17) E. Schneevoigt, 18) K. Schneevoigt, 19) C. Schomburg, 20) L. Spormann jun., 21) J.H. Treder, 22) Fr. Weber. Als Dirigenten waren tätig: Schöndube, Möller, La Villa, Becker, Bohns, Schilder, Schneevoigt.

Die Winter-Vergnügen und das Theater-Spielen machten mir Spaß.

Oskar Ursinus ruft im Sommer die Flieger des ersten Weltkrieges zum motorlosen Fliegen auf die Wasserkuppe. Das Diktat von Versailles hat den Deutschen das Motorfliegen verboten. Aber der Deutsche muß aus jedem Verbot etwas Nützliches für die Zukunft herausholen.

1921 **1921**

Viel Freude habe ich an meinem Selbstfahrer, auch Holländer genannt, den mir mein Vater in Wernigerode gekauft hat. Er wird durch Hin- und Herbewegen eines Handhebels über eine Kurbelkröpfung der Hinterachse angetrieben. Die Vorderachse wird mit den Füßen gelenkt.

Am 17. April soll ich Pfeifen gelernt und am 21. Mai mit dem Sammeln von Briefmarken begonnen haben.

Im ersten Zeugnis Ostern 1921 erhalte ich Platz 5 unter 38 Schülern. Wer den Anforderungen am wenigsten entsprach, landete auf der letzten Bank. Darin sehe ich auch heute nicht die geringste Herabsetzung – niemand kann etwas daran ändern, was ihm das Schicksal an Gaben verliehen hat. Für jede Begabung gibt es einen Beruf, der voll ausgefüllt werden kann. Und dann wollen wir auch das Parteibuch nicht vergessen.

Vom 3. bis 17. Juli nimmt mein Vater an einem Lehrgang im Nordseebad Büsum teil und bringt mir allerlei Getier in Spiritus mit. In Büsum wohnte er in der Hohenzollernstr. 6 bei Frau Wiechhorst. Am 7. Juli bringt der Kutter »Seestern« die Lehrgangsteilnehmer nach Helgoland. Am 13. Juli trifft mein Vater am Strandkorb zufällig Musikdirektor Lenz aus Wernigerode. Meine Mutter erfährt das auf einer Ansicht aus Heide in Holstein mit Klaus Groth und seinem Geburtshaus: »Min Modersprak wa klingst du schön!« Auch die 4 Verse des Friesenleed gelangen nach Ilsenburg. Ursprünglich als »Ostseelied« von Martha Müller-Grählert verfaßt, hat Fischer-Friesenhausen den Text der Nordsee angepaßt. In Husum wird auch das Osterfelder Bauernhaus besichtigt und der Pesel (Empfangsstube) bewundert.

Am 23. Juli sind meine Eltern in Stralsund. An der über 5 Stunden dauernden Seereise ab Lübeck hat meine Mutter wenig Freude gehabt. Da gefällt ihr die Eisenbahn-Fähre, die den Strela-Sund zwischen der Stadt und Altefähr überbrückt, schon besser. 1936 entfiel auch diese Besonderheit, als der 2540 m lange Rügendamm eröffnet wurde. In Hamburg hatten meine Eltern noch den mit 56000 Bruttoregistertonnen größten Dampfer der Welt »Bismarck« liegen sehen, den dann die Siegermächte vereinnahmten.

Besucht wurde auch die Grabstätte des Majors Ferdinand von Schill, der 1809 in der späteren Schillstraße in Stralsund für die Freiheit seines Vaterlandes fiel.

Solange meine Eltern auf Reisen sind, bin ich bei meinen Großeltern in Wasserleben untergebracht. Das Leben auf dem Dorfe und die vielen Tiere gefallen mir.

Auf einer Ansichtskarte meiner Tante Anna Burchardt vom 20.8.21 lese ich: »...dieser Pomp im armen Deutschland, ganz international – Valutaschinder...«. Diesen Eindruck gewann sie in Swinemünde.

Pastor Ernst Bartsch, der mich später konfirmierte, ist in seine Heimat Ostpreußen gereist und verbringt dort mit seiner Frau den Urlaub. Mit einer Ansicht der Schloßteich-Promenade in Königsberg grüßt er meine Base Ilse Konschitzky in Ilsenburg, Hochofenstr. 45.

Ich bin jetzt 7 Jahre alt und ahne noch nichts von den erstaunlichen Fähigkeiten der Rutengänger und Pendler, mit denen ich mich erst 50 Jahre später befassen werde. Weltberühmt als Pendler wurde der Abbé A. Mermet, von dem ich hier das erste Beispiel bringe:

Ein Brief vom 8. Oktober 1921, den Herr Samuel de Perrot an den Pendelmeister Abbé Mermet richtete, bereichert die vielen Fälle, in denen beamtete Gelehrte erfolgreiche Außenseiter bekämpfen. Die Schokoladenfabrik Suchard hatte 1918 Brennstoff-Sorgen und suchte Kohlenvorkommen in der Schweiz. Im Wallis, auf dem Plateau du Plex gegenüber der Dent du Midi, hatte Mermet in 280 Meter Tiefe Anthrazitkohle erpendelt. Ein Gutachten der fünf Hauptgeologen der Schweiz ergab: »...Hätte der Abbé nur einen Schimmer von Geologie, er würde Kohle nicht mitten im Urgestein, in Gneis und Granit suchen...«

Trotzdem glaubte die Firma Suchard dem anerkannten Pendler, ließ den Stollen bohren und fand die Anthrazitkohle.

1922 **1922**

Am 21. Januar stehe ich zum ersten Mal auf Schneeschuhen. Damit war mein Spaß am Schlittschuhlaufen beendet. Den Skiern bin ich bis heute treu geblieben.

Am 29. Januar besuche ich in Braunlage ein Wintersportfest und staune, was man mit den Brettern alles anstellen kann.

Im Sommer verbringe ich manchen Nachmittag auf dem Holzplatz im Ilsetal. Die Loren der Feldbahn haben es mir angetan. Aber Herr Voigtländer, der Besitzer des Sägewerkes, darf nicht in der Nähe sein. Derweilen setzt mein Vater zuhause den Hagebuttenwein an.

Die Geburtstage meines Freundes Karl Schütze am 21. März im Forsthaus an der Ecker gegenüber der Gaststätte Eckerkrug zählen während meiner Volksschulzeit zu den schönsten Ereignissen des Jahres.

Gegenüber dem Forsthaus, zwischen Ecker und Gasthaus ließ Hegemeister Schütze in diesen Jahren ein Haus bauen. Als der Rohbau schon sein Dach, aber noch keine Treppen hatte, war er an einem Sonntagnachmittag Spielplatz für Karl Schütze, Willi, Kurt und Alfred Jedicke und für mich. Die Geschosse waren auf Leitern zu erreichen. Bei unserem Herumjagen bin ich gerade am oberen Ende der Leiter angelangt, als ich zurückgestoßen werde. Ich stürze rückwärts 3,5 m tief auf den Abgang zum Keller, der mit 3 Lagen dünner Bretter abgedeckt war. Da ich etwa waagerecht aufschlug und die Bretter zu meinen Gunsten federten, kam ich ohne Schaden davon. Schicksal.

Ein Schreiben des Pendelmeisters Mermet vom 20. Dezember 1922 enthält Hinweise auf seine erfolgreiche Suche nach Erdöl und Erdgas. Seine Angaben für französische Bohrungen in Algerien trafen in jedem Fall zu. Einige Monate vorher war Mermet bei einer Mutung in Galizien mit einem Ingenieur ins Gespräch gekommen, der ein Grundstück in Arcachon am Atlantik westlich Bordeaux besaß. Ingenieur Husson fragt Mermet, ob es in Arcachon auch Erdgas geben könnte. Der Befragte läßt ihn auf der Zeitung sein Grundstück mit notwendigen Anhaltspunkten grob skizzieren und erpendelt eine Stelle, wo er den Bleistift durch das Papier stößt: »Hier in 2,8 m Tiefe haben Sie Erdölgas, eine Art undichte Stelle.« Ingenieur Husson gräbt nach seiner Rückkehr in Arcachon und findet das Vorhergesagte. An einem angebrachten Rohr brennt Tag und Nacht jahrelang die Flamme.

1923 **1923**

Bei einem Klassenausflug nach Thale an der Bode wird uns auf der »Roßtrappe« die Vertiefung im Felsen als von einem Pferdefuß herrührend erläutert. Hier setzte der Huf des weißen Zelters auf, der die Königstochter Emma vom Hexentanzplatz sicher über den Abgrund trug. Wie uns die Sage berichtet, stürzte der sie verfolgende Ritter Bodo in die Schlucht und gab dem Bodekessel seinen Namen.

Der »Huf«-Abdruck wurde einst von unseren heidnischen Vorfahren als »Ur«-Rune (Wasser-Rune) in den Felsen gemeißelt und kennzeichnete einen Mutter- oder Wende-Stein in einem heiligen Hain.

Zwei bei Thale gefundene Zierscheiben aus der Zeit um 1500 v. Z. befanden sich im Museum für Vorgeschichte in Berlin. Auf einer Zierscheibe sind 5 Punkte durch S-förmige Spiralen miteinander verbunden. Herman Wirth sieht hierin die fünffache Teilung des damaligen nordatlantischen Gesichtskreis-Sonnenjahres.

Die andere Zierscheibe zeigt einen Sechsstern mit Mittelpunkt im Kreise, der von 6 Punkten umschlossen wird. Dies ist nach H. Wirth ein Beispiel für die zwölffache Teilung des Sonnenjahres.

An der Volksschule in Ilsenburg sind tätig: Rektor Maron; die Lehrerinnen Frl. Schulz, Frl. Vogt, Frl. Windweh; die Lehrer Andres, Becker, Dobberkau, Eßmann, Haberland, Kaemnitz, Lütge, Lutze, Schrank, Unterberg.

Am 10. Juli muß mein Vater auf eine Karte aus Frankfurt am Main Briefmarken im Wert von 120 Mark kleben. Er schreibt, daß er in der Mainzer Landstraße gut untergekommen ist und in der benachbarten Straße französische Posten auf Wache stehen – 25 Jahre später sind es USA-Posten. Behaltenswert ist der auf der Karte abgedruckte Spruch von Friedrich Stoltze:

Es ist kää Stadt uff der weite Welt,
Die so merr wie mei Frankfort gefällt,
Un es will merr net in mein Kopp enei:
Wie kann nor e Mensch net von Frankfort sei!

Am 11. Juli läßt mein Vater aus Heidelberg von sich hören. Seine Ersparnisse setzt er in eine Reise um, ehe sie gänzlich dem Volksbetrug der Inflation zum Opfer fallen. Aus jenen Tagen blieb noch ein Stück Papier 190 x 115 mm übrig »Reichsbanknote Hunderttausend Mark« mit Datum 1. Februar 1923.

Ich verbringe wieder ereignisreiche Ferientage bei den Großeltern in Wasserleben. Den großen Garten in der Nähe der Fahrzeug-Waage vor der Zuckerfabrik habe ich nicht vergessen.

Die Geldentwertung schreitet fort. In der Bäckerei Brandes am Schloßberg kaufe ich ein Brot für 200 Millionen Mark. Im November 1923 ist 1 Billion = 1000 Milliarden = 10 hoch 12 Papiermark = 1 Goldmark. Nachdem Reichsbanknoten mit dem Aufdruck Zehn Billionen erschienen sind, beendet die Rentenmark diesen bösen Spuk.

Das auftauchende wertbeständige Notgeld wird ein beliebtes Sammlerobjekt. Es beweist, daß eine Volkswirtschaft auch ohne internationale Finanzhyänen auskommen kann – eine internationale Ausbeutung mittels Wucherzinsen ist damit unmöglich gemacht. Solch fluchwürdiges Verbrechen kann nur durch blutige Kriege geahndet werden!

In meiner Freizeit bastele ich gern an Schwachstrom- und Starkstrom-Schaltungen. Am 14. Dezember wird mein Adventsbäumchen erstmals elektrisch beleuchtet.

Wenn ich Schmöker von Frank Allan und Percy Stuart lese, die mein Vater in die Schundliteratur einordnet, möchte ich nicht gestört und noch weniger überrascht werden. Deshalb wird an der Zimmertür in Augenhöhe mittels Lichtbogenkohle und elektrischem Plätteisen als Widerstand ein Schleifkontakt angebracht. Wer die Tür öffnet, erzeugt einen blendenden und hörbaren Blitz. Als ich eines Tages vergaß, den versteckt angebrachten Schalter zu betätigen und mir die eigene Nase versengte, war die Unbrauchbarkeit der Erfindung bewiesen.

Die französische Besetzung der Ruhr-Industrieanlagen wirkt sich bis Ilsenburg aus. Wir nehmen ein Ruhrkind auf. Am 16. Mai erscheint Otto Renzing aus Laer bei Bochum, Hellweg 8, auf der Bildfläche. Zur Feier des Tages werden wir gewogen: Otto bringt 78 Pfund (39 kg) auf die Waage, Willi Förster und ich je 54 Pfund. Bis zum 14. September verbrachten Otto und ich ereignisreiche Tage. Später verloren wir uns aus den Augen.

In Halberstadt gibt Louis Koch 11 Ansichtskarten zur Erinnerung an das Infanterie-Regiment Nr. 27 heraus. Dargestellt sind Prinz Louis Ferdinand von Preußen, sein Tod bei Saalfeld am 10. 10. 1806 und das Gefechtsgebiet des 1. Weltkriges um Laon, Chemin des Dames,

Lorettohöhe, Arras und Lüttich. Erinnert wird ferner an die Schlacht von Königgrätz am 3. Juli 1866 und an den Kampf bei Beaumont am 31. August 1870.

Der Tscheche Lubor Niederle veröffentlicht 1923 in Paris sein Buch »Manuel de l' antiquité slave« = Handbuch des slawischen Altertums. Niederle beansprucht ehemalige Gebiete der Wandalen und Goten für die Panslawisten. Er setzt also voraus, daß Stämme der germanischen Wandalen und Goten Vorfahren der Tschechen waren. Wäre es anders, könnte er keine »Erbansprüche« geltend machen. (Anzeiger der Notverwaltung des Deutschen Ostens 12 (1983) Nr. 4, Juli/August, S. 14: Dr. Heinrich Lemke »Die Sclaveni«). Siehe auch Angaben zum Jahre 1768.

Fahrschüler zwischen Ilsenburg und Bad Harzburg 1924 bis 1933

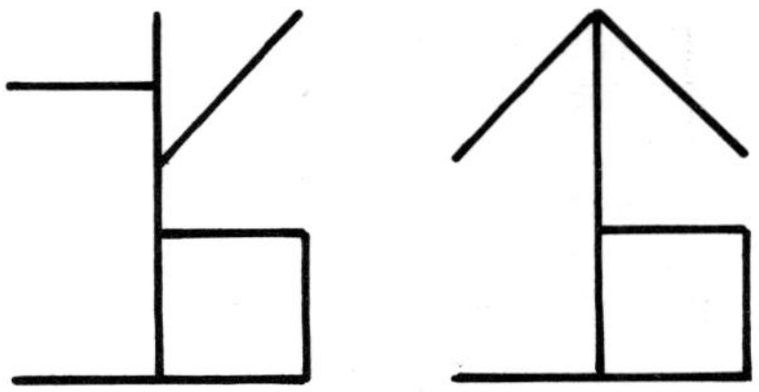

Am 9. Februar erscheinen 6 Ilsenburger zur Aufnahmeprüfung am Reform-Realgymnasium in Bad Harzburg, das für 9 Jahre meine zweite Heimat wird.

Am 17. Februar ziehen die Familien Jedicke, Grabitz und Becker auf Schneeschuhen zum Brocken. Der Nachwuchs freut sich mächtig über diesen Ausflug.

Am 27. Mai lockt das schöne Wetter meinen Vater in die Natur. Mit dem Fahrrad besucht er das Hackelberg-Grab und die Harliburg bei Vienenburg.

Am 29. Juni, einem Sonntag, weiht die nationale Vereinigung »Wehrwolf« in Wernigerode neue Fahnen und am 27. Juli nimmt mein Vater am Regiments-Appell seines Infanterie-Regiments 165 teil.

Am 31. Juli fragt Dipl.-Ing. Albert Erb, Industriebau, Elberfeld, Aue 2, in Ilsenburg, Villa Daheim (Willy Wolff und Frau) an, ob sein Sohn in Ilsenburg untergebracht werden kann. Herr Wolff gab die Anfrage an meinen Vater weiter. Und bald erschien Karl Erb, mit dem ich abwechslungsreiche Ferientage verbrachte. Am 21. September 1924 erhalten wir von Karl eine Ansicht der Schwebebahn Barmen-Elberfeld-Vohwinkel: »Liebe Familie Becker! In dankbarer Erinnerung an meine schönen Ferientage in Ilsenburg sendet Ihnen herzliche Grüße Karl Erb.«

Am 22. August lerne ich das Kyffhäuser-Denkmal und die Höhle Heimkehle kennen. Am 1. August war mein Vater mit mir und Base Elfriede Hüttner in den Tropfsteinhöhlen gewesen. Das war der Beginn einer stillen Liebe zur Unterwelt (Speläologie = Höhlenkunde).

Am 12. Oktober geben auch die Ilsenburger dem Zeppelin ZR III ihre guten Wünsche mit auf den Weg, der zur Fahrt nach den USA aufgestiegen ist. Nach 80 Stunden landet er am 15. Oktober in Lakehurst.

Am 22. November stirbt abends unser Nachbar, Bäckermeister Otto Förster, in dessen Haus ich mit meinem Freund Willi Förster viele schöne Stunden verbracht habe.

Am 2. Dezember 1924 stürze ich aus dem Fenster der Schule in der Faktoreistraße. Als ich zu mir komme, ist der Mund voll von Kies. Eine Verfolgungsjagd durch die Schulräume und das Hängenbleiben am Fensterrahmen waren der Anlaß. Ich kam glimpflich davon, wundere mich aber heute noch, daß das Genick das ausgehalten hat.

Am 17. Dezember wählt die Gemeindevertretung meinen Vater zum Beisitzer im Mieteinigungsamt – es soll angenehmere Pflichten geben.

Im Dezember 1924 bringt mein Vater aus Wernigerode einen Spruch mit, den ich damals nicht beachtete, der mich heute jedoch seltsam berührt:

Mich reut kein Tag, den ich in Tal und Hügeln
Durch meines Gottes schöne Welt geschwärmt,
Im Sturm umbraust von seiner Allmacht Flügeln,
Im Sonnenschein von seiner Gunst durchwärmt;
Und war's kein Gottesdienst im Kirchenstuhle,
War's auch kein Tagewerk im Joch der Pflicht:
Auch in der Schöpfung hält die Gottheit Schule,
Es reut mich nicht.

Wer mag das erdacht haben?

In Bad Harzburg nahm mich das Dedekind'sche Haus in der Herzog-Julius-Straße von der Sexta bis zur Untertertia in seine Obhut. In guter Erinnerung habe ich Olga Matthes (Tante Matz) gegenüber der Schule, wo Schreibwaren und Sonstiges, was Schüler brauchen, zu beziehen waren. Dazu gehörten auch »Schmöker«, von meinem Vater als Schundliteratur verfemt, von mir als unersetzliches Hilfsmittel zum Erwachsenwerden geschätzt. Die Ladeninhaberin wurde mehrmals von der Schulleitung verwarnt, die Schmöker aus dem Angebot zu entfernen. Das geschah auch – die Hefte wurden nur noch unter dem Ladentisch verkauft.

Hermann Oberth veröffentlicht sein Buch »Wege zur Raumschiffahrt«, in dem er bahnbrechende Gedanken entwickelt. Wie üblich, belächelt die Schulwissenschaft den »verrückten« Erfinder. Viel schlimmer aber ist, daß H. Oberth als Außenseiter Lösungen darlegt, über die Fachgelehrte überhaupt noch nicht nachgedacht haben.

Pioniere des Segelfluges gründen die Rhön-Rossitten-Gesellschaft, um die Möglichkeiten des Segelfluges zielbewußt zu erforschen.

Mein Vater hat Ärger mit der Wohnung Marienhöferstr. 16. Hauswirt Karl Kurre hat das Haus, in dem wir das erste Stockwerk bewohnen, an den Arzt Dr. Mitscherling verkauft, der das Haus nach seinen Vorstellungen umbauen und verschönern läßt.

Aus Bad Harzburg wird ein besonderes Ereignis gemeldet: am 1. Januar blüht auf dem Burgberg ein Kirschbaum im Freien. Eine Woche vorher tranken wir in der Gartenlaube meines Großvaters in der Hochofenstr. 45 in Ilsenburg auch schon Kaffee – im Freien zur Weihnachtszeit!

Am 10. März ziehen meine Eltern in Ilsenburg nach Buchbergstr. 48 zu Familie Riefenstahl – Sohn Hans ist etwas älter als ich. Mein täglicher Schulweg: 20 Minuten Fußweg zum

Bahnhof Ilsenburg + 25 Minuten Bahnfahrt + 10 Minuten, zum Schulhaus in Bad Harzburg.

Der Fürst von Stolberg-Wernigerode hat in Ilsenburg den schönen Eichenwald, in dem ich gern umherstromerte, verkauft. Mein Vater hat ein Grundstück von 800 Quadratmetern erstanden. Am 8. Juni 1925 erfolgt der erste Spatenstich zum neuen Hause. Später wird mich mein Vater zweifelnd fragen, ob das unter Mühen erworbene Eigentum auch des Sohnes Heimat bleiben wird – sie blieb es nicht. Am 7.8. wurde Richteschmaus gefeiert.

Am 1. November wird Schäferhund Leo in die Familie aufgenommen und am 10. Dezember das neue Haus Damschkestr. 33 bezogen. Mein Schulweg ist jetzt erheblich verkürzt: von der großen Kurve der Reichsstraße 6 (Bremerhaven – Breslau) bei Erich Bockemüller komme ich über eine Fußgängerbrücke schnell zum Bahnhof Ilsenburg.

Am 2. Dezember lese ich auf einer 5 Pfennig-Briefmarke »Deutsches Reich – Deutsches Rheinland«.

Zum Nachdenken regt die folgende Aufstellung der Messen und Märkte an, die 1925 im Deutschen Reich abgehalten wurden. Genannt sind nur die politischen Bezirke.
1 Baden, 2 Hohenzollernsche Lande, 3 Bayrische Pfalz, 4 Württemberg, 5 Bayern, 6 Freistaat Sachsen, 7 Thüringen, 8 Anhalt, 9 Provinz Ostpreußen, 10 Provinz Westpreußen-Posen, 11 Provinz Brandenburg, 12 Provinz Pommern, 13 Provinz Schlesien, 14 Provinz Sachsen, 15 Mecklenburg-Schwerin, 16 Mecklenburg-Strelitz, 17 Freie Stadt Danzig, 18 Provinz Schleswig-Holstein, 19 Provinz Hannover, 20 Provinz Hessen-Nassau, 21 Provinz Westfalen, 22 Rheinprovinz, 23 Hessen, 24 Oldenburg, 25 Braunschweig, 26 Lippe-Detmold, 27 Schaumburg-Lippe, 28 Waldeck, 29 Bremen, 30 Hamburg, 31 Lübeck

1926 **1926**

In Breslau erscheint »Der ostdeutsche Volksboden« von W. Volz. Das Buch enthält einen Aufsatz von Christian Krollmann »Die Politik des Deutschen Ordens«. Auf S. 208 lesen wir: ...»Den Heiden konnte politische Geltung nicht zuerkannt werden. Ihr Land war herrenloses Gut, solange die Bewohner nicht den Anschluß an die christliche Kirche gefunden hatten. Jedem, der gleichzeitig ihre Bekehrung sich zur Aufgabe stellte, stand der Zugriff frei. Hier galt also die blanke Waffe, nicht die Kunst der Politik.« (Anzeiger der Notverwaltung des Deutschen Ostens 12 (1983) Nr. 4, Juli/August, S. 19, Quelle 36). Bei solch »christlicher« Anmaßung war es selbstverständlich, daß die Heiden ihren Glauben und ihre Heiligtümer bis zum äußersten verteidigten.

Am 26. März 1926 wendet sich der Bergingenieur Georges Rodhain, der in Gabian (Hérault) auf einem Bohrfeld arbeitet, an Abbé Mermet und fügt seiner Anfrage eine Landkarte im Maßstab 1:10000 bei. Mermet erpendelt aus mehr als 500 km Entfernung an seinem Schreibtisch anhand der Landkarte, daß die Bohrungen Nr. 8, 9 und 10 flüssiges Erdöl nicht erbringen werden. Am 4. September 1926 bestätigt Rodhain, daß sich alle Angaben des Pendelmeisters als richtig erwiesen.

Am 11. April wird meine Großmutter Karoline Ruhberg 70 Jahre alt. Zu ihrem Ehrentage haben sich 5 Töchter, ein Sohn und 4 Enkel eingefunden. Ich muß einen 28 Zeiler auswendig lernen und vortragen.

Noch eine Anmerkung zum Schlagwort »Goldene Zwanziger Jahre«, das regelmäßig im Fernsehen und Rundfunk zu hören ist. Von goldenen Zwanzigern zu sprechen, ist für die arbeitende Bevölkerung eine unverschämte Lüge, die nach 1945 von hochbezahlten Nutznießern der Besatzungsmächte aufrecht erhalten werden soll. Golden waren die zwanziger Jahre nur für Kriegsgewinnler, Valutaschieber und Grundstück-Spekulanten. Ende 1929 waren bereits 3,2 Millionen Deutsche ohne Arbeit.

Bis zu diesem Jahr wird von den Segelfliegern nur der Aufwind am Hang genutzt, wenn man möglichst lange in der Luft bleiben will. Wolf Hirth war der erste Segelflieger, der in seinem Buch das Segelfliegen im thermischen Aufwind bekannt machte.

Am 21. Februar fragt Dr. Zollmann, der verdienstvolle Leiter des von Dr. Lietz eingerichteten Landwaisenheims Grovesmühle in Veckenstedt bei meinem Vater an, ob Sohn Theo Privatunterricht erhalten kann. Theo Zollmann fand sich dann regelmäßig in der Damaschkestr. 33 ein.

Am 21. März 1927 landet der in New York aufgestiegene Charles Lindbergh (geb. 4.2.1902) nach 33,5-stündigem Flug in Paris und wird nach diesem Ozeanflug der Volksheld der USA. Lindbergh ist gegen einen Krieg der USA mit Deutschland, deshalb zwingt der USA-Präsident F.D. Roosevelt den Brigadegeneral zum Rücktritt aus dem Kriegsministerium, dem er 1939 zugeteil worden war. Um die Hetze gegen Deutschland systematisch schüren zu können, ließ man das Lindbergh-Baby in den 30er Jahren entführen und ermorden, ließ den kurz vorher eingewanderten Deutschen namens Hauptmann verhaften und zum Mörder erklären. Der Schauprozeß gegen Hauptmann, der immer wieder seine Unschuld beteuerte, wurde über zwei Jahre hingezogen. Dann richtete man ihn hin.

Jetzt hat ein junger irischer Rechtsanwalt herausgefunden bei einer neuerlichen Durchsicht der Akten, daß Hauptmann unschuldig war. Das wurde am 12. Juli 1982 in der ARD-Fernsehsendung »New York, New York« um 21 Uhr 45 berichtet. Die inzwischen 90-jährige Frau Hauptmann hofft, daß die Unschuld ihres Mannes bald amtlich bestätigt wird.

Ein ausgezeichnetes Beispiel für den »American way of life«.

Am 15. Juni teilt Hermann Ebeling, 1034 Rhode Island Street, San Francisco, California, meinem Vater mit, daß er sich vor 3 Monaten ein Haus und ein Automobil gekauft hat. Wieder ist das Heimweh zu spüren: »...Ich gäbe einiges, mal zum Besuch zu kommen, aber es wird wohl ein frommer Wunsch bleiben...«. Ilsenburg sah er nie wieder.

Im Juli verbringe ich einen Teil meiner Ferien in Leipzig. Mein Onkel Fritz ist bei der Allgemeinen Deutschen Kredit-Anstalt (ADCA) beschäftigt und mit mir oft in der Großstadt unterwegs. Der größte Bahnhof Europas beeindruckte mich mächtig. Daß man ihn als Kopfbahnhof gebaut hatte, gefiel mir gar nicht.

Anschließend war ich in Döbeln in Sachsen, Sternplatz, von wo ich meinen Onkel Wilhelm Burchhardt auf seinen Geschäftsfahrten bis an die böhmische Grenze begleitete. Abends wunderte sich dann die Tante, daß wir nur wenig Appetit mit nach Hause brachten. Der Onkel erhielt dann seine Gardinenpredigt, daß wir wohl wieder auswärts groß getafelt hätten.

In der Unter-Tertia im Reform-Realgymnasium in Bad Harzburg feiert Werna von Lyncker am 3. August ihren Geburtstag. Ihr Vater leitet das braunschweigische Gestüt in Bad Harzburg-Bündheim.

Am 23. August findet meine Tante Anna Burchhardt im Fremdenbuch des Hotels Schafbergspitze (1780 m) über dem Attersee folgenden Spruch:

Ehre sei Gott in der Höhe.
Er hat die Berge so hoch gestellt
Und tat damit seine Weisheit kund,
Damit nicht jeder Lumpenhund,
Mit denen die Täler so reich gesegnet,
Dem frohen Wanderer hier oben begegnet.
Ehre sei Gott in der Höhe!

Am 10. September 1927 werden in Halberstadt, Hotel Weißes Roß, aus dem Bereich der Domänen des Fürsten zu Stolberg-Wernigerode veräußert:

279 ha (Hektar) in Ilsenburg für Wohnsiedlungen,
319 ha in Veckenstedt an Herrn Hausmann verkauft,
381 ha in Langeln an Herrn Fendt verkauft (im Nov. 1930),
610 ha in Schmatzfeld für Landsiedlungen

Am 12. September 1927 spiele ich mit Freunden am Sportplatz im Eichholz in Ilsenburg Fußball. Beim Torhüten fliegt mir der Ball ins Gesicht und ein Drahtende der Verschnürung reißt mir das linke Augenlid auf. Einige Millimeter bewahren das Augenlicht.

Das Schulgeld 1927/1928 in Bad Harzburg wird für mich als Preußen, der im Braunschweigischen ausgebildet wird, von 180,– Reichsmark auf 90,– Reichsmark ermäßigt, weil meine Eltern durch Hausbau besonders belastet sind. Als wir am 22. Dezember bei Glatteis zur Schulfeier nach Bad Harzburg fahren, kommt der Mietwagen auf der abschüssigen Einfahrt nach Stapelburg ins Rutschen. Wir landen an einem Baum, Herr Schmidt bringt uns trotzdem noch heil ans Ziel.

Vermutlich 1927 landet ein Doppeldecker auf der Brocken-Kuppe. Die obere Tragfläche ist mit »Krone« beschriftet. War das Werbung für Margarine oder Zigaretten?

Im Laufe des Jahres hat mein Vater Umschau gehalten nach den ältesten Häusern in Ilsenburg:

1452 Schuhmacher Fischer, Vogelgesang
1519 Gasthof Brauner Hirsch = Oberkrug an der Ilsebrücke
1606 Gärtner Hamann, Auf der See
1615 Heinrich Eggert, Marienhöferstraße
1657 Familie Bley, Grüne Straße
1659 Mechanikus Bartels, Vogelgesang
1687 Amtsrat Hinke, Ilsetal gegenüber dem Schloß
1711 Theodor Bartels, Marienhöferstraße
1733 Molkerei Rimmel, Marienhof
1784 Bernhard Lutze, Pfarrstraße
1805 Schuhmacher Volkmann, Wernigeröder Straße

1928 1928

Am 1. Januar unterhält sich mein Vater mit Herrn Riefenstahl in der Wernigeröderstraße, der damals das Elektrizitätswerk leitete, über Schotterboden. Auf unserem Grundstück mußten wir mehrere Zweispänner-Fuhren Schotter abfahren und Muttererde einbringen lassen, um im Garten ernten zu können. Herr Riefenstahl hat beim Bau seines 17 m tiefen Brunnens festgestellt, daß die Schotterschicht 6 m dick war. Bis zur Wasserader mußte dann Mergel durchstoßen werden.

Am 6. Februar klebt Hermann Ebeling in San Francisco eine 2 Cents-Marke auf eine Ansicht des Golden Gate Parks. Das war aber zu wenig und seine Mutter Emilie Ebeling, Faktorei 4a in Ilsenburg, muß Nachgebühr zahlen. Wenn Hermann englisch schrieb, kam Frau Ebeling zu meinem Vater, der die Zeilen übersetzte. Frau Ebeling habe ich als stets freundliche alte Dame in guter Erinnerung.

Mein Vater erteilt jetzt wöchentlich 30 Stunden Unterricht in der Volksschule und 6 Stunden in der Berufsschule.

Ein Buch von Fridtjof Nansen macht mich schon als Schüler recht nachdenklich, als ich darin lese, daß Christentum und europäische Kultur den Grönländern nur Unglück brachten. (»Eskimoleben«)

Im Februar wird in Ilsenburg bekannt, daß Frau Schade das Brocken-Hotel auf weitere 24 Jahre für 120000 Reichsmark gepachtet hat.

Am 17. März 1928 wird in Bad Harzburg das neue Reform-Realgymnasium hinter dem Schulgebäude in der Herzog-Wilhelm-Straße eingeweiht. Ich hause im neuen Gebäude in der Obertertia. Am 31. März scheidet auch mein Oberstudiendirektor Prof. Lic. Dr. Koldewey aus seinem Amt. Wenn im Schüler-Zeugnis viermal »Sehr gut« eingetragen war für Verhalten im allgemeinen + Häuslicher Fleiß + Aufmerksamkeit + Ordnung, schrieb er daneben »Mit großer Freude gelesen, Dr. Koldewey«. Das war eine besondere Auszeichnung. Einmal habe ich das auch geschafft. Leider habe ich ihm auch Verdruß bereitet. Wir Fahrschüler standen nicht im allerbesten Ruf. Um den zu verbessern, wurde ich zum Vertrauensschüler ernannt, der dem Oberstudiendirektor alle Unbotmäßigkeiten der Fahrschüler zwischen Ilsenburg und Harzburg zu melden hatte.

Nun wollte ich es mit keinem verderben und geriet natürlich zwischen die Stühle. Zwei Vorgänge besorgten den Rest: Ein kräftiger Bauernsohn aus Abbenrode hatte einen Sextaner, der ihm frech gekommen war, kurzerhand am Kragen gepackt und eine Weile aus dem Abteilfenster während der Fahrt gehalten. Das Gebrüll des fliegenden Menschen machte andere Fahrgäste aufmerksam, die das einem Bahnhofsvorsteher meldeten. Im anderen Fall hatten wir einen unserer Kumpel splitternackt ausgezogen und in den Abort gesperrt. Als der Zug in Ilsenburg wieder anfuhr, ließen wir ihn erst wieder aus dem Abort. Mit Kleidern und Schulmappe unter dem Arm sprang er aus dem fahrenden Zuge und zog sich auf dem Bahnsteig an. Beides wurde nach Bad Harzburg berichtet. Niemand war froher als ich, der diesen vermaledeiten Auftrag endlich losgeworden war.

Am 1. April 1928 erscheinen zu meiner Konfirmation 21 Personen, 21 Blumentöpfe und 244 Glückwunschkarten. Am Abend atmet die Familie auf:

Wie ist es schön, wenn wir die Gäste kommen sehn!
Schön ist es ferner, wenn sie bleiben
Und sich mit uns die Zeit vertreiben.
Und wenn sie endlich wieder geh'n,
Ist's auch ganz schön.

Am 28. Januar hatte die »Ilsenburger Zeitung« die Liste der Konfirmanden veröffentlicht:

1) Irma Ahrend, Stapelberg (Neuapostolische Gemeinde)
2) Karl Bartling, Auf der See 13
3) Irmgard Becker, Buchbergstr. 43
4) Karl Becker, Karlstr. 1
5) Werner Becker, Damaschkestr. 33
6) Grete Berger, Punierstr. 15
7) Otto Berke, Junkergarten 9
8) Karl Beyer, Schloßstr. 18
9) Emma Bollmann, Hirschkolonie 13
10) Frieda Bösche, Pulvermühle (Neuapostolische Gemeinde)
11) Erich Böttcher, Stahlwerkstr. 11
12) Kurt Brauckhoff, Auf der See 11
13) Erna Brauckhoff, Hirschkolonie 7
14) Hermann Bruns, Buchbergstr. 15
15) Anni Curland, Buchbergstr. 19
16) Heinz Dannhauer, Hochofenstr. 17
17) Lieselotte Dreibrodt, Hirschkolonie 2
18) Margarete Eggert, Kastanienallee 7
19) Erika Ende, Schmiedestr. 11
20) Willi Förster, Marienhöferstr. 14
21) Antonie Fricke, Kastanienallee 19
22) Anna Großhennig, Ackerhof
23) Rudolf Haar, Wernigeröderstr. 4a
24) Elise Haberlag, Wiesenstr. 1
25) Fritz Haberland, Grüne Str. 3
26) Walter Hartmann, Buchbergstr. 10
27) Gertrud Hellmund, Wernigeröderstr. 6
28) Hermann Heindorf, Grünestr. 29
29) Charlotte Helms, Schützenstr. 45

30) Rudolf Herbst, Wernigeröderstr. 35
31) Fritz Hesse, Pulvermühle
32) Willi Holland, Stahlwerkstr. 17
33) Friedrich Hotopp, Grünestr. 2
34) Kurt Jedicke, Markt 4
35) Karl Kätzel, Harzburger Str. 20
36) Mathilde Knocke, Punierstr. 28
37) Hermine Köllner, Schickendamm 3
38) Karl Köllner, Buchbergstr. 17
39) Karl Kühn, Buchbergstr. 6
40) Walter Künne, Wiesenstr. 4
41) Else Längefeld, Crolastr. 24
42) Heinz-Udo Laupitz, Kastanienallee 1
43) Käthe Lohrke, Punierstr. 15
44) Mathilde Löser, Pulvermühle
45) Frieda Lüttge, Hochofenstr. 48
46) Hermann Mahrholz, Stahlwerkstr. 6
47) Helmut Manger, Mühlenstr. 24
48) Gustav Mattusch, Unter den Eichen 4
49) Erna Meves, Marienhöferstr. 1
50) Marie Meves, Böttcherstr. 4
51) Elly Mischke, Punierstr. 15
52) Willi Möbius, Unter den Eichen 10
53) Anna Müller, Stahlwerkstr. 8
54) Heinz Müller, Mühlenstr. 29
55) Willi Niehoff, Markt 9
56) Selma Nierens, Punierstr. 15
57) Elisabeth Ohlendorf, Teichstr. 16
58) Erich Ohlendorf, Kolonie 5
59) Hildegard Oppermann, Bahnhofstr. 4
60) Edith Pape, Hochofenstr. 26
61) Käthe Pechholz, Bergstr. 8
62) Otto Pfannenschmidt, Wernigeröderstr. 4
63) Ilse Prause, Vogelgesang 8
64) Hermann Preiß, Harzburger Str. 11
65) Wolfgang Riebold, Faktoreistr. 4c
66) Margarete Riefenstahl, Harzburger Str. 12
67) Elisabeth Riemer, Punierstr. 15
68) Anna-Liese Risse, Auguststr. 3
69) Hermann Ritzau, Auf der See 11
70) Martha Ritzau, Punierstr. 19
71) Hildegard Rosenbaum, Punierstr. 15
72) Edith Ruhe, Damaschkestr. 5
73) Frieda Schmolke, Punierstr. 4
74) Gertrud Schreyer, Wienbergstr. 5
75) Frieda Schubert, Buchbergstr. 67
76) Erna Schulze, Punierstr. 15
77) Irmgard Schwochow, Hirschkolonie 6
78) Emmy Simon, Punierstr. 5
79) Marianne Skarlett, Faktoreistr. 15
80) Paul Spick, Schützenstr. 33
81) Rudolf Steckel, Faktoreistr. 24

82) Elsbeth Stürmer, Buchbergstr. 33
83) Luise Thormann, Feldstr. 9
84) Käthe Unterberg, Hagenbergstr. 17
85) Willi Volk, Karlstr. 6
86) Luise Warmholz, Schloßstr. 2
87) Walter Werner, Schützenstr. 27
88) Paul Wiemann, Buchbergstr. (Neuapostolische Gemeinde)
89) Willi Willgeroth, Faktoreistr. 25
90) Klara Witteweg, Wiesenstr. 12
91) Elisabeth Wyßmann, Marienhöferstr. 9d
92) Helene Zwenzner, Harzburger Str. 2

50Jahre später freue ich mich über Grüße meiner Mitkonfirmanden, die anläßlich der Goldenen Konfirmation in Ilsenburg mit einem Brief am 30. April 1978 meiner gedachten. Mein Dank gilt Herta Kuhnert geborene Rettich, Hochofenstr. 22a, die die Verbindung zwischen den goldenen Konfirmanden wieder herstellte.

Am 14. Juni schickt Lehrer Fritz Schubing aus Mutterstadt (jetzt D-6704) ein Lichtbild von seinem neuen Haus, das ihn einschließlich Warmluftheizung 30000 Reichsmark kostete. Er bedankt sich für die freundliche Aufnahme in unserem Hause am 5. Januar 1928.

Am 18. Juni fällt auf dem Brocken der letzte Schnee und am 25. September rieselt er das nächste Winterhalbjahr ein.

Bemerkenswert ist ein Bericht vom 10. Juli 1928 in der schweizer Zeitung »La Feuille d' Avis de Lausanne« über die Katastrophe der italienischen Nordpolexpedition und ein Aufsatz vom 23. Juni 1928 im »Journal de Genève«. Der berühmte Radiästhet Mermet erpendelte an seinem Schreibtisch in Saint-Prex auf geeigneten Landkarten unter anderen folgendes:

1) Auf 81 Grad 40 Minuten nördlicher Breite und 26 Grad östlicher Länge befinden sich Eisenstücke im Gewicht von 2 bis 3 Tonnen (was dem Gerüst des Luftschiffes entspricht) und wenigstens 3 Mann;
2) In der Engländerbai im Südwesten der Königsbai liegt in einer 9 m tiefen Spalte eine Leiche;
3) In der Dicksonbai liegt eine Leiche;
4) Auf einer Halbinsel im Osten der Bucht sind zwei lebende Menschen, von denen einer krank ist;
5) Ganz in ihrer Nähe findet sich Metall im Gewicht von 650 kg (das entspricht der vorderen Gondel des Luftschiffes, die beim Aufprall abgerissen wurde).

Alle Angaben wurden später bestätigt und von der »Tribune de Genève« am 7. August 1931 in die Erinnerung gerufen, als die Zeitung über die Polarexpedition des deutschen Luftschiffes »Graf Zeppelin« berichtete.

Zur Vorgeschichte sei ergänzt, daß der italienische General Umberto Nobile 1928 mit dem Luftschiff »Italia« in der Nähe von Spitzbergen gestrandet war. Mussolini machte ihn für den Verlust und die Todesopfer verantwortlich und entließ ihn aus dem Heer.

Saint-Prex liegt am Nordufer des Genfer Sees, 13,5 km westsüdwestlich vom Bahnhof Lausanne.

Meine großen Ferien im Juli verbringe ich in Bad Sülze (jetzt DDR-2594) beim Onkel Apotheker P. G. Preißner und in Marnitz (jetzt DDR-2851) beim anderen Onkel Dr. med Karl Hüttner. Bei einem Besuch in Wöbbelin erfahre ich Näheres über Theodor Körner, der am 26. August 1813 bei Gadebusch für die Freiheit seines Vaterlandes fiel. In Warnemünde wird die Landratte um eine Erfahrung reicher: ich schwimme neben dem Auslauf der Warnow in die Ostsee hinaus. Als ich umkehre, merke ich, daß das Ufer nicht näher kommt und ich nach Westen abtreibe. Schließlich erreiche ich doch noch den äußersten Pfosten der Anlegebrücke. Einmal und nicht wieder!

Ahnin 5, meine Großmutter Auguste Becker stirbt am 2. September im Alter von 63 Jahren in Wasserleben. Gern weilte ich in ihrer Nähe.

Am 1. Oktober übernimmt Familie Herzig in Ilsenburg das Hotel Prinzeß Ilse, das Ziel vieler Spaziergänge zum Fuße des Ilsesteines. Im 2. Weltkrieg wird es Lazarett sein und 1945 Unterkunft für USA-Besatzungstruppen.

Am 18. Oktober wird in Ilsenburg erzählt, daß das Landhaus »Hedwig« an der Wernigeröder Straße gegenüber der Kirschbude für 58000 RM an Direktor Retterath und Frau Erler verkauft wurde.

1929 **1929**

In Ilsenburg erschießt sich am 21. Januar Rendant Baumgarten im Großen Garten an der Stelle, wo ich immer meine Rodelfahrt neben der Marienkirche begann. Der große rote Flekken im Schnee bleibt in meiner Erinnerung. Dieses Ereignis veranlaßt eine Überprüfung der Gemeindefinanzen. Der sozialdemokratische Gemeindevorsteher Ludwig Schmidt wird abgesetzt; Herr Pfennig übernimmt als kommissarischer Vorsteher seine Nachfolge. Am 11. Oktober wird bekannt, daß das Schöffengericht in Halberstadt L. Schmidt wegen Unterschlagung zu ein und ein viertel Jahr Gefängnis verurteilt hat.

Am 26. Januar erzählt man sich in Ilsenburg, daß ein Berliner ein Haus in der Ottostraße für 13000 RM gekauft und wenig später für 18000 RM verkauft habe.

Im Februar sinken die Temperaturen auf minus 27 Grad Celsius. Die Wasserleitungen in den Straßen und im Hause frieren ein. Nach mehr als 7 Wochen, am 8. April, strömt endlich wieder Wasser aus der Straßenleitung.

Dauernden Kummer mit ihrer Trinkwasserversorgung hat auch die Gemeinde Riva San Vitale im schweizerischen Kanton Tessin am Luganer See. Man zieht den berühmten Radiästheten A. Mermet zu Rate. Er erpendelt an seinem Schreibtisch auf der Landkarte einen unterirdischen Wasserlauf, der aus Nordosten aus den Alpen kommt, in 200 m Tiefe den Luganer See unterquert, aber in der Nähe des Dorfes nur in etwa 25 m Tiefe strömt. Eine Bohrung wird 1000 Liter je Minute gutes Trinkwasser ergeben.

Am 6. April 1929 erhält Mermet einen Brief: »Hochwürden! ich konnte Ihnen nicht früher schreiben, da das kantonale chemische Laboratorium uns das Ergebnis seiner Analyse erst in den letzten Tagen zugestellt hat. Die Analyse stellte fest, daß das Wasser, das wir in 23 m Tiefe an der von Ihnen angegebenen Stelle gefunden haben und welches 1000 Minutenliter ergibt, ausgezeichnetes Trinkwasser ist. Doktor David Sesti.«

Am 1. Mai 1929 wird mein Großvater Wilhelm Ruhberg Mitglied Nr. 126766 der NSDAP (Nationalsozialistische Deutsche Arbeiter Partei). Er hat mir manchmal von seinen langen Gesprächen erzählt, die er bei seinen Einkaufsreisen mit jüdischen Textilfabrikanten in Sachsen und Schlesien führte. Beide Seiten tauschten ihre Ansichten aus und schieden in Freundschaft.

Zur Einstellung eines Deutschen und eines bodenständigen Juden zum gemeinsamen Vaterland äußerte sich im Ersten Weltkrieg Walther Rathenau in einem Feldpostbrief zu Erwin Goldmann: »Für mich entscheidet über die Zugehörigkeit zu Volk und Nation nichts anderes als Herz, Geist, Gesinnung und Seele.« (Dr. med. Dr. med. dent. Erwin Goldmann »Zwischen zwei Völkern – ein Rückblick«, Königswinter 1975 S. 42) Eine ähnliche Empfindung dürfte auch meinen Großvater und seine Gesprächspartner beherrscht haben.

Am 20. Mai liegt unser Kanarienvogel »Hänschen« tot im Badehäuschen. Seit Januar 1919 hat er uns mit seinem Gesang erfreut. Am 29. Mai kriechen aus 15 Eiern 14 Küken – auf dem Hühnerhof ist zu meinem Vergnügen immer etwas los.

Am 21. Juni besucht ein hoher Gast aus Ägypten Wernigerode, Ilsenburg und den Brokken. König Fuad folgt einer Einladung des Fürsten Christian Ernst zu Stolberg-Wernigerode. Man erzählt, die Bekanntschaft sei im Spielkasino von Monte Carlo entstanden. Ich war nicht dabei.

Am 9. Juli hören wir von einem Forstmann, daß der Wald am Harz alle 100 Jahre je Morgen (25 Ar) 2000 Reichsmark einbringen soll.

Als ich am 1. August von einem Motorrad schwärme, hält mein Vater gleich den passenden Spruch bereit:

Mein lieber Sohn, Du tust mir leid,
Dir mangelt die Enthaltsamkeit.
Enthaltsamkeit ist das Vergnügen
An Sachen, welche wir nicht kriegen.
Drum lebe mäßig, denke klug.
Wer nichts braucht, der hat genug.
(Wilhelm Busch: Der Haarbeutel)

Am 19. September 1929, 14.30 Hrs werden im Postamt Calcutta 1 1/2 Anna-Marken entwertet. Die indische Verwaltung teilt den Tag schon in 24 Stunden ein. Kapitän August Strycker und Frau aus Bremen senden uns eine Ansicht der Victoria Memorial Hall. 50 Jahre später werde ich mit einem indischen Arbeitskollegen zusammen arbeiten, der in Calcutta geboren ist und dessen Eltern in der Paikpara Row wohnen.

Am 17. September kommt bei der Erörterung der wirtschaftlichen Lage zur Sprache, daß in Wernigerode für das Schloß jährlich 45000 RM Hauszinssteuer und 20000 Reichsmark für Heizung aufzuwenden sind. Deshalb ist der Fürst nach Schierke in den »Fichtenhof« gezogen. Dem Hausvermögen von 88 Millionen RM sollen Schulden in Höhe von 18 Millionen RM (und 2 Mio RM für Zinsen) gegenüberstehen.

Am 24. Oktober 1929 setzt der Börsenkrach in der Wallstreet in New York ein: 200 Milliarden Reichsmark gehen verloren. Der »Schwarze Freitag« ist am 25. Oktober.

In Gastwirtschaften hört man jetzt häufiger, daß das Rheinland schon 10 Jahre von fremden Truppen besetzt ist. Dabei kommt auch der Anteil bestimmter Bevölkerungsschichten am Reichstag zur Sprache:
Evangelische (65 %), davon im Reichstag 33 %
Katholische (32 %), davon im Reichstag 27 %
Dissidenten und ähnliche (3 %), davon im Reichstag 40 %

Am 2. Oktober grüßt Schüler Heinz Freyth, der mit seinen Eltern die alte Heimat Memel besucht, meinen Vater. Der Stempel auf der 15 Centu-Marke Lietuva (Litauen) trägt nur den Namen »Klaipeda«. Die Ansicht zeigt das National-Denkmal – eine Kriegerin hält in der rechten Hand das Schwert und in der linken Rundschild und Lanze mit einem Kreuz im Ring an der Spitze.

Mittwochs, sonnabends und sonntags muß ich immer dabei sein: beim Tanztee im Hotel zu den roten Forellen oder im Hotel Blauer Stein bei meinem Schulfreund Heinrich Geils Sohn. Bei knapper Kasse fand sich auch eine Lösung. Wenn die für 50 Pfennig gekaufte Flasche Mineralwasser leer war, verschwand einer unauffällig im Waschraum. Die mit Leitungswasser gefüllte Flasche reichte dann wieder eine Weile. Gern tanzten wir mit den Damen des Pensionats Hühne aus der Buchbergstraße. Ursula Homuth ist nicht vergessen.

1930 **1930**

Am 29. Januar besichtigen mein Vater und ich die Fürst Stolberg-Hütte. Obermeister Wiehle erklärt uns die Einrichtungen. Für die Gießerei gehen immer weniger Aufträge ein. Mein Vater fragt mich nach dem Verlassen des Werkes, ob ich immer noch Ingenieur werden will.

Am 28. März grüßt Kapitän August Strycker aus Stettin, wo er eine Ladung Zucker an Bord des Hansa-Frachters nimmt, die für Hamburg bestimmt ist. Die Ansicht vom Dampfschiff-Bollwerk finde ich 5 Jahre später kaum verändert, als Egon Moeller und ich in unserem Stieglitz-Doppeldecker (Focke-Wulff FW 44) zum Flugplatz Altdamm einschweben.

Am 8. Mai 1930 sackt bei Vienenburg plötzlich ein Teil der Landstraße ab und vertieft sich in wenigen Tagen zu einem riesigen Krater. Die Insassen eines Kraftwagens können sich noch in Sicherheit bringen. Das Fahrzeug ist noch einige Zeit am Grunde des Kraters zu sehen. Für uns Schüler war es das Ereignis des Jahres. Ursache war ein Wassereinbruch in den Kalischacht, der große Hohlräume einstürzen ließ.

Im Aufspüren unterirdischer Hohlräume entwickelte unser Radiästhet A. Mermet eine unerreichte Meisterschaft. Am 21. Mai 1930 bestätigt ihm Notar Martinet in Mehun-sur-Yèvre, 2, Place Lilivuyt: »Die entdeckten Höhlen und Gänge entsprechen genau Ihrer Voraussage aus der Ferne...« Mehun liegt 12 km nordwestlich Bourges und ist in Luftlinie 335 km von Saint-Prex am Genfer See entfernt, wo Mermet an seinem Schreibtisch arbeitete.

Am 6. Februar liest mir mein Vater aus der Sächsischen Lehrerzeitung vor, daß der Reichsbankpräsident täglich 932 Reichsmark verdient. Mein Vater ist jetzt 25 Jahre in Ilsenburg.

Der wirtschaftliche Niedergang verschont auch meinen Großvater Wilhelm Ruhberg nicht. Auf den 20. Mai 1930 ist für seine Manufakturwarenhandlung ein Vergleichsverfahren angesetzt. Nach dem gerichtlichen Vergleich von 70 % sind auf 65000 Reichsmark Passiva in 10 Monaten 45000 RM abzuzahlen.

Im August 1930 erinnert sich Ernst Ende an die Schulzeit bei meinem Vater und sendet ihm aus Chicago 27 Fotos und 6 Ansichtskarten.

Am 3. August 1930 finde ich in Ilsenburg am Kienberg einen Gedenkstein: W. Simon, Veckenstedt, verunglückt 20. Juli 1880. Der Bauer stürzte mit einer zweispännigen Holzfuhre in einen Steinbruch.

Die Entdeckung eines Vermißten gibt uns Einblick in die Arbeitsweise eines Radiästheten. Wieder ist es A. Mermet, der in Saint-Prex um Hilfe gebeten wird. Eine Frau aus Lausanne erhält keine Nachricht mehr von ihrem Adoptivsohn aus Paris. Mermet läßt sich ein Kleidungsstück des jungen Mannes bringen, von dem er die Strahlung abnimmt. Auf einem Stadtplan von Paris erpendelt er das Haus, in dem der junge Mann gewohnt hat und dessen Weg bis zur Seine und zur Brücke Maisons-Laffitte. Auf der Mitte der Brücke erlischt die Strahlung. Die benachrichtigte Pariser Polizeit sucht am ersten Stauwehr flußabwärts und findet dort die Leiche des jungen Mannes.

Am 16. September 1930 kauft Direktor Retterath, Fürst Stolberg-Hütte das ehemalige Hotel »Zur Tanne« am Anfang der Kastanienallee gegenüber der Brauerei Kaufmann für 37000 RM.

Im Herbst locken mich wieder die Felsen. Auf der Hausmannsklippe im Eckertal trage ich mich in das Gipfelbuch ein, dessen Zinkhülle wieder sorgfältig zusammengeschoben wird. Gern bin ich auch an den Zeterklippen in der Nähe der Ilsenburger Skihütte.

Am 5. November 1930 muß auch mein Onkel Wilhelm Burchhardt in Döbeln in Sachsen für sein Lederwarengeschäft den Konkurs anmelden. Mit der demokratischen Republik geht es weiter bergab.

Im März 1930 erscheint der 30. Jahresbericht des Reform-Realgymnasiums in Bad Harzburg. Ihm, der Bierzeitung der Untersekunda und Notizen entnehme ich die folgenden Angaben. Zur Lehrerschaft gehören:

Oberstudiendirektor Dr. Heinrich Müller,
Oberlehrer Richard Ahrens,
Studienrat Dr. Hermann Behme,
Oberlehrer Karl Engelke,
Studienrat Bernhard Everling,
Studienrat Paul Hanebuth,
Studienrat Dr. Wilhelm Knoth,

Studienrat Karl Kohlenberg,
Studienrat Dr. Wihelm Lüders,
Studienrat Dr. Karl Pfeffer,
Studienrat Otto Reifenstahl,
Studienrat Dr. HermannSchierding,
Studienrat Friedrich Tenner.

Vor allen meinen Lehrern verneige ich mich in Dankbarkeit.

In der Untersekunda wurden unterrichtet:

Becker, Werner	Koch II, Hermann
Bening, Willi	Lattmann, Helmi
Berton, Otto	Meyer, Kurt
Breuning, Edelgard	Nelle, Karl
Büchner, Friedrich-Wilhelm	Petri, Elsbeth
Doyen, Werner	Rust, Fritz
Drögemeier, Karl-Heinz	Schütze, Karl
Elsner, Alfred	Schwochow, Irmgard
Evers, Fritz	Siemann, Erich
Herbst, Rudolf	Stoy, Irene
Hinrichs, Christa	Tappen, Rudolf (?)
Höhne, Erich	Thielebein, Charlotte
Hummel, Fritz	Voß, Ruth
Kaiser, Jobst	Wrackmeyer, Kurt
Koch I, Hermann	

Aus früheren Jahren habe ich noch folgende Mitschüler in guter Erinnerung:

Bode, Inge	Köhlert, Adolf
Dege, Herbert	Lyncker, Werna von
Eule, Gerhard	Manger, Helmut
Geils, Heinrich	Moltrecht, Hubertus
Hansi, Werner	Roloff, Robert
Herzer, Otto	Schlotter, Ruth

1931 **1931**

Am 11. Januar bin ich mit Ernst Lüders, Hermann Hoppe und Kurt Jedicke auf Schneeschuhen unterwegs. Ein nützlicher Selbstauslöser bringt uns an der Braunschweiger Schutzhütte unter dem Brocken auf ein Lichtbild.

Am 3. Januar 1931 bringt Bürgermeister Antoine in Florent-en-Argonne eine Anerkennung der Fähigkeiten unseres Pendelmeisters A. Mermet zu Papier: »Nachdem Abbé Mermet das Gelände durchschritten hatte, fand er in geringer Entfernung vom Dorfe (wo es angeblich kein Wasser gab, es sei denn in der Tiefe von 120 – 140 m) eine Wasserader, die zwei bis drei mal den Bedarf der Gemeinde deckte. Sie lag viel weniger tief (kaum halb so tief), als die Geologen angegeben hatten. Das Wasser erwies sich bei der Untersuchung durch die zuständigen Behörden als sehr gut.« Florent liegt im Argonner Wald 5 km nördlich der jetzigen Autobahn Metz – Reims.

Am 25. Januar hören wir von Bekannten, daß in der Schweiz 8 Milliarden Reichsmark deutsches Fluchtkapital untergebracht sind.

Am 26. März 1931 besuchen uns Architekt Nordmann und Studienrat Everling – der Gegenbesuch erfolgt am 31. März bei der Familie Nordmann in Bad Harzburg (in der jetzigen Nordmannstraße). Ich soll als Haussohn Gerhard Nordmann bei den Schularbeiten unterstützen und guten Einfluß geltend machen. Am 7. April beziehe ich die neue Stellung. Ich passe also auf Gerhard auf, und die Haustochter, Fräulein Käthe Adamy, paßt auf uns beide auf. So ist die Erziehung nach allen Seiten abgesichert – nach Meinung der Eltern.

Am 15. April 1931 fliegt eine Rakete von Reinhold Tiling im Ochsenmoor am Dümmer bei Bohmte (D-4508) 1,8 km hoch und 7 km weit; am 19. Mai bringt R. Tiling auf Wangerooge weitere Raketen zum Aufstieg. R. Tiling wurde am 13. Juni 1893 in Absberg (D-8821) geboren. Bei Versuchen mit Brennkammern für flüssige Treibstoffe kam er am 10. Oktober 1933 auf Gut Arenshorst bei Wittlage (D-4515 Bad Essen 1) ums Leben.

Im Jahre 1931 zieht Wolf Hirth, geboren am 28. Februar 1900 in Stuttgart, als erster Segelflieger über New York seine Kreise und erregt dort großes Aufsehen. In Grunau im Riesengebirge, jetzt Jezów Sudecki unter polnischer Verwaltung, übernimmt W. Hirth die Leitung der Segelflugschule und baut die von ihm entdeckte Technik des Thermikfluges weiter aus. Zu seinen Schülern gehören 1932 Hanna Reitsch und Wernher von Braun.

Am 27. April 1931 teilt uns Bertra Strycker aus Bremen mit, daß das Motorschiff »Neuenfels« in Suez gemeldet ist und ihr Mann in 8 Tagen Bombay erreichen wird. Im Hamburger Hafen sind viele Schiffe angebunden und noch mehr Seeleute arbeitslos.

Am 12. Mai bin ich mit 5 RM dabei – mein erster Flug. In einem Junkers-Flugzeug (vielleicht W 34 Wellblech) D-1139 kurven 5 Personen über Wernigerode und um den Brocken.

Am 18. Juni 1931 ist mein Vater zum 30. Male auf dem Brocken. Beim Abstieg nach Ilsenburg werden er und seine 32 Neunjährigen naß wie die Katzen.

Bei einem Streifzug über den Drübecker Schützenplatz entdecke ich am 9. Juli, daß dort 110 Kinder von der Evangelischen Jugendhilfe Magdeburg untergebracht sind, die für 14 Tage Aufenthalt einschließlich Fahrtkosten 25 Reichsmark zahlen müssen.

Am 13. Juli erläßt der katholische Reichskanzler Brüning Notverordnungen, nach denen an die Beamten, also auch an meinen Vater 12,5 % weniger Gehalt ausgezahlt wird. Die demokratische Republik nähert sich ihrem Offenbarungseid.

Am 29. August 1931 erhalten wir in Ilsenburg eine Ansicht vom Donat-Denkmal am Großen Teich (1225 m) und von der Prinz Heinrich-Baude aus Baberhäuser, Haus Nr. 50, Gemeinde Gebirgsbauden (jetzt Bobrowice, Gmina Budziska). Gärtner E. Schröder und Frau, Vogelgesang, besuchen eine vertraute Gegend.

Am 4. September 1931 bestätigt Herr Mourot vom Erholungsheim »Pomponia« in der Nähe von Hyères-sur-Mer, 15 km östlich Toulon, daß die Fernmutung des Pendelmeisters Mermet wieder ein Erfolg war. Bisherige Bohrungen hatten nur Brackwasser erbracht. Mermet erpendelte an Hand der Landkarte die einzige Süßwasserquelle in dieser Gegend und zwar im Garten der Anstalt. Sie lag in 12 bis 15 m Tiefe und schüttete 80 Liter je Minute. Nur ein fähiger Pendler ist in der Lage, Sumpfwasser, Oberflächenwasser, Brackwasser, Süßwasser usw. zu unterscheiden.

Am 7. Oktober wird mein Vater, der mit dem Fahrrad von Wernigerode zurückkehrt, bei Drübeck von einem Motorrad angefahren und erleidet einen Muskelriß. Ludwig Weber auf einer schweren Harley-Davidson mit Karl Hille im Beiwagen ist zu schnell gefahren und nahe dem Gasthof »Neue Quelle« aus der Kurve getragen worden.

Am 18. Oktober 1931 stirbt Thomas Alva Edison in West Orange im Staate New York, USA. Er ist 84 Jahre alt geworden und hat als Elektrotechniker bis zum 80. Lebensjahre 1328 Patente erteilt bekommen. Mit der Edisonfassung, bei der die Glühlampe in ein Innengewinde bis zum Kontaktschluß gedreht wird, bleibt sein Name in unserer Erinnerung.

Ahn 4, mein Großvater August Becker, stirbt am 30. Oktober im Alter von 67 Jahren. Am 21. Oktober habe ich im Krankenhaus in Wernigerode von ihm Abschied genommen. In Wasserleben weilte ich gern in seiner Nähe.

Die Zahl der deutschen Arbeitslosen steigt immer höher – die Einkünfte der Parlamentarier im Reichstag und in den Länderparlamenten ebenfalls. Ich freue mich, als mir das Mitgliedsbuch Nr. 737 551 der NSDAP (Nationalsozialistische Deutsche Arbeiter-Partei) überreicht wird.

Am 22. September erfahre ich, daß die Firma Wilhelm Brauns, Quedlinburg, die Farben für z.B. Ostereier herstellt, im kommenden Winter täglich 100 Personen speisen wird.

Zum 13. Juli 1931 ist nachzutragen, daß auf Grund der Notverordnung des Reichspräsidenten (§ 48 der Reichsverfassung) den Beamten bereits dreimal das Gehalt gekürzt worden war, ehe sie mit der neuerlichen 12,5-prozentigen Kürzung bedacht wurden.

Ein weiteres Beispiel für die Notzeit: Lehrer Mesche, ein Kollege meines Vaters, und Geschwister müssen ihr väterliches Erbe veräußern, weil es nicht mehr zu halten ist. Das Haus in Dardesheim (jetzt DDR-3601), 16 km nordöstlich Ilsenburg, mit 2 Wohnungen, Werkstätte, Stallung und großem Garten wird für 5200 Reichsmark verkauft oder richtiger: verschenkt.

Die Grundstückspekulanten haben ihre große Zeit.

1932 **1932**

Am 21. Januar finden mein Vater und ich in Ilsenburg am Wienberg einen Eichelhäher, der sich den Flügel gebrochen hat. Er wird von uns verpflegt und am 13. Mai wieder voll einsatzfähig in die Natur entlassen.

Am 19. Februar 1932 bittet Ingenieur R. Chauvet, 58, rue du Lac, in Morges = Morsee, Kanton Waadt, am Nordufer des Genfer Sees, den Pendelmeister A. Mermet »... mir auf Grund des beiliegenden Dokumentes anzugeben, wieviel Narben ich habe und an welcher Stelle sie liegen und außerdem wieviel Zähne ich habe.« Herr Chauvet will Zweiflern beweisen, was ein fähiger Pendler vermag.

Am 25. Februar 1932 bedankt sich R. Chauvet bei A. Mermet: »...Ihre Angaben sind ganz richtig: Ich habe drei Brüche, deren Lage sie genau angeben. Es fehlen mir auf jeder Seite drei Zähne...«

Am 13. März hat die Reichspräsidentenwahl folgendes Ergebnis:

Generalfeldmarschall von Hindenburg	18 661 736 Stimmen
Adolf Hitler (NSDAP)	11 328 571 Stimmen
Ernst Thälmann (KPD)	4 983 079 Stimmen
Theodor Duesterberg (Stahlhelm)	111 470 Stimmen

Am 21. März treten in Ilsenburg Rektor Lehmann und Konrektor Mesche in den Ruhestand. Herr Haberland, mein erster Lehrer, geht nach Hohendodeleben (jetzt DDR-3101). Schulrat Dr. Geist führt am 5. April Rektor Maron aus Osterwieck in Ilsenburg ein.

Am 22. April gratuliert meine Tante Anna Burchhardt aus Döbeln meinem Vater zum Geburtstag. Wie sieht es in ihrem Lederwarengeschäft aus? »...geschäftlich ist es oberfaul... bei diesen rosigen Zeiten verliert man so manche Lust...«

Am 28. April 1932 sendet meine Mitschülerin Ingeborg Bode Grüße aus London vom Trafalgar Square. Die Oberprima in Bad Harzburg beneidet sie, denn das Abitur rückt unerbittlich näher.

Am 26. Juni 1932 hält Pendelmeister A. Mermet im Wagram-Saal in Paris einen Vortrag. Dabei erwähnt er, daß nahe bei Paris in 1100 m Tiefe gewaltige Mengen Erdgas vorhanden sind. Das träfe auch auf Lausanne, Avignon, Nîmes, Montpellier, Béziers und Narbonne zu. Eine schwache Emanation des Vorkommens von Lausanne tritt bei Yverdon, 30 km nördlich Lausanne, an die Oberfläche und ist seit drei Jahrhunderten bekannt. Alle diese Städte könnten beleuchtet und beheizt werden, wobei nur die Bohrkosten abzuschreiben wären.

Am 9. Juni 1932 wird das Geburtshaus meines Vaters in Wasserleben für 4000 Reichsmark an die Lehrerwitwe Maria Wildung geb. Harz verkauft. Um 1899 war es für 3100 Mark erworben worden.

Im August 1932 wählt die Gemeindevertretung Konrektor a.D. Mesche als Schiedsmann – 6 Sozialisten waren dagegen, 6 Bürgerliche und der Gemeindevorsteher Theofel dafür.

Am 3. September wird für den freiwilligen Arbeitsdienst geworben.

Unsere Familie liest »Volk ohne Raum« von Hans Grimm. Auch nach 50 Jahren hat sich am Wahrheitsgehalt dieses Buches nichts geändert – trotz der Umerziehungsbemühungen seit 1945.

Am 18. September besuchen meine Eltern Rhumspringe im südlichen Harzvorland, in der Luftlinie nur 37 km von Ilsenburg entfernt. Der Rhumesprung ist mit über 5000 Liter Schüttung je Sekunde eine der stärksten Quellen Europas. Er ist 17 m tief und stets 8 Grad Celsius kühl.

In diesem Jahr vermählt sich meine Base Ilse Konschitzky in Bad Sülze mit Rechtsanwalt Hugo Kuhr. Hugo kann nach 1933 nicht Notar werden, weil eine Großmutter von den später erlassenen Nürnberger Rassegesetzen erfaßt wird.

Am 23. November 1932 säe ich mit meinem Vater 500 Gramm Haselnüsse östlich Ilsenburg. Zur Nachahmung empfohlen!

Ende Dezember 1932 erwischt mich eine böse Mandelentzündung. Dann erfreut mich aber eine Karte von Odd Skogholt Nilsen aus Danvik-Drammen bei Oslo, der mir God Jul wünscht. Als Schüler haben wir uns im norwegisch-deutschen Jugendaustausch kennen und schätzen gelernt. Besonders gefiel ihm die Redewendung: ich habe Geld wie Heu – aber kein Heu! Im Zweiten Weltkrieg wird er auf englischer Seite als Flieger gegen Deutschland fallen.

Hanna Reitsch legt im Alter von 21 Jahren in der Segelflugschule Grunau bei Hirschberg ihre A-Prüfung ab. Damit beginnt eine Laufbahn in der Fliegerei, die in der Welt einmalig ist.

In Danzig werden 1932 die »Quellen und Darstellungen zur Geschichte Westpreußens« veröffentlicht. Ab Seite 98 berichtet Josef Rink über »Die Geschichte der Koschneiderei«. Wir lesen u.a.: »...Während die reicheren Familien ihrem Namen eine polnische Endung zufügten, hielten die weniger bemittelten Familien ihre ursprüngliche Namensform bei.«

Die arme Familie Latzke blieb also bei Latzke und damit ihrem Volkstum treu. Die reiche Familie Latzke änderte flugs ihren Namen in Latzkowski, damit Liegenschaften und Vermögen nicht gefährdet wurden. Noch schneller als die reichen Bürger ließen sich die Adligen polonisieren. Aus einem Herrn von Gleißen wurde über Nacht ein Herr von Gleißen-Doregowski, wobei nur die Kundigen wußten, daß er aus Döringsdorf gebürtig war. Bis 1945 gab es im Kreis Naugard einen Ort Döringshagen und in der Gemeinde Mohrungen einen Ort Döringshof.

Die Koschneiderei war eine deutsche Sprachinsel zwischen Konitz und Bromberg an der Brahe, die aus 19 Dörfern bestand. 1308 bis 1466 war dieses Gebiet im Besitz des Deutschen Ordens, der die von den Heiden »gesäuberten« Landstriche mit westdeutschen Siedlern auffüllte – sofern sie katholisch waren. Besonders nach dem Hussiteneinfall von 1433 war aus entvölkerten Orten für die Obrigkeit nichts herauszuholen, die deshalb Siedler aus Westfalen und anderen Gegenden herbeirief.
(Anzeiger der Notverwaltung des Deutschen Ostens 12 (1983) Nr. 4, Juli/August, S. 17: Dr. Heinrich Lemke »Die Polonisierung«)

1933 1933

Am 8. Januar wird mein Vater auf 4 Jahre in die kirchliche Gemeindevertretung gewählt.

Bei politischen Gesprächen wird in Ilsenburg behauptet, daß in den zwanziger Jahren ein Amtmann W. in Drübeck 6 RM Einkommensteuer gezahlt, seine Tochter aber für 4000 RM nach London in eine Pension geschickt habe. Sein Nachtwächter zahlte 9 RM Einkommensteuer und mußte recht knapp leben.

Am 30. Januar wird Adolf Hitler Reichskanzler.

Am 19. Februar 1933 ziehen uns zwei Pferde im Schlitten zum Forsthaus Scharfenstein. Ferdinand Müller erhielt dafür 12 RM.

Am 28. Februar 1933 stirbt mein Onkel Ernst Ruhberg in Ilsenburg, Wilhelmstr. 5. Er war der Bruder meines Großvaters Wilhelm Ruhberg. Onkel Ernst, der Meister auf der Achsenschmiede war, brachte mir bei, wie man Stahl härtet, wenn man die Anlauffarben zu deuten weiß.

Am 4. März 1933 sucht Pendelmeister A. Mermet in der Gemeinde Penthalaz bei Lausanne nach Wasser. Nach 13 Uhr 30 erlischt plötzlich die Strahlung und setzt erst um 18 Uhr 40 wieder ein. Mermet kündigt seinen enttäuschten Zuschauern ein sehr ernstes Naturereignis an. Am anderen Morgen bringen die Zeitungen die Nachricht von der furchtbaren Springflut in Japan.

Am 5. März 1933 bestehen 9 von 11 Oberprimanern das Abitur am Reformrealgymnasium in Bad Harzburg. Ich habe nun die Voraussetzung für ein Studium an einer Technischen Hochschule.

Am 24. März 1933 veröffentlicht das britische Massenblatt »Daily Express« die Jüdische Kriegserklärung an Deutschland: Judea declares war on Germany – Jew of all the world unite – Boycott of German goods.

Am 31. März 1933 bringt »Neues Wiener Journal« eine Erklärung von Dr. Max Naumann, Ehrenvorsitzender des Verbandes nationaldeutscher Juden. Im ersten Absatz lesen wir: »Ich brauche Ihnen nicht erst zu sagen, daß ich ein absoluter Gegner dieser Greuelhetze gegen Deutschland bin. Ich sehe in dieser Kampagne nichts anderes, als eine Neuauflage der Kriegshetze gegen Deutschland und seine Verbündeten von einst. Sogar die Methoden und Einzelheiten sind genau die gleichen wie damals, wo man von abgehackten Kinderhänden und ausgestochenen Augen, ja sogar von einer Kadaververwertung sprach, daß man menschliche Kadaver zur Gewinnung von Fettersatzstoffen verwertet habe. Dazu passen genau die Behauptungen von heute, die besagen, daß verstümmelte Judenleichen scharenweise vor den Friedhöfen liegen, daß sich sozusagen kein Jude auf der Straße sehen lassen dürfe, ohne attackiert zu werden.

Wohl haben Ausschreitungen stattgefunden, aber ganz vereinzelt. Sie sind unzweifelhaft als Sonderaktion irgendwelcher einzelner Leute anzusprechen, wie sie sich in jedem Volke und in jeder Organisation finden, die die Gelegenheit benutzt haben, persönliche Rachegefühle gegen einzelne jüdische Personen, mit denen sie aus irgendeinem Grunde Differenzen hatten, in ihrer Weise zu erledigen.« Dr. Max Naumann schließt seine Erklärung mit den Sätzen:

»...Wir wandten uns auch dagegen, daß man diese Auslandshetze als eine 'jüdische Mache' darzustellen versucht. Es ist nicht eine jüdische, sondern eine typische antideutsche Mache, bei der leider auch einzelne Juden beteiligt sind.

Diese Juden, insbesondere diejenigen, die früher in Deutschland gelebt haben, gehören zu denjenigen Elementen, gegen die wir nationaldeutsche Juden uns schon vor vielen Jahren mit größter Schärfe gewandt haben.«

Dr. Max Naumann zielt hier wohl auf einzelne Gruppen der Ostjuden, über die wir in der Brockhaus Enzyklopädie 1970, 9. Band, S. 514 lesen: »...In Ungarn waren die J. in den ersten Jahren nach 1918 und unter der Räterepublik Bela Kuns antisemit. Aktionen ausgesetzt. In Polen litten sie unter wirtschaftl. Schwierigkeiten; die Arbeitslosigkeit ließ etwa 400 000 J. nach Mitteleuropa, Palästina und den Verein. Staaten auswandern...«

Am 1. April 1933 beginne ich als Volontär beim Autohaus Heinrich Ackert in Wernigerode eine praktische Ausbildung. Das war zwar eine gute Gelegenheit, nebenbei die Fahrprüfung abzulegen, aber das Praktikantenamt der Technischen Hochschule Braunschweig anerkannte diese Tätigkeit nicht. Unkenntnis schützt nicht vor Nachteilen. In den letzten Julitagen verlasse ich die Autoreparatur und beginne als Praktikant in der Gießerei der Fürst Stolberg-Hütte in Ilsenburg.

Am 20. April, dem 44. Geburtstag Adolf Hitlers, hissen wir zum ersten Mal die Hakenkreuzfahne.

Im Herbst bittet die Verlagsdruckerei Hermann Kropp Nachfolger, Barby an der Elbe, um Vorausbestellungen für »Die Geschichte des Barbyer Seminars« von Konrektor i.R. Karl Höse.

Am 15. November 1933 notiert mein Vater: »Ich bin Pfleger für das Winterhilfswerk, habe in etwa 75 Familien (in Ilsenburg) die Not festzustellen, daß sie Kohlen, Kartoffeln, Lebensmittel und Kleidung bekommen. Niemand soll hungern und frieren!« Nach 1945 war das plötzlich eine verabscheuungswürdige Tätigkeit geworden!

Zum 31. März sei ergänzt, daß Dr. Max Naumann Rechtsanwalt und Notar und ein frontbewährter bayerischer Major der Reserve war. Auf Grund der Anfeindungen von jüdischer Seite kam er in ein KZ (Konzentrationslager), aus dem ihn Hermann Goering auf Bitte von Dr. Dr. Erwin Goldmann bald wieder befreite. 1939 starb er verarmt, selbst von seiner Familie verlassen, einsam in Berlin.

In ähnlicher Art wie Dr. Max Naumann hatten 1933 noch folgende Vereinigungen die internationale Greuelhetze gegen Deutschland – Hitler war nur ein Vorwand – verurteilt:

1) Reichsbund jüdischer Frontsoldaten e.V., Berlin W 15 (am 7.4.33)
   Vorsitzender Hauptmann Löwenstein;
   Hier sollte nicht vergessen werden, daß im Ersten Weltkrieg 12000 Juden für ihr deutsches Vaterland fielen!
2) Israelitisch-sephardischer Verein zu Berlin e.V.;
3) Vorstand und Rabbinatkollegium der jüdischen Gemeinde zu Berlin an Grand Rabbin Israel Levy, Paris;
4) Reichsverband Gesetzestreuer Jüdischer Gemeinden Deutschlands. Preußischer Landesverband Gesetzestreuer Synagogengemeinden, Halberstadt;
5) Israelitische Religionsgemeinde zu Dresden;
6) Verein zur Abwehr des Antisemitismus e.V., Berlin;
7) Zionistische Vereinigung für Deutschland;
8) Der Deutsche Vortrupp (Vereinigung junger Juden in Deutschland)
9) Centralverein deutscher Staatsbürger jüdischen Glaubens.

Diese Angaben zum 31. März 1933 sind der Broschüre entnommen »Die Greuelpropaganda ist eine Lügenpropaganda« – »Atrocity propaganda is based on lies« – »La propagande d' atrocités n'est que mensonges«, Jakow Trachtenberg Verlag, Berlin-Charlottenburg, Wilmersdorfer Str. 79, 1933.

Am 15. Mai 1933 verkehrt erstmals der »Fliegende Hamburger« zwischen Berlin und Hamburg. Der Diesel-Schnelltriebwagen erreicht streckenweise eine Geschwindigkeit von 160 km/h. 1936 verband diese Zuggattung unter anderen Zielen Köln und Beuthen in Oberschlesien.

Im Mai zieht Wolf Hirth mit seinem Klemm-Sportflugzeug ein »Grunau-Baby-Segelflugzeug am Schleppseil in die Höhe. Am Steuer sitzt Hanna Reitsch. Nach einem gefährlichen Gewitterflug landet sie bei der Wiesenbaude auf dem Kamm des Riesengebirges.

Studium in Braunschweig 1934 bis 1939

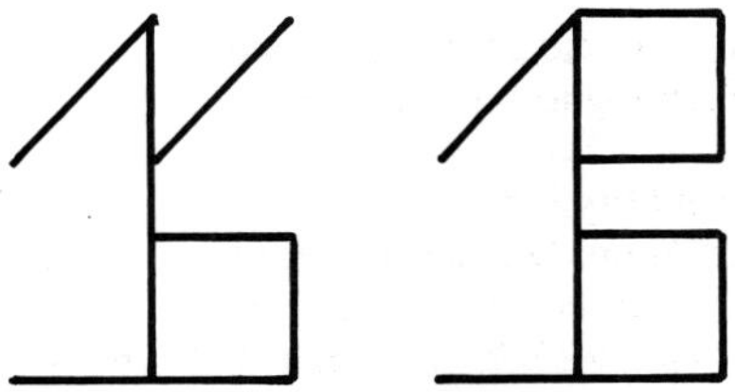

Am 3. Januar verläßt Hanna Reitsch mit einer Segelflug-Forschungsexpedition Hamburg. Unter Leitung von Prof. Georgii aus Darmstadt werden in Brasilien und Argentinien neue Freunde für den Segelflug gewonnen. Wolf Hirth trägt mit einem neuen Rekord dazu bei: er segelt 76 senkrechte Kreise (Loopings) hintereinander.

In Braunschweig habe ich mich der Sängerschaft Frankonia-Brunonia, einer schlagenden Verbindung innerhalb der Deutschen Sängerschaft (Weimarer CC) angeschlossen. Am 11. Mai fährt die Aktivitas mit dem Fahrrad zum Kurhaus Wohldenberg. Die in der Nähe gelegene Alte Kapelle, 42 km nordwestlich von Ilsenburg, war eine heilige Stätte unserer heidnischen Vorfahren.

Am 28. März 1934 berichtet die Schweizer Zeitung »La Tribune de Genève« über das außergewöhnliche Verschwinden eines Kindes. Der sechsjährige Sohn des Landwirtes L. Baloz in Miège, 2 km rechts der Rhône und 17 km nordöstlich Sitten (Sion), war im Herbst 1933 plötzlich nicht mehr aufzufinden. Nach ergebnislosen Nachfoschungen der Dorfbewohner bat der Gemeindevorsteher den Pendelmeister A. Mermet um Hilfe. Dieser erklärte: das Kind ist durch einen Raubvogel entführt worden. Er gab auch die Flügelweite des Adlers und zwei Stellen an, wo der Vogel gerastet hatte. Nach der Schneeschmelze entdeckten Holzhauer an der zweiten Stelle die zum Teil zerfetzte Leiche des Jungen.

In einem Brief aus Lyon vom 13. April 1934 werden alle Angaben des Pendelmeisters A. Mermet bestätigt, nach denen ein Vermißter gefunden werden konnte: An Hand einer Photographie und einer Landkarte erpendelte Mermet genau den Weg des Vermißten durch Valence bis zur Rhône und sein Abtreiben bis Aramon. Am 5. April 1934 wurde die Leiche des aus Lyon verschwundenen Ingenieurs an der von Mermet angegebenen Stelle in Aramon gefunden.

Am 27. Mai 1934 sind auf dem Marktplatz in Ilsenburg 98 Läufer zum »Brockenlauf« versammelt. An diesem Sonntag schafft es der Beste, in 91 Minuten 57 Sekunden auf 1142 Höhe zu steigen und wieder hinunter zu laufen.

Am Vortage, am 26. Mai, war das Hotel »Zu den roten Forellen«, bei dessen Tanzveranstaltungen ich seit 1929 Stammgast war, für 115000 Reichsmark an Dr. Lichtenberg verkauft worden.

Im Juni wird Hanna Reitsch Mitglied der DFS – Deutsche Forschungsanstalt für Segelflug. Anfangs führt sie dort neben Heini Dittmar meteorologische Flüge durch.

Am 13. Juni 1934 teile ich meinen Eltern auf einer Ansichtskarte aus Hankensbüttel mit, daß ich an einem Sportlehrgang des SA-Hochschulamtes in der Lüneburger Heide teilnehme. Später erfahre ich, daß diese Lehrgänge die geheime Mobilmachung der Sturmabteilungen (SA) einleiteten, die am 30. Juni 1934 zur Auseinandersetzung zwischen Adolf Hitler und dem Stabschef der SA Ernst Röhm, geboren am 28. November 1887, führten. Ernst Röhm und Gleichgesinnte werden erschossen – ein schwerer Entschluß für Hitler, der das Offizierskorps der alten Armee nicht den Führern einer Volksarmee unterstellen will. Wäre aber derartig hinterlistiger und feiger Verrat im Zweiten Weltkrieg, der Hitlers Erfolge schließlich in das Gegenteil kehrte, in einer Volksarmee möglich gewesen? Es ist müßig, darüber nachzudenken. Das Schicksal entscheidet und Geschichte ist eine Folge von Zufällen.

Dem Andenken von Ernst Röhm sei das folgende Freikorps-Lied gewidmet, das auch von der schwarzen Reichswehr und SA gesungen wurde:

Wilde Gesellen, vom Sturmwind durchweht,
Fürsten in Lumpen und Loden,
Ziehn wir dahin, bis das Herze uns steht,
Rastlos bis unter den Boden.
Fiedelgewandt, in farbiger Pracht
Trefft keinen Zeisig ihr bunter.

Ob uns auch Speier und Spötter verlacht,
Uns geht die Sonne nicht unter!

Ziehn wir dahin durch Braus oder Brand,
Klopfen bei Veit oder Velten,
Huldiges Herze und helfende Hand
Sind ja so selten, so selten.
Weiter uns wirbelnd auf staubiger Straß'
Immer nur hurtig und munter,
Ob uns der eigene Bruder vergaß,
Uns geht die Sonne nicht unter!

Aber da draußen am Wegesrand,
Dort bei dem König der Dornen,
Klingen die Fiedeln im weiten Gebreit,
Klagen dem Herrn unser Karmen.
Und der Gekrönte sendet im Tau
Tröstende Tränen herunter.
Fort geht die Fahrt durch den wilden Verhau,
Uns geht die Sonne nicht unter!

Wenn uns das Herz einst stille wird stehen,
Niemand wird Tränen uns weinen.
Leis' wird der Wind sein Klagelied wehen,
Trüber die Sonne wird scheinen.
Aus ist ein Leben mit Tiefen und Höhen,
Zügellos drüber und drunter.
Ehrlos und feig' hat uns niemand gesehen,
Uns geht die Sonne nicht unter!

Am 2. August 1934 stirbt Reichspräsident und Generalfeldmarschall Paul von Beneckendorff und Hindenburg im Alter von 87 Jahren.

Ahnin 7, meine Großmutter Karoline Ruhberg geborene Hedderich, stirbt am 8. November 1934 in Ilsenburg im Alter von 79 Jahren. Die Hochofenstr. 45 war mein zweites Zuhause. Ich konnte mich nicht satt hören, wenn Opa oder Oma aus der Jugendzeit erzählten.

Am 29. November begeht mein Großvater Wilhelm Ruhberg sein 50-jähriges Geschäftsjubiläum.

1935 **1935**

Am 13. Januar freue ich mich, daß die Saarländer zu 90,5 % für Deutschland stimmen. Auf die Ansichtskarte, die ich am 18. Februar von der Automobilausstellung in Berlin an meine Eltern sende, klebe ich eine 6 Pfennig-Marke mit dem Aufdruck »Die Saar kehrt heim«.

Am 26. Januar 1935 berichtet die Zeitung »Le Républicain Landais« über einen Bewohner von Mont-de-Marsan, 100 km südlich Bordeaux, der seit November 1934 spurlos verschwunden ist. Pendelmeister A. Mermet nimmt an Hand einer Photographie und einer Landkarte die Strahlung des Vermißten auf und findet ihn in der Midouze in 2,5 m Tiefe an einer Krümmung des Flusses. Nachmittags fand man den Toten aber unterhalb der Stelle, die Mermet morgens um 4 Uhr 30 erpendelt hatte. Die Strömung hatte den Vermißten inzwischen weiter getrieben.

Am 13. April 1935 äußert sich Léon Daudet (1867-1942) in der Zeitung »Action française« zum Stand der Radiästhesie, der Lehre der Strahlenfühligkeit, d.h. der Strahlenwirkungen, die von Strahlenfühligen mittels Pendel oder Wünschelrute, aber auch ohne Hilfsmittel, gedeutet werden können. Sein Verständnis für diese oft angezweifelte Wissenschaft wird dadurch erleichtert, daß seine Frau auch strahlenfühlig ist. Sie erpendelt auf einer Landkarte von Westafrika und an Hand der Photographien von Gouverneur Renard und dessen Frau die genaue Absturzstelle des Flugzeuges und den Tod aller Insassen, obwohl der Absturz noch gar nicht bekannt geworden war.

Léon, der auch das Pseudonym Rivarol benutzte, war Sohn von Alphon Daudet (1840-1897), der uns den unsterblichen Tartarin de Tarascon wieder näher brachte.

Im Mai fliegt Hanna Reitsch im Klemm-Sportflugzeug zum Fliegertreffen in Lissabon. Innerhalb der DFS gehört sie jetzt dem Institut für Segelflug an, dem sie als Einflieger dient. Der für diese Aufgabe vorgesehene Segelflieger Ludwig Hoffmann kann infolge schwerer Erkrankung dem Angebot des Institutleiters nicht nachkommen. Ich werde ihm 1947 in der Sowjet-Union begegnen, wo er ein geschätztes Mitglied unseres »Kollektivs« ist. Jeder kennt ihn unter dem Namen »Hubschrauber«, womit schon alles über seinen früheren Einsatz gesagt ist.

Im Sommer fliegt Hanna Reitsch das von Hans Jacobs entworfene Wassersegelflugzeug »Seeadler« auf dem Chiemsee ein, muß die Versuche mit dem kleinen Segelflugboot dann aber auf dem Bodensee fortsetzen. Das Abwassern hinter einem Dornier-Amphibium gelang auch bei großer Windstärke ohne Schwierigkeiten.

Am 18. Mai 1935 geht eine Couleur-Karte vom Kommers der Sängerschaft Frankonia-Brunonia von Braunschweig nach Ilsenburg. Unterschrieben haben auch Hans Weidemann, Walter Bode und Jochen H. Haltermann vom Staberhof auf Fehmarn.

Auf dem Weg von unserem Verbindungsheim am Inselwall 17 zu den Kollegs kommen wir täglich am Denkmal von Carl Friedrich Gauss vorbei. Als wir im Winter auf unserer Kneipe etwas eingeheizt haben, dauert uns der frierende Mathematiker. Er bekommt ein weißes Nachthemd umgehängt, was am kalten Marmor und der kalten Bronze nicht leicht zu bewerkstelligen war.

Am 25. Mai 1935 steigt meine erste Mensur unter dem weiß-grün-weißen Fuchsenband. Nach Beendigung sitzt meine Nasenspitze nicht mehr da, wo sie immer saß. Aber der Paukarzt näht und flickt wieder alles zusammen. Zu dieser Zeit nehme ich ein Lichtbild von dem prächtigen Wohnsitz der Exzellenz von Girsewald auf, dessen Seitenflügel wir für unser Verbindungsheim gepachtet haben. 20 Jahre später stehe ich mit dem Fotoapparat an derselben Stelle – vor einer verlassenen, bemoosten, fast zugewachsenen Ruine.

Am 27. Mai 1935 grüßen Hermann Ebeling und Sohn Billy aus Santa Barbara bei Los Angeles meinen Vater. Auch diesmal spüren wir das Heimweh aus seinen Zeilen, aber aufschlußreich ist folgende Mitteilung: »...but since we got F.D. as president, things have picked up and look mor secure und brighter.«

Ein klassisches Beispiel, wie man eine harmlose Bevölkerung durch eine zentral gelenkte Presse systematisch beschwindeln kann. Vor seiner Wahl hatte F.D. (Franklin Delano Roosevelt) feierlich verkündet, daß keine Mutter in den USA je einen gefallenen Sohn beklagen müsse. Nach seiner Wahl setzten F.D. zusammen mit Churchill und ihren Hintermännern Himmel und Hölle in Bewegung, um die USA in den Krieg gegen die »menschenfressenden« Deutschen zu treiben. In Deutschland lockte eine gewaltige Beute – außerdem konnte man den verhaßten Wettbewerber aus dem Weltmarkt ausschalten.

Vom 1. bis 5. Juli 1935 fahren 10 Diplom-Ingenieure und 15 Studenten der Technischen Hochschule Carolo-Wilhelmina zu Braunschweig in das westdeutsche Industriegebiet. Die Exkursion wird geleitet von Prof. Dr.-Ing. Kritzler. Nach dem Besuch der Externsteine, einer heiligen Stätte unserer heidnischen Vorfahren, werden wir in Duisburg von den Siemens-Schuckert-Werken empfangen und am 4. Juli im Wasserbahnhof Mülheim-Ruhr auch als Gast der Friedrich-Wilhelm-Hütte bewirtet. Am 5. Juli wird uns in der Weisweiler Hütte die Herstellung von Elektron (eine leichte und feste Magnesiumlegierung) vorgeführt. Nachmittags lädt uns Prof. Eugen Piwowarski von der Rheinisch-Westfälischen Technischen

Hochschule in Aachen zum Kaffee und zu anregender Unterhaltung nach Monschau in der Eifel ein.

In Dortmund fahren wir 600 Meter tief in die Zeche Minister Stein ein. Vor Ort, etwas höher als menschliche Schulterbreite, erleben wir das Lösen der Steinkohle und ihren Transport auf Förderbändern und mit Hunden (Loren) bis zum Aufzug. Einige Wochen später erleidet die Grube eine Schlagwetterkatastrophe.

Am 30. Juli 1935 stirbt in Werder an der Havel Adolf Damaschke im Alter von 70 Jahren. Ihm zu Ehren, der sich u.a. für die Beschränkung des privaten Bodeneigentums einsetzte, wurde unsere Straße in Ilsenburg benannt.

Am 19. August 1935 fahre ich mit dem Schiff von Hamburg nach Oslo. Eigentlich darf ich nur 5 Reichsmark bei mir haben. Man muß sich also etwas einfallen lassen. Auf dem Schiff und beim Anlandgehen ist mir Oberingenieur Müller, der für die Heliowatt-Werke in Berlin reist, eine willkommene Hilfe. Am Hafen Björviken empfängt mich Berit Ween, aasveien 3, Bekkelagshögda. Mit ihr lerne ich Oslo und seine schöne Umgebung kennen. Ein Besuch des Norsk Folkemuseum auf der Halbinsel Bygdöy bietet ein besonders Erlebnis: das Gokstad-Schiff und das Oseberg-Schiff als Grab einer Fürstin um 850 unserer Zeitrechnung. Die Sprungschanze am Holmenkollen, das Restaurant Dronningen und das Ekeberg-Restaurant in der Nähe der Seemannsschule, die Festung Akershus und das Rathaus werden bei den Besichtigungen nicht ausgelassen. Auf der Rückreise mache ich im Tivoli in Kopenhagen nochmals Halt. Schließlich sitze ich in der Nacht hungrig und frierend in der dänischen Eisenbahnfähre Gedser-Warnemünde. Der Ober fragt nach meinen Wünschen. Antwort: »Ich habe nur noch 50 deutsche Pfennige.« Der Ober macht kehrt, bringt mir eine Fleischbrühe und dazu einen Korb mit einem Berg von Brotresten aus der Küche. Nicht eine Krume blieb übrig.

Am 16. September höre ich im Oberkrug an der Ilsebrücke in Ilsenburg, daß ein Arbeiter auf dem Kupferhammer 58 Pfennig je Stunde erhält. Bei meiner Nachtschicht auf dem Motorenprüfstand der Büssing-Nutzkraftwagenwerke in Braunschweig wurden mir 50 Pfennig je Stunde ausgezahlt. Das freute mich.

Am 6. Oktober 1935 bin ich zum Erntedankfest in Goslar. Abends wird Reichskanzler Adolf Hitler jubelnd begrüßt.

Am 23. Oktober 1935 stirbt Hauptmann Wilhelm Loeper (geboren 13. 10. 1883) in Dessau. Seit 1924 war er Gauleiter im Gau Magdeburg-Anhalt und seit 1933 Reichsstatthalter in Braunschweig und Anhalt. Zu seiner Beisetzung fahren wir nach Dessau. Reichskanzler Adolf Hitler schreitet mit den Trauergästen durch das Spalier der SA.

Am 17. November 1935 folge ich einer Einladung zum Hausball im Hause Gustav Just in der Kastanienallee in Ilsenburg. Tochter Käthe ist eine angenehme und aufmerksame Gesellschafterin.

Am 27. November 1935 trifft mein Vater bei einem Luftschutzlehrgang in Bad Dürrenberg (jetzt DDR-4203) Maurermeister Voge aus Tangerhütte (jetzt DDR-3510). Dieser zeigt ihm, wie man mit Wünschelruten umgeht. 25 Jahre später werde auch ich Erstaunliches mit Rutengängern erleben.

1936 1936

Am 1. Februar erhalte ich das SA-Sportabzeichen. Der Gepäckmarsch mit schwerem Affen (Tornister) brachte mich gehörig ins Schwitzen.

Am 4. Februar 1936 bedankt sich Frau A. K. aus Martigny im Wallis (Schweiz) beim Pendelmeister Mermet, daß mit seiner Hilfe ihr vermißter Mann gefunden wurde. Mermet hatte 3 Tage nach dem Verschwinden des Mannes dessen Photographie und eine illustrierte Ansicht des Gasthauses, in dem er zuletzt gesehen worden war, erhalten. Von diesen Dokumenten nahm der Pendelmeister die Strahlung ab, die ihn längs des Rotten (Rhône) durch das Dorf Massongex führte, in dessen Nähe der Mann im Fluß ertrank.

Am selben Tage empfiehlt mir mein Vater in Ilsenburg Bücher von Max Eyth (1836-

1906), vor allem »Hinter Pflug und Schraubstock«. Seit 1896 war er Max von Eyth. Eine seiner Aussagen gefällt mir besonders: Mit Anregungen ist nichts geschehen in der Welt. Niemand sollte etwas anregen, der nicht entschlossen ist, es durchzuführen.

Am 9. Februar 1936 entdecken wir Unterlagen, daß bis 1873 folgende Bauernhöfe in Wasserleben an die Ilsenburger Pfarre zinsen mußten (meist 4 Scheffel Korn im Jahr):

Nr. 16 Eilert, Nr. 34 Heinrich Christian Beusing, Nr. 60 Friemann, Nr. 80 Kaufmann Weigel, Nr. 110 Harms, Nr. 109 Christian Michael Köhler, Nr. 126 Gustav Meyer.

Am 14. März 1936 berichtet die Pariser Zeitung »Le Journal« über das Verschwinden des in Rennes wohnenden Inspektors Foubert. Mermet erpendelte, daß der Inspektor überfallen wurde. Seine Leiche sei in den Cher geworfen und durch die Loire bis in den Ozean bei Saint-Nazaire getrieben worden.

Am 7. Mai verläßt unser Nachbar Schlote, Damaschkestr. 32, Ilsenburg und zieht nach Frankfurt am Main. Das Haus soll für 17000 RM verkauft worden sein. Sein Sohn Werner Schlote fuhr einige Jahre zum Reform-Realgymnasium nach Bad Harzburg.

Am 7. März 1936 übernimmt das Deutsche Reich wieder die volle Souveränität über die entmilitarisierte Zone am Rhein. Darüber freuen sich sehr viele Deutsche.

Am 20. Mai 1936 wird in Ilsenburg im Hotel Ilsenstein ein Erholungsheim für Kriegsbeschädigte eröffnet. Reichskriegsopferführer Hanns Oberlindober war auch einmal dort.

Bei den Olympischen Spielen 1936 in Berlin treffe ich meine norwegischen Freunde. Die norwegische Mannschaft ist in Charlottenburg in der Richard-Wagner-Straße untergebracht.

Am 3. Juni 1936 grüßt mich mein Jugendfreund Kurt Jedicke, der in Königsberg Medizin studiert, aus Pitkäjärvi in Finnland. Mit seinem Freund Yorma Puputti aus der Gruneberg-straße in Helsinki beobachtet er die Mitternachtssonne, die in der Nacht nicht unter dem Himmelsrand verschwindet.

Mit meinem Leibburschen Hans Weidemann folge ich einer Einladung zum Tanzabend im Hause Oberstleutnant Schering in Ilsenburg. Mit den Töchtern des Hauses und jungen Damen aus der Schweiz und Dänemark sowie einigen Kommilitonen von der Bergakademie Clausthal-Zellerfeld erleben wir eine kultivierte Veranstaltung.

Am 9. Juli 1936 stirbt in Braunschweig Konrektor Fritz Storbeck im Alter von 76 Jahren. Aus meiner Volksschulzeit in Ilsenburg habe ich ihn in guter Erinnerung.

Am 29. Juli grüßen mein Onkel Paul Georg Preißner und Frau aus Kiefersfelden. Dort spricht man anscheinend 1936 schon vom Anschluß: »...ob wir wohl die Grenzöffnung erleben? Uns trennt nur der Inn von Österreich.«

Am 11. Oktober 1936 verunglückt mein Schulfreund Günter Just aus der Kuranstalt Jungborn im Eckertal mit seinem Bruder Walter tödlich bei Pfaffenhofen; ihr Auto wird von der Eisenbahn auf der Strecke Ingolstadt-München überrollt. Die Frau des Bruders kann noch rechtzeitig aus dem Fahrzeug springen. Bei unseren Klettereien im Eckertal war Günter bereits einmal in einem Steinbruch abgestürzt und hatte sich ein Bein gebrochen.

Am 29. Oktober 1936 stirbt Waldwärter August Ruhberg, der Bruder meines Großvaters Wilhelm Ruhberg, im 69. Lebensjahr. Seinem Sarge folgen in Ilsenburg am 1. November neben vielen Ilsenburgern auch Erbprinz Botho zu Stolberg-Wernigerode, Prinz Erbach und General Baron Digeon von Monteton. Den General sah ich oft im Ludwigsbad, wo er in Rückenlage im Wasser schwamm und gemütlich seine Zigarre rauchte.

Am 15. März 1936 gewähren meine Eltern dem Arbeitsdienstmann Gottfried Thelen aus Linz am Rhein Quartier. Er studiert Chemie in Bonn, war beim Straßenbau in Seesen eingesetzt und wandert mit seiner Einheit durch den Harz.

Am 17. Mai feiert Generalsuperintendent Doctor theologiae Blau seinen 75. Geburtstag. Seit Jahren ist der verdiente Kirchenführer der unermüdliche Vorkämpfer des evangelischen Deutschtums in Posen. 1905 war er Kreisschulinspektor in Wernigerode gewesen. Wie mögen heute Bischöfe der Evangelischen Kirche Deutschlands (EKD) über den Einsatz für sein deutsches Vaterland denken?

Am 3. Juni 1936 wandern mein Vater und ich 3 Uhr 15 zum Großen Teich bei Veckenstedt und erfreuen uns am Sonnenaufgang um 4 Uhr. Das Leben in der Natur an diesem Tage hinterläßt unvergeßliche Eindrücke.

In diesem Jahr häufen sich die tödlichen Unfälle unerfahrener Segelflieger, die ihre Kiste überbeanspruchen. Der Einflieger Hanna Reitsch erprobt Bremsklappen an der Ober- und Unterseite der Tragflächen, die Hans Jacobs, der Leiter des Instituts für Segelflug, entwickelt hat. Jetzt kann jedes mit diesen Bremsklappen ausgerüstete Segelflugzeug auf den Kopf gestellt werden und überschreitet im senkrechten Sturzflug nicht die Geschwindigkeit von 200 Kilometer je Stunde. Ernst Udet ernennt dafür Hanna Reitsch zum Flugkapitän.

1937 **1937**

Am 2. Februar unterhält sich mein Vater in Ilsenburg mit Conrad Rimmel, der die Molkerei Marienhof gepachtet hat. Conrad hat im Ersten Weltkrieg 17000 Mark Kriegsanleihe gezeichnet. Dafür erhält er seit 1927 jährlich eine Rente von 520 Reichsmark. Einige Tage später entdecken wir in der Schloßmühle ein hölzernes Gesicht an den Mahlgängen. Müller Mäßer, der in der Wernigeröder Straße ein Haus besitzt, nennt es den »Kleikäker«, aus dem früher die Kleie strömte.

Am 15. März 1937 bin ich zufälliger Zuhörer bei einem Streitgespräch zwischen einem Anhänger der Bekennenden Kirche, für die sich u.a. M. Niemöller einsetzt, und einem Deutschen Christen, der für eine deutsche Nationalkirche mit volksverbundenem Brauchtum spricht. Irgendwann fällt der Name Celsus.

Der römische Philosoph Celsus (Kelsos) verfaßt um 180 unserer Zeitrechnung seine »Lehre der Wahrheit« (alethes logos), in der er das Christentum wegen seiner Unwissenschaftlichkeit und blinden Gläubigkeit hart angreift. Dem christlichen Lehrsatz der Erlösung stellt er die Idee der ewigen Weltordnung und der Lehre von der Fleischwerdung Gottes die vollständige Jenseitigkeit Gottes entgegen. Auch Friedrich Nietzsche (1844-1900), Sohn eines lutherischen Pfarrers in Rökken bei Lützen in Sachsen, wird als Zeuge herangezogen, vor allem sein Buch »Der Antichrist« (1888), in dem er seine Gründe für die Ablehnung des Christentums überzeugend darlegt.

Dem unvoreingenommenen Leser vermittelt das Alte Testament (AT) nur Berichte über Betrügereien, Brandschatzungen, Inzucht, Lügen, Massenmorde, Plünderungen, Vergewaltigungen und den anmaßenden Anspruch, ein auserwähltes Volk zu sein.

Das Neue Testament (NT) dient dem eingeschworenen Christen-Priester dazu, dem schwachen Menschen die christliche Lehre der Erbsünde einzubleuen und das Diesseits als irdisches Jammertal darzustellen. Nach Friedrich Nietzsche ist der christliche Gott ein Gott für Kranke (andere meinen, er sei ein Gott für Minderwertige), ein Widerspruch des Lebens, ein Gott, der das Diesseits verleumdet und den Willen zum Nichts heilig spricht.

Selten hat mich ein Zwiegespräch so gefesselt wie an diesem Abend!

Am 15. Mai beziehe ich in Braunschweig, Museumstr. 2, zusammen mit meinem Bundesbruder Karl Bode, der Elektrotechnik studiert, ein möbliertes Zimmer bei Frau Buck, Karl wird in Rußland für sein Vaterland fallen – Ehre seinem Andenken.

Einen Monat vorher hat Karl-August Tiedemann, der meine Base Elfriede Hüttner ehelichte, in Nürnberg seine Prüfung als Diplom-Handelslehrer bestanden. Später wird er sich als Studiendirektor an der Handelsschule in Osnabrück um die gediegene Ausbildung des kaufmännischen Nachwuchses bemühen.

Im Mai tagt in Salzburg unter dem Vorsitz von Prof. Georgii die Internationale Studienkommission für motorlosen Flug (ISTUS).

Im Rahmen eines Segelfliegertreffens steigt Hanna Reitsch mit einem Segelfugzeug der Bauart »Sperber« auf. Sie landet mit ihrem Sperber-Junior in Pieve di Cadore und hat als erste Frau die Alpen im Segelflugzeug überquert.

Im September wird Hanna Reitsch von Ernst Udet zur Flugerprobungsstelle Rechlin berufen, um Bremsklappen an Kampfflugzeugen zu erproben.

Im Mai 1937 trifft mein Vater auf einer Wanderung Kantor Römmer in Darlingerode. Dieser beantragte für seinen 2. Schwiegervater Voigt, der sich wegen schlechter Wirtschaftsverhältnisse erschossen hat, Nachlaßkonkurs, um keine Schulden zu erben. Nach Abwicklung werden ihm noch 67 Reichsmark ausgezahlt. – 1945 wurden Römmer und seine Tochter ermordet – Schicksal.

Am 11. Juli 1937 feiern meine Eltern Silberne Hochzeit – draußen stürmt und regnet es.

Vom 26. August 1937 blieb ein Lichtbild erhalten, das meinen Vater mit seiner Schulklasse und Anhang in der Baumannshöhle in Rübeland im Harz zeigt.

Am 7. September 1937 stirbt Abbé Mermet in Jussy, 10 km nordöstlich von Genf in der Schweiz. Abbé ist der französische Titel für einen katholischen Weltgeistlichen ohne besonderes kirchliches Amt.

In vierzigjährigem Umgang mit dem Pendel erarbeitete sich Mermet eine Meisterschaft, die ihn weltberühmt machte, ihm andererseits aber auch hoch- und höchstgestellte Feinde schuf. Im Vorwort zur ersten Auflage der französischen Ausgabe seines Buches »Comment j'opère« dankt Abbé A. Mermet dem Vorstand und den Mitgliedern der »Association des Amis de la Radiesthésie, Paris, 105 Boulevard Magenta, und seinem Freunde, dem Jesuitenpater und ehemaligen Major bei den Fußjägern de Bélinay, daß sie ihm bei der Niederschrift seiner Erfahrungen behilflich waren. Beachtenswert ist auch der Satz: »In Frankreich sind Die Vorkämpfer dieser Wissenschaft zur Mehrzahl katholische Priester, die dem Spiritismus, dem Okkultismus und allen verkappten Formen der Magie ebenso abhold sind, wie die eifrigsten unter den Eiferern.«

Den Geleitworten zur ersten deutschen Ausgabe, die Mermet im April 1937 in Jussy verfaßte, entnehmen wir, daß Goethe schon in seinen »Wahlverwandtschaften« die Kunst des Pendelns erwähnte.

Hier ergänze ich, daß Goethe an anderer Stelle sagte: »Wünschelruten sind hier, nicht zeigen am Stamm sie die Schätze, nur in der fühlenden Hand neigt sich das magische Reis.«

1963 gibt die Radiästhetische Gesellschaft Luzern die Deutsche Ausgabe in 5. Auflage heraus unter dem Titel »Der Pendel als wissenschaftliches Instrument; Eine Einführung in die Pendellehre und eine Anleitung zum Gebrauch des Pendelns«. Auf Seite 7 dieser Ausgabe lesen wir: »Meinem Vater gewidmet«

»Die Radiästhtische Gesellschaft Luzern verwendet das vorliegende Werk von Abbé A. Mermet als Grundlage ihrer Einführungskurse in die Radiästhesie. Die Neuauflage erfolgt als Zeichen des Dankes und der Ehrfurcht für das Schaffen Abbé Mermets, dessen Forschungen und Erkenntnisse sie noch heute als richtungweisend betrachtet.«

Schon der Vater von A. Mermet war 50 Jahre lang als »Quellensucher von Savoyen« bekannt. A. Mermet selbst führte im Laufe von 40 Jahren jährlich etwa 50 Untersuchungen durch. Dabei drohte ihm manchmal anscheinend auch der Kragen zu platzen, wie ich aus dem Brief eines frommen Fräuleins aus Südwestfrankreich glaube entnehmen zu dürfen, der am 23. September 1933 an A. Mermet gerichtet wurde:

»Mein guter Herr Pfarrer, könnten Sie mir sagen, ob der alte Jungeselle, dessen Photographie ich Ihnen sende, sich eines Tages bekehren wird?...Könnten Sie mir ferner sagen, mein guter Herr Abbé, ob die Seele meines am...verstorbenen Vaters noch im Fegefeuer leidet... und wie lange er noch leiden soll?...« Ich entnehmen jetzt wörtlich von S. 285:

»Wenn man solche Briefe liest, möchte man am liebsten seine Tür verrammeln! Die menschliche Dummheit kennt keine Grenzen.«

Am 20. September 1937 bedankt sich Unteroffizier Günther Hahn aus der Kaserne Braunschweig-Gliesmarode für die freundliche Aufnahme, die er während eines Manövers in unserem Hause fand. Seine Ansichtskarte zeigt die SS-Reichsführerschule, die im früheren Schloß am Bohlweg in Braunschweig untergebracht war.

Am 29. November 1937 hält mein Vater im Ilsenburger Harzklub einen Vortrag über Buko von Halberstadt, dem die »Ilsenburger Zeitung« eine gute Kritik widmet. Treffpunkt der Harzfreunde war das »Hotel zum Ilsethal«, dessen Eigentümerin Witwe Becker war. Etwa 60 Meter oberhalb des Hotels stand auf der anderen Seite der Straße über dem »Hotel zur Erholung« das Geburtshaus meines Großvaters Wilhelm Ruhberg. Das Haus wurde 1938 im Zuge der Straßenverbreiterung abgerissen.

Am 20. Dezember 1937 grüßt mich Ursula Homuth aus Algier, wo sie ihren Winterurlaub verbringt. Wir tanzten gern zusammen, wenn die jungen Damen des Pensionats Hühne zum Tanztee im »Hotel zu den roten Forellen« in Ilsenburg erschienen. Am 4. März hatte sie ihren 18. Geburtstag gefeiert.

1938 **1938**

Am 19. Februar fliegen Egon Möller, der steuert, und ich mit einer Klemm KL 25 der Flugtechnischen Fachgruppe 3 Stunden lang über Elm, Magdeburg, Ilsenburg und Elbingerode, wo mein Vater vom 15.2. bis 8.3. zur Kur weilt. Am 19. März sind wir mit dem Focke-Wulf FW 44 »Stieglitz« über Harz und Kyffhäuser. Am 24. Juni vervollkommnen wir auf einem Flug nach Stettin-Altdamm, Rostock und Kiel unsere meßtechnischen, meteorologischen und navigatorischen Kenntnisse.

Am 5. März 1938 sende ich meinen Eltern von der Internantionalen Automobil- und Motorrad-Ausstellung in Berlin eine Aufnahme, die Reichskanzler Adolf Hitler und Hermann Göring vor einer schweren Gleisketten-Zugmaschine zeigt. Zwei Jahre später wird eine solche Zugmaschine meine schwere Feldhaubitze SFH 18 durch Frankreich ziehen. Auf dieser Ausstellung treffe ich Direktor Usinger und Frau, die die Turnerschaft in Ilsenburg vorbildlich betreut und gefördert haben. Sohn Hans Usinger war mein Klassenkamerad, Bruder Fridhelm war etwas jünger.

Am 8. März 1938 gibt Curt Cramm in Santos in Brasilien einen Gruß an seinen Lehrer auf. Mein Vater freut sich über die Anhänglichkeit ehemaliger Schüler und ich freue mich über deren Briefmarken. Vater Cramm war Bäckermeister in der Buchbergstraße, wo ich als Junge oftmals Brot oder Brötchen kaufte. Später gewann die Gegend noch an Bedeutung – gegenüber lag das Mädchenpensionat von Ernst Hühne, dessen Frau den Gesichtskreis der ihr anvertrauten jungen Damen mit Umsicht und Geschick erweiterte.

Am 27. März 1938 wird das Geburtshaus meines Großvaters Wilhelm Ruhberg in der Mühlstraße unter dem Schloß in Ilsenburg wegen Straßenverbreiterung enteignet. Der Besitzer erhielt 4500 Reichsmark Entschädigung (hatte das Doppelte verlangt). Begeistert hörte ich immer zu, wenn der Großvater von seiner Jugendzeit erzählte, die eng mit diesem Haus verknüpft war.

Am 28. Mai 1938 heiratet mein Gegenüber in der Damaschkestraße in Ilsenburg, Gertraude Kaemnitz, Apotheker Friedrich Karl Oelker in Großengottern bei Mühlhausen (jetzt DDR-5700 Mühlhausen Thomas-Müntzer-Stadt).

Am 18. Juni 1938 heiraten mein Leibbursche Dipl.-Ing. Hans Weidemann und Lisa Lenski in Braunschweig. Ich begleite die Brautjungfer Elisabeth Wellge. Foto-Rache hält die Ereignisse im Bilde fest. Nach einigen Tagen werden Karl Bode und ich zum Vertilgen der Reste eingeladen. Als angehende Techniker höherer Ordnung untersuchen wir die drehbare Platte, auf der uns erlesene Speisen vorgesetzt werden. Als wir den Wirkungsmechanismus begriffen haben, ist die Platte leer, und die Tapete zeigt ein neues Muster.

Am 3. Juli 1938 erlebe ich zum ersten Mal die Insel Helgoland. Eine Besichtigung der Weser-Flugzeugwerke in Einswarden war Anlaß für einen Tagesausflug mit dem Dampfer »Roland«.

Vom 13. August bis zum 15. Oktober 1938 werde ich in Halberstadt militärisch ausgebildet. Die 10. (E)/A.R.31 ist in Sommerbaracken der Bismarck-Kaserne untergebracht. »E« steht für Ersatz-Einheit und »A.R.« für Artillerie-Regiment. Aus meinen Unterlagen war zu entnehmen, daß ich Luftfahrt studiere, trotzdem wies mich der Musterungsoffizier der Artillerie zu – höhere Strategie?

Als in einer Übungsstunde die Teile des Geschützes durchgeackert werden, passe ich nicht auf und antworte »Schwingschenkelschleppachse« statt »Spreizlaffette«. Der Wachtmeister brüllt mich an: »Was sind Sie?« – »Student, Herr Wachtmeister!« – »Ein Arschloch sind sie!« – »Jawohl, Herr Wachtmeister!« Heute noch bin ich ihm dankbar, daß er uns beigebracht hat, sich blitzschnell auf den Boden zu werfen, wenn es brenzlig wird. Er wußte, wie schnell Granatsplitter fliegen. Ohne ihn wäre ich schon 1940 vor der Maginot-Linie im Jenseits gelandet. Vom 24. bis 27. September besuchten wir Kanoniere Berlin-Großlichterfelde und die Artillerieschießschule Jüterbog.

Am 13. März 1938 wird Österreich ein Land des Deutschen Reiches. In diesem Zusammenhang wollen wir festhalten, daß im Frühjahr 1938 – vor dem Anschluß Österreichs – in Deutschland nur noch 507000 Arbeitslose statistisch erfaßt waren. Die USA dagegen hatten trotz der Versprechungen F. D. Roosevelts noch mindestens 10 Millionen Arbeitslose.

1950 wird mir Dipl.-Ing. Siegfried Günter, ehemaliger Entwurfschef der Ernst Heinkel-Flugzeugwerke, in Podberesje, Bezirk Kalinin, UdSSR, erläutern, wie das Problem in den USA gelöst wurde. 1938 besuchte Günter mit einer deutschen Kommission Betriebe der USA-Luftfahrtindustrie. Dieser Besuch war von Charles Lindbergh (siehe 1927, 21. Mai) auf Wunsch von dem ihm befreundeten Hermann Göring vorbereitet worden. Nach Abschluß trafen die deutschen Teilnehmer mit ihren Gastgebern in New York zusammen. Irgendwann kam der Krieg ins Gespräch. Ein Industrieller zeigte ein Schaubild mit einer abwärts führenden Kurve, die vermutlich die Einnahmen der USA-Industrie darstellte. Wenn diese Kurve ein bestimmtes Tief erreiche, sei der Krieg da. Die verdutzten Gesichter der Deutschen veranlaßten ihn zu der Ergänzung: »der Krieg wird kommen. Das hat gar nichts damit zu tun, ob Ihr einen Hitler, einen Kaiser oder einen Reichspräsidenten habt.« Beschwörend fügte er hinzu: »Remember the man behind the desk!«

Im Klartext kann das nur geheißen haben: Wenn die Einkünfte der Milliardäre unter eine bestimmte Schwelle sinken und wenn die berechtigte Empörung der Volksmassen bei 10 Millionen Arbeitslosen gefährlich wird, hilft immer ein Krieg. So einfach ist das! Dazu braucht man nur das Zeitungswesen, Rundfunk und Fernsehen in der Hand zu haben und kann dann alle gegen jeden aufhetzen.

Was Siegfried Günter und seine Reise in die USA betrifft, las ich auf Seite 238 in den Lebenserinnerungen von Ernst Heinkel »Stürmisches Leben«, Stuttgart 1953: »Ich schickte im Sommer 1931 Siegfried Günter nach Amerika, um die dortigen Fortschritte an Ort und Stelle zu studieren und alles, was er an Erfahrungen sammeln konnte, mit nach Hause zu bringen.«

Während der 8 Jahre, in denen ich mit S. Günter in der Sowjetunion zusammen arbeitete, hat er niemals davon erzählt, schon 1931 in den USA gewesen zu sein. Bei einem Treffen der Alten Adler am 26. Oktober 1967 in Frankfurt am Main ließ Generalingenieur Eisenlohr mir gegenüber ganz beiläufig verlauten: er habe ein Buch gelesen, dessen Inhalt zu 70 % nicht historisch sei.

Am 1. Oktober 1938 werden die sudetendeutschen Gebiete dem Deutschen Reich angeschlossen.

Am 26. November 1938 werden in Waggum (jetzt D-3300 Braunschweig) an der Autobahn nach Berlin die neuen Luftfahrtinstitute der Technischen Hochschule Braunschweig eingeweiht. In einer Zeitungsmeldung vom 26. 11. 1938 heißt es, die neue Anlage sei das erste Luftfahrt-Lehrzentrum des Großdeutschen Reiches.

Im Institut für Flugzeugbau begrüßen Reichsminister Bernhard Rust, Ministerpräsident Dietrich Klagges und Oberstleutnant Dr. Aschenbach den Institutsleiter Prof. Dr.-Ing. Hermann Winter und seine Assistenten mit Handschlag. 42 Jahre später werde ich die Bücher von Dietrich Klagges, u.a. »An alle Völker der Erde – zum Beispiel Deutschland«, mit Hochachtung und vollem Verständnis lesen.

Am 4. Dezember 1938 wandert mein Vater durch Hasserode und entdeckt am Eselskrug (1797) den Spruch:

Der Esel ist ein braves Tier,
Doch ist er dumm – er trinkt kein Bier.

Wenn ich in Braunschweig, Ecke Wendentorwall/Fallersleber Tor-Wall, in der studentischen Mensa preiswert zu Mittag aß, stand schräg gegenüber vor einer Villa am Fallersleber-Tor-Wall ein Posten der Deutschen Luftwaffe. Dort wohnte General der Flieger Helmut Felmy, Befehlshaber der Luftwaffengruppe 2 Braunschweig. Im ersten Weltkrieg führte er die Fliegerverbände. Ab 1939 war er Chef der Luftflotte 2 und Befehlshaber Nord Braunschweig. Er wurde am 28. Mai 1885 in Berlin geboren und nach dem 2. Weltkrieg von einem USA-Militärgericht in einem Schauprozeß zu 15 Jahren Haft verurteilt – ein unwiderlegbarer Beweis, daß sich General Felmy erfolgreich für sein deutsches Vaterland eingesetzt hat. 1952 wurde er freigelassen und starb 1965.

Sein 1931 geborener Sohn, der Schauspieler Hansjörg Felmy, wird uns später im Fernsehen und im Theater gefallen.

Im Februar fliegt Hanna Reitsch in Berlin erstmals in der Welt einen Hubschrauber in der »Deutschlandhalle« und beweist, daß Deutschland die Technik des Hubschraubers beherrscht. Schon Leonardo da Vinci befaßte sich um 1500 unserer Zeitrechnung mit dieser Art des Fliegens, aber erst 1957 fand Professor Henrich Focke in Bremen eine für den Praktiker brauchbare Lösung.

Im August läßt sich Ernst Udet beim internationalen Luftrennen in Cleveland, Ohio, USA, durch Hanna Reitsch vertreten. Ihre Kunstflugfiguren, die sie mit dem von Hans Jacobs entworfenen Segelflugzeug »Habicht« ausführte, rissen die Zuschauer zu Beifallsstürmen hin.

Am 6. Dezember stirbt mein Onkel Dr. med. Karl Hüttner in Rostock und wird in Marnitz an der Seite seines Bruders Fritz Hüttner beigesetzt. Fritz Hüttner war in München ein enger Freund des Generals Franz Ritter von Epp, des späteren Reichsstatthalters in Bayern. Der Vater der Gebrüder Hüttner war Burghauptmann auf der Burg in Nürnberg gewesen und hatte eine Tochter von Heinrich Schanz geheiratet.

Dieser Heinrich Schanz, geboren am 18. Dezember 1801 in Nürnberg, heiratete 1832 Sophie von Volckamer und schrieb seinen Lebenslauf bis 1856 für seine Kinder auf. 1979 übertrug meine Base Elfriede Tiedemann geb. Hüttner die vergilbte Handschrift in Maschinenschrift. Der 42-seitige Lebenslauf eines Kaufmanns in Nürnberg, der sich auch in Holland und England aufhielt, vermittelt einen aufschlußreichen Einblick in die damaligen menschlichen und politischen Verhältnisse.

In Marnitz lag neben der Arztpraxis meines Onkels die Apotheke, Apotheker Herz, mosaischen Glaubens, und Frau Herz, evangelischen Glaubens, waren angenehme Nachbarn. Ihre Tochter Gisela war 1970 noch in Marnitz ansässig und starb später in Schwerin in einem Altersheim.

1939 **1939**

Ab Februar werden unter Leitung von Professor Georgii die Bedingungen für den Segelflug in Nordafrika erforscht. In der Umgebung von Tripolis lernt Hanna Reitsch unter anderem, daß der zwischen zehn und elf Uhr einsetzende Wind vom Meere her den für das Fliegen notwendigen Auftrieb beseitigt.

Im Juli dieses Jahres gelingt es Hanna Reitsch, durch einen Zielflug von Magdeburg nach Stettin einen weiteren Weltrekord mit ihrem Namen zu verknüpfen.

Im Herbst stürzt ein mit zehn voll ausgerüsteten Infanteristen besetzter Lastensegler mit Hanna Reitsch am Steuer aus tausend Metern Höhe im steilen Gleitflug zur Erde und landet genau neben einer Gruppe von Generalen. Diese sind so begeistert, daß die Vorführung sofort wiederholt wird – diesmal nur mit Generalen. Jetzt schauen die zehn Infanteristen zu, wie die Generale auf sie herabstürzen und wohlbehalten landen.

Vom 21. bis 24. Februar bin ich in Berlin. Unter Leitung der Professoren Koppe, Schlichting und Winter besichtigen wir Studenten die Askania-Werke in Berlin-Friedenau, die Geräte für Meteorologie und Navigation herstellen. Auch die Automobilausstellung wird besucht. Am Abend genießen wir eine Aufführen der »Zauberflöte« im Deutschen Opernhaus in Charlottenburg.

Am 27. Februar 1939 werde ich wissenschaftlicher Assistent bei Prof. Dr.-Ing. Hermann Winter, der zusammen mit Kunstflieger Gerhard Fieseler 1937 in Kassel das Langsamflugzeug Fieseler »Storch« (Fi 156) geschaffen hat. Am 1. März ist der Vorentwurf des Langsamflugzeuges LF 1 – es hieß später »Zaunkönig« – skizziert. Ich untersuche, auf welchem kleinsten Raum LF 1 zu bringen ist, wenn die Tragflächen an den Rumpf geklappt werden. Kann man LF 1 auf U-Booten unterbringen, die mit ihm tauchen können? An dieser zusätzlichen Verdrängung scheitert die Idee, U-Boote mit einem eigenen Aufklärungsflugzeug auszurüsten. Im geklappten Zustand bedurfte die LF 1 eines Raumes von 6,08 m Länge, 1,63 m Breite und 2,678 m Höhe. Mit Pilot und Treibstoff wog sie 355 kg, war 6,08 m lang und 2,38 m hoch und hatte eine Spannweite von 8,02 m. Ein Vierzylinder-Reihenmotor (Zündapp Z9-92) von 51 PS brachte sie auf 142 km/h. Sie konnte auch mit 45 km/h fliegen. Kleinster Anlauf war 63 m, kürzeste Ausrollstrecke 25 m. Reichweite 400 km. Flugdauer 3 Stunden.

Am 8. und 9. März 1939 begleite ich Prof. Winter zur Technischen Messe in Leipzig und werde am 13. März als ordentliches Mitglied in die Lilienthal-Gesellschaft für Luftfahrtforschung aufgenommen. Für das Geschäftsjahr 1938/39 erhalte ich die Mitgliedskarte Nr. 1809.

Am 15. März 1939 wird die Tschechoslowakei besetzt und am 16. März das Reichsprotektorat Böhmen und Mähren errichtet.

Am 23. März 1939 wird das Memelland dem Deutschen Reich wieder eingefügt.

Im Mai 1939 bin ich zufällig in Berlin als Adolf Hitler und Benito Mussolini auf der festlich geschmückten Ost-West-Achse vom Brandenburger Tor nach Charlottenburg fahren.

Auf dem Brocken hat der neue Fernsehturm über der Erde drei massive und elf hölzerne Stockwerke. 6 Jahre später ist er eine Ruine.

Am 20. Juni 1939 bringt Flugkapitän Erich Warsitz in Peenemünde beim ersten reinen Raketenflug der Welt die He 176 für 50 Sekunden in die Luft. Das Raketentriebwerk wurde von Ing. Walter Künzel betreut, der ab 1946 mit uns in der Sowjetunion zusammen arbeitete.

Kriegstagebuch Werner Wolfgang Becker 1939 bis 1945

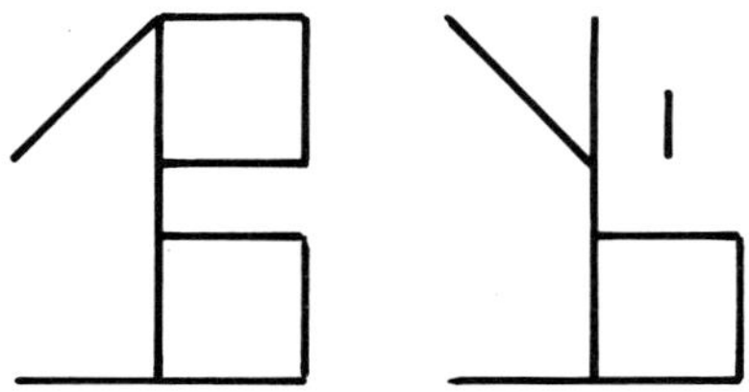

27.08. Am Sonntag, 27. August 1939, erhalte ich meine Einberufung und bin am 28. August in der Kaserne in Braunschweig-Rautheim: 11.(E) A.R. 267, Feldpostnummer 21566.
6.09. nachts werden wir in Wolfenbüttel mit Geschützen und Zugmaschinen verladen.
7.09. Ankunft in Mönchen-Gladbach (D-4050)
8.09. Wir übernachten in Strempt (D-5353 Mechernich)
9.09. Wir übernachten in Roggendorf (D-5353 Mechernich)
10.09. Ich beziehe in Marmagen Nr. 136 (D-5376 Nettersheim) bei Alexander Maus Quartier
22.10. Ausflug zur Rur-Talsperre bei Schwammenauel
30.10. Wir liegen in Hostel (D-5353 Mechernich). Am selben Tage fährt mein Vater nach Braunschweig und holt aus der Bernerstraße 6 bei Artur Huch meine restliche Habe ab. Mein Bundesbruder Karl Bode bleibt in unserer Studentenbude.
2.11. Beim Scharfschießen in Köln-Wahn werden unsere Leistungen überprüft.
5.11. Die Batterie macht eine Rundfahrt über Udenbreth, Hollerath und Vogelsang, wo wir die Ordensburg bewundern.
10.11. Wir besuchen das Stadttheater Düren.
11.11. Auf dem Batteriefest in Hostel werde ich zum Gefreiten befördert.
2.12. An diesem Sonnabend besuche ich Euskirchen und in Ilsenburg nehmen meine Eltern Frau Maria Sander (geb. 1915) mit ihrem 5 Monate alten Sohn Hans Josef auf. Beide kommen aus Dillingen an der Saar, Herrenstraße 6, und sind wegen zu erwartender Kampfhandlungen in das Hinterland verlegt.
4.12. Auf dem Flugplatz der Ordensburg Vogelsang sind wir zum Appell aufgefahren und beginnen am 5. 12. eine Divisionsübung bei Kesternich (D-5107 Simmerath) und Einruhr.
12.12. Wir verlegen nach Hermeskeil (D-5508), das wir über Hostel, Kall, Prüm, Trier und Ruwer erreichen.
18.12. In Reinsfeld (D-5509) im Hunsrück Besichtigung durch General von Hammerstein.
19.12. Divisionsübung im Raum Saarburg (D-5510), Meurich, Kahren.
20.12. Scharfschießen bei Mehring (D-5559) an der Mosel.
24.12. Die Batterie feiert im Hotel Hochwald in Hermeskeil Weihnacht.
25.12. Die Batterie unternimmt eine unterhaltsame Moselfahrt nach Bernkastel. Studienrat Dr. Saechtig aus Blankenburg trägt wesentlich zum guten Gelingen bei.
29.12. Ich verlasse Hermeskeil. Auf Grund einer UK-Stellung bin ich für 3 Monate an das Institut für Flugzeugbau in Braunschweig beurlaubt.

Am 27. August bringt Flugkapitän Erich Warsitz die Heinkel 178 mit 8 m Spannweite als erstes Strahlflugzeug der Welt in die Luft. Das Heinkel-Strahltriebwerk HS 3B hat Pabst von Ohain in Marienehe entwickelt. Am 1. November 1939 beobachten Staatssekretär Milch, Generalluftzeugmeister Ernst Udet und Flieger-Stabsingenieur Lucht die Vorführung der He 178 durch Warsitz. Dieser hat den Eindruck, daß die zukünftige Bedeutung dieser Antriebsart nicht erkannt wird.

Folgende Länder erklären in diesem Jahr den Krieg gegen Deutschland.

1.09. Polen
3.09. Großbritannien + Australien + Indien + Neuseeland
3.09. Frankreich
6.09. Südafrikanische Union
10.09. Kanada

1940 1940

Folgende Länder erklären in diesem Jahr den Krieg gegen Deutschland:

9.04. Norwegen
10.05. Belgien

10.05 Niederlande
2.01. Ich nehme meine Arbeiten am Langsamflugzeug LF 1 wieder auf.
20.01. Um 20.00 Uhr wird mir ein Fronttelegramm überreicht: »Sofortige Rückkehr an die Front«. Ebenfalls sofort rufe ich im Reichsluftfahrtministerium in Berlin an.
21.01. Sonntag abend verlasse ich Braunschweig bei Schneesturm und 15 Grad Kälte, bin am 22.01. um 19.30 Uhr auf der Frontsammelstelle Trier und um 22.15 Uhr wieder bei meiner Einheit in Hermeskeil. Dort ist inzwischen ein Telegramm vom Reichsluftfahrtministerium eingetroffen, daß die Einheit mich für eine Forschungsarbeit freizustellen hat.
Rin in die Kartoffeln – raus aus die Kartoffeln!
26.01. An meinem Geburtstag verschwinde ich wieder aus Hermeskeil und bin am 28.01. im Institut auf dem Flugplatz Waggum.
11.02. Ich lege den ersten Bericht über das Langsamflugzeug vor.
14.02. Am 14.02. besucht der spanische Luftfahrt-Attaché unser Institut.
Für junge Leute von heute, die an Hochschulen unter »Stress« leiden, ein kurzer Hinweis auf meine täglichen Arbeitszeiten:

Donnerstag (29.02.)	16 Stunden	Karfreitag (22.03.)	24 Stunden
Freitag (1.03.)	19 Stunden	Ostersonntag (24.03)	13 Stunden
Sonntag (10.03.)	10 Stunden	Ostermontag (25.03.)	13 Stunden
Donnerstag (14.03.)	16 Stunden	Dienstag (26.03.)	16 Stunden
Samstag (16.03.)	16 Stunden	Sonntag (31.03.)	14 Stunden
Sonntag (17.03.)	16 Stunden	Montag (1.04.)	16 Stunden
Donnerstag (21.03.)	16 Stunden		

An allen dazwischen liegenden Tagen mindestens 8 Stunden (nach Protokoll).
28.03. Am 28.03. fahre ich nach Rostock und stelle mich am 29.03. bei den Ernst-Heinkel-Flugzeugwerken vor.
1.04. Am 1. April beende ich um 23.15 Uhr den Motorbericht für LF 1.
5.04. Mit dem Fronturlauberzug FU 37 verlasse ich Braunschweig um 22.08 Uhr und komme über die Frontsammelstelle Trier und Saarhölzbach am 6. 04. bei meiner Einheit in Britten (D-6619) an. Ich gelte aber ab 1. April als Angestellter der Heinkel Flugzeugwerke.
7.04. Um 14.00 Uhr verlieren wir bei einem französischen Feuerüberfall mit 10,5 cm-Granaten 5 Tote und mehrere Schwerverletzte.
10.04. Französische Amiot-Bomber greifen uns ohne Erfolg an.
11.04. Um 22.00 Uhr verlassen wir Wochern (D-6643 Perl) am Dreiländer-Eck (Deutschland + Frankreich + Luxemburg) und fahren am 12.04. um 1.30 Uhr in Britten (D-6619) ein.
17.04. General Buschmann besichtigt unsere Artillerie-Abteilung.
Am Vortage hat es geschneit.
20.04. Wir feiern den Geburtstag des Führers und Reichskanzlers.
21.04. Wir sind mit unseren Geschützen wieder in Wochern. Die Franzosen sollen durch die Truppenbewegungen getäuscht werden.
24.04. Ein zweimotoriger Bloch-Aufklärer löst Unbehagen aus; kurz darauf folgt ein französischer Feuerüberfall mit 15-cm-Granaten. Wir verstehen jetzt, wie gut und lebensrettend eine gute Tarnung gegen Luftsicht ist.
26.04. Die Franzosen decken uns weiterhin mit 15-cm-Granaten ein.
27.04. Unser vorgeschobener Beobachter gegenüber Schengen in Luxemburg beäugt den Stromberg und den Hammelsberg-Stollen der Bahnlinie Apach - Diedenhofen (Thionville).
In Ilsenburg gibt es eine angenehme Neuigkeit: nach 15 Wochen taut endlich wieder die seit dem 12. Januar eingefrorene Wasserleitung auf.
30.04. Wir verlegen zurück von Wochern über Sinz + Oberleuken + Orscholz + Mettlach

nach Britten (D-6619) in unsere frühere Bereitstellung, wo wir bis zum 7. Mai bleiben. Zwischendurch besuchen wir am 5. Mai Losheim und machen am 6. Mai einen Ausflug zum Hunscheit-Weiher.

7.05. Um 14.45 Aufbruch nach Beuren (D-5511 Kirf), von wo wir unser Waldlager bei Kreuzweiler (D-5510 Palzem) erreichen.

9.05. Wir werden alarmiert: Marokkaner haben den Ort Differdingen (Differdange) in Luxemburg besetzt. Wir verlegen wieder nach Wochern.

10.05. In der Frühe sehen und hören wir deutsche Luftgeschwader westwärts ziehen: Messerschmitt 109 + Junkers 87 + Heinkel 111 + Dornier 17. 10.45 Uhr fällt der erste Schuß!

88 Batterien in unserem Abschnitt feuern je Geschütz etwa 100 Schuß ab. Als Richtkanonier hänge ich an meinem Rundblick-Fernrohr und richte das Rohr laufend nach. Hinter uns stehen weitreichende Kanonen-Batterien, die über unsere nicht so weit tragenden Haubitz-Batterien hinwegschießen. Nach dem letzten Schuß wird die Spreizlaffette geschlossen, verriegelt und an die Gleisketten-Zugmaschine gehängt. Bei Remich überquert unsere Batterie die Mosel und dringt über Bous und Sandweiler in Richtung auf die Stadt Luxemburg vor, wo wir um 21.30 Uhr einrücken, aber nicht anhalten. An diesem 10. Mai hat an anderen Abschnitten auch der Großangriff gegen Belgien und die Niederlande begonnen. Man erzählt, daß General Behlendorf schwer verwundet wurde.

11.05. Unsere erste Feuerstellung beziehen wir in Reckingen in einer Sumpfwiese.

12.05. Heute ist Pfingst-Sonntag. Wir liegen in unserer »Gartenstellung« in Pissingen Marokkanern gegenüber. An diesem Tage wird auch Esch an der Alzette besetzt.

13.05. Pfingst-Montag; Festung Longwy ist gefallen. Um 23.00 Uhr schießen wir Sperrfeuer.

14.05. Wir beschießen Hussigny. Unsere 10. Batterie ist in Longwy.

15.05. Vor unserer »Waldstellung« bei Zolver liegen 2 tote Marokkaner.

16.05. Ein Stoßtrupp bei Soleuvre hat drei Schwerverletzte durch Minen. Im Gelände liegen deutsche Propaganda-Zeitungen »Paris noir« für französische Soldaten.

17.05. Um 1.30 Uhr bekämpfen wir mit unserem Lichtmeßtrupp eine französische Batterie mit 30 Schuß.

18.05. Wir beziehen die Belvaux-Stellung bei der Société métallurgique des terres rouges. Die nächste Stellung ist bei Roedgen = Rüttgen. Um 3.00 Uhr erhält das Arbeitsgeschütz Feuerkommando.

19.05. Heute am Sonntag ist Muttertag. Wir haben einen Ruhetag im Walde bei Rüttgen.

20.05. Bei Esch und Kayl sehen wir zwei verbrannte Fieseler Fi 156 (Storch), ein französisches Morane-Flugzeug und zwei Henschel 126. An diesem Tag stirbt in Bad Sülze (jetzt DDR-2594) in Mecklenburg mein Onkel, Apotheker Paul Georg Preißner.

21.05. Zwischen Esch und Kayl stellen wir unsere Geschütze oberhalb eines Steinbruchs für das Erzbergwerk auf und schießen uns auf Sperrfeuer ein. Dadurch verraten wir unseren Standort. Am 22. Mai bleibt alles ruhig.

23.05. Um 14.45 Uhr schlägt eine französische Salve mitten in unsere Batterie. Fritz Schmidt ist tot, Fritz Gauert und Heinz Ladebeck werden schwer verletzt. Bis zur nächsten Salve bleibt vielleicht eine Minute Zeit. Wir stürzen zu den Verletzten und tragen sie seitwärts, die Sanitäter helfen. Die erwartete nächste Salve kommt nicht. Ich hatte mein Zelt 30 Meter hinter meiner Haubitze aufgestellt, auf einem schmalen Grasstreifen, neben der etwas tieferen Randfurche eines Ackerstücks. Mit der Nachspeise im Kochgeschirr-Deckel beschäftigt, stand ich neben dem Zelt. Plötzlich warf ich mich in die Ackerfurche. Als das Gesicht auf den Boden schlug, hörte ich die Detonationen, das Surren der Granatsplitter und die Schreie der Verwundeten.

Nach dem Bergen der Verwundeten blieben wir noch eine halbe Stunde in Deckung, ehe wir uns wieder zu den Geschützen wagten. Mein Zelt war an einigen Stellen durchlöchert und aus dem kleinen Kopfkissen im Zelt guckten mehrere weiße Daunen. Einen Mittagsschlaf im Zelt hätte ich nicht überlebt.

24.05. Zwischen Esch, Kayl und Tettingen beziehen wir unsere neue Stellung, wo Leutnant Schwengers und Kanonier Pfeiffer gemeinsam ihren Geburtstag feiern. In Ilsenburg wird an diesem Tage mein Onkel Paul Preißner beigesetzt.

25.05. Der Sonnabend sieht uns in der »Pappelwald-Stellung« unterhalb des Erzberges bei Kayl. Hier verwenden wir Tarnnetze gegen Fliegersicht. Durch Schaden wird man klug.

26.05. Wir liegen noch unterhalb des Erzbergwerkes. Mit dem Oberwaffenmeister stelle ich die Verlustmeldung zusammen über die durch den französischen Feuerüberfall an den Haubitzen entstandenen Schäden. Meine 15 cm-Haubitze hat nichts abbekommen. Bis 1.00 Uhr nachts fassen wir neue Munition.

27.05. Bei Düdelingen (Dudelange/Burange) richten wir auf einer Wiese unsere »Eisenbahn-Stellung« ein. Dazu wurden wir um 4.00 Uhr geweckt.

28. und 29.05. Es wird geschanzt. Je 2 Mann heben für sich einen Graben aus, in dem sie einigermaßen geschützt sind.

30.05. Unser Arbeitsgeschütz erhält eine neue Feuerstellung in einem Hohlweg, wo wir tüchtig schippen müssen. Aber um 20.00 Uhr wird schon wieder verlegt.

31.05. In einem Garten hinter den Halden von Düdelingen stellen wir unsere Geschütze auf. In einem verlassenen Haus schlafe ich nach Wochen mal wieder in einem Bett.

1.06. In den verlassenen Geschäften in Düdelingen finden wir noch eßbare Apfelsinen, Soleier und Schinken. In Fleischereien stinkt es schon fürchterlich nach verfaulendem Fleisch.

2.06. Wir fahren nach Frankreich hinein (siehe Michelin-Karte 53): Düdelingen + Petingen (Pétange) + Idingen + Arlon + Jovigny + Florenville + Bouillon + Sedan + Elize + Mézières + Lonny + Rouvroy + Signy l'Abbaye.

3.06. Wir fahren ohne Pause über Pierrepont + Liesse + Sissonne + Veslud + Parfondru zum Chemin des Dames (siehe Michelin-Karte 56).

4.06. Von meiner Zugmaschine aus lese ich während der Fahrt:
Chemin du Roi + Tranchée des Cosaques + Abbaye de Vauclair (Vauclerc).

5.06. Wir richten unsere »Mückenstellung« in deutschen Anlagen des ersten Weltkrieges ein. Wassergefüllte Granattrichter von damals sind unsere Badeanstalt.

6.06. In ausgebleichten, noch stehenden Baumstämmen, die vielleicht vor 23 Jahren starben, stecken noch nicht detonierte Granaten. Hier hat schon mein Vater gekämpft. Wir finden alte deutsche Stahlhelme und Kochgeschirre. Als eine unserer Zugmaschinen ihre Haubitze in Stellung fährt, detoniert eine im Erdreich verborgene alte Granate, reißt aber nur einige Polster von der Gleiskette. Große Gebiete dieser Trichter-Landschaft hatten die Franzosen umzäunt und das Betreten verboten. Das war die einzige Möglichkeit, die Bevölkerung mit vertretbarem Aufwand vor Gefährdung zu schützen.

7.06. Unsere neue Stellung liegt an einem Steilhang aus Kalkstein. Ein Teil der Kameraden verbringt die Nacht in Höhlen am Fuße des Hanges. Ich traue dem Frieden nicht und hebe mir oben einen kleinen Graben aus, in den ich genau hineinpasse. Dort liege ich, schaue mir die Sterne an und horche auf Abschüsse. Als in der Nähe einige Granaten einschlagen, lösen sich Felsbrocken von den Decken der Höhlen, verletzen aber niemanden. Trotzdem stürzt alles ins Freie und bleibt dort.
In der Nähe könnte die »Caverne du dragon« liegen. Außerdem sind wir nicht weit von der Stelle, wo im ersten Weltkrieg ein deutsches Ferngeschütz aus 120 km Entfernung Paris mit 21 cm-Granaten beschoß.

8.06. Wir werden heftig beschossen. Ein Teil der Höhlen stürzt ein. Über uns ziehen 50 deutsche Sturzkampfflugzeuge südwestwärts.

9.06. Um 5.00 Uhr beginnt der Angriff auf die französischen Stellungen an der Aisne. Unsere schwere Feldhaubitze (s.F.H. 18) verschießt 15 cm-Granaten, von denen jede einzelne 43,5 kg wiegt. In der Nähe soll ein Schloß Bellevue liegen, das mit einem Napoléon in Verbindung gebracht wird.

10.06. Zwischen Oeuilly und Pargnan beziehen wir eine neue Stellung. Es fallen Flieger-Bomben. Französische Gefangene wandern vorüber. Wir beschießen Übergänge über den Fluß Vesle östlich von Fismes. In der Nacht liege ich manchmal bis zu den Nasenlöchern im Schlamm, weil uns französische Scharfschützen auf Bäumen am linken Aisne-Ufer im Visier haben.

11.06. Heute gelingt es, Aisne und Aisne-Kanal bei Beaurieux zu überqueren. Unsere Kraus-Maffei-Zugmaschinen sind unverwüstlich.

12.06. Der Vormarsch geht weiter über Romain + Courlandon + Jonchery-sur-Vesle nach Faverolles. Eine Verschnaufpause wird 3 Hühnern zum Verhängnis, die in unserer Bratpfanne enden.

13.06. Die Fahrt geht weiter von Faverolles über Treslon + Rosnay + Gueux + Reims + Cormontreuil bis Bouzy, wo wir unsere »Sektstellung« einrichten. Wir haben heute 50 km hinter uns gebracht.

14.06. Wir hören von unserem Nachrichtenmann, daß Paris um 11.30 Uhr übergeben wurde. Nahe Reims entdecken wir bei einer kurzen Rast einen herrenlosen Sektkeller, aus dem wir allerhand Flaschen auf unserer Zugmaschine verstauen. In den nächsten Tagen erhält Wasser solchen Seltensheitswert, daß ich den Sekt als Rasierwasser mißbrauchen muß.

15.06. Wir rücken vor über Chalons-sur-Marne + Saint Pierre + Thiebie + Cheniers + Vatry + Sommesous + Mailly-le-Champ + Trouan-le-Petit + Grandville bis St. Nabord. Unsere Tagesstrecke beträgt 46 km. (Siehe Michelin-Landkarte 56 und 61). Bei Mont Suzain beziehen wir unsere »Luzernestellung« und werden von der Marne her beschossen. Um 18.00 Uhr nehmen wir 4 Franzosen gefangen.

16.06. Heute am Sonntag rollen wir weiter nach Süden über Charmont + Luyère + Vailly + Pont Hubert + Troyes (Seine) + St. Julien + St. Bruyères + Chaource + Tonnerre (Siehe Michelin-Landkarte 61 und 65). Aus unserer »Weidestellung« belegen wir einen Wald mit Streufeuer.
Unterwegs sehen wir viele gefallene Schwarze, die stellenweise tot auf ausgebrannten Fahrzeugen sitzen, die von den Bomben der deutschen Sturzkampfflugzeuge (Stukas) getroffen wurden.

17.06. Kurze Rast in Vézelay. Hier erfahren wir, daß Frankreich die Waffen niedergelegt hat. Über Corbigny + Prémery erreichen wir abends Fourchambault rechts der Loire.

18.06. In der Nähe einer leeren Villa an der Loire richten wir unsere »Schrebergartenstellung« ein.

19.06. Es geht weiter nach Süden über Nevers + St. Pierre-le-Moûtier + Villeneuve-sur-Allier bis vor Moulins. Auf einer Wiese bringen wir unsere Batterie in Stellung. Bei Moulins brennen Kasernen.

20.06. Es geht wieder nordwärts. In Château Gravier (le Gravier), 8 km westlich der Loire in Richtung Nevers, legen wir eine Rast ein.

21. 6. bis 22.07. genießen wir endlich eine längere Ruhepause im Dorf Le Chautay, 7 km westlich der Loire in Richtung Nevers, am »Canal du Berry«. Dort hören wir am 25. 06., daß ab 1.35 Uhr Waffenruhe herrscht.

29.06. Ich frage beim Marquis an, ob wir für unser Batteriefest ein Klavier für einen Tag entleihen dürfen. Das wird genehmigt. An der Waschstelle und beim Baden im Kanal albern wir mit einigen spanischen Mädchen herum, deren Väter sich nach Frankreich absetzten, als Franco siegte.

5.07. Die Batterie besichtigt Bourges mit seiner großartigen Kathedrale und die Stadt Nevers.

11.07. Eine Rundfahrt von 264 km wird uns genehmigt. Sie beginnt und endet in Nevers und führt über Château Chinon + Lac des Settons + Montsauche und Corbigny.

12.07. In Nevers bauen wir ein französisches Flak-Geschütz ab und besichtigen das Flugzeugwerk Morane-Saulnier.

19.07. Wir hören um 19.00 Uhr die Reichstag-Sitzung, in der Hermann Goering zum Reichsmarschall ernannt wird.

23.07. Unsere Zugmaschinen rollen gen Norden. Von le Chautay fahren wir über Torteron + la Charité + Sens + Pont-sur-Yonne + Provins + Chenoise + Coulommiers bis la Ferté-sous-Jouarre. Bis zum Abend des 24.07., legen wir 277 km zurück.

25.07. Heute legen wir 155 km zurück und beziehen in Talmas Nachtquartier. Unsere Strecke führte über Lizy-sur-Oise + Compiégne + Monchy-Hum + Montdidier und Amiens.

26.07. Auf weiteren 120 Kilometern kommen wir ab Talmas durch Doullens + St. Pol +

Fruges + Fauquembergues + Wizernes + St. Omer + Nordausques nach Andruicq, 26 Straßen-km südöstlich von Calais.

27.07. In Audruicq richten wir uns ein und überholen Geschütze und Zugmaschinen.

28.07. An diesem Sonntag kann ich endlich wieder mein Gehwerk in Bewegung setzen. Eine Wanderung durch die Umgebung führt mich auch durch Nouvelle Eglise.

29.07. Im Bahnhofshotel Audruicq wählen wir schmackhafte Omelettes aus und kommen uns ganz zivil vor. Übrigens haben wir in Frankreich von Anfang an stets bezahlt, wenn wir etwas kauften. Bei von den Bewohnern verlassenen Häusern und Geschäften, die meist Bomben- oder Granaten-Treffer abbekommen hatten, wurde für den persönlichen Bedarf Brauchbares natürlich ohne Bezahlung entnommen.

30.07. Sehr angetan sind wir von einer Ausfahrt an den Ärmelkanal. Bei Cap Blanc-Nez erinnern uns die Denkmäler von Latham und Blériot an die ersten Flieger, die die englische Küste erreichten. Bei Sangatte fühlen wir uns im Meerwasser recht wohl. Aber in Calais, dessen Nordteil erheblich zerstört ist, fährt mir in einem kleinen Lokal am Hafen ein bestaubter Haut-Sauternes doch mächtig in die Beine. Der frische Fahrtwind auf der Zugmaschine ist dann willkommen.

2.08. Über Guines und Marquise fahren wir nach Boulogne-sur-Mer und besichtigten die Stadt. Anschließend baden wir bei Wimereux im Ärmelkanal.

3.08. Wir verlegen nach Gouy-en-Ternois, das wir von Audruicq über St. Omer + Fruges + St. Pol erreichen.

4.08. An diesem Sonntag trifft meine Entlassungsanweisung vom Reichsluftfahrtministerium bei der Batterie ein.

5.08. Ich werde entlassen, verabschiede mich von meinen Kameraden und werde von einem Lastkraftwagen bis Aachen mitgenommen. Wir fahren über Arras + Cambrai + Namur + Lüttich. Von Aachen bringt mich die Eisenbahn um 20.00 Uhr über den Rhein und weiter nach Braunschweig.

9.08. In Hildesheim gebe ich in der von-Gallwitz-Kaserne meine militärische Ausrüstung ab.

26.08. In Rostock-Marienehe beginne ich um 8.30 Uhr meine Tätigkeit im Windkanal der Ernst-Heinkel-Flugzeugwerke. Am Modell der He 280, eines zweistrahligen Jagdflugzeuges, wird das Abkippen untersucht. Am Gesamtmodell, am Modell ohne Gondeln und am Flügel allein werden 6-Komponenten-Messungen durchgeführt.

2.09. Ich gebe mein Hotelzimmer auf und beziehe in Rostock, Wismarsche Straße 18, ein möbliertes Zimmer bei Karl Th. Nieß.

14.10. In der Spätschicht von 13.55 bis 23.25 Uhr erlebe ich erstmals Luftalarm von 22.30 bis 1.30 Uhr.

1941 1941

Folgende Länder erklären in diesem Jahr den Krieg gegen Deutschland:

6.04. Jugoslawien
8.04. Griechenland
22.06. Sowjetunion
8.12. China (Tschunking)
8.12. Franzosen im Exil (de Gaulle)
11.12. USA
11.12. Cuba
11.12. Dominikanische Republik
11.12. Guatemala
11.12. Nicaragua
12.12. El Salvador
12.12. Haiti
12.12. Honduras

16.12. Tschechoslowaken im Exil
16.03. Ich besuche die Arado-Flugzeugwerke in Brandenburg.
5.04. Ernst Udet fliegt in Rostock-Marienehe erstmals das Jagdflugzeug Heinkel 280 mit Strahlantrieb. Alle Kampfflugzeuge auf der Welt sind noch mit Luftschrauben und Kolbentriebwerken ausgerüstet.
4.06. In Doorn, 15 km ostsüdöstlich von Utrecht in Holland, stirbt Wilhelm II, im Alter von 82 Jahren. In meinem fünften Lebensjahr war er noch deutscher Kaiser.
Im Frühjahr untersucht Hanna Reitsch in der Ballonerprobungsstelle Saarow (jetzt Bad Saarow-Pieskow, DDR-1242) die Möglichkeit, mit Stahlschneiden an der Vorderkante der Tragflächen, Stahlseile der Sperrballone zu kappen. Das geht dicht am Tod vorbei. Für diesen Einsatz verleiht Ihr Adolf Hitler das EK II (Eisernes Kreuz zweiter Klasse), das er ihr persönlich am 28. März in der Reichskanzlei überreicht. Am 4. April überreicht ihr in Hirschberg in Schlesien (jetzt Jelenia Góra unter polnischer Verwaltung) Oberbürgermeister Blasius den Ehrenbürgerbrief ihrer Vaterstadt.
22.06. An diesem Sonntag betrete ich in Berlin im Hotel Excelsior am Anhalter Bahnhof den Fahrstuhl und sehe dort eine Morgenzeitung: »Krieg mit Rußland«.
Mein erster Gedanke: Hitler hat in »Mein Kampf« als Erfahrung aus dem ersten Weltkrieg betont, daß Deutschland nie einen Zweifrontenkrieg zulassen dürfte. Später überlege ich, was ich an oberster Stelle hätte tun müssen, wenn aus den Agenten-Meldungen der Aufmarsch der sowjetischen Panzer-Armeen immer deutlicher geworden wäre. Stalin wartete darauf, daß die Deutschen und die Westmächte sich verbluten würden; dann würde er den Rest einkassieren. Genauso lagen F. D. Roosevelt und Churchill auf der Lauer; sie würden sich die Beute teilen, wenn Russen und Deutsche sich erschöpft hätten. Aber welchen Beuteanteil konnten die Briten für sich buchen? Aus einem Großbritannien ist ein Kleinbritannien geworden.
9.08. Ich verlobe mich mit Eva Hamisch in Leipzig.
11.09. Britische Bomber greifen nachts Warnemünde an: 30 Tote, 15 Schwerverletzte.
20.09. Fliegeralarm von 1.30 bis 5.15 Uhr: ein britischer Bomber wird abgeschossen.
2.10. Im Breitling bei Warnemünde wassert eine sechsmotorige BV 222 (Blohm & Voß). Sie ist für Sanitätszwecke mit 60 Betten ausgerüstet. Der Rohrholm-Flügel von Dr.-Ing. Vogt war eine ausgezeichnete Leistung.
17.10. Ahn 6, mein Großvater Wilhelm Ruhberg, stirbt im Alter von 79 Jahren. Er wird mir unvergessen bleiben – es gab für mich nichts Schöneres, wenn er aus seiner Jugendzeit erzählte.
8.12. Japan eröffnet den Krieg gegen die USA.
8.12. Mich erwischt wieder eine Quecksilber-Vergiftung. Diesmal lassen sich 40 Kubikzentimeter Hg nachweisen, die verschüttet wurden. Bereits am 30.07. hatte ich plötzlich 39,5 Grad Temperatur, die Mund- und Nasen-Schleimhäute waren entzündet, der Magen schmerzte.
Damals wurde im Windkanal ein Modell der He 177 (Fernbomber) mit laufenden Luftschrauben vermessen. Im Rumpf des Flugzeugs waren 2 Näpfe mit Quecksilber angebracht, in die 2 Elektroden für die Elektromotoren der Luftschrauben tauchten. Nach dem Hochfahren des Windkanal-Gebläses fiel mir auf, daß der Einlaßtrichter hinter der freien Meßstrecke einen helleren Farbton angenommen hatte. Erst später fanden wir heraus, daß das zerstäubtes Quecksilber war, von dem ich einen gehörigen Teil abbekommen hatte.
20.12. In Bad Doberan trete ich als Weihnachtsmann auf. Der Leiter des Heinkel-Windkanals, Dipl.-Ing. Dietrich Fuchs, hat mich darum gebeten. 1946 wird uns das Schicksal in der Sowjetunion wieder zusammenführen.
Zur Windkanal-Mannschaft gehört auch Herr Knappe, der für den Schnellkanal zuständig ist, also für Modelluntersuchungen im Bereich der Schallgeschwindigkeit.

Auch Hans-Harald Graf von Saurma, Freiherr von der Jeltsch, ist dabei, ein glänzender Unterhalter, der selbst Ernst Heinkel beeindruckte.

29.12. Endlich kann ich mal wieder mit meinen Hickory-Skiern zum Brocken laufen. Für den Aufstieg brauche ich bei starkem Schneesturm 3 Stunden 15 Minuten, die Abfahrt wird in anderthalb Stunden bewältigt.

1942 **1942**

Folgende Länder erklären in diesem Jahr den Krieg gegen Deutschland:

13.01. Panama
15.01. Luxemburger im Exil
28.05. Mexiko
22.08. Brasilien
9.10. Abessinien

3.02. Reichsorganisationsleiter Dr. Ley spricht zu der Gefolgschaft der Heinkel-Flugzeugwerke in der Lehrlings-Ausbildungshalle in Rostock-Marienehe.

13.02. Das Dänemark-Fährschiff kann Gedser seit dem 11. Februar nicht verlassen, weil Südwind das Ostsee-Eis nach Norden preßt.

19.02. Der japanische Botschafter Oshima und Generalfeldmarschall Sperrle besichtigen in Marienehe unsere Heinkel-Flugzeuge und geheimen Strahltriebwerke, die Dr. von Ohain entwickelt.

1.03. Ich wandere auf dem Ostsee-Eis vor Warnemünde. Einige Tage später werden Eiswanderer auf einer großen Scholle abgetrieben und müssen mit Booten an Land geholt werden. Das kostet etwas. Das Starten und Landen des von Prof. Winter entworfenen Langsamflugzeuges LF 1 an einer Seilaufhängung am U-Boot ist anscheinend noch nicht zu den Akten gelegt. Ich muß noch Fragen beantworten an die Rüstungs-Inspektion III, Abt. Marine, Berlin W 50, Fürthstraße 11a.

24.04. Ein schwarzer Freitag für Rostock. Luftalarm von 1.00 Uhr bis 3.45 Uhr. Britische Bomber werfen 100 Spreng- und 1000 Brand-Bomben auf die Stadt.

25.04. Dieser Sonnabend bringt die zweite Angriffswelle. Die Bomben fallen auch auf die Heinkel-Flugzeugwerke. Der Luftalarm dauert von 1.30 Uhr bis 3.30 Uhr. Um 14.00 Uhr verkündet Reichsstatthalter Hildebrand den Ausnahmezustand.

26.04. An diesem Sonntag fliegen 300 britische Bomber den dritten Großangriff auf Rostock. Meist sind es Beaufighter- und Lancaster-Flugzeuge. Rostock sieht böse aus.

28.04. In Marienehe wechsle ich vom Windkanal zum Musterbau über, für den Ing. Ulrich Raue als Betriebsleiter verantwortlich ist. Nach aerodynamischen Untersuchungen an kleinen Flugzeugmodellen lerne ich die Verwirklichung erfinderischer Ideen kennen.

9.05. Luftalarm von 0.45 bis 3.30 Uhr. Auch in Warnemünde fallen Bomben. 18 Feindflugzeuge werden abgeschossen.

31.05. In Den Hag in den Niederlanden stirbt Georgia Schumacher geb. Meyer an einem Gehirntumor. Als Sängerin hat sie in Ilsenburg und bei der Wehrmachtbetreuung ihren Zuhörern genußreiche Stunden bereitet.

3.06. Reichsarbeitsführer Konstantin Hierl (1875-1955) besucht uns im Heinkel-Werk Marienehe. Sein Arbeitsdienst ist maßgeblich daran beteiligt, unsere Bombenschäden schnell zu beseitigen. Daß er 1949 von einer »Spruchkammer« zu 5 Jahren Arbeitslager verurteilt wird, hebt das Ansehen und die Achtung, die er vorher bei mir genoß, noch beträchtlich.

12.06. Unsere Flak schießt aus Versehen zwei Dornier 215-Flugzeuge ab.

26.06. Ich fahre nach Pütnitz und zum Seefliegerhorst Ribnitz.

27.07. Einem Flugschüler mißlingt die Wasserung, das Flugboot stellt sich senkrecht. Ehe Hilfe zur Stelle ist, ist der Flugschüler ertrunken.

3.07. Graf von Saurma segelt mit mir auf der Warnow nach Warnemünde. Eine Flaute verschafft uns viel Zeit zum Erzählen.
Im Gesellschaftshaus »Tunnel«, Leipzig C 1, Roßstraße, feiere ich am 8. August meine Vermählung mit Eva Hamisch. Die lange Trennung im Krieg entfremdet uns. Im Frühjahr 1946 werden wir geschieden. Dadurch bleiben ihr 8 Jahre Verschleppung in die Sowjetunion erspart.

3.09. Die Heinkel 280-V3 (3. Versuchsmaschine) macht ihren ersten Flug – nicht mit 2 Luftschrauben, sondern mit 2 Strahltriebwerken (Gasturbine und Verdichter).
Wir arbeiten an der Verlagerung des Musterbaues, um den Störungen durch Luftangriffe zu entgehen. Am 10. Oktober soll in den Hallen des Flugplatzes Heidfeld bei Schwechat östlich von Wien die Fertigung anlaufen. Am 15. Oktober soll das Konstruktionsbüro in Wien im Haus »Neue freie Presse«, Fichtegasse 11, die Arbeiten aufnehmen.

2.10. Bei einem Luftangriff auf den Raum Rostock-Warnemünde werden 19 Feindflugzeuge abgeschossen.

6.11. In Marienehe hebt 12.30 Uhr die Heinkel 219-V 1 zum ersten Flug ab. Die He 219 wird ein bewährter Nachtjäger.

9.11. Luftalarm von 20.10 bis 21.35 Uhr. 5 Sperrballone, deren Drahtseile unsere Werksanlagen vor feindlichen Tiefangriffen schützen sollen, werden von den Briten in Brand geschossen, haben aber ihren Zweck erfüllt.

19.11. Ich beende meine Tätigkeit in Rostock-Marienehe und reise über Berlin nach Wien.

20.11. Ich übernehme mein neues Aufgabengebiet im Versuchsflugbetrieb auf dem Fliegerhorst Heidfeld bei Schwechat. Nach 1945 wird dieser Platz zum Flughafen Wien ausgebaut. Er liegt an der Straße Wien – Schwechat – Fischamend – Preßburg (Bratislava). Bis zur Donau geht man 10 Minuten. Aus der Innenstadt Wien fährt die Straßenbahn 71 bis zum Zentralfriedhof. Besser ist die Eisenbahn von der Großmarkthalle über Heidfeld nach Engerau.
Betriebsleiter im Musterbau Heidfeld ist wieder Ing. Ulrich Raue, geboren am 11. Januar 1913 in Kiel.

6.12. Am Wochenende erhole ich mich im Grand Hotel Panhans auf dem Semmering. Bei der Auffahrt bewundere ich die Leistungen der Ingenieure, die die Eisenbahn über den Semmering bauten.

8.12. Ich fahre mit dem Zug in völliger Dunkelheit nach Wien. 17.45 Uhr plötzlich ein gewaltiger Stoß, die Fahrgäste stürzen durcheinander, Glas klirrt, der Zug steht. Verletzte rufen nach Hilfe. Unsere elektrische Lokomotive ist gegen einen Raupenbagger geprallt, der gerade die Gleise querte. Einige Personen sind schwer verletzt. Ich bekomme Blutspritzer ab, auf die mich aber erst Ing. Joachim Würz im Brahms-Saal des Musikvereinshauses aufmerksam macht.

16.12. Abends esse ich im »Stadtkrug«, nahe beim Stephans-Dom. Zugegen sind auch Axel von Ambesser und Hauptmann von Saurma, der von der Eroberung Kretas berichtet.

18.12. Das Flugzeug Berlin-Wien der Deutschen Lufthansa berührt bei der Landung in Aspern den Funk-Peiler. Der Absturz fordert 18 Tote.

20.12. Für den gesamten Serienbau der Heinkel-Flugzeugwerke ist Betriebsdirektor Oberingenieur Josef Schaberger verantwortlich, der seine Laufbahn bei Heinkel 1935 als Betriebsassistent mit 300,– RM monatlich begonnen hat.
Wir messen die Standschübe unserer Heinkel-Flugzeuge:
He 219 bei 25 Grad Propellerblatt-Einstellwinkel in 1 m Mittenabstand
= 4,2 t (4200 kg)
= 4,35 t bei 110% Motorleistung
He 177 (2-mot) = 5,5 bis 7 t
He 274 (4-mot) = 12 t (errechnet)

Alle diese Flugzeuge waren noch mit Kolben-Triebwerken (Otto-Motoren) bestückt. Im Oktober fliegt Hanna Reitsch bei Willi Messerschmitt in Augsburg das schwanzlose Raketenflugzeug Me 163A, das Dr. Alexander Lippisch entworfen und Flugkapitän Heini Dittmar eingeflogen hat. Das Triebwerk stammt von Hellmuth Walter, geboren 26.08.1900 in Wedel in Holstein, der seit 1933 Raketen für den Antrieb von Wasser- und Luftfahrzeugen entwickelt. Wenn hochwirksamer Wasserstoffsuperoxid und ein geeigneter Brennstoff (C-Stoff) in einer Brennkammer zusammenströmen, zünden sie selbsttätig und entwickeln in der Düse etwa 4500 Pferdestärken (3500 kW). Die militärische Bauart Me 163 B erreichte mit diesem Triebwerk in 90 Sekunden eine Höhe von 10 km. Heini Dittmar erflog Geschwindigkeiten über 1000 Kilometer je Stunde.
Beim fünften Flug mit der Me 163 B in Obertraubling (D-8401) bei Regensburg stürzt Hanna Reitsch ab und wird lebensgefährlich verletzt: vierfacher Schädelbasisbruch + zwei Gesichtsschädelbrüche + Oberkieferverschiebung nach rechts + Gehirnquetschung + Nasenspaltung. Nach fünf Monaten wird sie im März 1943 aus dem Lazarett in Regensburg entlassen, hat aber schon wenige Tage nach ihrem Absturz das EK I erhalten. Durch strenge geistige Übungen macht sie sich wieder voll einsatzfähig.
»Am 24. Juli 1942 sagte Hitler bei Tisch, daß er nach dem Krieg rigoros die Auswanderung aller Juden nach einem jüdischen Nationalstaat durchsetzen werde.« – Nachzulesen im Buch »Hitlers Tischgespräche im Führerhauptquartier« von Dr. Henry Picker.

1943 **1943**

Folgende Länder erklären in diesem Jahr den Krieg gegen Deutschland:
16.01. Irak
7.04. Bolivien
9.09. Iran
13.10. Italien unter Badoglio
27.11. Columbien
5.01. Die in Marienehe fertiggestellte He 177-V10 landet um 14.30 Uhr vor unseren Hallen in Heidfeld.
10.01. Der erste Flug des Nachtjägers He 219-V2 von 16.35 Uhr bis 16.46 Uhr verläuft ohne Besonderheiten.
8.02. Für den Nachtjäger He 219 sind folgende Waffen vorgesehen:
MG 151/20, Kaliber 20 mm, 1 Patrone mit Gurtanteil wiegt 220 Gramm
MK 108/30, Kaliber 30 mm, 1 Patrone mit Gurtanteil wiegt 585 Gramm
MK 103/30, Kaliber 30 mm, 1 Patrone mit Gurtanteil wiegt 1120 Gramm
24.02. Das Luftgaukommando XVII besichtigt unseren Schießstand. Er ist nur für Kaliber 20 mm zugelassen und wird auf Kaliber 30 mm erweitert.
12.03. Die geographische Lage unseres Werkflughafens Heidfeld (Wien) wird uns mitgeteilt: 48 Grad 7 Minuten nördliche Breite, 16 Grad 33 Minuten östliche Länge.
13.03. In einem Nachtflug erproben wir die Flammenvernichter der He 219-Triebwerke. Aus 100 Meter Entfernung darf kein Lichtschein zu sehen sein: Auflage erfüllt!
14.03. Schießversuche am He 219-Beschußstück zeigen, daß an rechter Rumpfseitenwand sämtliche punktgeschweißten Versteifungen abreißen, wenn mit 4 MG 151/20 unter dem Rumpf geschossen wird.
24.03. Eichenlaubträger Hauptmann Späte und Stabsingenieur Eick, der für Strahltriebwerke im Reichsluftfahrtministerium zuständig ist, unterrichten sich über das zweistrahlige Jagdflugzeug He 280.
27.03. Die He 219-V5 macht erste Motorprobe, für mich ein Hinweis, daß sie bald an die

Front abgegeben werden kann. Für die Kasko-Versicherung des Flugzeugs ist aber der Tag des ersten Auftankens maßgebend.

4.04. Die He 280-V2, in die wir die Junkers-Strahltriebwerke TL-11 und TL-12 eingebaut haben, zeigt in 6600 Meter Höhe bei wirklicher Geschwindigkeit von 750 km/h Schüttelerscheinungen. Durch Aufdicken des Seitenruders schaffen wir eine stumpfe Endkante, deren Endwirbel die Strömung bis an das Ruderende zum Anliegen zwingt.

23.04. Mit meinen Eltern, die Karlsbad besucht haben, esse ich in Wien im Hotel Imperial zu Abend. Am Nebentisch sitzen Hedwig Bleibtreu, Marte Harell und der unverwüstliche Axel von Ambesser, die uns auf der Leinwand und dem Bildschirm schöne, unterhaltsame Stunden schenkten.

24.04. Bei der He 219-V4 reicht das Lichtenstein-Gerät 3,2 km weit. Das Lichtenstein-Gerät zum Suchen der Feindflugzeuge in dunkler Nacht arbeitet ähnlich wie das bei der Marine bekannte Echolot von Behm.

1) Als »Lichtstrahlen« bezeichnen unsere Funktechniker das Abstimmen von Antenne und Sende-Empfangsgerät auf besten Wirkungsgrad, der bei etwa 90% liegt.
2) Der »Rehbock« ist ein geeichtes Nahziel, das das fehlende Fernziel ersetzt. Er wandelt elektrische Wellen in mechanische Ultraschall-Wellen: ein Quarz versetzt unter elektrischer Spannung einen Glasstab in Schwingungen, die dieser auf einen anderen Quarz überträgt, der sie in elektrische Wellen rückwandelt. Diese Verzögerung entspricht einer Wegstrecke von 1500 Metern.
3) Das Lichtenstein-Gerät zeigt dem Flugzeugführer links das Entfernungsbild, in der Mitte den Seitenwert und rechts den Höhenwert. Das Bild erscheint als Lichtzacken mit einem Null-Zacken und einem Objekt-Zacken.

Vor der Ablieferung eines Nachtjägers müssen folgende Arbeiten erledigt werden:

1) Motorprobe; laufen die Triebwerke einwandfrei?
2) Funktionsbeschuß; sind Maschinen-Gewehre und -Kanonen in Ordnung?
3) Justierbeschuß; Einrichten der Waffen auf ein Ziel.
4) Kompensieren; Kompaß-Anzeige innerhalb vorgeschriebener Grenzen?
5) Funkbeschicken;
6) Funk-Blindlandegerät-Abstimmung;
7) FT-Bodenprobe; Verständigung mit Bodenstationen und Flugzeugen.
8) Lichtstrahlen;
9) Rehbocken;
10) erster Werkflug;
11) FT-Flug; Prüfen aller Funkeinrichtungen an Bord.
12) Kurssteuer-Flug;
13) Lichtenstein-Flug;
14) Luftbeschuß; Betätigen aller Bordwaffen;
15) Abnahmeflug durch Nachflieger der Bauaufsicht des Reichsluftfahrtministeriums;
16) Flug über Meßstrecke und in Volldruckhöhe; zum Ermitteln der Flugleistungen;
17) Triebwerkswechsel; wie lange dauert Einbau eines neuen Motors?
18) Nachtflug;

2.05. Bei Schießübungen mit der He 219-V7 klingt das Bugrad im Fluge aus und wird von den mittleren Rumpfwaffen zerschossen. Es folgt eine Bauchlandung ohne Besonderheiten.

6.05. Dipl.-Ing. Carl Francke, am 29.10.42 zum Technischen Direktor ernannt, fliegt dem Reichsmarschall Hermann Göring in Wiener Neustadt die He 219-V4 vor.

15.05. Die He 219-V9 wird zum Nachtjagdgeschwader nach Venlo überführt; die 830 km werden in 131 Flugminuten bewältigt.

26.05. Bei Vorführungen unserer Flugzeuge in Heidfeld sind zugegen: Reichsstatthalter Baldur von Schirach, General Gautier, General Streccius, Prof. Heinkel, Betriebsdirektor Schaberger und Technischer Direktor Francke. Oberleutnant Wedemeyer fliegt mit der He 219-V2 Rollen. Er dreht das Flugzeug rechts herum oder links herum um die Rumpflängsachse.

11.06. Hauptmann Streib schießt beim ersten Nachtjagdeinsatz der He 219 fünf englische Jäger ab.
Mit dem Junkers-Kolbentriebwerk Jumo 222 erreicht die He 219 fast 700 km/h Geschwindigkeit.

18.06. Generalleutnant Hörnlein, SS-Panzer-Grenadier-Division »Großdeutschland« besichtigt unseren Flugzeugbau in Heidfeld.

6.07. In Peenemünde zerlegt eine A4-Rakete schon auf dem Starttisch durch verfrühten Brennschluß.
Alle Erfolge bauen sich aus Mißerfolgen auf, deren Ursachen der Ingenieur erkennt und daraus die richtigen Folgerungen zieht.

7.07. Nach Vortrag von Wernher von Braun entscheidet Adolf Hitler im Führerhauptquartier »Wolfsschanze«, 8 km östlich von Rastenburg in Ostpreußen (jetzt unter polnischer Verwaltung), daß die Fertigung der A4-Raketen die »höchste Dringlichkeitsstufe« erhält.

10.07. Bei einem Bahnneigungsflug mit etwa 1000 km/h stürzt unsere He 219-V2 ab. Flugzeugführer Könitzer wird getötet, Flugingenieur Consten beim Fallschirmabsprung verletzt.

23.05. Von Adolf Hitler werden sieben deutsche Flugzeugkonstrukteure auf den Obersalzberg bestellt:
Blume - Arado-Flugzeugwerke,
Claudius Dornier - Dornier-Flugzeugbau,
Ernst Heinkel - Heinkel-Flugzeugwerke,
Heinrich Hertel - Junkers-Flugzeugwerke,
Willi Messerschmitt - Messerschmitt-Flugzeugwerke,
Kurt Tank - Focke-Wulf-Flugzeugbau,
Dr. Vogt - Blohm & Voss Flugzeugbau.
Den folgenden Abschnitt entnehme ich wörtlich den Seiten 460 + 461 aus dem Heinkel + Thorwald-Buch »Stürmisches Leben«, 1953:
»Ich war in Begleitung von Schwärzler gefahren und trat als erster in das Zimmer Hitlers ein. Hitler war ruhig und sehr ernst. Er machte noch einen durchaus gesunden Eindruck. Seine ersten Worte klärten die Situation. Hitler sagte in ruhiger Offenheit: »Von dieser Konferenz ist in der Luftwaffe nichts bekannt. Ich habe Sie so überraschend hergebeten, um zu verhindern, daß sich Göring oder Milch dazwischenschieben. Ich muß mir persönlich ein Bild von der lufttechnischen Situation machen, das nicht durch die gefärbten Vorträge der Herren von der Luftwaffe verfälscht ist. Ich habe mich bis heute nicht in Luftwaffenfragen eingemischt, weil Göring die stärkste Luftwaffe der Welt geschaffen hat und weil ich der Luftwaffe daher mein Vertrauen bis zum äußersten bewahren wollte. Die furchtbaren Enttäuschungen, die ich jedoch seit zwei Jahren erlitten habe und eine unendliche Kette von Informationen und Versprechungen, die sich als falsch erwiesen haben, zwingen mich, diesen direkten Weg zu gehen. Ich verlange von Ihnen schonungslose Antworten auf die Fragen, die ich an Sie zu richten habe und eine ebenso schonungslose, wahrheitsgemäße Darstellung der Lage . . .«
Daraufhin stellte er die verschiedensten Fragen und verriet dabei eine Sachkenntnis, die mich überraschte. Gemessen an Göring verfügte er über erstaunliches lufttechnisches Wissen, das bis in die Einzelheiten ging. Ich habe später oft an die siebzig Minuten, in denen wir uns gegenübersaßen, zurückgedacht und sehr wohl verstan-

den, daß Techniker wie Todt und Speer sich Hitler verschrieben. Wahrscheinlich gab es keinen Politiker mit soviel persönlichem brennenden Interesse für technische Probleme wie ihn. Nach kurzer Zeit war das Gespräch bei der He 177 angekommen. »Seit drei Jahren wird mir diese Maschine immer wieder versprochen«, erklärte Hitler. »Seit drei Jahren warte ich darauf, einen Fernbomber in der Hand zu haben. Ich kann den Ural nicht bombadieren lassen, ich kann die Geleitzüge im Nordmeer nicht angreifen. Die Marine schreit im Atlantik nach Hilfe aus der Luft. Und alles hängt von dieser Maschine ab. Ich wünsche von Ihnen eine absolut offene Antwort auf die Frage: »Wann kommt die He 177?«
Ich sagte meine Meinung. Als ich auf die starre bisher durch nichts zu erschütternde Sturzflugforderung hinwies, sprang Hitler auf. »Aber das ist doch Wahnsinn«, rief er aus. »Das weiß ich ja bis heute nicht. Gibt es denn soviel hirnverbrannte Idiotie...«
Im Februar gibt der deutsche Wehrmachtbericht die Niederlage von Stalingrad an der Wolga bekannt. Zu dieser Zeit glaubte Göring, daß die Me 163 B bereits im Großreihenbau hergestellt wird. In Wirklichkeit ist noch nicht einmal die Erprobung der Versuchsmuster beendet. Wer hat Göring so falsch unterrichtet?
Im November ist Hanna Reitsch im Hauptquartier des Generaloberst Ritter von Greim in einem Wald in der Nähe von Orscha. Orscha liegt 13 km südlich der Rollbahn Moskau-Minsk, ist von Moskau im Osten 490 km und von Minsk im Westen 225 km entfernt. An Schlechtwettertagen besucht sie mit dem Fieseler-»Storch« Luftwaffeneinheiten im Raum Orscha-Witebsk.
Im August erörtert Hanna Reitsch im Haus der Flieger in Berlin mit zwei Freunden erstmals den Einsatz des eigenen Lebens bei der Zerstörung wichtiger feindlicher Ziele. Unabhängig von diesen Überlegungen entstand etwa zu gleicher Zeit in Japan die Kamikaze-Bewegung. Der japanische Flieger steuerte sein mit Sprengstoff beladenes Flugzeug selbst bis an die verwundbarste Stelle seines Ziels und verlor dabei sein Leben. In der Deutschen Luftwaffe werden von Tausenden, die zum Selbstopfer- (SO)Einsatz bereit waren, zunächst etwa 70 Mann eingezogen. Sie unterschrieben folgendes Schriftstück: »Ich melde mich hiermit zum SO-Einsatz als Führer der bemannten Gleitbombe. Ich bin mir bewußt, daß dieser Einsatz mit dem Tod endigt.«
Im Juli besucht Hanna Reitsch den Reichsführer der SS, Heinrich Himmler, in seinem Hauptquartier in Ostpreußen. Im Laufe der Unterhaltung weicht ihr Vorurteil einer angenehmen Enttäuschung. Bei einem Streitgespräch über das Christentum erweist sich Himmler als in der Bibel sehr bewandert. Bei dem Vorwurf, er bewerte die Frau nur als Trägerin des Kindes und gefährde die Heiligkeit der Ehe, verweist Himmler auf die von ihm entworfenen Richtlinien für Stabshelferinnen, in denen er sich eng an diejenigen der finnischen Lottas angelehnt habe, deren Einsatz er als vorbildlich betrachte.

26.07. Das Heereswaffenamt gibt eine Aufstellungsübersicht für Fernraketen-Abteilungen (FR) der Artillerie heraus. Die beeindruckt mich als ehemaligen Artilleristen besonders, denn hier wird für Artilleristen, Ballistiker und Gestalter von Raketen-Flugzeugen die künftige Richtung sichtbar: Fernlenkwaffen!
Eine FR-Batterie verfügt insgesamt über 228 Mann, von denen 100 technisch besonders ausgebildet sind:

1) Ein Meiller-Kranwagen bringt mit einem 15 m langen Schwenkarm die Rakete in senkrechte Stellung;
2) 9,14 Kubikmeter Flüssigsauerstoff werden in 12 Minuten aufgefüllt.
3) Der Fernlenk-Zug richtet den Brennschlußsender und den Leitstrahl-Kontrollempfänger ein;
4) Der Leitstrahlsender in der 10 bis 15 km hinter der Feuerstellung befindlichen Fernlenkstellung überwacht die Flugbahn mittels Zentimeterwellentechnik;

5) Eine FR-Batterie kann täglich bis 15 Raketen abschießen.

13.08. Uns wird der Anflug von USA-Bomber-Verbänden angekündigt. Diese bombardieren aber die Rax-Werke in Wiener Neustadt, die Teile für die deutschen Fernraketen herstellen.

17.08. 571 britische Bomber greifen die Heeresversuchsanstalt Peenemünde an, wo gegen 23.25 Uhr Luftalarm gegeben wird. Um 1.09 Uhr setzen die ersten der zusätzlichen 97 Pfadfinder-Flugzeuge ihre roten Lichter, Leuchtbomben und Zielanweiser aus. 123 von rund 2000 deutschen Wissenschaftlern werden getötet; im Ausländer-Barackenlager »Trassenheide« verlieren 612 Fremdarbeiter ihr Leben. General Dornberger, Wernher von Braun und Hanna Reitsch bleiben unverletzt. Ab 1.35 Uhr holen 30 deutsche Nachtjäger 42 britische Bomber vom Himmel. Ich freue mich, daß sich unser Nachtjagdflugzeug He 219 gut bewährt hat.

20.08. Eine Heinkel 177 mit zwei Doppel-Triebwerken, die in Erfurt aufgestiegen ist, muß westlich des Flugplatzes Heidfeld bauchlanden und verbrennt. Die Besatzung kann noch aussteigen.

8.09. Während eines Luftkampfes über unserem Flugplatz macht eine Messerschmitt 109 auf der Grasfläche neben der Betonbahn eine Bauchlandung. Der Flugzeugführer muß sein Versäumnis, das Kabinendach vor dem Aufprall zu öffnen, mit dem Leben bezahlen. Die Maschine gerät in Brand. Als wir versuchen, das Panzerglas des Kabinendachs mit Beilen und Reißhaken einzuschlagen, beginnt die Munition zu detonieren. Wir werfen uns auf den Boden und müssen untätig verharren, bis es zu spät ist. Das verklemmte Kabinendach läßt sich erst öffnen, nachdem das Feuer die Spannungen im vorderen Rumpfteil beseitigt hat.

15.09. In der Nacht brennt die Wareneingangshalle in Heidfeld ab. Brandstiftung durch Fremdarbeiter wird nachgewiesen. Ein Koffer für mich geht auch in Flammen auf.

1944 **1944**

Folgende Länder erklären in diesem Jahr den Krieg gegen Deutschland:

26.01. Liberia

15.08. Rumänien

8.09. Bulgarien

21.09. San Marino

31.12. Ungarn

11.01. Luftschlacht von der Ärmelkanal-Küste bis in den Luftraum über Ilsenburg. 3 Gruppen von je 24 USA-Bombern werden angegriffen und davon 7 abgeschossen. Ein deutsches Jagdflugzeug stürzt ab. Nach dem Wehrmachtsbericht werden an diesem Tage über dem Reichsgebiet 136 USA-Flugzeuge abgeschossen, davon 124 viermotorige.

14.01. Bei Ilsenburg fallen Bomben: eine Sprengbombe bei der Neuen Quelle vor Drübeck, ein Blindgänger bei Groves Mühle in Veckenstedt und Brandbomben im Ilsetal. In Ilsenburg zerspringen Fensterscheiben.

31.01. Alfred Karl Scheil, geboren am 6. Juni 1919 in Königsberg (Preußen) II, der erste Mann meiner Frau, fällt in den Abwehrkämpfen südöstlich des Ilmensees. Am 22. Mai 1942 schloß er die Ehe vor dem Standesamt Königsberg (Preußen) I.

Anfang Januar 1944 läuft in der größten unterirdischen Fabrik der Welt, im Mittelwerk (Höhle Heimkehle) bei Nordhausen am Südharz die erste A4-Rakete vom Band, ab Mai 1944 werden je Monat 437 Raketen gefertigt. 1945 waren 25 000 Häftlinge des Konzentrationslagers Buchenwald und der Außenstelle Dora im Mittelwerk tätig.

Zu den KZ-Häftlingen gehörten auch ein gewisser Eugen Kogon, der nach 1945 als Umerzieher für die deutsche Jugend eingesetzt wurde und dafür den Titel Professor erhielt, sowie der französische Widerstandskämpfer gegen den Nationalsozialismus

EWS-DAUERAUSWEIS NR.
JAHRESMARKEN
1944
UNTERSCHRIFT

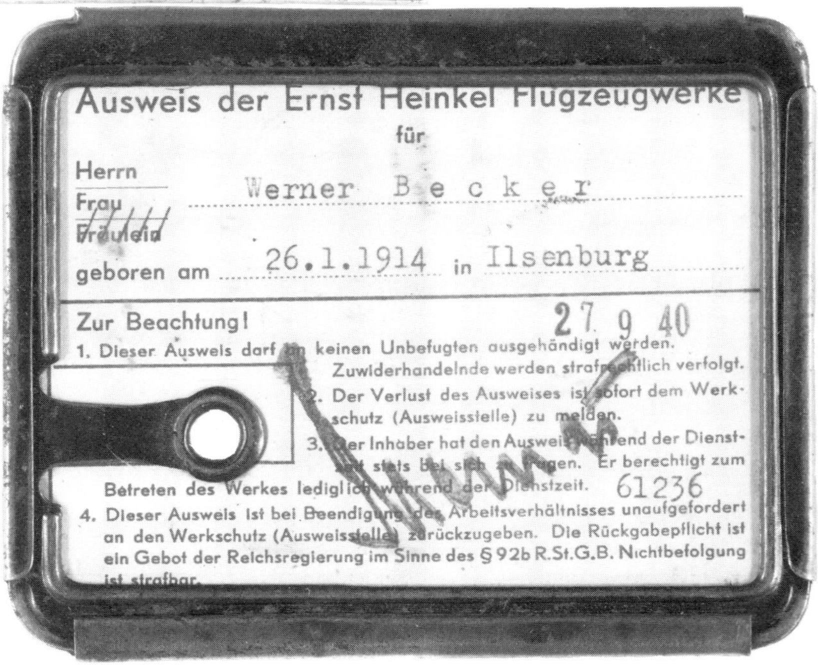
Ausweis der Ernst Heinkel Flugzeugwerke
für
Herrn
Frau
Fräulein
Werner Becker
geboren am 26.1.1914 in Ilsenburg
Zur Beachtung!
27 9 40
1. Dieser Ausweis darf keinen Unbefugten ausgehändigt werden.
Zuwiderhandelnde werden strafrechtlich verfolgt.
2. Der Verlust des Ausweises ist sofort dem Werkschutz (Ausweisstelle) zu melden.
3. Der Inhaber hat den Ausweis während der Dienstzeit stets bei sich zu tragen. Er berechtigt zum Betreten des Werkes lediglich während der Dienstzeit.
61236
4. Dieser Ausweis ist bei Beendigung des Arbeitsverhältnisses unaufgefordert an den Werkschutz (Ausweisstelle) zurückzugeben. Die Rückgabepflicht ist ein Gebot der Reichsregierung im Sinne des § 92b R.St.G.B. Nichtbefolgung ist strafbar.

Professor Paul Rassinier. Aus dem von Kogon 1946 veröffentlichten Buch »Der SS-Staat – Das System der deutschen Konzentrationslager«mußten laufend unwahre Behauptungen entfernt werden, deren Aufdeckung wir vor allem Prof. Rassinier zu verdanken haben.

Wer sich über deutsche Konzentrationslager näher unterrichten will, dem sei das Buch von Paul Rassinier »Was ist Wahrheit?« empfohlen, Dritte Auflage 1978, erschienen im Druffel-Verlag, D-8131 Leoni am Starnberger See. Der Titel der französischen Originalausgabe lautet: »Le véritable procès Eichmann ou les vainqueurs incorrigibles«.

Hanna Reitsch fliegt als erste Frau der Welt in diesem Jahr Flugzeuge mit Strahlantrieb (Gasturbine + Verdichter). Alle vorhandenen Flugzeuge werden mit Kolbentriebwerken und Luftschrauben angetrieben.

1.04. Das war kein Aprilscherz: die hell erleuchtete schweizer Stadt Schaffhausen am Rheinfall wird von USA-Flugzeugen mit Bomben belegt, die 42 Schweizer töten.

Im April wird die Erprobung der bemannten Gleitbombe, die die Tarnbezeichnung »Reichenberg« erhalten hat, beendet. Sie ist aus der bekannten Vergeltungswaffe »V 1« entstanden, die wiederum aus der Messerschmidt Me 328 entwickelt wurde. Nach der Invasion in der Normandie konnten weder die Me 328 noch die bemannte V 1 irgendwo eingesetzt werden.

23.04. Großangriff auf unseren Werkflugplatz Heidfeld:, die USA-Flugzeuge werfen etwa 1000 Bomben auf die Anlagen. Mein Büro in Halle 70 wird pulverisiert.

2.05. Mein Vater in Ilsenburg besichtigt einen abgeschossenen viermotorigen USA-Bomber zwischen Ilsefällen und Pleßenburg.

4.05. Ich besuche das Bernhard-Winkler-Werk, Bad Harzburg, Nordhauser Straße 11. Ich kenne ihn aus dem Heinkel-Windkanal in Rostock-Marienehe, wo er die Modell-Werkstatt leitete.

24.05. Bei meiner Rückkehr nach Wien hält der Schnellzug über eine Stunde bei Purkersdorf im Wiener Wald, weil USA-Bomber die Stadt angreifen.

26.05. Wir verlagern unser Drehteilwerk von Heidfeld nach Jedlesee in einen Brauereikeller.

15.06. Die He 219-A093 stürzt bei Tulln ab – beide Insassen kommen um.

16.06. USA-Bomber, die sich über dem Plattensee gesammelt haben, greifen die Erdöl-Raffinerie »Nova« in Schwechat an. Ich verlasse nach dem Auseinanderziehen unserer Maschinen auf dem Flugplatz als letzter den Horst und gerate in den Donau-Auen genau in die Schneise des anfliegenden Verbandes. Als eine Bombe aus den geöffneten Bombenschächten, die ich bei wolkenlosem Himmel klar erkennen kann, in meiner Nähe in den Sumpfwald fällt, sehe ich mich schon mitten im Bombenteppich. Die Bombenschützen laden aber erst über der Raffinerie ab. Ich habe mich ins Gras gekrallt und spüre das Beben der Erde, als die Bomben die Ölbehälter treffen. Dann wird es immer dunkler bei wolkenlosem Himmel und es beginnt zu regnen. Aber es sind keine Wassertropfen, sondern Sandkörner. Die einzelnen Lagerbehälter sind durch Sandwälle voneinander getrennt. Der Feuersturm reißt den Sand in große Höhe und ich bekomme ein Teil ab.

26.06. USA-Bomber fliegen einen weiteren Angriff auf Heidfeld. Mein Büro in Halle 3 verschwindet, mein Schlafzimmer im Verwaltungsblock 6/7 verbrennt. Ein Bombensplitter fährt mir in die rechte Hand. Meine gesamte Habe ist jetzt das, was ich am Leibe trage. Auf der Bezirkshauptmannschaft für den 11./23. Bezirk der Gemeindeverwaltung des Reichsgaues Wien erhalte ich eine Betreuungskarte für Fliegergeschädigte, die ich mit der linken Hand unterkritzle. Nach dieser Karte erstehe ich: 1 Taghemd + 1 Unterhose + 2 Paar Socken + 2 Taschentücher + 1 Regenmantel + 1 Paar Schuhe (Gruppe 1) + 1 Kochtopf.

12.07./22.07. Die erste Dienstreise zum Beschaffen ausgefallener Geräte führt mich nach

Berlin zum Jägerstab, nach Rostock (Sonderwerkzeuge für die He 219) und nach Magdeburg (Magnetventile und Hydraulikarmaturen von Schäffer & Budenberg).

27.07./14.08. Auf der Zweiten Beschaffungsreise bin ich in Rosenheim + München + Erding + Augsburg + Stuttgart + Erfurt + Kölleda + Gera + Zeulenroda + Dresden + Breslau + Sagan + Küpper + Berlin. Überall suche ich benötigte Geräte selbst aus und veranlasse ihren Versand nach Wien. Hier sei ein Hinweis auf die »Moral der Heimatfront« im sechsten Kriegsjahr eingefügt. In einem einzigen Fall halte ich es für notwendig, die genaue Anschrift eines für den Versand meiner ausgesuchten Geräte Verantwortlichen festzuhalten. Das war in Erding. Dort erklärte mir der zuständige Angestellte, die angeforderten Geräte seien alle verausgabt. Ich hatte sie aber schon im Lager selbst ausgesucht und vormerken lassen. Das brachte ich ihm entsprechend bei. Auch die Erding-Geräte trafen pünktlich in Heidfeld ein. War das ein Widerstandskämpfer gewesen?

13.07. Eine A4-Rakete verirrt sich aus Peenemünde in einen Sumpf bei Kalmar. Die Schweden stellen das nur leicht geschädigte Gerät sofort den Engländern zur Verfügung. Man ist ja schließlich ein neutrales Land.

16.08. Bei einem Luftkampf über Stapelburg stürzen ein viermotoriger USA-Bomber und ein deutsches Jagdflugzeug ab.

8.09. Eine bei Den Haag um 18.43 Uhr abgefeuerte V2-Rakete schlägt um 18.49 in London-Chiswickton ein.

27.09. Sehr dringlich ist mein Besuch bei Telefunken in Berlin, wo ich Funktechniker für die Funkausrüstungen unserer Nachtjäger loszueisen versuche.

Im November und Dezember 1944 vereinigen wir alle Kräfte auf die Fertigung des einstrahligen Jagdflugzeuges He 162 »Volksjäger«.

1.12. Das »Svenska Morgenbladet« berichtet, daß in England seit Juni 1944 durch die deutschen Vergeltungswaffen 1,1 Millionen Häuser total zerstört wurden. Von 8 000 V-Geschossen, die innerhalb von 80 Tagen in England niedergingen, schlugen etwa 2 300 in London ein. Diese Zahlen schließen auch die V1-Flugbomben ein.

31.12. Bis zu diesem Tag wurden 1 561 V2-Raketen abgefeuert.

24.08. Etwa 50 USA-Kampfflugzeuge werfen Bomben auf das Konzentrationslager Buchenwald bei Weimar. Neben vielen Insassen und Bewachern kommt auch Ernst Thälmann, Vorsitzender der Kommunistischen Partei Deutschlands (KPD) zu Tode. Die Brockhaus Enzyklopädie 1973, 18. Band, S. 607, weiß es besser: ...« (ermordet) KZ Buchenwald, 28.8. 1944, ...« Wenn der Bearbeiter im Sinne der Umerzieher Wert darauf legt, daß Ernst Thälmann ermordet wurde, dann sollte in der nächsten Brockhaus-Auflage stehen: ermordet von dem, der befohlen hat, daß nicht bewaffnete, wehrlose KZ-Insassen mit Bomben belegt werden. Außerdem war der Todestag nicht der 28. sondern der 24. August.

Hierzu noch einige Schilderungen:

1) Die Deutsche National-Zeitung (DNZ), München, 33. Jahrgang, Nr. 32, 5.08. 1983, berichtet, daß das Kölner Oberlandesgericht am 24. Juni 1983 den ehemaligen SS-Oberscharführer Wolfgang Otto, 71 Jahre alt, angeklagt hat, am 24. August 1944 Ernst Thälmann im Konzentrationslager Buchenwald bei Weimar erschossen zu haben.

   Ein polnischer Kommunist, Marian Zgoda, will das aus einem Versteck im Krematorium heimlich beobachtet haben. Wer ist Zgoda? Ein Urteil des Schwurgerichts Stuttgart (Aktenzeichen Ks 3/51) weist diesen Belastungszeugen als notorischen Schwindler aus.

2) Die DNZ hatte in ihrer Nr. 30 vom 22. 07. 1983 bereits mitgeteilt, daß der polnische Kommunist Marian Zgoda um 1950 in NS-Prozessen gegen ehemalige Buchenwald-Bewacher auftrat und bei seinen Aussagen vieler Lügen überführt wurde. Inzwischen soll er verstorben sein.

3) Hier ergänze ich, daß der französische Widerstandskämpfer gegen Hitler, Professor Paul Rassinier, auch im KZ Buchenwald als Häftling einsaß und später über die Verhältnisse im Lager eingehend berichtet hat. Aufschlußreich ist eine Aussage in seinem Buch »Das Drama der Juden Europas«, das Marie-Adelheid Prinzessin Reuß-zur Lippe aus dem Französischen übersetzte und das 1982 im Hans Pfeiffer Verlag, Hannover, erschien. Auf Seite 22 lesen wir: ... »daß ein David Rousset, dessen einzige Sorge im Lager war, sich der Gunst der Kommunisten zu versichern, daß ein Eugen Kogon auch keine anderen hatte, als sich möglichst angenehm im Gleichgewicht zwischen SS und Kommunisten zu halten, und das erzählt haben, was sie erzählt haben, das alles macht einen Teil der Zeugenpsychologie aus, und es ist die Aufgabe des Richters oder eines Spezialisten der Wissenschaft vom Menschen, die Wahrheit von der Lüge zu trennen. Wenn ich darüber empört bin, daß weder der eine noch der andere von diesen dahin gelangt ist, vor allem aber, daß weder der eine noch der andere sonderliche Anstrengungen in dieser Richtung gemacht hat, so bin ich es wesentlich weniger, wenn ein Journalist seine Leser mit Enthüllungen überrumpelt: denn man weiß ja, daß die Journalisten sich meist aus den Versagern der akademischen Berufe rekrutieren!«
4) 1983 meldete sich bei der DNZ ein Zeuge, der von Mai bis September 1944 Flugschüler der Luftwaffe an der Flugzeugführerschule A 114 in Weimar-Nora war. Am Mittag des 24. August 1944 beobachtete er 40 bis 50 USA-Bombenflugzeuge, die den Fliegerhorst überflogen, ohne eine Bombe abzuladen. Erst über dem KZ warfen sie eine Viertelstunde lang ihre Last ab – nicht auf den Fliegerhorst und nicht auf die kriegswichtigen Betriebe in und um Weimar. Am anderen Tage erfuhr der Zeuge von KZ-Häftlingen, die auf dem Fliegerhorst arbeiteten, daß es im Lager schwere Verluste, auch unter den Bewachern, gegeben habe. Besonders betont wurde, daß auch Ernst Thälmann den USA-Bomben zum Opfer gefallen wäre.
5) Wie stellt nun ein hochbezahlter Umerzieher, der ehemalige Journalist Eugen Kogon, die Umstände beim Tode von Ernst Thälmann dar? In seinem Buch »Der SS-Staat«, Kindler Verlag, München 1974, S. 279, lesen wir: ... »Mit größtem Mißtrauen sah man nur deutschen Flugzeugen entgegen, die das Lager gelegentlich überflogen, weil befürchtet werden mußte, daß Himmler eines Tages vielleicht den Befehl geben würde, das Lager und seine Insassen auf solche Weise, die sich in der Öffentlichkeit als Akt der Alliierten ausgeben ließ, zu liquidieren. Thälmann, der 1933 verhaftete Führer der deutschen KP, wurde von Goebbels in den am 24. August 1944 erfolgten Luftangriff auf Buchenwald hineingeschmuggelt, während man ihn um die gleiche Zeit erschossen hat.«
6) 1954 erzählte eine Hallenserin, daß sie zufällig am Abend des 24. August 1944 ihre Freundin, die als Luftwaffenhelferin in der Luftwarnzentrale Dienst hatte, besucht habe, obwohl dort Zivilpersonen der Zutritt verboten war. Diese Freundin erzählte: eben sei ein Fernschreiben durchgegeben, daß das KZ Buchenwald von USA-Flugzeugen bombardiert worden sei. Dabei sei auch Ernst Thälmann zu Tode gekommen.
7) Am 31. Januar 1978 legt Lothar Greil folgende Erklärung vor: »Zum Zwecke der Quellensicherung und im Interesse der Auswertung durch Herrn Josef G. Burg erkläre ich zur Frage der Ursache, die den Tod des einstigen Parteivorsitzenden der KPD, Ernst (»Theddy«) Thälmann, bewirkte, folgendes:
Die ehemaligen KZ-Häftlinge (KZ Buchenwald) Stadtdirektor Josef Ackermann (Landeshauptstadt München), wie Eugen Kogon bevorzugter Häftling der aus KZ-Häftlingen bestehenden Häftlings-Lagerführung, gehörte dem »Internationalen Lagerkomitee« (vom NKWD geführt) an, Hans Joachim Langer (Halb-

jude), München, und Victor Risse, München, bestätigten unabhängig von einander in persönlichen Gesprächen den anschließenden Sachverhalt:
Ernst Thälmann war während der Zeit seiner Internierung im KZ Buchenwald in einem sogenannten »Prominenten-Bau« untergebracht und lebte dort ungezwungen und behaglich in einer bürgerlich eingerichteten Wohnung. Er verfügte über ein eigenes Radio, konnte Zeitungen beziehen und war von Arbeitsdienstleistung ausgenommen. Es war ihm gestattet, Familienbesuche zu empfangen und Spaziergänge bei äußerst diskreter Bewachung zu unternehmen. Alles in allem lebte er sicherer und besser wie die Allgemeinheit der freien Reichsbürger, weil er keine Kriegslasten zu tragen hatte und von Versorgungssorgen befreit war (die Verpflegung war reichlicher und vielfältiger als in den Garnisonen der Deutschen Wehrmacht).
Im Zusammenhang mit dem bekannten Luftangriff der amerikanischen Terrorbomber auf Weimar wurde auch – und zwar befehlsgemäß! – das KZ Buchenwald angeflogen und bombardiert. Mit anderen Hausbewohnern suchte Thälmann den Splittergraben auf, hatte Pech und wurde durch Bombenvolltreffer getötet. Übrigens fanden insgesamt rund 400 Häftlinge den Tod, rd. 1800 Häftlinge und Angehörige der Wachmannschaft wurden verwundet. Das war am 24. August 1944!
Ich kann die Richtigkeit der vorstehenden, mir gegenüber gemachten Aussagen beeiden.«

Im Oktober 1944 wird Hanna Reitsch bei einem Luftangriff in Berlin verletzt und in das Lazarett im Flak-Turm am Zoo eingeliefert. Bei Gesprächen mit Oberst Hans-Ulrich Rudel, der wegen einer Bein-Amputation im Lazarett-Bunker lag, wird ihr klar, daß ein Flieger in einer brennenden Stadt ohne Funkhilfe seinen Standort nur an hohen Bauwerken erkennen kann. In Übungsflügen prägt sie sich diese ein – eine Vorahnung zum 26. April 1945?

Im Frühjahr wird im Reichsministerium für Rüstung und Kriegsproduktion (Albert Speer) der Jägerstab gebildet, dem wir in Heidfeld auch unterstellt sind. Mit Hauptdienststellenleiter Saur kommt ein energischer Betriebsmann an das Ruder.

8.09. Im Jägerstab werden unter seinem Stabschef Dipl.-Ing. Karl Otto Saur die Forderungen für einen einfachen, schnell zu bauenden Leicht-Strahljäger aufgestellt:
1) Gesamtgewicht bis 2000 kg;
2) 1 Strahltriebwerk BMW 003 mit 810 kg Schub;
(Dr. Oestrich hat dieses Triebwerk entwickelt)
3) Bewaffnung mit zwei Maschinen-Kanonen;
4) 20 Minuten Flugzeit in Bodennähe;
5) Geschwindigkeit 750 km/h.
An der Ausschreibung beteiligten sich:
1) Arado, 2) Blohm & Voß, 3) Focke-Wulf, 4) Heinkel, 5) Junkers.

20.09. Nach 12 Tagen ist die Heinkel-Attrappe für den Strahljäger fertig: ein Hochdecker mit aufgesetztem Triebwerk. Die Tragflächen aus Holz sind innen mit Kunstharz angestrichen und dienen als Treibstoff-Behälter.

23.09. Nach Vergleich mit dem Entwurf von Blohm & Voß wird der Heinkel-Entwurf zum Bau bestimmt. Er erhält die Bauartbezeichnung He 162 und wird bald »Volksjäger« genannt.

24.09. Unsere Heinkel-Konstrukteure in der Fichtegasse 11 in Wien beginnen mit den Zeichnungen für die He 162 und liefern diese am 5.11.44 an die Fertigung, die sofort mit dem Bau beginnt.

6.12. Flugkapitän Peter bringt die He 162-M1 in Heidfeld erstmals für 20 Minuten in die Luft und überzeugt sich von ihren guten Flugeigenschaften. Unsere Flugleistungsmessungen ergeben:

Geschwindigkeit in 6 km Höhe = 840 km/h;
Flugdauer in Bodennähe = 20 Minuten;
Flugdauer in 11 km Höhe = 57 Minuten.

10.12. Flugkapitän Peter stirbt den Fliegertod.
Als er mit der He 162-M2 im Tiefflug über unseren Platz kommt, kippt die linke Fläche plötzlich in die Höhe und das Flugzeug zerschellt nach mehreren Rollen auf dem Acker östlich unseres Platzes. Als Ursache stellen wir fest, daß sich die Beplankung am Vorderteil der rechten Fläche gelöst hat; die Verleimung war nicht einwandfrei. In größerer Höhe hätte Flugkapitän Peter bei einem solchen Vorkommnis aussteigen können – Schicksal.
Ich arbeitete gern mit ihm zusammen. Seinen grauen Ledermantel hatte er vor seinem letzten Flug auf meinem Schreibtisch in unserer Flugzeughalle abgelegt.
Im Oktober bringt Peter Riedel aus Schweden eine Hetz-Broschüre mit, die über angebliche Gaskammern und Greuel in Deutschland berichtet. Im Haus der Flieger in Berlin lernt Hanna Reitsch dieses Machwerk kennen, das genau der Lügenpropaganda entspricht, die schon im ersten Weltkrieg gegen Deutschland eingesetzt wurde. Nach einem Anruf bei Himmler bittet sie dieser zu sich. Nach Durchsicht der Broschüre veranlaßt er eine der Wahrheit entsprechende Gegendarstellung, die einige Tage später von einer führenden deutschen Tageszeitung und von schwedischen Zeitungen veröffentlicht wird.
Der 1904 in Berlin geborene Sefton Delmer schildert in seinem Buch »Die Deutschen und ich«, Hamburg 1961, recht anschaulich wie eine hinterhältige und niederträchtige britische Sudelküche arbeitete. Z. B. lesen wir auf S. 499: » . . . Wir dürfen nie zufällig oder aus Nachlässigkeit lügen, sondern immer nur bewußt und überlegt. Und während wir so eine Nachrichtensendung nach der anderen und ein Wehrmachtsprogramm nach dem anderen brachten, bildete sich ein ganzes System von Hetzkampagnen heraus.«

1945

Folgende Länder erklären in diesem Jahr den Krieg gegen Deutschland:
2.02. Ecuador
8.02. Paraguay
12.02. Peru
14.02. Chile
15.02. Uruguay
16.02. Venezuela
23.02. Türkei
24.02. Ägypten
26.02. Syrien
27.02. Libanon
1.03. Saudi-Arabien
3.03. Finnland
27.03. Argentinien

Warum noch im siebten Kriegsjahr so viele Kriegserklärungen? Man will bei der Verteilung der Beute dabei sein!
Die einzelnen Völker wissen kaum, worum es geht. Sie halten sich an die Lügen, die ihnen die Massenmedien vorsetzen – und glauben sie. Die Einkünfte der Banken vervielfachen sich, wenn Länder, in denen die Dollar- oder Pfund-Milliardäre ihre Niederlassungen haben, auch Ansprüche an den Besiegten stellen können.
Jeder gewichtige Kunde einer Großbank-Niederlassung irgendwo auf unserem Planeten kann sich durch den Krieg irgendwie geschädigt fühlen. Und weil Deutschland

nach dem Diktat der Sieger die »Alleinschuld« am Krieg trägt, muß eben Deutschland alles zahlen. Von jeder gezahlten »Entschädigung« streichen die Banken ihren Anteil ein. Einfach und grandios!
Im Januar 1945 treiben wir mit allen Kräften Fertigung und Flugerprobung der He 162 voran. Doch die Angriffe der USA-Luftgeschwader erreichen uns immer häufiger.

22.02. Um 18.55 Uhr fallen 4 Bomben ohne Luftalarm auf unseren Flugplatz. Schon am 7. Februar erfolgten von 11.30 bis 16.00 Uhr Luftangriffe auf Wien.

13./14./15. Februar 1945 Dresden erleidet vier Luftangriffe. Die US-Geschwader kommen am Tage, die Flugzeuge der Briten in der Nacht. Sprengbomben und Brandbomben vernichten Menschen und Gebäude in der offenen Lazarett-Stadt.
Wieviele Deutsche starben?

1) Die »New York Times« vom 6. Juli 1947 behauptet, daß es in Dresden 300 Tote gab.
2) Im Frühjahr 1983 wird die »Süddeutsche Zeitung« wieder umerzieherisch tätig: in Dresden sollen im Februar 1945 25000 Einwohner umgekommen sein.
3) Ende 1978 schreibt die westdeutsche Illustrierte »Quick« von 35000 Toten in Dresden. Etwa seit 1978 behauptet auch das westdeutsche Fernsehen, daß in Dresden 35000 Menschen umgekommen seien.
4) Die Wahrheit erfahren wir von Oberst Grosse, Stabschef des damaligen Befehlshabers der Dresdner Ordnungspolizei, in dessen Tagesbefehl Nr. 47 vom 22. März 1945 zu lesen ist:
   »Um den wilden Gerüchten entgegentreten zu können, folgt nachstehender kurzer Auszug der Schlußaufstellung des Polizeipräsidenten von Dresden über die 4 Angriffe am 13., 14., 15. 2. 1945 auf Dresden.
   Bis zum 2. 3. 45 abends wurden 202040 Tote, überwiegend Frauen und Kinder, geborgen. Es ist damit zu rechnen, daß die Zahl auf 250000 Tote ansteigen wird. Von den Toten konnten annähernd nur 30% identifiziert werden.«

Diese Klärung verdanken wir dem Münchner Historiker Dr. Ulrich Grosse, der eine Abschrift des Tagesbefehls Nr. 47 seines Vaters ausfindig machte.
Der Tagesbefehl Nr. 47 im Original wird sehr wahrscheinlich in einem USA-Panzerschrank vor unerwünschter Einsichtnahme verborgen sein. Denn 1945 wurde Dresden zuerst von USA-Truppen besetzt.

25.02. Um 15.57 stirbt Oberleutnant Full den Fliegertod beim Absturz unserer He 162-M3 in der Nähe unseres Flugplatzes.

12.03. Meine Wohnung Nr. 21 in Wien, Passauer Platz 7, 4. Stockwerk, wird von einer USA-Bombe getroffen, aber nur mein Zimmer total zerstört. Der Hausflügel stürzt zusammen, aber das Kellergewölbe hält und die dorthin Geflüchteten kommen mit dem Schrecken davon. Vom Flur der Wohnung sehe ich durch meine Zimmertür 4 Stockwerke tiefer den großen Schutthaufen, aus dem ich noch meinen unversehrten Rucksack wühlen kann. Von meiner Zimmerdecke ist ein verbogener Stahlträger übrig geblieben, der schräg in den Himmel ragt. Was blinkt dort an seinem Ende? Ich angele den Gegenstand heran. Es ist mein Wecker. Das Glas auf dem runden Zifferblatt hat nur einen Sprung, durch den gelber Lehmstaub eingedrungen ist.

26.03 Ein langer Luftalarm von 10.30 bis 16.00 Uhr macht uns auch in Heidfeld klar, daß alles was sich auf Schienen und Straßen bewegt, jetzt aus der Luft beschossen wird.

27.03. Unsere Fernraketen-Batterien feuern ihre letzte V2-Rakete gegen Orpinton in der Grafschaft Kent. Die deutsche Raketenentwicklung liegt im Todeskampf.
Am 24.01.45 war noch eine A4b-Versuchsrakete mit Tragflächen in Peenemünde-Ost erfolgreich abgefeuert worden. Aber schon am 17. Februar muß die Heeresversuchsanstalt (HVA) Peenemünde verlegt werden: nach Bleicherode, Sangerhausen, Weißenborn und Bad Sachsa. Doch die Scharen aus dem Osten werden wie 933 auch den

Harz erreichen. Am 26. Februar muß auch die Fertigung der hervorragenden Flak-Rakete »Wasserfall« eingestellt werden.
Am 4.04. werden die Peenemünde-Akten in der Eisenerzgrube »Georg Friedrich« bei Dörnten (D-3384 Liebenburg 5) versteckt, aber schon Ende April 45 von USA-Einheiten entdeckt. Am 11. April rückt die 3. USA-Panzer-Division in Nordhausen ein und besetzt das Mittelwerk.
In der Beurteilung der deutschen Raketenentwicklung war sich das Ausland einig. Bei James McGovern lesen wir: »Deutschland war in der Raketenentwicklung allen anderen Nationen um 20 Jahre voraus.«
USA-General D.D. Eisenhower meint in seinen Erinnerungen, daß die Invasion in der Normandie vielleicht unmöglich geworden wäre, wenn die Deutschen ihre Raketen 6 Monate früher hätten einsetzen können. Der Zufall regiert die Stunde – und die Geschichte der Völker.

29.03. In Ilsenburg fallen im Ilsetal etwa 30 Sprengbomben und 6 bei Stapelburg.

31.03. Seit dem 1. Januar 45 sind in 3 Monaten auf London 668 V2-Raketen und auf Festlandsziele, vor allem auf Antwerpen, mindestens 1030 V2-Raketen abgefeuert worden.
Die von unserem Wettbewerber Messerschmitt entworfene Me 262 »Schwalbe« wurde 1600 mal hergestellt. Britische Nachflieger beurteilten diesen zweistrahligen Jäger als das beste Flugzeug, das sie je geflogen hätten.

2.04. Russische Panzer nähern sich von Osten. Unsere Flugzeuge und Triebwerke werden gesprengt.

3.04. Ich nehme Abschied von Wien und verlasse mit einer Betreuungsmannschaft für die He 162 den Franz-Josef-Bahnhof.

6.04. Ich komme von Wien über Prag und Gandersheim, wo ich vergeblich auf Heinkel-Anweisungen gewartet habe, nach Ilsenburg.

8.04. Ich habe einen Lastkraftwagen ausfindig gemacht, der mich nach Bernburg, wo He 162-Jäger zu betreuen sind, und nach Dessau bringen soll. Vor Halberstadt werden wir angehalten und erleben wie USA-Flugzeuge die Stadt zerbomben. Abends um 21.00 Uhr bin ich in Dessau, wo schon alles in Auflösung ist.

10.04. Um 21.30 Uhr wird die Munitionsanstalt (Muna) Eckertal bei Bad Harzburg gesprengt.

11.04. Um 12.15 Uhr dringen die USA-Soldaten in Ilsenburg ein. Die Ilsenburger dürfen ihre Häuser nach 16.00 Uhr nicht mehr verlassen. Ich bin inzwischen mit der Eisenbahn, die häufig anhalten muß, von Altenburg (DDR-7400) über Gößnitz (DDR-7422) und Werdau (DDR-9620) bis Jößnitz im Vogtland (DDR-9904) gekommen, wo die Bahnfahrt wegen der Luftlage beendet wird. Während des Aufenthaltes auf diesem kleinen Bahnhof rollt ein einzelner offener Güterwagen ohne Bremseinrichtung die abschüssige Strecke hinunter. Mehrere Soldaten auf den Trittbrettern wagen wegen der hohen Geschwindigkeit nicht abzuspringen. Sie verschwinden rufend hinter der nächsten Kurve.

12.04. Die Ilsenburger hören Kanonendonner in Richtung Braunschweig und Blankenburg. Ich habe nach 2-stündigem Fußmarsch den Ort Syrau (DDR-9906) um 5.00 Uhr erreicht. Mit einem Lastkraftwagen gelange ich um 11.00 Uhr nach Hof (D-8670). Mit der Reichsbahn verlasse ich Hof um 11.24, sitze aber von 14.00 bis 19.00 Uhr in Pfreimd (D-8473) fest, weil USA-Jagdbomber pausenlos alle Fahrzeuge angreifen.

13.04. Die Ilsenburger hören die Abschüsse der Kanonen jetzt aus Richtung Torfhaus und Oderteich.
Ich bin um 1.00 Uhr morgens in Regensburg. Der nächste Zug fährt um 6.00 Uhr. Über Landshut (D-8300) und Altdorf komme ich um 24.00 Uhr endlich in Gauting (D-8035) an.

14.04. Die Ilsenburger hören Geschützfeuer bei Wernigerode. Vor dem Kupferwerk wer-

den 2 Haufen Panzerfäuste gesprengt.
Ich verlasse Gauting um 5.30 Uhr, bin um 13.30 Uhr in Innsbruck (A-6610) und um 17.00 Uhr in Jenbach (A-6200).

15.04. Die Ilsenburger hören, daß im Oberharz und Unterharz noch geschossen wird.
Ich ruhe in Pertisau (A-6213) zwei Tage aus.

16.04. In Ilsenburg quartieren sich 10 USA-Soldaten bei meinen Eltern in der Damaschkestraße 33 ein.

17.04. Ich verlasse Jenbach (A-6200) auf einem Lastkraftwagen um 16.00 Uhr mit Sonderauftrag. Über Kufstein, Kiefersfelden und Schloß Eglfing (D-8111) erreichen wir Grafenaschau (D-8110 Murnau).

18.04. Von Ilsenburg aus wird der Brocken mit Artillerie beschossen und das Brockenhotel von USA-Flugzeugen zerbombt.
Ich höre auf dem Flugplatz Lager Lechfeld bei Klosterlechfeld (D-8933), daß unsere He's162 dort nur zwischengelandet sind.

19.04. Um 6.00 Uhr bin ich auf dem Flugplatz Lechfeld Nord und versuche zu erfahren, wo meine He 162-Flugzeuge geblieben sind. Das ist nicht mehr möglich.

20.04. Die Ilsenburger spüren, daß sich die Kämpfe in den Mittel- und Unterharz verlagern. Die Rote Armee hat Berlin erreicht.

21.04. In Landsberg (D-8910) suche ich Fliegeroberstabsingenieur Mertens auf, der in Heidfeld unsere Flugzeuge für die RLM-Bauaufsicht abgenommen hat. Wir kommen zu dem Entschluß, daß der Flugplatz Ainring und der Flugplatz Bad Aibling (D-8202) eine der letzten Möglichkeiten sein könnten, die He 162 zum Einsatz zu bringen.

24.04. Um 10.30 Uhr beginnt die Munitionsanstalt (Muna) Schwabstadl mit dem Sprengen ihrer Vorräte. Als ich mit dem Fahrrad von Landsberg komme, sehe ich die von den Sprengungen herführenden Stoßwellen als helle Verdichtungsstreifen durch die Wolken des halbbedeckten Himmels laufen.

26.04. Um 1.00 Uhr morgens verlasse ich mit meiner He 162-Betreuermannschaft auf einem Lastkraftwagen den Ort Kaufering (D-8912). Gegen 21.00 Uhr treffen wir in Rosenheim ein.

26.04. Um 2.30 Uhr fliegen Hanna Reitsch und Generaloberst Ritter von Greim in einer Ju 188 von Neubiberg (D-8014) nach Rechlin (DDR-2085). In einem Fieseler-Storch fliegen sie nach Berlin. Ehe sie vor dem Brandenburger Tor landen, durchschlägt ein russisches Geschoß den rechten Fuß des Generalobersten. Im Führer-Bunker ernennt Adolf Hitler Ritter von Greim zum Generalfeldmarschall und Oberbefehlshaber der Luftwaffe – die aber besteht nicht mehr. Am 29. April verabschiedet der Führer und Reichskanzler seine Gäste, die in einer Arado 96 nach Rechlin entkommen.

27.04. Um 17.00 Uhr rollt unser LKW in Bad Aibling (D-8202) ein und um 19.00 Uhr in Feldkirchen (D-8016).

28.04. Ab 14.00 Uhr bis 19.15 Uhr halte ich mich in Neu-Biberg (D-8014) auf. Ich will etwas über die militärische Lage erfahren, komme aber leider zu spät. Die Torwache teilt mir mit, daß Prof. Ernst Heinkel, Generaldirektor Frydag und Direktor von Pfistermeister das Werk bereits wieder verlassen haben.

29.04. Im Harz wird noch an einigen Stellen gekämpft.
Um 6.30 Uhr verlasse ich mit dem Rest meiner He 162-Betreuer Klein-Karolinenfeld (D-8201). Um 7.00 Uhr beginnen die USA-Flugzeuge »Mustang« wieder ihren Reigen und schießen auf alles, was sich bewegt. Über Holzkirchen erreichen wir schließlich Bad Feilnbach (D-8201) um 16.00 Uhr. Auf diesen letzten 75 Kilometern mit unserem LKW haben wir Hunderte von Flugzeugen an den Waldrändern stehen sehen, denen oft nur ein wichtiger Teil zur Inbetriebnahme fehlte, der nicht mehr herbeigeschafft werden konnte. Außerdem fehlte der Kraftstoff.

Wir lösen unsere Gemeinschaft auf. Parole »Nach Hause«.

30.04. In Berlin gibt sich Adolf Hitler im Führer-Bunker selbst den Tod. Seine Feinde können ihn nicht mehr erniedrigen.

1.05. Nach dem Eindringen der Roten Armee in Mecklenburg erschießt meine Base Ilse Kuhr, geborene Konschitzky, auf Gut Kuxdorf bei Bad Sülze (DDR-2594) ihren Sohn und sich selbst.

Ich beginne meine »Große Wanderung« um 10.30 Uhr ab Bad Feilnbach, komme um 13.00 Uhr an Rosenheim vorbei und bin um 18.00 Uhr in Großkarolinenfeld (D-8201), wo mir Familie Schäfer Obdach gewährt.

Tagesstrecke = 25 km. Auf dem Bahnhof entdecke ich am anderen Morgen einige Waggons mit Wehrmacht-Verpflegung, die für die Bevölkerung freigegeben werden. Ich packe mir einige Blechdosen mit Wurst und Fleischschmalz sowie ein Kommißbrot in meinen Rucksack. Am 3. Mai sehe ich zwar noch keine USA-Soldaten, aber es wird verkündet, daß sich alle Männer melden sollen.

4.05. Um 7.30 Uhr verlasse ich Großkarolinenfeld, berühre Ostermünchen und Aßling und komme über Ebersberg bis Hohenlinden (D-8011). In der Nähe entdecke ich einen Gedenkstein zur Erinnerung an den 3. Dezember 1800, als Bayern und Österreicher von dem französischen General Jean Victor Moreau besiegt wurden. In einer Feldscheune schlafe ich gut. Tagesstrecke = 35 km.

5.05. Von Hohenlinden breche ich um 8.30 Uhr auf und gelange über Isen (D-8254) nach Dorfen (D-8250), wo ich schon um 16.00 Uhr einen Schlupfwinkel aufsuche. Auf den Straßen sind mir zuviel Ami-Fahrzeuge unterwegs. Aber nachts komme ich zu langsam voran und kann noch leichter in eine Falle laufen. Tagesstrecke = 22 km.

6.05. Um 8.30 Uhr marschiere ich weiter. Um 11.30 Uhr sehe ich Taufkirchen (Vils) D-8252) in der Nähe und kann um 18.00 Uhr in Landshut unbehelligt die Isar überqueren. Tagesstrecke = 32 km.

7.05. Von Landshut wandere ich über Furth (D-8301) bis nach Rottenburg (Laaber) (D-8303). Um 15.30 Uhr treffe ich dort keinen Menschen in den Straßen. Ich habe kein Geld und keine Lebensmittelmarken mehr. Schließlich begegnet mit ein alter Mann, den ich frage, wo ich etwas zu essen bekommen kann. Er bringt mich zur Wohnung eines katholischen Kirchenmannes. Dieser kann nichts gegen meinen Hunger tun. Ich bedauere das und verabschiede mich mit den Worten: »Gelobt sei Jesus Christus«. Am Ortsrande finde ich eine Frau, die meiner Bitte nach 2 Scheiben Brot nachkommt und diese auch noch mit Fett bestreicht. Tagesstrecke = 31 km.

7.05. Die Deutsche Wehrmacht im Westen muß in Reims bedingungslos kapitulieren (unconditional surrender). Das weiß ich noch nicht.

8.05. Um 7.00 Uhr verlasse ich mein Versteck an der Laaber und komme über Langquaid (D-8301) oberhalb Regensburg an die Donau. Ich suche und finde einen Fährmann, der mich unentgeltlich übersetzt. Um 19.00 Uhr tun mir die Füße weh, aber ich bin bis zu dem Weiler Kappl nördlich Ponholz (D-8411) gekommen, wo ich im Walde nächtige. Mein graugrüner Mantel der Organisation Todt ist eine vorzügliche Decke. Außerdem habe ich im Rucksack eine wasserdichte Plane, die von der Wehrmacht gegen hautätzende Kampfstoffe ausgegeben wurde und mir bei Regen gute Dienste leistet. Tagesstrecke =65 km.

9.05. Die Deutsche Wehrmacht im Osten muß in Berlin bedingungslos kapitulieren. Auch davon weiß ich noch nichts.

Ich ziehe um 7.00 Uhr meine Armbanduhr auf, die ich am linken Bein unter dem Strumpf trage, ehe ich in Richtung Schwandorf (D-8460) aufbreche. Im Naab-Tal komme ich nur langsam voran, denn auf der damaligen Reichsstraße 15 darf ich mich nicht sehen lassen. Das Pirschen durch den Wald oder auf der nicht befahrbaren Eisenbahnstrecke ist mühsam. Schweren Herzens trenne ich mich von meinem OT-Mantel. Für die Nacht bleibt mir nur die dünne Kampfstoff-Plane. 19.40 Uhr bin ich bei Ettmannsdorf, einem Stadtteil von Schwandorf, angelangt. Tagesstrecke = 20 km.

10.05. Ab Ettmannsdorf wandere ich um 8.00 Uhr auf den Schienen nordwärts. Ich umgehe die Bahnhöfe Irrenlohe, Pfreimd (D-8473) und Wernberg (D-8475). Um 19.00 Uhr lese ich aus einiger Entfernung Neuhof. Vermutlich heißt die Station heute Oberwildenau (D-8481), falls die Strecke nicht aufgelassen ist.
Vor einer gesprengten Eisenbahnbrücke krabbeln noch 2 Gestalten aus dem Gebüsch. Wir überlegen, was möglich ist. Die beiden Schienen sind nicht zerrissen und durch einige Schwellen sogar noch auf Spur geblieben. Wir finden drei etwa 3 m lange Stangen und bilden ein Dreieck. Auf jeder Schiene ein Mann und ich auf der linken Schiene hinter meinem Vordermann. Wir müssen nur aufpassen, daß die Gleise nicht zu schwingen beginnen. Wir kommen gut hinüber und haben uns anstrengende Kletterei erspart. Tagesstrecke = 29 km.

11.05. Wir haben uns am Vorabend wieder getrennt. Ein Einzelgänger hat bessere Aussichten, nicht so schnell gefangen zu werden. Vor Weiden (D-8480) mache ich einen großen Umweg um die Stadt. Um 17.30 Uhr peile ich in der Nähe von Pleisdorf die Lage, nordwestlich von Windisch-Eschenbach (D-8486). An Wasser aus Bächen und Quellen mangelt es nicht, nur um Brot muß ich betteln. In Bayern bekam ich meist noch Kaffee mit Milch und Zucker dazu.
Tagesstrecke = 30 km.

12.05. Um 6.30 Uhr ziehe ich von Pleisdorf (D-8486) weiter und treffe vor Wiesau (D-8591) zwei Kameraden, die auch nach dem Norden wollen. Wenn man sich unterhält, paßt man nicht auf. Bei Marktredwitz (D-8590) stehen uns plötzlich drei Polen mit deutschen Karabinern gegenüber. Der Anführer brüllt uns an: »Du SS!« ich antworte auf französisch. Dann versuche ich ihm halb deutsch, halb französisch klarzumachen, daß wir drei nach Elsaß-Lothringen wollen und einen französischen Offizier suchen, der uns behilflich ist. Der Trick gelingt. Ehe er und seine Begleiter uns laufen lassen, zeigt er noch, wie gut er treffen kann. Der erste Isolator, den er auf einem Telegrafenmast anvisiert, zersplittert. Auch der zweite. Hoffentlich schießt er uns nicht zusammen. Das tut er nicht. Kaum sind wir außer Sichtweite, trenne ich mich von den beiden. Um 19.00 Uhr suche ich mir bei Neudes, 3 km südlich Marktleuthen (D-8671) eine Bleibe. Tagesstrecke = 41 km.

13.05. Um 7.00 Uhr verlasse ich Neudes. Um die Mittagszeit ist es schon sehr warm. Um 18.00 Uhr finde ich ein Nachtlager in der Nähe von Föhrenreuth bei Leupoldsgrün (D-8671 Konradsreuth).
Tagesstrecke = 31 km.

14.05. Um 6.00 Uhr verlasse ich mein Lager bei Föhrenreuth. Eine halbe Stunde später nimmt mich ein farbiger USA-Soldat mit Gewehr im Anschlag gefangen. Um 8.00 Uhr werde ich mit einem USA-LKW zur Gefangenensammelstelle im Hauptbahnhof Hof (D-8670) gebracht. Drei Tage verbringen wir Tag und Nacht auf dem Bahnsteig. Ich habe unmäßigen Hunger.
Hätte ich damals eine 1 cm = 2 km-Landkarte gehabt, wäre mir Föhrenreuth als der ungünstigste Punkt aufgefallen, den man sich für eine Umgebung von Hof aussuchen kann: ganz dicht an der Autobahn und an der Abzweigung nach Hof. Dort sind mit Sicherheit Militärposten zu erwarten.

17.05. Um 8.30 Uhr setzt sich eine USA-Kolonne von Hof nach Westen in Bewegung. Wir Gefangenen sind auf etwa 10 Lastkraftwagen verteilt. Jede Fuhre hat zwei bewaffnete Bewacher. Um 10.30 Uhr durchfahren wir Kronach (D-8640). Zwischen Kronach und Lindenfels werfe ich in einer scharfen Kurve meinen Rucksack über Bord – es fällt nicht auf. Als der nachfolgende LKW noch nicht in Sicht ist, springe ich in einer scharfen Linkskurve, wo die Straße rechts steil abfällt, vom Fahrzeug und überschlage mich ein paarmal in den Sträuchern der Böschung. Auch das wird nicht be-

merkt. Aber weiß man das vorher?
Meinen Rucksack habe ich bald gefunden. Um 15.00 Uhr bin ich in der Gegend von Birnbaum (D-8641) in Oberfranken. Einheimische raten mir über die Hubertushöhe in Richtung Thüringen zu gehen. Um 18.00 Uhr bin ich in der Nähe von Tschirn (D-8641). Um 20.20 Uhr überquere ich den Rennsteig, die Grenze zwischen Bayern und Thüringen bei Brennersgrün (DDR-6861). Tagesstrecke = 50 km.

18.05. Um 6.00 Uhr bin ich in Lehesten (DDR-6862). Der Magen knurrt, ich habe seit gestern morgen nur von Wasser gelebt. Über Lichtentanne (DDR-6801) und Burglemnitz (DDR-6851) gelange ich um 17.00 Uhr nach Altengesees (DDR-6851). Tagesstrecke = 22 km.

19.05. Heute ist Pfingst-Sonnabend. Um 8.00 Uhr ziehe ich in Richtung Drognitz (DDR-6801) weiter. Vor Paska (DDR-6841) überschreite ich die Saale, die hier schon den oberen Teil der Hohenwartetalsperre bildet. Über Wernburg, Pößneck und Schweinitz schaffe ich es heute bis Langenorla (DDR-6841). Beim Bauer Schweinitz erhalte ich nach 18 Tagen erstmals wieder ein warmes Essen, und zwar ein Pfingst-Festessen. Die Götter mögen es ihm und den Seinen lohnen!
Tagesstrecke = 32 km.

20.05. Heute ist Pfingst-Sonntag. Mittags werde ich nochmals gut verpflegt. Um 13.00 Uhr verlasse ich diese gastliche Stätte. Der Tag ist kühl. Über Kahla (DDR-6906) und an Jena vorbei krieche ich um 20.30 Uhr bei Isserstedt (DDR-6901) in die Reste eines Strohdiemens. Tagesstrecke = 36 km.

21.05. Der Pfingst-Montag ist kühl. Bei Hermstedt (DDR-5321) warnen mich Frauen vor zivilen Russen und Polen, die mit gestohlenen Fahrrädern alle Straßen abfahren und männliche Deutsche jagen. Erst später wird mir klar, daß ich nur 15 km vom Konzentrationslager Buchenwald entfernt bin. Auf Seitenwegen komme ich ungeschoren bis an die Ilm, obwohl es meist durch freie Felder geht, wo ich mich nur in Gräben und Ackerfuhren verstecken kann. Gefährlich ist der Übergang über die Reichsstraße 87, wo laufend Radfahrer auftauchen. Über Zottelstadt (DDR-5321) und Rudersdorf treffe ich um 18.00 Uhr in Rastenberg (DDR-5235) ein. Schmiedemeister Kreisler in der Herrenstraße verpflegt mich gut. Herzlichen Dank!
Tagesstrecke = 27 km.

22.05. Ich überquere den Höhenzug der Finne in Richtung Lossa (DDR-4801) und erreiche bei Wiehe (DDR-4736) das Tal der Unstrut. Ich bleibe rechts der Unstrut, überquere sie in der Nähe von Artern (DDR-4730) und nähere mich um 17.00 Uhr Sangerhausen. Ehe ich aus einem Waldstück trete, schaue ich erst vorsichtig nach links, dann nach rechts – in die Mündung einer Maschinenpistole, die ein farbiger Ami auf mich gerichtet hat. Er liefert mich in Sangerhausen beim CIC (Counter Intelligence Corps) ab. So nennen die USA-Militärs ihren Spionage-Abwehrdienst. In 3 dicken gelben Büchern sind alle leitenden Persönlichkeiten der NSDAP bis hinunter zum Ortsgruppenleiter und Sturmführer der SA oder SS aufgeführt. Während der Sucherei und des Hin und Hers kann ich unauffällig verschwinden.
Tagesstrecke = 41 km.

23.05. Bis 16.45 Uhr muß ich in meinem Versteck in der Nähe des Rosariums bleiben, weil dauernd Streifen der USA-Militärpolizei die Gegend unsicher machen. Dann wandere ich am Vorwerk Pfeifersheim vorbei endlich in den schützenden Harzwald. An diesem Mittwoch regnet es. In der Nähe von Horla (DDR-4701) schlafe ich unter einem Felsen um 19.00 Uhr ein. Meine Armbanduhr hat ihren Dienst noch nicht versagt. Tagesstrecke = 15 km.

24.05. Um 8.00 Uhr marschiere ich weiter. Über Hayn (DDR-4711) komme ich beim Auerberg-Wirtshaus auf die alte Harzschützenstraße nach Breitenstein (DDR-4711). Auf einem Waldweg bei Stiege höre ich ein Pferdefuhrwerk. Der Mann scheint mir vertrauenswürdig. Er ist Gustav Müller, der mich zu seiner Familie in Hasselfelde (DDR-3723) schickt. Dort werde ich mit Kaffee und einem Berg Zuckerkuchen bewirtet. Die Götter mögen es auch dieser Familie lohnen! Nach dieser angenehmen Unterbrechung wandere ich über Königshütte (DDR-3701) noch bis zum Bahnhof Hohne der Harzquerbahn. Es ist 19.30 Uhr. In einem kleinen Schuppen neben den Gleisen liegen bereits einige Wanderer auf nassem Heu. Ich finde noch Platz.

Vor gut vier Wochen kämpften hier noch deutsche Soldaten erbittert gegen die USA-Eindringlinge. Den Einsatz eines letzten Aufgebotes von vier Männern hat Karl Günther Stempel (geboren 1.03.1917) in seiner Erzählung »Die Hohneklippen« meisterhaft geschildert. Was ich als meine »Große Wanderung« erlebte, deutet Stempel auch für sich und seine Gefährten an: »Die drei Menschen, die ihm hier jetzt am nächsten stehen und mit denen er alle Mühsal ungewisser Flucht in den nächsten Wochen teilen wird, . . .«.

Die Erzählung »Die Hohneklippen« erschien 1960 im Türmer-Verlag, 8032 Lochham bei München.

K.G. Stempel wurde 1971 Präsident des Deutschen Kulturwerkes Europäischen Geistes.

Tagesstrecke = 60 km.

25.05. Ab 7.00 Uhr wandere ich auf vertrauten Wegen zur Pleßenburg und über den Ilsestein nach Ilsenburg hinunter. Um 9.30 Uhr treffe ich im Elternhaus, Damaschkestraße 33, ein.

Vater und Mutter sind gesund – mehr wollte ich nicht wissen.

Tagesstrecke = 15 km.

In 20 Tagen legte ich zu Fuß 659 km zurück.

30.05. In Ilsenburg werden die USA-Truppen durch englische Soldaten abgelöst. Ich erhalte einen Lichtbild-Ausweis = Pictured-Pass unterzeichnet von Cramm (Bäckermeister Wilhelm Cramm). Aus dem Stempel »Der Amtsvorsteher als Ortspolizeibehörde« ist am Hoheitsadler das Hakenkreuz entfernt. Aber so einfach läßt sich ein uraltes Sinnzeichen nicht beseitigen, das schon Jahrtausende überlebt hat.

7.06. Ich reise nach Braunschweig und erkundige mich bei den Besetzern der ehemaligen Luftfahrtforschungsanstalt, bei den Büssing-Werken und bei Bekannten nach Arbeitsmöglichkeiten für einen Ingenieur. Vergebliche Mühe.

12.06. In Ilsenburg wird mir eine landschaftsgemäßige Arbeit verordnet: am Rohnberg sind Fichten zu schlagen und zu rücken. Eine Lohnabrechnung für die Woche vom 22. bis 28.6.45 blieb mir erhalten. Für 34 Stunden werden 22,10 RM vergütet, dazu eine Prämie von 3,–, Abzüge 2,57 RM. Ich erhalte 22,53 RM.

25.06. Ich werde dem Sägewerk Etterwindt im Ilsetal zugeteilt und habe als Hilfsarbeiter auf dem Holzplatz Stämme für die Sägegatter bereitzustellen. Nach getaner Arbeit bekomme ich im Elternhaus jeden Tag Kirschsuppe – was anderes ist nicht aufzutreiben. Trotzdem esse ich heute noch gern Kirschen.

Auf dem Sägewerk hat Meister Willi Görz das Sagen. Ich kenne ihn als langjähriges Mitglied der KPD (Kommunistische Partei Deutschlands) – er kennt mich als Mitglied der NSDAP (Nationalsozialistische Deutsche Arbeiter-Partei). Nach 1933 mußte er seinen Mund halten, jetzt nach 1945 bin ich an der Reihe. Als wir uns nach meiner Rückkehr aus der Sowjetunion 1954 wieder begrüßen, sind unsere Auffassungen vom Weltgeschehen erstaunlich übereinstimmend.

3.07. Die Rote Armee rückt nach dem Abmarsch der Engländer in Ilsenburg ein. Ich erhalte wieder einen neuen Ausweis =cvidetelstvo.

15.08. Meister Görz und ich setzen die Dampfmaschine instand, die mit Sägespäne befeuert wird und die Gatter in Gang hält, wenn der Zulauf für das Wasserrad nicht ausreicht.

29.08. Meister Görz schickt mich nach Magdeburg-Buckau, Feldstraße 9/13, zur R. Wolf AG. Wir brauchen einige Ersatzteile für unsere Dampfmaschine. Die Reise hat ein

Nachspiel im Betriebsrat. Frage: »Warum schickst Du den alten Nazi nach Magdeburg?« Antwort: »Weil Du dazu viel zu dämlich bist!«

22.11. Im Sägewerk brechen am Übertragungsrad vom Wasserrad zum Sägegatter 144 Holzkämme (Zähne), die erhebliche Instandsetzungsarbeiten erfordern.
Während ich mich in Ilsenburg bemühe, mit meinen Kollegen das beschädigte Zahnrad möglichst bald wieder in Betrieb zu setzen, damit wir die Aufträge der sowjetischen Besatzungsmacht fristgemäß erfüllen, versucht 235 km südwestlich von Ilsenburg ein USA-Offizier besonderer Art eine deutsche Frau mit gemeinsten Mitteln zur Lüge zu zwingen.
Anfang Dezember wird die in Oberursel (D-6370) in Haft gehaltene Hanna Reitsch zu einem früher in Deutschland lebenden Captain Cohn befohlen. Dieser hat für den nächsten Tag über 200 Journalisten aus der ganzen Welt eingeladen und versucht seinem Häftling einzutrichtern, was denen erzählt werden soll. Als das nicht gelingt, bringt die USA-Armee-Zeitung »Stars and Stripes« einen »Augenzeugenbericht über die letzten Tage Hitlers von Hanna Reitsch«. Der in Ich-Form geschriebene Bericht strotzt von Lügen und ist so hinterhältig abgefaßt, daß jeder Leser auf Hanna Reitsch böse sein muß. Bei solchen Machenschaften darf natürlich auch ein vornehmer Brite nicht fehlen: der am Christ-Church-College in Oxford tätige Trevor-Roper. Zur Rede gestellt, gibt er als Quelle die USA-CIC an und was die schreibe, sei wahr. Dieser englische »Historiker« lehnt es auch ab, den wahren Sachverhalt, den Hanna Reitsch ihm anbietet, anzunehmen. Das Buch von Trevor -Roper »Die letzten Tage Hitlers« hat den alleinigen Zweck, im Zuge der Umerziehung (reeducation) der deutschen Jugend, Lügen über die deutschen Führer festzuschreiben.
Auch der Verfasser des Buches »Aufstieg und Fall des Dritten Reiches«, William Shirer, hatte nichts Eiligeres zu tun, als die Fälschungen von Trevor-Roper zu übernehmen.
Aber auch diese beiden sind auf lange Sicht nur »ein Teil von jener Kraft, die stets das Böse will und stets das Gute schafft«. (Faust, Erster Teil, Studierzimmer, Vers 1335).

1946 **1946**

12.01. Am 12. Januar erhängen sich in Ilsenburg in der Böttcherstraße Frau Berta Grabitz und Sohn Rudolf. Sie befürchten eine Enteignung ihrer Drogerie, weil sie angeklagt sind, rationierte Waren gehortet zu haben.

22.01. Am 22. Januar wird Ilsenburg von der Ferngasversorgung wieder mit Gas beliefert, das seit dem 15. Januar 1945 ausgeblieben war.

21.02. Am Donnerstag, 21. Februar 1946, erscheint auf Seite 2 der englischen Zeitung »News Chronicle« ein Aufsatz »Deutschland hat seine militärischen Reichtümer aufdecken müssen«. Der Bericht stammt von dem Spezial-Korrespondent Jan Devon und stützt sich auf alliierte Berichterstatter, die Informationen von unschätzbarem industriellen Wert aufgedeckt haben. Die Übersetzung umfaßt zweiundeinhalb Schreibmaschinenseiten. Was in Deutschland einschließlich der gestohlenen Patente erbeutet wurde, wird dann schließlich schlicht zusammengefaßt zur »höchsten Kriegsbeute, die je ein Sieger hat erwerben können.«

.03. Im März 1946 erhalte ich die Lebensmittelkarte II/1 für Schwerstarbeiter und meine Eltern die Karte II/6 für sonstige Bevölkerung, die am besten schnell verreckt, weil sie für den Sieger in Ost und West nutzlos ist.

Tagesrationen in Gramm:	II/1	II/6
Brot	450	200
Nährmittel	40	10
Zucker	25	15
Fleisch	40	15

Fett	20	7
Marmelade	30	30
Monatsration in Gramm:		
Salz	400	400
Kaffee-Ersatz	125	125

8.04. bis 17.04.1946 sehe ich mich in Berlin und Rostock nach Arbeitsmöglichkeiten um. Vom beruflichen Werdegang habe ich englische, französische, spanische und russische Übersetzungen anfertigen lassen. Keine Aussicht auf Arbeit.

5.05. In Ilsenburg wird mein Vater nach 41-jähriger Lehrertätigkeit ohne Ruhegehalt fristlos entlassen. Jetzt steht fest, daß ich nicht auswandern sondern mich um meine Eltern kümmern werde.

17.07. Das American Consulate General, Konsul Carlos J. Warner, in Berlin-Dahlem, Hüttenweg 7, teilt mit, daß keine Vorkehrungen getroffen worden sind, wonach deutsche Staatsangehörige nach Südamerika auswandern könnten.

Im August 1946 beende ich in Ilsenburg meine Arbeit auf dem Sägewerk im Ilsetal, die ich am 25. Juni 1945 begonnen hatte.

26.08. Die jugoslawische Militärmission in Berlin-Niederschönhausen, Pfeilstraße 13, Generalleutnant Jaka Avsic, schreibt mir, daß bis auf weiteres Fachleute für Flugzeugbau nicht eingestellt werden können, weil andere Industrien beim Wiederaufbau Jugoslawiens Vorrang haben.

Im Jahre 1946 stirbt Generaloberarzt a.D. Alexander Heermann aus Kassel. Er ist ein Bahnbrecher der radiästhetischen Medizin, wie Benediktinerpater Prof. Dr. Cunibert Leo Mohlberg im Juli 1958 schreiben wird. Die Aufsehen erregenden Vorträge von A. Heermann »Neues von Strahlen, Strömen und Wellen« erschien 1935 in den »Veröffentlichungen der wissenschaftlichen Gesellschaft für Hochfrequenz- und Licht-Forschung«, Bad Aussee, mit 33 Ausbildungen. Die Siegermächte von 1945 hatten anscheinend wenig Ahnung auf diesem Sachgebiet und werteten deshalb alle einschlägigen Arbeiten eifrig aus. Den Besiegten stehen solche Erfahrungen nicht zu: in der Brockhaus-Enzyklopädie von 1969 steht davon kein Wort.

Auch in Nürnberg ist man in diesem Jahr nicht untätig. Bei einem Treffen internationaler Kriegsverbrecher wird Rudolf Heß zu lebenslanger Haft verurteilt. Rudolf Heß, geboren am 26. April 1894 in Alexandrien in Ägypten, fliegt am 10. Mai 1941 nach Schottland und versucht mit Hilfe einflußreicher britischer Persönlichkeiten den Krieg zwischen Großbritannien und Deutschland zu verhindern. Aber der Kriegstreiber Churchill erweist sich als der Stärkere.

Was Rudolf Heß 1946 seinen Richtern in Nürnberg sagt, beeindruckt mich auch heute ebenso wie den jüdischen Arzt und deutschen Frontkämpfer des ersten Weltkrieges, Dr. Dr. Erwin Goldmann, der diesen Ausspruch in seinem Buch »Zwischen zwei Völkern – ein Rückblick«, Königswinter 1975, auf Seite 10 überliefert:

»Ich bin glücklich, zu wissen, daß ich meine Pflicht getan habe meinem Volk
gegenüber. Selbst wenn ich könnte, wollte ich diese Zeit nicht auslöschen
aus meinem Dasein. Ich bereue nichts. Stünde ich wieder am Anfang, würde ich
wieder handeln, wie ich handelte, auch wenn ich wüßte, daß am Ende ein
Scheiterhaufen für meinen Flammentod brennt.«

31.08. In Halle an der Saale höre ich in der Straßenbahn zufällig, daß in den ehemaligen Siebel-Flugzeugwerken Ingenieure eingestellt werden. Ich stelle mich vor und werde angenommen.

4.09. Bei Frau Peter in Halle, Krosigkstraße 3, I, beziehe ich ein möbliertes Zimmer und ordne mich in den folgenden Wochen in eine Gemeinschaft, die mir gefällt.

26.09. Im Konzentrationslager Oranienburg stirbt unser großer Schauspieler Heinrich

George. Geboren in Stettin am 9.10.1893, war er von 1936 bis 1945 Intendant des Schillertheaters in Berlin. Wenn sein Name unter den Film-Darstellern erschien, war ich im Lichtspieltheater.

16.10. Am 16. Oktober 1946 wird in München-Solln 75 Meter unterhalb der Heilmannstraße 25 die Asche deutscher Patrioten in den Conwentz-Bach geschüttet.

Spezialist in der Sowjetunion 1946 bis 1954

Was ist ein Spezialist?

Ab 1945 für die Russen jede Person, die für Adolf Hitler in der Rüstungsindustrie tätig war oder auf Gebieten forschte, die für die Führung eines Krieges wichtig sind.

Für meine Person traf beides zu.

So geriet ich unter die Spezialisten, mit Sonderverpflegung (und mit Sonderbewachung).

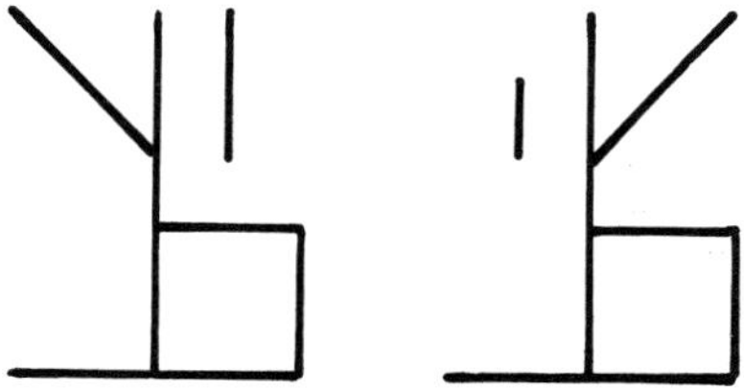

22.10. Um 4.00 Uhr morgens wird an meiner Haustür in der Krosigkstraße laut gelärmt. Plötzlich brennt das Licht in meinem Zimmer. Vor meinem Bett stehen ein russischer Offizier, ein Soldat mit Maschinenpistole und ein Zivilist, der mich nach meinem Namen fragt. Der Offizier eröffnet mir: »Du wirst fahren nach Moskau!« Auf mein verblüfftes Gesicht hin tröstet mich der Zivilist: »Auf dem Bahnhof wirst Du haben Stoff für zwei Anzüge!« Das war also seiner Meinung nach ein Angebot, daß jegliche Bedenken hinwegfegen mußte. Gesehen habe ich natürlich von dem Stoff nichts. Als ich angekleidet bin, sage ich dem Offizier, daß ich mich gern von meinen Eltern in Ilsenburg verabschieden möchte. Anständigerweise befiehlt er seinem LKW-Fahrer, uns nach Ilsenburg zu bringen.

Dort muß ich meinen verstörten Eltern leider die Notlüge auftischen, daß ich jedes Jahr auf Urlaub kommen würde. Zurück geht es nach dem Bahnhof Brehna an der Strecke Halle-Bitterfeld, wo ein langer Personenzug auf seine Fahrgäste wartet. Das Einfangen der deutschen Spezialisten ist von der NKWD sorgfältig vorbereitet, sogar ein im Nachthemd auf fremden Dächern Wandelnder entgeht ihr nicht.

Unterwegs in Ostpreußen, wo weder Mensch noch Tier in der Landschaft zu sehen sind, kann ich an einem kleinen Bahnhof »Korschen« lesen. Das ist der Geburtsort meiner zweiten Frau, die ich später in Podberesje heirate. In der Dunkelheit erreichen wir Moskau und halten am Rande der Stadt. Wir dürfen aussteigen und uns die Beine vertreten. Wir wundern uns über fünfstöckige Gebäude, an denen jedes Fenster hell erleuchtet ist. Wir denken an Fabriken, aber es sind Wohnblöcke: hinter jedem Fenster wohnt eine Familie.

In einem Holzhäuschen entdecken wir eine kleine Teestube, in der sich die Gäste drängen. Als sie deutsche Laute hören, flüstert mir einer zu: »Germania gute Quartiere!« Wir schieben uns unauffällig in eine Ecke. Er schwärmt von den schönen Wohnungen in Deutschland. Die Umerziehung im sowjetischen Straflager verdankt er dem Umstand, daß er sich von den Deutschen hat gefangen nehmen lassen. Über ein Päckchen Zigaretten freut er sich sehr.

In Dmitrow am Kanal, der die Moskwa mit der Wolga verbindet, endet unsere Bahnfahrt. Lastkraftwagen bringen uns nach Podberesje (unter der Birke) links der Wolga, hinter dem Damm, der die Wolga zum Moskauer Meer aufstaut. Später heißt es Wolga-Stausee. Ab 1952 wird rechts der Wolga, gegenüber Podberesje, unter strengster Geheimhaltung das Atomforschungszentrum Dubna aufgebaut, mit dem wir Flugzeug- und Raketenbauer nichts zu tun haben.

10.11. Mein heute geschriebener Brief Nr. 4 – jeder Brief erhält eine laufende Nummer – trifft nach fast 7 Wochen am 28. Dezember in Ilsenburg ein. Dort ist inzwischen bekannt geworden, daß vom 22. bis 25. Oktober in der gesamten Sowjetzone die technischen Spezialisten nach Osten verfrachtet wurden.

Der Aufenthalt unserer Spezialisten-Gruppe in Podberesje von 1946 bis 1954 ist ausfürlich beschrieben in der »Chronik vom Deutschen Schachklub«. Dr. rer. nat. Dipl.-Mathematiker Heinrich Sparrer, Hamburg, beabsichtigte diese Unterlagen zu einem Buch zu verwerten. Das Ergebnis ist mir nicht bekannt.

Unvergeßlich bleibt mir das erste Verhör in der Sowjetunion durch drei Angehörige der Geheimpolizei. Nach einigen Angaben zur Person war das Verhör mit zwei Fragen beendet. 1. Frage: »Warum sind sie Mitglied der NSDAP geworden?« Antwort: »Weil die Demokratie sich als unfähig erwiesen hatte, das Arbeitslosen-Problem zu lösen.« 2. Frage: »Hat Sie jemand gezwungen, in die Partei einzutreten?« Antwort: »Nein.«

1947 **1947**

25.01. Die deutschen Spezialisten in Podberesje veranstalten ihr erstes Schachturnier.

9.03. Ich gebe in Podberesje meinen Brief Nr. 11 zur Post, der diesmal nur 4 Wochen unterwegs ist und am 8. April in Ilsenburg eintrifft.

28.03. Der Deutsche Schachklub in Podberesje wird von 33 Spielbeflissenen gegründet. Zum Vorstand gehören: Dr. Arno Geertz (geb. 13.6.1908), Paul Zühlke (geb. 2.4.1905), Günter Weber (geb. 9.5.1909), Friedrich Reuß (geb. 1893) und Herr Körner.

20.04. Einmalig ist die Geschwindigkeit meiner zweiten Eheschließung. In der Mittagspause steigen wir im zweistöckigen Holzhaus der Kommunalverwaltung die Treppe empor und öffnen eine angelehnte Tür. Hinter einem Tisch sitzt eine Frau, davor auf einer kleinen Bank ein junges Mädchen und ein junger Mann. Als die Frau hört, daß wir heiraten wollen, befördert sie das junge Paar mit der Bank umgehend in ein Nebenzimmer und stellt uns zwei handgefertigte Stühle vor den Tisch. Die erste Frage an meine zukünftige Frau: wollen Sie Ihren Namen behalten oder den des Mannes annehmen? Antwort: in Deutschland ist es üblich, den Namen des Mannes anzunehmen. Nun haben wir in der Sowjetunion keinerlei Ausweispapiere. Nitschewo! (Macht nichts). Da nach russischen Gepflogenheiten der Vorname des Vaters im amtlichen Namen enthalten sein soll, werden aus Werner Becker – Werner Wilgelmowitsch Becker und aus Herta Scheil, geborene Gaebel, Herta Ottowna Becker. Wir zahlen 5 Rubel und erhalten das Svidetelstvo o brake (Trauschein) Nr. 139. Dauer des Vorganges ca. 10 Minuten. So spart man Bürokraten und Pfaffen ein.

2.05. Mir ist eine zweitägige Moskau-Reise verordnet. Mit einem Begleiter (Spezkomendant) fahre ich auf einem LKW nach Dmitrow und von dort mit der Eisenbahn zum Sawjelower Bahnhof in Moskau. Die Stadt beeindruckt mich sehr – der Kreml ist einmalig.

18.06. Ich reise auf dem Wasserwege nach Moskau. In 12 Stunden bringt mich das Wolga-Motorschiff zum Wasserbahnhof Chimki an der Stadtgrenze von Moskau. Die Schaffnerin auf dem Schiff holt vor meinen Augen aus einem verplombten Beutel frisches Bettzeug und bezieht das Bett – alles ist peinlich sauber.
In der Lenin-Bibliothek erhalte ich einen Leser-Ausweis. Ich werte englische und französische Fachliteratur aus, die wir für unsere Forschungs- und Entwicklungsarbeiten benötigen. Später stelle ich fest, daß ich USA-Fachzeitschriften in der Lenin-Bibliothek eher zu lesen bekam als sie im Westen an Zeitungsständen erhältlich waren.

28.06. Unser erstes Sommerfest in Podberesje bereitet vor allem den Kinder viel Vergnügen.

6.08. Meine Eltern in Ilsenburg erhalten meine 5. Geldsendung und zwei Pakete mit Lebensmitteln. Ohne meine Sendungen wären sie wahrscheinlich verhungert.

16.08. Mit Befehl Nr. 201 von Marschall Sokolowskij erhalten ehemalige Nationalsozialisten in der sowjetischen Besatzungszone das aktive und passive Wahlrecht.

11.09. Unsere Musikfreunde in Podberesje veranstalten ihr erstes Solistenkonzert und ernten verdienten Beifall.

28.10. Meine Eltern erhalten in Ilsenburg das fünfte Paket. Ich habe ihnen eingepackt: Kaffee, Seife, Schuhe, Ledersohlen, Rasierklingen und 200 Zigaretten. Manche dieser Dinge sind als graue Währung lebenswichtig.

14.12. Die Sowjetunion reformiert ihre Währung, gibt neue Rubelnoten aus und beendet die Zeit der Lebensmittelkarten. Alle Schieber und Spekulanten werden schwer getroffen.
Vom November 1946 bis 1951 lebt Hanna Reitsch in Oberursel in sogenannter Halbhaft. Die USA-Besetzer wollen damit verhindern, daß ihre brüderlichen Mitstreiter im Osten (»Good Uncle Joe« = J. W. Stalin) die Erfahrungen dieser weiblichen Kriegsbeute auch noch für sich verwerten.

1948 **1948**

4.02. In Podberesje lädt die Musikgruppe zum 3. Konzert ein.

28.02. Das Kostümfest der deutschen Spezialisten in Podberesje überrascht mit einer erstaunlichen Vielfalt selbstgefertigter Gewänder. Ein altes deutsches Lexikon bot manche Anregung.

24.04. Dr. Hans-Georg Schumann und seine Begleiter erfreuen die deutschen Zuhörer im 4. Konzert mit beliebten Melodien.

9.05. Unsere Schach-Größen fahren nach Moskau zum Turnier der Schach-Weltmeisterschaft.

24.06. In Mitteldeutschland erfolgt eine Währungsreform. Die Reichsmark beendet ihr Dasein. Jede Person erhält 70 Mark, der Rest wird 10:1 umgetauscht.

26.07. Der erste bunte Abend in Podberesje beweist aufs Neue, über welche Fülle von Begabungen die deutschen Spezialisten und ihre Familie verfügen.

12.09. In einem Wettbewerb werden die besten Segelflugmodell in Podberesje ermittelt, die von Vätern und Söhnen in der Freizeit gebastelt wurden.

23.11. Unsere Aufführung der »Fledermaus«, die wir gründlich vorbereitet haben, wird ein großer Erfolg. Vorhanden ist nur ein einziger Klavier-Auszug, aus dem alle Stimmen für Solisten, Chor und Orchester herausgeschrieben werden. Zu 5 Vorstellungen kommen 1700 Personen.

Bühnenbild:	Bonse und Gottschalk
Inspizient:	Beyer
Sopran:	Frau Regina Neumann als Rosalinde
Koloratursopran:	Frau E. Scholz als Adele
Tenor:	Dr. Schumann als Eisenstein
	Theo Walkenbach als Eisenstein
Bariton:	Herr Koscielny als Frank
	Herr Schlosser als Frosch

26.11. Mein Vater erhält 400 Mark ausgezahlt; ich habe ihm 200 Rubel überweisen lassen.

19.12. Die Erstaufführung von »Schneewittchen« findet in Podberesje regen Beifall.

Schneewittchen:	Inge Schönemann
Königin:	Lilo Buhle
König:	E. Rudat
Minister:	H. Bergholz
Hofnarr:	M. Wild
Leibjäger und Chinese:	G. Szyska
Zofe:	Anneliese Horn
Prinz:	K. Werner

1949 **1949**

26.02. Ein Kostümfest lockt wieder zahlreiche Besucher an.
Wir sind entsetzt, als unser Kollege Betriebsingenieur Herbert Schumann ermordet aufgefunden wird. Eine Bande von russischen Halbwüchsigen hat ihn nach dem Verlassen der Fabrikküche gesteinigt. Über die Bestrafung der Täter erhalten wir keine Auskunft.

10.04. Unsere Theatergruppe in Podberesje führt das Drama »Der Tor und der Tod« auf, das Hugo von Hofmannsthal 1893 schrieb.

30.10. Der russische Schachmeister Judowitsch gibt den deutschen Schachspielern eine Simultan-Vorstellung.

14.11. Unter dem Motto »Froh und heiter« läuft in Podberesje ein zweiter bunter Abend ab.

20.11. Wir führen in Podberesje »Aschenputtel« auf. Am 26. Dezember ist der Saal bei der vierten Aufführung wieder ausverkauft.

14.01. Die Deutschen in Podberesje feiern das Aschenputtel-Fest. Siegfried Günter und Frau Ruth besuchen uns mit Foxterrier Struppi in unserer Einzimmer-Wohnung im zweistöckigen Steinhaus. Wir sind dann mal wieder bei Familie Günter zu Gast im zweistöckigen Holzhaus. Zweistöckige und einstöckige Holzhäuser müssen die Finnen als Kriegsentschädigung an die Russen liefern.

Eines Abends feiert die unter dem Ehepaar Günter wohnende russische Familie Geburtstag. Als man zum beliebten Volkstanz übergeht, gibt es plötzlich einen gewaltigen Knall und die Tanzfläche sackt um einen guten Meter ab. Die Tragbalken des Fußbodens wurden so weit gebogen, daß sie aus den seitlichen Auflagen rutschten. Der Fröhlichkeit tat das keinen Abbruch, aber Frau Günter und Struppi bekamen einen gehörigen Schreck.

18.02. Wir feiern in Podberesje unser Kostümfest, das diesmal unter dem Motto steht »Wer soll dat bezahle«.

9.04. Die deutschen Schüler in Podberesje wollen den Erwachsenen nicht nachstehen und führen »Wallensteins Lager« auf. Leider habe ich die Namen nicht mehr, aber jeder einzelne Mitspieler hätte verdient, genannt zu werden.

7.05. Ein Opernkonzert der deutschen Spezialisten wird vor russischen Zuhörern wiederholt. Mehrere Reisen nach Moskau waren erforderlich, um die Instrumente für das deutsche Orchester zu beschaffen. Wir lächeln verständnisinnig als auf einem russisch beschrifteten Akkordeon ein Teil des Lackes abgestoßen wird und darunter »Klingenthal« (DDR-9650) zum Vorschein kommt. Die Sachsen im Vogtland stellen hervorragende Ziehharmonikas her.

17.05. Unsere deutschen Laien-Schauspieler haben inzwischen ein neues Stück vorbereitet und begeistern ihre Zuschauer mit »Kater Lampe«.

23.07. Bei den vielfältigen Darbietungen des diesjährigen Kinderfestes kommt unser Nachwuchs in Podberesje wieder voll zu seinen Rechten.

18.08. Große Aufregung! Der erste Heimkehrer-Transport wird angekündigt. Ein Betriebsleiter prägt den Ausdruck »Flaschenzug«. Er meint, die Russen würden mit diesem Transport alle unwichtigen Leute abschieben, die sie für entbehrlich halten. Als der Zug dann am 14. September nach Deutschland aufbricht, sitzt unser Betriebsleiter auch darin. Aber jeder von uns wäre gern unter die »Flaschen« geraten. Ich ahne noch nicht, daß mich erst der allerletzte achte Zug in die Heimat bringen wird.

20.12. Unsere deutschen Schauspieler sind wieder fleißig gewesen und erfreun unsere Kinder in Podberesje zur Weihnachtsfeier mit »Hänsel und Gretel«.

1951 **1951**

7.01. In Podberesje steigt für unsere Jugend der Tanzkurs Nr. 2. Irgendjemandem ist eingefallen, daß jungen Menschen das Tanzen beigebracht werden muß, und irgendwann hat auch ein Tanzkurs Nr. 1 stattgefunden. Zu dieser Zeit bringe ich auch J. W. Stalin auf ein Lichtbild. Seine Riesen-Figur in Granit steht am Eingang des Schiffahrtkanals nach Moskau. In gleicher Größe steht auf der anderen Seite W. I. Lenin.

16.01. Der Salzburger Stadtbaudirektor i.R. Ingenieur L. Straniak stirbt. Sein Buch »Die achte Großkraft der Natur und ihre physikalischen Gesetze« erschien 1936 in Diessen vor München in Jos. C. Huber's Verlag. Straniak entwickelt in diesem Buch seine Theorie, daß alle Körper von kosmischen Strahlen durchdrungen werden. Dieses grundlegende Werk sollte in der Bücherei eines jeden Radiästheten stehen.

21.01. Unsere Skiläufer veranstalten eine Schnitzeljagd im nördlich von Podberesje gelegenen Birkenwald.

1.03. Der Deutsche Schachklub feiert sein Stiftungsfest. Obwohl erst am 17. Februar ein Kostümfest die Vergnügungssüchtigen unter der Überschrift »Es geht alles vorüber, es geht alles vorbei« vereint hatte, besteht nach dem Stiftungsfest schon wieder Bedarf nach einem geselligen Beisammensein. Zu dessen Gelingen am 7. April tragen die Herren Eitner, Horn, Kindler, Dr. Schumann, Dr. Sparrer, Stolberg und Wocke bei.

2.05. Das Stadion wird eingeweiht. Unsere Fußballer wissen das besonders zu schätzen.

12.05. Unsere Schauspieler können einen neuen Erfolg für sich buchen. Die »Tote Tante« von Kurt Goetz kommt prächtig an. Großen Beifall haben verdient:

Elfriede Gerngroß	Herr Schröter
Bärbel Hundt	Klaus Stiller
Bärbel Koch	Fräulein Ulrich
Dieter Scheller	Frau Wacht
Herr Schlosser	Herr Wild

5.08. Hinter dem Finnenhaus-Wald vergnügt sich die Jugend beim 2. Kinderfest. Besonders anziehend ist das Kasperle-Theater unter der Leitung von Günter Szyska. Eine kleine Gruppe der Laien-Schauspieler, darunter Georg von Schlippe, befaßt sich mit dem Roman »Der Herr Kortüm« von Kurt Kluge.

10.09. Neue Aufregung! Die Namen für den zweiten Heimkehrer-Transport werden bekannt gegeben. Das veranlaßt die außerordentliche 10. Vollversammlung des Deutschen Schachklubs am 13. September.

18.09. Die Heimkehrer des zweiten Zuges verlassen Podberesje.

25.09. Die dritte Heimfahrt soll beginnen, wird plötzlich abgesagt. Gehälter werden nicht mehr gezahlt. Erst am 26. Oktober gibt es wieder Geld. Alles stürzt zum Großeinkauf in die Basare und Magazine.

23.12. Unsere Schauspieler warten mit »Märchenreigen« auf. Der setzt sich zusammen aus Drosselbart-Ballade, Zwergentanz, Kreuzritterpaar, Aschenputtel und Rumpelstilzchen.

Text:	Heinrich Sparrer
Regie:	Otto Horn
Choreographie:	Frau Schlosser
Orchester:	Georg von Schlippe
Bühnenentwurf:	Szyska
Beleuchtung:	Joachim Foellbach
Inspizient:	Günther Schröter
Souffleuse:	Frau Wacht

1952 **1952**

1.01. In Halle an der Saale wird das Zentralinstitut für Schweißtechnik (ZIS) gegründet. Davon weiß ich noch nichts. Ab 1954 werde ich Mitglied dieses Institutes sein.
Die am 10.9.1951 und später Entlassenen fahren am
23.1.52 mit dem 3. Heimkehrerzug,
24.1.52 mit dem 4. Heimkehrerzug,
25.1.52 mit dem 5. Heimkehrerzug
von der Rampe in Bolschaja Wolga, rechts der Wolga, ab. Sie verabschieden sich von den Riesen-Granitfiguren Lenin und Stalin an der Einfahrt des Schiffahrt-Kanals nach Moskau.
Friedrich Reuß war der letzte Vorsitzende des Deutschen Schachklubs. Das Eigentum des Schachklubs wird nach und nach verkauft.

8.05. Der 6. Heimkehrer-Transport verläßt Podberesje. Auch er hat sogleich einen Spitznamen: »Schraubendampfer«. Aber neben alten Schrauben hat dieser Frauen- und Kinder Transport auch viele junge.
Von den 1946 in Podberesje eingetroffenen deutschen Spezialisten ist jetzt weniger als ein Viertel übrig geblieben. Mancher überlegt, ob er wohl zu den Lebenslänglichen gehören wird. Wir gedenken derer aus unserer Mitte, die in Podberesje freiwillig aus dem Leben schieden.
Aber das Leben geht weiter. Auch in Spanien: Hanna Reitsch erringt 1952 bei den Segelflug-Weltmeisterschaften für Westdeutschland die Bronzene Medaillie.

31.01. In der Nacht zum 1. Februar brechen im Mündungsdelta von Rhein, Maas und Schelde die Deiche an 589 Stellen. Eine gewaltige Sturmflut treibt das Salzwasser bis zu 60 Kilometer landeinwärts. 1836 Menschen verlieren ihr Leben. Nach diesem Unheil wird in den Niederlanden der Delta-Plan entwickelt. Die Wasserbauingenieure verstärken die Seedeiche und entwerfen in solchen Ausmaßen bisher nicht verwirklichte Sperrwerke, die Ebbe und Flut nicht beeinträchtigen, aber im Notfall das Land vor verheerenden Überflutungen bewahren.

17.02. Mein Vater schreibt mir im Brief Nr. 283 von dem zermürbenden Kleinkrieg, den er in Wohnungsangelegenheiten mit örtlichen Instanzen in Ilsenburg durchzustehen hat. Es ist bezeichnend, daß ihm erst die Besatzungsmacht zu seinem Recht verhilft.

26.02. In Podberesje trifft ein Telegramm aus Halle an der Saale ein, daß mein Schwager in das von meiner Frau und mir gekaufte Haus in Halle-Dölau, Parkstr. 14, eingezogen ist.

5.03. J. W. Stalin ist gestorben – alles erstarrt. Jeder wartet zunächst ab. Das Schicksal der restlichen deutschen Spezialisten ist ungewiß.

28.08. Unser Flugkapitän Wolfgang Ziese stirbt an einer seltsamen Krankheit und wird am 30. August hinter dem Finnenhaus-Wald beerdigt.

29.08. Das Büro des Vorsitzenden des Ministerrates der UdSSR bestätigt den Eingang meines Einschreibebriefes an den Genossen Malenkow. Ähnliche Schreiben habe ich auch an die Genossen Molotow, Marschall Bulganin und General Lukin gerichtet sowie in Mitteldeutschland an die Genossen Ministerpräsident Grotewohl, Leuschner und Botschafter Appelt. In jedem Schreiben steht: ich habe meine Arbeiten erfüllt und will nach Hause.

Im Herbst 1953 werden alle Deutschen aus Podberesje nach Sawjelowo, rechts der Wolga gegenüber Kimry, verlegt. Einige kommen in zweistöckige Holzhäuser wie meine Frau und ich; andere werden in fünfstöckigen Steinhäusern untergebracht. Zu uns stößt der Rest der Junkers-Triebwerksbauer aus Kuibyschew. Unter ihnen ist auch Ferdinand Brandner, der 1973 seine Erinnerungen »Ein Leben zwischen Fronten« im Verlag Welsermühl, Wels (A-4600), veröffentlichen wird. Den Lebenslauf dieses Mannes empfehle ich allen jungen Leuten, die von Gewissensangst, Pazifismus, Pessimismus, autoritärem Verhalten usw. geplagt werden.

1.09. Das wissenschaftliche Moskau hat seinen großen Tag. Auf den Leninbergen (Sperlingsbergen) an der Moskwa-Schleife im Südwesten der Stadt wird die Lomonossow-Universität eingeweiht.

19.11. Ich erhalte einen Brief von Frau Ursula Jedicke, geborene Reinsberger. Sie muß eine Bescheinigung beibringen, daß ich als Pate ihres Sohnes Mathias in der evangelischen Kirche bin. Sonst wird die Kirche nicht eintragen, daß Mathias getauft worden ist. Schließlich wird die Angelegenheit zur allgemeinen Zufriedenheit geklärt, ohne daß ich als ein fast 2000 km östlich Festsitzender etwas dazu beitragen kann.

23.11. Mit dem 7. Heimkehrer-Transport schicke ich meine Frau in die Heimat, damit meine Eltern sie kennenlernen. Wann und ob ich nachkomme, steht in den Sternen. Meine Frau verläßt am 23. November, um 21 Uhr 30 den Bahnhof Sawjelowo, ist am 24.11. um 15 Uhr in Wjasma, am 25.11. um 15 Uhr in Minsk, am 26.11. morgens um 6 Uhr in Brest und rollt am Sonntag, den 29.11. um 14 Uhr 3 Minuten in den Hauptbahnhof Leipzig ein.

1954 **1954**

01. Im Januar wird uns ein Besuch im Bolschoi-Theater in Moskau ermöglicht, die Ballett-Vorführungen sind ein seltener Genuß.

14.02. Das Büro des Ministeriums für Innere Angelegenheiten (MWD) vorher NKWD, bestätigt den Eingang meines Einschreibebriefes, in dem ich den Wunsch äußere, nach Deutschland zurückzukehren.

Am 1. Februar 1954 schreibt mein Vater Brief Nr. 336, in dem er meinen Brief Nr. 290 bestätigt, der 9 Tage unterwegs war. Er erwähnt auch einen aus Rußland zurückgekehrten Spezialisten, der in seinem Auto einen Freund aus Halle zur Kur nach Ilsenburg gebracht hat. Im Hotel »Lindenhof« habe dieser Fremde alles, was im Lokal war, frei gehalten und für die Zeche über 250 Mark bezahlt.
Das kann nur unser Paul Wilmsen, aus Viersen gebürtig, gewesen sein, mit dem wir in Podberesje viele gemeinsame Stunden verbrachten. Ein angenehmer Gesellschafter war auch Ingenieur Karl Butter, der bei den Heinkel-Flugzeugwerken das Sprengnieten erprobt und eingeführt hatte. In Astrachan an der Wolga-Mündung geboren, war er mit der russischen Mentalität wohl vertraut.

17.02. Am 17. Februar 1954 erhalte ich in Sawjelowo Brief Nr. 337; es ist der letzte Brief, den mir mein Vater am 9. Februar geschrieben hat.

22.02. Mein Vater stirbt am 22. Februar 1954. Über 8 Jahre hat er vergebens auf die Rückkehr seines Sohnes gewartet. Meine Mutter ist verzweifelt.

03. Im März 1954 halte ich Lastkraftwagen im Bilde fest, die über das Eis der Wolga vom rechten Ufer in Sawjelowo zum linken Ufer nach Kimry fahren.

05. Im Mai 1954 nehme ich vom deutschen Nachwuchs in der Rechenstunde ein Lichtbild auf. Mein Hinweis, für das Erinnerungsbild die Nasen in die Rechenbücher zu stecken, wird gewissenhaft befolgt. Sohn und Tochter von Dr. Gerhard Schmitz (später Professor an der Universität Rostock) halten diese Anordnung auch für wichtig. Rechnen und Naturwissenschaften darf ich den Kindern beibringen. Unterricht in Geschichte und Erdkunde ist mir als ehemaligem Mitglied der NSDAP nicht gestattet.

24.06. Am 24. Juni 1954 bescheinigt mir Frau Machonina, Direktorin der Schule in Podberesje, daß Gospodin Bekker Werner als Lehrer für die Anfängerklassen in der Spezialschule Nr. 2 vom 15. November 1953 bis zum 1. Juni 1954 tätig war.

1.07. Am 1. Juli 1954 verlasse ich mit dem letzten Heimkehrer-Transport Sawjelowo. Bei einem Aufenthalt in Smolensk suchen wir uns zwischen den Gleisen Glasscherben, berußen sie und beobachten um die Mittagszeit eine Sonnenfinsternis. Astronomen müßten den genauen Tag angeben können.

6.07. Am 6. Juli 1954 treffen wir in Dresden ein und werden auf dem Sonnenstein bei Pirna in einer ehemaligen Heilanstalt untergebracht.

Schweißfachingenieur in Mitteldeutschland 1954 bis 1960

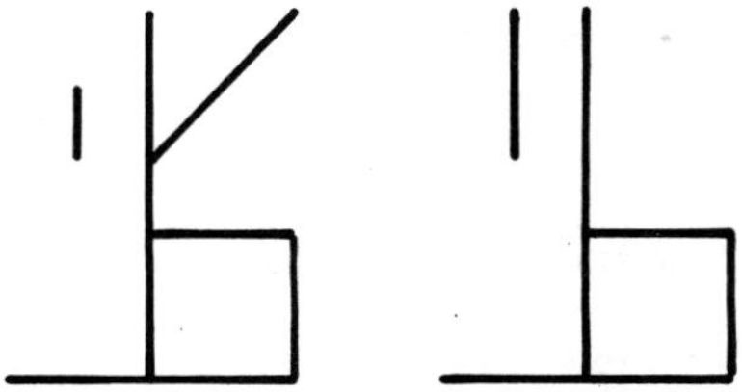

29.08. In Ilsenburg wird der 14. Brockenlauf zum ersten Mal wieder seit 1939 als »Otto-Schulze-Gedächtnislauf« durchgeführt. Als Otto Schulze im zweiten Weltkrieg unter General Dietl bei Narvik in Nord-Norwegen kämpft, vergißt er seinen alten Lehrer nicht und sendet meinem Vater in Ilsenburg mehrere Ansichtskarten.

20.09. Ich beginne meine Tätigkeit im Zentralinstitut für Schweißtechnik der DDR (ZIS) in Halle an der Saale. Mein Arbeitsplatz in Trotha, Köthener Str. 4 g, ist 9,5 km von meinem Haus in Dölau, Parkstr. 14 (jetzt Hufelandstraße) entfernt. Ich fahre mit meinem DKW (»Das Kleine Wunder«) über die Waldstraße am Nordrand der Dölauer Heide entlang bis zur Dölauer und Kröllwitzer Straße. Über die Kröllwitzer Brücke unterhalb der Burg Giebichenstein gelange ich auf der Seebener Straße am Zoologischen Garten vorbei auf die Trothaer Straße. Nach einer kurzen Strecke auf dieser ehemaligen Reichsstraße Nr. 6, die von Cuxhaven über Ilsenburg bis Breslau führte, biege ich dann rechts in die Köthener Straße ein. In den verflossenen zwei Monaten habe ich zu Fuß und mit dem Fahrrad die Dölauer Heide erkundet. In der Parkstraße gefallen mir die auf beiden Seiten der Straßen stehenden ahornblättrigen Platanen. In der Heide entdecke ich Grabstellen aus der Jungsteinzeit. Sogar Bergbau wurde früher in der Heide betrieben.

10. Im Oktober 1954 besuchen uns im ZIS

— Professor Nikol. Nikol. Rykalin, Moskau. 1903 geboren, war er 1929 Absolvent der Universität Vladivostok. Seit 1953 ist er am Institut für Metallurgie tätig und Korrespondierendes Mitglied der Akademie der Wissenschaften der UdSSR. 1957 bringt der Verlag Technik in Berlin-Ost sein Buch »Berechnung der Wärmevorgänge beim Schweißen« heraus, eine Übersetzung seiner 1951 in Moskau erschienenen Arbeit.

— Professor Cabelka, Bratislava (Preßburg), Leiter des Instituts für Schweißtechnik, Präsident (turnusgemäß) des internationalen Schweißinstituts ISI = IIW = IIS.

— Professor Dr. Béla Zorkóczy, Technische Hochschule Miskolc, führender ungarischer Metallurge.

— Schweißingenieure aus der CSSR.

1955 **1955**

Nach 20 Jahren weile ich endlich mal wieder in Braunschweig am Inselwall 17. Auf meinem Lichtbild von 1935 ist noch der Fahnenmast meiner studentischen Verbindung mit dem schwarz-weiß-grünen Wappen der Sängerschaft Frankonia-Brunonia zu erkennen. Von der selben Aufnahmestelle wie 1935 erscheint jetzt eine ausgebrannte Ruine auf dem Bild, von der um 1980 nur noch ein kümmerlicher Rest den Grundriß andeutet.

26.03. In Dölau beginnt Meister Terpe mit dem Bau einer Terrasse an der Gartenseite unseres Hauses. Nach Fertigstellung hat er unser Lob verdient. Heute ist auch ein Zeugnis ausgestellt, daß ich die Prüfung als Schweißfachingenieur abgelegt und bestanden habe. »Die Prüfung erfolgte nach den Bestimmungen für die Ausbildung und Prüfung von Schweißfachingenieuren entsprechend den gleichlautenden Vorschriften der Vogefa, DV 848, DIN 4100/4101, DIN 2471, DSRK, WuB für Landdampfkessel (DIN 1851).«

04. Im April 1955 feiert meine Mutter in Ilsenburg im Kreise Gleichaltriger das Fest der Goldenen Konfirmation.

Auch Hanna Reitsch hat in diesem Jahr wieder einen Grund zum Feiern. Sie ist westdeutscher Segelflugmeister bei den nationalen westdeutschen Segelflugmeisterschaften geworden.

14.06. Im Hotel Atlantic in Hamburg nehme ich an einer Besprechung teil. Schweißfachleute vom ZIS in Halle unterrichten sich über westdeutsche elektrische Widerstandsschweißmaschinen, die für den mitteldeutschen Fahrzeugbau benötigt werden.

8.07. Bei der Klärung schweißtechnischer Fragen auf der Warnow-Werft benutze ich die Gelegenheit, in Warnemünde, Parkstr. 18, Prof. Dr. Motzfeld und Familie zu besuchen. Auch Prof. Dr. G. Schmitz wohnt in Warnemünde. Beide waren wie ich bis 1945 bei den Heinkel-Flugzeugwerken tätig, ließen sich nach ihrer Rückkehr aus der UdSSR wieder in vertrauter Umgebung nieder und übernahmen Professuren an der Universität Rostock.

28.08. In Ilsenburg findet der 15. Nationale 20 km Brockenlauf statt. In der Einladung der BSG Stahl Ilsenburg gefallen mir vor allem die folgenden beiden Absätze: »...Nun sind in diesem Jahre auch unsere Freunde aus dem Westen unserer Heimat dabei! Wenn ihre Zahl diesmal noch gering ist, so sagen wir nicht zu viel voraus, wenn wir für 1956 eine weit größere Beteiligung von Läufern aus der Bundesrepublik ankündigen, denn die aufgenommenen Verbindungen haben ein reges Interesse zum Ausdruck gebracht, das sich jedoch erst für das kommende Jahr auswirken kann. Möge bis dahin der sehnlichste Wunsch aller Deutschen und vor allen Dingen der Sportler aus Ost und West in Erfüllung gehen, daß unser nächster Brockenlauf bereits in einem einheitlichen, friedliebenden demokratischen Deutschland vonstatten gehen kann und bis dahin die künstliche Zonengrenze weggefallen ist...« Dafür werde ich mich einsetzen, solange ich lebe – und dann werden es andere tun!

19.09. Endlich bin ich mal wieder auf Helgoland und freue mich, daß von der Insel überhaupt noch etwas übrig geblieben ist. Während meines Urlaubes in Westdeutschland besuche ich Verwandte und Bekannte aus früheren Zeiten.

21.09. Heute befasse ich mich mit meinem kleinen DKW, der mich ohne größeren Ärger über 2833 km gebracht hat. Der Zwei-Zylinder Zweitakt-Motor erlaubte zwar nur eine Höchstgeschwindigkeit von 55 km/h, aber meine Frau meint heute noch, daß man damals wenigstens die Landschaft genießen konnte. Auf 100 km verbrauchte diese Bauart F 8 7,42 Liter Benzin/Öl-Gemisch. Als ich in Osnabrück den Tank füllen ließ, meinte der Mechaniker, daß das Fahrzeug aber gut gepflegt sei. Meine Antwort: »Wieso? Den habe ich vor 6 Monaten neu aus dem Werk Zschopau erhalten.« Das verschlug ihm fast die Sprache: »Dieser DKW ist doch vor 30 Jahren schon so gebaut worden.«

25.10. Einen anregenden Abend bereitet uns in der Parkstr. 14 ein Gast aus Ungarn. Prof. Zorkoczy, ein bekannter Fachmann für Eisenhüttenwesen und Schweißtechnik, lehrt an den Hochschulen Budapest und Miskolc, den beiden wichtigsten Industriestandorten in Ungarn.

8.12. Die Mitteldeutsche Tageszeitung »Freiheit« Nr. 286, 10. Jahrgang, bringt ein Foto von Besuchern des ZIS, meinem Mitarbeiter Walter Knauer, einem außerordentlich befähigten Schweißpraktiker, und mir mit folgendem Begleittext: »Bei einem Besuch im Zentralinstitut für Schweißtechnik in Trotha informieren sich die Genossen Sinizyn, Direktor des Stalingrader Traktorenwerkes (zweiter von rechts), und Subkow, sowjetischer Konsul in Magdeburg (ganz links, etwas verdeckt) bei dem stellvertretenden technischen Leiter des Instituts, Dipl.-Ing. Becker (zweiter von links), und dem Schweißtechniker, Kollegen Knauer, über den Stand der Schweißtechnik in unserer Republik. Insbesondere interessierten sich die sowjetischen Gäste für das Schweißen von Gußeisen. Dipl.-Ing. Becker konnte mitteilen, daß beim Graugußschweißen gute Erfolge zu verzeichnen sind, mußte aber leider hinzufügen, daß dies zur Zeit noch mehr auf Erfahrungswerten als auf direkten wissenschaftlichen Kenntnissen beruht. Aufn.: Hoffmann«
Im Anschluß an diesen Besuch betreue ich weitere schweißtechnische Delegationen aus der UdSSR, Ungarn, Rumänien, Polen und Bulgarien.

1956 **1956**

26.02. bis 28.2. bin ich in Leipzig zur technischen Messe auf dem ZIS-Stand als schweißtechnischer Berater tätig.

14.04. Meine Frau erhält einen Berechtigungsschein Nr. 1, eine Fahrerlaubnis für ein Motorfahrrad. Ich fahre lieber mit dem Fahrrad.

10.05. Herr Franz Josef Paschen, Westfälische Union, Hamm in Westfalen, lädt mich zu einem Erfahrungsaustausch über die Entwicklung von Schweißelektroden ein.

18.05. Eine angenehme Überraschung ist ein Schreiben vom Ministerium der Finanzen der Regierung der Deutschen Demokratischen Republik. Ansprüche auf nichtgezahltes Gehalt für Oktober 1946 werden aus Billigkeitsgründen erfüllt.

3.06. bis 11.6. führt mich ein schweißtechnischer Erfahrungsaustausch in die Tschechoslowakei. In Prag besuche ich das Schweißtechnische Institut VUSTSS, bin am 9. 6. in Chotebor und am 11.6. in Brünn.

25.07. Die Gesellschaft für Linde's Eismaschinen AG lädt mich nach Höllriegelskreuth bei München ein. Es handelt sich um schweißtechnische Fachaufsätze, die in Fachzeitschriften der DDR veröffentlicht werden sollen.

26.07. In Halle an der Saale empfangen wir Gäste aus der Volksrepublik China. Prof. Dr.-Ing. Chang-Wei (Baustatik) und Prof. Dr.-Ing. habil. Li-Kuo-Hao unterrichten sich über das Zentralinstitut für Schweißtechnik der DDR.

29.07. Meine Frau und ich fahren an die Ostsee. Bis zum 5. August erholen wir uns in Bansin, Bergstr. 27/28, im Hause Maria Carla. Den Rest des Urlaubs verbringen wir in Westdeutschland und Paris.

31.08. bis 4.9. bin ich auf einer Tagung in Düsseldorf und gewinne einen Überblick über den Weltstand der Schweißtechnik.

16.09. In Ilsenburg treffen sich Langstreckenläufer zum 16. Nationalen 20 km-Brockenlauf.

30.10. Prof. Dr.-Ing. habil. A. Matting lädt mich zur Einweihung neuer Institutsräume im Institut für Werkstoffkunde der Technischen Hochschule Hannover ein. Leider kann ich der freundlichen Einladung nicht nachkommen, weil ich am 27. November in London bin und an einer Tagung der ISO, Ausschuß TC 44, Unterkomitee SC1, bis zum 8.12. teilnehme.

6.11. Bei der Behandlung schweißtechnischer Fragen in den Leuna-Werken treffe ich mit dem Technischen Direktor Dr. Wirth zusammen, den ich später in Knapsack (D-5030 Hürth) wiedersehen werde.

20.11. In Bad Harzburg stirbt im Alter von 40 Jahren Architekt und Maurermeister Gerhard Nordmann. 1931 bemühten wir beide uns im Hause seiner Eltern, den Ansprüchen des Reform-Realgymnasiums gerecht zu werden.

3.12. bis 5. 12. Ich nehme in London an einer ISO-Sitzung des TC 44 teil. Im Komitee SC 1 wird über die Bestimmung von Schweißpositionen beraten.

19.12. In Finsterwalde (DDR-7980) in der Niederlausitz wird mir bescheinigt, daß ich an einem Lehrgang für Unterpulver- (UP) und Unterschienen- (US) Schweißen teilgenommen habe.

1.12. Die Geschäftstelle der Strafkammer des Kreisgerichtes in Halle bestellt mich als Sachverständigen. Ich soll ein schweißtechnisches Gutachten in einer Strafsache erstatten.

Hanna Reitsch gewinnt auch in diesem Jahr wieder Sieges-Lorbeeren. Im freien Streckenflug über 370 km erringt sie den westdeutschten Frauen-Segelflugrekord.

1957 **1957**

Im Mitgliederverzeichnis 1957, Braunschweigischer Hochschulbund e.V. der Carolo-Wilhelmina Braunschweig, lautet meine Anschrift: Becker, Werner, Dipl.-Ing., Halle (Saale) NW 21, Parkstr. 14 (Ostzone), F: 59226.

26.01. An meinem Geburtstag schreibt mir das Technische Zentralblatt aus Berlin N 4, Schiffbauerdamm 19, daß mir Fachzeitschriften in englischer, französischer und russischer Sprache zugestellt werden, aus denen ich für die Abteilungen Maschinenwesen und Elektrotechnik Referate in deutscher Sprache liefern soll.

23.04. bis 3.5. In Preßburg (Bratislava) bespreche ich schweißtechnische Angelegenheiten mit Prof. Cabelka, dem Leiter des Schweißinstituts in Bratislava. Anschließend werde ich zu einer Rundreise eingeladen. Wir besuchen Bad Pystian, Trencin, Käsmark und Leutschau (Levoca).

7.03. Dr.-Ing. Erich Sudasch, Oberhausen-Sterkrade, dankt mir, daß ich ihm bei der Besichtigung der Betriebe Hohenthurm und Bitterfeld behilflich war. Sein Fachbuch über Schweißtechnik steht in unserer Bücherei.

26.05. Von Berlin-Schönefeld fliege ich über Prag nach Paris zu einer Sitzung der ISO (International Standardizing Organization). Im Ausschuß TC 44/SC 7 wird über die internationale Normung von Schweißzusatzwerkstoffen beraten. Beim Besuch der Luftfahrtausstellung in Le Bourget treffe ich zufällig Dipl.-Ing. Siegfried Günter, mit dem ich in der UdSSR zusammen arbeitete, und frühere Angehörige der Heinkel-Flugzeugwerke.

23.06. Bis zum 28. Juni besuche ich die Fachschau des Deutschen Verbandes für Schweißtechnik in Essen. Einer der ungarischen Fachkollegen, die ich dort treffe, nimmt ein Lichtbild von meinem kleinen DKW auf und schickt es mir später von Budapest nach Halle.

22.08. Auf dem Messegelände in Leipzig wird die Lehrschau der Technologie eröffnet. Ich liefere einen Aufsatz für das Leipziger Messeamt. Eine weitere Veröffentlichung in der »Schweißtechnik«, Heft 11, 1957, Berlin-Ost, trägt den Titel »Die Schweißtechnik auf der Lehrschau der Technologie in Leipzig«. Minister Fritz Selbmann unterstreicht in einer Rede am 28. August die Bedeutung der Technoschau für die mitteldeutsche Industrie. Bei einer Besprechung im Ministerium für Schwermaschinenbau in Ostberlin höre ich ihn Gedanken zur Energieversorgung und Industrie Mitteldeutschlands und Deutschlands entwickeln, die etwa meinen Vorstellungen entsprechen. Deshalb wird er wahrscheinlich 1958 kaltgestellt.

1.09. An diesem Sonntag treten in Ilsenburg die Wettkämpfer zum 17. Nationalen 20 km-Brockenlauf an.

15.09. In einem Schreiben an das zuständige Ministerium in Berlin-Ost wünsche ich eine Anpassung meines Einzelvertrages an die erweiterten Aufgabengebiete, für die ich in den vergangenen zwei Jahren zusätzliche Verantwortung übernommen habe. Dazu gehören:

1) Eine Gruppe elektrische Widerstandsschweißtechnik wurde neu gebildet, um Dünnblechverbindungen im Fahrzeugbau wirtschaftlich herstellen zu können.
2) Neu gebildet wurde die Gruppe Schweißtechnische Informationen, damit neue Schweißtechnologien und die zugehörigen Geräte den DDR-Schweißbetrieben unmittelbar zugänglich gemacht werden.
3) Die Gruppe Zerstörungsfreie Werkstoffprüfung hat neben der bisherigen Röntgentechnik zusätzlich die Prüfungen mittels Ultraschall und Gammastrahlern aufgenommen.
4) Die Operativgruppe zur Einführung der mechanisierten und automatisierten Unterpuler-Schweißung ist erheblich erweitert worden.
5) Die Gruppe Normung untersteht zwar formell der Technischen Leitung. Jedoch wird der gesamte Schriftverkehr über Normen, Patente, Verbesserungsvorschläge, Neuerermethoden usw. fast ausschließlich von mir verantwortlich unterzeichnet.
6) Die neu entstandene Zulassungskommission für Schweißbetriebe ist zwar auf Grund ihres Statutes eine unabhängige Kommission, wird aber fachlich von meiner Technischen Abteilung betreut.
7) Ich vertrete den Technischen Direktor bei dessen häufiger Abwesenheit und muß dann Prüfungsberichte und Gutachten von zum Teil weittragenden Folgen voll verantwortlich unterzeichnen.

Der Einzelvertrag wurde nicht geändert. Das war ein wesentlicher Grund, im Sommer 1960 die DDR zu verlassen. Der zweite entscheidende Grund war der Umstand, daß ich mir für jede Fahrt nach meinem Geburtsort Ilsenburg erst die Genehmigung von der Volkspolizei in Halle holen mußte. Ganz unmöglich fand ich auch das Verhalten der stellvertretenden Bürgermeisterin Sparfeld in Ilsenburg, die mir am 12.7. 1957 mit vier Mitgliedern ihrer Sicherheitskommission verbot, meinen Verwandten Diplom-Handelslehrer K. A. Tiedemann und seine Frau für eine Woche bei meinen Eltern in Ilsenburg unterzubringen. In Halle war mein Verwandtenbesuch aus dem Westen zuvorkommend behandelt worden und hatte für 20 Tage Verpflegungskarten erhalten.

28.09. An diesem Sonnabend um 5 Uhr 30 wird unsere Tochter Silvia geboren, in Halle an der Saale.

17.10. Institutsdirektor Boris Jewg. Paton, Korrespondierendes Mitglied der Akademie der Wissenschaften der UdSSR, bedankt sich für eine Veröffentlichung, die ich ihm zukommen ließ. Direktor Paton leitet das E. O. Paton-Institut für Elektroschweißung in Kiew, Gorkistr. 69. Es ist seinem Vater Jewg. Oskar. Paton zu Ehren benannt worden.

19.10. Das Komitee SC 7 »Zeichnungs-Schweißsymbole« des TC 44 der ISO beginnt in Paris seine Beratungen. Um 11 Uhr 52 steige ich in Berlin-Schönefeld auf und lande 16 Uhr 30 in Le Bourget. Der Rückflug von Paris-Orly beginnt am 28. Oktober um 10 Uhr 10. Um 13 Uhr 30 bin ich in Berlin-Tempelhof und um 19 Uhr 44 in Halle.

16.11. In Halle verkaufe ich meinen DKW-F 8 beim Kilometerstand 51250. Mein neuer Wartburg 311 (Dreizylinder, 0,9 Liter, Zweitaktmotor, 37 PS) wird am 18.11.1957 zugelassen. Nach 26 km rührt sich die Tachometer-Nadel nicht mehr. Ansonsten werde ich mit diesem Fahrzeug recht zufrieden sein.

30.11. Ich fliege von Berlin-Schönefeld nach Paris zur Volltagung des ISO-Komitees TC 44 »Schweißtechnik«. Die mitteldeutschen und westdeutschen Normenleute (DIN) sind Mitarbeiter in folgenden Unterkomitees:

SC 1 Definitions of welding positions
Bestimmung von Schweißpositionen;
SC 2 Welding structure calculations
Berechnung von Schweißkonstruktionen;
SC 3 Filler materials and electrodes
Schweißzusatzwerkstoffe;
SC 4 Arc welding equipment
Lichtbogenschweißausrüstung;
SC 5 Tests and inspections of welds
Prüfungen und Begutachtungen von Schweißungen;
SC 6 Resistance welding equipment
Widerstandsschweißausrüstung;
SC 7 Graphical welding symbols
Zeichnungs-Schweißsymbole.

Am 8. Dezember kehre ich nach Halle zurück.

Hanna Reitsch stellt 1957 einen neuen westdeutschen Frauen-Höhensegelflugrekord mit 6848 Metern auf. Sie erhält den ersten Diamanten zum Gold-C-Segelfliegerabzeichen.

Herkunftsland und Anzahl der Gäste, die 1957 die Schweißtechnische Jahrestagung der DDR besuchen:

Bundesrepublik Deutschland	41
Union der Sozialistischen Sowjet-Republiken	5
Volksrepublik Polen	9
Teschoslowakische Volksrepublik	8
Ungarn	2

Bulgarien	1
Rumänien	2
Jugoslawien	4
Schweiz	1
Japan	1

Die Mitarbeiter der von mir geleiteten Technischen Abteilung des ZIS sind 1957 auf folgenden Gebieten tätig:

T	Abteilungsleitung (Sekretärin)	1
TM	Mechanisierung der Schweißbetriebe	8
TÜ	Schweißtechnische Überwachung	9
TW	Werkstoffe	9
TP	Prüfen von Schweißverbindungen	8
TS	Standardisierung	5
T-BfE	Büro für Erfindungswesen	6
T-DAMW	Deutsches Amt für Material- und Warenprüfung	4
T-ZKS	Zulassungskommission für Schweißbetriebe	3

7.12. Bei der ISO-Tagung in Paris treffe ich frühere Mitarbeiter der Heinkel-Flugzeugwerke. Familie Eichner in der Passage Brunoy am Lyoner Bahnhof lädt uns zu einem festlichen Wiedersehen ein. Entwurfsleiter Dipl.-Ing. Siegfried Günter und Konstruktionsleiter Karl Schwärzler sind auch anwesend.

26.02. In einem Untervertrag zwischen dem VEB Energieprojektierung, Berlin NO 18, und dem ZIS, Halle an der Saale, über den Wiederaufbau des Pumpspeicherwerkes Hohenwarte an der oberen Saale werde ich als Arbeitsverantwortlicher der Auftragnehmer benannt und Prof. Dr.-Ing. Gerstenberger als Arbeitsverantwortlicher der Auftraggeber.

Die maschinellen Einrichtungen des Pumpspeicherwerkes Hohenwarte sind nach 1945 von der sowjetischen Besatzungsmacht demontiert und später an die DDR zurückgegeben worden. Allerhand Überlegungen erfordert der Anschluß des geschweißten Turbineneinlaufs an die Großrohrleitung in Nietkonstruktion, die nicht demontiert wurde.

3.11. Im Gefängnis von Lewisburg, 75 km nördlich Harrisburg, der Hauptstadt von Pennsylvania, USA, stirbt Wilhelm Reich. Zwischen 1957 und 1960 werden fast alle seine wissenschaftlichen Veröffentlichungen in den USA laut Gerichtsbeschluß verbrannt.

Wilhelm Reich wurde am 24. März 1897 im deutsch-ukrainischen Teil Österreichs, in Dobrzcynica, Galizien, geboren. Einzelheiten über seinen Lebenslauf hat Dr. Ola Raknes, Oslo, im November 1973 im Fischer Taschenbuch Verlag unter dem Titel »Wilhelm Reich und die Orgonomie« veröffentlicht.

Die Eltern von W. Reich waren wohlhabende Gutsbesitzer mit etwa 1000 Hektar Land und jüdischer Abstammung, ließen ihren Sohn aber nie jüdisch-religiös erziehen. W. Reich betrachtete sich auch in seinen späteren Lebensjahren nicht als Jude oder als Anhänger eines anderen Glaubensbekenntnisses. Seine Muttersprache war deutsch.

1903 bis 1907 unterrichtete ihn ein deutsch-österreichischer Lehrer. 1907 bis 1915 besuchte er ein deutsches Realgymnasium und erhielt im Abitur ausgezeichnete Bewertungen. Im ersten Weltkrieg wurde der Familienbesitz 1915 zerstört und W. Reich war von 1916 bis 1918 Leutnant der österreichischen Armee. 1920 wurde er Mitglied der Wiener Psychoanalytischen Gesellschaft, deren Leiter Professor Sigmund Freud war. Im Juli 1922 promovierte er an der Universität Wien zum Doktor der Medizin. 1928 wurde er Stellvertretender Direktor der 1922 unter S. Freud entstandenen Psychoanalytischen Klinik.

1930 zog W. Reich nach Berlin, wo er sich mit Mentalhygiene und Sexualfragen befaßte und auch politisch betätigte. Bei O. Raknes lesen wir: »...Er deckte damals die psychologische Basis des Faschismus auf und wies warnend darauf hin, daß aufgrund der seelischen Struktur des Durchschnittsmenschen der Faschismus imstande sei, sowohl die Arbeiterklasse als auch die Mittelschichten an sich zu binden und mit in den Abgrund zu ziehen.«

O. Raknes weiß anscheinend nichts davon, daß die Wiederbeschäftigung von 6 Millionen deutschen Arbeitslosen kein Ziehen in den Abgrund war und daß Faschismus und Nationalsozialismus zwei verschiedene Dinge sind. Als Mitglied der Kommunistischen Partei Deutschlands (KPD) mußte W. Reich natürlich deren Terminologie verwenden. Die Kommunisten in ihrer Zentrale am Alexanderplatz waren aber über seine Deutung des Faschismus so erbost, daß sie ihn kurzerhand aus der Partei ausschlossen.

1933 floh W. Reich nach Dänemark und lebte vom November 1934 bis zum August 1939 in Oslo, wo er wichtige Entdeckungen machte. Ende 1939 wurde er an die »New School for Social Research« in New York berufen. 1942 erwarb er rund 110 Hektar Land am Moose-Lookmeguntic-See im USA-Staat-Maine, 40 km südlich der Grenze zur kanadischen Provinz Quebec. Dort baute er eine Forschungsanlage auf, die er »Orgonon« nannte. Ab 1949 leitete W. Reich das »Orgone Infant Research Center«, wo die Frage untersucht wurde »Was ist ein gesundes Kind?«

1954 wurde W. Reich von der USA-Behörde »Food and Drug Administration (FDA) angeklagt, er habe betrügerisch für die Heilwirkungen des Orgon-Akkumulators geworben. Am 19. März 1954 beschloß das Gericht: alle Orgon-Akkumulatoren sind zu zerstören; alle Bücher aus dem Verlag »Orgone Institute Press« sind zu verbrennen. Ab 12. März 1957 saß W. Reich im staatlichen Gefängnis von Lewisburg ein, wo er am 3. November 1957 starb.

Soweit Ola Raknes über Wilhelm Reich.

Als Ingenieur halte ich folgende Entdeckungen und Erkenntnisse von W. Reich für wichtig:

1) Nach Reichs eigenen Worten will er nur eine einzige Entdeckung gemacht haben: die Funktion der orgastischen Plasmazuckung.
2) Orgastische Bewegungen des menschlichen Körpers ähneln stark der mikroskopisch sichtbaren Bewegungen von Einzellern (Protozoen).
3) Die im Orgasmus im Viertakt ablaufende Folge: 1. mechanische Spannung, 2. bioelektrische Ladung, 3. bioelektrische Entladung, 4. mechanische Entspannung, glaubte er durch einen Versuch auch für tote Materie gültig nachgewiesen zu haben. Bei trockenem Moos oder Gras, das er in sterilem Wasser aufquellen ließ, beobachtete er unter dem Mikroskop das Ablösen von bis zu 3 Mikrometer großen Bläschen. Die Bläschen zogen sich zusammen und dehnten sich wieder aus, wie es ähnlich bei Einzellern geschieht.
4) 1939 entdeckte Reich in Oslo eine Lebensenergie, die nicht den bekannten physikalischen Gesetzen folgt – er nannte sie Orgon. 1940 entwickelte er den Orgon-Akkumulator, eine Art Kasten, in dem Orgon-Energie verdichtet wird. Reich meint, daß diese schwingende, strahlende Orgon-Energie den gesamten Weltraum erfüllt.
5) DOR = deadly orgone = tödliches Orgon wurde 1951 im ORANUR-Versuch entdeckt. Der in einen Orgon-Akkumulator eingebrachte radioaktive Stoff vervielfachte unerwarteterweise seine Wirkung und verseuchte das Gebiet in und um Orgonon derart, daß jahrelang dort niemand leben konnte. DOR muß auch in Gegenden vorhanden sein, wo sich Smog (gefährliche Luftverschmutzung) bildet, und kennzeichnet den Übergang von lebender zu toter Materie.
6) Der von Reich erfundene cloudbuster = Wolkenzerstörer wurde nachweislich zum Herbeiführen und Vermeiden von Regenfällen eingesetzt.
7) Reich entwickelte ein Triebwerk, dessen Welle durch Orgon-Energie angetrieben wur-

de. – (Wahrscheinlich wirken hier die gleichen Kräfte wie bei den in der Schweiz und Westdeutschland bereits laufenden Tachyonen-Triebwerken)

8) Orgon-Strahlen heilen kranke Pflanzen und verbessern Saatgut, das reichere Ernten ergibt.

Nach meiner Ansicht sind die Arbeiten von W. Reich einerseits eine folgerichtige Fortsetzung der Forschungen des Freiherrn von Reichenbach, der 1852 in seinen odisch-magnetischen Briefen darüber berichtete. Andererseits bezeichnen Aura, Od, Orgon usw. höchstwahrscheinlich dieselbe Strahlung, die – von der Schulwissenschaft geleugnet – im gesamten Weltall vorhanden ist.

Zum ORANUR-Versuch (ORANUR = Orgone Anti Nuclear Radiation) noch einige Einzelheiten. W. Reich hatte Gegensätzlichkeiten zwischen Orgon-Energie und Radioaktivität beobachtet, die ihn zu diesem Versuch bewogen. Nach dem ORANUR-Versuch war die Luft in und um Orgonon drückend und fast erstickend. Die sonst blaue Farbe des Orgons, wie wir sie von Tagen mit klarer Sicht und erfrischender Luft kennen, war einem verschwommenen, kaum durchsichtigen DOR-Schwarz gewichen. Durch Metallrohre, deren Länge verschiebbar geändert werden konnte, gelang W. Reich eine gewisse Abschwächung des DOR-Zustandes in seiner Forschungsanlage Orgonon. Dieses Gerät erhielt den Namen cloudbuster = Wolkenerstörer.

Im Sommer 1950 hatte W. Reich seine Vorstellungen von der kosmischen Überlagerung (Cosmic Superimposition) erläutert, der zufolge Wirbelstürme und Galaxien durch die Begegnung zweier Orgon-Energieströme verursacht sein könnten.

1958 **1958**

29.01. Meiner ersten Fahrt nach Hohenwarte, das 105 km in der Luftlinie südsüdwestlich vom ZIS in Trotha entfernt ist, folgen noch viele andere. Meistens benutze ich meinen Wartburg. Am 7. Februar werden bei konstruktiven Unstimmigkeiten sofort 5 Fachleute nach Hohenwarte beordert. Der Mietwagen von Dresden nach Hohenwarte kostet 214 Mark, was wir damals als Verschwendung ansahen.

4.02. »Neues Deutschland« bringt auf der Titelseite die Aufnahme des Hauptfahrwerkes einer Tupolew 104, das Lenin-Preisträger Prof. Dipl.-Ing. Brunolf Baade und sein Chefkonstrukteur Freytag in Dresden besichtigen. Noch ist Baade Technischer Leiter der Luftfahrtindustrie der DDR, die bald darauf den Flugzeugbau einstellen wird.

13.02. In Duisburg überreiche ich Prof. Dr.-Ing. von Hofe zur Einweihung seiner Schweißtechnischen Lehr- und Versuchsanstalt ein Geschenk des ZIS-Direktors Prof. Dr. Gilde. Nachmittags wird mir zum Dank dafür die Krawatte abgeschnitten. Woher soll ein Mitteldeutscher wissen, daß dieser Brauch zur Weiberfastnacht in Westdeutschland noch sehr beliebt ist.?

22.03. In unserem Haus in Dölau feiern Freunde, die mit uns in der UdSSR waren, und neue Bekannte ein zünftiges Frühlingsfest.

17.04. In Zittau (DDR-8800) nehme ich an der 2. Tagung teil, die die Arbeitsgemeinschaft Schweißtechnik der Hauptverwaltung Automobilbau im Volkshaus Dreiländereck veranstaltet. VEB Robur (das frühere Kraftfahrzeugwerk Phänomen) wird besichtigt.

23.04. Mein Mitarbeiter Wulff unterrichtet sich in Berlin-Ost über radioaktive Isotope, die wir für das Prüfen von Schweißnähten einsetzen können.

8.05. Im Alter von 78 Jahren stirbt Medizinalrat Dr. med. Arnold Mannlicher. Sein Buch »Das Krebsproblem als Paradigma einer dynamischen Auffassung der Heilkunde« (Paradigma = Beispiel) erschien 1938 in Salzburg und fußt auf den Erkenntnissen von Ingenieur L. Straniak, dessen Buch »Die achte Großmacht der Natur und ihre physikalischen Gesetze« 1936 in Neuland vordrang. Schon die 1936 von Mannlicher veröffentlichte Schrift »Meine dynamische Krebstheorie« wurde im März 1945 von

Benediktinerpater Prof. Dr. Cunibert Leo Mohlberg als bahnbrechend bewertet. Welchen Nutzen für die Krebskranken haben demgegenüber nach 1945 die hunderte von Millionen D-Mark verschlingenden Arbeiten im Krebsforschungszentrum Heidelberg erbracht?

24.05. Wir beginnen unseren Urlaub in Osnabrück, besuchen die Eifel und sind am 31. Mai in Brüssel auf der Weltausstellung. Neben dem Atomium gefällt uns besonders der siamesische Tempel. Am 6. Juni erholen wir uns in Walzenhausen (CH-9428) in der Schweiz und kehren am 22. Juni nach Dölau zurück.

1.06. Für die Leipziger Messe schreibe ich einen Artikel »Neue Methoden der Schweißtechnik im Spiegel der Leipziger Messe«.

12.07. Ich fahre mit der Eisenbahn nach Prag und tausche mit tschechischen und slowakischen Kollegen schweißtechnische Erfahrungen aus. Am 13. Juli habe ich Gelegenheit, mit einem Rabbi der Synagoge in der Altstadt zu sprechen. Das Bauwerk hat den zweiten Weltkrieg anscheinend ohne Schaden überstanden. Als wir das Innere besichtigen, stellt er mir einen Hut zur Verfügung, den ich aufsetze. Spannend wird es, als er mir vom Golem erzählt, den ich außen an der Giebelspitze der Synagoge erblicke. Meine Frage, warum die Gräber und Grabsteine bei mir einen verlassenen Eindruck erwecken, beantwortet er damit, daß die Einstellung der Juden zu ihren Verstorbenen eine andere als die der Christen ist.

Während unserer halbstündigen Unterhaltung fällt nicht ein Wort über die Zeit vor 1945. War es Taktgefühl gegenüber dem unvoreingenommenen Besucher oder das Fehlen von Gründen für eine Beschuldigung oder einfach Vorsicht vor einem möglichen Spitzel?

Meine Prager Freunde erzählen mir ebenfalls aus der Geschichte der Stadt, die trotz zeitbedingter Unzulänglichkeiten ihren Beinamen »Die goldene Stadt« zu Recht verdient.

26.07. Am Wochenende fahre ich mit meiner Frau nach Lützen zur Gustav-Adolf-Kapelle. Dort soll Gustav II. Adolf, seit 1611 König von Schweden, am 6. November 1632 im Kampf gegen den katholisch-kaiserlichen Feldherrn Wallenstein gefallen sein. Der Besuch frischt unsere Geschichtskentnisse über den 30jährigen Krieg und die unheilvollen Einflüsse klerikaler Mächte wieder auf.

1.10. Allerhand Ärger mit fehlerhaften Schweißarbeiten an Straßenfahrzeugen veranlassen mich, in der »Schweißtechnik« Heft 10, 1958, Berlin-Ost, einen Aufsatz »Vorschläge zur schweißtechnischen Gütesicherung bei der Neufertigung und Reparatur von Straßenfahrzeugen« zu veröffentlichen.

Prof. Radajkovic aus Agram (Zagreb), stellvertretender Präsident des IIW (International Institute of Welding – Internationales Schweißinstitut), besucht uns im ZIS. Ich erläutere ihm die Einrichtungen der Technischen Abteilung.

8.12. Dieser Montagabend in Dölau bringt um 20 Uhr das erste Bild schwarzweiß auf unserem Fernseh-Apparat. Seit diesem Tag bis zur Niederschrift meiner Erinnerungen habe ich eine technische Errungenschaft immer mehr schätzen gelernt: die Taste zum Abschalten.

Dieses Jahr 1958 liefert wieder ein schönes Beispiel für Charaktereigenschaften; die mir nach 1945 häufiger als vorher begegnen. Vor der Teilnahme einer westdeutschen Mannschaft an den Segelflug-Weltmeisterschaften in Polen wird Hanna Reitsch als einziger Teilnehmerin das polnische Visum zur Einreise verweigert – trotzdem lassen der Präsident des Aero-Club in Frankfurt am Main und der Leiter der Segelflug-Kommission die westdeutsche Mannschaft ohne Protest an den Wettkämpfen teilnehmen.

1959 **1959**

15.2. Dipl.-Ing. Christoph, Siemens-Werke, erleidet auf der Fahrt von West-Berlin nach

West-Deutschland auf der Autobahn einen schweren Verkehrsunfall und wird in das Krankenhaus Schkeuditz eingeliefert. Wir arbeiten im Deutschen Normenausschuß und in der ISO zusammen. Ich besuche ihn mehrmals im Krankenhaus, bis er nach West-Deutschland überführt werden kann.
Bordwart Herrling, der als früherer Junkers-Mann auch in Podberesje war, stürzt mit dem Flugzeugführer Lehmann bei Dresden ab. Es soll am 2. März gewesen sein. Kurz darauf besucht mich ein Mann, dem ich zur Auskunft verpflichtet bin. Das Gespräch beginnt mit dem Hinweis, daß Bordwart Herrling mit uns in der UdSSR gewesen ist. Nach einigen seltsamen Andeutungen, welche Teile eines Flugzeuges am leichtesten zu beeinflussen sind, damit ein Absturz zu einem bestimmten Zeitpunkt erfolgt, wird der Verdacht geäußert, daß Flugzeug hätte eigentlich über Leipzig während des Besuches von Walter Ulbricht auf der Messe abstürzen sollen. Daraus kann ich mir keinen Reim machen. Vielleicht ist ein Leser dazu in der Lage.

16.03./17.03. In Weinböhla bei Dresden nehme ich an einem Lehrgang des Amtes für Standardisierung teil, bei dem Probleme zwischenstaatlicher Normen erörtert werden. Das Amt bemüht sich um weitgehende Anpassung an die staatlichen Sowjetnormen (GOST). Aufschlußreich ist die Ansicht ungarischer und tschechischer Kollegen, daß sie lieber bei den DIN-Normen bleiben möchten, vor allem im Hinblick auf den Export und westliche Devisen.

22.04./23.4. Im Automobilwerk Eisenach (AWE), früher zu BMW gehörend, erörtere ich mit Schweißfachingenieur Klasterka und seinen Mitarbeitern schweißtechnische Probleme im Fahrzeugbau.

29.04. In der Volkswerft Stralsund behandeln wir im 50. Erfahrungsaustausch des ZIS das Schutzgas-Schweißen unter Kohlensäure im Schiffbau.

2.05. Die Eisenbahn bringt mich von Berlin nach London. Im Unterkomitee SC 1 des Technischen Komitees TC 44 der ISO wird über die Normung der Schweißelektroden verhandelt.

12.05. In Berlin-West, Uhlandstr. 175, tagt der gemeinsame Arbeitskreis Brennschneiden der Mitteldeutschen und Westdeutschen im Deutschen Normenausschuß.

25.06. Ich fahre mit der Eisenbahn über Dresden und Wien nach Opatja in Jugoslawien. Das Internationale Schweißinstitut (IIW) hält dort seine Jahrestagung ab. Als Mitarbeiter in der Kommission VI »Terminologie« befasse ich mich mit der Benennung schweißtechnischer Begriffe und ihrer Erklärung in Zeichnungen, die international verständlich sind.
Das nachfolgende Verzeichnis enthält die in Opatija vertretenen Länder und die Anzahl der Delegierten sowie der Angehörigen:

1)	A	Österreich	16 + 9	9)	I	Italien	48 + 11
2)	B	Belgien	35 + 17	10)	N	Norwegen	12 + 5
3)	CH	Schweiz	25 + 13	11)	NL	Holland	38 + 14
4)	CS	Tschechoslow.	3 + 0	12)	PL	Polen	10 + 0
5)	DDR	West-Deutschl.	55 + 31	13)	S	Schweden	27 + 14
		Mittel-Deutschl.	10 + 4	14)	SU	UdSSR	19 + 0
6)	DK	Dänemark	9 + 4	15)	USA	Verein. Staaten	24 + 14
7)	F	Frankreich	44 + 25	16)	YU	Jugoslawien	73 + 10
8)	GB	England	37 + 23				

Die Ergebnisse dieser internationalen Zusammenarbeit werden vom Schweizerischen Verein für Schweißtechnik in Basel herausgegeben. Sehen wir uns einige Ausgaben an:
1) 1955 erscheint eine 132-seitige Broschüre »Allgemeine Begriffe, Schweißverfahren, Eigenschaften und Prüfung von Schweißungen« in 12 Sprachen:

Da	dänisch	It	italienisch
De	deutsch	Ne	niederländisch
En	englisch	No	norwegisch
Es	spanisch	Sl	slowenisch
Fr	französisch	Su	finnisch
sH	serbo-kroatisch	Sv	schwedisch

2) 1958 erscheint eine 78-seitige Broschüre »Gasschweißen« in 10 Sprachen.
3) 1958 erscheint eine 140-seitige Broschüre »Lichtbogenschweißen« in 12 Sprachen
4) 1961 erscheint eine 253-seitige Broschüre »Widerstandsschweißen« in 18 Sprachen:

Cz	tschechisch	Ro	rumänisch
Da	dänisch	Ru	russisch
De	deutsch	SH	serbo-kroatisch
En	englisch		sH (lateinische Schrift)
Es	spanisch		Sh (cyrillische Schrift)
Fr	französisch	Sk	slowakisch
It	italienisch	Sl	slowenisch
Ne	niederländisch	Su	finnisch
No	norwegisch	Sv	schwedisch
Pl	polnisch	Tu	türkisch

5) 1965 erscheint eine 211-seitige Broschüre »Thermisches Trennen« in 17 Sprachen.

07. Im Juli veröffentliche ich in der »Schweißtechnik«, Heft 7, Berlin Ost, meinen Aufsatz »Aus der Arbeit der Technischen Abteilung des Zentralinstitutes für Schweißtechnik der DDR in Halle (Saale)«. Wir betreuen in Mitteldeutschland etwa 50000 Schweißer, die als Gasschweißer oder Lichtbogenschweißer Metalle verbinden. Die von Dipl.-Ing. Alexis Neumann geleitete Abteilung Forschung im ZIS erfaßt weitere rund 15000 Plastschweißer, für die Herr Schrader zuständig ist.

26.08. beginne ich meinen Urlaub in Westdeutschland mit dem Besuch von Verwandten und Bekannten aus Mecklenburg und Ostpreußen, die in Osnabrück und Herford eine neue Bleibe gefunden haben. In Hamburg lädt mich mein Jugendfreund Karl Schütze (Forsthaus an der Ecker) ein zu einem Fußballspiel des HSV gegen Real Madrid, das am 5. September im Stadion ausgetragen wird. Ein Aufenthalt in der Lüneburger Heide krönt diese Ferientage.

10. Ab Oktober 1959 gibt der Direktor des ZIS, Dr. rer. nat. Werner Gilde die monatlichen »ZIS-Mitteilungen« heraus. Ihre Hauptaufgabe besteht darin, Ergebnisse der schweißtechnischen Forschung auf schnellstem Wege zur Anwendung in den Betrieben der DDR zu bringen. Ing. Ada Hoffmann übernimmt die Schriftleitung. Zum beratenden Ausschuß gehören: Dr. rer. nat. Werner Gilde, Institutsdirektor; Obering. Walter Anders; Dipl.-Ing. Alexis Neumann; Dipl.-Ing. Werner Becker; Ing. Kurt Seemann; Ing. Heinz Müller.

Im Heft 1/59 der »ZIS-Mitteilungen« erscheint als 127. Mitteilung auf den Seiten 26 bis 53 mein Aufsatz »Manuelle und maschinelle Verfahren für die Feldschweißung von Rohrfernleitungen«. Für Aufnahmen von Schweißarbeiten an der Nord-West-Ölleitung von Wilhelmshaven nach Köln habe ich der westdeutschen Firma Phoenix-Rheinrohr und für eine Aufnahme der Hangrohrleitung für das Pumpspeicherwerk Niederwartha an der Elbe dem Lichtbildner des ZIS zu danken.

Herr Haepp war ein wahrer Meister des Lichtbildes. Mit Genuß blättere ich in seinem Album »Zentrale Fachtagung Schweißtechnik 1959« in dem er Redner und Teilnehmer in vielen Aufnahmen festgehalten hat.

Hanna Reitsch ist auch in diesem Jahre 1959 unermüdlich tätig. Sie folgt einer Einladung nach Indien und ist dort persönlicher Gast von Pandit Nehru, dem Vater von

Indira Gandhi. Den indischen Segelfliegern hilft sie beim Aufbau des Leistungssegelfluges. Pandit Nehru fliegt mit ihr in einem Segelflugzeug. Als erster indischer Yogi gleitet auch Swami Ranganathananda mit ihr im Segelflugzeug über die Erde Indiens.

In Halle an der Saale hatte ich mich in diesem Jahre folgenden Aufgaben zu widmen:

1) Leiter der Technischen Abteilung des ZIS;
2) Stellvertreter des Technischen Direktors des ZIS;
3) Mitglied des Wissenschaftlichen Rates des ZIS;
4) Mitglied des Beratenden Ausschusses der ZIS-Mitteilungen;
5) Vorsitzender der Betriebssektion der Deutsch-Sowjetischen Freundschaft;
6) Zweiter Vorsitzender des Fachausschusses »Technologie« im Fachverband »Maschinenbau« der Kammer der Technik;
7) Obmann des Arbeitsausschusses 3 »Brennschneiden« im Fachnormenausschuß »Schweißtechnik« des Deutschen Normenausschusses, Zweigstelle Ost;
8) Mitglied des Gutachterausschusses »Schweiß- und Löttechnik« des Deutschen Amtes für Material und Warenprüfung
9) Delegierter des SC 1 »Definition of welding positions« und SC 7 »Symbolic representation of welds on technical drawing« im TC 44 »Schweißen« der ISO;
10) Delegierter der Kommission VII »Terminologie« des IIW;
11) Referent für technische Fachzeitschriften in englischer, französischer und russischer Sprache im Auftrage des Technischen Zentralblattes, Abt. Maschinenwesen, Abt. Elektrotechnik und Abt. Kerntechnik beim Institut für Dokumentation der Akademie der Wissenschaften;
12) Schweißtechnischer Sachverständiger vor Gericht;
13) Gutachter für Erzeugnisprüfungen im Automobilbau im Auftrage der Prüfdienststelle für Kraftfahrzeuge des DAMW in Dresden.

1960 **1960**

8.01. Um 11 Uhr 58 explodiert auf dem ZIS-Prüfstand in Trotha eine Acetylen-Flasche durch Selbsterhitzung, wobei der Flaschenboden abgerissen wird. Personelle oder sachliche Schäden entstehen nicht.

14.01. Pastor Richter lädt meine Frau und mich zum 19. Janaur in den Pfarrhaussaal Nietleben zu einer Zusammenkunft der Evangelischen Akademie Nietleben-Dölau.

28.02. Bis zum 3. März bin ich als Berater auf dem ZIS-Stand der Leipziger Frühjahrsmesse. Die Tätigkeit ist abwechslungsreich, aber anstrengend. Die Kontaktmöglichkeiten mit Besuchern aus aller Welt geben vielfältige Anregungen.
Als ich abends »Auerbachs Keller« verlassen habe, sehe ich bei dem Kraftwagen unseres Institutsdirektors eine Menschenansammlung. Ungutes vermutend, eile ich hinzu. Von unserem Fahrer sehe ich nur noch die Beine, der Rest des Körpers steckt senkrecht in einem Gully. Als wir ihn aus dem Schlamm herausziehen, hält er tatsächlich seine Autoschlüssel wieder in der Hand, die durch die Gully-Schlitze gefallen waren.

1.04. Die Zeitschrift für Bergbau, Hüttenwesen und verwandte Wissenschaften »Bergakademie«, herausgegeben in Freiberg (DDR-9200), veröffentlicht in Heft 4, Seite 199-210, meinen Aufsatz »Die Schweiß- und Schneidtechnik bei Reparaturen im Hüttenwesen«, zu dem ich 37 Literaturquellen angegeben habe.
Am 11. April 1960 sitzt Tochter Silvia im Hause Foto-König vor einer zeitgemäßen Camera obscura. Das Konterfei beweist, daß man auch mit zweiundeinhalb Jahren gelassen in die Welt schauen kann. Außerdem können sich die Verwandten in Mitteldeutschland und Westdeutschland überzeugen, daß der Nachwuchs gedeiht.

19.04. Im ZIS-Halle trifft ein Schreiben aus Budapest, VII., Akácfa utca 15, ein. Das Institut »Fövárosi Villamosvasút« hat in der »Schweißtechnik« 1958, Heft 10, meinen

Aufsatz gelesen und möchte die von mir erwähnten Richtlinien für das Schweißen von Straßenfahrzeugen haben.
Am selben Tage erhalten wir in Dölau von Pfarrer Dr. Mertens eine Einladung der Evangelischen Akademie zum Thema »Der Mensch zwischen Zeit und Ewigkeit«.

28.04. An diesem und folgenden Tage bin ich in Kassel (D-3500). Mitarbeiter des Fachnormenausschusses »Schweißtechnik« aus Mittel- und Westdeutschland treffen sich im Hotel Reiss.

1.05. In der »Schweißtechnik« 1960, Heft 5, Seite 179-185, erscheint mein Aufsatz »Was gab die Lehrschau der Standardisierung dem Schweißfachmann?« In den Messehallen in Leipzig wurde vorgeführt wie das Fertigen von Gegenständen verbessert werden kann. Das Schlagwort »Rekonstruktion« ist in aller Munde und soll zum Erreichen der Ziele des Siebenjahresplanes genutzt werden.

11.06. Mit einer Abordnung des ZIS reise ich zur Jahrestagung des Internationalen Schweißinstitutes (IIW) nach Brüssel. Die Betreuung durch die belgischen Gastgeber ist vorbildlich.

7.07. bis 13. Juli bin ich beim Rohrleitungsbau Bitterfeld in Muldenstein und bespreche mit Schweißingenieur Rudi Roßberg Fragen der Großrohrfertigung. Er ist ein hervorragender Fachmann, dem wir im ZIS manchen praktischen Hinweis verdanken. Ein halbes Jahr später erhält seine Frau eine kurze Nachricht, daß ihr Mann in der Haft verstorben ist.
Wie beurteile ich 1983, nachdem ich mich in allen westeuropäischen Ländern, in den USA und in Japan umgesehen habe, das Zentralinstitut für Schweißtechnik der DDR in Halle an der Saale? Es wurde zu meiner Zeit hervorragend geleitet! Es war ein Vergnügen, mit dem Institutsdirektor Dr. Werner Gilde und mit dem Technischen Direktor Walter Anders zusammenzuarbeiten. Neben fachlichen Zwängen kam das menschliche Miteinander nie zu kurz. Jeder einzelne meiner Mitarbeiter – und ich erinnere mich gern an jeden – hätte im sogenannten Westen jederzeit seinen Mann gestanden.
Wie die östlichen Länder über die vom ZIS geleistete Arbeit urteilten, sei nur mit einem Beispiel belegt:
Nach einem Besuch meines Mitarbeiters, Schweißtechniker Walter Knauer, in Bulgarien im Werk »Tscherweno sname« schrieb eine Zeitung in Burgas am 21.10. 1956 in cyrillischer Schrift, daß der deutsche Meister (germanski maistor) Walter Knauer eine hohe Meisterschaft im Elektroschweißen an einem 58-Tonnen-Selbstentladewaggon vorgeführt habe.

20.07. Um 10 Uhr 45 verlasse ich mit Frau und Tochter Mitteldeutschland und kehre nicht zurück.

Beratungsingenieur in Westdeutschland 1960 bis 1969

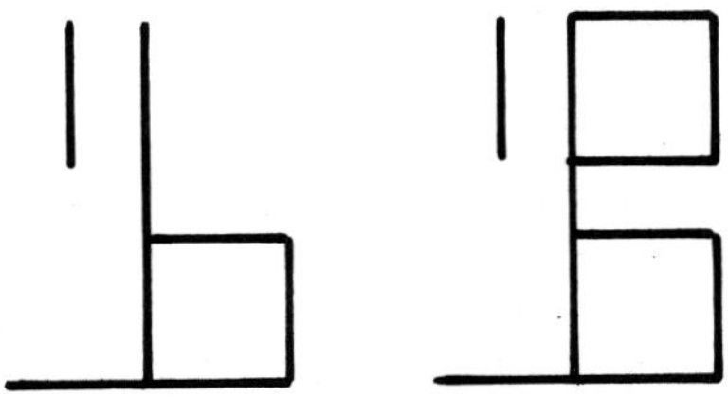

20.07. Um 10.45 Uhr treffe ich mit Frau und Tochter auf dem Gebiet der Bundesrepublik Deutschland ein. Die Suche nach einer Stellung wird dadurch erschwert, daß viele Bekannte im Urlaub sind.
Am 28. Juli 1960 wird mir vom Lagerarzt im Notaufnahmelager Gießen bestätigt: »Keine Zeichen eines derzeit aktiven spezifischen Prozesses«.

1.08. Der Leiter des Bundesnotaufnahmeverfahrens in Gießen erteilt mir, meiner Frau und meiner Tochter die Erlaubnis zum ständigen Aufenthalt im Bundesgebiet.

4.08. Vom Notaufnahmelager Gießen werden wir zum Durchgangswohnheim Massen (D-4750 Unna) überwiesen. Dort wohnen wir im Hause, Auf der Tüte 124/4c, in einem Zimmer mit 2 Betten und unseren Koffern bis zum 20.Dezember 1960. Ich bin oft abwesend und suche Arbeit.

24.09. An diesem Sonnabend lassen wir uns in der evangelischen Marienkirche in Osnabrück von Pastor E. Müller trauen. Diese Ergänzung unserer vor 14 Jahren in der UdSSR vollzogenen standesamtlichen Trauung ist die Voraussetzung dafür, daß unsere Silvia am gleichen Tag getauft wird. Wir danken Pastor Müller für die Überreichung einer »Stuttgarter Familienbibel zur Einführung ins Bibellesen«. Leider kann der Laie keinerlei Angabe über das Ausgabejahr entdecken. Beim Vergleich mit den Bibeln meiner Eltern und Großeltern stelle ich fest, daß der Text an vielen Stellen geändert ist.

1.10. In Frankfurt am Main, Wiesbadener Straße, beginne ich im Battelle-Institut e.V. (Gemeinnützige Laboratorien für industrielle Vertragsforschung) meine Tätigkeit als Wissenschaftlicher Mitarbeiter der Abteilung Maschinenbau, die nach dreimonatiger Probezeit am 31. 12. 1960 beendet wird. Während dieser Zeit wohnte ich in (16) Frankfurt am Main W 13, Tornowstraße 20 (Kuhwald-Siedlung) bei Frau Kuhnen.
Die Brockhaus Enzyklopädie von 1967 nennt für das 1953 gegründete Institut in Frankfurt für das Jahr 1965 315 Wissenschaftler unter 838 Mitarbeitern.
In meiner Bewerbung gebe ich folgende Referenzen an:
1) Dr.-Ing. A. Gese, Zentralverband der Elektroindustrie, Düsseldorf
2) Dr.-Ing. Ph. Günther, Klöckner Drahtindustrie GmbH, Düsseldorf;
3) Dr.-Ing. H. von Hofe, Direktor der Schweißtechnischen Lehr- und Versuchsanstalt Duisburg;
4) Obering. Dr.-Ing. W. Hummitzsch, Westfälische Union AG, Hamm;
5) Prof. Dr.-Ing. Kellermann, Gebr. Boehler & Co., Düsseldorf;
6) Dipl.-Ing. Neumann, Geschäftsführer des Deutschen Normenausschusses, Berlin W 15, Uhlandstraße 175;
7) Herr Karl W. Ramseyer, Union Carbide Europa S.A., Genf;
8) Direktor Dr.-Ing. H. Sossenheimer, Hauptgeschsäftsführer des Deutschen Verbandes für Schweißtechnik (DVS), Düsseldorf;
9) Dr.-Ing. E. Sudasch, Gutehoffnungshütte AG, Oberhausen-Sterkrade;
10) Prof. Dr.-Ing. E. Zorn, Knapsack-Griesheim AG, Frankfurt am Main

Ein Absatz in meinem Zeugnis, das ich nach der Probezeit erhalte, lautet: » . . . In dieser Eigenschaft hat er an einer Forschungsarbeit auf dem Gebiete der Fahrzeugtechnik und der Bodenmechanik mitgearbeitet, Versuche mit mechanischen und elektronischen Meßgeräten durchgeführt, diese ausgewertet und Literaturarbeiten ausgeführt.« Mehr zu sagen, ist wohl nicht ratsam im Hinblick auf einen Prozeß, den das Battelle-Institut in Frankfurt am Main gegen seinen früheren Haupabteilungsleiter Prof. Dr. Walter Güldner führte.
Die »Frankfurter Allgemeine Zeitung« vom 9. 10. 1968 berichtete auf S. 26 unter der Überschrift »Batelle gewinnt Prozeß« über die Entscheidung des Arbeitsgerichtes. Ein Satz lautete: » . . . Es verurteilte den Beklagten zu widerrufen, daß das Frankfurter Institut unter Verletzung seiner Vertragspflichten

Ergebnisse von Forschungsarbeiten, die es für Dritte betreibe, an das Mutterinstitut in Columbus in Ohio berichte.«

Prof. Güldner hatte sich auf ein Memorandum des Battelle-Vizepräsidenten Slowter gestützt, nach dem über alle Forschungsaufträge , die Südamerika betreffen, an das Mutterinstitut berichtet werden muß. Könnten andere Länder so etwas als Industriespionage bezeichnen? In dem FAZ-Bericht ist auch folgender Satz schwer zu verstehen: ». . . Nach dem Urteil muß der Beklagte außerdem widerrufen, daß bei Battelle ausländische Nachrichtendienste geduldet würden und daß das Institut einen Abteilungsleiter beschäftigt habe, der eine nachrichtendienstliche Tätigkeit, die nicht deutschen Interessen diene, ausgeübt habe.«

Denn dieselbe FAZ hatte ihren Lesern am 1. April 1968 mitgeteilt, daß auf Veranlassung des Generalbundesanwaltes der 62 Jahre alte Dipl.-Ing. Josef Eitzenberger unter dem dringenden Verdacht landesverräterischer Beziehungen zum sowjetischen Geheimdienst vor einigen Tagen verhaftet worden ist. Das war doch wohl kein Aprilscherz der FAZ? Die Berichterstatter der FAZ werden nur das mitgeteilt haben, was sie in den Verhandlungen gehört haben. Hat dann das Arbeitsgericht nichts davon gewußt, was der Generalbundesanwalt 6 Monate vorher veranlaßt hat?

10.10. Meine Frau erhält den A-Ausweis für Vertriebene und Flüchtlinge Nr. 5941/52.670; ich erhalte den C-Ausweis für Vertriebene und Flüchtlinge Nr. 5941/52.669.
Beide Ausweise sind unterschrieben von Kreisoberinspektor Henn im Kreisvertriebenenamt beim Oberkreisdirektor Unna (D-4750).

27.10. Im Auftrage des Battelle-Institutes nehme ich in Stuttgart an der vierten Stuttgarter Sondertagung Widerstands-Schweißtechnik teil. Dipl.-Ing. W. Brunst, Hauptschweißingenieur der Robert Bosch AG., leitet die Veranstaltung und Dipl.-Ing. O. Gengenbach, Hauptschweißingenieur der Daimler-Benz AG, die Aussprache nach den Vorträgen.

10. Ende Oktober 1960 wird in Köln der Küchenchef des früheren deutschen Kaisers Wilhelm II. zu Grabe getragen. Meisterkoch Heinrich Wolf ist 79 Jahre alt geworden. In meinem Geburtsjahr 1914 war er 33 Jahre alt und sicher auf der Höhe seiner Koch- und Bratkunst.
Hanna Reitsch erfliegt 1960 im 300 km-Dreieckflug den zweiten Diamanten für ihr Gold-C-Segelfliegerabzeichen.

1961 **1961**

16.01. Wir verlassen unser Flüchtlingsquartier im Durchgangslager Massen und beziehen für etwa 6 Wochen eine Wohnung am Kurfürstenplatz in Frankfurt am Main. (Kurfürstenplatz Nr. 38)

19.01. Der Anstellungsvertrag zwischen der Adolf Messer GmbH, Frankfurt am Main, Hanauer Landstraße 300-326, und mir wird unterzeichnet. ich stehe als Assistent des Leiters der Elektrodenabteilung in den Diensten der Gesellschaft. Die Herstellung von Schweißzusatzwerkstoffen erstreckt sich von der Handschweißelektrode und vom Gasschweißstab für Instandsetzungszwecke bis zu den Zusatzwerkstoffen für Schweißverbindungen an Kernreaktordruckgefäßen, die höchsten Sicherheitsanforderungen entsprechen müssen. Der Aufbau einer vollautomatischen Herstellungsanlage für Stabelelektroden ist eine echte Ingenieuraufgabe mit den üblichen Tücken und Rückschlägen, die überwunden werden. Dipl.-Ing. Liebrecht leitet die Elektrodenabteilung.

18.02. Ein Karbunkel am Hals muß mit Penicillin behandelt werden. Die Bildung von Furunkeln hat am 9. Februar 1961 begonnen und wird erst Ende 1962 beendet sein. Als Ursache wird Empfindlichkeit gegenüber den verschiedenartigsten Stäuben der Schweißelektrodenumhüllungen angenommen.

28.02. Wir ziehen um von Frankfurt nach Hanau, Hauptbahnhofstraße 12/16, in eine Wohnung der Baustoffhandlung Ditter.

30.06. Wir entkommen südlich Brixen in Südtirol knapp einem Unfall. Ein vor mir fahrender Lastkraftwagen schleudert einen Stein empor, der mir die Windschutzscheibe zerstrümmert. Für einen Wartburg-PKW aus Eisenach kann ich in Italien eine Windschutzscheibe nicht erhalten, treibe aber schließlich eine steife Zelluloid-Folie auf. Bei der Rückfahrt von Cricvenica, Hotel Danica, deckt die Folie so gut, daß bei einem Gewitter-Wolkenbruch nicht ein Tropfen Wasser in das Wageninnere gelangt.

12.08. In Düsseldorf nehme ich das Modell einer Elektroden-Herstellungsanlage ab, die am 25. August nach Essen zur Schweißtechnischen Ausstellung geschickt wird.

16.08. Die MECO, Birmensdorfer Straße 155, Zürich 3/36, lädt mich nach München in das Hotel »Schottenhamel« ein, um meine Bewerbung für ein Flugzeugwerk in Ägypten zu besprechen. Anlaß war eine Anzeige in den VDI-Nachrichten Nr. 22 vom 24. August 1960. Die Zentralstelle für Arbeitsvermittlung, Auslandsabteilung, Frankfurt am Main, Eschersheimer Landstraße 1-7, hatte Mitarbeiter für ein Flugzeugwerk in Afrika gesucht. Ich zog es dann aber vor, in Westdeutschland zu bleiben.
Hanna Reitsch hat Einladungen in die USA erhalten. Für 3 Tage ist sie Gast der USA-Erprobungsstelle «Edwards« in Kalifornien, wo ihr unter vielen anderen auch ein junger Einflieger Neil Armstrong vorgestellt wird. Acht Jahre später wird Neil als erster Mensch den Mond betreten. In Washington wird sie im Weißen Haus vom Präsident der USA, John Fitzgerald Kennedy, empfangen. Ihn wird man am 22. November 1963 in Dallas (Texas) ermorden. Warum?

1962 **1962**

17.01. Mein in Eisenach gefertigter PKW »Wartburg« wird verkauft. Das neue Fahrzeug »Taunus 15 M« haben die Ford-Werke in Köln hergestellt.

26.01. Meine Universitäts-Sängerschaft »Rhenania« in Frankfurt hat einen Prof. Adorno eingeladen, der laut »Brockhaus« früher Wiesengrund hieß. Warum hat er seinen Namen geändert? Seine Ausführungen sagen mir nicht zu, lassen mich aber später verstehen, warum viele Studenten gegen jegliche Autorität – sei sie erzieherischer, staatlicher oder militärischer Art – aufbegehren werden. Spätestens 1980 werden Machtgruppen erkennen, daß man mit so Erzogenen kein Geld verdienen kann. Diese Umerzogenen wollen nicht einmal Kanonenfutter für eine Überseemacht sein – welcher Undank! Was A. als Aufgabe der modernen Kunst ansieht, kennzeichnet ein einziger Satz aus der Brockhaus Enzyklopädie 1975, 22. Band, S. 27: »Revolutionär negierte sie die Tradition durch die Darstellung chaotischer Negativität als ihres geschichtlichen Gehalts.«

20.02. Wie erfrischend war dagegen eine Unterhaltung mit Prof. Dr.-Ing. Armin Dadieu über Stand und Aussichten der Raketentriebwerke, die sich an einen flugtechnischen Vortrag in Frankfurt anschloß.

14.03. Tochter Silvia lernt mit mir erstmals im Zirkus Althoff den Zauber der Manege kennen.

30.04. In Schneverdingen, Breslauer Straße 9, stirbt im Alter von 77 Jahren Richard Borschel, Mittelschulrektor i.R.. Mein Vater war mit ihm auf dem Seminar in Barby und hat gern von ihm erzählt. Ich lernte R. Borschel am 6. September 1959 kennen, als ich von ihm und seiner Frau sehr freundlich aufgenommen wurde.

25.05. In Hanau begegne ich Dr. Willi Burmeister, der mit mir in die UdSSR verschleppt war und dort Treibstoffe für unsere Raketentriebwerke entwickelte. Jetzt ist er für die Hanauer Gummiwerke AG tätig.

2.06. Tochter Silvia freut sich im Exotarium des Zoologischen Gartens in Frankfurt am Main über die Schwimmkünste der Pinguine und deren vornehme Kleidung.

22.06. Zusammen mit Herrn Winkelmann habe ich eine neue Auflage des Schweißtechnischen Handbuches mit einer Beschreibung der Schweißelektroden-Herstellungsanlage »ELTON« zusammengestellt: 164 Seiten im DIN A4-Format. Dr. Hans Messer erhält das erste Exemplar.

11.07. Angehörige der Universitäts-Sängerschaft »Rhenania« treten im Felsenkeller in Frankfurt zur Mensur an. Ich erinnere mich an die Mensurtage der Sängerschaft »Frankonia-Brunonia« in Braunschweig.

15.07. In den Niederlanden verbringen wir in Oostkapelle, Dorpstraße 53, abwechslungsreiche Ferientage bei der Familie Mesü.

3.09. Ich beginne meine Tätigkeit für die BEFA, Beratungsstelle für Autogen-Technik e.V., Knapsack, Bezirk Köln, Der Adolf Messer GmbH, insbesondere Dr. Hans Messer bin ich zu Dank verpflichtet, daß der Wechsel des Arbeitsplatzes ohne Zeitverlust erfolgt.

8.09. Zur Einweisung in das neue Aufgabengebiet beziehe ich in Efferen (D-5030 Hürth), Hebbelstraße 9, ein Zimmer.
Folgende Herren sind für die BEFA tätig:

1) Dipl.-Ing. H. Schulz, Direktor der BEFA;
2) Obering.-Dipl.-Ing. P. Steidl, Stellvertreter des Leiters der BEFA;
3) Obering. K. Boeckhaus, Leiter der Bezirksstelle Düsseldorf;
4) Obering. H. Ehrenberg, Leiter der Bezirksstelle Frankfurt am Main
5) Obering. Dr.-Ing. H. H. Grix, Leiter der Bezirksstelle Stuttgart;
6) Obering. H. Jansen, Leiter der Bezirksstelle Hamburg;
7) Obering. Dr.-Ing. H. Killing, Leiter der Bezirksstelle Hagen;
8) Obering. Dipl.-Ing. H.G. Kunz, Leiter der Bezirksstelle Köln;
9) Obering. Dipl.-Ing. W. Lenk, Leiter der Bezirksstelle Hannover;
10) Obering.-Dipl.-Ing. R. Pfeiffer, Leiter der Bezirksstelle Augsburg, Fachmann für Schweißen im Flugzeugbau;
11) Obering. A. Sander, Leiter der Abteilung Schweißnahtprüfung;
12) Obering. Dr.-Ing. K. W. Sippell, Leiter der Abt. Flammstrahlen;
13) Dipl.-Ing. Dr. G. Weirich, Leiter der Bezirksstelle Saarbrücken;
14) Obering. F. Fries, Leiter der Abteilung Schienenschweißen.

5.10. In Frankfurt-Griesheim führt die Griesheim-Pyrodur-Entwicklungsstelle Dr. Ing. Sippell und mir einen verbesserten Flammstrahlbrenner vor. Dr.-Ing. Teske, Dipl.-Ing. Dombruch und Meister Bouillon erläutern die Verbesserung.

15.10. Dr.-Ing. Sippell und ich besuchen die Flensburger Schiffswerft. Werft-Kolonnen flammstrahlen ein 34000 BRT-Schiff.

16.10. Bei einem Besuch der Howaldtwerke in Kiel haben wir Gelegenheit, mit dem technischen Direktor Klehn, Oberingenieur Blunk und Schweißfachingenieur Klohnen zu sprechen. An einem 35000 BRT-Frachter flammstrahlen 4 Kolonnen. An dem Fischfabrikschiff »Wladiwostok« wurden 139000 Quadratmeter flammgestrahlt. Howaldt lieferte bereits 23 Schiffe dieser Bauart an die UdSSR.

18.10. In Hamburg-Wilhelmsburg, Industriestraße 109/117, ist die Vereinigte Hanseatische Acetylen-Werke GmbH. beheimatet. Dort werde ich Direktor Dr.-Ing. Heinz Rauert vorgestellt. Zugegen sind Dr. Ing. Sippell und Ingenieur Albert Combe, L'Air Liquide, Paris. Dr.-Ing. Rauert wird in den nächsten Jahren der tatkräftigste Förderer der Entwicklung und Anwendung der Flammstrahltechnik sein. Unterstützt wird er von Dr. Friedrich Wilhelm Hill, Leiter des Hafenlabors, H.J. Münkner und Ingenieur Lipski.
L'Air Liquide, Paris, erwähnt 1962 in einer Broschüre über das Flammstrahlen (Décapage au chalumeau) einige Bauwerke, die vor dem Aufbringen der Schutzanstriche flammgestrahlt wurden:

1) Die Brücke von Empalot, die bei Toulouse über die Garonne führt. 1949 waren 4000 Quadratmeter flammgestrahlt worden, 1962 war der Rostschutzanstrich noch einwandfrei.
2) An der Brücke von Cruz Quebreda in Portugal wurden 2757 Quadratmeter

flammgestrahlt. Diese Brücke besichtigte ich am 30. Juli 1966. Sie war in einwandfreiem Zustand.

3) 1950 flammstrahlte die Firma Fumana 15000 Quadratmeter an der Stahlkonstruktion des Windkanals in Modane (Soufflerie de Modane). Die im Rechteck umlaufende Luft strömt durch Stahlrohre von 24 Meter Durchmesser. In diesem Windkanal können Jagd- und Sportflugzeuge in natürlicher Größe vermessen werden.
Modane am Fluß Arc liegt 75 km östlich von Grenoble. Bei Modane beginnt der 13636 Meter lange Simplon-Eisenbahntunnel nach Bardonècchia.
Bis 1945 war ein gleicher deutscher Windkanal bei Kochel am See (D-8113) fast fertiggestellt. (450 km nordöstlich Modane).

24.09. Ich freue mich, daß mein früherer Mitarbeiter im ZIS-Halle, Schweißmeister August Labus, bei Bayer, Leverkusen, wieder ein Tätigkeitsfeld gefunden hat.

29.09. In Köln, Flora-Gaststätte, treffe ich mit ehemaligen Hallensern zusammen. Die Bindung der Vertriebenen an ihre alte Heimat ist immer wieder erfreulich und erfrischend.

3.10. Nach langen Jahren sehe ich Kurt Steckel wieder. Er ist in Köln Sekretär der Wissenschaftlichen Gesellschaft für Luftfahrt (WGL). Sein Bruder Rudi ging in meine Volksschulklasse. Sein Vater betreute in Ilsenburg die Schule in der Faktoreistraße, wo ich mal aus dem Fenster gestürzt war.

1.11. In Frankfurt besteht der VDI-Arbeitskreis »Luftfahrttechnik« 10 Jahre. Dipl.-Ing. Rothermel leitet den Arbeitskreis und schickt mir die Einladungen zu den Veranstaltungen in der Robert-Mayer-Straße 2.

2.11. Von Hanau ziehe ich nach Mühlheim am Main in die Gerhart-Hauptmann-Straße 40 zu Willi Neubeck, der mit seiner Familie aus den USA zurückgekehrt ist.
Abends höre ich in Frankfurt, Robert-Mayer-Straße 2, einen Vortrag von Prof. Dr.-Ing. G. Bock. Anschließend tauschen wir Erinnerungen aus an unseren gemeinsamen Aufenthalt in Sawjelowo in der UdSSR.

18.12. Unsere Tochter Silvia geht erstmals zum Kindergarten in Mühlheim, der unter der Obhut des evangelischen Pfarrers Lebrecht steht.
Die unermüdliche Hanna Reitsch baut ab 1962 in Ghana eine Segelflugschule auf. Am 8. Januar hat sie der Präsident der Republik, Dr. Kwame Nkrumah, darum gebeten. Diese ehemalige englische Kolonie Gold Coast liegt westlich neben dem ehemaligen deutschen Schutzgebiet Togo und hat 1967 auf 238537 Quadratkilometer 8,14 Millionen Einwohner. Nach einem Umsturz muß Hanna Reitsch 1966 ihre Tätigkeit in Ghana beenden.

1963 **1963**

10.01. Ich statte Herrn von Seebach, dem Sekretär der Schiffbautechnischen Gesellschaft in Hamburg, meinen ersten Besuch ab, der eine angenehme Zusammenarbeit zwischen der STG und der BEFA-Abteilung Flammstrahlen einleitet. Das betrifft besonders die Mitarbeit der Flammstrahler im STG-Fachausschuß »Korrosion und Bewuchsforschung.«

26.07. In Rimini erfahren wir, daß um 5.14 Uhr ein schweres Erdbeben die jugoslawische Stadt Skopje verwüstet hat. Am 27. Juli herrscht vor Rimini wilder Seegang und bei Ancona scheint das Meer zu kochen. Auf der Anreise nach Rimini habe ich in Mai-land 400,- DM in 62200 Lire gewechselt – bei der Banco Ambrosiano. Ich wußte nichts von ihr. Aber 1982 wird mich die Zeitschrift »Der Spiegel« Nr. 34, Seite 64 bis 74, aufklären. Zwei Spiegel-Redakteure befragen den Ruhrbischof Franz Hengsbach, Essen, über die Finanzen der katholischen Kirche.
Ich zitere 2 Absätze aus dem »Spiegel«-Text: » . . . Der Chef der Vatikanbank, Erzbischof Paul Marcinkus, ein enger Vertrauter des Papstes, hat mit dem Chef der

größten Privatbank Italiens, dem Banco Ambrosiano, Roberto Calvi, zwielichtige Geschäfte gemacht. Viele Katholiken in Deutschland fragen sich: Wurden Kirchensteuergelder für illegale Geschäft verwandt?«

Ein anderer Absatz lautet: »Wenn die Vatikanbank ihre Verpflichtungen aus den gegebenen Bürgschaften – man spricht von bis zu 1,4 Milliarden Dollar – erfüllen muß, würden dazu auch Kirchensteuergelder und Spenden aus Deutschland verwandt werden?«

Inzwischen ist Roberto Calvi in London ermordet aufgefunden worden – der wird nichts mehr ausplaudern.

24.05. Die Mitarbeiter der Abteilung »Flammstrahlen« finden sich mit ihren Ehefrauen zum Betriebsausflug im Gasthaus »Rosenhof« in Offen (D-3101 Bergen) ein. In der Festzeitung befaßt sich ein Beitrag mit meinen Leiden beim Autofahren:

Es gibt einen Mann mit 'nem Opel-Rekord,
er kam nach Hamburg, um zu tagen dort.
Als wir morgens stiegen in unsere Wagen,
da hörten wir ihn ganz jämmerlich klagen.
Er sagte: »Meine Herren, es tut mir leid,
alle Mann schieben, so wie ihr seid.«
Wir schoben und schoben, daß bös' wir schwitzten,
doch der alten Mühle kein bißchen nützten.
Der arme Adolf sagte: »Oh, Schreck,
Hände und Hemd sind ganz voll Dreck!«
Und dies' alles am frühen Morgen,
aber so schnell war kein Monteur zu besorgen.
Die Hände waren zu waschen und auch das Hemd,
und wir uns dadurch nicht mehr so fremd.
Da uns das auch mal passieren kann,
taten wir es gern, Mann für Mann.
Und täten es auch bei einem Trecker,
besonders gern taten wir's bei Herrn Dipl.-Ing. Becker.

Vor dem gemütlichen Teil werden den jüngeren Mitarbeitern die Aufgaben der BEFA, Beratungsstelle für Autogen-Technik, erläutert. Sie ist ein eingetragener Verein, dem folgende Mitglieder angehören:

1) AGA, Autogen Gasaccumulator GmbH., Berlin
2) DEGUSSA, Frankfurt am Main
3) Gesellschaft für Linde's Eismaschinen AG, Wiesbaden
4) Hanseatische Acetylen-Gasindustrie GmbH, Hamburg-Wilhelmsburg
5) IGA, Industriegas GmbH & Co. KG, Köln
6) Knapsack-Griesheim AG, Knapsack, im Verband der Farbwerke Hoechst
7) Lonza-Werke, Elektrochemische Fabriken GmbH, Weil am Rhein
8) Adolf Messer GmbH, Frankfurt am Main
9) Norddeutsche Acetylen- und Sauerstoffwerke AG, Hamburg-Wilhelmsburg
10) SIG Sauerstoffwerk Frankfurt GmbH, Frankfurt am Main
11) Ernst Schulz Azetylenwerk, Bremen-Brinkum
12) Süddeutsche Kalkstickstoff-Werke AG, Trostberg in Oberbayern
13) Wacker-Chemie GmbH, München
14) Wiedes Carbidwerk Freyung m.b.H., Freyung vorm Walde

Diese Firmen gehören entweder zu den Erzeugern von Technischen Gasen, zu den Herstellern von Autogen-Geräten oder sind auf beiden Gebieten tätig.

Bereits vor Jahrzehnten hat sich die Erkenntnis durchgesetzt, daß alle Personen und Betriebe, die Technische Gase verwenden, laufend zu betreuen sind. Verfahren und Geräte der Autogen-Technik dürfen durch Unkenntnis oder Leicht-

sinn nicht in Mißkredit geraten. Was alles möglich ist, lehren uns die Berichte der Versicherungsgesellschaften.
Als zweckmäßige neutrale Form der Kundenberatung und technischen Betreuung hat sich im Laufe der Zeit die BEFA zu dem entwickelt, was sie heute ist.
An diesem Betriebsausflug der BEFA-Abteilung Flammstrahlen waren beteiligt:
1) Betriebsassistent Hans Jeß und Frau L. Jeß
2) Vorführmeister Adolf Schumacher und Frau Grete Schumacher
3) Vorführer Rudolf Last und Frau E. Last
4) Vorführer Hubert Schirmer und Frau Charlotte Schirmer
5) Vorführer Alfons Kincil und Frau E. Kincil
6) Vorführer Heinrich Kock und Frau Ruth Kock
7) Vorführer Harry Rehmke
8) D.-I. Werner Becker und Frau Herta Becker
Ich erinnere mich gern aller meiner Mitarbeiter, denen ich dafür danke, daß sie mich auch bei schwierigen Aufgaben nicht im Stich ließen.

13.09. Unsere Tochter Silvia erhält ein Fahrrad.

19.09. Ich folge einer Einladung der Adolf Messer GmbH in Frankfurt: Direktor Dr. Bechtle feiert sein 25-jähriges Dienstjubiläum.

20.09 Auf der Jahresversammlung der Deutschen Raketen-Gesellschaft in Hamburg erfahre ich von Präsident Lynn Chu (China-Taiwan), welche Aktivitäten die Chinesen auf dem ihnen seit über 2000 Jahren vertrauten Raketengebiet entwickeln.

10.10. In München treffe ich auf der Jahrestagung der Wissenschaftlichen Gesellschaft für Luft- und Raumfahrt (WGLR) Freunde und Bekannte aus der Heinkel- und UdSSR-Zeit.

19./22.11. In Hamburg hält die Schiffbautechnische Gesellschaft ihre Jahrestagung ab. Der Fachausschuß Korrosions- und Bewuchsforschung tagt ebenfalls.
In der Hamburger Flugzeugbau GmbH, Hamburg-Finkenwerder, sind einige Bekannte aus der Podberesje-Zeit tätig: Prof. Dr.-Ing. A. Geertz, Dipl.-Ing. Hans Wocke, Leiter des Entwurfsbüros, Dipl.-Mathematiker Dr. Heinrich Sparrer, Ingenieur Herbert Jacob, Dipl.-Ing. Besinger.

1964 **1964**

14.01. In Kehl am Rhein besuche ich meinen Jugendfreund Dr. med. Kurt Jedicke, der Stalingrad überlebt und als Hals-Nasen-Ohren-Facharzt in Kehl einen neuen Wirkungskreis gefunden hat.

23.01. In Frankfurt, Robert-Mayer-Straße 2, höre ich zwei Vorträge über Weltraumfahrt, die von Prof. Dr. Hermann Oberth und Präsident A. F. Staats gehalten werden. Anschließend fachsimpele ich noch lange mit dem »Alten Adler« Ulf Weiß-Vogtmann aus der Schäfergasse 38 in Frankfurt. Er erzählt mir auch von seiner 1904 erbauten Waldhütte »Ahoi« bei Lützel (D-5912 Hilchenbach). Am 1. 4. 1968 zeichnet er mir genau auf, wie ich von Lützel aus zu seinem Schlupfwinkel komme. Wunderschön gelegen, war die Waldhütte ein Museum besonderer Art. Beeindruckend auch die mit persönlicher Widmung versehenen Lichtbilder berühmter Männer, die sich für Deutschland einsetzten und ihrem Vaterland in aller Welt Achtung verschafften. Acht sind mir in deutlicher Erinnerung geblieben:
1) Hermann Köhl (1888-1938), im ersten Weltkrieg Flieger-Hauptmann flog am 12. + 13. 04. 1928 mit Freiherr G. von Hünefeld und dem irischen Offizier J. Fitzmaurice als erster Flugzeugführer von Osten nach Westen über den Nordatlantik.
2) Felix Graf von Luckner (1881-1966) brachte im ersten Weltkrieg mit seinem Hilfskreuzer »Seeadler« 30000 BRT feindlichen Schiffsraumes auf. Von seinem Buch »Seeteufel« war und bin ich heute noch begeistert. 1935 zeigte er uns in Braunschweig im Park-Hotel, wie er ein Telefonbuch von 7 Zentimeter Dicke

zwischen seinen beiden »Pranken« zerreißt. Ich bin noch keinem begegnet, der es ihm nachmachte.

3) Dr. Hugo Eckener (1868-1954), seit 1908 beim Luftschiffbau Zeppelin in Friedrichshafen, steuerte deutsche Luftschiffe über viele Länder und Meere unseres Planeten. Schon im Mai 1912 hatte er beim Deutschen Zuverlässigkeitsflug am Oberrhein als Führer des Zeppelin-Luftschiffes »Viktoria-Luise« den Aufklärungspreis für Luftschiffe gewonnen.
4) Albert Leo Schlageter, geboren am 12. 08. 1894 in Schönau im Wiesental (D-7869), widersetzt sich dem Raub der Ruhrkohle durch französische Truppen. Die Franzosen erschießen ihn am 26. Mai 1923 auf der Golzheimer Heide bei Düsseldorf. Das dort 1931 errichtete Ehrenmal für Schlageter wird nach 1945 entfernt. Es ist an der Zeit, ein neues Schlageter-Ehrenmal zu errichten!
5) Oskar Ursinus (1877-1952), Zivilingenieur, gab seit 1908 die Zeitschrift »Flugsport« heraus. Als unermüdlicher Betreuer der Segelflieger erwarb er sich die Ehrenbezeichnung »Rhönvater«.
   Vor den Frankfurter Gleitflug-Wettbewerben 1909 war er ein Berater für den späteren Kampfflieger und Segelflieger Bruno Poelke, der mit seinem Gleitflugzeug von einem 5 Meter hohen Eisenbahndamm nach rund 10 (zehn) Metern Schwebestrecke Bruch machte. Seit 1920 leitete Ursinus die Segelflugwettbewerbe in der Rhön.
6) Rüdiger Graf von der Goltz (1865-1946) führte im ersten Weltkrieg die »Ostseedivision« und befreite im Frühjahr 1918 zusammen mit dem finnischen Marschall Mannerheim Finnland von den Sowjetrussen.
7) Dipl.-Ing. Rudolf Nebel (1894-1978) hob bereits am 17. Juli 1912 in Nürnberg-Hainberg mit seinem selbstgebauten Flugzeug »Libelle« vom Boden ab. Als erster deutscher Kampfflieger rüstete er 1916 sein Flugzeug mit Raketen-Geschossen aus, die von seinem Fliegerkameraden Hermann Göring »Nebelwerfer« getauft wurden. Am 23. Juli 1930 stieg erstmals seine mit Benzin und flüssigem Sauerstoff angetriebene Rakete vom »Raketenflugplatz« Berlin-Reinikendorf-West in die Luft. Wernher von Braun gehörte zu seiner Mannschaft.
8) Oberst Hans-Ulrich Rudel wurde am 2. Juli 1916 in Konradswaldau in Niederschlesien geboren. Im zweiten Weltkrieg vernichtete er auf 2530 Feindflügen 519 sowjetische Panzer, mehrere Kriegsschiffe und rund 800 Fahrzeuge. Er wurde dreißigmal abgeschossen und fünfmal verwundet. Aus sowjetischer Gefangenschaft floh er. Adolf Hitler verlieh ihm als Einzigem die höchste deutsche Kriegsauszeichnung: das Goldene Eichenlaub mit Schwertern und Brillanten zum Ritterkreuz des Eisernen Kreuzes.
   Oberst Rudel starb am 18. Dezember 1982 und wurde in Dornhausen (D-8821) beigesetzt, wo auch seine Mutter ruht.
   Sein Heimatort Konradswaldau, jetzt Grzedy unter polnischer Verwaltung, Powiat Kamienna Góra = Kreis Landeshut liegt 400 km ostsüdöstlich von Ilsenburg am Harz. In der Kreisstadt Landeshut befand sich bis 1945 ein Standbild des ehemaligen Oberpräsidenten Grafen Eberhard zu Stolberg-Wernigerode, das der Johanniter-Orden 1879 errichten ließ.

Das war nur ein kleiner Teil der Sehenswürdigkeiten, die bei Ulf Weiß-Vogtmann zu bewundern waren. Er ist übrigens verwandt mit Bernhard Weiß (26.03.1904 - 11.01.1973), dem Inhaber und Geschäftsführer der Siegener Maschinenbau GmbH (Siemag). B. Weiß war zu meiner Zeit auch Präsident des Vereins Deutscher Maschinenbau-Anstalten (VDMA) und Vorstandsmitglied des Deutschen Industrie- und Handelstages (DIHT). 1939 bis 1945 war er Generalbevollmächtigter der Friedrich Flick KG. Die Mutter von Friedrich Flick und die von B. Weiß waren Schwestern. (Frankfurter Allg. Zeitg. v. 16. Jan. 1973).

Was war nun ein »Alter Adler«? Wer vom 1. Februar 1910, an dem August Euler sein Flugzeugführer-Zeugnis Nr. 1 erhielt, bis zum Beginn des ersten Weltkrieges im August 1914 ein gleichwertiges Papier in Händen hielt. Das konnte ausgestellt sein vom Deutschen Luftfahrtverband, von der FAI (Fédération Aéronautique Internationale) oder von der Inspektion der Fliegertruppen.

9.04. Unsere Tochter Silvia feiert ihren Schulbeginn. Aber wie bei ihrem Vater ist der Inhalt der Ostertüte das Wichtigste.

15.04. Um 23.30 Uhr werde ich auf einer Kreuzung nahe der Zeil in Frankfurt am Main von einem Kraftfahrzeug gerammt. Der Fahrer flüchtet. Ein anderer Autofahrer verfolgt ihn und liefert mir die Nummer des Kennzeichens.

21.05. Auf dem Flughafen Wien-Schwechat bewundere ich die neuen Anlagen. Wie hat sich der Flugplatz Heidfeld verändert, wo wir bis 1945 Nachtjagdflugzeuge bauten.

10.02. In Berlin stirbt im 59. Lebensjahr Prof. Dr.-Ing. Eugen Sänger. Geboren wurde er am 22. September 1905 in der königlichen freien Bergstadt Preßnitz (Přisečnice) in der österreichischen Bezirkshauptmannschaft Kaaden auf der Südseite des Erzgebirges. Preßnitz liegt 7 km südlich vom Bahnhof Schmalzgrube (DDR-9301). Eugen Sänger ist einer der Pioniere des deutschen Raketenbaus. Im Januar 1933 zündet erstmals auf seinem kleinen Prüfstand in Wien seine Modell-Raketenbrennkammer, deren Wände durch den Brennstoff vor seiner Einspritzung im Zwanglauf gekühlt werden.

Im April 1933 erscheint sein erstes Lehrbuch über »Raketenflugtechnik« im Verlag Oldenbourg.

Am 3. Februar 1934 wird ihm vom österreichischen Bundesministerium für Landesverteidigung amtlich mit vielen Siegeln bescheinigt, daß das Ministerium auf sein Raketenprojekt nicht näher eingehen kann, weil es nicht verwirklichbar scheint.

Das reizt natürlich zum Gegenbeweis: 1940 liefert die erste von E. Sänger entwickelte Rakete mit Gasöl + Flüssigsauerstoff fünf Minuten lang einen Schub von einer Tonne. Die Versuche hatten im Februar 1939 in der Lüneburger Heide auf der Flugzeugprüfstelle Trauen (D-3042 Munster) begonnen. Zukunftweisend war die Erprobung von Brennstoffen aus Gasöl + Metalldispersionen. 1942 bis 1945 war Eugen Sänger an der Deutschen Forschungsanstalt für Segelflug in Ainring (D-8229) tätig. Hier entstand, zusammen mit Inge Bredt, der Geheimbericht »Über einen Raketenantrieb für Fernbomber« (VM 3538), den die zuständigen Stellen im August 1944 erhielten. Dieser Bericht wurde 1947 in der UdSSR Siegfried Günter und mir zur Auswertung vorgelegt. Ich erinnere mich, daß im Verteiler über hundert Personen oder Dienststellen aufgeführt waren: Nr. 1 Der Führer und Oberste Befehlshaber, Nr. 2 Der Reichsmarschall usw. Besonders eindrucksvoll an diesem Sänger-Entwurf war das Rikoschettieren des Fernbombers, das heißt sein mehrfaches Eintauchen ohne Antrieb in dichtere Luftschichten, in denen die aerodynamischen Kräfte überwogen, und sein Wiederaufsteigen mit Raketenantrieb, bei dem ballistische Kräfte maßgebend waren. Gegenüber einem in gleich bleibender Höhe und dauernd angetriebenen Fernbomber wurde die Reichweite durch das Sänger-System vervielfacht.

1946 war mir (und vielen anderen) gesagt worden: wer Sänger herbeischafft oder seinen Aufenthaltsort angibt, von dem er herbeigeschafft werden kann, erhält soviel Gold wie Sänger wiegt.

Im September 1951 wird die Internationale Astronautische Förderation (IAF) gegründet und Eugen Sänger zu ihrem Präsidenten gewählt. Am 4. August 1953 veröffentlicht er bei einem Vortrag in der ETH Zürich erstmals eine Systematik der hypothetischen Photonentriebwerke.

Am 8. Juli 1954 wird in Stuttgart das »Forschungsinstitut für Physik der Strahlan-

triebe e.V.« gegründet, dessen wissenschaftliche Leiter Eugen Sänger und Inge Sänger-Bredt sind.
1963 ist er Professor an der Technischen Universität Berlin und veröffentlicht sein Buch »Raumfahrt«.
Am 10. Februar 1965 nehme ich in Stuttgart an der Eugen-Sänger-Gedächtnisfeier teil, die von der Wissenschaftlichen Gesellschaft für Luft- und Raumfahrt (WGLR) im Mozart-Saal der Liederhalle am Berliner Platz veranstaltet wird.
Der südtiroler Landwirt und Schützenleutnant Luis Amplatz aus Gries bei Bozen wird am 7. September 1964 auf der Brunner-Alm im Passeiertal von einem für Italien arbeitenden Mörder im Schlaf erschossen. Nicht weit von dieser Stelle wurde Andreas Hofer 1809 an die Franzosen verraten. 1983 erhält die Familie Amplatz den Andreas Hofer-Preis.

13.06. In Cannes verabschieden sich die Teilnehmer am Internationalen Kongreß für Meereskorrosion und Bewuchs, den die Europäische Föderaration Korrosion veranstaltet hatte. Ab 8. Juni tauschten 300 Fachleute aus 22 Nationen ihre Erfahrungen aus. Prof. Dr. rer. nat. H.-J. Engell ist deutscher Vertreter im Wissenschaftlichen Komitee. Neben Korrosion und Schutz von Metallkonstruktionen unter Wasser und in Meeresatmosphäre befasse ich mich vor allem mit biologischer und bakteriologischer Korrosion, mit Bewuchs und der Ökologie stielloser Organismen.
Die Säuberung von Oberflächen mit Acetylen-Sauerstoff-Flammstrahlbrennern verlängert in vielen Fällen die Lebensdauer der Schutzschichten.

25.06./27.06. In Darmstadt findet die 13. Jahrestagung der Hermann-Oberth-Gesellschaft statt. Diesen Namen hatte die bisherige »Deutsche Raketen-Gesellschaft e.V.« am 19. September 1963 in Hamburg erhalten.

23.07. Bis zum 2. August sehen wir in Sitges (Spanien) am Mittelmeer nachts den 40 m-Ballon-Satelliten der USA die Erde umkreisen.

12.08. In Kopenhagen stirbt im 87. Lebensjahr Ingenieur Jörgen Skafte-Rasmussen, Ritter des Königl. Dänischen Dannebrog-Ordens, Dr.-Ing. e. h. der Technischen Hochschule zu Dresden. Nach seiner Ausbildung in Mittweida (DDR-9250) gründete er einen Armaturen-Betrieb in Chemnitz, den er 1907 nach Zschopau (DDR-9360) verlegte. 1919 begann er einen Fahrrad-Hilfsmotor zu entwickeln und brachte diesen Zweitaktmotor (Benzin + Öl-Gemisch) unter dem Namen DKW, = Das Kleine Wunder, auf den Markt. 1922 hatte er bereits 20 000 DKW-Motoren hergestellt und 1927 sein Werk zur größten Motorradfabrik der Welt erweitert. 1927 begann er auch mit der Fertigung der DKW-Automobile, die in Berlin-Spandau und in den Audi-Werken in Zwickau zusammengebaut wurden. Mit seinen Fahrzeugen fuhr ich 1954 bis 1960 recht zufrieden durch die Lande.

10.10. In Oldenzaal im Hotel »De Gouden Leeuw« nehme ich an einer Fachtagung der Hermann-Oberth-Gesellschaft teil. Prof. Dr.-Ing. J.M.J. Kooy behandelt Probleme der Raumfahrt. 10 Tage später verhandele ich auf der Fachmesse für Oberflächentechnik in Utrecht mit Beschichtungsfachleuten über Anwendungen der Flammstrahltechnik.

6.05. Nach den VDI-Nachrichten Nr. 19, Seite 2, verfügt die Deutsche Bundesbahn über ein Gleisnetz von 70570 Kilometern, das zu 50% durchgehend verschweißt ist und bis 1970 keine Laschenverbindungen mehr aufweisen soll. Nach den VDI-Nachr. vom 13.05.64 liegen diese 70570 km auf 108 Millionen Gleisschwellen, von denen 50% aus Holz, 34% aus Stahl und die restlichen 16% aus Beton sind.

1965 **1965**

31.05. In der Technischen Informations-Bibliothek (TIB) der Technischen Hochschule Hannover gibt es ein Wiedersehen mit Dipl.-Ing. Hartz, der mir und anderen Lernbeflissenen in der UdSSR die Anfangsgründe der russischen Sprache beibrachte, was ich ihm noch heute danke.

4.06. Im Institut für Schiffahrtsforschung in der Hollandallee 32 in Bremen ergänze ich meine Kenntnisse in Schiffsformen und im Oberflächenschutz von Stahlschiffen.

10.06. In Seebruck am Chiemsee tausche ich mit meinen Mitarbeitern Erfahrungen im Flammstrahlen und in der Kunst der Menschenbehandlung aus. Meine Mutter, die einmal im Jahr aus Ilsenburg nach Westdeutschland fährt, freut sich über die schöne Umgebung des Chiemsees.

24.06. In Frankfurt nehme ich an der Jahrestagung der Deutschen Gesellschaft für chemisches Apparatewesen teil. Wertvoll für mich sind die Verbindungen zu Dr. Ewald Heitz, der Korrosions-Seminare durchführt, zu Dipl.-Chem. Puschmann, der an einem Glossarium der Korrosion arbeitet, und besonders zu Dr. rer. nat. Günther Loose, der für den Thesaurus Chemische Technik zuständig ist.

30.06. In München suche ich auf der Internationalen Verkehrsausstellung nach Bauwerken aus Stahl und Beton, an denen das Flammstrahlen von Oberflächen eingesetzt werden kann.

15.07. Abfahrt in den Urlaub. Nach 1595 km haben wir Sitges am Mittelmeer in Spanien erreicht, wo sich Tochter Silvia am 2. August mit 15 Minuten im Meer »freischwimmt«. Die Rückfahrt durch die Pyrenäen über Puigcerda nach Carcassonne ist ein Genuß. Bei Chalons-sur-Marne, Douaumont und Fort Vaux durchqueren wir die Schlachtfelder des ersten Weltkrieges und im Museum von Gravelotte besichtigen wir Erinnerungsstücke aus dem Kriege 1870 und 1871. Mit dem Audi 100 habe ich 3 898 km zurückgelegt und auf 100 km 9,17 Liter Benzin verbraucht.

25.09. Innerhalb von Mühlheim am Main ziehen wir in das erste Stockwerk der Händelstraße 3. Das Haus gehört Herrn Heinrich J. Picard.

29.09. In Essen nehme ich an der Mitglieder-Versammlung des Deutschen Verbandes für Schweißtechnik teil. Am 2. Oktober werden Parkhaus Hügel und der Baldeney-See besucht.
Tochter Slivia erholt sich vom Scharlach, der sie am 17. September befallen hat.

13.10. Meine Mitarbeiter flammstrahlen auf der Autobahn bei Elten (D-4240 Emmerich 3) 31 Felder von Kilometer 65,0 abwärts. Beschädigte Schichten der Fahrbahndecke werden entfernt und kunstharzgebundene Deckschichten aufgebracht.

28.10. In Frankfurt am Main vermittelt eine DECHEMA-Tagung nützliche Erfahrungen von Korrossionsfachleuten aus den unterschiedlichsten Industriebereichen.

17.11. Zur 60. Hauptversammlung der Schiffbautechnischen Gesellschaft in Hamburg im Hotel »Atlantic« habe ich eine Richtlinie »Güteklassen für das Flammstrahlen von Stahloberflächen« ausgearbeitet (BEFA-Information 65 11 00).
Güteklasse Fl 1 = Leichte Flammstrahl-Säuberung.
Sie entspricht im englischen Sprachgebiet etwa dem »flamewashing«.
Güteklasse Fl 2 =Flammstrahlen bis zum zunder- und rostfreien Zustand.
Güteklasse Fl 3 = Flammstrahlen bis zum metallisch reinen Zustand.
Diese Richtlinie stützt sich auf:

1) Svensk Standard SIS 055900-1962: Rostgrade von Stahloberflächen und Güteklassen für die Vorbereitung von Stahloberflächen für Rostschutzanstriche;
2) DV 807: Technische Vorschriften für den Rostschutz von Stahlbauwerken (RoSt), Ausgabe 1963, Deutsche Bundesbahn;
3) Surface Preparation Specifications
Steel Structures Painting Council, Pittsburgh 13, Pa., USA, 1963;
4) Ausschuß für Korrossions- und Bewuchsforschung: Richtlinien für das Flammstrahlen (STG 4302), 4. Ausgabe 1965, Schiffbautechnische Gesellschaft e.V., 2 Hamburg 36, Neuer Wall 86. An der Neufassung dieser 4. Ausgabe war ich auch beteiligt.

Im fremdsprachigen Schrifttum begegnen uns folgende Benennungen:
De (deutsch) Flammstrahlen;

En (englisch) flame cleaning;
Es (spanisch) decalaminado por Illamas;
Fr (französisch) décapage au chalumeau;
Ru (russisch) gasoplamennaja powerchnostnaja otschistka;
Sv (schwedisch) flamrening.

26.10. In Frankfurt am Main, Robert-Mayer-Straße 2, beteilige ich mich an einer regen Aussprache nach einem Vortrag über die Schweißtechnik in der Sowjetunion. Prof. Dr.-Ing. habil. Koch, Direktor der Schweißtechnischen Lehr- und Versuchsanstalt (SLV) Mannheim, hatte Gelegenheit, mehrere Institute in der UdSSR zu besichtigen.
Im September-Heft »Schweißen und Schneiden« 1965, Heft 9, S. 491 bis 494, erscheint mein Aufsatz »Zur Technologie und Wirtschaftlichkeit des Flammstrahlens bei der Oberflächenbehandlung von Stahl und Eisen«.

3.12. In Berlin-Ost erschießt sich Erich Apel, geboren 3.10. 1917, der 1955 zum Minister für Schwermaschinenbau ernannt worden war und seit 1963 der Staatlichen Plankommission vorstand. Wir haben im ZIS-Halle gern mit dem Ingenieur und Minister zusammen gearbeitet.

1966 **1966**

8.01 Die Sängerschaft Barden-Prag in München veranstaltet im Bayerischen Hof ihren traditionellen Barden-Ball. Unter Beifall werden die Debütantinnen in die Gesellschaft eingeführt. Ich begrüße Bundesbrüder meiner Braunschweiger Sängerschaft »Frankonia-Brunonia« und meiner Frankfurter Universitäts-Sängerschaft »Rhenania«. Unterdessen schläft Tochter Silvia im »Regina Palast Hotel« unter Betreuung durch das Zimmermädchen den Schlaf der Gerechten.
Am 14. Januar folgt im Frankfurter Zoo-Festsaal der Festkommers der Vereinigung der Akademiker-Verbände.

9.02. Einige Bundesbahndirektionen schaffen Flammstrahlbrenner an für die örtliche Fertigung von Isolierklebestoß-Verbindungen an Gleisen, auf denen elektrische Lokomotiven ihre Lasten ziehen. Am 3. November 1966 tauschen die Oberbauschweißingenieure in Düren ihre Erfahrungen aus. Mein Mitarbeiter, BEFA-Vorführmeister Schumacher, zeigt die richtige Anwendung des Flammstrahlbrenners.

2.04. In Waldkraiburg (D-8264) hält die Hermann-Oberth-Gesellschaft ihre Fachtagung »Innenballistik« ab. Sie verschafft mir nicht nur als ehemaligem Artilleristen Anregungen, sondern verdeutlicht auch Strömungsvorgänge in Flammstrahlbrennern.

15.05. Tochter Silvia ist 136 cm groß und wiegt 25 kg.

13./16.06. Im Rahmen der Sommertagung der Schiffbautechnischen Gesellschaft (STG) in München besichtige ich die Schiffs-Dieselmotoren-Fertigung bei der MAN in Augsburg und die Datenverarbeitung bei Siemens & Halske, Wernerwerk, in München.

21.06. In der Stadthalle Bad Godesberg beginnt die Jahrestagung der Beratungsingenieure der BEFA. Wir werden aufgefordert, kostenlose Vorführungen möglichst einzuschränken und nach Einnahmen Ausschau zu halten.

30.06. Die DECHEMA-Tagung im Palmengarten in Frankfurt am Main vereinigt Korrosionsfachleute. Ich höre Vorträge über Elektrophorese und Korrosions-Dokumentation.

20.07. In Lissabon (Lisboa) besichtige ich die von einer USA-Firma erstellte Hängebrücke über den Tejo, die noch in diesem Sommer befahrbar sein soll. Dann komme ich von Costa da Caparica ohne Fähre nach Lissabon.

30.07. Bei Cruz Quebrada zwischen Caxias und Algès besichtige ich eine flammgestrahlte Eisenbahnbrücke, deren Rostschutzanstrich noch einwandfrei ist. Im August unterrichte ich mich über die Bewässerung von Granada. Von den Römern angelegte Zuleitungen wurden von den Mauren in der Alhambra und im Generalife zu prachtvollen Wasserkünsten ausgebaut. Wer aus Nordafrika kommt, weiß was Wasser wert ist.

Bei dieser Fahrt durch Portugal und Spanien wurden 6925 km im Kraftwagen zurückgelegt.

Vor hundert Jahren, am 16. März 1866, wurde Friedrich Koldewey geboren. Ich lernte ihn 1924 als Oberstudiendirektor Prof. Dr. F. K. kennen. In zielstrebiger Arbeit hat er aus einer Fortbildungsschule und einer privaten höheren Töchterschule über ein humanistisches Progymnasium das Reform-Realgymnasium entwickelt, an dem Ostern 1918 die erste Reifeprüfung abgehalten und ich Ostern 1924 als Fahrschüler aufgenommen wurde. Als er mich 1927 zum Vertrauensschüler für das »fahrende« Volk ernannte, war für ihn eine Enttäuschung und für mich die Bruchlandung vorbestimmt. (Siehe 17. März 1928)

Meiner Achtung blieb er gewiß, vor allem, als ich erfuhr, daß er von 1929 bis 1935 in Lobmachtersen (D-3320 Salzgitter) noch als Pfarrer tätig war und auch plattdeutsch predigte. Lobmachtersen liegt 20 km südsüdwestlich von der Burg in Braunschweig an der Bundesstraße 248 und 32 km nordwestlich von Schloß Ilsenburg.

Beachtlich waren seine Bemühungen zum Schutze der heimatlichen Natur, der plattdeutschen Sprache und des Brauchtums. 1907 gründete er den Landesverband für Heimatschutz und setzte sich gemeinsam mit Hermann Löns für einen Naturschutzpark auf dem Wurmberg bei Braunlage ein.

Friedrich Koldewey starb am 25. Dezember 1940 in Bad Harzburg. Einer seiner Aussprüche blieb haften:

Hilares discipuli,
Hilariores magistri,
Hilarissimus rector

= Fröhlich sollen die Schüler sein, noch fröhlicher die Lehrer und am fröhlichsten der Oberstudiendirektor.

Im Bericht der »Harzburger Zeitung« vom 18. März 1966 über die Feierstunde zum 100. Geburtstag lese ich, daß auch mein ehemaliger Lateinlehrer Dr. Brodführer zugegen war. Er setzte uns immer wieder in Erstaunen, wenn er auf unsere Frage z.B.: »Herr Doktor, was steht im 2. Buch Samuelis im Kapitel 3, Vers 5?« die gewünschte Stelle frei vortrug. Auch die Ilias und Odysee des Homer beherrschte er in gleicher Vollendung. Für uns Lateiner waren seine griechischen Verse böhmische Dörfer.

22.09. In Bremen nehme ich an der 15. Raketen- und Raumfahrt-Tagung der Hermann-Oberth-Gesellschaft teil, die mit einem Empfang im Rathaus eingeleitet wird.

1.10. Wir erhalten in Mühlheim Besuch aus unserer früheren evangelischen Gemeinde Dölau bei Halle an der Saale. Pfarrer Dr. Mertens pflegt in Frankfurt und Umgebung sein Steckenpferd: Numismatik. Wer sich mit alten Münzen beschäftigt, kommt zwangsläufig auch zur Archäologie. Bei einem gemeinsamen Streifzug durch Buchhandlungen in Frankfurt erstehe ich den »Bildatlas der assyrisch-babylonischen Kultur« (Atlas van het Tweestromenland) von Dr. M. A. Beek, Professor für Theologie an der Universität Amsterdam. Mich erfreuen vor allem die Landkarten bis in die Steinzeit zurück.

4.10. Bei einer gemeinsamen Veranstaltung der Wisenschaftlichen Gesellschaft für Luft- und Raumfahrt und der Deutschen Gesellschaft für Raketentechnik und Raumfahrt (DGRR) in Bad Godesberg unterhalte ich mich mit Ministerialdirigent Dipl.-Ing. Max Mayer, Ministerium für wissenschaftliche Forschung, über den Austritt heißer Gase aus Düsen. Dabei denke ich natürlich an meine Flammstrahler und bringe das abends in ein paar Versen zu Papier:

Lob des Flammstrahlers

1) Bauwerke aus Stahl bis zum kleinsten Boot
Sind ständig vom bösen Rost bedroht.

Er beißt und knabbert und bohrt und frißt,
Bis jede Oberfläche zum Teufel ist.

2) »Was tun«, sprach Zeus, »jetzt ist guter Rat teuer.«
»So nimm doch einfach das himmliche Feuer«,
Rief ihm ein Götter-Experte zu.
»Dann haben wir wieder für lange Zeit Ruh'.«

3) Denn das Sauerstoff-Acetylen-Gemisch
Liefert die Energie stets frisch
Und in höchstmöglicher Konzentration.
Das wußten damals die Götter schon.

4) Also flammgestrahlt nun wird jeder Stahl.
Alle Ansätze werden vor Angst ganz fahl.
Zunder und Rost fliegen über Bord,
Und auch das Übrige ist plötzlich fort.

5) Doch wehe! Wenn ein Rest noch zu sehen,
Wär's um den Flammstrahler beinah' geschehen.
Aber der ist auch nicht von gestern
Und entgegnet auf manches Lästern:

6) »Auf einen Streich fällt selten ein Baum,
Das wäre ein gar zu einfacher Traum.
Beim zweiten Überfahren wird's sicher langen,
Und dem Zunder und Rost ist das Haften vergangen.«

7) Folgt nun auf Bürsten oder Schleifen
Und Entstauben mit Passion
Noch ein solider Anstrich,
Ist Schluß mit jeder Korrosion!

5.10. Ingenieur Eugen Baumann besichtigt Wolgograd. Früher hieß diese Stadt Stalingrad. Er ist einer von den 6000, die von 284000 eingeschlossenen deutschen Soldaten überlebten. Er kennt auch meinen Jugendfreund Dr. med. Kurt Jedicke, der als Arzt auch Stalingrad überlebte.

Der Flug Moskau-Wolgograd und zurück kostete 36 Rubel. Am Warenhaus GUM liest E. Baumann auf einer Gedenktafel, daß an dieser Stelle am 31. Januar 1943 Generalfeldmarschall Paulus sich unterwarf. Eine Taxe bringt den deutschen Besucher zum Mamajew-Hügel, auf dem sich das Denkmal »Mutter Heimat« erhebt. Er besucht auch das Traktorenwerk, in dem er am 2. Februar 1943 gefangengenommen wurde. Mit kundigem Blick findet er am Hauptbahnhof einen etwa gleichaltrigen Taxifahrer, der Kriegsteilnehmer und Kriegsgefangener in Deutschland war. Dieser fährt ihn zu den ehemaligen Lagern Beketowka und Otrada sowie zum chemischen Werk Nr. 91, in dem damals täglich bis 1500 deutsche Kriegsgefangene arbeiteten. Fast 7 Jahre mußte E. Baumann auf die Rückfahrt in die Heimat warten. Heute bringt ihn das Flugzeug in anderthalb Stunden nach Moskau zurück. Und weiter nach Frankfurt am Main.

Ab 1972 arbeiten Eugen Baumann als Geschäftsführer des Fachnomenausschusses Werkzeugmaschinen und ich als Verantwortlicher für den Thesaurus Maschinenbau zusammen und haben oft Gelegenheit, unsere Erlebnisse in der UdSSR auszutauschen. Übrigens erhielt E. Baumann im Max-Eyth-Preisausschreiben 1953 den 3. Preis.

Am Ende des Jahres 1966 bringt »Der Spiegel« Nr. 51 auf Seite 33 etwas zum Nachdenken:

Der einzelne Deutsche zahlte an die Finanzämter und Sozialversicherungsanstalten
1966 1928 Mark, mit Sozialversicherung sogar 2731 Mark
1952 874 Mark,

1936 310 Mark,
1913 77 Mark.
Der westdeutsche Staat zieht 48 verschiedene Steuern ein, die ihm etwa 120 Milliarden D-Mark einbringen.

17.11. In der Ingenieurschule Hamburg, Berliner Tor 21, treffen sich auf Einladung des Deutschen Verbandes für Schweißtechnik und des Architekten- und Ingenieur-Vereins 120 Fachleute. Ich halte einen Vortrag über das Flammstrahlen von Stahl und Beton.

1967 **1967**

6.01. Meine Frau und ich sind wieder in München im Bayerischen Hof beim Barden-Ball der Sängerschaft Barden-Prag und freuen uns über das bunte Bild beim Einzug der Debütantinnen. Ich bin noch leicht behindert, weil ich mir bei der Rückkehr vom Ski-Ausflug einen Bluterguß im rechten Knie zugezogen habe.

18.01. Nach einem Besuch der Forschungsstelle Acetylen und einem Fachgespräch mit Dr. Hölemann in Dortmund-Aplerbeck übernachte ich im Hotel Wittekindshof, Westfalendamm 270. Beim Abendessen leistet mir die Gattin des Hoteliers, Frau Brasche, Gesellschaft. In Ilsenburg hieß sie noch Trudchen Lenz und wohnte in der Kastanienallee.

2.02. In der Technischen Akademie Eßlingen tauschen Fachleute ihre Erfahrungen im Oberflächenschutz von Bauwerken auf. Ich liefere meinen Beitrag zur Flammstrahltechnik.

5.02. Tochter Silvia kommt in Heppenheim an der Bergstraße auf ihre Kosten. Beim Karnevalsumzug sammelt sie fleißig Bonbons, und eine Kapelle aus Rotterdam liefert die Begleitmusik.

11.03. Zum Wochenende sind wir in Kehl am Rhein. Nach 30 Jahren sehe ich meinen Jugendfreund Dr. med. Kurt Jedicke wieder, der Stalingrad durchgestanden hat. Mit Frau Ulla, den Söhnen Kurt-Klaus und Ulrich feiern wir die Konfirmation des jüngsten Sohnes Mathias, für den ich die Patenschaft übernahm, als ich noch in der UdSSR weilte.

24.03. An diesem Karfreitag jagt Tochter Silvia den Eltern einen gehörigen Schreck ein: sie stürzt im Flur unserer Wohnung und erleidet einen 4 cm langen Riß der Kopfhaut, der mit 3 Nadeln genäht wird. Am 28. März kommt sie in das Diakonissen-Krankenhaus Kork (D-7642), wo wo ihr die Mandeln entfernt werden. Am 2. April fährt sie mit mir wieder nach Mühlheim.

19.06. Pfarrer Dr. Mertens aus Dölau kehrt wieder zu seiner evangelischen Gemeinde am Stadtrand von Halle an der Saale zurück. Er hat einige Tage bei uns verbracht und in Frankfurt nach alten Münzen Ausschau gehalten.

5.07. Auf der Insel Sylt überprüfe ich bei Keitum den Bewitterungsstand für Schiffsanstriche, deren Haftgrund auf verschiedene Art behandelt wurde.

22.05. Wir gehen zwar täglich mit Gasflaschen um, wissen aber, daß Leichtsinn und Gleichgültigkeit verheerende Folgen haben können. In Brüssel explodiert an diesem Tage eine Butan-Flasche und setzt in der Rue Neuve das Kaufhaus »A l'Innovation« in Brand. Die Katastrophe fordert mehr als 300 Tote.

21.06. In Frankfurt besuche ich die Ausstellung für chemisches Apparatewesen (ACHEMA), die alle 4 Jahre Gelegenheiten bietet, mit Korrossionsfachleuten aus vielen Ländern Erfahrungen auszutauschen.

16.07. Auf der Stadtautobahn in Berlin-West beginnen wir mit dem Flammstrahlen der Beton-Fahrbahnen vor dem Aufbringen von Kunststoff-Beschichtungen.

7.08. In Spanien reißt mir bei einem Ausflug zu einer entlegenen Grotte (Cueva de Canalobre) der Ventilkopf am hinteren Zylinder ab. Der Motor zieht nicht mehr, und das Fahrzeug muß oben im Gebirge stehen bleiben. Wir steigen in den PKW unserer Freunde. Abends finden wir in Alicante eine Opel-Vertretung. An Hand einer Michelin-Landkarte beschreibe ich den ungefähren Standort des Fahrzeugs. Am nächsten Vormittag werde ich angerufen: Wagen ist gefunden, Motor untersucht und das Ersatzteil in Madrid bestellt. Am Montag 16.30 Uhr war die Panne eingetreten, am Mittwoch 17.30 Uhr hole ich den Wagen ab und bezahle für die Instandsetzung 1895 Peseten, damals etwa 130,– DM. Eine lobenswerte spanische Leistung!

10.08. In Elche, wo sich der größte Palmenwald Europas befindet, werden mir in einer Gärtnerei in der Nähe des Ausgrabungsortes der »Dama de Elche« viele Bronze-Fibeln und sonstige Schmuckstücke der Wisigoten gezeigt, die in dieser Gegend von etwa 450 bis 700 unserer Zeitrechnung ansässig waren.

16.08. Die Spanische Luftwaffe begrüßt uns in Benidorm mit einer dreimotorigen Junkers 52! Wir sprechen über die Legion Condor und die »Blaue Division«. Anschließend wird mir im Hafen von Cartagena ein genietetes 80 Tonnen-U-Boot »Submarino Peral« von 1888 gezeigt.

3.10. In Karlsruhe hält die Wissenschaftliche Gesellschaft für Luft- und Raumfahrt ihre Jahrestagung ab. Der Vortrag über kleine Flüssigkeits-Brennkammern gibt mir manche Anregung.

6.10. In Hannover besuche ich eine Veranstaltung des Deutschen Verbandes für Schweißtechnik in der Stadthalle und begrüße meinen früheren Direktor im ZIS-Halle, Prof. Dr. Walter Anders, der über Wärmeeinbringung und Verwerfung vorträgt.

Bei den Fachgesprächen wird auch der Rostschutz von Stahl-Gittermasten für Hochspannungsleitungen erörtert. Im Raum Hannover hatten Teilnehmer das Flammstrahlen an Gittermasten beobachtet. Das Arbeiten im Bootsmannstuhl ist nicht jedermanns Sache. Wer schwindelfrei ist, lernt auch in luftiger Höhe die 50 und 100 Millimeter breiten Flammstrahlbrenner richtig anwenden.

26.10. In Frankfurt hat die WGLR zu einem Filmvortrag über die Mondlandung in der Robert-Mayer-Straße 2 eingeladen. Nach dem Vortrag sitzen Generalingenieur a.D. Eisenlohr, Ulf Weiß-Vogtmann, Dipl.-Ing. Rothermel und ich beisammen. Jeder kann über Ereignisse in der Luftfahrt und im Flugzeugbau berichten, die den anderen noch nicht bekannt sind.

Im Juli veröffentlicht »Das Deutsche Malerblatt« 38(1967) Heft 7, Seite 338+339 meinen Beitrag »Zur Frage der Güteklassen für die Anstrichvorbereitung von Stahloberflächen durch Flammstrahlen«. Ebenfalls im Juli erscheint in den USA in »Materials Protection« Vol.6, No. 7, pp 36-37 (1967) July, mein Beitrag »Flame Cleaning Iron and Steel - Surface Preparation with Oxy-Acetylene Torch«. Es ist ein Auszug aus meinem für einen CPI-Wettbewerb nach Paris gesandten Aufsatz, für den sich Korrosionsfachleute in den USA interessieren. Die englische Übersetzung meines deutschen Aufsatzs hatte ich am 25. März 1966 nach Paris geschickt.

Die CPI = »Commission Permanente Internationale de L'Acétylène, de la Soudure Autogène et des Industries qui s'y rattachent« hatte im Mai 1964 zu ihrem fünften Aufsatzwettbewerb aufgerufen. »Materials Protection« schreibt neben mein Paßbild: »Werner W. Becker is an international consultant specializing in thermal surface treatment processes for Beratungsstelle fuer Autogen-Technik in Muehlheim, Germany . . . «.

1968 **1968**

16.03. In Eberbach am Neckar hält der Forschungskreis für Geobiologie seine 7. Frühjahrstagung ab. Unter der bewährten Leitung von Dr. med. Ernst Hartmann werden Einflüsse und Beobachtungen erörtert, die auf sogenannte Erdstrahlen zurückgeführt und von Rutengängern und Pendlern wahrgenommen werden. Ich lerne die Radiästhesie, die Strahlenfühligkeit, und ihre vielseitigen Anwendungsmöglichkeiten kennen. Streng zu unterscheiden sind die als Pendler oder Rutengänger erfolg-

reichen Könner von den Scharlatanen, die zwar auch Wünschelrutenausschläge wahrnehmen, diese aber nicht richtig deuten können.
Wer über diese Scharlatane, deren Geschäftemacherei und unwahre Behauptungen Näheres erfahren will, findet Einiges in dem Buch »Wünschelrute Erdstrahlen und Wissenschaft«, das eine Arbeitsgemeinschaft in Bonn zusammengestellt und Dr. Otto Prokop 1955 herausgegeben hat.
Viel ergiebiger werden folgende Bücher für mich sein:

1) »Das Rätsel der Wünschelrute« von Geheimrat Professor Dr. Johannes Walther, der am 20.07.1860 in Neustadt an der Orla in Thüringen geboren wurde und 1937 in Halle an der Saale starb.
Obwohl selbst nicht rutenfühlig, stellte er mit Hunderten seiner Geologiestudenten rutentechnische Übungen an und war fast auf jeder Tagung des »Internationalen Vereins der Wünschelrutenforscher«, der sich später »Reichsverband für das Wünschelrutenwesen« nannte.
2) »Odisch-magnetische Briefe« von Karl Freiherr von Reichenbach, der sie im August 1852 auf Schloß Reisenberg bei Wien verfaßt hatte. Ihm verdanken wir die Bezeichnung »Od« für eine unbekannte Kraft, die sich von der Elektrizität und vom Magnetismus unterscheidet, und die Bezeichnung »der sensitive Mensch« für eine Person, die das Od fühlen und deuten kann.
3) »Radiästhetische Studien« von Candi = Pseudonym für Benediktinerpater Prof. Dr. Cunibert Leo Mohlberg, geboren am 17. April 1878, gestorben am 21. Mai 1963. Seinen Studien stellte er den Satz voran: »Die Radiästhesie ist der Aufbruch des Geistes zum Siege über die Materie«.
Er erinnert daran, daß der Ausdruck »Radiästhesie« von dem katholischen Geistlichen Abbé Bouly, Pfarrer in Hardelot (Pas de Calais), stammt und eine besondere Empfindsamkeit für unsichtbare Strahlungen bezeichnet, »die mittels eines Pendels wahrgenommen und nach bestimmten Grundsätzen und Methoden gedeutet werden können.« Prof. Dr. Mohlberg, selbst ein vorzüglicher Pendler, war vom Können des Abbé A. Mermet so beeindruckt, daß er ihn den König der Radiästhesie nannte.
4) »Der Pendel als wissenschaftliches Instrument« von Abbé A. Mermet, der am 7. September 1937 in Jussy bei Genf starb. Die deutsche Ausgabe in 5. Auflage erschien 1963 in Luzern.

21.03. Prof. Dr.-Ing. habil. Erich Zorn feiert in der Oranienstraße 31 in Bad Soden (D-6232) seinen 70. Geburtstag. Ich verdanke ihm manchen persönlichen und fachlichen Rat.

22. 3. Ein Besuch bei Jakob W.F. Stängle in Bernstadt (D-7901) bei Ulm vermittelt neue Erkenntnisse über magnetische Meßverfahren. Der von Ing. Harder, München, gestaltete Szintillationszähler zeigt über den Flanken eines unterirdischen Wasserlaufs vermehrte Impulse an. Die eindeutigen Aussagen der Diagramme ermöglichen eine fast fehlerlose Ortung von Bohrpunkten.
Bei der Wiedererschließung der Thermalquellen von Zurzach (Schweiz) hatte Dr. Kopp aus Ebikon 1954 zunächst mit Wünschelrute die Hauptquellführung ermittelt, die 1955 der Szintillationszähler bestätigte. Mittels Rollenmmeißel wurde bis auf 470 Meter Tiefe gebohrt, wo aus einer unter 50 Grad aufsteigenden Kluft Thermalwasser von 39 Grad Celsius mit einer Schüttung von 200 Liter je Minute entsprang.

6.04. Meine Tante Marie Ruhberg in Ilsenburg am Harz, Hochofenstraße 45, erhält 100 Mark und folgendes Schreiben vom Sekretär: »Der Vorsitzende des Staatsrates der Deutschen Demokratischen Republik, Walter Ulbricht, übermittelt Ihnen zu Ihrem 90. Geburtstag herzliche Grüße und die besten Wünsche für gute Gesund-

heit und noch schöne Lebensjahre in unserer sozialistischen Gemeinschaft.
Mit freundlichen Grüßen gezeichnet Honecker.«

4./8.06. Die Schiffbautechnische Gesellschaft hat nach Luzern zu ihrer Sommertagung eingeladen. Ich besichtige die Dieselmotoren-Fertigung der Gebr. Sulzer AG in Winterthur und das Kavernen-Kraftwerk Göscheneralp.

27.07. In unserem Urlaubsort Benidorm am Mittelmeer sehe ich um 21.30 Uhr einen Sateliten nach Süden ziehen und 10 Minuten später einen anderen Satelliten nach Osten. Um 21.50 Uhr sehe ich wieder den nach Süden ziehenden Satelliten, aber am 3. August.

20.08. Rutenmeister Wilhelm Meseck überprüft unsere Wohnung in Mühlheim am Main, Händelstraße 3. Schlaf- und Arbeitsplätze sind nicht strahlengefährdet.

21.08. Truppen der UdSSR besetzen die CSSR. Alexander Dubĉek wird entmachtet, seine Reformen werden größtenteils abgebaut.

14.09. Der Verband für Ruten- und Pendelkunde e.V. führt in Detmold seine 13. Mitglieder-Hauptversammlung durch. Den Vorsitz führt Jakob W.F. Stängle aus Bernstadt (D-7901), den ich dort am 22. März 1968 besucht hatte. Unter seiner Leitung beteiligen sich an einem Fachgespräch:

- Georg Blendinger, Nürnberg, Leiter der Fachgruppe Deutscher Pendler, der auch Verbindung zur British Society of Dowsers aufrecht erhält;
- Dr. med. Dieter Aschoff, Wuppertal;
- Dr. med. Ernst Hartmann, Eberbach am Neckar;
- Rechtsanwalt Bruno Kropf, München.

Pressereferent Wilhelm Meseck, Niedwiesenstraße 62, 6000 Frankfurt am Main 50, ist unermüdlich und umsichtig tätig, unsachliche Angriffe der Gegner der Radiästhesie abzuwehren. Gern unterhalte ich mich mit ihm. In der »Zeitschrift für Radiästhesie« 20 (1968) I, Jan./März berichtete er über einen »Lernvorgang« im Dritten Reich, der die Rutengänger und Pendler betraf:

Um 1934 hatte der Deutsche Reichsverband der Wünschelrutenforscher dem Reichsjustizminister und dem Leiter des Reichsgesundheitsamtes rund 900 Arbeitsergebnisse von Rutengängern vorgelegt und um Überprüfung gebeten. Die angesprochenen Behörden antworteten, daß die amtliche Überprüfung völlig negative Ergebnisse erbracht habe. Der Reichsverband untersuchte nun seinerseits diese unerwartete Stellungnahme und fand heraus, daß eine amtliche Überprüfung überhaupt nicht stattgefunden hatte. Auf Veranlassung der Reichsregierung mußten Reichsjustizminister und der Leiter des Reichsgesundheitsamtes ihre unwahren Behauptungen und Bewertungen zurücknehmen.

1941 folgte ein weiterer Versuch, die Radiästhesie in Acht und Bann zu tun. Anlaß war der Englandflug des Stellvertreters des Führers, Rudolf Heß, der den Ausbruch des zweiten Weltkrieges zu verhindern suchte. Heinrich Himmler, der Chef der Deutschen Polizei, übernahm die Arbeitsgebiete von Rudolf Heß, der bis dahin seine schützende Hand über die Strahlenfühligen gehalten hatte. Die einsetzende Verfolgung der Anhänger »okkulter« Vereinigungen erstreckte sich auch auf Rutengänger und Pendler, von denen einige unverdientermaßen im Konzentrationslager landeten.

Aber bereits 1943 ließ sich Heinrich Himmler von Prof. Wimmer, der als »Amtlicher Sachverständiger des Deutschen Reiches für das Wünschelrutenwesen« nicht in Ungnade gefallen waren, überzeugen, was Rutengänger zu leisten vermögen. Die amtlich bestallten Wehr-Geologen waren nicht imstande, das für die Waffen-SS im Kampfgelände benötigte Wasser zu finden. In Gegenwart von Heinrich Himmler fand der Rutengänger Prof. Wimmer gleich am ersten Tag fünf gewünschte Brunnenstellen, die nach ihrem Erschließen Wasser lieferten. Sofort ließ Himmler eine staatliche Schule zur Ausbildung von Rutengängern errichten.

Wilhelm Meseck schildert anschaulich, wie die Anwärter auf Eignung geprüft wurden. Der Prüfer stand hinter einer Kreuzung zweier unterirdischer Wasserläufe und spannte seine Wünschelrute. 8 Meter vor dem Prüfer stand der Prüfling, dessen Strahlungsstärke (= Od = Aura) ermittelt werden sollte. Schwang die Rute ruhig auf und ab, wurde der Prüfling als nicht geeignet entlassen, auch wenn die vorangegangene Prüfung des Spannungsunterschiedes der linken zur rechten Hand den Forderungen entsprochen hatte. Als W. Meseck vor dem Prüfer stand, »tanzte die Rute wie rasend auf und ab« – in einer Stärke, die dem Prüfer noch nicht begegnet war. So weit W. Meseck. Auch Goethe war von solchen Fähigkeiten beeindruckt und schrieb 1798 in seinen »Weissagungen des Bakis«:
»Wünschelruten sind hier, nicht zeigen am Stamm sie die Schätze,
Nur in der fühlenden Hand regt sich das magische Reis«.
Im Zweiten Teil des »Faust«, Kaiserliche Pfalz, läßt Goethe sein tiefes Wissen um die Rutenkunst durch Mephisto äußern:
Da stehen sie umher und staunen,
Vertrauen nicht dem hohen Fund,
Der eine faselt von Alraunen,
Der andre von dem schwarzen Hund.
Was soll es, daß der eine witzelt,
Ein anderer Zauberei verklagt,
Wenn ihm doch auch einmal die Sohle kitzelt,
Wenn ihm der sichere Schritt versagt.
Ihr alle fühlt geheimes Wirken
Der ewig waltenden Natur,
Und aus den untersten Bezirken
Schmiegt sich herauf lebendige Spur.
Wenn es in allen Gliedern zwackt,
Wenn es unheimlich wird am Platz,
Nur gleich entschlossen grabt und hackt,
Hier liegt der Spielmann, liegt der Schatz.
(Faust-Ausgabe 1982, C. H. Beck-Verlag, München, Zeile 4977-4992).
Was bedeutet hier »Spielmann«?
Wenn ich um 1920 in Ilsenburg am Harz stolperte, riefen mir meine Eltern zu: »Da liegt ein Musikant begraben!« Altes Volkswissen meinte damit die geheimen Strahlen aus dem Erdboden, die mit dem darüber schreitenden Menschen ihr böses Spiel treiben. Verblassendes Brauchtum ließ dann aus dem unverstandenen Spielmann einen Musikanten werden.
Im zweiten Teil des »Faust« (1. Akt, Kaiserliche Pfalz, Zeile 4917-4922) hat Goethe vorsorglich die Gegner der Radiästhesie und aller unabhängigen Forscher mit seinem Urteil bedacht, daß uns wieder Mephisto vermittelt:
Daran erkenn' ich den gelehrten Herrn!
Was ihr nicht tastet, steht euch meilenfern,
Was ihr nicht faßt, das fehlt euch ganz und gar,
Was ihr nicht rechnet, glaubt ihr, sei nicht wahr,
Was ihr nicht wägt, hat für euch kein Gewicht,
Was ihr nicht münzt, das, meint ihr, gelte nicht.

27.09. In der Jahrhundert-Halle in Frankfurt-Höchst hält mein früherer Direktor im ZIS-Halle, Prof. Dr. Walter Anders, einen Vortrag. Anlaß ist die Große Schweißtechnische Tagung des Deutschen Verbandes für Scheißtechnik (DVS).
Am gleichen Tag feiert mein Bundesbruder, Dipl.-Kaufmann Dipl.-Handelslehrer Walter Jung, Prokurist der Maschinenfabrik Fredenhagen KG., in Offenbach, Buchrainweg 126, seinen 60. Geburtstag. Ehefrau Hanna versorgt die Gäste »aufs beste«.

28.09. Tochter Silvia feiert Ihren 11. Geburtstag mit Christine Heydeck + Hannelore Kehm + Reni Butkus + Brigitte Hildebrandt.

9.10. Am 9. Oktober besuche ich Frau Wüst in der Burg von Unterelkofen (D-8018). Dr. Wüst ist zur Kur bei Prof. Dr. Zabel in Berchtesgaden.

14.10. Am 14. Oktober ruft S. Günter an und lädt uns zur Besichtigung des neuen Grundstücks bei Feldafing am Starnberger See ein.

22./24.10. Bei einer Veranstaltung der VDI-Fachgruppe Kunststofftechnik in Schleswig habe ich Gelegenheit, die Anlagen des Dannewerk und die Ausgrabungen in Haithabu zu besichtigen.

4.12. In der Beethoven-Halle in Bonn hält die Deutsche Gesellschaft für Luft- und Raumfahrt ihre Jahrestagung ab. Ich nehme an der DGLR-Mitgliederversammlung teil. Auch die Mitglieder der WGLR versammeln sich. Jedes Treffen bietet neue Anregungen.

17.12. Um 21.15 Uhr explodiert in der Hanauer Landstraße in Frankfurt am Main ein Acetylen-Gasbehälter. Auch bei Befolgung aller Sicherheitsvorschriften muß beim Umgang mit Technischen Gasen mit solchen Vorkommnissen gerechnet werden.

19.12. Endlich habe ich ein lange gesuchtes Buch von Georges Lakhovsky aufgetrieben: »Le secret de la vie« (Das Geheimnis des Lebens), München 1932. Er stellte grundlegende Untersuchungen über den Einfluß von Strahlungen auf Lebewesen an und setzte sich erfolgreich mit den Gegnern der Rutengänger und Pendler auseinander. Folgende Beobachtungen und Überlegungen erscheinen mir beachtenswert:

1) Strahlungen, deren kennzeichnende Größen Wellenlänge und Schwingungszahl sind, ermöglichen den meisten Tieren eine genaue Ortung. Werden die von den Tieren ausgesandten Strahlen sehr kleiner Wellenlänge durch technische Sender überlagert, finden sich die Tiere nicht mehr zurecht. J. Casamajor beobachtete Brieftauben, die am 2. Juli 1924 völlig planlos nahe der Antenne des Rundfunksenders Paterna bei Valencia umher schwirrten. Wenige Minuten nach Abschalten des Senders ordneten sich die Tauben zum Fluge in Richtung Heimat. Versuche bei Bad Kreuznach (D-6550) im März 1926 bestätigten dieses Verhalten.

2) Die drei zueinander senkrechten Bogengänge des Innenohrs ermöglichen eine Ortung im Raum und das Aufrechterhalten des Gleichgewichts. Der häutige Schneckengang ist mit Endolymphe gefüllt, die die Eigenschaften eines Elektrolyts besitzt und elektrischen Strom leitet. Nach Ansicht von G. Lakhovsky sind Bogengänge und Schnecke mit ihrer für elektromagnetische Strahlen empfindlichen Flüssigkeit die Antenne, mit denen die Tiere aus der Strahlenvielfalt für sie nützliche Nachrichten entnehmen und auf bestimmmten Wellenlängen senden.

3) Die für den Betrieb der tierischen Sende- und Empfangsgeräte erforderliche elektrische Spannung wird durch Strahleneinfluß und Reibung gewonnen. Z.B. erzeugt ein vor einem Radium-Elektrometer bewegter Entenflügel eine elektrostatische Ladung von rund 600 Volt. In 500 Meter Höhe beträgt der Spannungsunterschied gegenüber dem Erdboden 50000 Volt. Ein in dieser Höhe fliegender Vogel gewinnt durch die Luftreibung seiner Flügelfedern nochmals etwa 25000 Volt hinzu, kommt also auf eine Ortsspannung von 75000 Volt. Erscheint diese ihm zu hoch, fliegt er tiefer, wünscht er mehr Spannung, fliegt er höher; er bildet gegenüber dem Erdboden einen regelbaren Spannungsspeicher (Kondensator) in der Luft.

4) Bereits 1923 erkannte G. Lakhovsky, daß alle Lebewesen Strahlen aussenden, und daß die fliegenden Lebewesen in höchstem Maße fähig sein müssen, ausgesandte und empfangene Strahlen richtig zu deuten. Fische gewinnen ihre erforderliche elektrische Spannung aus ihrer Oberflächenreibung im Wasser und aus der Veränderung ihres Abstands vom Meeresboden. Säugetiere auf dem Lande können ihren Spannungszustand kaum ändern und als Antenne nur die

Schnecke im Innenrohr nutzen. Die Fühler der Insekten sind deren Antennen, die wie technische Erreger wirken, die im abgestimmten Vielfachen ihrer Grundwellenlänge schwingen. Hier ist zu ergänzen, daß besonders fühlige Menschen mit ihrer ausgestreckten Hand eine Antenne höchster Empfindlichkeit bilden.

5) Die kosmischen Strahlen durchdringen unseren Körper und regen in den Zellkernen elektrische Wirkungen an. Unsere Ernährung unterstützt diese Zellschwingungen nur, wenn sie eine Vollwertnahrung, ein »Lebensmittel«, ist; in der Konservennahrung sind lebende, schwingende Stoffe nicht mehr enthalten.
Mehr Beachtung sollten auch die in Paris im Institut Pasteur mit Mäusen angestellten Versuche finden. Von einer Zucht erhielt die eine Hälfte nur abgekochtes Wasser und gekochte Nahrungsmittel, die andere Hälfte ungekochtes Wasser, rote Rüben und rohe Salate. Nach einem Monat waren alle Warmverpflegten tot, alle Rohköstler lebten noch. Danach entstand die Theorie der Vitamine. Manche Völker in Afrika, die sich von rohem Knoblauch und Zwiebeln nährten, kannten die Krebs-Krankheit nicht. Als die englischen Kolonialherren »demokratische« Ernährungssitten einführten, nistete sich auch der Krebs ein.
Für die Wirkung von Strahlen brachte auch Prof. Jellinek in Wien ein Beispiel: neugeborene Mäuse bestrahlte er ein bis drei Wochen lang täglich einmal eine Stunde mit 3-Meter-Wellen. Die Mäuse gediehen prächtig und bekamen ein besonders dichtes Fell.

6) Elektrische Schwingungen setzen voraus, daß ein elektrischer Stromkreis vorhanden ist, der Stromrückwirkung (Selbstinduktion) und Fassungskraft (Kapazität) besitzt. Jede Zelle erfüllt diese Vorbedingung. Außerdem muß eine äußere Ursache diesen Stromkreis in Schwingungen versetzen. Unsere Körperzellen bewegen sich in den veränderlichen magnetischen und elektrischen Feldern, die durch kosmische Strahlen entstehen. Alle schwingende Energie auf der Oberfläche der Erde entsteht aus der elektromagnetischen Feldverknüpfung (Induktion), die durch die Drehung unseres Planeten im Weltall erzeugt wird.
G. Lakhovsky entwickelte Schwingkreise, die ein magnetisches Hilfsfeld erzeugen, das kosmische Wellen überlagert und durch eine Art Filterung schädliche Energieanteile beseitigt.

7) Überzeugend sind die Lakhovsky-Versuche mit Blumen. Am 4. Dezember 1924 okulierte er eine Reihe von Geranien mit Krebswucherung. Eine dieser Pflanzen wurde mit einem offenen Kupferring von 30 Zentimeter Durchmesser umgeben. Nach 14 Tagen waren alle Krebs-Geranien eingegangen – mit Ausnahme der Kupferring-Geranie, die im Juni 1925 doppelt so groß war wie die unbehandelten Vergleichs-Geranien.
In diesem Zusammenhang sei erwähnt, daß die Pflanze Ginseng in Tibet und in der Mongolei in der Nähe radioaktiver Mineralschichten wächst. Sie nimmt deren Strahlung auf und wandelt diese in ihren Zellen auf die Ginseng-Schwingungszahl. Hierauf werden die Heilwirkungen von Ginseng zurückgeführt, die denen radioaktiver Thermalquellen ähneln.

8) Ein Beispiel für den Einfluß von Himmelskörpern auf das Strahlungsfeld unseres Planeten lieferte der belgische Ingenieur P. Vincent. Er wertete Hör-Ergebnisse des astrophysikalischen Observatoriums von Meudon aus und wies nach, daß die Mondstrahlen mit den Wellen der Rundfunksender Überlagerungen bilden. Größt- und Kleinstwerte im Empfang wechseln allwöchentlich mit den Mondphasen.

1.01. Heute am Neujahrstage nehme ich mir wieder die Biorhythmen vor und ermittle für Tochter Silvia den 4114., für meine Frau den 18155. und für mich den 20065. Lebenstag.

Auf einer Tagung des Forschungskreises für Geobiologie in Eberbach am Neckar wurde ich auf diese Wissenschaft der gesetzmäßigen Schwankungen menschlicher Leistungsfähigkeit aufmerksam gemacht. Die heutige Biorhythmik fußt auf Beobachtungen, die der Berliner Biologe und Arzt Dr. Wilhelm Fließ 1906 in seinem Buch »Der Ablauf des Lebens« veröffentlichte. Mit Tausenden von Beispielen wies er das Auftreten einer weiblichen Periode von 28 Tagen und einer männlichen von 23 Tagen nach.

Unser Auf und Ab der körperlichen und seelischen Leistung ist bedingt durch den Aufbau und Abbau unserer Zellen. Leben ist nur möglich, solange die sich nach 23 Tagen erneuernden männlichen Zellen auf die sich nach 28 Tagen erneuernden weiblichen Zellen einwirken. Prof. Dr. Adolf Butenandt beschrieb das im Juni 1954 in Wiesbaden auf einer Tagung der Max-Planck-Gesellschaft so: »Durch Experimente ist bewiesen, daß sich die Zellen, ohne ihre Form zu verlieren, in einem dauernden Auf- und Abbau befinden.«

1928 entdeckte Prof. Dr.-Ing. Friedrich Teltscher, Innsbruck, den dritten geistigen Rhythmus von 33 Tagen. An Hochschularbeiten Tausender von Studenten erkannte er deren Leistungsschwankungen in einem 33-tätigen Intellektrhythmus. Diese Entdeckung bestätigte später der USA-Professor Dr. Rexford Hersey.

Wer kennt nicht die Plötzlichkeit schöpferischer Einfälle im geistigen Hoch und das Brett vor dem Kopf im geistigen Tief.

Diese drei Rhythmen werden durch Sinus-Kurven veranschaulicht. Die Hoch-Hälfte ist die Zeit der Kraftabgabe, des Durchsetzungswillens; die Tief-Hälfte der Kurve dient der Kräfteerneuerung, der inneren Sammlung und ist die beste Zeit für die Aufnahme von Heilmitteln.

Die Geburtstunde liegt stets auf dem Übergang der Hoch-Hälfte zur Tief-Hälfte der Sinus-Kurve. Der Beginn der Hoch-Hälfte und der Tief-Hälfte werden als kritische Tage angesehen, an denen der Mensch zu körperlichem, seelichem oder geistigem Versagen neigt. Eine Doktordissertation ergab, daß von zehn Verkehrsunfällen sieben auf kritische Tage der Verschulder entfielen; hieraus folgt aber auch, daß nicht jeder kritische Tag etwas Schlechtes bringen muß. In seinem Buch »Biorhythmik, Das Auf und Ab unserer Lebenskraft« hat Hugo Max Gross, der 1967 in Wiesbaden verstarb, gute Erläuterungen und Anweisungen zur Erstellung eines persönlichen Rhythmogramms gegeben. Die 2. Auflage erschien 1966 im Verlag Hermann Bauer KG in Freiburg im Breisgau.

Wissenswert ist noch die Angabe von H. M. Gross auf Seite 156 seines Buches: »Nach allgemeingültigen psychotechnischen Ermittlungen setzen sich die Angehörigen eines jeden Berufes zu 10% aus wirklichen Könnern, 50% Mittelmaß und 40% unter Mittel zusammen.«

6.02. In Darmstadt halte ich im VDI-Seminar Bauschutz vor 120 Zuhörern einen Vortrag über das Flammstrahlen von Stahl und Beton.

15.02 In Frankfurt-Griesheim, Espenstraße 37, feiern wir Fastnacht. Ministerialrat Dr. jur. H.G. Berner und Frau Rosemarie sorgen unter tatkräftiger Mithilfe des Nachwuchses für einen bunten Rahmen und einen abwechslungsreichen Verlauf.

21.02. In der Technischen Akademie Eßlingen, Plochinger Straße 41, treffen sich 111 Teilnehmer zum Seminar Bautenschutz. Prof. Kögel erwähnt 991 Lehrgänge, die bisher 47608 Teilnehmer nach Eßlingen brachten. Ich berichte über Flammstrahlanwendungen auf Stahl und Beton.

19.03. In Landshut (D-8300) unterhalte ich mich mit Regierungsbaumeister Dipl.-Ing. Robert Endrös über das Flammstrahlen von Stahl und Beton in Wasserwerken.

Auf den Tagungen des Forschungskreises für Geobiologie tritt er mit bemerkenswerten Ergebnissen seiner Forschungen über die Wirkung von Strahlungen auf Lebewesen hervor. Am 22. März veranstaltet der Forschungskreis in Eberbach seine 8. Tagung.

28.03. Die Schiffbautechnische Gesellschaft hat den Auschuß für Korrosions- und Bewuchs-Forschung nach Wilhelmshaven eingeladen. Wir besichtigen den Marinestützpunkt Heppenser Groden und erhalten einen Einblick in den Dienstbetrieb.

4.04. Am 4. April gewährt mir Architekt Margraf in Osnabrück ein Privatissimum über seine Erfolge in der Rutenkunst. Er hat unterirdische Räume für die Archäologen entdeckt.

23.04. Am 23. April besichtige ich die Reste der um -27 gegründeten römischen Kolonie Augusta Raurica bei Basel.

23.04. Bei der CIBA AG in Basel erläutere ich die Haftgrundsäuberung durch Flammstrahlen vor dem Aufbringen von Kunststoffbeschichtungen.

5.05. Mit den Beratungsingenieuren der BEFA nehme ich an der Beisetzung unseres am 1. Mai verstorbenen Direktors, Dipl.-Ing. H. Schulz, in Liblar teil.

15.05. In Braunschweig frische ich auf dem Deutschen Ingenieurtag verblichene Kenntnisse auf. Mit meinem früheren Lehrer, Prof. Dr.-Ing. Niemann, tausche ich Erinnerungen an gemeinsame Exkursionen aus.

13.06. Tochter Silvia ist begeistert vom Schulausflug zum Felsenmeer über Bensheim an der Bergstraße. Schon um 100 nach unserer Zeitrechnung nutzten die Römer den dort vorkommenden Granit und hinterließen uns eine beachtliche Anzahl bearbeiteter Säulen und Platten.

15.06. An diesem Sonntag folgen wir einer Einladung zum Barden-Ball in München. Am Vormittag feiern wir ein Wiedersehen mit Dipl.-Ing. Siegfried Günter und Frau Ruth, mit denen wir 8 Jahre in der UdSSR verbrachten. Schon am Vorabend treffen wir beim Festkommers im Deutschen Museum viele Bekannte aus früherer Zeit.
Der schöne Tag wird etwas getrübt durch einen Auffahrunfall. Als wir in Starnberg vor einer Ampel warten, schiebt uns eine mit 30 km/h ankommende Citroen-Ente gegen den Vordermann.

25.06. In Salzburg bin ich als Mitglied der Hermann-Oberth-Gesellschaft unter den Gästen, die Prof. Dr. Hermann Oberth zum 75. Geburtstag gratulieren. Prof. Dr. Wernher von Braun hält die Geburtstagsansprache. Präsident Dr. A. F. Staats und ehemalige Peenemünder übermitteln ihre Glückwünsche. Aus Anlaß des 18. Raumfahrtkongresses sind rund 400 Wissenschaftler und 150 Journalisten aus aller Welt in Salzburg versammelt. Einladende waren die Hermann-Oberth-Gesellschaft und die Österreichische Gesellschaft für Weltraumforschung und Flugkörpertechnik.

26.06. In Inzell (D-8221) tausche ich mit Fachleuten des Deutschen Eis- und Rollsportzentrums und des Bauhofs für Winterdienst Erfahrungen im Behandeln von Beton- und Straßendecken aus.

2.07. In Skopje in Jugoslawien zeigen sich noch mancherlei Spuren des schweren Erdbebens, das sich während meines Aufenthaltes in Rimini ereignet hatte.

5.07. In der Nähe des Olymp gerate ich am Meeresufer in Schwimmsand. 1 Jugoslawe, 2 Österreicher, 2 Westdeutsche und 1 Grieche hieven meinen Wagen und mich wieder auf festen Boden. Nachträglich nochmals herzlichen Dank! Beim Besichtigen des Orakels und Theaters in Delphi bedauere ich, daß kein Rutenmeister zugegen ist, der Auskunft über die unterirdischen Wasserläufe geben könnte. Aber ungemein erfrischend ist das Wasser aus der Quelle, die schon vor 3000 Jahren Durstige labte.

12.07. In Epidauros bewundere ich das Theater des jüngeren Polyklet mit seiner einmaligen Klangwirkung. Auf der obersten Reihe verstehe ich deutlich die Unterhaltung meiner Bekannten in der Mitte der für die Schauspieler bestimmten Fläche.

16.07. Heute bin ich am Castel del Monte, 50 km westlich vom Hafen Bari, das der Hohenstaufen-Kaiser Friedrich II. (1194-1250, regierte ab 1212) als Jagdschloß errichten ließ. Dieser achttürmige Steinbau gefällt mir als Darstellung kaiserlicher Macht.

Nach Beendigung dieser Urlaubsfahrt ist der Kilometerzähler um 5466 km vorgerückt.

20.07. Mit dem USA-Raumfahrzeug »Apollo 11« landen die ersten Menschen auf dem Mond – im Mare Tranquillitatis spazieren N. Armstrong und E. Aldrin umher. Das kann ich nur schwarz-weiß beobachten, weil der SABA-Farbfernsehr erst am 30. Juli angeschlossen wird.

18.08. Die BEFA-Mitgliedsfirmen beschließen die Auflösung der Abteilung Flammstrahlen, die seit Jahren nur von einem ihrer Mitglieder unterstützt wurde. Ein Verfahren, das nur mit 1% Anteil am gesamten Acetylen-Absatz beteiligt ist, wird nicht für förderungswürdig gehalten.
Während meiner Tätigkeit wurden bis zum 20. September 1969 erfaßt:
1) 2212 Firmen, die im eigenen Betrieb geflammstrahlt haben;
2) 392 Firmen, die im Auftrage Bauwerke und Werkstücke geflammstrahlt, mit Rostschutzanstrichen versehen oder ähnliche Oberflächenkonservierungen vorgenommen haben;
3) 107 Dienststellen von Kommunal-, Landes- und Bundesbehörden, die in irgendeiner Form für den Oberflächenschutz von Bauwerken zuständig waren;
4) 48 Dienststellen der Deutschen Bundesbahn, z.B. Zentralämter, Brückendezernate, Gleislager, Bahnmeistereien;
5) 37 Reedereien, die auf Wirtschaftlichkeit des Korrosionsschutzes von Stahlschiffen bedacht waren;
6) 88 Seeschiff- und Binnenschiff-Werften, deren Flammstrahlkolonnen betreut oder mit Hilfe der BEFA-Vorführer neu aufgestellt wurden.

23.09. Im Rahmen der Großen Schweißtechnischen Tagung in Essen ergeben sich Gespräche mit Dr.-Ing. Rauert und Frau, HOG-Präsident Dr. A. F. Staats und Frau, Dr. Hill, H. J. Münkner, meinem früheren Direktor Prof. Anders vom ZIS in Halle an der Saale und mit Prof. Dipl.-Ing. Cvetko Joanović von der Fakultät für Maschinenwesen der Universität Novi Sad. Auch Herr Kutscha ist zugegen, der mir 1963 in Kiel ein Hafenhandbuch der Deutschen Bucht schenkte und meine technische Neugier auf Hafenanlagen lenkte. Erfreulich ist das Wiedersehen mit meinem früheren Mitarbeiter Ingenieur Günter Wolf.

27.09. Tochter Silvia feiert ihren Geburtstag mit Reni Butkus + Hannelore Kehm + Christine Heydeck + Dorle Pistor + Antje Dietz.

25.10. In Waldkatzenbach (D-6935 Waldbrunn) treffen sich Beflissene der Ruten- und Pendelkunst zu einem Wochenend-Lehrgang des Forschungskreises für Geobiologie, den Dr. med. Ernst Hartmann in bewährter Weise leitet. Mit jeder Teilnahme gewinne ich neue Erkenntnisse in der Radiästhesie.

19.07. Mein früherer Chef, Dr.-Ing. e.h. Dipl.-Ing. Siegfried Günter wird unerwartet aus unserer Mitte gerissen. Seit 1940 in Rostock-Marienehe flüchtig mit ihm bekannt, lerne ich ihn in der UdSSR ab 1946 als stets freundlich gesinnten Meister seines Fachs und persönlich schätzen.
Im Nachruf der Vereinigte Flugtechnische Werke GmbH (Frankfurter Allgemeine Zeitung vom 24.06.69) lese ich: »Siegfried Günter, der im 70. Lebensjahr stand, war einer der großen Pioniere der Luftfahrt. In nahezu 40 Jahren hat er als Entwurfsleiter bei Ernst Heinkel bis zum Kriegsende, nach dem Neubeginn der deutschen Luftfahrtindustrie wieder als Projektleiter bei Ernst Heinkel und im Entwicklungsring Süd und seit 1965 nach der Fusion zwischen VFW und Heinkel als Projektchef des Entwicklungsbereiches München von VFW Flugzeuge entwickelt, die das Ansehen dieser Industrie in der Welt mitbegründeten bzw. wiederbegründeten, so die He 111, He 176, He 178, He 119, He 100, He 162, VJ 101 und zuletzt die VC 400.«
Siegfried und sein Bruder Walter Günter wurden als Zwillinge am 8. Dezember 1899 geboren in Keula (DDR-5401), 65 km südlich von Ilsenburg. Walter Günter ver-

starb 1937 nach einem Autounfall und erhielt von der Hansestadt Hamburg ein Staatsbegräbnis auf dem Ohlsdorfer Friedhof neben Paul Bäumer, dem Pour le Mérite-Flieger des ersten Weltkrieges, der schon 1927 mit dem Flugzeug »Rofix« tödlich verunglückt war.

Seit 1931 bei Ernst Heinkel haben die Gebrüder Günter und dann Siegfried Günter folgende Flugzeuge entworfen:

1) »Sausewind« als erster Entwurf von Walter Günter im Betrieb von Bäumer-Aero in Hamburg gebaut, ist auf Anhieb ein berühmtes Leicht- und Sportflugzeug. Beide Brüder Günter beginnen 1922 an der Technischen Hochschule das Studium des Flugzeugbauens. Walter gibt 1924 sein Studium auf und geht zu Bäumer, Siegfried erhält 1926 sein Diplom und geht auch zu Bäumer. »Sausewind BII« gewinnt 1925 im Deutschen Rundflug den Preis der »BZ am Mittag«. Ernst Heinkel wird aufmerksam und holt 1931 beide Brüder zu sich.

2) He 50 = einmotoriges Sturzkampfflugzeug, Doppeldecker (1933)
3) He 51 = einmotoriger Jagdeinsitzer, Doppeldecker (1935)
4) He 59 = zweimotoriges Schwimmerflugzeug (1935)
5) He 60 = einmotoriges Schwimmerflugzeug, Doppeldecker (1935)
6) He 64 = einmotoriges Sportflugzeug, mit dem Oberleutnant Seidemann beim Europaflug 1932 die Teilstrecken am schnellsten bewältigt.
7) He 66 = Sturzbomber (1933)
8) He 70 = »Heinkel-Blitz«, eins der ersten einmotorigen Schnellverkehrsflugzeuge der Welt, das am 1. Dezember 1932 zum Erstflug abhob.
9) He 100 = einmotoriges Rekordflugzeug, mit dem Flugkapitän Hans Dieterle am 30. März 1939 den absoluten Geschwindigkeitsweltrekord (746,606 km/h) erstmals nach Deutschland holt.
10) He 111 = zweimotoriges Schnellverkehrsflugzeug;
He 111 K = hatte 1936 ein Fluggewicht von 8 Tonnen und trug 1000 kg Bomben 500 km weit;
He 111 P = wog 1944 16 Tonnen und trug 2000 kg Bomben in 10 km Gipfelhöhe 500 km weit;
He 111 Z = fünfmotoriges Doppelrumpfflugzeug zum Schleppen von Lastenseglern seit 1940
11) He 112 = einmotoriger Jagdeinsitzer, Tiefdecker (1937);
He 112 Zelle erhält als Versuchsträger ein Raketentriebwerk von Wernher von Braun, das Ingenieur Walter Künzel mit seinen Mechanikern einbaut;
He 112 mit Luftschraubenantrieb erhält zusätzliches Raketentriebwerk, das in der Höhe eingeschaltet wird.
12) He 114 = einmotoriger Seeaufklärer, Anderthalbdecker
13) He 115 = zweimotoriges Torpedo-Seeflugzeug, das am 20. März 1938 acht Geschwindigkeitsrekorde erflog. Norwegen kaufte diese Flugzeuge in größerer Menge
14) He 116 = viermotoriges Postflugzeug entstand 1937
15) He 118 = einmotoriger Sturzbomber kam 1937 zum Fliegen, wurde dann nach Japan verkauft
16) He 119 = Schnellkampfflugzeug mit Doppelmotor und einer Luftschraube; zwei Daimler-Benz 601 bilden einen DB 606-Motor, der von der Rumpfmitte über eine Langwelle die 4 Blatt-Luftschraube antreibt. Flugkapitän Gerhard Nitschke aus Ostpreußen errang am 22. November 1937 mit der He 119 den internationalen Geschwindigkeitsrekord (504 km/h) für Landflugzeuge über 1000 Kilometer

17) He 162 = einstrahliges Jagdflugzeug »Volksjäger« mit dem Strahltriebwerk BMW 003 auf dem Rumpf, Hochdecker, Doppelleitwerk; in »Luft- und Raumfahrt« Nr. 2, 1980, lesen wir von Dr. H. Dieter Köhler, Hamburg, u. a.: »In weniger als drei Monaten nach Auftragseingang wurde am 6. Dezember 1944 ein revolutionäres einstrahliges Jagdflugzeug als Einfachflugzeug nach dem Entwurf Siegfried Günters die He 162, zum Erstflug gebracht, eine organisatorische Meisterleistung, als Entwicklungsleistung wohl einmalig in der Geschichte des Flugzeugbaus, da Entwicklung, Vorserienbau und Produktion fast gleichzeitig anliefen.«

20.09.44 Entwurf und Attrappe fertig;
24.09.44 Konstruktionsbeginn in der Fichtegasse in Wien
6.12.44 erste He 162 hebt vom Boden ab;
1.04.45 schweren Herzens überlasse ich die letzten He 162 und ihre Strahltriebwerke dem Sprengkommando.

18) He 174 = viermotoriger Höhenbomber bis 15 km Höhe wurde bei Farman in Paris gebaut. Dipl.-Ing. Friedrich Scherer war daran beteiligt und leistete uns von 1946 bis 1950 in der UdSSR Gesellschaft/anschließend ließ er sich in Kanada nieder.

19) He 176 = erstes Raketenflugzeug der Welt wurde am 20. Juni 1939 von Einflieger Erich Warsitz (Junggeselle) zum Fliegen gebracht; Kanzel mit Einflieger konnte durch Druckluft vom Rumpf getrennt werden und am Fallschirm schweben.

20) He 177 = Fernbomber (Schulterdecker) mit zwei Doppelmotoren DB 606 und zwei 4 Blatt-Luftschrauben, den der Luftwaffen-Generalstaub unbedingt als Sturzbomber ausgelegt haben will; am 19. November 1939 fliegt Dipl.-Ing. Francke, Leiter der Erprobungsstelle Rechlin, die erste He 177; Flugeigenschaften in Ordnung, Doppelmotoren deuten Störungen an.
Während meiner Zeit hatten wir stets mit Triebwerksbränden zu rechnen und mit Störungen am zu schwach bemessenen Übertragungsgetriebe zur Luftschraube; bis Mai 1943 waren 360 He 177 gebaut worden.

He 177 = viermotoriger Fernbomber mit vier Jumo 211 (Junkers) und vier Luftschrauben wurde am 19. November 1938 von Ernst Heinkel und Siegfried Günter vorgeschlagen. Der Luftwaffen-Generalstab lehnte ab und ahnte wohl nicht, daß er am eigenen Grab schaufelte.

21) He 178 = erstes Flugzeug der Welt mit Heinkel-Turbinenluftstrahltriebwerk He S 3 B macht am 27. August 1939 mit Einflieger Erich Warsitz am Steuerknüppel seinen ersten Flug. Vorher hat Erich Warsitz zusammen mit Walter Künzel dieses Triebwerk an einer He 118 erprobt.

22) He 211 = zweistrahliges Kurzstreckenverkehrsflugzeug, bei dem S. Günter beide Triebwerke 1958 vollkommen versenkt im Rumpfheck unterbringt. Die Besatzungsmacht sorgt dafür, daß dieser hervorragende Entwurf in der Versenkung verschwindet, obwohl er auf Grund einer Ausschreibung des Bundeswirtschaftsministeriums entstanden war.

23) He 212 = Senkrechtstartflugzeug mit Kippflügel und Luftschraubenantrieb für hohe Geschwindigkeiten wurde 1964 von VFW (Vereinigte Flugtechnische Werke) als VC 400 übernommen und in Bremen von Karl Schwärzler weiter betreut. Auch für dieses Flugzeug wur-

den in unserem besetzten Land die Geldmittel gesperrt. Die He 212 war der letzte Entwurf von Siegfried Günter.

24) He 219 = zweimotoriger Nachtjäger mit 3 Blatt-Luftschrauben; 1940 bereits als Fernaufklärer ausgelegt – und abgelegt. Beim ersten Einsatz der von uns in Heidfeld gebauten He 219 schießt Nachtjäger Streib in der Nacht zum 12. Juni 1943 im Raum Venlo fünf englische Flugzeuge ab.,

25) He 231 = vierstrahliges Senkrechtstartflugzeug in Entenbauweise (Leitwerk vorn); der Entwurf von 1957 wurde als VJ 101 A in den Entwicklungsring Süd (EWR) eingebracht. VJ 101 C ist eine für Überschallflug ausgelegte Weiterentwicklung von 1959 mit an den Tragflächenenden schwenkbaren Strahltriebwerken.

26) He 277 = viermotoriger Fernbomber mit DB 603-Triebwerken (Daimler Benz) und 4 Luftschrauben. Fluggewicht 45 Tonnen, Fluggeschwindigkeit 575 km/h, Reichweite 6250km, Druckkabine für 6 Mann, die sämtliche Waffen zentral bedienen. Im Frühjahr 1944 steigt das erste Muster von Zwölfaxing bei Wien auf, fliegt ausgezeichnet und hat keine Sorgen mit den Triebwerken.

27) He 280 = zweistrahliges Jagdflugzeug mit Heinkel-Turbinenluftstrahltriebwerken He S 8, Tiefdecker, erstes deutsches Flugzeug mit Bugrad, hob zum ersten Flug am 5. April 1941 ab. Das war 14 Tage vor der einstrahligen Gloster-Whittle E 28, die in England ihren ersten Flug machte. Das erste USA-Strahlflugzeug kam erst als Bell P 59 am 1. Oktober 1942 zum Fliegen.
Bei einem Schauluftkampf mit dem einmotorigen Focke-Wulff FW 190-Jagdflugzeug fliegt die He 280 mit Erich Warsitz am Steuer vier Kurven, bevor die FW 190 drei erledigt hat.

28) He P-1068 Entwurf, bei dem erstmals die Strahltriebwerke am Rumpf angeordnet sind (1944);

29) He P-1077 »Julia«, Entwurf eines Verschleiß-Jagdflugzeuges mit Raketenantrieb (1944);

30) He P-1080 Entwurf eines Nurflügel-Jagdeinsitzers (1944);

31) He »Wespe« Entwurf eines Senkrechtstartflugzeuges mit Ringflügel nach Vorschlägen von Kurt Reiniger und Gerhard Schulz, Mitarbeitern im Entwurfsbüro von Siegfried Günter (1945).

Im Oktober bereite ich Reisen in das Ausland vor, die mir Anregungen für ein neues Tätigkeitsgebiet verschaffen sollen. Eine Maschinenfabrik in Wolfenbüttel (D-3340) hat Zuckerfabrikausrüstungen, die flammgestrahlt wurden, nach Iran geliefert. In meinen Unterlagen finde ich weitere Hinweise auf dieses Land und fliege nach Teheran. Von der Dachterrasse des Hotels Versailles sehe ich im Norden die schneebedeckten Gipfel des Elburs-Gebirges, dessen höchste Erhebung, der Vulkankegel Demawend, 70 km nordöstlich Teheran aufragt. Über den Elburs nördlich hinweg sind es in der Luftlinie bis zum Kaspischen Meer nur 100 km, mit der Eisenbahn zum Hafen Bandar Schach in nordöstlicher Richtung aber 498 km. Teheran liegt etwa 1200 Meter hoch, der Demawend erreicht 5771 Meter.
Westlich des Hauptbahnhofs in Teheran erinnert mich ein großes Erdöl-Tanklager daran, wieviel Geld aus solchen Bodenschätzen zu holen ist. Im Bahnhof erfahre ich, daß Maschhad, der östlichste Punkt des Netzes, 926 Eisenbahnkilometer entfernt ist; bis Khorramshar im Süd-südwesten am Schatt al Arab sind 937 Eisenbahnkilometer zu bezahlen. Sehenswert sind: die Schatzkammer mit den Kronjuwelen an der Ferdowsi-Straße, der Golestan-Palast an der Naser Khosrow-Straße und die Sepah-

salar-Moschee an der Modarres-Straße, deren acht Minaretts die Gläubigen rufen, die dem Koran getreu in arabischer Sprache beten.
Nach dem Besuch des Mausoleums des Schah Reza Pahlevi in Rey verweile ich längere Zeit bei den Teppich-Wäschern, die in einer berühmten Quelle am Fuße einer Felswand ihre Teppiche nach jahrhundertealten Erfahrungen behandeln. An der Felswand entdecke ich ein eingemeißeltes Bild in erhabener Darstellung, das Teppichwäscher bei der Arbeit zeigt und dessen Alter mir verborgen bleibt.
Im Archäologischen Museum Iran Bastan wäre ich gern eine ganze Woche geblieben. Ganz in der Gegenwart ist dann das Leben und Treiben im Basarviertel 3,5 km nordöstlich vom Hauptbahnhof.
Auf dem südwestlich von Teheran gelegenen Flughafen Mehrabad beende ich meinen Iran-Besuch.
Karatschi, die frühere Hauptstadt von Pakistan, 110 km nordwestlich der Mündung des 3180 km langen Indus, ist für Fluggäste das Einfallstor nach Westpakistan. Für mich ist aber nur das 100 km östlich von Karatschi gelegene Tatta (Thatta) von Bedeutung. Im Juli des Jahres 325 vor unserer Zeitrechnung traf hier Alexander der Große mit seinem erschöpften Heer ein. Nach einer Erholungspause zog Alexander wieder in Richtung Babylon und sein Admiral Nearchus segelte mit seiner Flotte in den Persischen Golf zurück. Heute mündet der Indus 110 km südwestlich von Tatta in das Arabische Meer.
Auf der Fahrt nach Tatta lohnt sich 27 km hinter Karatschi ein Besuch der Chaukandi-Gräber mit in den Stein gemeißelten Pferden und Reitern. 47 km ab Karatschi tauchen die noch in Ausgrabung befindlichen Ruinen von Banbhore auf, das einst eine große Hafenstadt war und jetzt 90 km von der Indus-Mündung entfernt mitten im Lande liegt.
Bemerkenswert bei Tatta ist die Totenstadt Makli, wo sich auf einem Gelände von 15 Quadratkilometern über eine Million Grabstätten befinden.
Die berühmte Ausgrabungsstätte Mohenjo Daro (Moenjodaro) kann ich leider nicht besuchen. In der Luftlinie liegt sie 280 km nord-nordöstlich von Karatschi, mit der Eisenbahn sind es aber 430 km und auf der Straße gar 640 km. Die 1924 begonnenen Grabungen deckten eine Stadt mit sich rechtwinklig kreuzenden Straßen und Gebäuden aus gebrannten Ziegeln auf. Es gab ein gut durchdachtes Bewässerungs- und Entwässerungs-System und eine »Müllabfuhr«. Das rechts am Indus liegende Mohenjo Daro hat schon um 2500 vor unserer Zeitrechnung bestanden, ist aber vermutlich von über den Hindukusch vordringenden Indogermanischen Ariern um 1500 v.u.Z. zerstört worden. Seine ältesten Schichten liegen heute im Grundwasser.

11. Anfang November 1969 bin ich in Rangun. Niemand kann sich dem gewaltigen Eindruck der Shwe Dagon Pagode entziehen. Sie steht in Asien im höchsten Ansehen, weil sie Überreste von Gautama Buddha und von drei vor ihm lebenden Buddha-Verkörperungen aufbewahrt. Die Pagode auf dem Singattura-Hügel ist 98 Meter hoch und wird auch Stupa genannt. Ein Stupa ist ein runder buddhistischer Kultbau, der sich aus runden Begräbnishügeln entwickelt hat, Überreste von Heiligen enthält oder auch nur als reine Kultstätte dient.
Die Außenfläche der Shwe Dagon Pagode ist vollständig mit Blattgold bedeckt – mit 8688 Platten, von denen jede etwa 1200,– DM wert sein soll.
Ich bringe eine über 2 Meter hohe und etwa 25 Tonnen schwere Glocke auf meinen Farbfilm, als ein buddhistischer Mönch sie mit einem großen Holzklotz anschlägt und erfahre dann ihre seltsame Geschichte. Britische Soldaten wollten die Glocke als Kriegsbeute verladen. Dabei fiel sie in den Rangoon-Fluß und widersetzte sich jedem Bergungsversuch. Schließlich erreichten die Betreuer der Pagode die Zusicherung, daß die Glocke wieder den Burmesen gehören sollte, wenn die Bergung gelingen würde. Tauchende Burmesen befestigten dann solange Bambus-Rohre an der

Glocke, bis der Auftrieb größer als das Gewicht war. Nun machten die Eroberer lange Gesichter.
Die in der Mitte der Stadt Rangun gelegene Sule Pagode ist etwa um 280 v.u.Z. erbaut und enthält ebenfalls Überreste des Buddha, die aus Indien hierher verbracht wurden. Buddha lebte von 560 bis 480 v.u.Z.
Htaukkyan, 34 km von Rangun entfernt, ist der größte Soldatenfriedhof in Burma. 27000 Soldaten der Briten und ihrer Verbündeten sind hier bestattet.
Ein Besuch des Inle-See, 420 km nordnordöstlich von Rangun gelegen, und der ehemaligen Hauptstadt Mandalay wird leider abgesagt.
2300 km nordwestlich von Rangun liegt Delhi, die Hauptstadt Indiens. Vom Flugzeug ist das 400 km breite Delta des Ganges und Brahmaputra deutlich zu erkennen. Im Norden leuchten die schneebedeckten Gipfel des Himalaya, die die Wassermassen für beide Flußsysteme liefern.
Vom Flughafen Palam, 227 m hoch gelegen, fahre ich zu meinem Hotel, das 600 Meter vom Connaught-Platz und 3 Kilometer vom Dschamna-Fluß im Osten entfernt ist.
Mein erster Spaziergang führt mich zur roten Festung (Lai Qila) am Dschamna-Fluß unterhalb der Eisenbahnbrücke. Die aus rotem Sandstein erbaute Anlage enthält auch die Palast-Räume, in denen der Moghul-Kaiser einst Hof hielt.
Nicht zu übersehen ist der 72 m hohe Turm Qutb Minar aus rotem Sandstein, den ich auf meinen Farbfilm bringe. Von der obersten Plattform des Turmes, der um 1220 erbaut wurde, läßt sich Alt-Delhi am besten überschauen – nach 379 Stufen.
Ein kleines Wunder für den Ingenieur und Werkstoff-Fachmann ist die gußeiserne Säule bei dem Dorfe Mehrauli, für die Rost anscheinend ein unbekannter Begriff ist. Ihre Inschrift in Sanskrit läßt vermuten, daß sie im 4. Jahrhundert gegossen wurde. Wer die etwa 40 cm dicke und rund 6 m hohe Säule rückwärts umarmen kann, soll lange leben. Einheimische führen mir das vor.
8 km östlich vom Turm Qutb Minar habe ich von der Burgruine Tughluqabad eine gute Aussicht auf Neu-Delhi.
Von den Gebäuden Rashtrapati Bhawan, dem Sitz des Präsidenten von Indien, sieht man das 3 km entfernte Indien-Tor, von dessen Platz 6 Straßen ausgehen. Eine davon ist die Mathura-Straße, die nach Süden führt. Auf ihr werde ich später nach dem 205 Straßenkilometer entfernten Agra fahren.
Aber noch gibt es in Delhi viel Sehenswürdiges. Vijay Kumar, der in Darya Ganj wohnt und dem ich für freundliche Aufnahme zu danken habe, macht mir den Mund wässerig, doch bis zum 26. Januar zu bleiben. Nicht deshalb, weil das mein Geburtstag ist, sondern weil an diesem Tag der Republik ein großer Umzug stattfindet. Ein Glanzstück sind die festlich geschmückten Elefanten. Ein besonderer Ort in Delhi ist die Verbrennungsstätte von Mahatma Gandhi, die täglich mit frischen Blumen geschmückt wird. In der Stadt fallen mir die Schlangenbeschwörer auf, deren Schlangen sich beim Flötenspiel ihres Meisters langsam aus ihren Flechtkörben in die Höhe schwingen. Bei den Wasserverkäufern verzichte ich vorsichtshalber auf das kühlende Naß, obwohl es laufend Abnehmer findet, die aus demselben Glase trinken.
Die Alte Festung (Purana Quila) in Neu-Delhi zwischen Indien-Tor und Dschamna-Fluß war Wohnsitz des Humayun, des Vaters von Akbar. Das Grabmal des Humayun gilt seiner Bauweise nach als Vorläufer des berühmten Tadsch Mahal in Agra. Sein Sohn Akbar wurde 1542 geboren und regierte als Großmogul von Indien von 1556 bis 1605. Er versuchte die Stiftung einer neuen Religion, deren Gottessymbol die Sonne war. Damit wollte er die religiösen Gegensätze der Hindus und Moslems beseitigen. Sein Grabmal ist in Sikandra bei Agra zu besichtigen.
Mit einem Vertreter der South India Shipping Corp., die in Madras beheimatet ist, unterhalte ich mich über Massengutfrachter seiner Gesellschaft, die auf einer Werft

in Bremen gebaut wurden. An jedem dieser fünf Frachter wurden 10500 Quadratmeter flammgestrahlt. 1965 hatten meine Mitarbeiter die Flammstrahl-Kolonnen der Werft unterwiesen und unterstützt. Er empfiehlt mir nachdrücklich einen Besuch in Agra.

8 km vor Agra hält unser Omnibus in Sikandra, wo wir das überraschend einfache Grabmal des Großmoguls Akbar besichtigen. Bald stehe ich vor dem unvergleichlichen Tadsch Mahal in Agra. Akbar machte Agra zu seiner Hauptstadt und ließ dort eine starke Festung errichten. Sein Enkel, Schah Jahan, schuf zwischen 1630 und 1652 das marmorne Grabmal Tadsch Mahal für seine verstorbene Königin Mumtaz Mahal. Man könnte annehmen, daß das Bauwerk aus weißem Marmor erst einige Jahre alt ist.

Meine für Indien vorgesehene Zeit ist abgelaufen, und ich fliege weiter nach Bangkok an der Mündung des 800 km langen Menam. Thailand erhielt diesen Namen 1939 durch den Ministerpräsidenten Feldmarschall Pibul Songgram, in meinem Schulatlas hieß dieser Landstrich noch Siam. Das Stadtbild von Bangkok wird durch den Chao Phya (Menam), die Klongs (Kanäle) und die buddhistischen Tempel bestimmt. Der Flughafen Don Muang liegt 30 km östlich und 33 km oberhalb der Mündung des Menam.

In der Stadt besichtige ich den Königlichen Tempel Wat Phra Keo, dessen Smaragd-Buddha dreimal im Jahr, den 3 Jahreszeiten entsprechend, ein anderes Gewand erhält. Auch dem goldenen Buddha im Wat Trimitr kann ich meine Anerkennung nicht versagen, immerhin besteht er aus 5000 (fünftausend) kg massiven Goldes.

Auf einer Veranstaltung des Pakhawali-Institutes lerne ich die klassischen Thai-Tänze kennen und im Dusit Zoo die königlichen Weißen Elefanten. Sehenswert sind auch die prunkvoll geschmückten königlichen Boote, mit denen der König im Oktober eines jeden Jahres den Mönchen in Wat Arun neue Bekleidung bringt.

Bei einem Besuch des Schwimmenden Marktes in Wat Sy nimmt mich das Leben und Treiben so in Anspruch, daß ich meine Reisetasche mit Geld und Fotoapparat im Motorboot liegen lasse. Als ich den Verlust bemerke, muß ich mich durch Hunderte von Menschen auf den schmalen Holzstegen am Ufer des Klongs drängen – meine Reisetasche liegt unberührt auf der Bootsbank.

Mit großer Erwartung reise ich 90 km nördlich nach den Ruinen von Ayutthaya (Ayudhia), das von 1350 bis 1767 Hauptstadt von Thailand war. Ich versuche mir den früheren Glanz dieser Stadt vorzustellen, die um 1650 größer als London oder Paris gewesen sein soll und in ihren Mauern nicht nur asiatische sondern auch europäische Kaufleute sah.

Einen Tag in Bangkok widme ich dem Pasteur-Institut und seiner Schlangenfarm, wo den Schlangen Gift für Heilzwecke entnommen wird.

Ein Omnibus bringt mich zu dem 113 km westlich von Bangkok gelegenen Ort Kanchanaburi. In der Nähe ist ein Friedhof für britische, holländische und australische Soldaten, die im zweiten Weltkrieg im Kampf gegen die Japaner oder als Kriegsgefangene starben, und die berühmte Eisenbahnbrücke über den Kwai-Fluß, der durch Film und Lied weltbekannt wurde.

Im Royal Hotel an der Rajdamnoen-Straße in Bangkok erlebe ich eine Thai-Hochzeit mit etwa 200 Gästen, darunter 30 hohe Militärs. Die Braut trägt ein weißes Seidenkleid mit goldenem Band und der Bräutigam einen schwarzen Seidenanzug mit goldenem Band. Nach der Übergabe der Geschenke im Saal des Hotels beginnt das Gartenfest, das ein Ansager, 4 Musiker, eine Sängerin und ein Sänger gestalten. Alle Offiziere tragen weiße Uniform.

Im Hotel begegne ich einem 39-jährigen Deutschen aus Trier, der der US-Luftwaffe angehört. Er erzählt vom Einsatz der Bombenflugzeuge (Lockheed Super Constellation mit 4 Luftschrauben) gegen Nordvietnam, die für den Hin- und Rückflug nur

30 Minuten gebrauchen. Die USA-Soldaten dürfen sich aber nicht von ihren Einheiten entfernen, in Nord-Thailand werden sie von Mitgliedern der Patét-Lao umgebracht und selbst in Bangkok sind sie ihres Lebens nicht sicher.
Ein Ausflug nach Kambodscha bereitet wegen der kriegerischen Ereignisse in Vietnam einige Schwierigkeiten. Aber schließlich lande ich doch in Siem Reap, 350 Flugkilometer östlich von Bangkok. Die Provinzhauptstadt Siem Reap liegt 320 Straßenkilometer nordnordwestlich von Phnom Penh, wo Prinz Sihanuk im königlichen Palast am Tonle Sap-Fluß als Ministerpräsident die Geschicke von Kambodscha leitet.
Angkor ist ein Zauberwort und bezeichnet eine verwunschene Tempelstadt wie sie selbst in Indien nicht anzutreffen ist. Die auf 155 Quadratkilometer verteilten Bauwerke entstanden in ihren ältesten Teilen im 9. Jahrhundert und gehörten bis zum 15. Jahrhundert zur Hauptstadt des Khmer-Kaiserreiches. Nach der Eroberung durch die Thai geriet Angkor für 400 Jahre in Vergessenheit und wurde vom Urwald überwuchert. Erst 1860 entdeckte der Franzose Henri Mouhot diese Kostbarkeit in den Wäldern nördlich von Siem Reap.
Zu den wichtigsten Bauwerken gehören etwa folgende:

1) Um 880 unserer Zeitrechnung wird der Tempel-Hügel Roluos mit seinen Figuren-Gruppen errichtet. Er liegt südwestlich von Angkor, 13 km von Siem Reap entfernt, und ist vermutlich das älteste Bauwerk der Tempelstadt.
2) 921 ist der Tempel-Hügel Prasat Kravan entstanden. Unter seinen Figuren aus Ziegelstein fällt die Gottheit Wischnu auf den Schultern eines mythologischen Vogels auf.
3) 947 entsteht der erste völlig in Stein ausgeführte Tempel-Hügel Baksei Chamkrong.
   Auch der in der Mitte von Angkor Thom liegende Bayon dürfte dieser Zeit angehören; er fällt auf durch seine 50 Türme, von denen jeder vier Gesichter des Buddha zeigt.
4) Der 961 erbaute Tempel-Hügel Pre Rop ist der Gottheit Schiwa geweiht.
5) 1066 wird der Baphuon, einer der schönsten Tempel-Hügel in Angkor, errichtet.
   Einige Teile darf ich wegen Baufälligkeit nicht betreten. Der Baphuon soll das größte altertümliche Bauwerk der Welt sein, an dessen Instandsetzung gearbeitet wird.
   Mit dem Fahrrad, das preiswert zu entleihen war, gelange ich zur Terrasse der Elefanten und zur Terrasse des Lepra-Königs.
6) Der um 1100 entstandene Thommanon-Schrein ist von französischen Fachleuten hervorragend instandgesetzt worden.
   Als Gegenstück ist das Labyrinth-Bauwerk Ta Prohm im vorgefundenen Zustand belassen worden und läßt ahnen, wie Angkor vor seiner Entdeckung ausschaute.
7) 1113 bis 1150 wurde Angkor Wat erbaut und der Gottheit Wischnu geweiht. Als einziges Bauwerk hat es seine Vorderseite nach Westen gerichtet und gilt als eines der größten und besterhaltenen der Khmer-Baukunst.
8) 1907 muß Tailand auf französischen Druck die Provinz Siem Reap an Kambodscha abtreten. 15 Franzosen und 800 Einheimische bemühen sich weiter um die Freilegung der 200 Tempel von Angkor.
9) 1951 übernimmt Kambodscha die Pflege seines alten Kulturgutes.

Nach diesen anstrengenden, aber lehrreichen Tagen, verabschiede ich mich vom Affenkönig, Leprakönig und Schlangenkönig und bin bald wieder in Bangkok.
Das Flugzeug nach Hongkong muß weit nach Süden ausweichen, um den Kampfgebieten in Vietnam nicht zu nahe zu kommen. Ein Kunststück für jeden Flugzeugführer ist dann die Landung auf dem Flughafen Kai Tak, den er wegen zahlreicher Berge nicht gradlinig anfliegen kann. Ich fühle mich in den Versuchsflugbetrieb Heid-

feld zurückversetzt, wo wir unsere Nachtjagdflugzeuge in Steilkurven erprobten.
Auf dem Papier ist Hongkong (Xiang gang), das aus der Insel Hongkong mit der Stadt Victoria, der Halbinsel Kaulun (Kowloon) und 235 Inseln besteht, noch bis 1997 britische Kronkolonie, deren Gouverneur seinen Sitz in der Upper Albert-Straße in Victoria hat.
Im politischen Alltag bemüht sich die Hongkong-Verwaltung möglichst nichts zu unternehmen, was den Unwillen der Regierung in Beiping (Peking) erregen könnte. Außerdem ist das nur 130 Luftkilometer nordwestlich gelegene Kanton am Perlfluß durch eine Eisenbahn mit Kaulun verbunden, und beide Städte ziehen ihren Vorteil aus dem wechselseitigen Handel.
Vom Nathan-Hotel in der Nathan-Straße wandere ich zur Fähre, die mich nach Victoria übersetzt. Die Standseilbahn – seit 1888 ohne Unfall – bringt mich dann auf den höchsten Punkt der Insel Hongkong (397 Meter). Der Rundblick über die Inseln, auf das Festland und über den Golf von Kanton nach Macao hinüber ist allein schon eine Reise wert. Bei einem Spaziergang am Stausee Tai Tam begegne ich nur wenig Menschen. Inseln der Ruhe sind auch die vier Friedhöfe. Der erste ist vorbehalten den Parsen, den Anhängern der altpersichen Religion des Zarathustra (Zoroaster); der zweite den Katholiken; der dritte den im Kolonialdienst Verstorbenen; der vierte den Anhängern des Islams. Ohne dicke Bücher wälzen zu müssen, stellt sich hier die Zusammensetzung der Bevölkerung der internationalen Handelsstadt dar – ohne Berücksichtigung der bodenständigen Chinesen.
Am Abend werden mir in einer schwimmenden Gaststätte im chinesischen Fischerdorf Aberdeen einheimische Speisen vorgesetzt, die mir gefallen und schmecken. Von einem Besuch im Seemannsviertel Wanchai, in einer Umgebung à la Suzie Wong, wird mir abgeraten, dafür aber die Insel Lan Tao empfohlen.
Inzwischen habe ich aus einem anstrengenden Gespräch in Pidgin-Englisch mit einem Straßenhändler auf der Nathan-Straße erfahren, daß sich ein Besuch des nördlich gelegenen Ortes Shatin an einer Seitenbucht des Tolo-Hafens lohnen würde – aber nicht mit der Eisenbahn in 15 Minuten, sondern zu Fuß in drei Stunden von Saikung aus durch die chinesischen Dörfer, wo seine Verwandten wohnen. Nachträglich muß ich ihm noch danken: die Dörfer zeigten noch ursprüngliche bäuerliche Lebensart, Shatin war noch chinesisch und das Essen nach Kanton-Art preiswert. Die Bahn bringt mich nach Kaulun zurück.
An einem Wochentage setzt mich die Fähre in der Silberminen-Bucht auf der Insel Lan Tao ab. Nach 15 km Omnibusfahrt bin ich in Shek Pik und pilgere zum Buddha-Kloster »Goldener Lotus« (Bo Lin Ji). Nach dem Aufstieg ruhe ich mich im Refektorium aus, wo nur pflanzliche Kost verabreicht wird. Die gut gewürzte Bohnengallerte sagt mir zu. Der die Räume durchziehende Weihrauch gibt dem Ganzen eine besondere Note. Für Besucher, die übernachten möchten, stehen Gästeschlafräume zur Verfügung. Als Entgelt wird eine Spende von umgerechnet etwa 6,– DM erwartet. Dieses alte Buddha-Kloster und seine Mönche hinterließen einen der schönsten Eindrücke, die ich am Golf von Kanton gewann.
Die Fähre bedient auch die Inseln Cheung Chau und Peng Chau, wo die Chinesen ihre Toten in großen, runden Steingut-Gefäßen verbrennen, die dann am Berghang aufgestellt werden.
Ein Chinese, der in Deutschland Meteorologie studiert hat, erzählt mir etwas vom Taoismus, der neben dem Buddhismus in China heimisch ist. Tao bedeutet im Chinesischen »der Weg«. Der chinesische Taoist glaubt, daß allen Erscheinungen etwas zugrunde liegt, das vom Verstand nicht erfaßt und nur in eigener Versenkung begriffen werden kann. Dazu bedarf der Mensch keiner fremden Vermittler, wie z.B. der Priester in den christlichen Kirchen. Der chinesische Volksglauben hat Heilige und Götter seiner Art bewahrt. Das bestätigt in jedem Jahr der 20. April, wenn die Schif-

fer im großen Rahmen den Geburtstag der Himmelsgöttin Tin Hau feiern. Sie erhoffen sich Hilfe von ihr und danken dieser Tao-Göttin, die in ihrer Vorstellung auf Wolkenbänken von Insel zu Insel schwebt.
An einem Sonntag Macao zu besuchen, wird mir dringend abgeraten. Dann sind Volksmassen unterwegs, um Zerstreuung und Belustigung bei Windhund-Rennen, in Spielbänken oder an Spielautomaten, den berüchtigten »Schlitzmaschinen«, zu suchen. Also gehe ich in der Woche auf Reisen. Das Tragflächenboot bringt mich in einer Stunde zum 65 km entfernten Macao – bei rauher See ein etwas zweifelhafter Genuß.
Dieser älteste Vorposten Europas in Ostasien wurde 1557 gegründet, die Errichtung eines Bistums durch die Jesuiten schloß sich 1580 an. Es gibt in Macao aber auch einen protestantischen Friedhof.
Das älteste Bauwerk der Provinz ist der Ma Kok-Tempel (A Ma Kao), der um 1350 entstanden sein soll. Der Name Macao ist vermutlich auf dieses Heiligtum zurückzuführen.
Die Reste der St. Paul-Basilika, die 1635 von katholischen japanischen Künstlern unter Anleitung italienischer Jesuiten erbaut sein soll und 1835 in Flammen aufging, beeindrucken mich wenig. Sehr angetan bin ich von einigen Altstadt-Straßen, die mich an Lissabon erinnern. Vasco da Gama hat als mutiger Seefahrer das Denkmal verdient, das man ihm hier gesetzt hat.
Mit Macao schließt mein Hongkong-Besuch ab.
Auf einer ISO-Tagung in Paris, im Oktober 1957, hat mir Dr.-Ing. T. Mitsui, Erster Sekretär für wissenschaftliche und industrielle Angelegenheiten an der Japanischen Botschaft Bemerkenswertes aus seiner Heimat erzählt. Die Ausstellung für chemisches Apparatewesen in Frankfurt am Main gibt mit wieder Gelegenheit, von einem Vertreter der Wako Chemie, Osaka, manches zu hören, was mich auf Japan neugierig macht.
Eines Tages lande ich auf dem Flughafen von Osaka, der am Yodo-Fluß gelegenen zweitgrößten Stadt Japans. Hier wird zwar immer tüchtig gearbeitet, aber jetzt besonders emsig auf dem Gelände von Senrioka: denn in einigen Monaten müssen alle Arbeiten für die Weltausstellung 1970 beendet sein. Ich besichtige das sechsstöckige Osaka-Schloß und den Shitennoji-Tempel mit der fünfstöckigen Pagode.
Das nordöstlich von Osaka gelegene Kyoto, das der Schnellzug in 40 Minuten erreicht, vermittelt mir die japanische Vergangenheit.
Die alte Kaiserstadt war von 784 bis 1868 Hauptstadt von Japan und wurde wie die alten chinesischen Städte in rechtwinklig sich kreuzenden Straßen angelegt. Neben dem alten Kaiser-Palast ist der Kinkakuji-Tempel (Goldener Pavillon) eins der schönsten Bauwerke. Mir gefällt auch eine ständige Ausstellung, in der japanische Handwerker bei der Arbeit zu sehen sind. Sie verdeutlicht auch hier, daß Handwerk immer noch goldenen Boden hat.
Auf dem Stadtplan fällt mir auf, daß von den über 2200 Tempeln und Schreinen (Heiligtümern) in Kyoto die 16 bedeutendsten mit linksweisendem Hakenkreuz gekennzeichnet sind. Das Hoheitszeichen des Dritten Reiches war ein rechtsweisendes Hakenkreuz.
Ein Erlebnis für jeden Ingenieur ist die neue Tocaido-Schnellst-Eisenbahn, deren elektrische Antriebe die Züge zwischen Kyoto und Tokio mit 210 Kilometer in der Stunde verkehren lassen. Hier kann Europa noch eine Menge lernen. Der Hikari (Licht)-Zug bewältigt die 515 Kilometer bei 2 Unterbrechungen in 3 Stunden und 10 Minuten und der Kodama (Echo)-Zug bei 11 Unterbrechungen in 4 Stunden und 10 Minuten. Der zwölfteilige Zug ist an beiden Enden mit Führerständen ausgerüstet.
Vom Hauptbahnhof bringt mich ein Mietauto südsüdöstlich zum 1600 Meter entfernten Ginza Tokyu Hotel. Tokio, das früher Yedo hieß, ist seit 1868 Hauptstadt

Japans. Mein erster Besuch gilt dem Platz vor dem neuen Kaiser-Palast in einem ausgedehnten Park, der zweimal im Jahr offene Türen hat: am 2. Januar und an Kaisers Geburtstag, am 29. April. Von den oberen Stockwerken des nordöstlich vom Palast-Tor gelegenen Palace-Hotels läßt sich das Park-Gelände auch gut überblicken. 5,5 Luftkilometer westlich von diesem zentralen Platz nehme ich im Meiji Jingu Schrein, einem vielbesuchten Heiligtum, eine Gruppe von Mönchen auf, die sich zur Andacht begeben.
Südlich des Platzes ragt im Shiba-Park der höchste Sendeturm der Welt empor. Bei der Betrachtung seiner Stahlkonstruktion komme ich mit einem Japaner ins Gespräch, der Deutschland kennt. Von ihm erfahre ich, daß Forschungsergebnisse in Japan deshalb so schnell veröffentlicht werden, weil man seine Wettbewerber beeindrucken will. In Europa ist das Gegenteil der Fall; dort behält man das Erforschte möglichst lange im Schreibtisch, damit der Wettbewerber nicht zu schlau wird. Andere Länder – andere Sitten – andere Mentalität.
Nachhaltig beeindruckt bin ich von der Einstellung der Japaner gegenüber ihren Toten und Gefallenen. Ein Beispiel dafür ist das Grab der unbekannten Soldaten nordwestlich des Kaiser-Palastes; ein anderes das Schicksal der Soldaten Ito Masaschi und Minakawa Bunso, die getreu ihrem Eid, den sie dem Tenno geschworen hatten, sich erst 16 Jahre nach Beendigung des zweiten Weltkrieges auf der Insel Guam den USA-Besetzern ergaben. Guam liegt 2600 km südlich von Tokio.
Ende November verlasse ich Japan vom Flughafen Haneda an der Mündung des Tamagawa-Flusses. Eine 15 km lange Einschienenbahn verbindet den Flughafen mit dem nördlich gelegenen Tokio.
Der Flugzeugführer fliegt nach Südosten und sucht einen Punkt in einer Wasserwüste: die Wake-Insel auf 19 Grad 16 Minuten nördlicher Breite und 166 Grad 39 Minuten östlicher Länge. Nach 3200 km landen wir auf dem 3000 Meter langen Flugfeld, das 1935 von der Panam-Fluggesellschaft eingerichtet und später von der USA-Luftwaffe ausgebaut wurde. Von Dezember 1941 bis 1945 waren die Japaner im Besitz der Insel. 1957 errichtete die Japanische Fluggesellschaft ein Ehrenmal für die gefallenen japanischen Soldaten. Das Korallen-Atoll hat die Form eines Hufeisens, das eine Lagune umschließt, die gegen das offene Meer durch Korallen-Riffe geschützt wird.
Quellwasser ist nicht vorhanden. Trinkwasser wird von einer Meerwasserentsalzungsanlage geliefert, für Brauchwasser wird der Regen eingefangen. Ohne Technik wäre ein Leben auf dieser Insel nicht möglich – sie war unbewohnt.
Für die Entfernung von der Wake-Insel bis Paris werden 16630 km angegeben, wenn die üblichen Flugstrecken benutzt werden. Der kürzeste Luftweg nach Ilsenburg wäre 12000 km lang, wenn das Flugzeug geradlinig über Kap Lopatka an der Südspitze von Kamtschatka und über die Taimyr-Halbinsel fliegen dürfte.
Unmittelbar nach dem Abheben befinden wir uns wieder über dem Pazifischen Ozean, gehen auf Reiseflughöhe und landen sieben Stunden später auf der Insel Oahu neben der Bucht, in der die Japaner am 7. Dezember 1941 den größten Teil der USA-Pazifikflotte zerstörten. Ein Omnibus bringt mich nach Honolulu zum Hotel Edgewater.
Es ist ein Genuß, am Strand von Waikiki zu baden, unter den Palmen zu liegen und den Wellenreitern, Katamaranen und Auslegerbooten zuzuschauen. Nicht weniger schön ist es, die Insel auf eigene Faust zu erkunden. Dazu leihe ich mir einen Ford Fairlane 500. Bei Laie im Norden von Oahu besichtige ich das Freilichtmuseum für polynesische Volkskunst und werde daran erinnert, daß die Ralik- und Ratak-Kette der Marshall-Inseln sowie die Insel Nauru uns Deutschen gehört haben und uns nach dem ersten Weltkrieg von den USA weggenommen wurden. In der Nähe ist auch ein prachtvoller Mormonen-Tempel, in dem ein Priester seinen etwa 30 Zu-

hörern die Mormonen-Lehre erläutert. Durch Zuckerrohr-Pflanzungen komme ich dann zur Waimea-Bucht, wo die Könner im Wellenreiten die hier besonders hohe Brandung genießen. Bei Mokuleia nutzen Segelflieger die Aufwinde an der nördlich vom 1230 m hohen Kaala-Berg liegenden Bergkette aus. Bei Wahiawa in der Inselmitte erstrecken sich die Ananas-Felder der Dôle-Gesellschaft, die aus den Früchten Saft und Kompott herstellt.
Der höchste Berg der Insel Hawaii, der 4208 m hohe Mauna Kea, liegt 300 km südöstlich von Honolulu und 50 km nordwestlich des einzigen noch tätigen Vulkans, des Kilauea. Wem der Spaß nicht zu teuer ist, kann die Insel Kauai, Oahu, Molokai, Lanai, Maui und Hawaii bei einem Rundflug von oben besichtigen.
Nachdem ich mich im 50. Bundesstaat der USA, in dem die Japaner den größten Bevölkerungsanteil bilden, umgesehen habe, geht die Reise weiter nach San Francisco, das nach über sieben Flugstunden erreicht wird.
Der Flughafen liegt 19 km südlich vom Telegraphen-Hügel an der Westseite der Bucht von San Francisco. Der Omnibus bringt mich zum Hotel an der Ecke Taylor-Straße/O'Farrell-Straße, das vom nordnordöstlichen Telegraphen-Hügel in der Luftlinie 2 km entfernt ist. Dieser Hügel ist für mich ein weithin sichtbarer Bezugspunkt und bezeichnet außerdem die Stelle, wo sich die ersten Ansiedler niederließen. Der 64 m hohe Coit-Turm wurde zu Ehren der Freiwilligen Feuerwehren errichtet und bietet einen ausgezeichneten Rundblick über die gesamte Bucht. Bis zum westsüdwestlich gelegenen Cliff House an der Pazifik-Küste sind es 10 Luftkilometer und bis zur Südrampe der Golden Gate-Brücke 6,4 Luftkilometer.
Zuerst suche ich die Wohnung von Hermann Ebeling auf, der Ilsenburg verließ und mit meinem Vater über vierzig Jahre lang Briefe wechselte: 1034 Rhode Island Street liegt gegenüber dem Stadt- und Kreiskrankenhaus (City and County Hospital), in dem H. Ebeling viele Jahre tätig war. Aber Hermann Ebeling lebt nicht mehr. Ob A.M. Ebeling und R.M. Ebeling in 137 Palm Avenue zu seiner Familie gehören, will ich nicht feststellen – für sie wird Ilsenburg ein Fremdwort sein.
Mehrmals werde ich gefragt, ob ich schon auf dem 275 m hohen Twin Peak gewesen bin, der 7 km südwestlich des Telegraphen-Hügels einen Doppel-Hügel bildet. Anstandshalber besuche ich ihn und bin überrascht, nicht nur inmitten eines Häusermeeres zu stehen, sondern auch einen guten Ausblick über die Bucht nach Oakland, Berkeley und Richmond zu erhalten.
Recht unterhaltsam wird ein Ausflug zu den Seelöwen am Cliff House. Ich bewundere ihre Geschicklichkeit, wenn sie sich von der Brandung des Pazifik 5 bis 6 Meter emportragen lassen und dann mit einem Schwung auf den Felsen landen. Dort dösen sie in der Sonne und lassen sich durch die zweibeinigen Gaffer nicht stören.
Besondere Anziehungspunkte sind für mich drei große Brücken:

1) Die 13,3 km lange Doppeldeckbrücke San Francisco – Oakland; 500 Meter entfallen davon auf den Tunnel der Yerba Buena-Insel.
   5 Spuren auf dem Oberdeck sind für den Westwärts-Verkehr, 5 Spuren auf dem Unterdeck für den Ostwärts-Verkehr bestimmt. Das Bauwerk besteht auf der San Francisco-Seite aus zwei Hängebrücken mit einer größten Spannweite von 705 Metern, deren Pylone (Seiltürme) 74 Meter hoch sind, und auf der Oakland-Seite aus einer Balkenbrücke mit langer Rampe.
2) Die Golden Gate-Brücke über der Einfahrt in die Bucht von San Francisco. Bei einer Gesamtlänge von 2150 Metern hat sie eine Spannweite zwischen den beiden Pylonen von 1280 Metern. Das Tragseil von 2332 Metern Länge hat einen Durchmesser von 924 Millimetern und enthält 27572 einzelne Drähte, die Fahrbahn und Verkehrslasten tragen müssen. Alle Stahlseile zusammen wiegen 24000 Tonnen. Diese Hängebrücke ist eine Meisterleistung von Joseph B.

Strauß, der als Hauptingenieur von 1929 bis 1937 für die Erstellung dieses Bauwerkes verantwortlich war.

3) Die im Nordteil der Bucht auf vielen Pfeilern erbaute Fachwerk-Straßenbrücke von Richmond nach San Rafael.

Einen ganz besonderen Genuß verschafft mir die Stadt mit einer Fahrt im Wagen der Seilstraßenbahn (Cable car); sie verkehrt noch in der California-Straße, die 1200 Meter südlich vom Telegraphen-Hügel durch die Chinesenstadt führt, und in der dazu senkrechten Hyde-Straße, die 1200 Meter westlich des Telegraphen-Hügels verläuft. Diese Betriebsart wurde von A.A. Hallidie 1873 erstmals in den USA eingeführt.

Eine 1,7 Kilometer lange Straßenseilbahn in New York über die East River-Brücke hatte ein 3492 Meter langes und 18154 kg schweres Drahtseil, das mit 15 Kilometer in der Stunde umlief. Zwischen den Schienen war unterirdisch ein oben geschlitztes Rohr verlegt. Der Straßenbahnfahrer konnte seinen Wagen mit einer Klemmvorrichtung an das laufende Seil ankoppeln und auch wieder lösen.

Fährt man in San Francisco die Hyde-Straße hinab, sieht man in der Bucht die Insel Alcatraz liegen, in deren Gefängnis die Unverbesserlichen (incorrigibles) einsitzen.

Steile Straßen in einer Stadt sind im allgemeinen nicht erwünscht. In der oberen Lombard-Straße, 1200 Meter westlich vom Telegraphen-Hügel, hatten Stadtplaner und Straßenbauer einen guten Einfall. Die verkehrsgefährliche Steilheit wurde durch vier Sinuskurven entschärft – man fährt in Schlangenlinie bergab.

Mit dem Golden Gate Park schuf sich John McLaren ein bleibendes Denkmal; öde Sandhügel verwandelte er in ein Erholungsgebiet, in dem mir der japanische Teegarten und die vielen Rhododendron-Arten besonders gefallen.

Mit großer Erwartung besteige ich den Omnibus, der mich zu den ältesten Bäumen unseres Planeten bringt. Zunächst halten wir nördlich der Golden Gate Brücke im Villenvorort Sausalito, den ich jederzeit als Wohnsitz an der San Francisco Bucht wählen würde.

Bald ragen die riesigen Rotholzbäume (Sequoia sempervirens; Redwood und Mammutbäume (Sequoia gigantea) vor uns auf. Und wieder begegnet mir der Name von Joseph B. Strauß, dem Erbauer der Golden Gate Brücke. Aus seinem Gedicht »The Redwoods« mag er mir erlauben, den letzten seiner sechs Verse hier zu wiederholen:

> To be like these, straight, true and fine,
> To make our world, like theirs, a shrine;
> Sink down, Oh, traveller, on your knees,
> God stands before you in these trees.

Ja, göttliches Walten ist in diesen uralten Bäumen verkörpert und gestaltet den Wald zu einem Heiligtum; unter diesen Bäumen zu wandern, ist ein unvergeßliches Erlebnis.

An einem Rotholzbaum lese ich, daß seine Höhe zu 112 Meter, sein Durchmesser zu 6,9 Meter und sein Alter zu 2200 Jahren ermittelt wurde. Ein Mammutbaum von 88,7 Meter Höhe und 12,3 Meter Durchmesser soll 3500 Jahre alt sein. An einem 1930 gefällten Baum kann jeder Zuschauer am Querschnitt nachzählen, daß der Baum im Jahre 909 vor unserer Zeitrechnung zu wachsen begann. Hiermit besitzen wir ein überzeugendes Beispiel für die unbestechliche Baumringaltersbestimmung (Dendrochronologie), die auf ein Jahr genaue Zeitbestimmungen bis zum Jahre 1120 vor unserer Zeitrechnung liefert.

Doch auch bei diesen Riesenbäumen ist nicht alles vollkommen. Auf den 500 Straßenkilometern der Fernstraße U.S.101 zwischen San Francisco und Eureka und auf Nebenstraßen sah ich Krebsbäume (phenomenon of burl growth), die das Schicksal über Kreuzungen unterirdischer Wasserläufe wachsen ließ. In einem Fall hat die Zell-

entartung das Gesicht eines alten Mannes (Old man burl) entstehen lassen; an anderen Stellen wird auf diese Baumauswüchse besonders hingewiesen.
Mein Abschied von den Rotholz- und Mammutbäumen ist gleichzeitig der Abschied von Kalifornien, das ich vom Flughafen Oakland verlasse.
Philadelphia am 660 km langen Delaware Fluß ist das nächste Reiseziel. An der 90 km langen und bis 50 km breiten Delaware Bucht ist der größte Süßwasserhafen unseres Planeten entstanden. Der Flughafen liegt unterhalb des von rechts in den Delawaren mündenden Skulkill Flusses (Schuylkill River) und ist 13 km von der Stadtmitte entfernt. Vor 1640 siedelten in dieser Gegend schon Schweden und Finnen, 1655 kamen Holländer, 1664 Engländer und 1681 wurde das Gebiet von William Penn (1644 bis 1718), dem Führer der Quäker, erworben, der 1682 Philadelphia gründete.
Bei einem Gang durch die Kastanien (Chestnut)-Straße entdecke ich zwischen der 5. und 6. Straße die Independence Hall, in der am 4. Juli 1776 die Unabhängigkeit der Vereinigten Staaten erklärt wurde. Außerdem erfahre ich hier, daß Philadelphia von 1790 bis 1800 Hauptstadt der USA war. Dann macht mich jemand auf die Elfreth's Alley aufmerksam, die nordöstlich etwa 500 Meter vom Ufer des Delaware entfernt ist; sie soll die älteste Wohnstraße der USA sein, deren Häuser seit etwa 1700 dauernd bewohnt sind.
Wer weiß heute noch in Deutschland, daß schon 1682 deutsche Mennoniten mit Quäkern zusammen in Germantown lebten, einem Vorort von Philadelphia, 17 km nördlich der Mündung des Skulkill Flusses in den Deleware. Heute ist Germantown ein Stadtteil östlich des Fairmont Park, wo 1876 die Weltausstellung stattfand. Und wer weiß noch, daß Benjamin Franklin (1706 bis 1790) erst 1752 den ersten Blitzableiter setzte, aber schon am 6. Mai 1732 mit Louis Thimothée die erste deutschsprachige Zeitung in den USA herausgab – die »Philadelphische Zeitung«. Von 2 Millionen Einwohnern sind etwa 35 % Neger, 17 % Juden und 10 % eingewanderte Deutsche.
Mit einem »Windhund« fahre ich vom Greyhound Center an der Market-Straße, Ecke 17. Straße auf der Benjamin Franklin Brücke über den Delaware in Richtung New York. Auf der gebührenpflichtigen Autobahn (New Jersey Turnpike) geht es in Richtung Nordosten zum Hudson-Fluß, den wir im Lincoln-Tunnel unterqueren.
Der erste Tunnel unter dem Hudson wurde mit runden genieteten Stahlschilden vorgetrieben, an deren Kopfseite Sand und Felsen jeweils soweit entfernt wurden, daß der sich auf die bereits fertiggestellte Tunnelröhre abstützende Schild um etwa 60 Zentimeter hydraulisch vorgedrückt werden konnte. In den entstandenen Ringspalt wurde dann eine neue Lage gußeiserner Tübbings eingesetzt. Die Schilde drangen von beiden Seiten des Hudson je 750 Meter vor und trafen sich in der Mitte mit nur 12 Zentimeter Höhenunterschied.
Als die Schlammdecke auf der Flußsohle zu dünn war, entwich die unter Überdruck stehende Luft im Tunnel und schleuderte einen vor dem Schild arbeitenden Sandgräber durch Schlamm und Flußwasser nach oben, wo ihn ein zufällig anwesendes Boot unverletzt barg. Zur Dichtung des Lecks versenkte die Bauleitung eine geteerte Plane über der Durchbruchstelle, beschwerte sie mit Lehm und konnte den Schild ungestört weiter drücken.
Von meinem Hotel in der 46. Straße westlich der 5. Avenue schwärme ich zu den zu besichtigenden Bauwerken aus. Der Empire State Wolkenkratzer bietet einen ausgezeichneten Rundblick zu allen Brücken über den Hudson und East River. Das 381 Meter hohe Gebäude erreicht mit seinen Antennen eine Höhe von 449 Metern und bietet Arbeitsplätze für 16000 Personen, die täglich 35000 Besucher empfangen.
Von den 411 Meter hohen Zwillingstürmen des Welthandelszentrums wäre die Fernsicht zwar noch besser, doch sind die Einrichtungsarbeiten noch nicht beendet. Hier

sollen in den nächsten Jahren zu 50000 Beschäftigten täglich etwa 80000 Besucher kommen.

An der Brooklyn-Brücke über den East Fluß gedenke ich meines Landsmannes Johann August Röbling aus Thüringen, der diese Hängebrücke 1867 entwarf und dessen Sohn 1870 mit dem Bau begann. Ihre Westrampe beginnt in der Nähe des Rathauses von New York. Nach dem Tode seines Vaters setzte Washington Röbling die Arbeit fort und übergab die Brücke 1883 dem Verkehr für Eisenbahn, Kraftfahrzeuge und Fußgänger. Die Pfeiler sind bei Hochwasser 82,7 Meter hoch und für eine Spannweite von 492 Metern ausgelegt. Der 4,3 mm verzinkte Stahldraht ist in 20 Litzen zu je 330 Drähten gebündelt. 6600 Drähte bilden ein Kabel, das mit Öl und Graphit gegen Korrosion geschützt und mit Draht dicht umwickelt wird.

Im Deutschenviertel an der Ost-86. Straße fühle ich mich heimisch und wandere zum Carl Schurz Park. Von dort läßt sich die gewaltige Anlage der Triborough Brücke gut überschauen, die den Verkehr aus dem Norden im Zuge der interstaatlichen Autobahn (National Interstate Highway) 278 am Rande von Brooklyn zur Verrazano-Hängebrücke führt, die mir noch in meiner Sammlung fehlt.

Die Verrazano-Narrows Brücke ist mit 1298 Meter Spannweite die größte Hängebrücke der Welt, überspannt die Bucht zwischen Brooklyn und Richmond, die alle aus dem Atlantik kommenden Schiffe befahren, und ist insgesamt 4176 Meter lang. Die Doppeldeckbrücke wurde von dem aus der Schweiz stammenden Othmar H. Amman geplant, enthält auf jedem Deck sechs Fahrspuren und wurde 1964 fertiggestellt.

Neben diesen großartigen Ingenieurleistungen darf die Rückseite des Spiegels nicht übersehen werden. Ein irischer Mietwagenfahrer zeigt mir entwurzelte Menschen, verkommene Häuser und Unrat in einem Ausmaß, wie ich es noch in keiner Großstadt innerhalb und außerhalb Europas angetroffen habe.

Ich verlasse den nördlichen Teil des amerikanischen Doppelkontinents über die 2,5 km lange Rollbahn des Internationalen Kennedy-Flughafens, der 21,5 km ostsüdöstlich der Südspitze von Manhatten liegt. Nach 6188 Luftkilometern bin ich wieder in Frankfurt am Main.

2.12. Die Nihon Parkerizing Co, Tokyo, beabsichtigt eine Lizenz für das Flammstrahlen und Flammphosphatieren von Stahl und Eisen zu erwerben und hat sich an die Bundesanstalt für Materialprüfung (BAM) in Berlin-West gewandt. Herr Yoshio Shirai erkundigt sich bei mir nach Anwendungen und Erfahrungen.

Fachdokumentation Maschinenbau 1970 - 1981

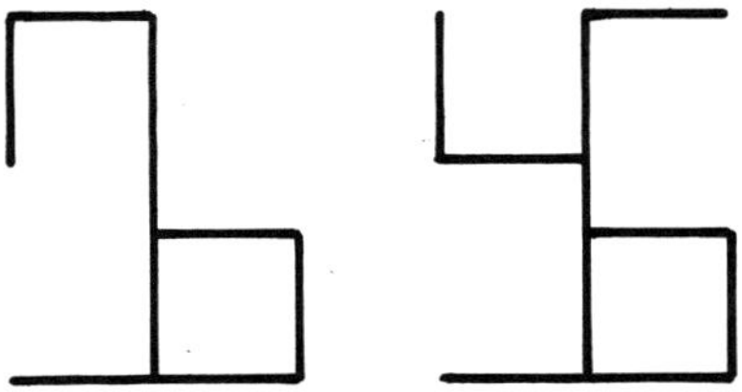

2.02. Mein erster Arbeitstag in Düsseldorf, Luegallee 65, im linksrheinischen Stadtteil Oberkassel, ist für mich der Beginn einer »weltumspannenden« Tätigkeit. Der Verein Deutscher Maschinenbau-Anstalten e.V. (VDMA), Frankfurt am Main, Lyoner Str. 18, hat einen Nachfolger für den Leiter der Fachdokumentation gesucht – die Wahl ist auf mich gefallen. Dr.-Ing. Frank D. Schmitz, 4040 Neuß, Berghäuschenweg 230, leitet seit Anfang 1954 die Fachdokumentation des VDMA. Er weist mich in mein Aufgabengebiet ein – auch er hat seine Tätigkeit an einem 2. Februar begonnen.

Was hat ein Dokumentar, der in Mitteldeutschland als Dokumentalist bezeichnet wird, zu tun?

Dr.-Ing. Dr. rer. pol. Erich Schlobach, Leiter der Technischen Abteilung und Geschäftsführer der Fachgemeinschaft Nahrungsmittelmaschinen, hatte 1953 die Organisation der Fachdokumentation ausgearbeitet. Die Technische Abteilung war zuständig für:

1) Klassifikationsgruppen-Katei; deren Sachgruppen sollen den Forderungen der Fachgemeinschaften des VDMA entsprechen und nach Übereinstimmung mit den Sachgruppen der Internationalen Dezimalklassifikation (DK oder UDC) streben;
2) Verfasser Kartei; Transkriptionsregeln sind zu beachten, wenn z.B. der Name eines russischen Verfassers mit auf der Schreibmaschine vorhandenen Buchstaben phonetisch in deutsche Schrift umgesetzt wird;
3) Zeitschriften-Kartei;
4) Bücher-Kartei;
5) Aufbau- und Ausbau der VDMA- und Dezimal-Klassifikation (DK).

Der Maschinenbau-Verlag (MBV) als wirtschaftlicher Zweig der Technischen Abteilung war zuständig für:

1) Führung der Stammkartei (Hauptkartei), die nach laufenden Nummern der Referate geordnet ist; z.B. hatte das jeweils letzte Referat des Jahres 1954 die Nr. A 10300, 1955 die Nr. B 12000, 1956 die Nr. C 14400, 1970 die Nr. T 14400, 1971 die Nr. U 1100, die die letzte Nummer der 238600 Referate war;
2) Führung der Verfasser-Kartei;
3) Führung der Quellen-Kartei (Zeitschriften-Kartei);
4) Herstellung von Abdrucken der Stammkartei, entsprechend dem Kundenbedarf;
5) Vertrieb von Abdrucken der Stammkartei;
6) Annahme der Zeitschriften-Bestellungen;
7) Anlegen und Führen der Zeitschriften-Kartei;
8) Abwickeln des Bestell- und Rechnungsverkehrs zwischen MBV und Zeitschriften-Verlagen;
9) Überwachen der Zeitschriften-Eingänge und Mahnen;
10) Weiterleitung und Berechnung der Zeitschriften an den VDMA;
11) Einordnen der vierzehntätigen Teillieferungen in
    a) Hauptkartei nach Klassifikationsgruppen,
    b) Verfasser-Kartei; (mit Buch-Kartei);
    c) Zeitschriften-Kartei;
12) Führen der Referenten-Liste.

Der Dokumentar (Dr.-Ing. F. D. Schmitz, dann ich) ist zuständig für:

1) Erfassen inländischer und fremdsprachiger Zeitschriften, die für den VDMA von Bedeutung sind;
2) Erfassen aller bibliographischen Nachschlagewerke;

3) Entscheiden, welche Zeitschriften bestellt werden sollen;
4) Aufträge an MBV erteilen, welche Zeitschriften und Bücher bestellt werden sollen, die
   a) in der VDMA-Bibliothek verbleiben,
   b) in den Fachabteilungen des VDMA benötigt werden,
   c) in der Fachdokumentation ausgewertet werden sollen;
5) Auswählen der Aufsätze im Schrifttum und Einlegen der leeren Manuskript-Formblätter;
6) Auftragserteilung für das Anfertigen von Referaten an den MBV, der den Schriftwechsel mit den Referenten führt;
7) Anfertigen von Referaten durch VDMA-Angehörige;
8) Zusammenstellen und auf dem Stand-der-Technik-Halten der Broschüre »Fachdokumentation«;
9) Zusammenstellen und Redigieren der Referate, die regelmäßig in den VDMA-Maschinenbau-Nachrichten veröffentlicht werden;
10) Allgemeine Auskunftserteilung über Maschinenbau-Literatur an den VDMA und dessen Mitglieder.

Die Bibliothekarin, Frau Marianne Schucht, ist zuständig für:
1) Führen der Bibliothek und der Buch-Kartei;
2) Ausleihen von Büchern und Zeitschriften und deren Archivierung nach der Auswertung;
3) Führen der Mikrofilm-Kartei und Einordnen der dokumentierten und verfilmten Zeitschriften in das VDMA-Archiv;
4) Erteilen von Auskünften an Besucher der Bibliothek;
5) Reif-zum-Druck-Prüfung der auf Rotaprint geschriebenen Referate, die gegebenenfalls vom Schreiber zu verbessern sind.

Die VDMA-Fachdokumentation hatte alle 14 Tage 600 Referatekarten im Format DIN A 6 (148 x 105 mm) an ihre Kunden auszuliefern. Werktäglich waren 60 Referate fertigzustellen, 14400 im Jahr. Das schafften 20 Mitarbeiter der Fachdokumentation, von denen die drei Drucker auch für andere Abteilungen des VDMA arbeiteten, und 10 bis 15 freie Mitarbeiter, die die Referate aus den ihnen zugesandten Zeitschriften erstellten.

Im Mittel wurden etwa 1000 Zeitschriften ausgewertet; davon lieferten die 100 ergiebigsten bis Ende 1970 107438 von insgesamt 237500 Referaten oder mit anderen Worten: aus 10 % aller bezogenen Zeitschriften wurden 45 % aller Referate gewonnen. Diese 100 Zeitschriften stammten aus folgenden Ursprungsländern:

1)	Westdeutschland	44
2)	USA	22
3)	Mitteldeutschland	11
4)	England	10
5)	UdSSR	7
6)	Schweiz	3
7)	Tschechoslowakei	2
8)	Frankreich	1

15.02. In Neuß, Krurstr. 36, beziehe ich bei Familie Hannes ein möbiliertes Zimmer, das für 5 Jahre von Montag bis Freitag meine Bleibe sein wird. Im Garten hausen die 25 cm-Schildkröten »Nurmi« und »Whisky«, die sich am 18. April aus ihren Winterlöchern hervorwagen.

10.03. Der Deutsche Verband für Schweißtechnik (DVS) schreibt mir aus Düsseldorf: »...Gerne teilen wir Ihnen mit, daß Sie zu dem Kreis derjenigen Autoren zählen, deren Veröffentlichung prämiert wurde. Es handelt sich um Ihre Arbeit im Märzheft 1969...« Der Titel lautete »Stand der Anwendung des Flammstrahlens von Stahl und Beton«.

15.04. In Darmstadt, Robert-Bosch-Str. 5, Europäisches Operationszentrum für Weltraumforschung = European Space Operations Center = ESOC, führt Dr. Steinacker das Dialog-System mit den elektronischen Literatur-Speichern vor.

24.04. Der Düsseldorfer Bibliothekar-Kreis unter Leitung von Dipl.-Bibliothekar Karlaugust Schloesser besichtigt die Universitätsbibliothek Bochum. Direktor Prof. Dr. Pflug, Dr. A. H. Helal und Frl. Sobottke erläutern die Einrichtungen. Die Aussprache zwischen den Gastgebern und den 50 Besuchern ergibt:

1) Die Datenverarbeitungsanlage Siemens 3003 hat sich bewährt.
2) Überraschend ist eine Kostenübersicht nach mehrjährigem Betrieb: 8 % der Kosten entfallen auf den Rechner und seine Hilfseinrichtungen, aber 92 % auf das Personal.
3) Auf eine ausgebildete Bibliothekarin oder Dokumentarin kommen 2 Hilfskräfte. Die Univesitätsbibliothek Regensburg ordnet jeder Hilfskraft einen Bibliothekar zu.
4) Ein Vervielfältigungsgerät wird rege benutzt. Eine Ablichtung DIN A 4 kostet 20 Pfennig.
5) Prof. Dr. Pflug ist der Ansicht, daß eine Datenverarbeitungsanlage den Bedarf an Bibliothekaren kaum vermindert, weil Ordnen, Selektieren, Bewerten und reines Handhaben bei weitem überwiegt.
6) In der Kernenergie-Dokumentation, die sich die größten und teuersten Rechner der Welt leisten kann, erhält man die Antwort brieflich frühestens nach einer Woche, weil auch dort der Zeitaufwand für die Hilfseinrichtungen entscheidet. Außerdem wird erst eine Anzahl von Fragen gesammelt, ehe der Rechner anläuft.
7) Auf ein Stellenangebot in der Frankfurter Allgemeinen Zeitung meldeten sich acht Programmierer. Die niedrigste Gehaltsforderung lag 300,– DM über dem Monatsgehalt des Direktors.
8) Die Einführung der elektronischen Datenverarbeitung in die Literaturdokumentation ist nicht zu umgehen. Ohne erfahrene Fachkräfte bleibt der Rechner eine geistlose Maschine.

4.0.5. Ich besichtige die Bibliothek der Schloemann AG in Düsseldorf, Steinstr. 13. Dipl.-Bibliothekar Karlaugust Schloesser, Bibliothekarin Hickmann und Herr Gohres erläutern die Einrichtung.

7.05. In Frankfurt am Main stirbt Oberbürgermeister (seit 1.7.64) Willi Brundert. Seine Frau Irmgard, verwitwete Bockmühl, geborene Schrader, stammt aus Wernigerode. Auf Veranstaltungen des Fürstin-Anna-Lyzeums und auf Tanzabenden in der »Storchmühle« in Wernigerode war sie eine geschätzte Tänzerin und angenehme Unterhalterin. Zu einem dieser Tanzabende hatte ich mir neue Lackschuhe zugelegt. Als abends der letzte Zug nach Ilsenburg abgefahren war, blieb mir nur noch Schusters Rappen. Schon kurz nach der »Storchmühle« hing ich mir die widerlich drückenden Schuhe über die Schulter und lief auf Strümpfen weiter. Von denen waren nur noch Manschetten vorhanden, als ich in der Damaschkestr. 33 einlangte.

26.06. Mit dem Leiter der Bücherei der Jagenberg-Werke AG, Dipl.-Phys. J. von Chamier, bespreche ich Ergänzungen zur VDMA-Klasse 033.7 »Verpacken« und 246.9 »Verpackungsmaschinen«. Jeder Bezieher legt Wert darauf, daß sein Fertigungsprogramm möglichst vollständig in der VDMA-Klassifikation enthalten ist.

3.07. Dr.-Ing. Dr. rer. pol. Erich Schlobach besucht als Ruheständler die von ihm 1954 begründete VDMA-Fachdokumentation. Seinen Äußerungen entnehme ich, daß die Umstellung auf elektronische Rechner die Literaturbeschaffung wesentlich verteuern wird.

Im Sommer 1970 fahre ich über die Felbertauern in den Urlaub an der dalmatinischen Küste. Etwa zur selben Zeit erfliegt Hanna Reitsch einen neuen westdeutschen Frauen-Segelflugrekord im Zielflug mit Rückkehr. Von Aigen im Ennstal

(A-8943) fliegt sie bis zum 520 km entfernten Imst (A-6460) am Fuße der Lechtaler Alpen und zurück nach Aigen.

Zur 50-jährigen Wiederkehr des Segelflug-Beginns auf der Wasserkuppe, 160 km südwestlich von Ilsenburg, lädt der begeisterte Segelflieger Helmut Dette den Astronauten Neil Armstrong aus den USA ein, der als erster Mensch am 20. Juli 1969 den Mond betreten hat.

31.08. Das Schützenfest in Neuß zieht auch mich an. Die Technik der »Vergnügungsmaschinen« wird immer aufwendiger und zeigt beachtliche Ingenieurleistungen. Abends entdecke ich in Niederkassel, Alt Niederkassel 75, den 1641 erbauten Gasthof »Im alten Bierhause«. Die Umgebung gefällt mir.

17.09. Mein Mitarbeiter Dipl.-Ing. Sergius Janitzky tritt in den Ruhestand. Er war ein erstklassiger Fachmann für Übersetzungen in die russische Sprache, vor allem von Werbeschriften, die bei Ausstellungen in der Sowjetunion ausgelegt wurden. Außerdem war er verantwortlich für die Einordnung der Referate in die VDMA-Klassifikation und in die Internationale Dezimalklassifikation (DK = UDC). Am 13. August erhielt er einen Anruf aus Moskau von seinem Bruder, den er 35 Jahre nicht gesehen hat. Sein Bruder ist Professor für Physiko-Chemie in Kaunas, 220 km östlich von Königsberg, und wird ihn auf vier Wochen in Westdeutschland besuchen.

21.08. In der niederländischen Fachzeitschrift »procestechniek« 25 (1970) Nr. 17, S. 677-681, erscheint mein Aufsatz »Vlamstralen van apparaten en pijpleidingen« (Flammstrahlen von Apparaten und Rohrleitungen).

10.09. Wilhelm Ertner, Mitglied der Hauptgeschäftsführung des VDMA und Geschäftsführer des Büros Düsseldorf, teilt mir mit, die Leitung der VDMA-Fachdokumentation zu übernehmen. Am 3. September hatte der stellvertretende Hauptgeschäftsführer Dr.-Ing. Volker G. Thürnau mit Wilhelm Ertner, Dr. Gasde und mir das weitere Vorgehen festgelegt.

10.06. Im Raum Ilsenburg am Harz geht ein Wolkenbruch nieder. Das Wasser strömt durch die Straßen und über die Gleisanlagen am Bahnhof.

14.08. In Oldenswort (D-2251) stirbt Oberpfarrer i. R. Walter Machmüller. 1934 hat er in der Haberberger Kirche in Königsberg in Preußen meine Frau zusammen mit seiner Tochter konfirmiert. In Mühlheim am Main beendet unser evangelischer Pfarrer Karl-Adolf Lebrecht am 31. Oktober 1970 seinen Dienst und wird am 1. November als Pfarrer der Petrusgemeinde in Gießen eingeführt.

21.01. Dr.-Ing. Schmitz teilt mit, daß die VDMA-Fachdokumentation 1139 Fragebogen der ersten Aktion des Projektbeirates zurückerhalten hat, die das Institut für Dokumentationswesen in Frankfurt am Main, Herriotstraße, auswerten wird. Der Projektbeirat des Bundesverbandes der Deutschen Industrie (BDI) sucht wirtschaftliche Lösungen für die Auswertung technisch-wissenschaftlicher Veröffentlichungen aus aller Welt. Beteiligt sind Maschinenbauer (VDMA), Chemiker (VCI), Elektrotechniker (ZVEI), Feinmechaniker und Optiker (F&O) und Automobilhersteller (VDA).

23.10. Mit düsseldorfer Bibliothekaren besichtige ich die Bibliothek im Hause des Deutschen Ostens, Bismarckstr. 90. Bibliothekarin Nübel und Dipl.-Bibliothekarin Breitkreuz erläutern die Einrichtungen. Ich freue mich über viele Bücher und Gegenstände aus der Heimat meiner Frau.

27.11. Die Düsseldorfer Bibliothekare treffen sich im Haus Litzbrück in Angermund (D-4000 Düsseldorf 34). Ingetraut Dahlberg bereichert unser Wissen in Fragen der Klassifikation.

25.07. Fernschriftlich werde ich gefragt, was die Abkürzung »bema« im Zusammenhang mit einer Preisgleitklausel bedeutet. Ich antworte »...nicht bema sonder BEAMA – British Electrical and Allied Manufacturer's Association (Preisgleitklausel Australien); beachten Sie ECE-Lieferbedingungen.«

Neben meiner eigenen Kartei, die ich seit 1940 führe, kann ich mich auf die wertvolle Kartei von Dr.-Ing. Schmitz stützen, der von 1954 bis März 1968 auf 14400 Referatkarten 8519 Spezialwörter sammelte, die in Nachschlagewerken nicht enthalten waren. Mit Genugtuung las ich in einem Aufsatz von Prof. Dr. h. c. Manfred von Ardenne, Dresden, den er zum 65. Geburtstage von Prof. Dipl.-Ing. Brunolf Baade verfaßte, daß er seit 1951 täglich eine Stunde Hinweise aus Veröffentlichungen und Ergebnisse seiner Forschungen speichert, wichtet und klassifiziert. Folgende Auskunftsquellen sind nach Meinung von Prof. von Ardenne am ergiebigsten:

1) Persönliche Gespräche und Zeitungsausschnitte;
2) Vorschläge von Benutzern industrieller Erzeugnisse und Hinweise in Fachzeitschriften;
3) Besuch von Messen und Vorträgen, Durchsicht wissenschaftlicher Bücher;
4) Der eigene Nachrichtenspeicher mit Zeitungsausschnitten usw. ist die Haupthilfe des Fortschritts.

Die größte und teuerste elektronische Datenverarbeitung (EDV) macht sich bei der Literaturrückgewinnung nicht bezahlt, wenn eine Mannschaft erfahrener Fachleute, die die Verknüpfung der Gleichnamen (Synonyme) im Griff hat, fehlt. Kostpielige Verzögerungen bei der Literatursuche entstehen dadurch, daß z.B. Internationale Dezimalklassifikation (DK – UDC), Internationale Patentklassifikation und DIN-Normen für den gleichen Sachverhalt unterschiedliche Bennungen benutzen. Von sechs Fragenden, die alle dasselbe wissen wollen, kann jeder ein anderes Suchwort auf den Bildschirm bringen: z.B. Auto, Automobil, KFZ, PKW, passenger car, Personenkraftwagen. Ähnliche Beachtung erfordern die Doppelsinnworte (Homonyme) für voneinander verschiedene Begriffe wie z.B. Linse:

1) Gemüsepflanze in der landwirtschaftlichen Literatur;
2) Optischer Körper, oft aus Glas, der Abbildungen vermittelt;
3) Elektrisches oder magnetisches Feld in Elektronenmikroskopen;
4) Lichtbrechender Teil des Auges in der Medizin;
5) Linsenförmige Erzlagerstätte bis zu mehreren hundert Metern Durchmesser;
6) Geldmünzen in der Umgangssprache.

16.12. In Bonn, Am Tulpenfeld, treffen sich im zuständigen Ministerium (BMBW) unter Vorsitz von Dr. Lechmann etwa 40 Fachleute zu einem Gespräch über das Bundesförderungsprogramm »Dokumentation und Information«. Die Absichten sind beeindruckend. Aber woher kommt das Geld? Am nächsten Tage beraten Dr.-Ing. Thürnau, Dr.-Ing. Schlobach, Dr. Gasde und ich, welche Forschungsprojekte dem BMBW vorgeschlagen werden sollen. Ich bedauere sehr, daß die VDMA-Fachdokumentation in ihrer bewährten Form das nächste Jahr nicht überleben wird.

Ich hatte wiederholt vorgeschlagen:

1) Jeder VDMA-Referatkarte werden 3 bis 6 Schlüsselwörter zugeordnet. (Schlüsselwort = Schlagwort = Norm-Schlagwort = Deskriptoren = keyword = uniterm = indexing term = subject heading)
   Am 3.12.70 hatte ich 30 Karten durchgesehen, jeder Karte 3 bis 6 Schlüsselwörter zugeordnet und diese mit der 8-stelligen Bestellnummer auf die Rückseite der Karte geschrieben. Auf dem Referat T 11992 z.B. wurde vermerkt:
   70-11992 Gaspumpe + Strömung (thermische) + Membran (poröse) + Wärmepumpe + Knudsen-Pumpe
   Zeitaufwand für eine Karte 1,1 bis 1,2 Minuten. Bis zur Bestellnummer T 14400 Ende 1970 wurden ab 1954 vom VDMA 237500 Referate angefertigt. Bei 6 Stunden Verschlüsselungsarbeit und 1,2 Minuten je Karte kann ein Ingenieur-Dokumentar täglich 300 Referate mit Schlüsselwörtern versehen.
   Auf 10 Fachgemeinschaften des VDMA an je einen Ingenieur-Dokumentar verteilt würden nach rund 80 Arbeitstagen oder 4 Monaten alle VDMA-Referatekarten mit 3 bis 6 Schlüsselworte versehen sein.
2) Elektronisch gespeichert werden nur die Schlüsselwörter mit ihrer zugehörigen Bestellnummer, z.B. Gaspumpe 70-11992. Nach alphabetischer Ordnung wer-

den sie ausgedruckt. Diese Liste wäre eine ausgezeichnete Grundlage für den Thesaurus Maschinenbau. Der Arbeitsausschuß »Thesaurus« des VDMA-Arbeitskreises »Fachdokumentation« (der erstmals am 7.10.1969 tagte) konnte in mühsamer und zeitraubender Kleinarbeit nur einen Bruchteil der Fachwörter zusammenstellen, die bei einem Ausdruck der Schlüsselwörter auf einen Schlag zur Verfügung gestanden hätten.

3) Der Bestellnummer wird der Name des Verfassers zugeordnet. Dann kann die Führung der Verfasser-Kartei entfallen. Wird der Name des Verfassers auf den Bildschirm gebracht, liefert der Rechner alle Nummern der Referate, an denen der Verfasser beteiligt ist.
4) Der Bestellnummer wird die genormte Abkürzung der Zeitschrift zugeordnet. Auch die bisherige Zeitschriften-Kartei kann entfallen. Bei Eingabe der Zeitschrift erscheinen alle Nummern der Referate, die dieser Zeitschrift entnommen wurden.
5) Der Bestellnummer wird die VDMA-Klasse zugeordnet. Damit kann die Klassifikation folgerichtig gepflegt und den Wünschen der Bezieher schnell angepaßt werden. Die nach Sachgruppen geordnete Klassifikations-Kartei sollte nicht entfallen. Die überschaubare Kartenmenge einer Sachgruppe erleichtert erfahrungsgemäß deren Pflege.
6) Der Bestellnummer wird die weltweit verstandene DK-Zahl zugeordnet. Bei der Gründung der VDMA-Fachdokumentation wurde 1954 vom VDMA ausdrücklich verlangt, daß jedes Referat auch seine DK-Zahl erhält. Viele Betriebe wandten sich von der Internationalen Dezimalklassifikation (DK) ab,weil sie von der elektronischen Datenverarbeitung schnellere, bessere und billigere Informationen erwarteten. Nach meiner Übersicht haben alle an Stelle der DK eingesetzten Systeme nach ihrer Anlaufzeit mindestens soviel Unzulänglichkeiten gezeigt, wie sie der DK vorgeworfen wurden.

Meine sechs Vorschläge wurden abgelehnt. Maßgebende Herren im VDMA beschlossen die Auflösung der Fachdokumentation, weil dem VDMA ein Zuschuß von 325000 DM nicht zugemutet werden könne – in 1970 hatten den Ausgaben von 605000 DM Einnahmen von 280000 DM gegenübergestanden. Wie weit dieser Entschluß im Hinblick auf staatliche Zuschüsse politisch beeinflußt war, soll hier nicht erörtert werden. Aber eine Nachricht,die mich im Januar 1970 erreichte, ist recht aufschlußreich: ein Maschinenbaubetrieb mußte Fertigungsvorrichtungen für über 500000 DM verschrotten, weil Patentlage und Wettbewerbsstand nicht bekannt waren.

Schlecht unterrichtete Mitarbeiter treffen die teuersten Entscheidungen! Um 1970 erhielten die Forscher eines niederländischen Unternehmens von ihrer Patentabteilung grünes Licht für eine Untersuchung. Als 200000 Gulden verpulvert waren, wies die Literaturdokumentation nach, daß das Verfahren nicht patentfähig war, weil bereits in Mitteldeutschland (DDR) eine Beschreibung vorlag.

Im Zuge der Auseinandersetzung über die Fortführung der VDMA-Fachdokumentation sollten folgende Stellungnahmen nicht übersehen werden:

1) Die Geschäftsleitung der MAN, Nürnberg, am 10.12.70: »...die VDMA-Dokumentation ist die gegenwärtig einzige funktionierende Dokumentation.«
2) Ein Beauftragter von Kugelfischer, Schweinfurt, am 11.12.70: »...Die Beendigung der VDMA-Fachdokumentation kann nur bedauert werden.«
3) Ein Direktor der DEMAG, Duisburg, am 14.12.70: »...möchte sich mit Händen und Füßen gegen den Stopp der Dokumentation wehren. ...Man werde erleben, daß man das Auseinandergehen des derzeitigen Mitarbeiterstabes und den Stopp der Datenproduktion einfach in seinen Folgen nicht wieder gutmachen könne.«
4) Ein Prokurist der Motorenwerke Mannheim (MWM) bedauert am14.12.70 »...den Stopp der Dokumentation in der bisherigen Form: das Schrifttumsreferat, wie es bisher

herausgegeben wurde, sei durch nichts zu ersetzen. Die bloße Vermittlung der Literatur anhand von Titeln, bibliografischen Angaben und Deskriptoren bringe weit weniger Transparenz der Informationssubstanz als die bisherige Dokumentation.«

5) Der Leiter der Technischen Information der KLöckner-Humboldt-Deutz AG, Köln-Deutz, am 14.12.70: »...VDMA-Dokumentation... gilt bei den Benutzern im Konzern weithin als äußerst informativ und nützlich.«
6) Die Olympia-Werke, Wilhelmshaven, am 15.12.70: »...eine fühlbare Lücke, vor allem deswegen, weil all die vorhandenen sonstigen Dokumentationsstellen keineswegs die von der VDMA-Dokumentation erreichte fachliche Breite ausfüllen.«
7) Der Bibliotheksleiter der Jagenberg AG, Düsseldorf, am 15.12.70: »...als Student den Wert der Schrifttumskartei des VDMA an der Hochschule kenenngelernt. Es gibt nichts Gleichwertiges.«
8) Ein Beauftragter von Fichtel & Sachs, Schweinfurt, am 15.12.70: »Wir halten den bevorstehenden Stopp der Dokumentation für außerordentlich bedauerlich.«
9) In den VDMA-Maschinenbau-Nachrichten 16/1970 lese ich auf S. 39, daß das Nichtwissen von Ergebnissen, die an anderen Stellen erarbeitet und veröffentlicht wurden, dazu führte, daß in Westdeutschland 40 % aller Patentanmeldungen zurückgewiesen werden mußten und ein Forschungsaufwand von etwa 115 Millionen DM überflüssig gewesen wäre.
   Aber wegen lumpiger 325000 DM ging ein Werk vor die Hunde, daß sich in Westdeutschland und im Ausland großer Wertschätzung erfreute.

1971 **1971**

14.01. Maschinenbauer (VDMA) und Elektrotechniker (ZVEI) verhandeln über eine Zusammenarbeit in der Literaturdokumentation, zu der auch eine interministerielle Arbeitsgruppe ihre Beiträge (und Weisungen) liefert.
In Umfragen wird die Meinung führender Unternehmer erforscht. Mit verschwindend wenigen Ausnahmen sind diese für die Beibehaltung der VDMA-Fachdokumentation, wie aus der folgenden Aufstellung entnommen werden muß:

1) Am 27.1.71 ein Vorstandsmitglied der Rheinstahl AG, Werk Henschel, Kassel: »Der Ausfall dieser von Rheinstahl stark in Anspruch genommenen Informationsmöglichkeit (der Literaturbeschaffung durch den VDMA) wurde als katastrophal bezeichnet, weil es keine Ausweichmöglichkeit gibt.«
2) Am 1.2.71 fragt die Gebrüder Sulzer AG, Winterthur (CH-8400) an, was aus der VDMA-Fachdokumentation wird.
3) Am 4.2.71 die Geschäftsleitung der Motorenwerke Mannheim (MWM): »Wir widersprechen deren Einstellung der VDMA-Fachdokumentation, die wir seit 1954 beziehen. Statt der jetzigen 70,– DM je Monat würden wir auch das Doppelte oder Dreifache zahlen...«
4) Am 8.2.71 der Inhaber der W. Schlafhorst & Co, Mönchengladbach: »Ich würde zwei- bis dreifache Gebühr zahlen. Die VDMA-Fachdokumentation wird geschätzt, wenn auch die unzeitgemäße Aufmachung bedauert wird.«
5) Am 9.2.71 antwortet die französische Zentralstelle für Technische Dokumentation (CETIM) in Paris ungewöhnlich schnell auf unseren Brief vom 3. Februar. Sie äußert ihr großes Bedauern über die Einstellung, weist daraufhin, daß auch sie 1954 gegründet wurde und legt großen Wert auf weitere Zusammenarbeit.
6) Am 9.2.71 schreibt der Vorsitzende des Vorstandes der Anker-Werke AG, Bielefeld, die elektronische Büromaschinen herstellt: »...Ich bin daher der Meinung, daß es nicht verantwortet werden kann, die Fachdokumentation des VDMA wegen der steigenden Verluste, die sie mit sich bringt, aufrechtzuerhalten, so sehr es zu bedauern ist, daß diese an sich sehr gute Arbeit des VDMA aus Gründen der damit verbundenen manuellen Behandlung nicht mehr zeitgemäß ist.«
7) Am 9.2.71 schreibt die Geschäftsführung der SIEMAG, Hilchenbach-Dahlbruch: »...

selbst verdreifachte Gebühren von 3 x 1100 _ 3300,– DM je Jahr würden in keinem Verhältnis stehen zu den Kosten, die bei eigener Dokumentation auf uns zukämen.«

8) Am 9.2.71 äußert sich der Vorsitzende des Vorstandes der G.M. Pfaff AG, Kaiserslautern: »Wir sind an der Fachdokumentation interessiert und werden auch bei erhöhten Gebühren weiterhin abonnieren.«

9) Am 10.2.71 sendet die Geschäftsleitung der Gebrüder Boehringer GmbH, Göppingen, ein Fernschreiben: »Nicht auflösen! Einzige Fachdokumentation, die die Belange des spanenden Werkzeugmaschinenbaus berücksichtigt. Wir würden der Erhöhung der Gebühren zustimmen.«

10) Am 11.2.71 schreibt ein Vorstandsmitglied der Klein, Schanzlin & Becker AG, Frankenthal: »...Mir fehlt jedes Verständnis! Für mich als Mitglied der Fachgemeinschaft Pumpen und Verdichter gibt es unter den (vom MBV) genannten 60 Ausweich-Dokumentationsstellen keine einzige! Wir würden bis zum Doppelten zahlen.«

11) Am 11.2.71 nimmt ein Prokurist der Maschinenfabrik Werner & Pfleiderer, Stuttgart-Feuerbach, Stellung: »...Wir würden auch doppelte Gebühren für die Referate zahlen.«

12) Am 11.2.71 schreibt der Vorsitzende des Vorstandes der MAN, Augsburg: »MAN würde auch das zwei- oder dreifache der Gebühren für die Referate entrichten.«

13) Am 18.2.71 schreibt ein Vorstandsmitglied der Heidelberger Druckmaschinen AG: »Wir würden auch das Dreifache bezahlen...« (für die Referate, wenn die VDMA-Fachdokumentation bestehen bleibt)

14) Am 8.3.71 äußert Prof. Dr.-Ing. Karl Trutnovsky, Lehrkanzel für Allgemeinen Maschinenbau der Montanistischen Hochschule Leoben (A-8700) seine Bedenken: »Ich bin bestürzt! Diese besonders wertvolle Informationsquelle kann wohl durch nichts ersetzt werden«.

15) Am 15.3.71 bedauert der Prokurist der Werkzeugmaschinenfabrik Adolf Waldrich, Coburg, die Beendigung der VDMA-Fachdokumentation: »...Man hätte auch die zwei- und dreifache Gebühr für die Referate bezahlt.«

16) Am 22.3.71 äußert der »information officer« von Burmeister und Wain in Kopenhagen (DK-1449) seine Enttäuschung: »Dear Sir, Just to tell you that we deeply regret your decisions to end the publications of the VDMA-Fachdokumentation.«

17) Am 24.3.71 bedauert die Universitätsbibliothek Stuttgart »Diese Fachdokumentation war eines der wichtigsten und am meisten benutzten Auskunftsmittel unserer Bibliothek.«

18) Im April lese ich in den »Nachrichten für Dokumentation 22 (1971) Nr. 4, S. 142: »...für die Studenten der Technischen Universitäten beispielsweise war die Kartei das ergiebigste Informationsmittel über den Maschinenbau; die Bibliothek der TU Hannover gab z.B. jeden Monat 350,– DM zusätzlich für eine Halbtagskraft zum Einsortieren der Karteikarten aus, weil die Nachfrage so groß war.«

Diese 18 Auszüge entstammen nur einem Bruchteil der Stellungnahmen, die zur Bewertung der VDMA-Fachdokumentation abgegeben wurden. Böse Zungen behaupten, die VDMA-Fachdokumentation habe deshalb sterben müssen, weil sie zu billig und zu gut und darum ein ernstes Hindernis für den Verkauf elektronischer Datenverarbeitungsanlagen (EDV) gewesen sei. Wie kann man nur so abartig denken!

Diese Abweichler führen an, daß die Beendigung mit dem Zuschuß von 325000 DM begründet worden sei – jedoch sei eine der ersten Maßnahmen der Nachfolge-Institution die Heraufsetzung der Gebühren für die Literatur-Auswerter gewesen, die Gebühren seien auf 7,–; 13,–; 16,– und 19,– DM angehoben worden. Vorher habe der VDMA für ein Referat aus deutschen Zeitschriften 3,– DM und für ein Referat aus englischen und französischen Zeitschriften 4,– DM bezahlt und keiner der meist als Rentner tätigen Referenten habe sich ausgebeutet gefühlt.

10.02. Der Beauftragte eines niederländischen weltumspannenden Nahrungsmittel-Konzerns besucht mich in Düsseldorf. Er hat wiederholt die Ergiebigkeit von Dokumentationsstellen aus aller Welt für die Zwecke seines Konzerns verglichen. Dabei hat die VDMA-Fachdokumentation stets eine sehr gute Note erhalten. Auch er bedauert ihre Beendigung. Beide Gesprächspartner legen Wert auf eine gute Zusammenarbeit mit der Nachfolge-Institution.

11.02. Mein Vorgänger Dr.-Ing. Frank D. Schmitz lädt uns in den Arbeitsräumen der Lueg-Allee 65 in Düsseldorf-Oberkassel zum Abschiedskaffee. Seltsamerweise trägt auch ein Schreiben der VDMA-Hauptgeschäftsführung dasselbe Datum, in dem den bisherigen Beziehern die Beendigung der VDMA-Fachdokumentation mitgeteilt wird.

4.03. Heute wird deutlich, daß es auch einflußreiche Gegner einer Beendigung der VDMA-Fachdokumentation gibt: aus Frankfurt wird angerufen, daß die am 11. Februar verfaßten Beendigungs-Schreiben nicht versandt werden sollen. Sie sind aber schon auf dem Postwege. Der Anruf kam in Düsseldorf 30 Minuten zu spät an. Wie so oft regiert der Zufall!

23.03. Im Hause der DEMAG, Duisburg, erläutert mir Ing. (grad) Peter Genth, Leiter der Dokumentation, wie die elektronische Datenverarbeitung für die Auswertung und Rückgewinnung technischer Literatur eingesetzt wird. Am 28. Januar hatten wir an einer Sitzung teilgenommen, in der das Vorgehen bei den Verhandlungen mit dem Ministerium (BMBW) festgelegt wurde.

5.05. In Duisburg bespreche ich mit Peter Genth, wie der DEMAG-Thesaurus zu einem Maschinenbau-Thesaurus auszubauen ist.

13.05. In Düsseldorf besuchen uns J. de Groot und J. C. Tonnon von der Technischen Hochschule Eindhoven in den Niederlanden. Ich erläutere ihnen die VDMA-Fachdokumentation, kann jedoch über die Nachfolge-Institution noch nichts Verbindliches aussagen.

14.05. Der Patentingenieur der MAN, Dipl.-Ing. Voigt in Augsburg, mit dem ich gern zusammenarbeitete, bedauert in einem Schreiben die Auflösung der VDMA-Fachdokumentation.

23.05. An diesem Sommerabend schwimmt um 20 Uhr 15 mein Auto während eines starken Gewitters auf der Fahrt von Frankfurt nach Köln auf und wird an der Leitplanke zerstört. Ohne Gurt rolle ich mich wie ein Igel im Fußraum zusammen und komme mit ein paar Schrammen davon. Durch den Aufprall bin ich um 180 Grad umgepolt und verwechsle Nord und Süd. Der Verkehrspolizist redet mir gütlich zu und hat mich bald wieder in die übliche Kartographie eingefügt. Ein Leihwagen ist bald zur Stelle und 3 Minuten nach Mitternacht bin ich in der Krurstraße in Neuß, das ich ursprünglich gegen 22 Uhr erreichen wollte.

24.05. Der Allgemeine Schwedische Exportverein, Stockholm, bedankt sich für die freundliche Aufnahme und die Auskünfte, die ich Erik Berger am 28. April zuteil werden ließ.

25.06. Das Bundesinstitut für ostwissenschaftliche und internationale Studien übermittelt mir schriftlich seinen Dank für meinen Bericht über den Modernitätsgrad des sowjetischen Maschinenbaus, dem man wertvolle Hinweise entnommen habe.

2.07. Erstmals befasse ich mich mit Vorschlägen von Dieter Zimmermann, Wirtschaftsingenieur und Unternehmensberater in Düsseldorf, bekannt sind ZAFO = Zimmermann Allgemeine Formenordnung (für Werkstücke) und ZAOME = Zimmermann Allgemeine Ordnung für Maschinen und Einrichtungen, eine tabellarische Klassifikation aller für die industrielle Produktion wichtigen Fertigungseinrichtungen. Ich halte sie für gut durchdacht. Von 1965 bis 1969 hat der VDMA den Zimmermann-Vorschlägen 23 Referate gewidmet (M 12780-033.2 bis S 7436-033.3). Fachleute, die etwas von Klassifikation verstehen, befürworten seine Vorschläge; andererseits sind beamtete Lehrstuhlinhaber erbost, daß ein Außenseiter in die heiligen Bezirke universitärer Erbpacht eindringt.

3.07. Mein Mitarbeiter Fritz Thaler erzählt mir von seinem Jugendfreund Corli Karras

(CK), der schon mit 6 Jahren in einer Schule in Reichenberg in Böhmen Kaiser Karl gekonnt an die Wandtafel malte; später wurde er ein bekannter Karikaturist.

12.07. Beim VDI in Düsseldorf beraten wir über eine Zusammenarbeit von VDMA und VDI auf den Gebieten der Maschinenbau-Dokumentation. Oberingenieur Robert Harth leitet die VDI-Dokumentationsstelle und die VDI-Bücherei. Bei französischen Textiltechnikern in Paris hat er sich über die Anwendung elektronischer Datenverarbeitungseinrichtungen in der internationalen Textil-Dokumentation unterrichten lassen.

23.07. Mein Urlaub beginnt mit einer Autofahrt nach Travemünde. In Trälleborg verlasse ich das Fährschiff und fahre durch Südschweden zur Autofähre nach Ystad, die mich in Rönne auf Bornholm absetzt. Dort begegne ich zufällig der Familie Dieter Ernst aus Berlin, deren Onkel Kretzschmar bei Dipl.-Ing. Ferdinand Brandner in Kuibyschew gearbeitet hat, der 1954 mit mir zusammen auf die Rückkehr in die Heimat in Sawjelowo an der Wolga wartete. Lesenswert ist sein Buch (1973) »Ein Leben zwischen den Fronten«.

7.08. Um 22 Uhr 40 höre ich auf Bornholm, daß die Apollo 15-Kapsel 528 km nördlich Oahu gewassert ist. Ich erinnere mich gern an diese Hawai-Insel und an die schönen Tage am Strand von Waikiki.

18.08. In Kopenhagen wandern wir mit unserer Tochter Silvia durch den Vergnügungspark »Tivoli«, was ihr bestimmt mehr Vergnügen bereitet, als sich bei Kirchenbesichtigungen zu langweilen. Aber am 19. August hat sie auch an Odense ihren Spaß, vor allem am Museum des Märchendichters H. C. Andersen, der 1830 meinen Heimatort Ilsenburg am Harz besucht hat. Wir bewundern die goldene Uhr, die er vom Deutschen Kaiser Wilhelm II. als Geschenk erhielt.

23.08. In Düsseldorf feiern wir den 70. Geburtstag meiner Mitarbeiterin Frau von Wille, die erfolgreich dazu beiträgt, daß im Schriftverkehr mit unseren Beziehern keine Unstimmigkeiten auftreten. Beiläufig erfahre ich, daß die Burg Kerpen (D-5531) in der Eifel bis um 1930 ihrer Familie gehört hat, dann an die DEMAG verkauft und später zu einer Volkshochschule umgestaltet wurde. Im Kriegstagebuch meines Vaters entdecke ich zufällig, daß er sich am 23.11.1918 in Kerpen seinen Kriegsbart abnehmen ließ.

09. Im September 1971 ist Hanna Reitsch bei den Ersten Hubschrauber-Weltmeisterschaften die Erste in der Damenklasse – im Alter von 59 Jahren!
Im gleichen Monat gibt das Rationalisierungs-Kuratorium der Deutschen Wirtschaft (RKW) eine sechssprachige Klassifikation Betriebswirtschaft heraus, deren Sachgebiete nach der Internationalen Dezimalklassifikation (DK _ UDC) geordnet sind. Ich begrüße diese Anwendung der DK-Nummern.

3.11. Frau Karin Leuchten ist wieder für uns tätig. Ich freue mich daß wir die Erfahrungen dieser im ehemaligen Maschinenbau-Verlag (MV) erprobten Fachkraft auch für die Übergangslösung nutzen können. Die Mitarbeit von Fritz Thaler bleibt uns ebenfalls erhalten.

19.11. Dr. Bernhard Stüdeli beteiligt sich im VDMA-Arbeitskreis »Dokumentation« in Frankfurt am Main an der Aussprache über die Gestaltung der zukünftigen westdeutschen Maschinenbau-Dokumentation. Die VDMA-Fachdokumentation ist ihm für nützliche Hinweise zu Dank verpflichtet. Als Vorsitzender des Fachausschusses Technische Dokumentation im Verein Schweizerischer Maschinen-Industrieller verfügt er über langjährige Erfahrungen in der Leitung technischer Bibliotheken und wissenschaftlicher Dokumentation. In Heft 2 (1971) der »Technische Rundschau Sulzer« (Winterthur, CH-8400) beschreibt er mit zwei weiteren Verfassern das rechnergesteuerte SULIS-System (Sulzer Literaturverteilung und -Sortierung). Die Sachgebiete sind nach den DK-Nummern der Internationalen Dezimalklassifikation (UDC) geordnet. Das bestätigt meine Auffassung, daß eine erfolgreiche Literatur-

Auswertung, -Verteilung und -Rückgewinnung auf eine überschaubare Gliederung in Sachgruppen nicht verzichten kann. SULIS weist zu jedem Schlüsselwort (Deskriptor) nach, in welcher Zeitschrift, in welchem Buch, in welchem VDMA-Referat darüber etwas nachzulesen ist und teilt jedem der 300 Bezieher innerhalb der Gebr. Sulzer AG genau die Literaturstellen mit, die er für seine besondere Aufgabe kennen muß.
Rudolf Jordan veröffentlicht sein Buch »Erlebt und erlitten – Weg eines Gauleiters von München bis Moskau« (Druffel-Verlag, Leoni, D-8131 Berg, 1971).
In Großenlüder (D-6402) wurde R. Jordan am 21. Juni 1902 geboren, 10 km nordwestlich Fulda, 160 km südsüdwestlich Ilsenburg. Im Mai 1925 wurde er Mitglied Nr. 4871 der Nationalsozialistischen Deutschen Arbeiter-Partei (NSDAP). Am 19. Februar 1931 ernannte ihn Adolf Hitler zum Gauleiter des »roten« Gaues Halle-Merseburg und am 19. April 1937 zum Reichsstatthalter in Braunschweig und Anhalt.
Am 11. Oktober 1931 nahm er an der Tagung der sogenannten »Harzburger Front« in Bad Harzburg teil, bei der ich als Schüler natürlich auch nicht fehlen durfte. Eine Woche später war dann am 17. und 18. Oktober in Braunschweig der große Aufmarsch der 104000 SA-Männer. Weil in Preußen damals SA-Uniformen verboten waren, konnten die Ilsenburger SA-Männer ihre Braunhemden erst westlich der Ecker auf Braunschweiger Gebiet anziehen.
Ermöglicht wurde dieses Treffen durch Dietrich Klagges, der als einer der ersten nationalsozialistischen Minister der Regierung des Landes Braunschweig angehörte. Er war es auch, der Adolf Hitler am 24. Februar 1932 zum Bürger des Deutschen Reiches machte und die Voraussetzung für dessen Kandidatur im Reichspräsidenten-Wahlkampf 1932 schuf.

In den innerpolitischen Kämpfen der Jahre 1931 und 1932 fiel die Entscheidung, ob Nationalsozialisten oder Kommunisten in Deutschland herrschen würden. Die parteiamtliche Statistik wies für 1931 46 Tote und 4804 Verletzte aus den Reihen der NSDAP aus – es wurden also nicht nur »Linke« bei den Auseinandersetzungen umgebracht. Bezeichnend für die damaligen Verhältnisse ist das Verbot der Sturm-Abteilung (SA) und Schutzstaffel (SS) der NSDAP am 13. April 1932 durch den Reichswehr- und Innenminister Groener – das »Reichsbanner«, die Kampftruppe der Sozialdemokraten, konnte sich weiterhin frei entfalten.

Nachdem Deutschland 1945 der Übermacht erlegen war, wurde R. Jordan von USA-Söldnern verhaftet und von diesen am 26. Juli 1946 den Sowjetrussen ausgeliefert. Am 13. Oktober 1955 kehrte Reichsstatthalter a.D. Rudolf Jordan aus sowjetischen Gefängnissen in seine Heimat zurück, die ihn am 8. Januar 1951 amtlich für tot erklärt hatte. Ich war einer seiner Zeitgenossen und habe seinen Werdegang verfolgt – Rudolf Jordon hat sich vorbildlich für sein deutsches Vaterland eingesetzt.

Sehr erfreut war ich, in der Zeitschrift »Deutschland in Geschichte und Gegenwart«, 30. Jahrgang, Nr. 3, September 1983, S. 11 + 12, einen Aufsatz von R. Jordan zu finden. Er erinnert sich an die beispiellose Arbeitsschlacht, in der Adolf Hitler und seine Mitarbeiter 6 Millionen deutschen Erwerbslosen Arbeit, Brot und ein menschenwürdiges Dasein verschafften.

Anzahl der Arbeitslosen in Deutschland:

31.01.1933	6,019 Millionen
30.06.1933	4,856 Millionen
31.12.1933	4,059 Millionen
30.01.1934	3,773 Millionen
30.06.1934	2,880 Millionen
31.01.1935	2,947 Millionen

30.06.1935 1,710 Millionen
Frühjahr 1938 0,507 Millionen (vor Abschluß Österreichs)

Ende 1938 meldete der Arbeitsminister einen Arbeiterbedarf von über einer Million. Ab 1938 herrschte immer ein Mangel an Arbeitskräften.

Wir wollen auch nicht vergessen, was unser ehemaliger Bundeswirtschaftsminister, Prof. Dr. Karl Schiller, Mitglied der Sozialdemokratischen Partei Deutschlands, 1935 in seiner mit höchster Auszeichnung (summa cum laude) bewerteten Doktorarbeit »Arbeitsbeschaffung und Finanzordnung in Deutschland« u.a. schrieb: »Die deutsche Arbeitsschlacht hat den Begriff 'Arbeitsbeschaffung' von dem sachlich begrenzten Bereich der 'Notstandsarbeit' über den Umfang einer 'Wirtschaftsankurbelung' hinweg erhoben und erweitert zu einem übergreifenden Einsatz aller Kräfte des wirtschaftlichen Lebens... Nach seinen gesetzlichen Anfängen im Juni 1931 und im Juli 1932 entwickelte er sich nach der nationalsozialistischen Revolution zu einem umfassenden Dienst- und Erziehungswerk an Volk und Boden, das seine Krönung in der pflichtigen Heranziehung der Arbeitsmänner erfuhr.«

Mit diesem letzten Satz sind auch die Verdienste von Konstantin Hierl gewürdigt, der im März 1933 als Staatssekretär den Freiwilligen Arbeitsdienst (FAD) übernahm und am 1. Oktober 1935 von Adolf Hitler zum Reichsarbeitsführer ernannt wurde. K. Hierl wurde am 24. Februar 1875 in Parsberg geboren. Ab 1904 war er im Bayerischen, ab 1907 im Preußischen Generalstab. 1919 beseitigte er im Auftrag des Reichswehrministeriums als Freikorpsführer die kommunistische Räteherrschaft in Augsburg. Am 25. August 1943 verlieh ihm der Führer und Reichskanzler Adolf Hitler Titel, Rang und Befugnisse eines Reichsministers. 1949 verurteilte ihn eine Spruchkammer zu fünf Jahren Arbeitslager. Ein Beweis dafür, daß sich auch Konstantin Hierl pflichtgemäß für sein deutsches Vaterland eingesetzt hat.

Am 22.6.1971 veröffentlicht die sowjetische Gewerkschaftszeitung »Trud« (Die Arbeit) zum 30. Jahrestag des deutschen Angriffs auf die Sowjetunion einen Tagesbefehl des damaligen sowjetischen Generalstabschefs Shukow und des Volkskommissars für Verteidigung Timoschenko. In diesem Befehl, der mehrere Stunden vor dem deutschen Angriff an alle sowjetischen Truppenteile durchgegeben wurde, heißt es ausdrücklich: »Am 22. und 23. Juni besteht die Möglichkeit eines unerwarteten Überfalls der Deutschen...«.Stalin hatte den Tag X durch Verräter in der obersten Führung der deutschen Wehrmacht erfahren und für alle sowjetischen Einheiten volle Kampfbereitschaft befohlen. Von einem deutschen Überfall auf die »ahnungslose« Sowjetunion kann also keine Rede sein.

1972 **1972**

1.01. Für die Bestimmung der Biorhythmen ermittle ich, daß der erste Tag des Jahres für meine Tochter Silvia der 5209., für meine Frau der 19250. und für mich der 21160. Lebenstag ist.

6.01. In Duisburg erarbeitet der Unterausschuß »Thesaurus« den Ablochbeleg für das Wortfeld »Getriebe«.

20.01. In Frankfurt am Main beschließt der VDMA-Hauptvorstand den Aufbau der neuen Maschinenbau-Dokumentation, nachdem am 18. Janaur in Ludwigshafen bei der BASF eine Sondersitzung des Bundesverbandes der Deutschen Industrie (BDI-Projektbeirat) stattgefunden hat.

17.02. In Schweinfurt bin ich mit dem Unterausschuß »Fachordnung« Gast der FAG Kugelfischer Georg Schäfer & Co. Werksbibliothekar Walter Halbig leitet seit 1952 die Bücherei und ist ein unermüdlicher Förderer der VDMA-Fachdokumentation. Mein Vorgänger Dr.-Ing. Schmitz und ich verdanken ihm wertvolle Anregungen. Leider nimmt ihn mit er 50 Jahren der Tod am 20. Juli 1977 aus unserer Mitte. Neben dem Thesaurus als Sammlung von Fachwörtern mit ihren fachlichen Zusammenhängen wird eine Fachordnung (Klassifikation) der für den Maschinenbau wichtigen Sachgebiete erarbeitet.

Der Hauptzweck einer Fachordnung oder Klassifikation ist die Aufteilung großer Nachrichtenmengen in überschaubare Sachgruppen, die nach Bedarf weiter unterteilt werden können. Die umfassendendste und trotz aller Unkenrufe bewährteste ist die Internationale Dezimalklassifikation, die das gesamte menschliche Wissen erfaßt. Die VDMA-Klassifikation lehnt sich an das Warenverzeichnis für die Industriestatistik des Statistischen Bundesamtes an und deckt sich weitgehend mit der Gliederung des westdeutschen Maschinenbaues; sie umfaßt 69 dreistellige Hauptklassen (von 000 Grundlagen bis 800 Stahlverformung). Jeder VDMA-Fachordnungsnummer ist die entsprechende DK-Nummer zugeordnet, z.B. VDMA 051.66 Widerstandsschweißen = DK 621.791.76 Widerstandspreßschweißen.

7.02. In Frankfurt am Main, Hotel Intercontinental, Salon Nymphenburg, wird die Dokumentation Maschinenbau e.V.« gegründet. Um 14 Uhr steigt die erste Mitgliederversammlung.

4.08. Ich besuche Dipl.-Handelslehrer Walter Hierse in Frankfurt und melde Tochter Silvia für die Kaufmännische Handelsschule an.

24.08. Meine Mutter stirbt im Alter von 81 Jahren in Ilsenburg am Harz. Am 29. August wird sie neben meinem Vater in der Nähe der Friedhofskapelle beigesetzt. Sit tibi terra levis.

30.09. Hanna Reitsch wird von der Society of Experimental Test Pilots in Kalifornien, USA, zum Ehrenmitglied ernannt. Im Mai 1972 hatte sie einen neuen westdeutschen Frauen-Segelflugrekord im Geschwindigkeitsflug über eine 300 km-Dreieck-Strecke errungen. Der Orden IOC (International Order of Characters) ernennt sie im Oktober in Arizona, USA, zum »Pilot of the Year 1972«.

18.10. Die Oscar Brandstetter Verlag KG, Wiesbaden, überreicht mir die soeben fertiggestellte neue Veröffentlichung »Abkürzungen und Kurzwörter aus Naturwissenschaft und Technik« und dankt für meine »bereitwillige und tatkräftige Unterstützung bei der Sammlung und Zusammenfassung des Materials«. In seinem Geleitwort erwähnt der von mir hochgeschätzte Prof. Dr. techn. Eugen Wüster, Wieselburg (A-3250), daß dieses Abkürzungsbuch 16000 Abkürzungen aus dem anglo-amerikanischen Sprachbereich enthält, daß schon die alten Römer über ein Verzeichnis von 5000 Abkürzungen verfügten und daß Paul Spillner eine Kartei von 250000 Abkürzungen aus den lateinschreibenden Sprachen zusammengetragen hat.

1973 **1973**

26.01. Eine Glückwunschkarte zu meinem Geburtstag haben folgende Angehörige der DOMA unterzeichnet:

1) Peter Genth	7) Herta Patzelt
2) Fritz Thaler	8) Karin Leuchten
3) Nripendra Kumar Das	9) Edith Wiel
4) Hubert Haltermann	10) Helga Weppler
5) Heinrich Kunsmann	11) Frau Ruttka
6) Marianne Schucht	12) Ursula Hollstein

13.02. Ingetraut Dahlberg promoviert bei Prof. Diener in Düsseldorf zum Doktor der Philosophie. Ihre Aufsätze »Möglichkeiten einer Neugestaltung der DK« (1970) und »Ein möglicher Thesaurus aller Wissensgebiete« (1971) gaben uns beachtenswerte Hinweise beim Aufbau des Thesaurus Maschinenbau.

20.03. Mit Unternehmensberater Dieter Zimmermann, Düsseldorf, tausche ich Erfahrungen bei der Anwendung von Numerungs-Systemen aus und erfahre Näheres über seine Ordnungs-Systeme ZAFO und ZAOME (siehe 2.07.71).

17.04. Tochter Silvia kehrt aus London zurück mit einem Zertifikat, das ihr die erfolgreiche Teilnahme an einem Englisch-Kursus bescheinigt. Am 18. August erhält sie ein Motorfahrad Motobécane, das ihr viel Spaß und den Eltern manche Sorge bereitet. Unfälle gehen verhältnismäßig glimpflich ab. Am 10. März erst hat eine ihrer Freun-

dinnen als Mitfahrerin auf einem Motorrad bei einem Verkehrsunfall auf der Main-Brücke in Hanau ihr Leben verloren.

1.07. Tochter Silvia hat zu ihrem Tanzstundenball im Hotel »Intercontinental« in Frankfurt am Main eingeladen (aber ich muß bezahlen).

2.08. In Nr. 178 bringt »Die Welt« als einzige westdeutsche Zeitung eine Zuschrift von Hanna Reitsch. Eine englische Filmgesellschaft hat den Film »Hitler – die letzten Tage« herausgebracht. Das Machwerk strotzt von Lügen, erscheint in vielen Kinos der Welt und selbstverständlich auch vor westdeutschen Lehrern mit ihren Schulklassen. Hanna Reitsch stellt fest, daß auch nicht ein einziges Wort, das man ihr in diesem Film in den Mund legt, der Wahrheit entspricht. Was mag Alec Guinnes veranlaßt haben, Hitler so darzustellen – vielleicht die Erkenntnis, daß aus Großbritannien ein Kleinbritannien wurde?

3.08. Während des Urlaubs treffe ich im Hafen von Alicante einen Seemann aus den USA, der das Kastell besichtigen will. Die Benutzung des Aufzuges ist uns zu langweilig. Wir klettern über die Felsen an der Seeseite. Schließlich kommen wir schweißgebadet oben am Fuße der Festungsmauer an; die ist 5 Meter hoch und zeigt keine Vorsprünge oder Vertiefungen. Also zurück! Bis zur nächsten Kneipe reichten die Kräfte noch.

19.08. Die 13. Fortschreibung des Maschinenbau-Thesaurus enthält 14003 Schlüsselwörter (Deskriptoren). Die Mitarbeiter aus den Unternehmen des Maschinenbaus liefern mir die Wortfelder der Sachgruppen, die zu ihrem Arbeitsbereich gehören. Diese Lieferungen stimme ich mit dem vorhandenen Wortschatz ab, was zum Beseitigen von Fehlern und zu Ergänzungen führt.

29.12. Auf einem Skiausflug zur Schwarzwasser-Hütte im Kleinwalsertal entdecke ich auf der Melköde einen Gedenkstein: am 11.02.1952 wurden zwanzig Skifahrer an dieser

Stelle durch eine Staublawine getötet. Bei Betrachtung des Berghanges kann ich solche Wirkung nicht begreifen. Aber die Natur kann! Am 31. Dezember fährt Tochter Silvia vom Walmendinger Horn ab und zerbricht die Skier, bleibt aber unverletzt.

1974 **1974**

7.01. An diesem Montagmorgen bin ich um 8 Uhr wieder in der Zentralstelle Dokumentation Elektrotechnik (ZDE) in Frankfurt am Main an der Stresemann-Allee. Seit über einem Jahr werden hier unsere in Düsseldorf gesammelten und bearbeiteten Referate von Schreiberinnen auf Lochstreifen übertragen und in Offenbach in der Merianstraße vom elektronischen Rechner gespeichert. Um 11 Uhr 30 bin ich wieder bei der Dokumantation »Maschinenbau (DOMA) in der Lueg-Allee in Düsseldorf.

19.01. Ein Fahrverbot für Kraftfahrzeuge mit geraden Endziffern von Sonnabend 16 Uhr bis Montag 3 Uhr macht auch dem Normalverbraucher deutlich, daß die Besitzer der Erdölquellen einen angemessenen Anteil an den riesigen Gewinnen der Kraftstoff-Verteiler haben wollen. Leere Autobahnen sind ein unübersehbares Warnzeichen, daß die Zeit der steigenden Steuereinnahmen zu Ende geht.

18.03. Eine Schweinfurter Firma fragt nach Literatur über das Schlingern von Wohnanhängern. In der 2. Auflage des Maschinenbau-Thesaurus vom 25.08.72 ist das Suchwort Schlingern noch gleichgesetzt mit Schleudern; Schleudern aber auch mit Zentrifugieren. Das führt zur Angabe von Literatur, die nicht zutrifft. Beim Vorbereiten der 3. Thesaurus-Auflage (Dezember 1973) stütze ich mich auf Untersuchungen der Lauftechnik von Eisenbahnfahrzeugen, die von den europäischen Eisenbahnverwaltungen durchgeführt wurden. Die Deutschen nennen das Pendeln um die Fahrzeughochachse »Schlingen« oder genauer »Y Psi Bewegung«, die Engländer »hunting« und die Franzosen »mouvement de lacet«. Hier mußt aber erwähnt werden, daß ein Schiff beim Schlingern überwiegend um die Fahrzeuglängsachse pendelt.

15.03. Der.-Ing. Frank D. Schmitz – mein Vorgänger in der VDMA-Fachdokumentation – erliegt seiner schweren Erkrankung. Ich erinnere mich gern und dankbar an unsere angenehme Zusammenarbeit. Auf dem Nordfriedhof in Düsseldorf findet er seine letzte Ruhestätte.

30.05. Mein Mitarbeiter Fritz Thaler verabschiedet sich und setzt sich in Bad Dürrheim bei Schwenningen zur Ruhe. Am 1. März hatten wir die zwanzigjährige Zugehörigkeit unserer Mitarbeiterin Frau Marianne Schucht zum VDMA gefeiert.

Im Juni 1974 liefert der Brandstetter Verlag, Wiesbaden, Ergänzungen (etwas 2300 Eintragungen) zu den »Abkürzungen und Kurzwörter aus Technik und Naturwissenschaften« (1972). Sie wurden bearbeitet von K.-H. Trojanus unter Mitwirkung von Dipl.-Ing. W. W. Becker, Dipl.-Dolmetscher M. Momberger, Dipl.-Mathematiker R. Sube und P. Wennrich.

24.07. Wir kehren aus unserem Urlaub in Spanien zurück, wo ich mich mit Baustellen der Autobahn (Autopista) bei Benidorm und mit alten Bergwerksanlagen bei La Union beschäftigte.

3.08. Tochter Silvia erhält die erste Lehrstaunde im Autofahren und bald danach den heißbegehrten Führerschein für Kraftfahrzeuge.

13.08. Der Teil-Thesaurus Ölhydraulik wird angemahnt. Es geht darum, die in den VDMA-Fachgemeinschaften (FG) üblichen Fachwörter in Teil-Thesauri einzubringen, die ich dann bearbeite und dem Thesaurus Maschinenbau einfüge.

5.09. Aus Münschen erhalte ich den Teil-Thesaurus »Verpackung«. Mit Verpackung befassen sich mehrere Dokumentationsstellen. Der Austausch des Wortschatzes ermöglicht eine Prüfung, ob derselbe Begriff überall auch die gleiche Benennung trägt. Falls nicht, sind die unterschiedlichen Benennungen als Gleichnamen (Synonyme) zusammenzuführen.

8.10. Peter Genth, Leiter der Dokumentation Maschinenbau (DOMA), gibt bekannt, daß unsere Dienststelle voraussichtlich zum April 1975 nach Frankfurt am Main verlegt wird. Das kommt mir ganz gelegen; dann werde ich nach über 5 Jahren nicht nur Sonnabend und Sonntag bei meiner Familie verbringen.
Lehrreich war im Jahre 1974 meine Mitarbeit in einer Testgruppe des Deutschen Patentamtes in München zum Auswerten von Patenten. Jeder Sachverhalt war in eine sechsstellige Ziffer umzusetzen, z.B. »Konstruktive Ausbildung von Flugkörpern und Raketenzellen« in die Zifferngruppe 158789. Die Untergruppe »Zelle« war mit 525352 verschlüsselt. Entscheidend war das lückenlose Erfassen des Hauptanspruches der Erfindung.

Im begriffsorientierten Thesaurus Maschinenbau war »Zelle« nicht zugelassen, weil die Benennung als Doppelsinnwort (Homonym) mehrdeutig ist; statt »Zelle« war je nach Sachverhalt zu verwenden:
Brennstoffzelle – Elektrolytische Zelle – Flugzeugzelle – Heisse Zelle – Kraftmeßzelle – Nervenzelle – Photozelle - Solarzelle – Zelle (Biologie).

Die Richtlinien des Patentamtes für die Auswerter in der Testgruppe enthielten in verschärfter Form das, was die Literaturauswerter der VDMA-Fachdokumentation bei der Anfertigung ihrer Referate zu beachten hatten: jeder Sachverhalt einer Veröffentlichung ist durch ein eindeutiges Fachwort zu erfassen und daraus ein verständlicher Text zu gestalten.

Die Verschlüsselung in Zahlen war eine Voraussetzung für die elektronische Datenverarbeitung von Patenten.

1975 **1975**

6.01. Ich arbeite am Teil-Thesaurus Büromaschinen, der am 13. Januar im Entwurf vorliegt. Es folgen die Teil-Thesauri Wälzlager und Werkzeugmaschinen. Am 30. Januar werden zwei Siemens-Dialog-Datensichtgeräte angeschlossen.

4.02. Im Auftrage der DOMA arbeite ich im Normenausschuß Klassifikation mit und zwar im Unterausschuß »DK-Revision«. Die Arbeiten am Thesaurus Maschinenbau lassen »überalterte« Klassen in der DK erkennen, und Vorschläge auf internationaler Ebene zur Beseitigung dieser Schwächen der DK enthalten andererseits manche Anregung für den zweckmäßigen Aufbau unseres Thesaurus.

15.03. Das Vortrags-Programm des Forschungskreises für Geobiologie hat mich wieder nach Eberbach am Neckar geführt. Prof. Dr. H. König berichtet über neue Erkenntnisse der biologischen Wirksamkeit elektrischer und magnetischer Felder. Dr. U. Warnke hat das Verhalten von Bienen unter Hochspannungsleitungen gefilmt. Oberbaurat Dozent K. E. Lotz erläutert Georhythmogramme und Ing. Martin hat solche in Hochhäusern aufgenommen. Elektrische Felder können den menschlichen Organismus außerordentlich belasten, aber ein Vortrag von Dr. O. Gleichmann überzeugt mich, daß ein pulsierendes magnetisches Großfeld auch für Heilbehandlungen genutzt werden kann.

14.04. Herr Haltermann und ich versuchen, den Teil-Thesaurus Werkzeugmaschinen mittels Dialog am Bildschirm zu verbessern. Auch dieser Versuch mißlingt. Wir müssen weiter mit Lochkarten arbeiten.

15.05. In Offenbach, Merianstraße 27, tagt der Arbeitskreis »Gemeinsamer Thesaurus«. Elektrotechniker und Maschinenbauer überlegen, ob ein gemeinsamer Thesaurus Vorteile bietet. Nach meiner Meinung ist der DOMA-Thesaurus für den Maschinenbauer und der ZDE-Thesaurus für den Elektrotechniker überschaubar, aber der gemeinsame Thesaurus nicht mehr.

26.05. Dieser Montag ist mein erster Arbeitstag in unseren neuen Arbeitsräumen im Hause des Automobilclub von Deutschland (AvD) in Frankfurt am Main. Hier in Niederrad, Lyoner Str. 16, sind wir unmittelbarer Nachbar des VDMA, Lyoner Str. 18, und der meisten hier tätigen Fachgemeinschaften. Besonders erfreulich ist die Nähe zum Normenausschuß Maschinenbau, der im selben Stockwerk des AvD-Hauses untergebracht ist. Ich kann hier jederzeit DIN-Blätter einsehen, was mir die Arbeit am Thesaurus Maschinenbau sehr erleichtert. Am 23. Mai haben wir in der Lueg-Allee 65 in Düsseldorf-Oberkassel mit dem Packen begonnen. Auch ein Restbestand des Thesaurus Maschinenbau wird eingepackt, ist aber in Niederrad nicht mehr aufzufinden und muß nachgedruckt werden.

29.05. Um 23 Uhr 45 verunglückt Tochter Silvia mit ihrem Mofa. In der Wochenendnummer vom 31.5./1.6.1975 bringt die »Offenbach Post« auf Seite 5: Zeugen gesucht. Eine Kopfplatzwunde und Prellungen trug eine Mofa-Fahrerin bei einem Unfall davon, der sich am Freitag gegen Mitternacht in Offenbach ereignete. Bei einem Überholmanöver wurde ihr Mofa vom Wagen eines unbekannten Fahrers im Lämmerspieler Weg gestreift, so daß sie stürzte. Ohne sich um die Verletzte zu kümmern, setzte der Autofahrer seinen Weg fort.

13.06. Wir vervielfältigen einen Rechner-Ausdruck des Teil-Thesaurus Büromaschinen und verteilen ihn zum Überprüfen an die Ausschußmitglieder. Auf gleiche Art überzeugt sich jede Fachgemeinschaft, ob die in ihren Kreisen gebräuchlichen Fachwörter vollständig erfaßt und richtig miteinander verknüpft sind. Z.B. sollen im Begriffsatz »Bueromaschine« (englisch office machines) neben anderen Unterbegriffen auch Postbearbeitungsmaschine, Rueckgeldgeber und Vervielfaeltigungsmaschine enthalten sein.

27.06. Tochter Silvia vertieft in Bournemouth an der englischen Südküste ihre Sprachkenntnisse und kehrt im Juli nach Mühlheim am Main zurück.

28.06. Nach 1902 km Fahrstrecke treffen meine Frau und ich in Benidorm ein, wo wir täglich im Mittelmeer schwimmen. Am Strand sorgt Familie Fritz Jung aus Kaiserslautern für anregende Unterhaltung.

19.07. Über Zaragoza und Huesca kommen wir nach Aoiz und Roncesvalles. Am nördlich gelegenen 1057 Meter hohen Ibaneta-Paß fiel im Jahre 778 Graf Hruotlant (Roland) aus der Bretagne im Kampf gegen die verfolgenden Basken. Als Paladin des Kaisers Karl, der einen erfolglosen Feldzug gegen den Emir von Andalusien geführt hatte, mußte er dessen Rückzug aus Zaragoza decken.

21.07. Bei Pyla-sur-Mer an der Bucht von Arcachon wandern wir barfuß über die 115 m hohe Düne, die die höchste Wanderdüne in Europa sein soll. Meine Frau fühlt sich in ihre Heimat Ostpreußen versetzt.

22.07. Im Museum der Protestanten in La Rochelle schildert uns ein Student die Einführung der Reformation um 1557 und die Verfolgung durch die Katholiken, denen seine Glaubensgenossen – bei uns als Hugenotten bekannt – seit 1628 ausgesetzt waren.

23.07. In Saint-Nazaire erinnern mich die von der Organisation des Dr.-Ing. Todt für die deutschen Untersee-Boote erbauten Bunker an die Heldentaten unserer Kriegsmarine. Als Deutscher darf ich die Bunker nicht besichtigen – ich freue mich aber, daß sie ihren Zweck im Zweiten Weltkrieg voll erfüllten.

Ein seltenes Erlebnis schenken uns mehrere tausend Megalithen im Gebiet um Carnac zwischen Brest und Nantes in der Bretagne. Ein Megalith (griechisch »großer Stein«) oder Menhir (keltisch »langer Stein«) ist ein senkrechter bis 20 Meter hoher Stein von kultischer Bedeutung. Wir besichtigen auch Dolmen (keltisch »Steintische«), die eine Grabkammer bilden, und Hügelgräber mit einer Grabkammer, sogenannte Tumuli aus der jüngeren Steinzeit.

Die Steinreihen von Carnac sind älter als die von Karnak rechts des Nils. Bei vielen von tausenden Megalithgräbern in Nordafrika wurden Schädel gefunden, die den bei den Megalithgräbern in West- und Nordeuropa entdeckten gleichen – sie gehören der Cro-Magnon-Rasse an. Mindestens seit 4000 vor unserer Zeitrechnung haben sich die Megalithiker von den Nordmeerinseln über Nordafrika bis nach Ägypten verbreitet.

Die Megalithkultur ist nicht in Ägypten entstanden, wie Rudolf Pörtner behauptet, wenn er schreibt: »...Die Cheopspyramide entstand um 2700 v. Chr., die Blüte der iberischen Megalithkultur begann um 2400 v. Chr., die norddeutsche Ganggräberzeit wird in die Zeit von 2000 v. Chr. datiert.« (Rudolf Pörtner »Bevor die Römer kamen«, 1961, Seite 208) Das von der katholischen Kirche propagierte Schlagwort »Ex oriente lux« ist längst überholt und soll nur den Anspruch aufrechterhalten, daß die Rom-Kirche alleinige Nachfolgerin der in der Bibel beschriebenen und am östlichen Mittelmeer wirkenden Priesterschaften ist.
Dem neuesten Forschungsstand entspricht, was wir bei Jügen Spanuth und R. Wernick lesen: »...Die Baumeister der Megalithanlagen in Nord- und Westeuropa errichteten ihre Steindenkmäler bereits, als die Ägypter noch in vergänglichem Holz oder Lehm bauten. Die Megalithbauern können nicht länger als plumpe Nachahmer höherer Kulturen aus dem östlichen Mittelmeergebiet abgetan werden. Sie schufen eine eigene, ganz selbständige Kultur, lange bevor in Ägypten oder Mesopotamien die dortigen Hochkulturen entstanden. Die Ganggräber in der Bretagne werden heute auf etwa 4800 v. Chr. datiert.« (Jürgen Spanuth »Die Atlanter«, Dritte Auflage 1977, S. 218; R. Wernick in »Steinerne Zeugen früherer Kulturen«, Übersetzung aus dem Englischen 1974, S. 33 + 34)
Die einfachen Dolmen, die nur aus vier Seitensteinen und einem Deckstein bestehen, sind als Vorgänger noch älter als die Ganggräber und entstanden in ununterbrochener Entwicklung aus den Grabbräuchen der Mittelsteinzeit um 7000 vor unserer Zeitrechnung. Die einfachen Dolmen als älteste Formen der Riesensteingräber (Hünengräber) hat man am häufigsten in Holstein gefunden – aber nicht in England, Frankreich und auf der Iberischen Halbinsel. Aus diesem Vorkommen kann vermutet werden, daß sich die Megalithkultur vom europäischen Norden nach dem Westen und Südwesten Europas längs der Küsten verbreitet hat.

24.07. Wir besichtigen die Strände in der Normandie, wo die USA-britischen Streitkräfte im Juni 1944 landeten. Im Landungsmuseum von Arromanches sind die Vorgänge am 5. und 6. Juni 1944 in einer großen Modell-Landschaft dargestellt. Eine Broschüre in deutscher Sprache mit vielen Lagedarstellungen erläutert das damalige Geschehen.

3.09. Dipl.-Ing. Antonius Schrode ist zuständig für den Thesaurus der Zentralstelle Dokumentation Elektrotechnik e.V. (ZDE). Wir einigen uns auf 3000 Schlüsselwörter (Deskriptoren), die in einem sogenannten Dach-Thesaurus enthalten sein müßten und Elektrotechnik wie Maschinenbau abdecken. Dabei kommt auch zur Sprache, daß ein in Luxemburg von einer hohen Behörde erstellter Metallurgie-Thesaurus, für den im Vergleich mit DOMA und ZDE ...zigfache Gelder zur Verfügung standen, schwer kritisiert wird und daß deshalb am 20. Juni eine Frau Professor Einsicht in den DOMA-Thesaurus nahm.

30.09. In Bad Kreuznach nehme ich am Deutschen Dokumentartag teil. Die Gespräche mit Berufskollegen, die man nur einmal im Jahr bei solchen Gelegenheiten trifft, sind oft wichtiger und ergiebiger als die Vorträge.

9.10. Dipl.-Ing. Konrad Haas, Institut für Lebensmitteltechnologie und Verpackung der Technischen Universität München, besucht die DOMA in Frankfurt am Main. Zum Angleichen der Benennungen erhalte ich eine Aufstellung der Fachwörter, die im Institut auf dem Gebiet der Verpackung von Lebensmitteln erfaßt wurden.

2.11. Mein früherer Mitarbeiter Ing. (grad.) Fritz Thaler, geboren am 17. Juli 1910 in Grottau (Sudetenland), stirbt in Bad Dürrheim (D-7737). Am 6. November nehme ich auf dem Waldfriedhof Schwenningen an der Trauerfeier teil. Seine Urne wird in der Familiengruft in Erlangen beigesetzt.

4.11. Ich beende die Überprüfung von 19000 Lochkarten für die 4. Auflage des Thesaurus Maschinenbau. Von den letzten 5000 Lochkarten mußten 77 Karten geändert oder ergänzt werden.

3.12. Der neue Siemens-Rechner für ZDE und DOMA wird in Offenbach, Merianstraße 29, eingeweiht. Im Dezember 1975 erscheint die 4. Auflage des Thesaurus Maschinenbau mit etwa 20000 Benennungen; in 15000 Begriffsätzen sind den Suchwörtern (Schlüsselwörter = Deskriptoren) Oberbegriffe, Unterbegriffe, Teilbegriffe, Zugehörigkeitsbegriffe, Bezugsbegriffe, verwandte Begriffe zugeordnet. Bei 500 aufgelegten Exemplaren fallen je Stück Druckkosten von 27,50 DM an – ohne Berücksichtigung der aufgewandten Ingenieurstunden für das Sammeln der Fachwörter und den Aufbau der Begriffssätze.

1976 **1976**

21.01. Heute ist »Tag 1 für Mach 2«; diese Werbung für das französisch-britische Überschall-Verkehrsflugzeug »Concorde« gefällt mir. Der Liniendienst London-Bahrein und Paris-Rio de Janeiro ist eröffnet.

9.02. Tochter Silvia erhält ihren Führerschein für Kraftfahrzeuge. Das Taschengeld wird auf 20 DM je Woche erhöht.

6.03. Tochter Silvia steuert den Audi 100 über 265 km nach Stadtsteinach, 10 km nördlich von Kulmbach. Wir besichtigen die Salemsiedlung der Bruderschaft Salem e.V. 120 Dauerheimkinder werden hier im Frankenwald vorbildlich betreut. Beeindruckt bin ich vom biologisch geführten Landbau und vom freiwilligen Arbeitsdienst. Als sich später die Salem-Aktivitäten auf außereuropäische Gebiete verlagern, stelle ich meine Unterstützung ein.

10.04. Bei einer Autofahrt nach Berlin-West steuert Tochter Silvia den Wagen auch durch Berlin-Ost. Am Sektorenübergang zunächst Halt, weil im Autoradio eine Magnetband-Kassette steckt. Der Volkspolizist ist aber ein freundlicher Mann und empfiehlt die Kassette in die Jackentasche zu stecken. Dann geht es durch den »Eisernen Vorhang« in die andere Hälfte der ehemaligen Reichshauptstadt, deren Umgebung von ihren landschaftlichen Reizen nichts eingebüßt hat. In Berlin-West versäumen wir nicht, im Preußischen Kulturbesitz die Nofretete- und Echnaton-Ausstellung zu besichtigen.

29.04. In Frankfurt-Niederrad beobachte ich um 11 Uhr eine Sonnenfinsternis. Der Schatten des Mondes wandert im unteren Fünftel der Sonne von rechts nach links.

17.05. Ich erstelle eine Übereinstimmungsliste (Konkordanzliste) der Fachordnungen (Klassifikationen) der Maschinenbauer und Chemiker. Am Beispiel des Sachgebietes »Mischen von Stoffen« seien die verschiedenen Klassen-Bezeichnungen gegenübergestellt:

	Klassen-Bezeichnung:
1) DOMA-Fachordnung 1974 »Mischeinrichtungen«	WKD
2) DECHEMA-Klassifikation 1975 »Mischen«	133
3) VDMA-Fachdokumentation, 5. Aufl. 1964, hat im Stichwort-Verzeichnis 69 Eintragungen in den Klassen	
1 Industrieöfen	214
2 Gießereimaschinen	215
3 Baumaschinen	236
4 Baustoffmaschinen	237
5 Nahrungsmittelmaschinen	245
6 Maschinen für verwandte Gebiete der Nahrungsmittelindustrie	246

7 Apparate und Maschinen für die chemische Industrie 252
8 Papiermaschinen, Druckmaschinen 261
9 Textilmaschinen 265
10 Armaturen
z.B. »Mischbatterien« 273.84 (siehe DK 621.646.7)

4) Internationale Dezimalklassifikation aus dem Alphabetischen Sachverzeichnis der deutschen Kurzausgabe 1973

1 Mischorgane (Leitungsverschlüsse) 621.646.7 (s. VDMA 273.84)
2 Mischen. Mischmaschinen 621.929
3 Mischen von Flüssigkeiten 66.063
4 Mischen und Kneten (Bäckerei) 664.653.1
5 Kneten und Mischen. Tonschneider 666.3.022.4
6 Mischen in Maschinen (Betonindustrie) 666.97.031.3
7 Maschinen und Vorrichtungen zum Schneiden, Reißen, Öffnen, Reinigen und Mischen 677.051.16
8 Maschinen zum Mahlen und Mischen 678.053

5) Thesaurus Maschinenbau, 4. Aufl., 1975. Der Begriffsatz »Mischmaschine« enthält die Unterbegriffe:

Betonmischer
Doppelwellenmischer
Einwellenmischer
Mischmaschine (Gießereisand)
Roheisenmischer
Rohrmischer
Ruehrwerk
Trommelmischer

18.06. Marie Gaebel, die Mutter meiner Frau, stirbt im Alter von 92 Jahren und 10 Tagen in Dölau bei Halle an der Saale in unserem Hause Hufelandstr. 14 (Parkstr. 14), das wir 1960 verlassen haben. Sie wurde geboren am 8. Juni 1884 in Buczken (später Kleinseliggen), Kreis Lyck, nach 1945 unter polnischer Verwaltung: Buczki, gmina (Gemeinde) Szelegi (Seliggen), 160 km südöstlich von Königsberg in Preußen.
Im ersten Weltkrieg mußte sie vor den russischen Armeen flüchten, konnte aber später in ihr zerstörtes Anwesen zurückkehren. Im zweiten Weltkrieg gelangte sie dank Admiral Dönitz über die Ostsee nach Dänemark. Ihr Mann Otto Gaebel, geboren am 5. April 1886 in Korschen, blieb bei der Deutschen Reichsbahn in Königsberg und wird seit 1945 vermißt. 1954 fand sie endlich in Dölau ihren bleibenden Wohnsitz und in der evangelischen Gemeinde neue Freunde und Aufgaben.

21.06. Die Luftkissen-Autofähre setzt Fahrzeug und mich für DM 141,40 in 35 Minuten von Calais nach Dover über. Am 2. Juli besichtigen wir das Geburtshaus des großen Shakespeare in Stratford upon Avon. In Schottland und im Lake District gefällt es uns sehr – das schöne Wetter tut ein übriges.

8.07. Wir wandern durch die gewaltige Anlage der Megalithiker in Stonehenge, 13 km nördlich Salisbury, 850 km westlich von Ilsenburg am Harz. Die älteste Anlage wurde um 1900 vor unserer Zeit geschaffen, um 1600 vor unserer Zeit bauten die Glokkenbecherleute den inneren Ring mit dem Eingang nach Nordost aus und um 1400 vor unserer Zeit soll die letzte Ausgestaltung erfolgt sein – so lesen wir bei Herbert Kühn »Wenn Steine reden«, Wiesbaden 1966, Seite 104. Aber schon die Brockhaus Enzyklopädie von 1973, Band 18, S. 162, führt die Anfänge von Stonehenge auf 2500 vor unserer Zeit zurück. Und bei R. Wernick hörten wir 1974, daß die Ganggräber in der Bretagne heute auf etwa 4800 vor unserer Zeit angesetzt werden. Eine ähnliche megalithische Anlage finden wir am Windmill-Hill bei Avebury, 55 km süd-

westlich von Oxford, die nach der Brockhaus Enzyklopädie 1967, Band 2, Seite 164, in der frühen Jungsteinzeit (also um 5000 vor unserer Zeit) entstanden ist.
Um 5000 v.u.Z. konnten die Megalithiker aber noch zu Fuß vom Harz bis nach Avebury und Stonehenge gelangen, denn erst zu dieser Zeit bildete sich der Ärmelkanal aus und wurde aus dem Ancylus-Flußwassersee die heutige Ostsee mit ihrem Brackwasser und Zugang zur Nordsee. Wahrscheinlich sind sie aber mit ihren Booten durch Ilse, Oker, Aller, Weser, die Nordsee-Bucht, die Themse hinauf bis Oxford gerudert und gesegelt und waren dann nur noch 55 km von Avebury entfernt. Vermutlich war der Weg noch kürzer, wenn sie schon in Reading an Land gingen.

9.07. So oft ich in London bin, besuche ich Madame Tussaud. Die Neugier treibt mich zu ihr. Wer wurde nun wieder für würdig befunden, seinen Zeitgenossen als Wachsfigur vorgestellt zu werden?

3.09. Dr. Fritz Gasde stirbt in Düsseldorf im Alter von 62 Jahren. Als Leiter der Fachgemeinschaft Nahrungsmittelmaschinen des VDMA und des Maschinenbau-Verlages (MV) hat er die kaufmännischen Belange der VDMA-Fachdokumentation sicher und mit Geschick wahrgenommen.

5.09. Ein Besuch in Meinerzhagen (D-5882) bei Bekannten aus Ostpreußen wird zu einer Reise in die Vergangenheit. Siegfried Glomb, dessen Eltern in Königsberg in Preußen mit den Eltern meiner Frau in einem Hause wohnten, hat 1974 mit Ernst Brodowski die alte Heimat aufgesucht und das Erlebte in einem ungewöhnlichen Bericht festgehalten. Unseren Nachkommen sei der folgende Auszug gewidmet:
1.8.74. Die Anreise erfolgt über Berlin, Frankfurt an der Oder. Posen (Poznan), Gnesen (Gniezno) und Thorn (Torun). Dort wird übernachtet; beim abendlichen Bummel hinterläßt die Stadt an der Weichsel einen gepflegten Eindruck.
2.8.74 Der zweite Übernachtungsort ist Allenstein (Olsztyn), das wir über Osterode (Ostróda) erreichen. Ein deutschstämmiger Pole erklärt den Weg nach Gedaiten (Giedjty) an der Straße nach Elbing (Elblag). Die Besucher finden das Massengrab, wo Heinrich Brodowski 1944 abgeführt und erschossen wurde. Oma Krause ist 1944 zurückgeblieben und pflegt bis heute die Gräber der Deutschen; sie freut sich über die Unterhaltung in ihrer Muttersprache.
Von Allenstein geht die Fahrt über Bischofsburg (Biskupiec), Sensburg (Mragowo), Nikolaiken (Mikolajki) und Arys (Orzysz) nach Lyck (Elk). In Masuren sind die Bäume der wunderbaren Wälder zwar 30 Jahre älter geworden, aber die Landschaft hat sich nicht verändert.
Von Südwesten her ist der Wasserturm von Lyck zu erkennen. Fast alle alten Häuser an der Seeseite sind verschwunden. Die Kaiser-Wilhelm-Straße ist gut asphaltiert. Das Hotel »Kaiserhof« heißt jetzt »Mazurski«; alles wie früher, aber die Abort-Spülung streikt und die Betten sind schlecht. Für dasselbe Geld finden die Besucher im alten Lyzeum ein besseres, sauberes Hotel.
3.8.74 Der Luisenpark in Lyck ist gut gepflegt und die Kirche am Sonntag voller Menschen. Die Fahrt geht heute in Richtung Augustowo (Augustendorf). Rechts taucht der Große Selmentsee auf. In Sentken (Sedki) wird rechts abgebogen und in Loien (Loje) das Grundstück Buhe aufgesucht. Der Pole unterhält sich freundlich mit den deutschen Besuchern und führt sie in die große Küche. Weiter geht es nach Sypittken (Vierbrücken = Sypitki), dem Schulort eines der Besucher. An der Kleinbahn steht immer noch die Wartehalle aus Wellblech. Über den Malkin-Fluß zog die Dampflokomotive die Wagen nach Ebenfelde (Pissanitzen = Pisanica) und Borschimmen (Borzymy) bis zur Grenze nach Rußland. Die Besucher fahren jetzt in einem westdeutschen Kraftfahrzeug – aber die Fahrt in der Kutsche des Großvaters mit zwei Pferden davor war früher noch viel schöner! Hier wurde Frau Trude Glomb geboren. Die alten Gehöfte links und rechts der Straße haben sich nicht verändert, überall Blumen, vor allem Sonnenblumen.

Ernst Brodowski erinnert sich an frühere Nachbarn...Christrochowitz, Stankiewitz, Matthéuszik. Neben der alten Schmiede von Max Kischkel weitet sich der Fluß zu einem Teich, aus dem die Pferde gerne soffen und heute noch saufen. Der Dorfkrug Smollich glänzt in einem sauberen Gelb. Neben dem Krug liegt der Hof der Großeltern Brodowski. Kaum hat Ernst Brodowski das Auto verlassen, tritt aus dem früheren Milowski-Anwesen ein altes Mütterchen, schaut ihn an und sagt leise: »Ach, der Ernst!« Nach 30 Jahren hat ihn Frau Kafka sofort erkannt. 1944 blieb sie allein zurück und heiratete einen Polen, der den Besucher jetzt freundlich begrüßt. Gemeinsam gehen sie auf den Brodowski-Hof, auf dem noch alle Gebäude vorhanden sind. Auch die Störche nisten noch auf dem Dach. Wie damals ist der Hof noch mit Gras und wilder Kamille bewachsen – ein nach Sommer duftender grüner Teppich.
Der Brodowski-Hof ist jetzt geteilt und wird von zwei Brüdern bewirtschaftet. Eine gewisse Zurückhaltung verfliegt sofort, als Ernst Brodowski im breiten Masurisch die Unterhaltung eröffnet. Masurisch erwärmt die Polen. Anmerkung des Verfassers: (Die Großmutter meiner Frau sprach masurisch und besaß eine masurische Bibel. Wir wollen den Masuren auch nicht vergessen, daß sie bei der Volksabstimmung am 11. Juli 1920 nach der Brockhaus Enzyklopädie 1971, 12. Band, Seite 247, mit 97,5 % für das Deutsche Reich stimmten. Die älteren Masuren wußten noch genau, wie es ihnen unter polnischen Adligen ergehen würde.)
Der Waldfriedhof von Sypittken ist schwer zu finden, weil ihn die Polen nicht mehr benutzen. Nach langem Suchen in der Wildnis wird das Grab von Großvater Brodowski entdeckt und schließlich auch die Gräber der weiteren Familienmitglieder.
Als Großvater gestorben war, zogen vier Rappen den Tafelwagen, auf dem der Sarg ruhte. Hinter dem Wagen ging der angeleinte »Agar«, das Lieblingspferd des Großvaters »...gezäumt, gesattelt, die Steigbügel hochgezogen, einen Kranz statt der Satteltasche an der Seite tragend...«. Reiter und Schützen erwiesen dem Verstorbenen die letzte Ehre.
Und weiter geht die Reise nach Borschimmen (Borzymy). Der Anblick ist erschütternd – drei Viertel des Dorfes sind nicht mehr vorhanden. Kallinowen (Kalinowo) bietet einen erfreulicheren Anblick. Dort wetterte Pfarrer Pogorszel einst gegen die Trunksucht. Der Weg wird immer schlechter, und die Besucher kehren nach Lyck zurück.
4.8.74 Heute geht die Fahrt über Neuendorf (Nowa Wieś Elcka), Baitkowen (Baitenberg = Bajtkowo) und Gut Rakowen (Raken = Rakowo Piskie) nach Heldenhöh (Krzywinskie). Diese Orte sind in die polnische Autokarte nicht eingetragen. In Heldenhöh sind Deutsche nicht mehr ansässig; die Natur hat die Grundstücke von Kruck, Glomb und Mindt wieder in ihre Obhut genommen. Zehn Meter hohe Bäume und Büsche wachsen dort, wo das Vaterhaus stand.
In Rosinsko (Rosenheide = Roszynsk) wird das Grundstück von Liesbeth Okunek, der Schwester von Trude Glomb, besucht und mit der polnischen Besitzerin gesprochen. Am Insel-See lebt noch ein zurückgebliebener Deutscher, August Druba, geboren 1900. Er lädt auf sein kleines Grundstück ein, freut sich über die Unterhaltung mit seinen Landsleuten und bewirtet sie mittags mit Nudelsuppe, Koteletts, Pudding und Kirschen. Er ist zufrieden und möchte gern, daß die Deutschen bei ihm die Ferien verbringen.
Aber die fahren weiter nach Lötzen (Gizycko), wo sie in einem Hotel am See eine Reisegesellschaft des Veranstalters Hummel antreffen und weidlich ausfragen; alle loben die gute Betreuung. Und zurück geht es von der alten in die neue Heimat.

25.09. Das schöne Wetter lockt zu einem kurzen Ausflug in die Schweiz, wo ich mich mit Seilbahnen befasse. Die Seilschwebebahn (oder Luftseilbahn, englisch = funicular, französisch = téléphérique) befördert mich in einer Großkabine, die 70 Personen faßt, vom französischen Chamonix auf die Aiguille du Midi (3842 m). Ein Tragseil und 3 Zugseile sorgen für die nötige Sicherheit. Mit einem Fahrstuhl im Piton Central erreiche ich die Aussichtsplattform. Die Wallot-Hütte am Mont-blanc (4807 m) und das Matterhorn (4478 m) sind klar zu erkennen. Eine beachtliche Ingenieurleistung ist die Umlauf-Seilbahn zwischen Aiguille du Midi und Pointe Helbronner (3371 m) an der italienischen Grenze. Zweisitzige Gondeln an einem Tragseil und zwei Zugseilen überqueren das Mer de Glace mit seinen tiefen Gletscherspalten.

12.10. Von meiner Wohnung bis zur DOMA in Niederrad sind es 19 Fahrrad-Kilometer. Von der Händelstr. 3 zur Lyoner Str. 16 strampele ich morgens 57 Minuten und nachmittags zurück 58 Minuten. Mit einem Motor-Fahrrad war ich am Vortage auf dieser Strecke 50 Minuten unterwegs.

11.11. Um 6 Uhr 50 schiebt mich vor einer Ampel bei Regenwetter der Hintermann auf den Vordermann. Tochter Silvia hilft mit ihrem Audi 75 aus.

26.11. Vom Präsident des Deutschen Patentamtes in München erhalte ich ein Schreiben: »...Das Projekt »Nutzung entwickelter Patentdokumentsysteme« läuft mit dem 31. Dezember 1976 aus... Ich benutze die Gelegenheit, Ihnen für die dem Deutschen Patentamt geleisteten Dienste meinen Dank auszusprechen.«

1977 **1977**

4.02. Helmut Gaebel, der Bruder meiner Frau, stirbt in Halle an der Saale im Alter von 64 Jahren. Geboren wurde er am 24. Januar 1913 in Prostken, jetzt Prostki unter polnischer Verwaltung, Kreis Lyck, 15 km südsüdöstlich von Lyck, an der Eisenbahn Lyck – Bialystok. Im zweiten Weltkrieg kämpfte er im Osten stets in vorderster Linie, erhielt die Goldene Nahkampfspange, wurde schwer verwundet und war 1945 am Verhungern. Ab 1954 lebte er mit uns zusammen in Dölau bei Halle an der Saale und war in seinem erlernten Beruf als Lehrer tätig. Ehre seinem Andenken.

25.03. Auf meiner täglichen Fahrt von Mühlheim nach Niederrad muß ich 46 Verkehrsampeln beachten. An 12 Ampeln muß ich halten. Die Fahrzeit von 32 Minuten enthält 7 Stehminuten. Bei Schneeglätte brauchte ich für die 20 Stadtkilometer etwa 90 Minuten.

23.04. Auf der Hannover-Messe sammle ich Werbeschriften, suche beim VDI-Verlag und bei anderen Verlagen nach Neuerscheinungen und bin immer auf der Jagd nach neuen Fachwörtern. Oft sind diese aber gar nicht neu, sondern Gleichnamen für bekannte Begriffe, z.B. Luftseilbahn für Seilschwebebahn.

28.05. Das Deutsche Institut für Normung e.V. (DIN), Referat Klassifikationssysteme, beteiligt mich am Projekt »Übersetzung von nur in Englisch und/oder in Französisch veröffentlichten Revisionen der DK ins Deutsche«. Hinter die DK-Zahlen habe ich die deutschen Fachwörter zu schreiben und zwar für die Klassen

622 Bergbautechnik. Bergwerke. Gewinnung der Steine und Erden.
623 Wehrtechnik. Heerestechnik. Marinetechnik.

4.06. Dr. Ingetraut Dahlberg hat nach Münster in Westfalen zur 1. Fachtagung der Gesellschaft für Klassifikation e.V. eingeladen. 37 Teilnehmer tauschen Ansichten über »Prinzipien der Klassifikation« und ihre Erfahrungen. Dr. Robert Fugmann, Wissenschaftliche Dokumentation der Hoechst AG, hat umfassende Erfahrungen in der elektronischen Speicherung und Rückgewinnung technisch-wissenschaftlicher Literatur und hält sich über Fortschritte in der Klassifikation auf dem Laufenden. Ich unterhalte mich mit Prof. Dr. Helmut Gipper, Institut für allgemeine Sprachwissenschaft an der Universität Münster. »Name« und »Wort« sind zwei verschiedene Dinge. »Name« hat keinen Inhalt, bildet keine Klassen, ordnet nur. »Wort« gehört zum Begriff. Auch wahre Aussagen über bestimmte Dinge sind ichbezogen (subjektiv); außerdem ändern sich die Auffassungen im Laufe der Jahrhunderte und Jahrtausende. Z.B. bestimmte die Zarin Katharina II. (1762 bis 1796, vorher Prinzessin Sophie Friederike Auguste von Anhalt-Zerbst, geboren am 2. Mai 1729 in Stettin) den Begriff der Freiheit so: Freiheit ist, was die Gesetze erlauben.

7.07. Während unseres Urlaubs in Spanien besuchen meine Frau und ich den Safari-Park »Aitana« bei Benifallim. Ich beobachte das Verhalten der Tiere in einem großen Freigehege, das man nur mit dem Auto durchfahren kann. An einigen Stellen dürfen wir aussteigen. Die Autofenster sind geöffnet, meine Jacke hängt im Wageninnern. Kaum habe ich die Kamera gezückt, sitzt ein Affe schon im Wagen und zerrt an meiner Brieftasche. Als ich ihn hinten zwicke, versetzt er mir einen Schlag, den ich dem kleinen Kerl nicht zugetraut hätte. Das Verhalten der Kamele, Giraffen, Elefanten, Löwen usw. läßt vermuten, daß die Umwelt in etwa ihrer Lebensart entspricht. Nur zwei Nilpferde sind recht kümmerlich untergebracht. Wasser ist in der dortigen Gegend ein kostbarer Rohstoff.
Im Juli 1977 kosten 1 Liter Dieselöl 0,50 DM (14 pesetas), Benzin mit Oktanzahl 90 = 1,09 DM (31 p.), mit Oktanzahl 98 = 1,16 DM (33 p.).

18.07. In Wernigerode (DDR-3700), Unter den Zindeln 3, stirbt Ilse Becker geborene Ehrhardt. Als Junge nahm ich in Ilsenburg auf der Faktorei an ihrer Hochzeit mit Dr. med. Becker teil, Sohn des Steinsetzmeisters Friedrich Becker, der ein Bruder meines Großvaters August Becker war.
Bei der Verlobungsfeier im Hause Unter den Zindeln 3 am Westerntor nahm mich »Onkel Friedrich«, auch ein Sohn des Steinsetzmeisters, zu einer Lokomotive der Harzquerbahn mit und erklärt mir deren Wirkungsweise. Ab sofort wollte ich Lokomotivführer werden.

18.10. Heute bin ich sehr überrascht, daß es außer Parlamentariern auch noch verwegene Männer gibt. Eine Sondereinheit des westdeutschen Bundesgrenzschutzes befreit in Mogadischu, 2 Grad nördlich des Äquators in Ostafrika, 83 Fluggäste aus der Gewalt von Verbrechern.

15.11. Im Palmensaal in Frankfurt am Main halten die Akademiker-Verbände ihren 17. Festkommers ab. Meine Frankfurter Universitätssängerschaft »Rhenania» ist dabei.
Auch in diesem Jahr ist Hanna Reitsch wieder erfolgreich. Sie erfliegt einen neuen westdeutschen Frauen-Segelflugrekord im Zielflug über 644 km mit Rückkehr zum Aufstiegsort.
Ende 1977 veröffentlicht in Bozen Bernhard Wurzer sein Buch »Die deutschen Sprachinseln in Oberitalien«. Auf Seite 106 läßt Schiber uns wissen, daß Bischof Theodulf »von den Bewohnern Narbonnes, die sich noch ihrer westgotischen Abkunft erinnerten, als ein Volksgenosse begrüßt wurde.« – Der Westgote Theodulf wurde um 760 in Spanien geboren. Der Franken-König Karl I. verlieh dem Verbannten das Bistum Orléans. Ludwig der Fromme strafte ihn für den Rest seines Lebens mit Klosterhaft in Angers, wo er vermutlich 821 starb. Die Brockhaus Enzyklopädie 1973, 18. Band, S. 626 hält Theodulf für den bedeutendsten Dichter am Königshof der Franken. (Anzeiger der Notverwaltung des Deutschen Ostens 12 (1983) Nr. 4 Juli/August, S. 15: Dr. Heinrich Lemke »Kirchenslawisch«)
Dem frommen Ludwig hatten wahrscheinlich seine Rom-verpflichteten Bischöfe zugesetzt, der Theodulf sei ein verkappter Anhänger des westgotischen Bischofs Wulfila (Wölfchen = Ulfilas), der um 311 geboren im Jahre 383 in Konstantinopel starb. Wulfila ist der Begründer des arianisch-germanischen Christentums, der um 369 begann, die Bibel ins Gotische zu übersetzen – er gestaltete seine Schriftzeichen teilweise nach den Runen. Ein Teilstück, der in der Universität Uppsala aufbewahrte Codex Argenteus, ist das wichtigste gotische Sprachdenkmal, das uns erhalten blieb. Bei den Auseinandersetzungen innerhalb des Christentums setzte sich schließlich der Rom-Papst gegenüber den arianischen Christen durch.

1978 **1978**

2.01. Tochter Silvia beginnt ihre Tätigkeit in der Prüfstelle des Verbandes Deutscher Elektrotechniker (VDE) in Offenbach (D-6050), Merianstraße 28. Rund 200 Mitarbeiter sorgen in der seit 1970 in Offenbach arbeitenden Prüfstelle dafür, daß alle elektrischen Geräte von ihren Anwendern ohne Gefahr benutzt werden können. Unter 2530 Kunden der Prüfstelle sind 765 Ausländer. VDE-Kontaktbüros gibt es in 38 Staaten der Erde.

2.02. Der Arbeitsausschuß »Gestaltung von Klassifikationssystemen« im Normenausschuß Klassifikation (NAK) tagt in Braunschweig, wo ich einst Machinenbau und Flugzeugbau studierte. Unser Obmann, Dr. W. Zwirner, bringt alle Voraussetzungen mit, daß Vorschläge erarbeitet werden, die die Belange der Anwender berücksichtigen. Er ist verantwortlicher Redakteur der »Physikalischen Berichte« (pb) und versorgt die Bezieher seines Referatedienstes monatlich schnell und vollständig mit den neuesten Veröffentlichungen aus allen Sachgebieten der Physik und deren Grenzgebieten. Die elektronische Speicherung der einzelnen Informationseinheiten (IE's) erfolgt seit 1976 nach den Regeln des »Internationalen Nuklearen Informationssystems« (INIS). Der so entstandene Literaturdatenspeicher kann mit Hilfe des pb-Klassifikationssystems maschinell befragt werden.

Die pb-Redaktion bearbeitet je Jahr mehr als 100000 IE'S, die aus 2300 Zeitschriften und sonstigen Druckerzeugnissen gewonnen werden. Nach welchen Gesichtspunkten unser Arbeitsausschuß tätig war, sei durch einen Auszug angedeutet, der einem von Dr. Zwirner überarbeiteten Dokument entnommen ist:

1) »Klassifizieren bedeutet Ordnen von Wissen auf der Grundlage von Begriffsanalyse, Klassen- und Systembildungen. Dies gilt sowohl für das gesamte bekannte Wissen wie auch für bestimmte Wissensgebiete, Sachverhalte oder Einzelwissen über Gegenstände, Eigenschaften, Vorgänge und Beziehungen aus der materiellen und immateriellen Welt.«
2) »Klassifikationssysteme sind daher Ordnungssysteme und zugleich Begriffssysteme, deren Elemente Begriffe und Begriffsklassen sind. Jedem Begriff und jeder Begriffsklasse kann nach sachlichen und zusätzlichen formalen Gesichtspunkten eine Systemstelle zugeordnet werden.«
3) »Die Begriffe und Begriffsklassen werden mit Hilfe von Benennungen und Notationen dargestellt.«
4) »Die Notationen sind Zeichenfolgen, die sowohl die verbale Darstellung der Begriffsklassen verkürzen als auch ihre Systemstellen im Ordnungssystem angeben.«

   Hier nenne ich Beispiele aus vier Systemen:

VDMA 211	Metallbearbeitungsmaschinen der spanenden Fertigung
DOMA GC	Metallische Stoffe
DK 623	Wehrtechnik. Heerestechnik. Marinetechnik.
BSO 684	Strömungstechnik. Strömungsmaschinen.

5) »Die wichtigste Art der Systembildung besteht in der Erstellung der Hierarchien von Begriffsklassen.« ...z.B. kann die Rangordnung (Hierarchie) auf drei Ebenen erfolgen:

erfolgen:	Erste Ebene	Hauptklasse;
	Zweite Ebene	Klasse
	Dritte Ebene	Unterklasse

An diesem 2. Februar hat mir die Begrüßungsansprache, die Ratsherr Carl Langerfeldt, Vorsitzender des Wirtschaftsausschusses im Rat der Stadt Braunschweig, vor dem Normenausschuß Klassifikation im Altstadtrathaus hält, so gefallen, daß ich sie hier wörtlich folgen lasse:

»Sehr verehrter Herr Professor Krumholz,
sehr verehrter Herr Professor Arntz – wie ich eben erfahren habe »Spätheimkehrer« nach Braunschweig –,
meine sehr verehrten Damen und Herren!
Als Vorsitzender des Wirtschaftsausschusses der Stadt Braunschweig und Stellver-

treter von Oberbürgermeister Gerhard Glogowski – dessen besonders herzliche Grüße ich Ihnen überbringe – begrüße ich Sie im Namen von Rat und Verwaltung, vor allem auch namens der hier anwesenden Ratsherrn Günther und Dr. Zwirner, in Braunschweig. Ich heiße Sie als Teilnehmer der Mitarbeiterversammlung des Normenausschusses Klassifikation – genormt ausgedrückt: NAK – im Deutschen Institut für Normung e.V. – ebenfalls genormt: DIN – hier herzlich willkommen. Ihre Anwesenheit ist für die Stadt Braunschweig vor allem aus zwei Gründen eine besondere Freude und auch Ehre:
Zunächst wegen Ihrer Aufgabenstellung im Normenausschuß Klassifikation, die von kaum zu überschätzender Bedeutung für uns alle ist. Beschäftigen Sie sich doch, vereinfacht ausgedrückt, mit Problemen der Ordnung in einer Welt, die auf allen Gebieten wegen überbordender Unordnung aus den Fugen zu geraten droht.
Ein Zweites kommt hinzu. Verstärkt bemühen sich in letzter Zeit Rat und Verwaltung, die vielfältigen Forschungseinrichtungen, die in Braunschweig beheimatet sind, ins öffentliche Bewußtsein zu rücken, in das Bewußtsein der Braunschweiger wie aber auch vor allem der forschungsorientierten Wirtschaft. So vielfältig nämlich das Angebot an Forschung und Wissenschaft in unserer Stadt ist, so wenig weiß oft selbst der gebildete Braunschweiger davon – vielleicht ein Versäumnis auch und gerade von uns als Mandatsträgern im Rat der Stadt. Dem heutigen Anlaß entsprechend nenne ich hier nur drei, Ihrer Arbeit wohl besonders nahestehende Institutionen: Die Technische Universität, die Deutsche Forschungs- und Versuchsanstalt für Luft- und Raumfahrt und die Ihnen sicherlich besonders vertraute Physikalisch-technische Bundesanstalt mit ihrer Verantwortung für das gesamte Meßwesen in der Bundesrepublik Deutschland.
Aber ein Drittes nötigt mir persönlich, wenn ich so sagen darf, ganz besondere Aufmerksamkeit und Respekt für ihre Arbeit ab: Ich hatte nämlich Gelegenheit, mir kurz vor Fertigung dieser kleinen Ansprache den Geschäftsbericht des Deutschen Instituts für Normung, dem Ihr Ausschuß angehört, einmal durchzusehen. Dieses Institut scheint mir nun geradezu eine Oase inmitten der Steppenlandschaft unseres Verwaltungsstaates zu sein. Es ist nämlich trotz seines Namens ein eingetragener Verein und ihm gehören, wenn ich dem Geschäftsbericht – er ist seriös aufgemacht – glauben darf, über 6000 Mitglieder an. Für diese 6000 Mitglieder aber, und das ist das Besondere, sind nur rund 570 hauptamtliche – 1977 waren es laut Geschäftsbericht genau 568 – und über 40000 ehrenamtliche Mitarbeiter tätig.
Ein leuchtendes Beispiel dafür, daß auch ohne festgefügten staatlichen Großapparat nützliche, sinnvolle und notwendige Arbeit in schöpferischer Kooperation geleistet werden kann. Das Beispiel sei nachdrücklich zur Nachahmung empfohlen.
Meine Begrüßungsansprache wurde als kurz angekündigt, und sie soll es auch bleiben. Ich wünsche Ihnen und uns, daß Sie sich in unserer Stadt wohlfühlen und die historischen Stätten Braunschweigs für sich entdecken, daß Sie das Klima unserer Forschungseinrichtungen und wissenschaftlichen Institute gerne auf sich wirken lassen und daß Sie in schöpferischer Kooperation das Beste vollbringen!«

27.02. In Offenbach warte ich vor einer Ampel hinter einem Mercedes-Personenwagen auf Grün. Das Unheil naht in Gestalt eines schwerbeladenen Lastkraftwagens, der nicht rechtzeitig bremst und mich gegen den Vordermann schleudert. Mein Auto ist um einen halben Meter verkürzt – Totalschaden. Ich bleibe unverletzt, und mein Autoverkäufer freut sich.

9.03. Hubert Haltermann liefert mir den ersten Rechner-Ausdruck für die 5. Auflage des DOMA-Thesaurus auf 2160 Seiten; die 4. Auflage hatte 1768 Seiten auf Endlospapier erfordert. Am 7. Juli lieferte uns das Druckwerk unserer Datenverarbeitung in 26 Minuten 68872 Fachwörter (Deskriptoren) mit maximal 40 Stellen auf Endlospapier in Leporello-Faltung.

6.04. Prof. Dipl.-Ing. Dr. techn. Armin Dadieu stirbt in Graz im Alter von 77 Jahren. Bei Treffen der Hermann-Oberth-Gesellschat und nach Vorträgen in Frankfurt am Main war es ein besonderer Genuß, wenn er von der Entwicklung der Raketen-Treibstoffe, von seinem Einsatz als Sturzkampfflieger im zweiten Weltkrieg und von seiner Tätigkeit in Argentinien erzählte.

4.05. Meine Frau und ich folgen einer Einladung der Wiener Universitätssängerschaft Barden 1858. Im Bardenhaus, Albertgasse 51, treffen wir Freunde und Bekannte. Am abendlichen Kommers auf der Burg zu Perchtoldsdorf stelle ich fest, daß die österreichischen Verbindungsstudenten deutscher denken und handeln als manche westdeutsche Abordnung. Eindrucksvoll und vorbildlich sind Heldenehrung und Festakt in der Universität am 6. Mai. Ein Höhepunkt ist dann der Festball im Schwarzenberg-Palais. Nur gut, daß wir noch die Österreicher haben!

05. Anfang Mai 1978 erliegt Dipl.-Ing. Robert Endrös zwei Tage vor seinem 75. Geburtstag einem Herzschlag. Auf den Frühjahrstagungen des Forschungskreises für Geobiologie berichtete er wiederholt über die Ergebnisse seiner Untersuchungen. Deren Zusammenfassung hat er uns in seinem Buch »Die Strahlung der Erde und ihre Wirkung auf das Leben«, 225 Seiten, 1978, Paffrath-Verlag Remscheid, hinterlassen.

Der Tod nahm ihm vorzeitig die Feder aus der Hand; wir sind Prof.K.E. Lotz, Biberach, und Mitarbeitern zu Dank verpflichtet, daß sie das baldige Erscheinen dieser wichtigen Veröffentlichung ermöglichten.

Folgende Erkenntnisse sind für jeden von uns wichtig:

1) Erdstrahlen

Die Elementarteilchen in den Bodenmolekülen werden durch die dauernde Strahlung thermischer Neutronen aus der Erde und durch aufgenommene Wärmestrahlung aus dem Weltall in einem breiten Frequenzband angeregt – vorwiegend im Bereich der Wellenlänge von 8 bis 14 Mikrometer. Die Energie reicht aber nur dazu, die Drehimpulse der Elektronen zu erregen, die beim Angriff eines magnetischen Feldes in eine nach den Gesetzen der Quantenmechanik mögliche Richtung gedreht werden. Diese Richtungsquantelung erzwingt im Strahlungsfeld des Bodens Strukturen, die als »Erdstrahlen« in verschiedener energetischer Form erfaßt werden können: als elektrische Potentialunterschiede an der Erdoberfläche, als Struktur im Erdmagnetfeld, als Unterschiede der Wirkungsstärke der Infrarotstrahlung des Bodens und als Unterschiede der Wirkungsstärken und Frequenzen in der Mikrowellenstrahlung aus dem Boden.

1.1. Radioaktivität

Mit Neutroenenstrahlung ist stets Gammastrahlung verbunden. Die natürliche Radioaktivität setzt im Boden gasförmige Emanationen frei, die als Zerfallsprodukte aus Uran als Radon und aus Thorium als Thoron bekannt sind. In der UdSSR wurde untersucht, wie weit künstliche Radioaktivität bodennahe Schichten bis 3 Meter Tiefe beeinflußt. Dabei ergab sich, daß sich die Strahlung auf 65 % Alphastrahlung, 28 % Betastrahlung und 7 % Gammastrahlung verteilt.

1.2 Infrarot

Die Neutronenstrahlung in Form der Wärmestrahlung ist langzeitig gleichbleibend; ihre Stärke ist vom geologischen Aufbau des Untergrundes abhängig. Die Ausstrahlung ist besonders hoch bei dem Tiefengestein Granit, höher als bei den Ergußgesteinen Basalt und Gabbro. Die Infrarotstrahlung aus dem Erdboden ist über einem Grundwasserlauf wesentlich schwächer als an unbeeinflußter Stelle. Die unterschiedlichen Meßwerte der infraroten Wärmestrahlung der Erde lassen sich augenscheinlich prüfen, wenn bei der Schneeschmelze im ebenen Gelände die Ränder der unterirdischen Wasserführung sichtbar werden.

1.3. Strömungsstrom

Unterirdisch fließendes Wasser erzeugt einen Strömungsstrom, den A.M. Gaudin in Abhängigkeit von der Viskosität und dem pH-Wert des Wassers 1957 mathematisch erfaßt hat. Das Wasser lädt sich infolge seiner höheren Dielektrizitätskonstante (80) gegenüber der von Lockergestein (3 bis 30) und der natürlichen negativen Ladung dieser Stoffe positiv auf. Bei strömendem Grundwasser in Schotterböden ergeben sich Feldstärkenänderungen (Potentialgradienten) des elektrischen Feldes von 20 bis 50 Millivolt je Meter.

Der Ionenstrom im Elektrolyt-Grundwasser verhält sich hinsichtlich des Aufbaues eines elektrischen und magnetischen Feldes wie der Elektronenstrom in einem metallischen Leiter. Die Fernwirkung vom unterirdischen Gerinne bis zur Erdoberfläche ist im Makrokosmos nicht mehr erklärbar; eine Betrachtung mit der Quantenmechanik im Mikrokosmos macht sie zugänglich. Das den Strömungsstrom des bewegten Wassers begleitende Magnetfeld richtet den Drehimpuls (Spin) der Gitterionen aus. Die Fließgeschwindigkeiten des unterirdischen Grundwassers sind gering: ein Tagesfortschritt von 30 Metern (0,34 Millimeter je Sekunde) kennzeichnet etwa die obere Grenze.

1.4. Gravitationswellen

An der Oberfläche des mit Flüssigkeit (Magma) gefüllten Erdballs bilden sich sozusagen stehende Wellen, die als Rayleigh-Wellen zu betrachten sind, und sich aus senkrecht zur Oberfläche schwingenden Scherungswellen und tangential schwingenden Druckwellen zusammensetzen. Rohracher, Wien, hat schon vor 1950 Erdschwingungen mit einer Frequenz um 10 Hertz nachgewiesen. Auf den Erdkörper bezogen, handelt es sich um Gravitationswellen. Robert Endrös schließt daraus, daß an den Wendepunkten der Gravitationswellen piezoelektrische Ladungen entstehen, die die Erscheinungen im Gittergebilde verursachen.

1.5. Mikrowellen

Eine eingehende Beschäftigung mit der Mikrowellenstrahlung kennen wir erst seit etwa 1940, als die Engländer mit der Entwicklung der Funkmeßtechnik im Zentimeter- und Dezimeter-Bereich durch ihr Radar einen entscheidenden Fortschritt in der Kriegstechnik erzielten. Dabei sollte nicht vergessen werden, daß C. Hülsmeyer schon 1905 auf sein deutsches Patent 165546 das grundlegende Radarschutzrecht erhielt. Als eigentliche Mikrowellen werden die elektromagnetischen Wellen mit Wellenlängen unter 10 Zentimeter bezeichnet.

1.6 Thermische Neutronen

Die thermischen Neutronen treten als Wellenstrahlung im Bereich der Wellenlänge von 2 Angström (2 x 10 hoch minus 7 Millimeter) über das sichtbare Licht und Infrarotgebiet bis 2000 Mikrometer (2 Millimeter) auf.

1.7. Gitterstreifen

Nicht mehr weggeredet werden kann ein weltweit vorhandenes Gitternetz, das nach den Polen hin und senkrecht dazu ausgerichtet ist. Es wirkt an den Gitterstreifen und besonders an deren Kreuzungen ähnlich wie die elektrischen und magnetischen Felder aus dem Untergrund. Der Geophysik ist ein solches Gebilde anscheinend unbekannt. Als Erster dürfte der französische Rutengänger und Arzt Pyeré um 1930 dieses Gittergebilde wiederentdeckt haben. Auch Aschoff, Curry, Reinstorff, Wittmann und sehr eingehend Hartmann haben Gitternetze in ihre geobiologische Forschung einbezogen.

Das Gittergebilde deutet auf periodische Schwingungen hin, die als Längswellen und Querwellen in Erscheinung treten. Während einer Beobachtungszeit von 8 Jahren hat sich im ungestörten Feld die Lage der Gitterstreifen nicht verändert.

Im Gitternetz begegnen uns räumlich begrenzte Streifen gebündelter Neutronenstrahlen aus dem Untergrund. An den Gitterkreuzen werden sie hochwirksam; tre-

ten sie im Störfeld eines unterirdischen Wasserlaufes auf, werden sie extrem gefährlich.
Gitternetzkreuzungen, die elektromagnetisch aufladen, stören die Abläufe in Lebewesen verderblich. Kinder weichen solchen gestörten Orten im Bett aus und legen sich selbst in unbequemster Lage auf eine andere Stelle.
Liegt ein Gitterkreuz über einem Grundwasserlauf, kann bei der biologisch besonders wirksamen Frequenz von 3 Gigahertz die Feldstärke in einem millimeterbreiten Streifen den sechsfachen Wert gegenüber der Umgebung erreichen.
Hält sich der Mensch über einem abladenden Gitterkreuz über fließendem Grundwasser auf, entsteht ein Schwächegefühl, das bis zu einem Schwindelanfall führen kann. Für den Sympathikotoniker, der zuviel Energie abgibt und sich dabei erschöpfen kann, ist das aufladende Gitter störend. Der Vagotoniker, der Energie festhält und deshalb zu Krampferscheinungen neigt, wird durch das abladende Gitter über unterirdischem Gerinne gestört. Das Gitter allein ist kaum merkbar.
2) Kosmische Strahlen
Die Strahlung hochenergetischer Teilchen aus dem Weltraum auf unseren blauen Planeten wird gemeinhin als kosmische Strahlung bezeichnet; als Globalstrahlung wird diese sogenannte Himmelsstrahlung zusammen mit der unmittelbaren Sonneneinstrahlung seit Jahrzehnten weltweit wissenschaftlich beobachtet und aufgezeichnet.
2.1. Extragalaktische Strahlen
Die aus dem Kosmos, aus dem Hintergrund des Weltalls kommende Hintergrundstrahlung umfaßt einen Wellenlängenbereich von 1 Meter bis 1 Millimeter; diese Mikrowellenstrahlung trifft unsere Erde von allen Richtungen, hat nach allen Richtungen gleiche physikalische Eigenschaften (ist isotrop) und ist nicht auf eine bestimmte Lichtschwingungsebene beschränkt (nicht polarisiert). Die Höchstwirkung dieser elektromagnetischen Strahlung liegt bei 70 Gigahertz. Die Strahlung unserer eigenen Milchstraße (Galaxe) überstrahlt aber die Hintergrundstrahlung im Wellenlängenbereich von über 20 Zentimeter bis 100 Meter und durchdringt auch die nicht verladene Lufthülle der Erde.
2.2 Sonnenstrahlen
Bei Sonnenflecken und fackelartigen Ausbrücken der Sonne werden energiereiche Teilchen vielfach verstärkt abgestrahlt und stören als SID (Sudden Ionospheric Disturbances) den UKW-Bereich des Rundfunks und den UHF-Bereich des Fernsehens. Langsamere Teilchen lösen magnetische Stürme aus und ändern die Ionisation in Höhen von 700 bis 800 Kilometer.
Diese erhöhte Mikrowellenstrahlung der Sonne überwindet die 152 Millionen Kilometer bis zu unserem blauen Planeten in 8 1/2 Minuten. Die gleichzeitig ausgesandte Korpuskularstrahlung muß kurz vor dem Ziel aufgeben, weil sie unsere Lufthülle nicht durchdringen kann.
2.3 Strahlen des Mondes und sonstiger Himmelskörper
Robert Endrös hat im molekularen Bereich selbst beobachtet, daß die Mondeinwirkung auf die Erde im Verhältnis viel stärker und ausgeprägter ist als die der Sonne, sowohl bei Tag als auch bei Nacht. Diese Wirkung wird nicht nur bei Vollmond, sondern auch schon bei Halbmond beobachtet. Die Mikrowellenstrahlung des Mondes auf die Erde beeinflußt elektronisch die Moleküle der Bodenmineralien bis in größere Tiefen.
An dem nördlich und östlich ausgerichteten weltweiten Gitternetz, das man sich durch Gravitationswellen erzeugt vorstellen muß, wird die seitliche Streustrahlung durch Überlagerung (Interferenzen) mit der Einstrahlung des Mondes ausgelöscht, wenn dieser im Süden des Beobachtungspunktes steht. Ein Vergleich bei der biologisch wichtigen Frequenz von 3000 Megahertz zeigt, daß der Mond einen um drei

Zehnerpotenzen geringeren Strahlenfluß ergibt als die ruhige Sonne im Zenit. Auch die Planeten strahlen überraschend stark Mikrowellen ab. Die gemessenen Feldstärken der vom Saturn und von der Venus kommenden Strahlung sind durchweg größer als die vom Mond in jeder Phase.

3) Wechselwirkung von Erdstrahlung und kosmischer Strahlung

Das Strahlungsfeld von Einstrahlung aus dem Kosmos und Ausstrahlung aus der Erde bewirkt, daß jeder Stoff in der Biosphäre mit sehr hoher Frequenz schwingt. Die Frequenz ist arteigen für jeden Stoff und für seinen augenblicklichen physikalischen Zustand. Diese Schwingungen können wir mit dem Auge sehen, wenn deren Wellenlänge 0,3 bis 0,7 Mikrometer beträgt; wir können sie als Wärme fühlen, wenn sie im Mikrometer- und Millimeter-, also im Infrarotbereich liegen. Was von selbst als Wärmestrahlung des Erdbodens entsteht, ist eine atomare Beiwirkung beim radioaktiven Zerfall von Bodenmolekülen und davon überwiegend eine Abstrahlung thermischer Neutronen.

Der Einfluß elektrischer und magnetischer Felder auf Lebensvorgänge schien in den letzten Jahrzehnten fast ausschließlich von hochenergetischen Strahlungsvorgängen bestimmt zu sein; biologische Vorgänge werden jedoch von kleinen und kleinsten Wirkungsstärken beeinflußt. Mit der Entdeckung der alles durchdringenden Hintergrundstrahlung, die einer Schwarzkörperstrahlung von 2,6 Kelvin mit höchster Wirksamkeit im Bereich von 35 Gigahertz entspricht, wird das Strahlungsfeld erkennbar, das alle Lebensvorgänge beherrscht.

3.1 Luftelektritzität

Als Luftelektrizität bezeichnen wir ein Gleichstromfeld, das als ein Ladungsausgleich durch einen Vertikalstrom zwischen der negativ polarisierten Erde und ihrer positiv geladenen Lufthülle entsteht. Bei wolkenlosem Wetter beträgt das senkrechte Spannungsgefälle in Bodennähe 130 Volt je Meter. Insgesamt herrscht zwischen der Erde und der Ionosphäre ein Spannungsunterschied von 350000 Volt. Ionen entstehen durch radioaktive Ausstrahlung von Bodenmineralien, durch radioaktives Gas und auch durch kosmische Strahlung. Luftionen bestimmen die Leitfähigkeit der Luft. Mit zunehmender Strahlung nimmt der Gehalt an Plus- und an Minus-Ionen ab – über einem unterirdischen Wasserlauf sehr wesentlich. Mit abnehmender Strahlung steigt der Ionengehalt.

3.2 Föhn

Die Föhnempfindlichkeit zeigt sich in der Regel nicht sofort nach der Ansiedlung der Menschen in betroffenen Gebieten, sondern erst nach einigen Jahren. Dies deutet an, daß der Betroffene seine Abwehrkraft durch Standorteinflüsse verloren hat.

3.3 Maser-Wirkung

Ein erstaunlicher Vorgang ist die Maser-Wirkung beim Zusammenwirken von Mikrowellenstrahlung und Spinwirkung. K.H.Steiner (Oxford 1973) behandelt diese Erscheinung in seinem Buch »Interactions between Electromagnetc Fields and Matter«. Maser, ein Kurzwort für »microwave amplification by stimulated emission of radiation«, bezeichnet einen phasenrichtig arbeitenden Verstärker für elektromagnetische Wellen im Gigahertz-Bereich, dessen Arbeitsweise nicht nach klassischen Vorstellungen durch Felder und Ströme beschrieben werden kann, sondern durch die Wechselwirkung von Strahlungsquanten und quantenmechanischen Systemen. Die Verstärkung wird als ein Mitschwingen der die Pumpfrequenz bildenden Mikrowellenstrahlung erklärt. Die Verstärkung nimmt mit der Weglänge in einem geeigneten Stoff zu. Daher strahlt eine schwache aber tiefliegende Wasserführung mehrfach stärker aus dem Erdboden als ein kräftiger Grundwasserlauf in geringer Tiefe. Ein auf einem Hügel stehendes Haus kann also viel stärker bestrahlt sein als ein in der Niederung errichtetes Gebäude.

4) Messen und Erfassen des Zustandes unseres Körpers und unserer Umgebung

Wissenschaftliche Einzelerkenntnisse und Beobachtungen in der Natur lassen ihren Wert oft erst dann erkennen, wenn sie durch Nachahmung an einem Modell in einen Zusammenhang gebracht wurden. Die bei unseren Altvordern noch vorhandene Empfindung, ob ein Standort zum Schlafen oder Arbeiten taugt, ist uns Neunmalklugen verloren gegangen.

4.1 Messen der Mikrowellenstrahlung

Die Mikrowellenstrahlung kann im Längenbereich von 1 Zentimeter bis 100 Zentimeter gut gemessen werden. Sie beeinflußt den menschlichen Organismus und wird vor allem von den ins Blut absondernden Drüsen (Endokrinium) wahrgenommen. Damit verursacht die Mikrowellenstrahlung auch den Ausschlag der Wünschelrute. Ein geologischer Bruch, das heißt eine senkrechte Verschiebung von Erdschichten, in rund 2000 Meter Tiefe verändert die Mikrowellenstrahlung viel stärker als ein kräftiger Grundwasserlauf in 6 Meter Tiefe. An dieser Bruchstelle fanden sich 7 Seitenstreifen bis zum Gesamtabstand von 6 Metern, zwischen denen die Feldstärke auf ein Dreiundzwanzigstel absank.

Für die Messung der Mikrowellenstrahlung der einzelnen ins Blut absondernden Drüsen fehlt noch ein Gerät, mit dem das Intensitätsspektrum im Frequenzbereich von 2 bis 6 Gigahertz bis zu einer Antennenfeldstärke im Nanowatt-Bereich abgetastet und aufgezeichnet werden kann.

4.2 Messen der Leitfähigkeit von Flüssigkeiten

Die Abhängigkeit der ionischen Leitung in Elektrolyten von der Einstrahlung von außen ist erst nach 1950 erkannt worden. Maßgebend bei allen biologischen Bestrahlungen ist die Höhe der Wasserstoffionenkonzentration, der pH-Wert. Die Leitfähigkeit (Dielektrizität) des Wassers ändert sich mit dessen Polarisation. Beim Menschen ändert sich der pH-Wert des Blutes kaum – er liegt bei 7,39 + 0,05.

Überzeugend und sehr ergiebig war eine Versuchsanordnung, die aus einem 7 cm-Kunststoffrohr von 30 cm Länge bestand, das mit Quarzsand von 1 mm Korngröße und Wasser gefüllt war und an beiden Enden elektrische Aufnehmer besaß. Mit dieser Anordnung ermittelte R. Endrös, daß sich die Leitfähigkeit des Wassers über längere Zeit um einige Hundert Mikrovolt ändern kann.

Diese Anordnung zeigt auch die Aura (das Od) des Menschen – als dauernde Mikrowellenstrahlung eines Lebewesens – unmittelbar an; nähere ich mich der 30 cm langen Wassersäule, erhöht sich sofort der Spannungsunterschied, verursacht durch die Verminderung der Leitfähigkeit des Wassers zwischen den Meßaufnehmern.

4.3 Feldstärke

Änderungen der Feldstärke des Erdmagnetfeldes sind meist geringer als 100 Gamma. Ein Gamma entspricht einem Magnetfeld, das ein langer Draht, durch den 1 Ampère Strom fließt, in 200 Meter Entfernung auslöst. Beispielsweise bewirkt eine elektrische Stadtbahn in 2 Kilometer Entfernung ein Magnetfeld von 30 Gamma. Über einem unterirdischen Wasserlauf in 4,1 Meter Tiefe mit einer Wasserführung von etwa 100 Liter je Minute wurden die Feldstärken quer zu seiner Fließrichtung gemessen. Die mit einem hochohmigen Voltmeter ermittelten Feldstärkespitzen lagen genau an den Stellen, die vorher Rutenausschläge ergeben hatten und gekennzeichnet waren.

Diese Erscheinung wurde auch an einem Modell erforscht. Über einer von Wasser durchströmten Glasröhre wurden Steinquader von 30 Zentimeter Höhe je aus Dolomit, Granit, Kalkstein und Quarzit aufgestellt. Am 23. August 1977, um 13 Uhr 45, erzeugte das unter dem Quarzitblock strömende Wasser einen Gleichstrom von 6 Mikroampère und ließ auf dem Block nach Richtungen gequantelte Spinwellen sichtbar werden. Erst später wurde entdeckt, daß hier thermische Neutronen durch das Magnetfeld ausgerichtet werden.

4.4 Wünschelrute und Pendel

Der Erdboden, auf dem wir leben, übt von Ort zu Ort unterschiedliche Wirkungen auf uns aus. Seit ältesten Zeiten konnten Menschen, meist Priester, solche Unterschiede beim Betreten des Ortes augenblicklich wahrnehmen und mit einem gegabelten Zweig – unserer Wünschelrute – zum Ausdruck bringen.

Die Königliche Akademie in London behandelte schon im sechzehnten Jahrhunert Ausschläge der Rute über unterirdischem Wasser. Ab etwa 1930 befaßten sich wieder Wissenschaftler mit diesen Erscheinungen: Prof. Dr. Johannes Walther in Halle an der Saale, der private Forscher Dr. phil. et med. Joseph Wüst, den ich in Unter-Oelkofen, bei Grafing (D-8018) in seiner Burg besuchte, Prof. Dr. S. W. Tromp in Leyden in Holland und Prof. Yves Rocard in Paris.

Die mit Spinwellen verbundenen Energiequanten werden Magnonen genannt und bilden im Strahlungsfeld an der Erdoberfläche Anordnungen, deren Verlauf nicht immer sichtbar ist, aber durch Wünschelrute, Pendel oder Meßgeräte erfaßt werden kann.

Bei unseren Vorfahren wurde einem Baumeister nur dann ein Auftrag erteilt, wenn er mit der Wünschelrute umgehen, die Wasserstelle für einen Brunnen erschließen und das Bauwerk so errichten konnte, daß es nicht über unterirdisch fließendem Wasser stand.

4.5 Wassersuche

Das Erdmagnetfeld wird gestört, wenn der Strömungsstrom eines unterirdischen Wasserlaufes ein zusätzliches Magnetfeld erzeugt. Die dadurch bedingten Änderungen der Feldstärke können an der Erdoberfläche gemessen oder mittels Rute oder Pendel gedeutet werden und den Verlauf des Gerinnes angeben.

4.6 Einfluß auf die Klangwirkung

Überraschend ist der Einfluß der Luftionisation auf die Klangwirkung (Akustik) in Innenräumen. Die Klangwirkung in einer Kirche wird ungemein verschlechtert, wenn ein Wasserlauf das Kirchenschiff unterquert und die Orgel vom Altarraum trennt. Die den Ionenstrom bestimmenden Spannungsunterschiede zwischen Wasser und Mineral sind desto größer je kleiner die Sandkörner sind. Wenn solch ein Gerinne einen Konzertsaal unterquert, wird nicht nur der biologische Zustand der Musikliebhaber gestört, sondern auch die Klangwirkung des Raumes verzerrt.

4.7 Fernmuten

Erstaunlich und bewundernswert ist das Vermögen der Fernmutung bei pendelfähigen Personen. Lediglich an Hand einer maßstäblichen Landkarte, eines Luftbildes oder eines Gegenstandes, der die Eigenstrahlung einer Person bewahrt (ihre Aura oder ihr Od) kann der fernmutende Mensch Dinge irgendwo auf unserem Planeten wahrnehmen, die viele Tausende Kilometer von seinem Denkort entfernt sind, und zwar so, als ob er persönlich an dem zu untersuchenden Platze wäre.

Eine Erklärung für diesen geistigen Vorgang liegt noch nicht vor. Vermutlich dient ein kosmisches Strahlungsfeld sehr hoher Frequenz als Träger, der die Eigenstrahlung von Lebewesen und Stoffen übermittelt. Der sich über Tausende von Kilometern erstreckende Zielflug der Vögel ließe sich in dieser Vorstellung auch unterbringen. Ich zweifle auch nicht an Meldungen, daß Radiästheten in den USA das Befinden ihrer Mondfahrer lückenlos verfolgt haben.

4.8 Od (Aura)

Die vom Menschen dauernd abgestrahlten Photonen werden seit ältesten Zeiten als die Aura oder das Od empfunden und sind für Fühlige farbig sichtbar. Die heute meßbare Aura kommt aus Austauschvorgängen von Ladungsquanten als Photonen, Phononen und Magnonen zwischen Atomen und Molekülen der Körperzellen zustande.

4.9 Zustand unseres Blutes

Die Mikrowellenstrahlung des Blutes kann mit einer Stabantenne am Puls berührungslos getastet werden. Zeichnet man die Spektren der einzelnen ins Blut absondernden Drüsen übereinander, erhält man eine Einsicht in den Zustand eines Lebewesens, wie sie selbst aus tagelangen klinischen Untersuchungen nicht gewonnen werden kann.

5) Sichtbare Erscheinungen durch Strahlenwirkungen

5.1 Nebensonnen

Die durch Spiegelung und Brechung von Lichtstrahlen an Eisteilchen unserer Lufthülle entstehenden Halo-Erscheinungen sind vielfältigster Art.

5.2. Nordlicht

Stickstoff und Sauerstoff der Lufthülle werden von Elektronen und Protonen der Sonne angeregt und sind an rasch veränderlichen elektrischen Stromsystemen beteiligt. Rote und grüne Farbtöne werden vom atomaren Sauerstoff und blau-violette vom molekularen Stickstoff verursacht.

5.3 Nebelbilder

Dunstschichten über einem Grundwasserlauf ermöglichen auch bei völliger Dunkelheit fotografische Aufnahmen der Mikrowellenstrahlung, deren bandartiger Verlauf Erscheinungen des Polarlichts ähnelt. Erstaunlich sind auch die durch Erdstrahlen entstehenden bei Tage sichtbaren Nebelbilder, die unbedarfte Gemüter oft als Wunder aufnehmen, und die in gerader Linie zur fliegenden Untertasse, zum UFO (Unidentified Flying Object) führen. Von Nebelbildern, die bei geeignetem Wasserdampfgehalt der Luft unmittelbar über dem Erdboden zustandekommen, bis zu Höhen, in denen wir das Nordlicht beobachten, sind die unterschiedlichsten Erscheinungen möglich.

5.4 UFO's

Aufschlußreich sind Untersuchungen, über die Ernst Berger in der Zeitschrift »Esotera« 1974 und 1975 berichtete. Bei Traunstein (A-3632) im Mühlviertel in Österreich, wo man Ufo's gesehen haben wollte, entdeckte er ganz eigenartige unterirdische Wasserläufe in Mäander-Form und mehrfachen Ausspaltungen, die »UFO-Erscheinungen« verursachten.

5.5 Blitzschläge

Mahnmale in den Bergen und Voralpen, wo Menschen vom Blitz erschlagen wurden, kennzeichnen oft in dichter Folge unterirdisch fließendes Wasser. Auch im Wald können wir den Verlauf unterirdischer Gerinne an Blitzschlägen in Bäume verfolgen. Gebäude, die im Zeitraum von 11 Jahren durch Blitzschläge 35 mal eingeäschert wurden, standen ausnahmslos auf Störstellen, auf durch besondere Erscheinungen ausgezeichneten Örtlichkeiten.

5.6 Fernseh-Bildstörungen

Tragbare Fernsehgeräte mit beweglicher Antenne zeigen durch eine eigentümliche Bildverzerrung den Feldunterschied an, der auf eine Reizzone infolge Erdstrahlen hinweist.

5.7 Rundfunk-Tonstörungen

J. Wüst hat schon um 1955 über Störstellen, die Rutengänger ermittelt hatten, bei UKW-Empfang Antennen-Feldstärken gemessen, die sich von denen über ungestörtem Gelände deutlich unterschieden. Heute benutzt man zum Auffinden von Reizzonen fast ausschließlich UKW-Empfänger mit angebautem Ampèremeter, mit dem die empfangenen Feldstärken gemessen werden.

5.8 Feuchte im Mauerwerk

Eine elektromagnetische Störung aus dem Untergrund ist oft durch eine örtlich begrenzte Feuchte im aufgehenden Mauerwerk zu erkennen. Diese Eletroosmose überwindet die Schwerkraft und befördert infolge unterschiedlicher elektrischer Ladung Wasserteilchen nach oben.

5.9 Risse im Mauerwerk

Mikrowellenstrahlung von 1 Gigahertz und darüber wird als Hyperschall bezeichnet, der vom Ziegelstein bis zum Beton alles »zerhämmert«, was in seiner Schwingungsrichtung liegt. Solche Risse im Mauerwerk haben nichts mit Setzungen des Bauwerkes zu tun. Feinfühlige können das Knistern solcher Baustoffrisse hören.

5.10 Krebsbäume

Auffallend ist eine Galvanotaxis, bei der sich vor allem Apfel- und Birnbäume in Richtung zur Quelle des unterirdischen Wasserlaufes neigen. Die Galvanotaxis als eine durch elektrischen Strom verursachte bewußte Ortsveränderung wird auch von Tieren wahrgenommen. Auch eine Gabelung der Haupttriebe von Bäumen, die Zwieselbildung, weist auf Störstellen über Grundwasser, wo man auch niemals ältere Bäume mit gesundem Kern antreffen wird. Krebs am Baum ist der augenfälligste Beweis der biologischen Störung, die elektromagnetische Einflüsse auf Lebewesen ausüben. Bei der Krebsbildung am Baum werden die in den Wurzeln gebildeten Erbanlagen (Gene) betroffen und lösen Eigenschaftsänderungen (Mutationen) bei fernerem Astwuchs aus. Die Zellen entarten im wesentlichen durch schädliche Erdstrahlen, das zeitliche Auftreten der Wucherung wird aber auch durch die Stärke der kosmischen Strahlen bestimmt. Mißt man die Stärke der Mikrowellenstrahlung eines gestörten Baumes und vergleicht sie mit der horizontalen Abstrahlung (sozusagen mit dem Od) eines Baumes auf nicht gestörter Stelle, so ist die Strahlungsstärke des gestörten Baumes nur ein Drittel bis ein Viertel, was die Neigung zur Krebsbildung erklärt.

5.11 Rasenkreuze

Das weltweite gravitationsbedingte Gitternetz kann durch die Strahlen aus dem Untergrund auch an der Erdoberfläche sichtbar werden und sich zum Beispiel als Rasenkreuz, wie bei Metten (D-8354), zum Wallfahrtsort entwickeln.

Einigen Wirbel verursachte das Rasenkreuz von Eisenberg im Burgenland in Österreich, das sich nachweislich ohne gärtnerisches Eingreifen über 12 Jahre erhielt. Wissenschaftler kamen in ihrem Gutachten zu dem Schluß, daß die sich kreuzenden Streifen nur von Menschenhand immer wieder so hergerichtet werden; Bevölkerung und Pfarrer wußten es besser.

5.12 Luftbild-Archäologie

Aus der Luft erkennbare Unterschiede in der Färbung des Erdbodens, die dem im Gelände Wandernden meist nicht auffallen, haben zur Entdeckung von vorgeschichtlichen Fundstellen, von ehemaligen Wehranlagen, Siedlungen und Gräberfeldern geführt.

Auffällig sind:

1) Verfärbungen des Bodens infolge unterschiedlicher Durchfeuchtung;
2) Schattenwurf bei günstigem Sonnenstand;
3) Unterschiede im Pflanzenwuchs nach Höhe und Färbung;
4) Apere Stellen bei der Schneeschmelze.

Diese Erscheinungen decken sich oft mit den von Rutengängern und Pendlern wahrgenommenen Besonderheiten.

6) Biologische Gegenwirkung bei Strahlungseinfluß

Ein Lebewesen ist ein bewegliches System, in dem Verknüpfungen hochspezialisierter Zellen durch besondere Regelkreise in ständiger Tätigkeit Nachrichten tauschen. In den Blutbahnen kreist ständig ein gewisser Hormonzufluß, vergleichbar den Nervenleitungen, wo Signale durch die Änderung des chemischen Zustandes als elektrische Ströme entlang den Nervenfasern fortgeleitet werden. Mit einer Laufgeschwindigkeit von 50 Metern je Sekunde erreichen sie schnellstens jedes Ziel im Leewesen. Die in der Blutbahn fließenden Hormone ebenso wie die Hormone erzeugenden Drüsen strahlen dauernd elektromagnetische Wellen im Zentimeter-(Gigahertz) und Dezimeter-Bereich (Megahertz) ab, die sich meßtechnisch erfassen lassen.

6.1 Entartung von Körperzellen

Die Zellentartung bei Krebs ist das Ergebnis einer elektromagnetischen Störung. Einer Behausung aus Beton und Glas fehlt die Einstrahlung aus dem Kosmos und aus der Erde; damit fehlt die natürliche Steuerung der Lebensvorgänge bis hinein in die Körperzellen. Als Endwert kann ein Nullfeld der Strahlung entstehen, wie es schon die alten Ägypter im Innenraum der Pyramiden künstlich erzeugten. Dort können nicht einmal mehr Bakterien leben, und organische Substanzen verwesen nicht, sondern vertrocknen. Die Umwandlung einer normalen in eine entartete Zelle folgt bei Mensch, Tier und Pflanze den gleichen Gesetzen.

6.2 Anregender Strahleneinfluß

In der Antike wurden für Kultstätten und in der Barockzeit für Lustschlösser immer Stellen in der Landschaft ausgewählt, an denen durch ein besonderes Mikrowellenstrahlungsfeld Thymus und Keimdrüsen außergewöhnlich angeregt wurden. Zwei in der Zirbeldrüse entstehende Hormone, das Serotin und Melatonin, werden als auf die Lebenskraft wirkende Arzneimittel (Psychopharmaka) angewandt. In Griechenland seien nur das Orakel und Theater in Delphi genannt und das Freilichttheater in Epidauros, von dessen großartigem Klangverhalten ich mich am 12. Juli 1969 überzeugte. In Süddeutschland stehen so gut wie alle Kirchen römisch-katholischen Ursprungs an der Stelle früherer keltischer Kultanlagen und diese wieder stets über unterirdischen Wasserläufen. Die keltischen Priester, die Druiden, verfügten über das Wissen, den Strömungsstrom an ihren ausgesuchten Plätzen durch Einbau von ferromagnetischen Stoffen noch zu verstärken.

Die Kathedrale von Chartres steht über einem unterirdischen Wasserlauf in Form einer Schleife, die von einem in anderer Tiefe fließenden Gerinne gekreuzt wird. Unter dem Dom in Freising verläuft das Gerinne in Form eines »S«. Bei einem Verweilen auf so ausgesuchten Plätzen schütten Thymusdrüse und Keimdrüsen ein Mehrfaches an Hormonen aus im Vergleich mit ungestörten Stellen. Das Schloß Lustheim im Dachauer Moos liegt an einem Platz, der unterirdisch vollkommen umflossen wird, und anscheinend auch die erwartete Muntermachung bescherte.

Auch die sogenannten Hexenplätze, wo im Mittelalter das Volk zu ausschweifenden Tanzfesten zusammenlief, liegen überwiegend innerhalb der Schleife eines unterirdischen Wasserlaufs. Wie uns Bäume helfen können, schilderte Generaldirektor a.D. Dipl.-Ing. F. P. Tillmetz 1966 in Meersburg in seinem Vortrag »Erfahrungen mit der Aufladung der Odstrahlung an Bäumen« (Zeitschrift für Radiästhesie 1967, S. 22) Beachtenswerte Anregungen vermittelt auch sein Aufsatz »Steigerung der Odkraft durch Runen«. Eine Rune ist nicht nur ein Zeichen für eine Nachricht sondern war vor tausenden von Jahren auch eine Art Antenne für ganz bestimmte Wellenlängen der kosmischen Strahlung.

Eine dankenswerte Aufgabe für einen Radiästheten wäre die Untersuchung der gußeisernen Säule bei dem Dorfe Mehrauli in Indien. Nach dem Glauben der Dorfbewohner soll das rückwärtige Umarmen der Säule ein langes Leben verheißen. Sollte das etwas mit Aufnahme von Strahlungsenergie zu tun haben? (Siehe 1969 »Mehrauli«)

6.3 Krankmachender Strahleneinfluß

Heute werden Altenheime, Kinderheime, Krankenhäuser, Schulen usw. auf einem Baugrund errichtet, den früher jeder Wissende als ungeeignet für menschliche Behausungen einstufte. Wenn die Mikrowellenstrahlung aus dem Erdboden eine mineralische Feststoffschicht, zum Beispiel eine Betondecke, durchdringt, wird ihre Stärke nicht vermindert, sondern nimmt infolge der Maser-Wirkung über jeder weiteren Betondecke laufend zu. Auch große Fensterflächen (Quarzglas) mindern den Zu-

tritt der für unser Wohlbefinden wichtigen kosmischen Strahlung.
Über mehrere Betondecken wird der Wohnraum in einer Weise durchstrahlt, die nirgends in der freien Natur vorkommt: der physiologisch günstige Frequenzbereich von 1,6 bis 5 Gigahertz wird in den höheren Bereich bis 70 Gigahertz verschoben.
Wer diese Tatsachen als Phantastereien bezeichnet, sollte im Heft 5 der »Städtehygiene« (1971) den Aufsatz von Häussler, Hird und Fanning lesen. Hier werden medizinische Statistiken mitgeteilt, nach denen der allgemeine Gesundheitszustand in mehrgeschossigen Massivbauten deutlich schlechter ist als in Flachbauten und mit zunehmender Geschoßzahl immer schlechter wird. Solche Störungen durch die Erdstrahlung führen im vielgeschossigen Haus zu geradezu schaurigen Strahlungsverhältnissen.
Äußerst gefährlich ist der Daueraufenthalt auf Gitternetz-Kreuzungen, die elektromagnetisch aufladen und damit die Abläufe in Lebewesen verderblich stören. Kinder weichen solchen gestörten Orten im Bett aus und legen sich selbst in unbequemster Lage auf eine andere Stelle. Rindvieh und Schwein, vor allem das Pferd, verweigern Nachkommenschaft, wenn sie an einen strahlengestörten Platz gebunden sind.
Die Katze hat ein Fell, das selbsttätig Mikrowellen abstrahlt in dem für Lebewesen günstigen Frequenzbereich von 1,5 bis 6 Gigahertz. Das Katzenfell strahlt so stark, daß es von empfindlichen Personen nicht lange getragen werden sollte.
Vom »Krippentod« werden in Westdeutschland jährlich 2000 bis 4000, in den USA 10000 bis 15000 Kleinkinder betroffen; sie sind abends gesund eingeschlafen und liegen morgens tot im Bett. Diese ungeklärte Erscheinung SID (sudden infant death) ist von Egon Eckert, Newtown, untersucht worden. Er ist der Überzeugung, daß Hochspannungsleitungen und Fahrleitungen elektrischer Bahnen diesen Krippentod verursachen. Unter Hochspannungsleitungen treten ähnliche Wirkungen auf wie über unterirdischen Gerinnen. Der Krippentod wird auf eine Störung des Elektrolyt-Haushaltes des Herzmuskels zurückgeführt und von ungewöhnlicher Veränderung der Thymusdrüse und Nebenniere begleitet.
Wenn Erdstrahlen vom Magnetfeld der Hochspannungsleitung überdeckt werden, können so hohe Belastungen eintreten, daß der Mensch sie nicht mehr erträgt. R. Endrös hat seit 1972 21 Selbstmorde untersucht: sie erfolgten ausnahmslos über unterirdischen Gerinnen.
Zur Abwehr schädlicher Strahlung genügt oft schon das Umpolen eines Steckers der Nachttischlampe, um hartnäckige Schlaflosigkeit zu beseitigen. In welcher Umwelt-Vorschrift finden wir diesen Hinweis?

6.4 Verkehrsgefährdende Strahlen

Bei mehreren hundert untersuchten Verkehrsunfällen ergab sich, daß der den Unfall verursachende Kraftfahrer zwei in kurzem Abstand die Straße kreuzende unterirdische Wasserläufe überfahren hatte, bevor er steil aus seiner Spur ausscherte. Die Psychologie bezeichnet ein solches Verhalten als »Erfüllungszwang«. Auch bei einem Eisenbahnunglück mit 28 Toten hatte der Lok-Führer zwei aufeinander folgende unterirdische Gerinne überfahren und das Halt des Signals übersehen.
Beim Eintritt in eine Störstelle über unterirdischem Wasserlauf steigern Schilddrüse und Nebenniere sofort ihre Tätigkeit, wohingegen Thymusdrüse und Keimdrüsen ihre Abgabe vermindern. Das von der Nebenniere ausgeschüttete Adrenalin erhöht das Pumpvermögen des Herzens und regelt die Blutverteilung. Die Nebenniere ist aber nicht in der Lage, schon wieder nach etwa 3 Sekunden – beim Überfahren der zweiten Störstelle – ihr Hormon auszuschütten und damit das ionische Gleichgewicht in den Körperzellen wiederherzustellen. Das Bewußtsein des Autofahrers fällt schon kurz nach Einfahrt in die zweite Störstelle aus, in deren Bereich noch der Unfall erfolgt. Deshalb hinterläßt der Verursacher bei Frontalzusammenstößen auch keine

Bremsspuren.
6.5 Endrös-Überlagerungssender
Die gestörte Umgebungsstrahlung kann nach neuesten Erkenntnissen nur im Gigahertz-Bereich beeinflußt werden und in diesem breiten Frequenzband wiederum dort, wo Bodenmineralien wirken. Ein Versuch an einem Granitblock von 8 x 16 x 30 Zentimeter, der durch einen harten Schlag in Schwingungen versetzt wurde, ergab, daß die Schwingungen als Ultraschall und Hyperschall die Feldstörung aus Erdstrahlen in einem Umkreis von 80 Metern (160 m Durchmesser) auflösen. Der auch waagerecht abgestrahlte Schall überlagert die etwa lotrecht aus dem Erdboden austretenden thermischen Neutronenstrahlen.
Der Granitblock schwingt nach dem Schlag 4 bis 5 Minuten und wirkt während dieser Zeit als Sender. Der Schlag erzeugt einen Schallimpuls, aus dem eine elektrische Welle entsteht (Piezoelektrizität), die zwischen den Endflächen hin und her läuft, bis ihre Energie durch den dauernden Richtungswechsel aufgezehrt ist. Um 1968 hat R. Endrös auf der Grundlage dieser Erkenntnis einen Resonator aus einer Gruppe technischer Dipole entwickelt. Dieser Überlagerungssender wird von den Erdstrahlen erregt und sendet ihnen eine waagerechte Strahlung entgegen. Hunderte dieser Geräte sind im Einsatz; ihr Erfolg ist dadurch bewiesen, daß sie über allen Störstellen die Feldstärke stets auf über 90 % der Feldstärke an ungestörter Stelle anheben.
Am 4. März 1978 um 17 Uhr 25 wies R. Endrös in einem Versuch den Einfluß des Überlagerungsssenders auf den menschlichen Organismus überzeugend nach. Mit einem Voltmeter (Innenwiderstand 100 Megohm) maß er die Spannungsunterschiede zwischen Stirn und linker Hand auf ungestörtem Feld zu 17 Millivolt. Bei Eintritt in die Störstelle über Grundwasser war sie nach 150 Sekunden auf 8 Millivolt gesunken. Als der Überlagerungssender eingeschaltet wurde, sank die Spannung schlagartig weiter auf 4 Millivolt und stieg dann gleichmäßig in 244 Sekunden auf 17,9 Millivolt, wo sie dann verharrte.

25.05. Tochter Silvia ist an diesem Donnerstag und Freitag in den Niederlanden und sieht sich mit ihren Kollegen bei der KEMA um. Diese 1927 gegründete Gesellschaft beschäftigt etwa 1000 Mitarbeiter und befaßt sich neben Forschungen auf den Gebieten der Erzeugung und Verteilung elektrischer Energie auch umfassend mit der Prüfung und Überwachung elektrotechnischer Geräte, also mit Aufgaben, wie sie auch die VDE-Prüfstelle in Offenbach wahrnimmt. Eingehend besichtigt wird »Elektrum«, das Ausstellungszentrum der Niederländischen Elektrizitätsversorgung in Arnheim.

28.05. In Ilsenburg am Harz feiern meine Jugendgefährten ihre Goldene Konfirmation. Herta Kuhnert, geborene Rettich, hat mich im Namen der Mitkonfirmanden dazu eingeladen. Ich bin ihr sehr zu Dank verpflichtet, nehme aber an der Feier nicht teil. In diesen Tagen bin ich bei Füssen im Allgäu, wo ich das Verhalten der vom Tengelberg herabsegelnden Drachenflieger beobachte, und in Hindelang, wo sich 120 »Schnauferln« ein Stelldichein geben. Diese gut gepflegten Kraftfahrzeuge aus der Zeit unserer Großväter lohnen immer wieder einen Blick unter die Motorhaube.

3.06. Hanna Reitsch erfliegt im Alter von 66 Jahren den Frauen-Segelflug-Weltrekord über 715 km von Timmersdorf (A-8772) bei Leoben bis St. Anton am Arlberg (A-6580) und zurück.

16.07. Kaum erträgliche Hitze in Córdoba schmälert nicht den Genuß, den uns die Besichtigung der »Mezquita«, der ehemaligen Haupt-Moschee des westlichen Islams, verschafft. Als die Wisigoten, die sich ab 414 von Barcelona aus nach Westen verbreitet hatten, 711 von den Mauren entscheidend besiegt wurden, entwickelte sich Córdoba als Hauptstadt des spanischen Kalifats zu einer der reichsten Städte Europas. Hier erklärte der Araber Overroës (1126 bis 1198) die Schriften des Aristoteles und hier legte sich der jüdische Philosoph und Arzt, Rabbi Mose ben Maimon (Maimonides)

(1135 bis 1204) mit seinen Glaubensgenossen an, als er sich an die Gebildeten wandte, »die von der Überlegenheit der arabischen Philosophie beeindruckt, in ihrem traditionellen Glauben unsicher geworden waren.« (Brockhaus Enzyklopädie 1971, 12. Band, Seite 11) Nach der Eroberung durch die Christen im Jahre 1236 verfielen die großartigen Bauten und Bewässerungsanlagen.
Erfrischend ist die Brise, die uns in Costa da Caparica am Atlantik in Portugal umweht. Die Schmalspurbahn durch die Dünen ist wie vor Jahren in Betrieb. Aber etwas ist verändert: ich kann jetzt mit dem Auto auf der Hängebrücke über den Rio Tejo nach Lissabon fahren und bin nicht mehr auf die Fähre angewiesen.

10.10. In Kehl am Rhein stirbt mein Jugendfreund Dr. med. Kurt Jedicke im 65. Lebensjahr. In seinem Elternhaus Markt 4 in Ilsenburg am Harz war ich bei ihm und seinen beiden Brüdern gern zu Gast. In Stalingrad half er den deutschen Verwundeten und überlebte auch die Gefangenschaft. Nach einem Aufenthalt in Plauen im Vogtland ließ er sich in Kehl als Facharzt für Hals-, Nasen- und Ohren-Krankheiten nieder.

14.12. Im Air Congress Hotel, Eisenbahnstr. 200, Sprendlingen (D-6072), veranstaltet die DOMA eine Entlassungsfeier für Dr. Andreas Grube, der nach Karlsruhe geht, und für mich, der bald in Pension geht. Die Verse-Schmiede der DOMA widmen mir folgende Beurteilung:

Werner Becker nicht ruht noch rastet,
Weil mit Suchwörtern er ausgelastet.
Sein Meisterwerk ist uns allen bekannt,
»Thesaurus Maschinenbau« wird es genannt.

Immer sitzt er in Klausur
Über seinen Büchern nur.
Und weil mit dem Thesaurus er liiert,
Ist er, wenn man ihn stört, pikiert.

Ganz selten wird er einmal laut,
Doch fährt er dann mal aus der Haut
Und sind die Zügel losgelassen,
Dann wackeln überall die Tassen.

Zum Betriebsausflug, man staune,
Kam er an in guter Laune
Völlig ohne jeden Stress
im lässig schicken Freizeitdress.

Jugendlich und voll Elan
Wie wir ihn nur selten sah'n.
Mit 'nem bunten ADIDAS-Band,
Das ihm gut zu »Haupte» stand.

Er findet meist den richtigen Ton
Und ist die Höflichkeit in Person.
Bisher sich kaum ein and'rer fand,
Der jeden Morgen uns gibt die Hand.

Und die Moral von der Geschicht':
Was Negatives gibt es nicht,
Denn er hat stets mit uns gelacht,
Auch wenn er sich sehr rar gemacht.

Ein Satz zum Schluß fällt uns noch ein:
»Wir werden alle traurig sein,
Wenn er macht seinen Vorsatz wahr
Und uns verläßt im nächsten Jahr!«

Ich verließ meine Mitarbeiter aber nicht »im nächsten Jahr«, sondern erst am 31. März 1981, wie ich einem Schreiben des Geschäftsführers Peter Genth, Fachinformationszentrum Technik e.V., vom 16. Januar 1981 entnehme.

1979 **1979**

15.01. An diesen Montag in Sprendlingen (D-6072 Dreieich), Am Wilhelmshof 16, denke ich gerne zurück. Die lange Unterhaltung mit Dr. Helmuth M. Böttcher war ein Genuß. Geboren am 12. Januar 1895, verbrachte er seine beste Zeit in Eisenach und war vielseitig schriftstellerisch tätig. Anlaß meines Besuches waren Fragen zur Geschichte der Luftfahrt, die sich schließlich nur noch mit der Person von Gustav Weißkopf = Gustave Whitehead befaßten:

1) Am 1. August 1873 wird in Leutershausen (jetzt D-8801) bei Ansbach in Franken Gustav Weißkopf geboren. Als Schlossergeselle wandert er 1895 nach Bridgeport im USA-Staat Connecticut aus. Bridgeport liegt am Nordatlantik, etwa 55 km östlich des Flußes Hudson (bei New York).
2) Am 14. August 1901 hebt die von Gustav Weißkopf gebaute Flugmaschine mit dem von ihm entwickelten Dreizylinder-Viertakt-Acetylen-Motor erstmals vom Boden ab. Im »New York Herald« steht am 19. August 1901, sie sei »eine halbe Meile« geflogen. In der Brockhaus Enzyklopädie 1974, 20. Band, Seite 157, lesen wir es genauer: Weißkopf flog 2700 Meter in 10 bis 15 Meter Höhe.
3) Der Reporter Richard Howell war bei dem Erstflug zugegen und berichtete darüber im »Sunday Herald« der Stadt Bridgeport – zwei Jahre vor dem Flug der Gebrüder Wright am 17.12.1903.
4) Am 10. Oktober 1927 wurde Weißkopf in Fairfield (Connecticut) in einem Armengrab beigesetzt. Reichtümer hat er mit seiner Erfindung nicht erworben.
5) 1937 erscheint im Verlag Places, Inc., Washington, ein Buch von Stella Randolph »Lost flights of Gustave Whitehead«, in dem sie Unterlagen für die Priorität des Weißkopf-Motorfluges vorlegt. Sie hat auch die Notiz im »New York Herald« vom 19.08.1901 entdeckt.
6) Am 21. Januar 1939 wird H. M. Böttcher durch einen Aufsatz in der »Eisenacher Zeitung« erstmals auf das Schicksal von G. Weißkopf aufmerksam und beschafft sich weitere Unterlagen.
7) 1940 schreibt H. M. Böttcher sein Buch »Der Flieger von Bridgeport«, das zuerst in einem Verlag in Wien und nach 1945 im Greifenverlag Rudolstadt (DDR-6820) erscheint.
8) 1966 veröffentlicht Stelle Randolph ihr zweites Buch über Weißkopf »Before the Wrights flew«. Dieses Buch nimmt der US-Luftwaffenmajor a.D. William J. O 'Dwyer kritisch unter die Lupe und kommt zu überraschenden Ergebnissen; im Dachgeschoß eines Hauses findet er Pläne, Flugberichte und Fotos sowie Belege über Patente, die G. Weißkopf erteilt wurden.
9) 1978 erscheint das Buch »History by Contract« von W. J. O'Dwyer und St. Randolph, Verlag Fritz Majer & Sohn, Leutershausen, 344 Seiten. Der Untertitel

lautet: »The Beginning of Motorized Aviation: August 14, 1901, Gustave Whitehead, Fairfield Conn.« Die Besprechung dieses Buches in der »Zeitschrift für Flugwissenschaften und Weltraumforschung« 3 (1979) Heft 4, S. 270, belegt deutlich, daß nicht sein kann, was nicht sein darf.

Die Fachgruppe »Geschichte der Luft- und Raumfahrt« der Deutschen Gesellschaft für Luft- und Raumfahrt (DGLR) darf da auch nicht zurückstehen. Ein Kurzvortrag über Gustav Weißkopf am 8. November 1979 in München enthält den Satz: »Herr G. Ewald (Friedrichshafen), der an der Sitzung nicht teilnehmen konnte, hat in einer schriftlichen Stellungnahme die Ansicht geäußert, daß er auf Grund ausführlicher Studien Weißkopf für einen Schwindler und Angeber halte, der, von seinen Gläubigern zur Wiedergabe von 5000 Dollar gedrängt, Märchen in die Zeitungen lancierte.«... Wann berichtet die Fachgruppe über die »ausführlichen Studien« von G. Ewald so ausführlich wie William J. O' Dwyer? Als Mitglied der DGLR, das am 13. März 1939 in die Lilienthal-Gesellschaft für Luftfahrtforschung aufgenommen wurde, lege ich großen Wert auf diese Stellungnahme.

Schließlich erfahre ich von H. M. Böttcher, daß sein Vater Maximilian Böttcher (1872 bis 1950) neben vielen Erzählungen auch das Berliner Volksstück »Krach im Hinterhaus« 1934 schrieb, dessen Verfilmung ein großer Erfolg wurde.

26.01. An meinem Geburtstag hat Armin E. Hepp, in dessen Buch »Licht vor Mitternacht« (Grabert, Tübingen 1979) ich nachschlage, wenn ich Näheres über germanische Volksstämme suche, eine beachtenswerte Äußerung festgehalten. In einer Stellungnahme zu dem Fernsehmachwerk »Holocaust« sagt eine Frau Harpprecht: »Möglicherweise hätte ich mich nicht für das jüdische Volk entschieden, wenn ich die Wahl gehabt hätte, in dieses oder jenes Volk hineingeboren zu werden. Da ich aber Jüdin bin, habe ich, ob ich will oder nicht, zur Geschichte des jüdischen Volkes zu stehen!« A. E. Hepp meint (ich schließe mich an): »In diesem Punkte können wir Deutschen von den Juden nur lernen.«

26.01. Nach den Unterschriften auf einer Glückwunschkarte sind heute in der Dokumentation Maschinenbau tätig:

1) Arnold Beyritz	10) Hanna Klippel
2) W. Claassen	11) Eva-Maria Mann
3) N. K. Das	12) Inge Knöfel
4) Klaus Doll	13) Christian Sack
5) Peter Genth	14) Klaus Scharf
6) Dorothea Groß	15) M. L. Speck
7) H. Haltermann	16) Erika Stephan
8) Ilona Hesse	17) Frl. Vogt
9) Andrea Hutler	18) und ich

6.02. Im Hotel »Deutscher Kaiser«, München, Arnulfstr. 2, tagt der Normenausschuß Klassifikation. Wir überlegen, wie die einzelnen Klassifikationen (Fachordnungen) der verschiedenen Fachinformationszentren unter einen Hut gebracht werden können. Beim Turmbau zu Babel muß es seinerzeit ähnlich zugegangen sein. Ich bin immer wieder erstaunt, von wie vielen Standpunkten eine Sache betrachtet werden kann – und irgendwann bahnt sich Übereinstimmung an.

22.02. Im schweizer Uhrenmuseum von La Chaux-de-Fonds fühle ich mich so wohl wie selten. Diese kleinen und großen Wunderwerke haben es mir angetan. Besuchsgrund ist zwar das Dokumentationszentrum mit seiner Fachbibliothek, aber das Betrachten der einzelnen Bauarten kommt nicht zu kurz. Für Sammler können hier Uhren jeden Alters instandgesetzt werden.

Hierzu sei ergänzt, daß in Westdeutschland, (D-6943) Birkenau, seit 1970 ein »Fachkreis Sonnenuhren« besteht, der mit dem Arbeitskreis »Freunde alter Uhren«

in der Deutschen Gesellschaft für Chronometrie zusammenarbeitet.

28.02. In Odenhausen an der Lumda (D-6301) unterhalte ich mich mit Heinz Roth, einem der mutigen Männer, die Deutsche Geschichte von Lügen der Umerzieher säubern. Geboren am 13. September 1913, von Beruf Architekt, im Zweiten Weltkrieg bei der Deutschen Kriegsmarine, wendet er sich etwa ab 1965 gegen die Verteufelung der Deutschen, die uns die Sieger ab 1945 aufzustempeln suchen. Sein erstes Buch »Wieso waren wir Väter Verbrecher?« erscheint 1972 in 4. Auflage. Sein Aufsatz »Warum belügt man uns?« wird 1973 in das Französische übersetzt (Pourquoi nous menton?) und 1975 in das Spanische (Porque nos mienten?) und Englische (Why are we beeing lied to?) Unter dem Bundesjustizminster Vogel wird er nach 1978 mit einer Strafe von DM 500000 bedroht, wenn er seine Erkenntnisse zur Echtheit des Tagebuches der Anne Frank weiter verbreitet. Ein rechtsgültiger Entscheid bleibt aber aus. Warum? Vielleicht weil der »Spiegel« vom 1. April 1959 dem Holländer Ab Cauvern, der seit vielen Jahren bei »De Vara« in Hilversum arbeitete, unangenehme Fragen gestellt hat oder weil der französische Professor Faurisson in Lyon nach zweijähriger Überprüfung und nach eingehender Unterhaltung mit dem Vater der Anne Frank festellt: »Das Tagebuch der Anne Frank ist ein Schwindel.«?
Am 19. November 1980 erlag Heinz Roth einem Herzversagen. Ehre seinem Andenken!

6.04. In Königstein (D-6240) tagt die Gesellschaft für Klassifikation e.V. Mich beschäftigen vor allem Sachverhalte, über die schon auf der vorjährigen Tagung berichtet wurde:
1) Kooperation in der Europäischen Thesaurusarbeit (Leon Rolling)
2) Die Internationale Patentklassifikation (Elfriede Herbig)
3) UNESCO- und FID-Bemühungen um ein Broad System of Ordering (BSO) (Helmut Arntz)

10.04. Heute erhalte ich von A. F. Schmidt, DIN-Normenausschuß »Klassifikation«, den 3. Entwurf des »Broad System of Ordering« (BSO) als FID Publication 564 (1978). Ich wähle die Übersetzung »Allgemeine Fachordnung« (AF).
Seit Jahrzehnten sind Bemühungen im Gange die »Internationale Dezimalklassifikation« (DK)= »Universal Decimal Classification« (UDC), deren Anfänge der USA-Volksbibliothekar Melvil Dewey um 1875 schuf, den heutigen Erkenntnissen anzupassen.
1975 hatten eine Arbeitsgruppe und ein Redaktionsausschuß der Internationalen Vereinigung für Dokumentation (FID) mit Unterstützung der UNESCO innerhalb eines UNISIST-Projektes Struktur und Inhalt einer allgemeinen Fachordnung (BSO) erarbeitet und 300 Fachleuten und Institutionen zur Begutachtung zugeleitet. Deren Vorschläge wurden in den 3. BSO-Entwurf eingearbeitet.
Die folgende Tafel »DK und AF« verdeutlicht den Bewertungswandel der Fachgebiete innerhalb der letzten hundert Jahre und macht die Gegenüberstellung anschaulich.
Bleibende Verdienste um die Entwicklung und Pflege der DK haben sich Dr. phil. nat. Karl Fill in Wiesbaden und A. F. Schmidt im Deutschen Institut für Normung erworben. Von Dr. Fill habe ich gelernt, wie man eine Visitenkarte vorbildlich gestaltet. Auf seiner Besuchskarte sind zu finden: seine Anschrift in Wiesbaden und am Gardasee sowie persönliche Angaben mit DK-Zahlen;
Städtischer Kustos im Ruhestand
DK 351.852.15.084.62-057.75
Ehemaliger Direktor der naturwissenschaftlichen Sammlung des Städtischen Museums Wiesbaden
DK 069(430-2.45).614.42:502
Vorsitzender der Gesellschaft der Freunde des Staatstheaters Wiesbaden

DK 061.22.044.2:792(430-2.45)
Dokumentar VDD
DK 002-051
Verantwortlich für die Herausgabe aller deutschen Ausgaben der Dezimalklassifikation
DK 025.45 = 30:655.525.2
Mitglied des Waldemar-Hellmich-Kreises des DIN Deutsches Institut für Normung e.V.
DK 061.23(430.1).023.8:006
Ehrenmitglied des Central Classification Committee der Fédération Internationale de Documentation
DK 061.2(100).023.7:002
Ehrenmitglied des Rheingauer Weinkonvents
DK 061.22.023.7:663.2(1-923.326.24)
Ehrenmitglied der Gesellschaft für Geschichte des Weines
DK 061.22.023.7:663.2(091)
Ehrenmitglied des Vereins Deutscher Dokumentare
DK 061.231(430.1).023.7:002
Ehrenmitglied der Deutschen Gesellschaft für Dokumentation
DK 061.22(430.1).023.7:002

Tafel »DK« und »AF«

DK (UDC) (Dt. Kurzausgabe 1973)		AF (BSO) (FID-Publication 564, 1978)	
001.1	Wissenschaft-Begriffe		
001.81	Technik d. geist. Arbeit		
002.6	Dokumentationsstellen		
011	Bibliographien		
02	Bibliothekswesen		
07	Zeitungswesen		
13	Philosophie	100	Kenntnisse + Wissenschaft
159.9	Psychologie	111	Philosophie
171	Individuelle Moral	120	Mathematik
		125	Statistik & Wahrscheinlichkeit
		140	Informationswissenschaften
		150	Nachrichtenwissenschaften
		160	Kybernetik, Systemtheorie
		165	Führungswissenschaft
21	Natürliche Theologie	200	Wissenschaft & Technik
22	Bibel	210	Physik
23	Dogmatik	230	Chemie
24	Praktische Theologie	240	Weltraum- & Erdwissenschaften
26	Christliche Kirche	260	Geowissenschaften
282	Römisch-katholische Kirche	265	Luftraumwissenschaften
284	Protestantische Kirchen	270	Geologie
29	Nichtchristliche Religionen	290	Geographie

DK (UDC) (Dt. Kurzausgabe 1973)	AF (BSO) (FID-Publication 564, 1978)
30 Soziologie 31 Statistik 32 Politik 33 Volkswirtschaft 34 Recht 35 Öffentliche Verwaltung 355 Kriegskunst 361 Fürsorge 368 Versicherungswesen 370 Erziehung 380 Allgemeine Handelsfragen 390 Volkskunde	300 Lebenswissenschaften 310 Biologie 312 Biophysik & Biochemie 330 Botanik 340 Zoologie 360 Landwirtschaft 370 Forstwirtschaft 390 Umweltwesen
	410 Humanbiologie 420 Medizin 430 Menschlicher Körper 445 Verhaltenswissenschaft 450 Psychologie 460 Erziehung 470 Menschliche Bedarfsdeckung 475 Haushaltswissenschaften 480 Sport und Spiel
51 Mathematik 52 Astronomie 528 Geodäsie 53 Physik 536 Wärmelehre 537 Elektrizität 539.1 Kernphysik 540 Chemie 550 Geologie 570 Biologie 580 Botanik 590 Zoologie	500 Geistes- & Sozialwissenschaften 510 Geschichte 520 Gebietsstudien (Leben + Kultur) 530 Sozialwissenschaften 540 Politische Wissenschaften 550 Öffentliche Verwaltung 560 Recht 570 Soziale Fürsorge 580 Volkswirtschaft
608 Erfindungen, Patentwesen 610 Medizin 620.1 Werkstoffprüfung 621.039 Kerntechnik 621.1 Wärmekraftmaschinen 621.3 Elektrotechnik	600 Technik 620 Herstellungstechnik 625 Förder- & Handhabungstechnik 631 Energietechnik 635 Werkstofftechnik 640 Kerntechnik

DK (UDC) (Dt. Kurzausgabe 1973)	AF (BSO) (FID-Publication 564, 1978)
621.38 Elektronik 622 Bergbau 623 Wehrtechnik 624 Bauingenieurwesen 625 Verkehrstechnik 626 Wasserbau 630 Landwirtschaft 640 Hauswirtschaft 650 Betriebsführung 660 Chemische Technik 669 Metallurgie 677 Textilindustrie 681 Feinmechanik	650 Elektronik + Elektrotechnik 670 Thermische Technik 680 Mascninenbau
7.01 Kunst 711 Raumordnung 720 Architektur 730 Bildende Kunst 740 Zeichenkunst 760 Graphische Technik 770 Photographie 780 Musik 790 Spiel und Sport	710 Bautechnik 714 Beleuchtungstechnik 722 Architektur 740 Transporttechnik 743 Eisenbahn-Transporttechnik 760 Wehrtechnik 780 Bergbau
800 Sprachwissenschaft 820 Literaturwissenschaft	800 Verfahrenstechnik 810 Chemische Technik 840 Nahrungsmitteltechnik 850 Nichtmetall. Werkstofftechnik 860 Metallwerkstofftechnik 866 Eisenmetallurgie 867 Nichteisenmetallurgie 890 Sonstige Technik
908 Heimatkunde 910 Geographie 920 Biographien 930 Geschichte 940 Mittelalter- + neuere Gesch.	911 Linguistik 915 Literatur 920 Sprachen 921 Indo-europäische Sprachen 940 Kunst 950 Musik und Bildende Kunst 970 Religion und Atheismus 992 Esoterik

Am 24. September veröffentlicht die Spotlight-Redaktion in den USA die deutsche Übersetzung eines in englischer Sprache vorliegenden Berichts über eine Tagung revisionistischer Geschichtswissenschaftler. (Anschrift der Zeitschrift »Spotlight«: 300 Independence Ave. S.E., Washington, D.C. 20003, USA).

An der Tagung des Instituts für historische Revision in Los Angeles im Spätsommer 1979 waren beteiligt:

1) Prof. Dr. James J. Martin, Dekan der revisionistischen Historiker, hält viele »Hofhistoriker« der Machthabenden für nicht zuständig, feige und verlogen;
2) Dr. Martin A. Larson hielt die Gedenkrede für den roßen revisionistischen Gelehrten Harry Elmer Barnes, der sich in den USA als Soziologe und Historiker Ansehen erwarb. H. E. Barnes wurde am 15. Juni 1889 in Auburn im Staate New York geboren. Bereits 1928 widersprach er der Lüge des Versailler Vertrages, daß Deutschland schuld am ersten Weltkrieg sei. Einer seiner Schüler war Prof. Dr. David L. Hoggan, der 1979 in Tübingen sein Werk veröffentlichte »Das blinde Jahrhundert – Erster Teil: Amerika – das messianische Unheil«. Äußerst lesenswert!
3) Professor Robert Faurisson, Universität Lyon, Frankreich, untersuchte 19 Jahre lang die Lügen über die Gaskammern und durchforschte alle Unterlagen und Baulichkeiten im polnischen Auschwitz-Museum. Sein Ergebnis: »Es gab in Auschwitz oder irgendwo anders in der Kriegszeit in Europa keine Gaskammern. Dagegen setze ich meinen Ruf und meine Karriere.« Auf Betreiben jüdischer Zionisten in Frankreich wurde er am 3. Juli 1981 zu einer Geldstrafe von 21000 Francs verurteilt.
4) Prof. Dr. Arthur R. Butz verfaßte den Knüller »Der Jahrhundertbetrug« (The Hoax of the Twentieth Century). Eine Aussage von Prof. Butz verdient Beachtung: ...»Die Juden in Europa waren nach dem Kriege noch vorhanden. Das ist leicht zu beweisen; schwierig ist es, die Menschen zum Denken zu bringen – die klaren Tatsachen zu akzeptieren. Sie haben sich in ihrer Auffassung festgelegt und wollen nicht von Tatsachen verwirrt werden.«
5) Politologe Udo Walendy, West-Deutschland, beweist Fälschungen von Lichtbildern, die entweder Fotomontagen sind oder falsche Unterschriften aufweisen. Z.B. trug eine Aufnahme hochgetürmter Leichen die Unterschrift, das seien in den Gaskammern von Dachau ermordete KZ-Häftlinge. In Wirklichkeit wurde das Bild in Dresden aufgenommen. Es waren Leichen unserer deutschen Landsleute, die auf Befehl von W. Churchill und F. D. Roosevelt ermordet wurden – sie kamen durch Spreng- und Brand-Bomben der USA- und britischen Bombenverbände am 13. und 14. Februar 1945 um.
6) Verleger Devin Garrity, Präsident der Devin-Adair Company in New York. Er verlegt Dutzende von Büchern, in denen die geschichtliche Wahrheit von revisionistischen Historikern vertreten wird.
7) Louis Fitz Gibbon verfaßte das Buch »Katyn«. Er bewies, daß 14000 polnische Offiziere um 1940 im Gebiet Smolensk von der sowjetischen Geheimpolizei (NKWD) ermordet wurden und diese Maßnahme von der britischen und USA-Regierung gedeckt wurde.
8) John Bennett, Australien, stempelte den Film »Holocaust« als lügnerisches Machwerk ab und entfesselte damit in der auch in Australien international gelenkten Presse einen Sturm der Entrüstung.
9) Lewis Brandon, Exekutivsekretär des Instituts für Historische Revision, P. O. Box 1306, Torrance, California, 90505 USA: »Am Schluß der dreitägigen Konferenz, während der massives Beweismaterial vorgelegt wurde, bot das Institut ganz formell eine Belohnung von 50000 Dollar für jeden, der beweisen kann, daß die Nazis Gaskammern betrieben haben, um Juden zu töten.«

Bemerkenswert, aber nicht neu für Deutsche, die die Zeit vor 1933 erlebt haben, waren die Begleitumstände des Konvents. Am 1. September 1979 rief die jüdische Verteidigungsliga (JDL= Jewish Defence League) in der Northrop-Universität an; ihr Anführer Rubin wollte alle dreckigen Nazis und Antisemiten hinauswerfen. Aber außer einigen jüdischen Raufbolden, die die Universität in Autos umkreisten, brachte er keine Demonstranten auf die Beine. Auch eine leere Bombendrohung konnte Redner und Gäste von einer weiteren Teilnahme an der Tagung nicht abschrecken.

12.04. Das Fachinformationszentrum Technik, seit April 1978 in Gründung, stellt sich als eingetragener Verein vor; es besteht aus den Fachabteilungen Zentralstelle Dokumentation Elektrotechnik e.V. (ZDE), Dokumentationszentrale Feinwerktechnik e.V. (DZF), beide in Offenbach am Main, Merianstr. 27, und Dokumentation Maschinenbau e.V. (DOMA) in Frankfurt am Main, Lyoner Str. 16.
Das FIZ Technik arbeitet zusammen mit dem Fachinformationszentrum Energie, Physik, Mathematik GmbH, Karlsruhe.

3.05. Nach Anfrage erhalte ich heute aus Sachsen (D-8802) bei Ansbach, Waldstr. 14, Unterlagen von der Evangelischen Notgemeinschaft in Deutschland e.V.
Folgende Aussagen halte ich für wesentlich:

1) Bekennende Gemeinschaften in der Evangelischen Kirche in Deutschland (EKD) fordern Austritt der EKD aus dem Weltkrichenrat, der nichts weiter ist als eine weltweite Terrorsympathisanten-Organisation.
Vorbildlich ist die Evangelisch-Lutherische Landeskirche in Schaumburg-Lippe, die ihre Gelder für den Weltkirchenrat sperrte.
2) Nicht wenige Theologen haben die Modeparolen der Zeit in sich aufgenommen. Sie lesen die Heilige Schrift durch ihre ideologische Brille. Mancherorts hören erstaunte und unwillige Christen von der Kanzel Soziologievorlesungen oder politische Parteireden.
3) Zahlreiche evangelische Theologen haben eine negative Einstellung zu Volk und Staat. Sie beteiligen sich an der Kriminalisierung der deutschen Geschichte, in der sie nur den Leitfaden des Bösen sehen (schwatzen also alles nach, was ihnen die Umerzieher an den Universitäten eingebleut haben).
4) Der Kirche ist kein politisches Amt anbefohlen! Den politisierenden Kirchenmännern schadet es als Geistlichen, daß sie Politiker sind, und als Politiker, daß sie Geistliche sind.

30.08. Der neue Audi 100 hat einen Fünfzylinder-Dieselmotor, dessen Sparsamkeit und Verhalten im Gebirge mich angenehm überrascht.

09. Im September 1979 erscheint die von mir bearbeitete 5. Auflage des Thesaurus Maschinenbau, die bald vergriffen ist. Es folgt ein Nachdruck. Das Fachwörter-Verzeichnis enthält etwa 18000 Begriffsbenennungen – mit Einschluß der Synonyme rund 23000 Benennungen.

10. Im Oktober 1979 besichtige ich die Ilfinger Seilbahn bei Meran und die Gletscherseilbahn im Schnalsertal in Südtirol. Als Ingenieur anerkenne ich zwar die technische Leistung, pflichte aber den deutsch-österreichischen Bauern bei, daß es viel besser gewesen wäre, wenn manche Bergbahn nicht gebaut worden wäre. Den Nutzen haben nur einige Grundstückspekulanten, denen die verhunzte Natur gleichgültig ist.

1980 **1980**

2.01. Ab 2.01. bin ich nur noch in der ersten Monatshälfte beruflich tätig und widme mich in der zweiten Hälfte meinen Steckenpferden:
– Altertumskunde (Archäologie) und Spatenforschung;
– Höhlenkunde (Speläologie);
– Luft- und Raumfahrttechnik;
– Strahlenfühligkeit (Radiästhesie);

– Talsperren.

23.01. In Mainz höre ich einen Vortrag von Prof. Dr. Austin J. App aus Philadelphia, USA, der Erstaunliches über die Forschungen des Institutes für Historische Revision zu berichten weiß. Bei einer Tagung des Instituts in der Northrop-Universität in Los Angeles wurde 1979 eine Belohnung von 50000 Dollar für den ausgesetzt, der beweisen kann, daß die deutschen Nationalsozialisten Gaskammern betrieben haben, um Juden zu töten. Beweise nimmt entgegen: Institut für Geschichtsrevision, P. O. Box 1306, Torrance, California, 90505 USA.

Seltsamerweise hat bis 1984 noch niemand Beweise geliefert, obwohl in Nürnberg 1945/46 und vor westdeutschen Gerichten viele »Eide« für das Bestehen solcher Gaskammern geliefert wurden. Mir ist nur eine Aussage von Dr. Martin Broszat, seit 1972 Direktor des Instituts für Zeitgeschichte in München, bekannt, der in »Die Zeit« vom 19. August 1960, Seite 14, schrieb, daß es im Konzentrationslager Dachau keine Vergasung gegeben hat. Inzwischen ist auch nachgewiesen, daß in keinem Konzentrationslager im Reichsgebiet von 1937 irgend jemand vergast wurde.

Von Fernsehen, Rundfunk und sonstigen Massenmedien hören wir fast täglich, daß diese Massenvergasungen in Konzentrationslagern außerhalb des deutschen Reichsgebietes stattfanden. Vor allem wird Auschwitz, polnisch Oświecim, an der Mündung der Sola in die Weichsel genannt.

Eine gewisse Klarheit über ein Einzelschicksal liefert das 1978 von Beate und Serge Klarsfeld herausgegebene Buch »Le Memorial de la Déportation des Juifs de France« (Gedenken an die Deportation der Juden aus Frankreich). Auf Seite 519 dieses Buches wird unter den aus Frankreich nach Ausschwitz verbrachten Juden aufgeführt: Simone Jakob, geboren am 13. Juli 1927 in Nizza (Nice). Sie gehörte zu einem Transport von 500 jüdischen Männern und Frauen, die das französische Lager Drancy (11 km nordöstlich Notre-Dame in Paris) am 13. April 1944 in Richtung Auschwitz verließen.

Der französische Professor Dr. Robert Faurisson, der an der Universität Lyon lehrte, hat diesen Fall im polnischen Staatsmuseum Auschwitz weiter verfolgt. In den dort ausliegenden Heften fand er zu diesem Drancy-Transport folgende Behauptung: »Nach der Selektion wurden 165 Männer als Internierte dem Lager übergeben. Sie erhielten die Nummern 184-097 bis 184-261. Die andern wurden vergast.« Da der Transport aus Drancy am 16. April 1944 in Auschwitz eintraf, ist Simone Jakob nach amtlichen Unterlagen an diesem Tage vergast worden.

Wunderbarerweise lebt sie aber noch und wurde als Simone Veil von einem erlauchten Gremium in Straßburg zur Präsidentin des Europa-Rates gewählt. Nach eigenen Angaben war sie im KZ Auschwitz und trug dort die Häftlingsnummer 78651; ihre Mutter sei dort an Typhus gestorben.

Vieles könnte noch geklärt werden, wenn die Erlebnisse der 500000 ehemaligen Insassen von Konzentrationslagern, die heute in Israel leben, von einem internationalen Ausschuß von Geschichtsprofessoren aufgearbeitet würden. Fehlendes ließe sich sicher ergänzen aus den Listen der über 6 Millionen Empfänger, die von den westdeutschen Steuerzahlern Wiedergutmachung für erlittenes Unrecht erhalten.

02. Im Februar 1980 sehe ich mir die technische Anlagen der Jungfrau-Bahn in der Schweiz an. Die Zahnradbahn in Meterspur bringt mich auf 3454 Meter Höhe. Eine Unterhaltung im Observatorium und auf der »Sphinx« vermittelt mir neue Erkenntniss in der Gletscherforschung, die mich als junger Mann auch beruflich hätte reizen können.

04. Im April 1980 besuche ich Ingenieur Curt Corazza, einen entfernten Verwandten im Dorf Tirol. Nach dem Diktat von Saint-Germain am 10. September 1919 mußte der gebürtige Deutsch-Österreicher als italienischer Offizier am Feldzug gegen Abessi-

nien teilnehmen. Ein Briefmarkentausch Österreich/Italien/Westdeutschland/ Mitteldeutschland hält alte Beziehungen aufrecht. Sein Bruder Erich Corazza in Insbruck hat als Architekt Tirol um beachtenswerte Bauwerke bereichert. Auf dem deutschen Soldatenfriedhof in Meran gedenke ich der gefallenen Kameraden. Und in Mantua und im Passeier Tal lebt die Erinnerung an den unvergeßlichen Andreas Hofer, dessen Tod dazu beitrug, die Besetzer aus dem Lande zu jagen.

15.05. Wir sind der Einladung der Akademischen Sängerschaft Gothia, A-8010 Graz, Leonhardtstr. 27, gefolgt, die den Deutschen Sängerschaftertag ausrichtet, und wohnen im Hotel Wiesler am rechten Ufer der Mur. Auf einer Busfahrt durch die West-Steiermark besuchen wir das Weingut von Landeskammerrat Karl Repolusk, Glanz 41, A-8643 Leutschach-Glanz, wo wir uns recht wohl fühlen. Die Veranstaltung im Arkadenhof im Schloß Gleinstätten, die Unterstützung der Grenzlandschule Großwalz und sonstige Einsätze der Gothia stellen dieser Sängerschaft das allerbeste Zeugnis aus. Ich habe den Eindruck, das Deutschland meiner Studentenjahre wieder gefunden zu haben. Beim Abschied vom Hotel Wiesner unterhalte ich mich mit Dr. phil. Alfred Jelinek, A-4020 Linz, und lerne die Monatsschrift »Die Aula« kennen, die von Dr. Werner Widmann hervorragend geleitet wird. Sie erscheint im Aula-Verlag, Merangasse 13, A-8010 Graz.

25.06. An diesem Mittwoch schreibt Horst Nöldner aus Feucht bei Nürnberg einen Offenen Brief an den Deutschen Gewerkschaftsbund (DGB) Kreis Nürnberg z.Hd. Herrn Ranzenberger, DGB-Haus am Kornmarkt, 8500 Nürnberg:

»Sehr geehrter Gewerkschaftskollege Ranzenberger!

Als langjähriges DGB-Mitglied bemühe ich mich seit Jahren, durch intensives Studium und durch umfangreichen Schriftverkehr, Licht in die umstrittene Frage zu bringen, was es mit den Judenvernichtungen im »Dritten Reich« auf sich hat, genauer gesagt, ob »6 Millionen Juden in Gaskammern« umgebracht sein können.

Inzwischen ist das makabere Spiel mit den Zahlen – als ob es ein moralischer Unterschied wäre, wenn nicht 6, sondern »nur« 2 Millionen vergast worden wären – von der Frage abgelöst worden, ob es in deutschen Konzentrationslagern überhaupt Gaskammern gab.

Vor wenigen Jahren hätte ich noch jede Diskussion über eine solche Frage abgelehnt; inzwischen sind mir aber ganz erhebliche Zweifel gekommen, wobei gerade eine Reihe von Gewerkschaftskollegen dazu beigetragen haben, diese Zweifel zu nähren. Wie schon oben erwähnt, habe ich in den letzten Jahren in unzähligen Briefen um Auskunft und um Klärung der Widersprüche in der HOLOCAUST-Literatur gebeten, meist ohne Erfolg. Als besonders unsinnig und wenig lehrreich habe ich es hier empfunden, wenn ich immer wieder auf Bücher hingewiesen wurde, denen ich die Widersprüche und Unklarheiten entnommen hatte. Als Beispiele kann ich hier die Bücher von Eugen Kogon, Luise Rinser, Rudolf Höß und ganz besonders den Gerstein-Bericht anführen.

Sehr stark irritiert haben mich natürlich die Vorgänge um den meines Erachtens bis dahin hoch angesehenen Historiker Professor Diwald von der Universität Erlangen. Inzwischen habe ich auch absolut sicher erfahren, daß der Direktor des Institutes für Zeitgeschichte in München, Professor Broszat, im Mai 1979 vor einem Frankfurter Gericht unter Eid erklärt hat: »Die 6 Millionen sind nur eine symbolische Zahl!« Professor Broszat muß es schließlich wissen, denn das Institut für Zeitgeschichte stellt meines Wissens in allen KZ-Prozessen die Gutachter, auf die sich die Gerichte berufen.

Meines Erachtens wäre hier der DGB gefordert, endlich die Wahrheit über den HOLOCAUST ans Tageslicht zu bringen, vor allem nachdem sogar der Papst bei seinem Besuch in Auschwitz von »4 Millionen Ermordeten« sprach, während alle Experten behaupten, daß in Auschwitz eine Million Juden vernichtet sein sollen.

Wie schon mehrfach getan, schlage ich erneut vor, daß der DGB unter seiner Regie einen »Auschwitz-Kongreß« durchführt, zu dem Vertreter beider Richtungen eingeladen werden sollen, denn es kann doch nur eine Wahrheit geben!
Und stellen Sie sich, sehr geehrter Herr Kollege Ranzenberger, um Himmels willen vor, was passieren würde, wenn sich herausstellen sollte, daß tatsächlich keine Gaskammern existierten, wie es heute bereits weite Teile der französischen Linken behaupten und zwar unterstützt von wahrheitsliebenden jüdischen Bürgern, darunter Jean-Gabriel Cohn-Bendit, der laut »Le Monde« vom 29.3.1979 erklärte:

»Kämpfen wir dafür, daß die Gaskammern zerstört werden, die man den Touristen in den Konzentrationslagern dort vorweist, wo, wie man jetzt weiß, es niemals welche gegeben hat.«

Jeder denkende Gewerkschaftskollege muß sich doch vorstellen können, welche innerpolitische Entwicklung in der Bundesrepublik auf uns zukommt, wenn überzeugend bewiesen wäre, daß es auch in Auschwitz keine Gaskammern gab und dann »rechts« mit Wahrheitsliebe und Kampf für die Wahrheit, »links« jedoch mit Lüge und Verleumdung des deutschen Volkes in Verbindung gebracht wird.
Aus dieser Sorge heraus schreibe ich diesen Brief, weil ich persönlich auf jeden Fall der obigen Entwicklung keinen Vorschub leisten will und ich hoffe, daß viele DGB-Kollegen mit mir einig sind.
Mit kollegialen Grüßen (gezeichnet) Horst Nöldner«
V.i.S.d.P.: H.Nöldner, Sommerkeller 5, 8501 Feucht.
Ich kann diese Forderung des Gewerkschaftlers nach Wiederherstellung der geschichtlichen Wahrheit nur unterstreichen.

30.05. Nach einem Besuch nordfriesischer Halligen besichtige ich das große Sperrwerk auf der Südspitze des Katinger Watts, das die Ländereien an der unteren Eider vor Sturmfluten schützt. Der anschließende 4,8 Kilometer lange Seedeich liegt mit seiner Dammkrone 3,50 Meter über dem bisher höchsten Sturmflutwasserstand von 1962. Die Spannbeton- und Stahlbauten wurden innerhalb einer künstlichen Insel errichtet. Ein Siel mit 5 Öffnungen von je 40 Meter Weite und eine Schleuse von 75 Meter Länge und 14 Meter Breite dienen der Vorflut und Schiffahrt. Bei jeder Tide strömen rund 40 Millionen Kubikmeter Wasser aus oder ein und verhindern eine Versandung des Schiffahrtsweges. Die Seedeichlinie wurde durch dieses größte deutsche Küstenschutzbauwerk nach 1945 um fast 60 Kilometer verkürzt. Am 19. März 1973 wurde es nach etwa sechsjähriger Bauzeit in Betrieb genommen.

3.07. Der »Kleiderbügel«, die Brücke über den Fehmarnsund, im Zuge der Vogelfluglinie ist schon einen Aufenthalt wert. Sie führt die Eisenbahn (ostseitig) und Fahrstraße über den hier 1350 Meter breiten Fehmarnsund und läßt den Schiffen 204 Meter Breite und 32 Meter Höhe für die Durchfahrt. Neuartig sind die zwei gegeneinander geneigten stählernen Hohlkastenbögen, unter denen die Fahrbahnen an schrägen Seilen hängen. Die Brückenrampe auf der Insel mußte bis 23 Meter Höhe angeschüttet werden. Bei einem Besuch auf dem Staberhof auf Fehmarn hoffe ich etwas über meinen Studienfreund Jochen Haltermann zu erfahren, der in Braunschweig Elektrotechnik studierte. Jochen ist in Stalingrad vermißt, sein Bruder in Frankreich gefallen – Ehre ihrem Andenken.

29.07. Die Autofähre bringt mich vom dänischen Frederikshavn nach Göteborg. Mein Ziel sind die Königshügel von Altuppsala, 4 km nördlich des heutigen Uppsala, wo der evangelische Erzbischof von Schweden seinen Sitz hat. Außer den drei großen Grabhügeln benannt nach Odin, Thor und Freyr, und vielen kleineren Hügeln, erinnert kaum noch etwas an diese großartige Kultstätte der heidnischen Vorfahren.
Der zugehörige Tempel wurde von christlichen Missionaren zerstört, die auf seinen

Resten den heutigen Dom von Uppsala erbauten. Eindrucksvoll ist die Krönungsstätte der altschwedischen Könige 10 Kilometer südöstlich von Uppsala. Dieser berühmte Steinkreis bestand aus 12 Steinen, in deren Mitte der »Mora sten« als großer Block lagerte. Der erwählte König hatte auf diesem Stein stehend den Königseid zu leisten und die Wahrung der Rechte des Volkes und Landes zu beschwören.
Nach einer altirischen Sage kamen aus dem Lande »Morias« die Tuatha Dé Danann mit ihren Schiffen von Norden her nach Irland. Im Wort Tuatha – Leute der Megalith-Grabhügel, ist bereits das Wort »Deutsche = Volk« verborgen. Die Sage dürfte sich auf Vorgänge zwischen 5000 und 4000 vor unserer Zeitrechnung beziehen. Die Tuatha brachten aus Morias auch den Schicksal-Stein »Lia Fáill«, den irischen Krönungsstein mit. Diesen übernahmen später die schottischen Könige und dann die englischen Könige. Diese Angaben verdanken wir dem jetzt fünfundneunzigjährigen Prof. Dr. Herman Wirth.

16.09. An den Harzer Bergbau werde ich erinnert, als ich mit einem Führer die ehemalige Silbergrube Gottesgab bei Bischofsgrün im Fichtelgebirge durchstreife. Mit Silber hat dieses ehemalige Bergwerk »Gleißinger Fels« nichts zu tun – hier wurde Silbereisen-Erz gewonnen.

24.09. In Tutzing besuche ich das Grab des ehemaligen Generalquartiermeisters Erich Ludendorff und sein Landhaus, in dem er am 20. Dezember 1937 starb. Die von ihm und seiner Frau, Dr. Mathilde Ludendorff, verfaßten Aufsätze, vermitteln dem Leser auch heute noch viele wichtige Erkenntnisse. Einige sind im Verlag Hohe Warte, Franz von Bebenburg KG, D-8121 Pähl, Oberbayern, erschienen. Ein Mitglied der 1945 gegründeten Ludendorff-Bewegung erklärt mir, der Wert der von Ludendorff und seiner Frau geäußerten Gedanken für Deutschland sei dadurch unwiderlegbar bewiesen, daß das Bundesverfassunggericht die Ludendorff-Bewegung am 25. Mai 1961 verboten habe.

18.10. An diesem Sonnabend beginnen wir unseren Spanien-Urlaub. Nach 908 Fahrkilometern vermisse ich in Orange in Südfrankreich meine Brieftasche mit Geld und Ausweisen. Sie könnte vielleicht bei einer Tankstelle in Müllheim (D-7840) liegen geblieben sein. Dort wird sie mir am nächsten Tage in der Tankstelle Wernet überreicht. Nach diesem kleinen Umweg fahren wir frohgemut gen Süden. Am 1. November sind meine Frau und ich nach 1829 Fahrkilometern und 18 Stunden 40 Minuten wieder in Mühlheim am Main. Der Urlaub war so gut, daß eine Zwischenübernachtung entfallen konnte.

12.12. Ein Besuch bei Dr. Otto Schäfer, Niederhöchstadt (D-6236 Eschborn II), führt zu einer anregenden Unterhaltung über Ostverträge, gültiges Völkerrecht und eine Wiederaufrichtung Europas. Zu diesen Themen hat Dr. Schäfer mehrere Schriften verfaßt.
In Frankfurt am Main und Bern veröffentlicht Barbara Pischel ihr Buch »Kulturgeschichte und Volkskunst der Wandalen«. Auf Seite 33 erwähnt sie den Hamburger Krantz, der rund 1000 Jahre nach dem Rückzug der arianisch-christlichen Wandalen aus Afrika (534 n.Z.) geschrieben hat:
»Auch hieraus fühlen wir uns berechtigt, daß wir von Polen, Böhmen, Damaltinern und Istrien als einem Volke lehren, welches unsere Vorfahren Sclavones (Slovenen) die Alten mit dem eigentlichen Namen Wandalen genannt haben.«
(Anzeiger der Notverwaltung des Deutschen Ostens 12 (1983) Nr. 4, Juli/August, S. 14: Dr. Heinrich Lemke »Die Sclaveni«) Siehe Angaben zum Jahre 1768.

Ruheständler ohne Ruhe ab 1981

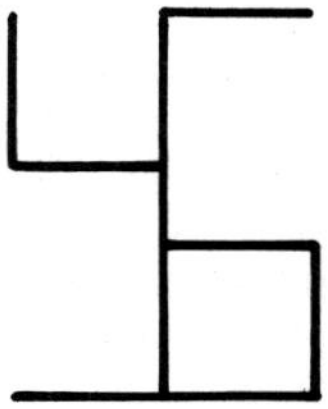

10.02. Im »Institut für Europäische Urgemeinschaftskunde«, Schulstr. 10, D-6799 Thallichtenberg, hole ich mir Auskünfte über die Megalith-Kultur. Sein Leiter, Prof. Dr. Herman Wirth Roeper Bosch, liegt leider im Krankenhaus. Dort starb er nach über 95 arbeitsreichen Lebensjahren am 16. Februar 1981. Geboren wurde er am 6. Mai 1885 in den Niederlanden. Sein Werk »Die heilige Urschrift der Menschheit«, seine Schriften über die Externsteine, seine Planung für das Ureuropa-Museum und weitere Veröffentlichungen sind kaum ausschöpfbare Quellen unserer aller Vorgeschichte. In der Kartei der Universitäts-Bibliothek in Marburg fand ich 10 Veröffentlichungen von Herman Wirth aus den Jahren 1909 bis 1969.

8.03. Eine Unterhaltung mit Heinrich Adolf Konrad-Trautheim, Im Elfengrund 5, D-6109 Mühltal 4, verschafft geistigen Genuß. Seine Veröffentlichungen über Weltreligionen, indische Philosophie, Germanen als Kulturschöpfer und Kulturträger werden von ihm unter den Leitsatz gestellt: »Was auch daraus werde, steh zu Deinem Volke«. Über folgende Aussagen sind wir uns einig:

1) »Der Staat muß untergehen, früh oder spät, wo Mehrheit siegt und Unverstand entscheiden.« (Schiller)
2) »Die Mehrheit ist Unsinn! Verstand ist stets bei Wenigen nur gewesen!« (Schiller)
3) »Nichts ist widerwärtiger als Majorität, denn sie besteht aus wenigen brutalen Vorgängern, aus Schelmen, die sich akkomotieren, aus Schwachen, die sich assimilieren, und der Masse, die nachrollt, ohne nur im Geringsten zu wissen, was sie will.« (Goethe)
4) »Abseits vom Markte und Ruhme wohnten von je die Erfinder neuer Werte!« (Nietzsche)

21.03. Der Forschungskreis für Geobiologie blickt in Eberbach am Neckar auf 20 erfolgreiche Jahre zurück. Das Buch »Krankheit als Standortproblem« des bewährten Leiters des Forschungskreises, Dr. med. Ernst Hartmann, nehme ich oft und gern zur Hand. Ebenso gern schaue ich in das Buch »Unsichtbare Umwelt – Der Mensch im Spielfeld elektromagnetischer Kräfte« von Prof. Dr. Herbert L. König, das 1975 in München herausgegeben wurde. Auch auf dieser Jubiläumstagung begegne ich einem besonderen Begriff. In Heft 46 der Schriftenreihe »Grüner Zweig« wird über Geomantik berichtet, d.h. über die Kunst, Eigenschaften des Erdbodens bestmöglich zu nutzen zum Wohle der auf ihm Lebenden. Frühere Jahrhunderte bezeichneten solche Geomanten auch als Erdwahrsager. Rutengänger waren schon in der Steinzeit in der Lage, geeignete Wohnplätze für bäuerliche Siedlungen zu finden. Chinesische Geomanten betrachten die Landschaft als magnetisches Feld, in dem positive und negative Kräfte im Gleichgewicht sein müssen.

1.04. Nach der Fahrt durch den 9,25 km langen Seelisberg-Tunnel und andere Tunnel in der Schweiz beschaffe ich mir das Buch »Wehrhafte Schweiz – Die Truppengattungen unserer Armee«, das Karl Lüönd vermutlich 1980 in Zürich herausgegeben hat. Ich bin überrascht, in welchem Ausmaß kernwaffensichere Tunnel und Schutzräume vorhanden sind. In Zürich frage ich einen Pensionisten, wie lange die Schweizer sich in ihrer Festung halten können, wenn ein Angreifer aus dem Osten zum Atlantik durchgerollt ist und Deutschland, Österreich, Italien und Frankreich besetzt hat. Antwort: sicher so lange, bis er von den Westmächten wieder zurückgedrängt ist. – Glaube oder Zuversicht?

Als Teilnehmer des zweiten Weltkrieges halte ich das, was die Schweizer ihrer Landesverteidigung angedeihen lassen, für vorbildlich.

3.04. Endlich nehme ich mir wieder die Zeit für einen Besuch des Deutschen Museums in München. Den Erzeugnissen der Luft- und Raumfahrt widme ich meine besondere Aufmerksamkeit – diese Sammlung ist erfreulich erweitert worden. Jeder Erfinder sollte sich vor seinem Gang zum Patentamt in den vielen Abteilungen des Museums erst einmal gründlich umschauen, dann wird ihm sicher noch Besseres einfallen oder die Anmeldung unterbleiben. Jeder Schüler in München und Umgebung müßte jährlich am 7. Mai (seit 1855) Oskar von Miller danken, daß er 1903 dieses großartige Museum zustande gebracht hat.

16.04. An diesem Donnerstag besuche ich Kampfstätten des ersten Weltkrieges. Auf dem Soldatenfriedhof in St. Marie aux Mines gedenke ich der Gefallenen der 61. Landwehrbrigade. Am Hartmannsweilerkopf, 18 km nordwestlich Stadtmitte von Mühlhausen, kann ich nur noch ahnen, wie erbittert hier um jeden Meter gerungen wurde – im am stärksten umkämpften Gebiet im Elsaß. Elsässer Heimatfreunde aus Mühlhausen und Umgebung haben die Schützengräben und Unterstände vorbildlich beschildert. Ein protestantischer Kanadier aus Vancouver, der mit mir durch das Gelände streift, hat die Kampfgebiete des ersten und zweiten Weltkrieges in Westeuropa gefilmt und will seinen Landsleuten dazu vortragen.

6.06. Um 14 Uhr 35 fährt mir in Frankfurt am Main ein Lieferwagen in die rechte Seite. Niemand wird verletzt, und die Polizei erklärt mich für schuldlos. Dieser kleine Unfall konnte aber den Eindruck nicht beeinträchtigen, den der Besuch des Frankfurter Goethe-Hauses und des Goethe-Museums bei meiner Frau und mir hinterlassen hat.

25.06. Wir verbringen einige Tage auf Helgoland, das sich seit meinem ersten Besuch im Jahre 1935 stark verändert hat. Nach dem Willen der englischen Regierung sollte das Eiland völlig von der Bildfläche verschwinden. Jahrelang mußte es als Bomben-Ziel für britische Luftwaffen-Rekruten herhalten und am 18. April 1947 sollte ihm durch eine Großsprengung der Todesstoß versetzt werden. Doch die Mutter Natur machte nicht mit. Im Südosten stürzte zwar ein Teil der Steilküste ein und ließ das jetzige Mittelland entstehen. Entgegen den Erwartungen aller hochbezahlten »Sachverständigen« konnte aber der federnde Buntsandsteinhorst die Stoßwelle der Explosion verkraften. Es war für mich ein Hochgenuß, durch die langen unterirdischen Gänge zu wandern, die bis 1945 meinen Kameraden von der Wehrmacht Schutz boten.

Ich empfinde den Aufenthalt auf der Insel als sehr erholsam und erfrische mich gerne im Meerwasser-Freibad. Ein Helgoländer macht mich mit seinem 7 Jahre alten Kater Mikosch bekannt. Mäuse findet der Mikosch nur auf dem Oberland; manchmal schleppt er auch junge Vögel lebend an, die von seinem Herrn und den Kurgästen wieder flügge gemacht werden.

Spannend und lehrreich ist die überschaubare Vergangenheit dieses Felseneilandes. Geologisch treten nach Westen ansteigende Schichten von Buntsandstein im Raum Helgoland zu Wasser und zu Tage. 1938 ergab eine Reichsbohrung bis 3010 Meter Tiefe, daß die Bohrkrone bei 718 Meter Steinsalz erreichte und bis 3010 Meter darin verblieb. Die Schicht des unteren mittleren Buntsandsteins erreicht etwa 100 Meter von der heutigen westlichen Steilküste entfernt den Meeresboden, dann folgt der etwa 50 Meter breite sogenannte »Görtel« aus Rogenstein (den es auch bei Ilsenburg gibt) als Zwischenkeil zu der nach Osten ansteigenden Schicht der Oberkreide. Im »Görtel« stürzt der Meeresboden durch Salzauslaugungen im Untergrund häufig ein.

Um 8000 vor unserer Zeitrechnung entwickelten sich die Vorformen des heutigen Helgolandes. Damals konnte man noch trockenen Fußes Britannien von der Bretagne aus erreichen, der Baltische Eissee mit Süßwasser wandelte sich zu dem Yoldia-Meer mit Brackwasser zwischen Nordsee und Weißem Meer, die südliche Nordsee lag trocken, die Elbe nahm Schlei und ehemalige Hever von Osten her auf und floß westlich an Helgoland vorbei in das nördliche Meer.

Um 6000 v.Z. hatte die Nordsee Gebiete bis zur heutigen Küstenlinie überflutet, und durch den Ärmelkanal war eine Verbindung zum Atlantik entstanden.

Um 2500 v.Z. konnte Helgoland noch von Eiderstedt her über Land erreicht werden.

Um 2000 v.Z. hatte das durch abschmelzendes Eis gestiegene Meer bereits weite

fruchtbare Ländereien westlich von Jütland und nördlich von Helgoland verschlungen und dessen Landverbindung nach Osten an zwei Stellen unterbrochen.
Um 1500 v. Z. muß die Verbindung zum Festland schon in etwa 7 Inseln aufgelöst gewesen sein, wenn wir die 12 Meter-Tiefenlinie unserer heutigen Seekarten richtig deuten. Für diesen Zeitraum schildert uns Jürgen Spanuth in seinem Buch »Die Atlanter«, Tübingen 1977, nach griechischen Quellen und eigenen Forschungen, welches Unheil das Meer besonders um 1226 v.Z. im Gebiet um Helgoland anrichtete. In unseren Jahrhunderten hatte die Sturmflut in der Nacht von 1721 auf 1722 verheerende Folgen – sie trennte Helgoland von seiner Düne und vereinigte Nordhafen und Südhafen.
Erfreulicheres erfahre ich bei dem Besuch der Vogelwarte, die 1910 gegründet wurde und unsere gefiederten Freunde betreut.

16.07. Heute erfahre ich von einer neuen Glanzleistung, mit der Wilhelm Meseck aufwartet.
In Basel (CH-4000) sollte er klären, ob das südlich der Stadt liegende Steinkistengrab für einen Häuptling oder eine Familie errichtet wurde. Das aus polierten Kalksteinplatten aufgebaute Grab ist in Nord-Süd-Richtung angelegt. Man führte ihn so an das Grab, daß er eine Erklärungstafel nicht lesen konnte. Seine geistigen Fragen nach dem Zeitpunt der Entstehung der Grabanlage führten schließlich zum Jahre 2672 vor unserer Zeitrechnung (Ende Jungsteinzeit). Begraben wurden ein Häuptling, Alter 56 Jahre, und seine Frau, die Gift genommen hatte, wie es anscheinend damals üblich war, wenn der Mann starb. Dem Stamm gehörten rund 660 Personen an. Drei weitere Häuptlinge wurden am selben Ort begraben. Die letzte Beisetzung von Frauen und Kindern, die anscheinend einer Seuche zum Opfer fielen, fand im Jahre 2510 v. Z. statt, 162 Jahre nach dem ersten Begräbnis. Der Rest des Stammes flüchtete nach Westen. Soweit die mentale Mutung.
Die für den Text auf dem Erklärungsschild zuständigen Ausgraber hatten mit dem Radiocarbon-Verfahren ermittelt, daß die Grabstätte zwischen 2600 und 2500 v.Z. entstanden ist.
W. Meseck betont, daß er vor dieser mentalen Befragung der örtlichen Strahlung nichts von Steinkistengräbern wußte.
Wer hier mangels einschlägiger Kenntnisse zweifelt, der möge über den Vulkanausbruch des Mont Pelée auf der Insel Martinique, 14 Grad nordlicher Breite, 61 Grad westlicher Länge, am 8. Mai 1902 nachdenken. Als die Bevölkerung durch gewisse Anzeichen unruhig wurde, verkündeten die beamteten Fachwissenschaftler auf öffentlichen Anschlägen, daß keinerlei Gefahr bestünde. Die Tiere wußten es besser! Hunde und Katzen deuteten die Erdstrahlen richtig und flüchteten vor Ausbruch des Vulkans aus der Stadt. Die eingesperrten Haustiere gebärdeten sich wie toll und ahnten ihre Lebensgefahr. 26000 Einwohner kamen in der Glut um – nur ein einziger tief im Verließ einsitzender Häftling überlebte.

8.08. Bei einem Streifzug durch das Mühlviertel erzählen mir Eingeborene von Klaffer (A-4163) etwas über einen »Russenstein« nördlich ihres Ortes. Tief im Walde neben einer Quelle entdecke ich einen großen Felsen, in dessen senkrechte Seite ein russischer Soldat während der Besatzungszeit 1945 bis zum 15. Mai 1955 cyrillische Buchstaben einmeißelte. Am Fuße des Felsens ist eine Marmotafel mit deutscher Übersetzung angebracht: »Tod dem Organisator des Krieges». Nirgends im russischen Text am Felsen finde ich den Namen Gitler (Hitler) – also muß der Soldat an einen anderen (oder andere) gedacht haben, der den Krieg organisierte. Anschließend erklimme ich den Aussichtsturm Moldaublick, den die Marktgemeinde Ulrichsberg (A-4161) erbauen ließ. Von der obersten Turmebene blicke ich auf den Lippener Stausee, der durch eine Talsperre bei Lippen (Lipno nad Vltavou) die Moldau (Vltava) seit 1959 zu etwa 40 Kilometer Länge aufstaut. 10 km nordnordöstlich vom Turm liegt am linken Ufer Oberplan (Horní Planá), wo der deutsch-österreichische Dichter Adalbert Stifter (1805 bis 1868) geboren wurde. Bei der Anlage des Stausees mußten etwa 30 Dörfer verlegt werden. Lippen in ostsüdöstlicher Richtung ist etwa 21 km vom Turm entfernt. Ein 3,5 km langer Druckstollen führt zu einer 170 Meter tiefer gelegenen unterirdischen Anlage, in der Wasserturbinen Elektrizität erzeugen.

22.08. Nach langer Zeit blicke ich vom Waldgasthaus Rabenklippe bei Bad Harzburg wieder einmal in das Tal der Ecker, wo ich als Junge oft umherstrolchte. Bei einem Spaziergang zur »Wernigeröder Bank« lese ich dort: »Blot 8,6 km bet Waterlebbe« – aber dazwischen liegt die »Friedensgrenze« mit Metallgitter, Stacheldrahtzaun, Minenfeld, Hundelaufanlage, Selbstschußanlagen SM-70 und Kraftfahrzeug-Sperrgraben. Wasserleben ist der Geburtsort meines Vaters.

1982 **1982**

8.01. Der Main führt Hochwasser und hat den Fußweg auf dem linken Ufer in Mühlheim überflutet. Am 14. Januar ist der Weg wieder begehbar. Die Bäume tragen in 1,80 meter Höhe 2 cm breite Eisringe – so hoch stand also das Wasser.

12.02. So oft ich Straßburg am Rhein besuche, hoffe ich, daß das Gerüst am Münster verschwunden ist. Das wird wohl ein frommer Wunsch bleiben. Wer hätte je gedacht, daß unsere »Atemluft« so zerstörend wirken kann! In einer kleinen Kaffeestube in der Nähe des Münsters komme ich mit einem französischen Studenten ins Gespräch. Den Widerstand der Grünen gegen die Startbahn West in Frankfurt am Main hält er für gut, meint aber dann, daß wohl an allen führenden Stellen in Westdeutschland gutbezahlte Handlanger der Besatzungsmächte säßen, denn die Startbahn würde ja trotzdem gebaut. Ich glaube ihn überzeugend widerlegen zu können, komme aber nicht recht an. Wir kommen dann auf den Europa-Rat in Straßburg zu sprechen. Meiner Ansicht, daß diese Einrichtung völlig überflüssig und kostpielig sei, stimmt er sofort zu.

8.03. Ich suche und finde den Platz, wo einst die Donar-Eiche stand. Dr. Hans Wilhelm Hammerbacher berichtet in seinem Buch »Die Donar-Eiche«, Heusenstamm 1974, fesselnd von der Geschichte dieses Heiligtums, insbesondere von der unheilvollen Rolle des angelsächsischen Wynfrith, der im Jahre 723 unserer Zeitrechnung die heilige Eiche der Hessen fällte. Tröstlich, daß die über dieser Stelle errichtete Johannes-Kirche inzwischen auch zerfallen ist. Aber die steingefaßte Quelle ist noch vorhanden, wenn sie früher den Weiher auch kräftiger gespeist haben dürfte als in unseren Tagen. Warum Papst Gregor II. (715 bis 731) dem Wynfrith den Namen Bonifatius = Wohltäter verlieh, wird den zwangsbekehrten Christen wohl nie klar geworden sein.

3.04. In Juan-les-Pins und Cannes genieße ich den Frühling am Mittelmeer. Im Hafen Golfe-Juan werde ich an Napoléon I. erinnert, der nach seiner Flucht von der Insel Elba 1815 hier landete und eine Rückkehr in seine frühere Machtstellung versuchte. Ein Ausflug nach Grasse vermittelt lohnende Einblicke in die Lavendel-Verwertung. Die Fahrt zum Col du Lautaret in 2058 Meter Höhe bringt mich zu den Skiläufern, die sich dort in strahlender Sonne tummeln.

18.06. Ein Besuch im Hambacher Schloß, das noch im Glanz seiner Wiederherstellung strahlt, regt mal wieder zum Nachdenken an. Nach Berichten aus Neustadt an der Weinstraße vom 27. Mai 1832 sollen vor 150 Jahren mehr als 20000 Menschen zur damaligen Ruine gepilgert sein – nicht nur Deutsche, auch Franzosen und Polen. Selbstverständlich durften die Studenten nicht fehlen – allen voran die Burschenschaften, die am 12. Juni 1815 in Jena gegründet und bereits 1819 durch die Karlsbader Beschlüsse verboten worden waren. Die Aussichten dieser Volksversammlung hat der damalige Bischof von Speyer, Johannes Geissel, treffend gekennzeichnet:

»Ihr seid naiv wie die Kinder und beurteilt die Welt wie Spielknaben. Nehmt die Karte von Europa, sucht den Rheinkreis auf, betrachtet Deutschland, Europa – und urteilt! Eine Weltrevolution wolltet Ihr machen, Könige und Fürsten absetzen? – So mögen Handwerksburschen faseln, die einen ewig blauen Montag wollen. Ihr wolltet eine Weltrevolution machen vom Wirtstische aus und hinter dem Ofen hervor? Euer Sturmläuten ist Schoppengläser-Geklingel, Eure Blitze zünden höchstens in Euren Tabakpfeifen.

28.06. Um 11 Uhr 58 sitze ich vor der Schreibmaschine und fühle, daß das Haus wackelt. Meine Frau zeigt mir in einem anderen Zimmer, daß der Wasserspiegel in einem Blumenglas erheblich schwingt. Nach diesem schwachen Erdstoß war dann wieder Ruhe.

6.08. Ab 22 Uhr schließt das 3. Programm mit einer »Club 2«-Fernsehsendung aus Österreich bei mir eine empfindliche Bildungslücke. Im Laufe eines Streitgesprächs über den »Hexenhammer«, an dem auch Gerlinde Schilcher und Armtraut Mair beteiligt waren, läßt der Dominikaner Willehad Paul Eckert verlauten, daß man im Mittelalter Hebräisch für die Sprache des Teufels gehalten habe. Das war mir nicht bekannt.

31.08. In Emden suche ich mir eine ruhige Unterkunft am Herrentor. In den nächsten Tagen erkunde ich Ostfriesland:

1) Bei Eversmeer (D-2981) entstand um 6000 vor unserer Zeit das »Ewige Meer«, ein Hochmoor-See, der sich als Wasserlinse zwischen Hochmoorschichten bildete und jetzt unter Naturschutz steht;
2) Collinghorst (D-2951) war schon in der Jungsteinzeit um 4000 v.Z. besiedelt wie vorgeschichtliche Funde belegen. Auch der Name des Ortes bestätigt dessen Alter: Kollen oder Kolden waren heidnische Priester, und Horst bedeutet Anhöhe.
3) Bei Tannenhausen (D-2960 Aurich) mache ich nach einigem Suchen die drei Findlinge »Botter, Brod und Kees« ausfindig. Ein Wegschild »Am Hünengrab« half mir dabei. Es sind die Reste eines Großsteingrabes um 3000 v.Z.

   In Rahe (D-2960 Aurich) verrät mir ein Straßenschild »Am Hilgenholt«, daß hier in grauer Vorzeit ein heiliger Hain unserer Vorfahren bestand. Bekannter ist hier der Versammlungsort der friesischen Stände im 13. und 14. Jahrhundert »Upstalsboom« (Upstalesbame) mit seiner erhaltenen Steinpyramide, die aber auf einem Grabhügel von etwa 2000 v.Z. errichtet wurde.

   Der »Radbodsberg« ragt als ein 10 Meter hoher Grabhügel bei Dunum (D-2943) aus der Ebene. Urnenfunde in seinem Bereich weisen in die Bronzezeit um 2000 v.Z. Ob König Radbod in diesem zu seiner Zeit schon vorhandenen Hügel seine letzte Ruhestatt gefunden hat, kann nur vermutet werden. Radbod hatte 689 bei Dorestad die Schlacht gegen Pippin den Mittleren und damit auch Westfriesland verloren, das er aber unter Chilperich II. zurückgewann. Radbod starb 719. Wilhelm Lüpkes hat uns in »Ostfriesische Volkskunde«, Emden 1925, folgende Sage überliefert:

   Als Radbod im Zuge der christlichen Zwangsbekehrungen getauft werden sollte, fragte er den Bischof Wulfram, ob seine heidnischen Vorfahren in den Himmel oder in die Hölle gekommen wären. Nach der Antwort, daß alle Heiden in der Hölle landen, verzichtete Radbod auf die Taufe und erklärte, lieber mit seinen Verwandten zusammen in der Hölle leben zu wollen.

   Auch am Utarper Börg, einem Hügelgrab nordöstlich von Utarp (D-2941) wurden Reste von Urnengräbern gefunden.

   In Leer (D-2950), früher Hleri, ist der 9 Meter hohe Plytenberg eine Kultstätte unserer heidnischen Vorfahren gewesen. Daneben soll der Mönch Liudger um 780 eine Holzkirche errichtet haben; er hatte mehr Glück als der iroschottische Wynfrith (Bonifatius), den die heidnischen Friesen 754 bei Dokkum, 80 Kilometer westlich Emden, erschlugen. Das war die Strafe für die Fällung der Donar-

Eiche bei Fritzlar.

4) Wer von Friesland erzählt, kann Sturmfluten nicht übergehen. Am 16. Januar 1362 war die »grote Mandränke« – 100000 Menschen ertranken in Ost- und Nordfriesland. Der Mündungstrichter der Ems erweiterte sich zum Dollart, der 1509 seine größte Ausdehnung erreichte. Bei der Weihnachtssturmflut am 25.12.1717 ertranken in Ostfriesland 2700 Menschen.
5) Erfreulicheres und ein technischer Genuß erwartet mich im Mühlenmuseum in Ostgroßefehn (D-2962). Die Entwicklung der Mühlentechnik ist anschaulich dargestellt. Eine friesische Windmühle, Bauart Galerieholländer, konnte je Stunde 25 Zentner Getreide mahlen.

24.09. Tochter Silvia betrachtet aus einem Zweisitzer-Sportflugzeug die Wasserkuppe von oben und lernt den mit 950 Meter höchsten Berg der Rhön kennen, der 160 Kilometer südsüdwestlich von Ilsenburg am Harz seit 1920 für jeden deutschen und europäischen Segelflieger ein Begriff war. 1920 hatte »Rhönvater« Oskar Ursinus den ersten Wettbewerb der Segelflieger vorbereitet und auf der Wasserkuppe mit Erfolg durchgeführt. In Weißenfels (DDR-4850), 110 Kilometer südöstlich von Ilsenburg am Harz, wurde Oskar Ursinus am 11. März 1871 geboren; seit 1908 gab er die Zeitschrift »Flugsport» heraus; in Frankfurt am Main starb er am 7. Juli 1952.

In Leoni am Starnberger See veröffentlicht Rudolf Aschenauer 1982 sein Buch »Krieg ohne Grenzen«. Auf Seite 277 lesen wir: »...daß die Kroaten keine Slawen, sondern Ostgoten seien, die sich durch Zufall eine slawische Sprache zugelegt hätten.« Das sagte 1941 Ante Pavelic, der damalige Staatschef des unabhänig gewordenen Kroatien dem deutschen Generalfeldmarschall von Weichs. Siehe auch Angaben zum Jahre 1768.

1983 **1983**

16.03. Präsident Reagan gibt bekannt, daß die USA ihre Bemühungen zur Entwicklung »immaterieller« Abwehrwaffen verstärken werden. Waffentechnisch bedeutet das eine Weiterentwicklung der Laser-Waffen und den Einstieg in die Technik der Tesla-Waffen. Dazu gibt es einige Erläuterungen von Th. Bearden, NASA-Physiker und Spezialist für Strahlenwaffen in Huntsville, Alabama, USA, der folgende Anwendungen für möglich hält:

1) Ein Laser-Strahl, der zusätzliche Energie aus dem Tachyonen-Feld aufnimmt, ist auf weite Entfernung unvorstellbar wirksam;
2) Solche Strahlen können von einem Satelliten aus bei genauester Zielfindung Anlagen zerstören, ohne das Umfeld zu beschädigen;
3) Das Einschießen aufgeprägter Strahlen-Energie in die Erde löst vernichtende Erdbeben oder gewaltige Explosionen am gegenüberliegenden Punkt der Erdoberfläche aus. Die USA vermuten, daß beide Versuche der UdSSR schon gelungen sind;
4) Aus »aktivierten Energie-Grenzen« kann eine riesige Kuppel von 70 Kilometer Durchmesser gebildet werden, an deren unsichtbarer »Schale« jeder einfliegende Gegenstand zerplatzt;
5) Jedes militärische Land-, See- und Luftfahrzeug läßt sich mit Hilfe der Tachyonen-Energie ohne Kraftstoff über begrenzte Entfernungen betreiben.

   Ergänzend sei bemerkt, daß 1 Liter Raum im Tachyonen-Wandler die Energie von 5000 Liter Benzin enthält.

   Was sind Tachyonen?

   Einem Aufsatz »Über Tachyonen und Gravitation«, den Prof. Dr. J. M. J. Kooy in der »Astronautik« 5 (1968) Heft 4, S. 99-102, veröffentlichte, entnehme ich folgende Aussagen:

1) G. Feinberg hält 1967 im Rahmen der speziellen Relativitätstheorie das Vorhandensein von Tachyonen theoretisch für möglich, obwohl diese in der Natur bis 1973 noch nicht nachgewiesen wurden. Es ist die Annahme gerechtfertigt, daß die Feldquanten des Gravitationsfeldes als »Teilchen anderer Art« sich schneller als das Licht bewegen.
2) Bei Versuchen mit kräftigen Laser-Strahlen hat Basow in Moskau beobachtet, daß die Photonendichte eine Phasengeschwindigkeit von 2,7 Millionen Kilometer je Sekunde erreicht – das ist etwa die 9-fache Lichtgeschwindigkeit.
3) Ein weiteres Anzeichen für das Auftreten von Tachyonen wird darin gesehen, daß sich die Gravitationswirkung schneller als das Licht fortpflanzen muß, weil sonst bei Bewegungen des Mondes und der Planeten säkulare Störungen nachweisbar sein müßten.

Am 12. August 1983 veröffentlicht die »Frankfurter Allgemeine Zeitung« einen Leserbrief des Dr. Alois Mertes, Staatsminister im Auswärtigen Amt, der Äußerungen zum Fortbestand des Deutschen Reiches enthält, die sich genau an die uns 1945 von den Siegermächten aufgezwungenen Gebote halten.

Am 22. August 1983 erteilt ihm in derselben Zeitung der Student Jochen Kiefer die gebührende, erfreulich klare Antwort: »Mit einer vielen Politikern anscheinend nur nach Wahlen möglichen Ehrlichkeit schenkt der Staatsminister denen reinen Wein ein, die gehofft hatten, auch die entscheidenden Kreise der neuen Bundesregierung würden die Interessen der Ostdeutschen glaubhaft vertreten. Vielleicht überstreigt es das Fassungsvermögen des Herrn Staatsministers: für mich als 1958 in Bonn geborenen ist die Heimat meiner Eltern, Ostpreußen, keine belanglose Rechtsposition, sondern ein Teil Deutschlands...«

(Anzeiger der Notverwaltung des Deutschen Ostens 12 (1983) Nr. 5 September/Oktober, S. 19)

Was sind Tesla-Waffen?

Waffentechnische Anwendungen elektrischer Energie, die aus Forschungsergebnissen des Nikola Tesla hervorgingen.

Nikola Tesla wurde am 10. Juli 1856 zu Similjan in Kroatien geboren, lebte ab 1884 in den USA und starb am 7. Januar 1943 in New York. Er schuf erstmals eine Maschine, die in der Primärspule 50000 Hertz und in der Sekundärspule Ströme mit außerordentlich hoher Spannung erzeugte, die bisher unbekannte Wirkungen zeigten. Mit diesem »Tesla-Transformator« erreichte er 1891 eine Schwingungsdauer von einigen Milliontel Sekunden, was etwa 5 Mega-Hertz entspricht. 1903 meint der Mitarbeiter des Brockhaus Konversations-Lexikons: »Die Ströme hoher Frequenz und Spannung zeigen nun höchst merkwürdige Eigenschaften«. Zum Beispiel:
1) Werden die Enden der Sekundärspule des Tesla-Transformators mit zwei gleichmittigen Drahtkreisen verbunden, so springen keine Funken über, sondern es findet im Ringraum zwischen den Drahtkreisen eine stetig leuchtende Entladung statt.
2) Luftleere Glasröhren (ohne irgendein Gas) mit und ohne Elektroden leuchten in der Nähe eines von Tesla-Strömen durchflossenen Leiters auf.
3) Wird ein U-förmiger Drahtbügel, zwischen dessen Schenkeln eine Glühlampe angeschlossen ist, von Gleichstrom durchflossen, leuchtet die Glühlampe nicht auf, weil Ihr Widerstand (Impedanz) größer ist als der der kupfernen U-Strecke. Bei Anschluß des U-Drahtes an einen hochfrequenten Wechselstrom glüht die Lampe, weil jetzt die Drahtschleife infolge ihrer magnetischen Rückwirkung (Selbstinduktion) den größeren Widerstand leistet.
4) Fließt der Tesla-Strom durch eine Wendel (Solenoid) und legt ein Mensch seine Arme um diese Wendel, so leuchtet eine Lampe, wenn deren beide Pole mit je einer Hand berührt werden. Der Mensch erträgt hier hochfrequente Hochspannung, die bei langsamem Stromwechsel unbedingt tödlich wirken würde.

5) 1889 führte Jacques Arsène d'Arsonval (1851-1940) in Paris die Durchströmung des menschlichen Körpers mit Tesla-Strömen zu Heilzwecken ein.

In Halle an der Saale erschienen bereits 1895 »Tesla Untersuchungen«, die Maser ins Deutsche übersetzte. Bei zielbewußter Weiterführung der Versuche von Tesla wäre uns der verbrecherische Unfug der Kernkraftwerke erspart geblieben. Um eine möglichst schnelle Amortisierung der für die Kernwaffen bestimmten Dollar-Milliarden zu erreichen, werden dem besetzten Deutschland die Kernkraftwerke aufgezwungen und aufgeschwatzt. Mit Wasser-, Kohle-, Wind-, Sonnen- und vor allem Tachyonen-Energie werden Kernenergie und Erdöl überflüssig. Aber gerade das soll nicht sein!

Immerhin hat sich die Frage der Engergiegewinnung aus Tachyonen doch soweit in den Vordergrund geschoben, daß 1980 in Hannover und 1981 in Toronto (Kanada) Weltkongresse für Tachyonen-Energie stattfanden. Berichte über diese Kongresse finden sich in dem Buch von Dr. H. A. Nieper »Revolution in Technik, Medizin und Gesellschaft - Konversion von Schwerkraft-Feld-Energie«, Illmer-Verlag, D-3000 Hannover 68, Postfach 680093.

Tachyonen-Energie oder Gravitonen-Energie oder Schwerkraftfeld-Energie oder Neutrino-Meer ist dasselbe, was schon im Altertum als »Äther-Kraft« genutzt wurde.

Zu den Anwendungen folgende Beispiele:

1) 1931 konnte Nicola Tesla ein schweres Luxus-Automobil eine Woche lang mit elektrischem Strom aus Tachyonen-Energie betreiben und Geschwindigkeiten bis 130 km/h erreichen.
2) Auch um 1931 baute der USA-Pysiker Dr. Moray einen Tachyonen-Wandler von der Größe einer kleinen Weinkiste, dem er bis zu 70 Kilowatt Dauerleistung entziehen konnte.
3) Im September 1944 vergab das deutsche Oberkommando der Kriegsmarine Aufträge an mehrere Industrie-Betriebe, einen Tachyonen-Energie-Wandler mit 7 Kilowatt Dauerleistung herzustellen.
4) 1983 läuft in Westdeutschland seit Monaten eine Maschine, die dauernd 4 Kilowatt aus Tachyonen-Energie erzeugt. Die Hersteller könnten auch einen Reihenbau für eine 12 Kilowatt-Maschine aufziehen - aber dafür reicht ihr Geld nicht. Wollen in Bonn die Parlamentarier Geld für neue Arbeitsplätze zur Verfügung stellen?

Im VAP-Verlag, Wiesbaden, erscheint 1981 die Broschüre »Die Verwüstung Amerikas - der geheime Wetterkrieg der Sowjets oder das verhängnisvolle Erbe Nikola Teslas«. Wichtig sind folgende Angaben:

1) Bereits 1890 konnte Tesla Kraftstrom von 10 Kilowatt Leistung drahtlos übertragen - über rund 40 Kilometer Entfernung brachte er 200 Lampen mit Kohleglühfaden zum Leuchten.
2) Eine seiner wichtigsten Erfindungen war die Gewinnung von Elektroenergie aus dem Tachyonen-Feld des Weltalls; sie wurde nicht genutzt, weil Albert Einstein und die Schulwissenschaft die Ansicht vertraten, es gäbe keinen »Äther«, keine strahlende Energie im »luftleeren« Weltraum – ein Irrtum, den nur Einstein später selbst eingestand.
3) Tesla begann auch mit Versuchen, das Wetter mittels Elektrizität zu ändern. In Fortsetzung dieser Forschungen werden heute in den USA und in der UdSSR Niederfrequenz-Magnetfelder erzeugt. Die Entwicklung ist so weit fortgeschritten, daß z.B. die in 10 bis 15 Kilometer Höhe auftretenden Strahlströme (jetstreams) durch NF-Magnetfelder abgelenkt und verheerende Niederschläge ausgelöst werden können. Jedoch scheint die durch ein Niederfrequenz-Magnetfeld erzeugte stehende Welle die Ionosphäre zum Flattern zu bringen; ob an solchen

Stellen die Ozonschicht und damit unsere Umwelt geschädigt wird, ist noch nicht klar abzusehen. Sehr klar sind aber die Folgen solcher absichtlich erzeugten Naturkatastrophen: kleine und mittlere Farmbetriebe werden zahlungsunfähig und können billig aufgekauft werden. Sind sie in den Händen der Großbetriebe, kann das Wetter wieder schöner werden.

11.03. In einer Zuschrift an »Die Welt« vom 11. März 1983 nimmt ein Leser Stellung zu dem Satz der Friedensapostel »Stell Dir vor, es kommt Krieg – und keiner geht hin«, der von Bertold Brecht stammen soll. Zu unterscheiden sind:

1) »Stell Dir vor, es kommt Krieg – und keiner geht hin« findet sich bei dem USA-Literaten Carl Sandburg (1878 bis 1967).
2) »Dann kommt der Krieg zu Euch« hat der schweizerische Redakteur Ernst Herzig verlauten lassen.
3) Bertold Brecht (»Die Gedichte des Bertold Brecht«, Suhrkamp-Verlag, Frankfurt am Main, 1981, Seite 503) äußerte sich so:

»Wer zu Hause bleibt, wenn der Kampf beginnt
Und läßt andere kämpfen für seine Sache,
Der muß sich vorsehen: denn
Wer den Kampf nicht geteilt hat,
Der wird teilen die Niederlage.
Nicht einmal den Kampf vermeidet
Wer den Kampf vermeiden will: denn
Er wird kämpfen für die Sache des Feinds,
Wer für seine eigene Sache nicht gekämpft hat.«
(Nation Europa 33 (1983) Heft 10, S. 59)

7.08. Am 7. August 1983 antwortet der Vorsitzende des Domrates des Domes in Roskilde auf Seeland in Dänemark auf eine Anfrage nach dem Titel dänischer Könige u.a.: »...Auf einigen der Grabmäler ist der Titel im Lateinischen angeführt, z.B. auf dem Sarkophag von Frederik V.: »Fridericus V dei Gratia Rex Daniae, Norwegiae Vandalorum, Gothorum«. Hier ist Vandalorum in »Vand« gekürzt... Ein anderes Beispiel findet man auf dem Sarkophag von Frederik IV.: Frederici Quarti, Dan. Norveg Vandalo. Gothorum regis...« Wir danken Ihnen für das Interesse, das sie dem Roskilder Dom erwiesen haben,...« Friedrich IV. war König von Dänemark von 1699 bis 1730. Friedrich V. war König von Dänemark und Norwegen von 1746 bis 1766. Nach diesem Beleg gab es also bis 1766 noch einen König der Wandalen und Goten.

10. Die erste zeitgenössische Kunstausstellung der westdeutschen Bundesrepublik in Moskau vermittelt den russischen geistig Schaffenden klare Erkenntnisse. Einem vierzigjährigen sowjetischen Mediziner verdanken wir folgendes Urteil: »Man hat den Eindruck, in einem Mülleimer zu sein, und Exkremente und Urin fallen einem auf den Kopf.« (Nation Europa 33 (1983) Heft 10, S.57)

19.03. Auf der Frühjahrstagung des Forschungskreises für Geobiologie in Eberbach am Neckar berichtet Dr. med. D. Aschoff, 5600 Wuppertal 1, über die Fernwirkung von Gitternetzkreuzungen, die durch elektromagnetische Blutprüfungen und andere Maßnahmen bestätigt wurden:

1) Bei einem Kranken entwickelten sich Entzündungen, die kaum zu beeinflussen waren. Als ein im Krankenzimmer auf einer Gitternetzkreuzung stehendes Trimm-Fahrrad entfernt wurde, klangen die Entzündungen schnell ab.
2) Eine Sprechstundenhilfe klagte über zunehmende Schlaflosigkeit. Bei der Überprüfung ihres Schlafplatzes stellte sich heraus, daß sie einen Plastik-Sack mit ihren Urlaubsschuhen auf eine Gitternetzkreuzung gestellt hatte. Nach dessen Entfernung schlief sie durch und hatte nach wenigen Tagen wieder ihr normales Befinden erreicht.

3) 1969 hörten wir von E. Hartmann, daß ein Kleinkind seit seiner Geburt schlaflos war. Als ein Stuhl mit Stahlbeinen, der neben dem Kinderbett stand, entfernt wurde, schlief das Kind ruhig 12 bis 13 Stunden.
4) 1979 konnte der Arzt Rothdach eine elektromagnetische Blutprüfung nach Aschoff in seinen Arbeitsräumen nicht durchführen, wenn die Raumpflegerin eine fahrbare Stehlampe oder einen Metallstuhl auf eine Gitternetzkreuzung gestellt hatte. Mit einem Holzstuhl war jede Störung beseitigt.
5) Am 14. Januar 1968 hatte E. Hartmann in einem Versuch nachgewiesen, daß das Georhythmogramm einer auf neutralem Platz liegenden Person verändert wird, wenn in 2 bis 3 Meter Entfernung ein Polsterstuhl mit Stahl-Spiralfedern auf eine Gitternetzkreuzung gestellt wird. Nach Entfernung des Stuhls pendelten die Kiloohm-Werte wieder in die Normallage.
Bemerkung des Verfassers: Was ist ein Georhythmogramm? Der Prüfling nimmt in jede Hand eine Messing-Elektrode. Zwischen den Elektroden fließt ein Gleichstrom von 1,2 Volt Spannung und 125 Mikroampère Stromstärke. Üblicherweise wird ein Hautwiderstand zwischen beiden Händen von 12 bis 25 Kiloohm gemessen, der aber auch bis 100 Kiloohm ansteigen kann. (Ernst Hartmann: Krankheit als Standortproblem, 2. Auflage 1967, S. 134)
6) Ein von Dr. Aschoff nicht erwähnter Versuch, den Dr. E. Hartmann am 15. Januar 1968 durchführte, hatte überraschende Ergebnisse. Das Georhythmogramm des Prüflings hatte sich auf neutralem Platz nach 20 Minuten auf den Normalwert von 20 Kiloohm eingependelt. Als eine zweite Person sich auf eine Gitterkreuzung am Kopfende des Bettes stellte, stiegen die Werte des liegenden Prüflings von 20 bis auf 60 Kiloohm. Als der Stehende beide Arme hob, also die Stellung der Mannuz-Rune der jüngeren Runen-Reihe (der Elch-Rune der älteren Runen-Reihe) einnahm, sanken die Widerstandswerte des Prüflings schlagartig von 60 auf 20 Kiloohm, wo sie verharrten, solange die Arme erhoben blieben. Nach Senken der Arme stiegen sie langsam wieder auf 60 Kiloohm. Als der Stehende den Versuchsraum verließ, pendelten sie langsam wieder auf 20 Kiloohm hinunter. Die magische Wirkung, die germanische und keltische Priester in alten Kultstätten auf ihre Gemeinde ausübten, läßt sich hiermit auch biophysikalisch erklären. Die christlichen Eroberer nutzten dieses Wissen dann auf ihre Art.

30.04. Von meinem Nachbarn Heinrich Neumann, Händelstr. 5, in Mühlheim erhalte ich »Heimatbuch Leipzig/Bessarabien«, 753 Seiten, 1. Auflage 1982, herausgegeben von Alfred Lächelt, Aalen, erschienen im Eigenverlag.
Während meiner Schulzeit war ich bis zum Abitur Mitglied des VDA (Verein für das Deutschtum im Ausland) und verfolgte laufend das Schicksal meiner Volksgenossen außerhalb der deutschen Grenze. Über Bessarabien, Landschaft am Schwarzen Meer zwischen den Flüssen Dnjestr, Pruth und der Donau-Mündung, las ich einige Aufsätze. Unter dem Zaren Alexander I. (1801-1828) wurden im Frühjahr 1815 126 deutsche Familien am linken Ufer des Flusses Kogälnik (Kogilnik) angesiedelt. Die Gemarkung, in der jede Familie 60 Deßjatinen (66 Hektar) Land erhält, erstreckt sich als ein Rechteck von 11,5 km Länge und 7,5 km Breite von Nordwest nach Südost. Ursprünglich hieß sie Skinos, vorübergehend auch Katharinenruh. 1817 wurde dieser deutschen Kolonie von den zaristischen Behörden der Name Leipzig verordnet, zur Erinnerung an die Völkerschlacht bei Leipzig, in der die Russen zusammen mit den Preußen den Franzosen-Kaiser Napoleon besiegten.
Vor der Mutterkolonie Leipzig waren 1814 vom Zaren schon Deutsche in Tarutino, Borodino und Krasna angesiedelt worden.
Zur Zeit der am 5. September 1940 getroffenen deutsch-russischen »Vereinbarung über die Umsiedlung der deutschstämmigen Bevölkerung aus den Gebieten Bessarabiens und der nördlichen Bukowina in das Deutsche Reich« lebten 93000 Deutsche

in rund 150 Dörfern. 67000 Umsiedler konnten nach 1945 in Westdeutschland namentlich erfaßt werden.

Von den zwischen Bender am Dnjestr, im Norden und Ismail im Süden liegenden deutschen Dörfern sei etwa ein Drittel namentlich aufgeführt:

1) Leipzig	27) Seimental
2) Alt- und Neu-Oneschti	28) Dentesfeld
3) Hirtenheim	29) Halle bei Akkermann
4) Neu-Koreni	30) Straßburg I
5) Emmental	31) Straßburg II
6) Neu-Mariewka	32) Neufall (Nähe Schwarzmeer)
7) Mariental	33) Schabo (bei Akkerman) ist deutsch-französiche Schweizer-Kolonie
8) Fürstenfeld I	34) Schimke-Weiler
9) Fürstenfeld II	35) Gnadenfeld
10) Blumental am Kogälnik	36) Eigenfeld
11) Marienfeld	37) Friedensfeld
12) Jekaterinowka	38) Lichtental
13) Rohrbach bei Leova	39) Sarata
14) Eichendorf	40) Rosenfeld
15) Alexanderfeld	41) Paris
16) Mathildendorf	42) Friedenstal
17) Josefsdorf	43) Gnadental
18) Jakobstal	44) Katzbach
19) Neu-Alexandrowka	45) Wittenberg
20) Borodino	46) Sofiental
21) Tarutino	47) Benkendorf
22) Arzis	48) Neufall
23) Hoffnungstal	49) Hoffnungsfeld
24) Klöstitz	50) Dennewitz
25) Neu-Odessa	51) Friedrichsdorf
26) Eigenheim	52) Parapara, vermutlich die südlichste deutsche Siedlung im Budschak.

Als Budschak wurde der südliche Teil Bessarabiens bezeichnet. Bessarabien ist nach Basarab I. benannt, der von etwa 1300 bis 1352 lebte und ein Fürstenhaus in der Walachei gründete.

Leipzig heißt nach 1945 Serpnewoje (»Neue Sichel«) und liegt 75 km südlich von Kischinew, der Hauptstadt der sowjetischen Moldau-Republik. Von Odessa im Osten ist es in der Luftlinie 125 km entfernt; die Eisenbahnlinie über Akkerman und die Dnjestr-Bucht (Liman) ist bedeutend länger.

Akkerman heißt jetzt Belgorod-Dnestrowskij, die Rumänen nennen es Cetatea-Alba, und liegt 100 km östlich von Leipzig.

Leipzig liegt an der Poststraße vom Donau-Hafen Ismail nach Kischinew am Byk, die seit alten Zeiten auch als Heerstraße diente und den Anrainern oft Kummer bereitete.

Schon der römische Kaiser Trajan, der von 98 bis 117 regierte, zog hier gegen die Daker und ließ 25 km nördlich von Leipzig den oberen Trajanswall zwischen Leova am Pruth und Bender am Dnjestr ziehen. Von des Resten des unteren Trajanswalles im Süden, der sich von Bolgrad bis zur Bucht südlich von Tatarbunary erstreckt, waren die Leipzig-Deutschen etwa 40 km entfernt.

Der Kogilnik entspringt etw 90 km nordwestlich von Leipzig im sogenannten Generalswald und fließt 80 km südöstlich von Leipzig bei Tatarbunary in eine Bucht (Liman) des Schwarzmeeres. Ihm fließt von links am Nordrand von Leipzig die

(oder der) Skinossa zu. Die von Arzis kommende Eisenbahn führt an Leipzig vorbei zum Knotenpunkt Romanowka, in dem die deutschen Bewohner in der Minderheit waren, und der nach 1945 Bessarabka heißt. 28 Straßenkilometer nordwestlich von Bessarabka liegt Tschimischlija am Kogilnik.
Warum verließen die Bessarabien-Deutschen ihre alte Heimat?
Für die auf polnischem Gebiet des zaristischen Rußlands Beheimateten waren es im wesentlichen 3 Gründe:
1) Die Willkür der polnischen Gutsherren,
2) das Betreiben der katholischen Pfaffen, die Evangelischen wieder zu Katholiken zu machen,
3) die Versuche, den Deutschen polnische Namen aufzuzwingen, was in vielen Fällen auch durchgesetzt wurde.

Auch in der neuen Heimat traten Gefahren auf. Im ersten Weltkrieg hatte die zaristische Duma in Petersburg (Leningrad) schon am 2.1. und 13.2.1915 die Enteignung der deutschen Siedler beschlossen. Die Wolhynien-Deutschen, die 1911 mit über 200000 Personen auf 300000 Hektar Landbesitz lebten, hatten bereits 1915 den Weg nach Sibirien antreten müssen, wobei fast die Hälfte umkam. Der Rest konnte später in die Heimat zurückkehren, die bis 1939 zu Polen gehörte. Etwa in der Mitte von Wolhynien = Wolynien zwischen dem oberen Bug und dem Pripet liegt die Stadt Luzk = Luck am Styr, der rechts dem Pripet zufließt. Luzk liegt 800 km östlich von Dresden.
Die Bessarabien-Deutschen sollten am 6. Januar 1917 in Viehwaggons nach Sibirien verbannt werden. Dieses Los blieb ihnen aus 3 Gründen erspart:
1) Riesige Schneefälle sperrten jeden Verkehr,
2) Generalfeldmarschall von Mackensen rückte mit den deutschen Truppen zum Donau-Delta vor. Die flüchtende 6. russische Armee beschlagnahmte alle für die Deutschen bestimmten Viehwaggons. Karfreitag 1917 waren alle Ortschaften Bessarabiens von deutschen Truppen besetzt.
3) Im März 1917 brach die Russische Revolution aus.

Im zweiten Weltkrieg rückte die Rote Armee am 28. Juni 1940 in Leipzig ein. Die Bessarabien-Deutschen wurden auf Grund der deutsch-russischen Vereinbarung in den Warthe-Gau umgesiedelt, wo sie in den Kreisen Kosten und Lissa, etwa 130 km östlich von Guben (DDR-7560 Wilhelm-Pieck-Stadt Guben) eine neue Heimat finden sollten. Hier konnten sie nur knapp 4 Jahre tätig sein. Trotz Aufbau und kriegsbedingter Einschränkungen haben sie aus den ihnen zugewiesenen Ländereien schon mehr herausgeholt als vorher die polnischen Bauern und Gutsbesitzer. Im Januar 1945 folgte dann der Auszug nach Mitteldeutschland und Westdeutschland und nach Übersee.

13.09. Die »Frankfurter Rundschau« meldet in Nr. 212, Seite 1, daß in der »Montgomery County Library«, einer der größten öffentlichen Bibliotheken im Einzugsgebiet der USA-Hauptstadt Washington, wie überall in den USA eine Woche des verbotenen Buches beginnt. Auf einem Plakat über dem Bücherregal sind die folgenden Bücher aufgezählt: an erster Stelle Adolf Hitler »Mein Kampf«, an zweiter Stelle »Der weiße Hai« von Peter Benchley, an dritter Stelle »Das Tagebuch der Anne Frank«. Insgesamt besteht der Katalog der verbotenen Bücher aus 41 engzeiligen Schreibmaschinenseiten.
Weil ein westdeutsches Gericht dem Geschichtsforscher Heinz Roth eine Geldstrafe von fünfhunderttausend DM androhte, wenn er seine Erkenntnisse über »Das Tagebuch der Anne Frank« weiter verbreiten würde (warum wurde das Gerichtsverfahren nicht eingeleitet?), ist es lehrreich, den zeitlichen Ablauf der Entstehung dieses Buches zu verfolgen:

1) Am 12. Juli 1929 wird Anne Frank in Frankfurt am Main geboren. 1933 wandert Otto Frank mit seiner Familie aus und taucht 1940 bei der Besetzung der Niederlande unter. Von 1942 bis 1944 hält sich die Familie in Amsterdam in der Prinsengracht in einem Hinterhaus versteckt. Am 4. August 1944 wird die Familie von der Geheimen Staatspolizei verhaftet und in das holländische Übergangslager Westerbork gebracht. Mit einem Transport gelangt Anne Frank in das Arbeitslager Auschwitz. (Vergast werden konnte sie dort nicht, weil es keine Vergasungsanlagen für Menschen in Auschwitz gab. In den USA gibt es Vergasungsanlagen für Menschen.) Als sich die Rote Armee Auschwitz nähert, werden alle marschfähigen Insassen nach Westen verlegt. So gelangt Anne Frank in das vollkommen überfüllte Lager Bergen-Belsen. Dort brechen verheerende Seuchen aus, vor allem Typhus, dem sie im März 1945 erliegt.

2) In einem Programmzettel zum Theaterstück »Das Tagebuch der Anne Frank« wurde behauptet, sie sei in Bergen-Belsen vergast worden. Otto Frank selbst hat diese Lüge widerlegt – in einem Prozeß in Hamburg sagte er als Zeuge vor Gericht aus, daß seine Tochter nach Angaben von Häftlingen an Typhus starb. Otto Frank hat aber auch immer wieder behauptet, daß alle handschriftlichen Aufzeichnungen von seiner Tochter stammen. Ein Gutachten des Bundeskriminalamtes (BKA) in Wiesbaden enthält jedoch die Feststellung, daß die benutzten schwarzen, grünen und blauen Farbpasten des Kugelschreibers erst 1951 auf dem Markt erschienen sind – 6 Jahre nach dem Tode der Anne Frank! Hinzu kommt noch ein weiteres Gutachten der graphologischen Sachverständigen, Frau Minna Becker: sämtliche Aufzeichnungen mit allen Zusätzen stammen von ein und derselben Hand. Also muß Anne Frank 1951 noch gelebt haben. Weil der Vater aber vor Gericht erklärt hat, daß sie 1945 verstorben ist, hat er damit gleichzeitig bewiesen, daß »Das Tagebuch der Anne Frank« eine Fälschung ist.

3) Am 14. Juni 1942 soll Anne Frank ihre Eintragungen begonnen und am 29. März 1944 beendet haben. Die 1. Ausgabe in holländisch »Het Achterhuis« erschien 1946 und 1950 eine deutsche Übersetzung »Das Tagebuch der Anne Frank, 14.6.1942 bis 1.8.1944« von A. Schütz. (Brockhaus Enzyklopädie 1968, 6. Band, S. 450)

4) Am 22. Dezember 1943 soll Anne Frank die 1. Überarbeitung ihres Tagebuches begonnen haben und am 1. August 1944 beendet haben. Die 2. Überarbeitung soll sie vom 14. Juni 1942 bis zum 29. März 1944 vorgenommen haben. Hierzu liefert die Gutachterin Frau Dr. Hübner, die die 177 Kapitel des Tagebuches untersuchte, erstaunliche Ergebnisse:
   a) lediglich 4 Eintragungen sind den Aufzeichnungen der Anne Frank entnommen;
   b) 5 Eintragungen stammen aus einem sogenannten Erzählungen-Buch;
   c) 69 Eintragungen lieferten zwei Niederschriften, die Frau Dr. Hübner als 1. Überarbeitung des Tagebuches bezeichnet;
   d) 99 Eintragungen aus losen Blättern bezeichnet Frau Dr. Hübner als 2. Überarbeitung.

5) Am 2. Oktober 1955 berichtet die »New York Times«, daß Anne Frank ein Tagebuch mit »ungefähr 150 Eintragungen« hinterlassen habe.

6) Um 1956 führt der jüdische Schriftsteller Meyer Levin in New York einen Prozeß gegen Otto Frank. In erster Instanz spricht ihm das Gericht einen Schadenersatzanspruch von 50000 Dollar zu, weil er einen großen Teil der Dialoge des Tagebuches der Anne Frank geschrieben hat. In zweiter Instanz vergleichen sich die Prozeßgegner: Otto Frank hat nur noch 15000 Dollar für das Recht zum Nachdruck (Copyright) zu zahlen.

7) Am 1. April 1959 bringt »Der Spiegel« eine Aussage des Holländers Ab Cauvern aus Hilversum: »... Am Anfang habe ich ziemlich viel geändert.« Und 1978

bestätigt Otto Frank, daß sein Freund Ab Cauvern am »Tagebuch« mit gearbeitet hat.

8) 1959 behauptet die schwedische Zeitschrift »Fria Ord«, daß der jüdische Schriftsteller Meyer Levin der eigentliche Verfasser des Tagebuches sei. Er beanspruche auch einen Teil der Millionen schweizer Franken, die Otto Frank am Tagebuch verdient habe. Einige Prozesse liefen im 141. New York Supplement Second Series 170 und im 5. Second Series 181 ab – siehe z.B. Aktenzeichen New York County Checks Office 2241/1956. Obwohl der jüdische Richter Samuel C. Coleman bemüht ist, den Anne-Frank-Streit nicht an die Öffentlichkeit gelangen zu lassen, übernimmt die USA-Zeitschrift »Economic Council Letter« am 15. April 1959 die schwedische Aussage, daß das »Tagebuch der Anne Frank« eine Fälschung ist. Zu diesen Enthüllungen schweigen sich die »New York Times« und die »Washington Post« sorgfältig aus.
Untersuchungen des schwedischen Forschers Ditlieb Felderer decken viele innere Widersprüche und technische Unmöglichkeiten auf, die zum Schluß führen, daß das Tagebuch eine Fälschung ist. Warum hat Otto Frank eine öffentliche Untersuchung des Tagebuches hartnäckig abgelehnt? 1959 wird das »Tagebuch« von der »20th Century Fox« verfilmt, was nach Ansicht der USA-Zeitschrift »Spotlight« dem Staat Israel neue Hilfe gebracht haben soll.

9) 1961 übernimmt Simon Wiesenthal die Leitung des jüdischen Dokumentationszentrums in Wien. Er hält »Das Tagebuch der Anne Frank« für wichtiger als die Nürnberger Prozesse, in denen die politischen und militärischen Führer des Deutschen Reiches der Rachejustiz der Sieger ausgeliefert wurden. W. wurde am 31. Dezember 1908 in Buczacz, 140 km südöstlich Lemberg, im damaligen Galizien geboren. 1941 wurde er als Jude, das heißt als Angehöriger einer Nation, die 1933 Deutschland öffentlich den Krieg erklärt hatte (siehe 1933, 24. März), mit seiner Frau in ein Internierungslager (Konzentrationslager) eingewiesen – nicht anders als es Deutschen widerfuhr in allen Ländern, die dem Deutschen Reich den Krieg erklärt hatten. Erfreulicherweise gehören Simon W. und seine Frau Cyla zu den vielen Juden, die den Lageraufenthalt überlebten, und zu den über 6 Millionen Personen, die in Westdeutschland Wiedergutmachungsgelder erhalten.

10) Am 7. Mai 1962 antwortet eine Rechtsanwaltskanzlei in New York auf Anfrage: »Ich war der Anwalt für Meyer Levin in seiner Klage gegen Otto Frank und andere. Es ist wahr, daß das Gericht Herrn Levin 50000 Dollar zusprach.«

11) 1968 zieht Dr. Robert Maximilian Wassili Kempner, Hauptanklage-Stellvertreter der USA in Nürnberg und krankhafter Deutschenhasser, in München einen »Anne-Frank-Prozeß« auf. Gerichtsamtlich wird festgestellt: »Das Tagebuch der Anne Frank« hat Anne Frank geschrieben! Wer etwas anderes behauptet oder beweist, kommt vor den Kadi – so einfach ist das!
Übrigens war der 1899 in Freiburg im Breisgau geborene Kempner von 1928 bis 1933 im Preußischen Innenministerium Chefberater der Preußischen Staatspolizei gegen die Nationalsozialisten.

12) Am 2. August und 5. September 1977 sagt J.G. Burg (Herr Ginsburg) als nichtzionistischer Jude vor dem Amtsgericht in München als Zeuge aus, daß er sich durch die Bemerkung »Anne-Frank-Lüge« in seinen Gefühlen als Jude nicht verletzt fühle. Eine übereifrige Sektionsleiterin von »amnesty international« hatte einen Schreiber, der seinem Unmut über den Anne-Frank-Rummel freien Lauf gelassen hatte, vor den Kadi gebracht.

13) Am 18. August 1978 erklärt Otto Frank um 23 Uhr 50 in einem Rundfunk-Gespräch, daß Tochter Anne im Mai 1944 die 2. Überarbeitung begonnen habe. Er habe es für notwendig erachtet, die 2. und 1. Überarbeitung miteinander zu verbinden, damit Wichtiges nicht verloren gehe.

14) Am 19. April 1979 bringt Robert Faurisson, Professor für Textkritik an der Universität Lyon, bei einem dreistündigen Fernseh-Streitgespräch in der Schweiz seinen Gegnern eine vernichtende Niederlage bei; auch Dr. Wolfgang Scheffler, der als der bedeutendste europäische Experte für sogenannte »NS-Kriegsverbrechen« von den Massenmedien vorgestellt wird, kommt nicht zum Zuge.
Professor Faurisson hat in einem umfangreichen Gutachten zahlreiche Widersprüche und unwahrscheinliche Begebenheiten aufgedeckt. Das Gutachten des französischen Professors Faurisson wurde von dessen Institutsdirektor, Professor Michel Le Guern, überprüft. Beide kamen zu dem Schluß: das »Tagebuch« ist ein Roman. Wer das bestreite, begehe literarischen Betrug.
Robert Faurisson wurde am 25. Januar 1929 in Shepperton bei London geboren und erhielt 1973 eine außerordentliche Professur für französische Literatur und Textkritik an der Universität Lyon-2. Zionistisch-jüdische Studenten störten seine Vorlesungen und setzten schließlich beim Präsidenten der Universität durch, daß Professor Faurisson suspendiert wurde.
Bei einem Vergleich der holländischen und deutschen Ausgabe entdeckte Prof. Faurisson derartige Unterscheide, daß beide Ausgaben nicht von demselben Verfasser stammen und schon gar nicht auf den Aufzeichnungen von Anne Frank fußen können. Auch eine lange Unterhaltung zwischen Otto Frank und Prof. Faurrisson ergab laufend Widersprüche und Ungereimtheiten. Schließlich stellte Prof. Faurisson in Amsterdam fest, daß die Örtlichkeiten in der Prinsengracht, wo die Untergetauchten gelebt haben sollen, in Wirklichkeit ganz anders beschaffen sind als im »Tagebuch« geschildert wird.
15) 1980 strahlt die NBC in den USA den Fernsehfilm »Das Tagebuch der Anne Frank« aus und betont, daß es sich um eine wahre Geschichte handelt. Anscheinend sind auch in den USA die Zweifel an diesem Tagebuch gestiegen, dessen Hauptaufgabe die Hetze gegen die Deutschen ist.
»Der Spiegel« in Hamburg befaßt sich am 6. Oktober 1980 mit dem Gutachten des Bundeskriminalamtes in Wiesbaden. Dort hatte man festgestellt, daß Anne Frank Kugelschreiber benutzt hatte, deren Farbpasten erst 6 Jahre nach ihrem Tode entwickelt und auf dem Markt erschienen waren.
16) Der Fischer-Taschenbuch-Verlag fordert 1983 junge Leute im Alter von 13 bis 17 Jahren auf, sich an einem Schreibwettbewerb zu beteiligen: »Was bedeutet die Begegnung mit dem Tagebuch der Anne Frank für mich?« Die 7 Preisträger dürfen dann auf Verlagskosten nach Amsterdam reisen und das Anne-Frank-Haus besichtigen. Finanziell belasten dürfte das den Verlag nicht, denn die deutsche Taschenbuchausgabe hat inzwischen eine Auflage von 2 Millionen Stück erreicht. Freundlicherweise sind in der deutschen Ausgabe alle abfälligen Äußerungen über die Deutschen weggelassen worden, die ein wichtiger Bestandteil aller fremdsprachlichen Ausgaben sind. Und diese sind immerhin in 50 Sprachen im Umlauf.

Im Sommer 1983 beherbergen wir in Mühlheim einen Gast aus Mitteldeutschland. Der Besucher weiß, daß ich bis 1960 am Zentralinstitut für Schweißtechnik der DDR (ZIS) tätig war, und erfreut mich mit zwei Büchern meines früheren Chefs, Prof. Dr. Werner Gilde. Erstaunlich, was sich alles über »Licht und Schatten« verständlich schreiben läßt.
Mit dem Schildern und Herstellen von Sonnenuhren allein z.B. ließe sich zwar ein dickes Buch füllen, aber die auf den Seiten 205 bis 215 (Ausgabe 1982) dargestellten Geräte und die zusätzlichen Erläuterungen stellen den Wißbegierigen durchaus zufrieden. Sie rufen Erinnerungen an meinen Besuch im Schweizer Uhrenmuseum in La-Chaux-de-Fonds am 22. Februar 1979 wach. Nur mit blankem Neid bewundere ich das von A. Kühn und A. Zenkert entworfene Sonnenuhr-System, das 1977 in Dessau aufgestellt wurde (S. 208).

Einen Genuß besonderer Art verschafft mir das Buch »Leben ohne Rückfahrkarte« (1980, 3. Auflage), in dem der am 9. Juni 1920 geborene Verfasser seinen Werdegang anschaulich miterleben läßt. Ich kann der Versuchung einfach nicht widerstehen, seine Erlebnisse aus meiner Sicht zu ergänzen, zum Beispiel zu den Seiten:

10 – eine Karbid-Lampe am Fahrrad meines Vaters leuchtete auch mir dunkle Waldwege aus. Das Karbid (heute Carbid) erhielt ich von meinem Onkel Wilhelm zum Nulltarif. Ein dünner Draht zum Freilegen der Brennerbohrungen mußte nachts immer greifbar sein.

11 – Bleyle-Kleidung mochte ich nicht. Mein Großvater Wilhelm Ruhberg hatte ein Textilwarengeschäft. Sein Wettbewerber Wilhelm Jedicke, Markt 4, in Ilsenburg verkaufte auch Textilien, darunter solche von der Firma Bleyle. Anstandshalber war ich also gegen Bleyle, obwohl Bleyle-Erzeugnisse von bester Güte und sehr haltbar waren.

14 – Meine Reichsbahn hatte 1924 noch 4 Klassen. Als der Fahrschüler Becker 4. Klasse zum Reform-Realgymnasium nach Bad Harzburg fuhr, stiegen die Tanten auf die Barrikaden: »Was sollen bloß die Leute denken?« Gesellschaftliche Zwänge und ein Zuschuß vom Großvater verhalfen mir dann zu einer Schüler-Monatskarte 3. Klasse.

20 – W. G. wuchs an der Reichsstraße 5 auf – ich an der Reichsstraße 6, die von Cuxhaven über Hannover, Ilsenburg, Halle und Leipzig bis nach Breslau führte.

83 – Schiefertafel, Schiefergriffel und nasser Schwamm, der an der Tafel hing, gehörten auch zu meiner Ausrüstung. Die Fibel mit deutscher und lateinischer Schreibschrift besitze ich noch.

85 – Meine Haare wurden auch auf »Pony« getrimmt. Manchmal ähnelten sie mehr einer Pferdemähne.

105 – Der Zwickelerlaß des Reichskommissars Bracht von der katholischen Zentrumspartei kräftigte bei den meisten Oberprimanern 1932 die Auffassung, daß von einer Regierung, die in Notzeiten keine anderen Sorgen hat, nicht viel zu erwarten ist.

119 – Pulkowo erwähnte ich bereits im Jahre 1908. Unbekannt war mir, daß die Vorfahren des Astronomen Wilhelm Struve, der 1839 die Sternwarte Pulkowo bei Sankt Petersburg gründete, in Horst ansässig waren. Hier fällt mir eine Institutssitzung im ZIS um 1958 ein, in der von berufener Seite bemerkt wurde, daß viele bedeutende Männer den Vornamen Werner tragen. Ich finde es aber gar nicht schön, daß noch bedeutendere Männer andere Vornamen erhielten. Wohin kommen wir, wenn es keine umfriedeten Bezirke mehr gibt?

119 – »...Wunsch, Lokomotivführer zu werden...« Unter dem 18. Juli 1977 habe ich auch solche Anwandlungen erwähnt. Ich fand es herrlich, eine Lokomotive auf der Harzquerbahn zu führen.

127 – Mit 50 Pfennig Taschengeld in der Woche habe ich in Ilsenburg am Harz auch angefangen.

153 – »...Schüler zogen mit Schwung ihre farbigen Mützen...« Darauf legte ich besonderen Wert bei Ehefrauen und Witwen der Ilsenburger Honoratioren und zwar aus folgendem Grund: Bei einem Damen-Kränzchen gab die Frau unseres evangelischen Pfarrers ihrer Empörung Ausdruck, daß schon wieder Äpfel der wohlschmekkendsten Sorte aus dem Pfarrgarten entwendet worden wären. Der Kastellan habe genau gesehen, daß der Sohn von Lehrer Becker auch dabei gewesen wäre. Worauf die Damen einstimmig erwiderten: »Der kleine Becker? Das ist unmöglich! Der grüßt doch immer so freundlich und bescheiden.« Als mir das hinterbracht wurde, setzten wir Verdächtigten sofort das Gerücht in die Welt, der Kastellan sei schon ein paar Male auf die Nase gefallen, weil er so schlecht sehen könnte.

192 – »Gülde, wenn Du in China lebtest,...« Diese Frage des weisen Erziehers, Oberstudiendirektor Humpf in Elmshorn, erinnert mich an ein Gespräch 1949 in der

Sowjetunion. Ein Milizionär (Polizist) hatte einen Deutschen, der im Sommer mit kurzer Hose und nackten Beinen durch die Gegend spazierte, verwarnt und aufgefordert, die anstößige Kleidung durch eine lange Hose zu ersetzen. Einige von uns wandten ein, in Deutschland sei eine solche Bekleidung durchaus üblich, und uns würde zum Beispiel ungehörig erscheinen, daß russische Männer selbst in Moskau in Schlafanzügen auf der Straße zu sehen wären. Die höfliche Antwort der Russen: »In China spricht man chinesisch.«

197 – »...gingen die jungen Leute mittwochs, sonnabends und sonntags zum Tanz...« Wenn ich 1929 (siehe dort) an diesen Veranstaltungen in Ilsenburg und Umgebung nicht teilnehmen konnte, war der Weltuntergang nahe. Am Sonnabend war ich nachmittags und abends dabei – zwischen 18 und 19 Uhr trieb mich dann der Hunger zu einem kurzen Imbiß nach Hause. Am Sonntagabend blieb ich grundsätzlich daheim, am Montag sollten mir in der Schule nicht die Augen zufallen.

209 – Die Bettelsuppen-Geschichte hat mich tief beeindruckt – ich bin ja auch Lutheraner. »...Um einen mächtigen Tisch herum saßen ein Dutzend verlottert aussehender Gestalten und schlürften eine dünne Suppe aus Schüsseln...« »...Als er mir ein Stück Brot herüberreichte, fragte der Mönch: Du bist nicht von hier? Ich antwortete, ich sei aus Schleswig-Holstein und, weil ich ihn nicht betrügen wollte, auch gleich, ich sei protestantisch getauft. Komm mit, sagte der Mönch und öffnete die Tür zu einem Nebenzimmer. Dort mußte ich ihm Rede und Antwort über meine bisherigen Reisen stehen. Dann holte er ein Tablett mit Braten und kindskopfgroßen Semmelknödeln, die ich noch nie gegessen hatte. Ich dachte an den Bibelspruch (denn darin war ich stark): 'Über einen reuigen Sünder ist mehr Freude denn über tausend Gerechte' und ließ mir das Essen schmecken. Zum Abschluß erhielt ich 50 Pfennige und einen Segen...«

Nach meiner Ansicht ging an diesem Tage der Rom-Kirche ein Kardinal verloren.

240 – »...'Gilde, Sie sind Apriturent. Sie schaut die Dummheit auch aus die Augen heraus!', was ich mit einem lauten Gebrüll: 'Jawohl, Truppführer' pflichtgemäß beantwortete...«

Das erinnert mich an meine militärische Ausbildung in Halberstadt. Siehe 1938 – 13. August bis 15. Oktober.

263 – Zwei Trauzeugen für vier Zigaretten. Meine zweite Heirat in der Sowjetunion verlief in ähnlicher Kürze. Siehe 1947, 20. April.

Alles in allem – das »Leben ohne Rückfahrkarte« hat mir gefallen.

13.10. Am 13. Oktober besuchen meine Frau und ich in der spanischen Provinz Valencia die Höhlen von Uxó (Gruta de San José), deren Eingang 16 km nordnordwestlich vom Burgberg in Sagunt liegt, dessen iberische Festungsanlagen 219 v.Z. von den Karthagern unter Hannibal zerstört und 214 v.Z. von den Römern erobert wurden.

382 n.Z. hören wir erstmals von einer Zusammenarbeit der Westgoten mit den Römern. Nach vorübergehender Selbstständigkeit traten sie 415 n.Z. in Spanien unter ihrem König Wallia wieder in römische Dienste. 711 übernahmen die Mauren nach ihrem Sieg über die Westgoten bei Jerez de la Frontera (23 km nordöstlich Cadiz) die Herrschaft über die iberische Halbinsel.

Die Westgoten herrschten etwa 300 Jahre in den iberischen Gebieten am Mittelmeer. Diesem Zeitabschnitt widmet Honorio Garcia in seinem Buch »Notas para la Historia de Vall de Uxó« (erschienen 1982 in Vall de Uxó) nur anderthalb von 228 Seiten. Beachtenswert ist eine Fußnote auf Seite 56 über Untersuchungen des Arabisten Pascual Meneu zur Herkunft des Wortes »Uxó«. Meneu glaubt durch Dokumente bestätigt zu sehen, daß »Uxó« sich von dem lateinischen »Ostium« (Hafen) herleitet: durch Jotazierung (Erweichung des Mitlauts durch einen nachfolgenden Vorderzungen-Selbstlaut) des »t« vor dem »i« und die kastellanische Gepflogenheit »st« in »z« zu ändern, sei zunächst »uzó« entstanden und dann mit dem valencianischen »s«

das Wort »usó«; das Betonungszeichen auf dem »ó« ersetze das ausgefallene »m«. Garcia ist von dieser Deutung nicht überzeugt, weil während der Herrschaft der Muselmanen (Muslims) ganz andere Bezeichnungen üblich waren, nämlich Huxon, Huxo, Uxon, Uxo und weil während der arabischen Zeit der Ort »Xon« genannt wurde. So weit die spanische Literaturquelle und zurück zur Uxó-Höhle.
Als wir einen Teil des Höhlenflusses mit einem Boot befuhren, das der spanische Führer durch die zahlreichen Windungen stakte, wurden Erinnerungen an die Baumanns- und Hermanns-Höhlen bei Rübeland im Harz wachgerufen und an die Adelsberger Grotte (Postojna in Slowenien), die ähnliche Felsbildungen, Stalagtiten und Stalagmiten aufweisen.
Beeindruckend in der Uxó-Höhle ist die »Maske«, eine gesichtsähnliche Felsbildung an der Höhlendecke, die auch den Westgoten nicht verborgen geblieben sein dürfte. Hier drängt sich förmlich auf, daß ihre Priester in dieser Höhle die Quellgottheit Ux verehrten wie sie es aus der Ostsee-Heimat gewöhnt waren. Vergessen wir nicht, daß noch im Jahre 1407 im Tal der Ecker am Nordharz eine Sägemühle »bi dem uxhole« genannt wird (Siehe Angaben zum Jahre 1725). Lautlich besteht zwischen »uxhol« und »uxó« kaum ein Unterschied.
Garcia erwähnt in seiner spanischen Abhandlung die Westgoten (los visigodos) auf Seite 33 nur mit ein paar Zeilen, von Aufzeichnungen in gotischer Sprache lesen wir nichts. Gotische Ortsbenennungen sind vermutlich nur mündlich überliefert. Dieser Gedankengang spricht dafür, daß in der heutigen Ortsbezeichnung »Uxó« der Name der nordgermanischen Quellgottheit »Ux« erhalten blieb.
Der unterirdische Fluß San José durchzieht im Bereich der bis 1405 Meter aufsteigenden Sierra de Espadán das Gebirgsmassiv bis zum Mittelmeer. Er ist auch 11 km nordwestlich der Uxó-Höhle zugänglich durch die Ahín-Höhle (Covatella de Ahín) in 495 Meter Höhe. Der bei Vall de Uxó (vallis= Tal= vallée) mit Booten befahrbare Teil des Höhlenflusses ist nur ein winziges Stück des Flußlaufs durch die Unterwelt. Ein Teil des Wassers scheint in den Rio Belcaire (arabisch Abu-l-Qa id) zu fließen.
Im Jahre 1928 entdeckte der Maler Juan Bautista Porcar in der Uxó-Höhle Funde aus der Zeit der Iberer um 300 v.Z.

Lebensdaten meiner Ahnen zwischen den Ereignissen ihrer Zeit

1542 bis 1913

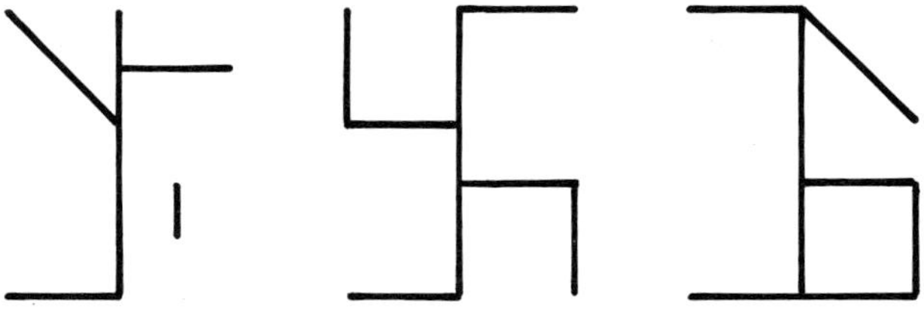

1541 Türken besetzen Teile Ungarns, darunter auch die Festung Ofen, den rechts der Donau gelegenen Stadtteil von Budapest. Süleiman (Soliman) II. (geb. 6. 11. 1494), genannt der Große, hatte 1529 Wien vergeblich belagert. Dafür mußten im ganzen Römischen Reich Deutscher Nation Steuern für die Kriegsführung bezahlt werden.

1542 Ahn 4864, Jacob Förster, Ahn 7136, Curd Meves und Ahn 9792, Lorentz Diedrich müssen in Fegstit (jetzt DDR-3701 Veckenstedt)Türkensteuer zahlen.
Deutsche Heere unter Kaiser Karl V. besiegen 1542 in Italien französische Heere unter Franz I.
In Basel gibt der Buchdrucker und Gelehrte Johannes Herbster (Oporinus) 1542 mit Unterstützung durch Dr. Martin Luther eine lateinische Übersetzung des Korans heraus, was ihm wütende Angriffe der Romkirche einbringt.
Unter Papst Paul III. wird 1542 die Kongregation für die römische und allgemeine Inquisition der häretischen Verkehrtheit gegründet, die bis 1908 diese Benennung behält. Seit 1215 war es Hauptaufgabe der katholischen Bischöfe, Ketzer aufzuspüren und zu bestrafen. Im Brockhaus Konversations-Lexikon 1902, 9. Band, S. 622 wird dazu berichtet: »Die Namen der Ankläger und Zeugen wurden den Angeklagten verheimlicht; als Zeugen wurden Gläubige und Ungläubige, ja selbst Meineidige und Verbrecher zugelassen...« Woher mögen die Prozesse 1946 in Nürnberg, bei denen ja auch viele Verbrecher anwesend waren, ihr Vorbild bezogen haben?
In England läßt Heinrich VIII., der von 1509 bis 1547 regierte, 1542 seine 5. Gattin Katharina Howard hinrichten.
In Spanien regiert Philipp II. (geb. 1527, gest. 1598). Er verliert seine berühmte Flotte »Armada« und die protestantischen Nordprovinzen der Niederlande.
In Indien wird der spätere Kaiser Akbar geboren (gest. 1605). Er schuf eine die Weltreligionen umfassende freie Gläubigkeit.
Calvin (geb. 1509, gest. 1564) führt in der Schweiz eine geschlossene reformierte Kirchenlehre gegen die katholische Kirche ein.
Vermutlich in Goslar wird eine der ältesten Harzkarten für die Gegend um Goslar und Harzburg hergestellt. Sie dient der Festlegung der Grenzen für neue Besitzaufteilungen, die sich nach der Vertreibung des katholischen Herzogs Heinrich des Jüngeren aus Wolfenbüttel durch den Schmalkaldischen Bund ergeben hatten.
Vulpius stellt einen Erdglobus her, der den Wikingern nützliche Dienste leistet. Wenig bekannt ist, daß ein Teil der brasilianischen Küste nördlich von Bahia als Costa Danea (Dänische Küste) bezeichnet wurde, den Seefahrern also schon lange unter diesem Namen bekannt sein mußte. Seit 1250 fuhren Schiffe der Normannen regelmäßig über den Ozean und holten vom Amazonas das begehrte Brasil-Holz. Diese unter strengster Geheimhaltung durchgeführten Fahrten werden durch Zolltariflisten der französischen Küstenstädte Dieppe, Caën und Honfleur belegt.
In Schweden beseitigt König Gustav Wasa (1496/1560) die kirchliche und weltliche Macht der katholischen Geistlichkeit, zieht den kirchlichen Besitz ein und reformiert Schweden.

1543 hieß der heute Veckenstedt (DDR-3701) genannte Ort »Fegstit«. Wie änderte sich dieser Ortsname im Laufe der Jahrhunderte?

1040	Vakenstid	1490	Veckenstidde
1129	Vakenstidde	1518	Feckenstedi
1269	Vakenstede	1524	Fekenstet
1298	Vekkenstede	1528	Fekenstidde
1325	Vekenstede	1567	Feckenstedt
1486	Vedekenstete	1597	Fechtenstedt

Am 24. Mai stirbt Nikolaus Kopernikus in Frauenburg in Ostpreußen. Der deutsche Naturwissenschaftler blickt auf ein arbeitsreiches Leben zurück. Er kennt die Praktiken der

Romkirche und wagt nicht sein heliozentrisches Weltbild zu Lebzeiten zu veröffentlichen. Sein im Todesjahr im protestantischen Nürnberg erscheinendes Hauptwerk wird von den Rom-Kardinälen bis 1757 auf den Index librorum prohibitorum verbannt. Kein gläubiger Katholik darf solch Teufelswerk lesen – es lebe die Volksverdummung!

1546 Der Erzbischof von Magdeburg bestätigt den Grafen von Stolberg-Wernigerode, daß sie seit 1450 die Erbschutzherren des Klosters Ilsenburg sind. Große Bedeutung dürfte dieser Bestätigung nicht mehr zugekommen sein, denn am 1. Mai 1525 war das Kloster von den Bauern erstürmt und weitgehend zerstört worden. Und 1547, als Dietrich Meppes zum Abt gewählt wurde, waren nur noch 3 Insassen im Kloster.
In Fegstit (Veckenstedt) wird die Schützenbruderschaft gegründet. Graf Wolfgang von Stolberg überläßt den Veckenstedtern mit seiner Bestätitgung auch ein Schützengras. Fünf und ein halb Morgen lagen im Tie, der alten Versammlungsstätte der Gemeinde. Der Anger zu beiden Seiten des Weges zum Schießplatz gehörte auch den Schützen.

1547 bis **1560** bemüht sich Abt Dietrich Meppes (Meppis) um die Einrichtung des evangelischen Pfarrsystems in Ilsenburg. Sein Nachfolger Henning Ditmar (1560 bis 1572) vollendet die Umstellung.
Am 24. April erleiden die evangelischen Heere unter Kurfürst Johann Friedrich von Sachsen auf der Lochauer Heide bei Wittenberg eine schwere Niederlage. Sie werden von dem berüchtigten Herzog Alba, dem Unterdrücker der Niederlande, im Dienste des katholischen Kaisers Karl V. besiegt. Damit scheitern die im Schmalkaldischen Bund zusammengeschlossenen evangelischen Fürsten mit ihrem Plan, Deutschland im evangelischen Glauben zu einigen.

1548 schließt Graf Wolfgang von Stolberg mit dem Gesandten des Zaren Iwan IV. (Zar seit 1547) Verträge ab, die die Ausfuhr und Einfuhr von Waren zwischen Rußland und der Grafschaft Wernigerode regeln. Die Ilsenburger Hüttenwerke haben zu dieser Zeit schon einen guten Ruf am Zarenhof.
In Nola bei Neapel erblickt Giordano Bruno das Licht einer für ihn verderblichen Welt. Als »erster monistischer Philosoph der neueren Völker« – wie ihn W. Dilthey nennt – fußt er auf der pythagoräischen Lehre des Kopernikus. Das nehmen ihm seine Dominikaner sehr übel. Aber er beeindruckt später Leibniz, Spinoza und Goethe. Seine zukunftsweisenden Gedanken ziehen ihm den Haß der Rom-Pfaffen zu, die ihn durch Italien, Frankreich, England und Deutschland (Helmstedt) verfolgen. Ein Richterkollegium der Inquisition läßt ihn nach siebenjähriger Gefangenschaft am 17. Februar 1600 in Rom auf dem Scheiterhaufen lebendig verbrennen. Ad maiorem Dei gloriam – und zum vermeintlichen Nutzen seines Stellvertreters in Rom.

1549 Im Kloster und im Ort Ilsenburg wird die Reformation mit Abt und Konvent durchgeführt. 1532 hatten die Mönche bereits das Ordensgewand abgelegt und sich vom fremdländischen, römischen Wesen befreit.

1552 Die Goslarer haben in diesem Jahr allerhand Ärger. Über ihre Stadt ist die Reichsacht verhängt, und Herzog Heinrich von Braunschweig-Wolfenbüttel zwingt sie zur Unterwerfung. Wer vereinnahmt nun das Silber und Gold vom Rammelsberg?
Der Bischof Bartolomé de Las Casas (geb. 1474, gest. 1566) verfaßt ein Schreiben »Kurzgefaßter Bericht von der Verwüstung der Westindischen Länder«. Daraus sei die Übersetzung wörtlich zitiert:...»Wir können hier als gewisse und wahrhafte Tatsache anführen, daß in obgedachten vierzig Jahren durch das erwähnte tyrannische und teuflische Verfahren der Christen, mehr als zwölf Millionen Männer, Weiber und Kinder auf die ruchloseste und grausamste Art zur Schlachtbank geführt wurden...« An anderer Stelle heißt es: »... Sie machten auch breite Galgen...hingen zu Ehren und zur Verherrlichung des Erlösers und der Zwölf Apostel je dreizehn und dreizehn Indianer an jeden derselben, legten dann Holz und Feuer darunter, und verbrannten sie alle lebendig...« –Amen.–
In Basel stirbt 1552 der 1488 in Ingelheim (D-6507) geborene Sebastian Münster, Professor, deutsch-evangelischer Reformator, berühmter Kosmograph, Herausgeber der ersten

vollständigen Ausgabe der hebräischen Bibel. Seine 1544 in Basel herausgegebene »Basler Cosmographey (Cosmographia universalis)« enthält folgenden Satz: »Wandalen, wo man jetzt Wenden nennt, haben vorzeitig gewohnt bei dem Mitnächtigen Meer und sind ganz mächtig gewesen, aber nachmals sind sie von den Sachsen gedempt worden und zu einem guten Teil hindersich vom Meer getrieben, wie sie dann noch ein Ländlein innehaben – und die Wenden genannt werden.«
Hierzu einige Erläuterungen:
1) Mitnächtiges Meer= Ostsee;
2) gedempt = gezähmt, gewaltsam zum Christentum bekehrt;
3) Ländlein = spätere Grafschaften Lüchow und Dannenberg, die heutigen »Hannoverschen Wendlande« zwischen Elbe und Jaetze.

1555 Am 4. September wird die Brüderschaft der Büchsenschützen »buxenschützen tzu Ilsebork« durch die Gesellschaft des Ilsenburger Handels gegründet. Warum? Man war vom katholischen Kloster wirtschaftlich unabhängig geworden und hatte einen ausgedehnten Handel gegen räuberische Überfälle zu schützen.
Das Gräflich-Stolbergische Konsistorium veranlaßt eine Generalvisitation des Klosters Ilsenburg durch Superintendent Aemilius, der mit Dr. Martin Luther verwandt ist. Jetzt hat die Gemeinde Ilsenburg einen Pfarrer und Seelsorger an Stelle des früheren Abtes im Kloster.
In Derenburg (jetzt DDR-3722), 15 km östlich Ilsenburg, werden drei Hexen verbrannt. 1540 waren es in Elbingerode (jetzt DDR-3703), 14 km südöstlich Ilsenburg, vier Frauen gewesen, die man zu Hexen erklärt und auf den Scheiterhaufen gebracht hatte.
Im Augsburger Religionsfrieden erringen die evangelischen Länder und Reichsstädte zwar die freie Religionsausübung, aber der Wunsch nach einem von Rom unabhängigen, im Glauben geeinten Deutschland bleibt noch unerfüllt.
Ahn 4896, Andreas Diedrich, kommt 1555 auf die Welt. Am 7. November 1639 stirbt er in Veckenstedt.

1557 Graf Heinrich von Stolberg heiratet, nachdem er zum evangelischen Bekenntnis übergetreten ist, Gräfin Elisabeth von Gleichen. Bemerkenswert hierbei ist, daß der in katholischer Umgebung aufgewachsene Graf Heinrich es bis zur hohen geistlichen Würde des Dechanten im Domkapitel zu Köln gebracht hatte. Das war eine der höchsten Stellen im Deutschen Reich – nach der eines Erzbischofs und Kurfürsten.

1558 Die Marienkirche zu Ilsenburg erhält Emporen, seitliche hölzerne Obergeschosse, auch Priechen genannt. Diese Platzerweiterung kommt der Orgel, dem Kirchenchor und den Kirchgängern zugute, die unten in der Kirche keinen Platz mehr finden. 370 Jahre später saß ich nach meiner Konfirmation gern auf der Empore. Martin Hundertmark trat die Bälge der Orgel, damit dem Organisten nicht die Luft ausging.
In Wernigerode wird noch Weinbau betrieben. Die Qualität der Reben wird allerdings recht herbe beurteilt, weil ihr Saft mehr dem Essig als dem Wein zuneige.

1559 In Harzburg soll am Tage St. Bartholomäi (24. August) ein neues Salzwerk entdeckt worden sein. Nach anderen Quellen ist es der versiegte »Juliushall«, der wieder zu sprudeln begann.

1560 Herr Stoltz, Kartograph aus Siegen, beansprucht der erste Besteiger des Brockens zu sein – wahrscheinlich nach Erfindung der Buchdruckerkunst.

1564 Das Bistum Halberstadt führt in Abbenrode (jetzt DDR-3701) und Schauen (jetzt DDR-3601) eine Kirchenvisitation durch; 1589 auch in Stapelburg, wo sich 48 Stapelburger von der Kirche 100 fl. (Gulden) geborgt hatten und dafür an Zinsen 7 Gulden und 4 Groschen = 7,2 % zahlen mußten. (1 Gulden = 20 Groschen)

1565 Ogier Ghislain de Busbecq (1522 bis 1570) ist Gesandter in Konstantinopel. Bei seinen Schriftforschungen gelingt es ihm am Nordufer des Schwarzmeeres noch gotische Sprachreste der Krim-Goten aufzuzeichnen.

1566 Ahn 1780, Valentin Bolmann und Ahn 2432, Thomas Förster geboren.
In Ilsenburg wird das evangelische Pfarrhaus erbaut. Dessen großen Garten rechts der Ilse lernte ich 354 Jahre später schätzen. Die Erträge vieler prächtiger Obstbäume und einiger Walnußbäume standen nur dem Pfarrer zu. Während der Erntezeit war es aber auch möglich, vom Flußbett der Ilse her unbemerkt in diese Gefilde einzudringen.
Diego de Landa verfaßt einen Bericht über die Ereignisse in Yucatan »Relación de las cosas de Yucatan«. C. W. Ceram schreibt 1949 in »Götter, Gräber und Gelehrte«, S. 500: »...Don Juan de Zumárraga, erster Erzbischof von Mexiko, vernichtete in einem gigantischen Autodafé jedes erreichbare Schriftstück, die Bischöfe und Priester ahmten ihn nach, und die Soldaten vernichteten mit nicht geringerem Eifer, was übriggeblieben war.«
Solch totale Schrifttumvernichtung ist unabdingbare Voraussetzung für jede erfolgreiche Geschichtsfälschung. Zumárraga war Angehöriger des Franziskaner-Ordens, wurde vor 1478 geboren und starb am 3.6. 1548. Was lesen wir nun über ihn in der Brockhaus Enzyklopädie 1974, 20. Band, S. 758, u.a.: »...ein erfolgreicher Verteidiger indianischer Rechte...« Weiß der Leser nun, was Geschichtsfälschung ist?
Die Bayerische Chronik von Turmair erscheint im Druck. In ihr wird die Schlacht am Nedao, einem Bach rechts der Donau im heutigen Ungarn beschrieben. Am Nedao kämpften im Jahre 454 Gebiden + Eruler + Rugier + Sweben + Skiren gegen Hunnen + Ostrogoten + Rugier + Skiren + Sarmaten. Die Hunnen und ihre Verbündeten wurden vernichtend geschlagen.

1567 Am 28. Mai wird Ilsenburg als evangelische Gemeinde und Pfarre durch einen Stiftungsbrief des Abtes Henning Ditmar bestätigt. Die Pfarrstelle wird ausgestattet mit dem Zehnten am Neuen Turm, einem Garten für das zu bauende Pfarrhaus und mit Getreidelieferungen von 2 Bauern aus Wasserleben. Die auf dem Hof Nr. 129 in Wasserleben liegende Pflicht soll 1914 gelöscht worden sein, wie mein Vater am Rande eines Zeitungsausschnittes von 1930 vermerkte.

1569 Fast der ganze Ort Blankenburg (jetzt DDR-3720) brennt ab. 10 Jahre vorher war der größte Teil von Hasselfelde (jetzt DDR-3723) eingeäschert worden.

1570 Östlich von Helgoland sind bei Ebbe noch Ruinen von 7 Kirchen zu erkennen – Reste der großen Manndränke von 1362.

1571 Ahn 1736, Andreas Berkhan, wird 1571 geboren; er stirbt am 25. November 1649 in Veckenstedt.

1572 In Ilsenburg erlischt »Abt« als Titel der katholischen Epoche.

1573 Bei Ilsenburg wird ein Bär gefangen und zu einer Bärenhetze in einem Gatter gehalten.
Beim Torfhaus unter dem Brocken wird Torf gegraben. Die Arbeiten werden bald eingestellt und erst 1714 wieder aufgenommen. Seit 1573 wird der Platz »Torfhaus« genannt.
Die Lemberger Bibel erscheint in 2. Ausgabe, aus der viele Germanismen der 1. Ausgabe entfernt sind. Vor allem der Adel treibt dazu an, daß Reste der gotischen Mundart polonisiert werden, z.B. wird »schinden« zu »szyndowác«.

1574 Ahn Nr. 3580, Thomas Förster, ist 8 Jahre alt.
Am 17. Oktober verkauft Graf Ulrich von Stolberg den Abteiberg aus dem Forstbesitz des Klosters Ilsenburg an Kurt Pipengrod, Bürger in Wernigerode, für 280 Gulden – also zu einem Spottpreis. Am 20. 11. 1590 Weiterverkauf an den Rat der Stadt Halberstadt, die den Abteiberg 72 Jahre behielt. Seit dieser Zeit heißt er Halberstädter Berg.
In Ilsenburg läßt ein Hüttenfaktor eine Ziegelhütte bauen. Er will die Bedachung der Gebäude mit Stroh oder Schindeln durch Tonziegel ersetzen und damit die verheerenden Feuersbrünste eindämmen.

1576 Ahn 2546, Joachim Heyer, wird in Veckenstedt geboren.

1577 In Quedlinburg werden am Aufgang zum Schloß zwei Tafeln mit lateinischen Inschriften angebracht. Diese wie andere Hausinschriften zitieren meist Sprüche der Bibel, von denen der Veranlasser wohl eine Schutzwirkung erwartet.

Der Stadtphysikus Johann Thal streift 8 km östlich von Nordhausen am Alten Stolberg umher und entdeckt das Gipskraut (Gypsophila) der Familie der Nelkengewächse. Das Sickerwasser hat hier viele Höhlen aus dem Gips gelöst: z.B. die berühmte Heimkehle bei Uftrungen (jetzt DDR-4711) und das Försterloch bei Steigerthal (jetzt DDR-5501).

1578 »de Husman« = Hausmannsklippe im Eckertal wird erstmals erwähnt. Die Felsgruppe liegt 3,5 km östlich Bad Harzburg und 4,5 km westsüdwestlich Schloß Ilsenburg. Sie war ab 1923 oft mein Kletterziel. An der unteren Felsgruppe lassen eingehauene Balkenauflagen vermuten, daß dort ein Wachtposten für die rechts der Ecker gelegene Ahlsburg bestand. Im Verzeichnis der Berge und Täler des Amtes Harzburg wird die Oßburg erwähnt. Der Burgwall liegt zwischen Radau und Ecker 0,2 km westlich vom Molkenhaus, 2,0 km südlich Bad Harzburg, 7 km westsüdwestlich Schloß Ilsenburg. Das Walloval mißt etwa 65 x 48 m und umschließt die Hassel-Quelle, die seit 1931 als Planschbecken dient.
In diesem Jahr spricht man noch vom »Warbergk«, 1699 = Bauerochsenberg, jetzt Wartenberg (590 m) im Harzgau zwischen Radau und Ecker. Erkennbar ist ein runder Ringwall. Vom Gipfel hervorragende Sicht nach der Großen Harzburg und nach Burg Wernigerode – wichtig für die Grafen von Wernigerode, die von 1269 bis 1370 auf der Großen Harzburg herrschten.

1579 Ahnin 1265, Anna, die Frau von Valentin Bolmann wird geboren; sie stirbt am 29. Juni 1663 in Veckenstedt. Im damaligen Feckenstedt leben 407 Personen, in Wasserleben 583 und in Ilsenburg nur 292.

1580 bis **1597** trägt Faktor Peter Engelbrecht entscheidend dazu bei, daß die Ilsenburger Hütte in Europa bekannt und geschätzt wird.
Ahnin 2545, Elisabeth Schneider, wird geboren; sie stirbt am 27. April 1665 in Veckenstedt.
Ahn 1774, Joachim Förster, wird 1580 geboren; am 8. Juli 1632 heiratet er seine zweite Frau Anna Lüddecke; am 10. Juli 1640 stirbt er in Veckenstedt.

1581 Die Klosterstiftung Ilsenburg geht ganz in die Hände der Grafen zu Stolberg über.

1582 Der mangelhafte Julianische Kalender wird durch den Gregorianischen Kalender abgelöst, der heute noch gültig ist.
Ahn 2544, Stephen Schrader, wird 1582 geboren; er stirbt am 6. April 1667 in Veckenstedt.

1584 Ahn 2536, Hans Bänecke, wird 1584 geboren; er stirbt am 22. August 1647 in Veckenstedt.

1587 Ahn 2448, Heinrich Diedrich, wird 1587 geboren. Er stirbt am 16. März 1664 in Veckenstedt.

1588 Der Arzt Johannes Thalius aus Nordhausen (unser Johann Thal von 1577) veröffentlicht eine Arbeit über die Botanik des Harzes. Auf seinen Streifzügen hat er auch den Brokken besucht.

1589 Ahnin 1181, Catharina Bormann, wird 1589 geboren; sie stirbt am 8. Juni 1669 in Veckenstedt.
Ahnin 2449, die spätere Frau von Heinrich Diedrich, wird 1589 geboren; sie stirbt am 7. Mai 1649 in Veckenstedt.

1590 Herzog Heinrich Julius von Braunschweig läßt einen befahrbaren Weg von Ilsenburg bis zur halben Höhe des Brockens anlegen. Seine aus Dänemark gebürtige Gemahlin sah bei schönem Wetter von ihrer Residenz in Wolfenbüttel in blauer Ferne das Harzgebirge mit seinem Blocksberg schimmern. Sie wollte ihre braunschweigischen Lande gern einmal von dem 40 km entfernten höchsten Gipfel überschauen. Dieser Bohlweg war zur Mitte des 17. Jahrhunderts schon wieder zugewachsen und dürfte sich vermutlich bis unter die Zeterklippen erstreckt haben.

1591 Herzog Heinrich Julius erscheint mit der Herzogin in Ilsenburg und setzt die Reise in Richtung Brocken fort. Für den Bohlweg im oberen Ilsetal waren 1100 starke Fichtenstämme verbaut worden.

1593 Ahnin 1765, Agneta Eckermeyer, wird 1593 geboren; sie stirbt am 24. November 1664 in Veckenstedt.

1594 Ahn 1270, Hans Ruhe, wird 1594 geboren; er stirbt am 14. November 1658 in Veckenstedt.

1596 Das Haus Stapelburg wird von Christoph Sigismund von Bila, der in Dessau ansässig war, an Statius (Statz) von Münchhausen für 45000 Reichsthaler verkauft. Dieser Statz ist zu seiner Zeit als Spekulant und schwerreicher Mann berühmt-berüchtigt.
Ahnin 2537, die spätere Frau von Hans Bänecke, wird 1596 geboren; sie stirbt am 29. November 1654.

1597 In Wernigerode werden drei Frauen als Hexen bezichtigt und auf dem Galgenberg lebendig verbrannt. Die evangelischen Geistlichen haben sich anscheinend noch nicht von katholischen Wahnvorstellungen lösen können. In der Grafschaft Wernigerrode wurden die Hexenprozesse erst zwischen 1631 und 1638 endgültig verboten, als Graf Christoph II. regierte.

1598 Ahn1164, Christian Bartling, wird 1598 geboren; er stirbt am 15. Dezember 1666 in Veckenstedt.
Ahn 1764, Jürgen Block, wird 1598 geboren; er stirbt am 9. Juni 1668 in Veckenstedt.
Ahnin 2547, Ilsabee Strube, wird 1598 geboren; sie stirbt am 3. Januar 1665 in Veckenstedt.

1599 Ahn 864, Andreas Bolmann, wird 1599 geboren; er stirbt am 2. Juli 1683 in Veckenstedt.
Ahn 1790, Jacob Förster, wird 1599 geboren; er stirbt am 2. August 1655 in Veckenstedt.

1600 In Lübeck veröffentlicht Laurentz Albrecht sein Werk »Wandaliae Crantzii oder Wendischer Geschichte Beschreibung«. Auf Seite 227 schreibt er:
»Denn ob wol der grund vnd boden Wendisch/ist doch der Wendische Namen bey ihren Einkömmlingen/den Sachsen dermassen verhasset/daß sie in ihren Zunfften vnd Gesellschafften keinen leiden/der nicht von teutschen Eltern geborn/ja es müssens diejenigen bei ihrem Eydt erhalten/die sie darein nemen. Woran der Wendischen Nation eine große Schmach beschiht/die ihres Vaterlandes verstossen/also in der irre leben vnd ihrer Geburts Städte beraubt sein... Warum wolt man sich aber des Wendischen ursprungs schemen/da doch dieser völcker vorfahren so mechtige thaten in Franckreich/Hispanien vnd Africa verrichtet.«
(Anzeiger der Notverwaltung des Deutschen Ostens 12 (1983) Nr. 4, Juli/August, S. 19, Quelle 38) Siehe Angaben zum Jahre 1768.
Ahn 1784, Curd Meves, wird 1600 geboren; er stirbt am 17. Trinitatis 1675 in Veckenstedt.
In England gibt es noch die altenglischen Holzkalender (clogs) mit dem uralten Jul-Sinnzeichen: Axt mit gespaltenem Jahr.
Auf der Krim am Schwarzmeer sprechen Reste der Ostgoten noch gotisch.
Der Wiener Geschichtsschreiber Lazius erwähnt Lieder des Landvolks, in denen der Kampf in der und um die Etzelburg besungen wird. Auf Anstiften seiner Tochter Chrymhild (Jordanes nennt sie Ildico = Hildchen), der letzten germanischen Frau des Attila, vernichtet Ardarik mit seinen germanischen Gebiden das Hunnenreich. Bei N. Olahus, dem ungarischen Geschichtsschreiber, ist 1690 nachzulesen, daß Kreinheiltz (Kriemhild) die Tochter eines bayrischen Herzogs war.

1602 Ahn 1182, Jacob Braunß, wird geboren; er stirbt am 16. Septemer 1691 in Veckenstedt.
Ahn 1216, Gottschalk Förster, wird geboren; er stirbt am 3. Februar 1678 in Veckenstedt.

1603 Ahnin 1165, Gese Ruhe, wird geboren; sie stirbt am 13. November 1664 in Veckenstedt.
In Ilsenburg ist ein Gehöft unter dem Dammteich (Forellenteich) im Besitz der Familie Punier, die im 30 Jahre-Krieg nach Aussage der Kontributionslisten kräftig zur Kasse gebeten wird. Dieser Familienname ist aus dem Amt des Gerichtsherrn entstanden, das ein Vor-

fahr einst ausgeübt hat. Als Zeichen seiner Würde trug der Gerichtsherr einen Dolch (ponnier).

Am 7. April wird zu Lamspringe (jetzt D-3206), 46 km westnordwestlich Ilsenburg, Henricus Burchtorff geboren. Nach vorhandenen Urkunden darf angenommen werden, daß das Geschlecht de Borchtorp seit 1146 in der Nähe von Goslar ansässig war. Nach sorgfältiger Ausbildung erhält Henricus 1623 eine Domherrenstelle in Goslar. Die Bezüge des Domherrn werden aber durch den 30 Jahre-Krieg von ihrer einst beachtlichen Höhe laufend verringert. 1631 erneuert Henricus die Pacht des wahrscheinlich zu abgelegenen Gutes Winzenburg nicht, sondern pachtet das Gut Wiedelah (jetzt DDR-3387 Vienenburg 1), 11 km nordnordwestlich Schloß Ilsenburg. In seinem neuen Wohnsitz wird er aber wenige Monate später völlig ausgeplündert, zieht wieder nach Goslar und übernimmt die Verwaltung des Stifts. Als 1634 seine Schwiegermutter stirbt, hinterläßt sie ihm im Gebiet von Wernigerode beachtliche Liegenschaften.

Für Goslar führt er häufig diplomatische Missionen durch. Das bringt ihm 1640 in Halberstadt fünf Wochen Arrest ein, wo der schwedische Generalkriegskommissar Gregerson schaltet und waltet. 1649 überträgt der Kurfürst zu Köln dem Protestanten Henricus Burchtorff die Oberamtmannschaft über sämtliche, meist katholische, Ämter des Stiftes Hildesheim. Am 10. Juni 1657 stirbt Henricus in Goslar – ein Mann, der vielfältig in die Geschichte des westlchen Vorharzes eingegriffen hat.

1604 Ahn 632, Heinrich Bolmann, wird geboren; er vermählt sich am 29. Oktober 1649 mit Margarethe Bartling; er stirbt am 16. Dezember 1688.

Ahnin 1785, Christina Hoppe, wird geboren und stirbt am 15. März 1672.

Ahn 3568, Hans Meves, pachtet 1604 den Kirchenacker in Veckenstedt.

1606 Ahn 576, Sebastian Bormann, wird geboren. Er vermählt sich am 1. Mai 1631 mit Anna Bielstein und wird 1640 Bürgermeister von Veckenstedt. Er stirbt dort am 9. Mai 1666.

Ahn 1166, Hans Horny, wird geboren. Er vermählt sich am 4. März 1633 mit Maria Ohlendorf und stirbt am 17. Juni 1666 in Veckenstedt.

Ahnin 1183, Catharina von Hoff, wird geboren; sie stirbt am 13. Januar 1664 in Veckenstedt.

1607 Ahn 1180, Andreas Berkhan, wird geboren. Am 5. März 1663 stirbt er in Veckenstedt.

Ahnin 1217, Magdalene Hoppe, wird geboren, heiratet vor 1630 Gottschalk Förster und stirbt in Veckenstedt am 11. März 1667.

Ahn 1218, Andreas Abel, wird geboren, vermählt sich am 29. Oktober 1638 mit Anna Schlüter und stirbt am 31. August 1682 in Veckenstedt. 1647 war er Kirchenvorsteher.

1608 Ahnin 1775, Anna Lüddecke, wird geboren. Sie stirbt am 24. März 1683 in Veckenstedt.

Ahnin 1791, Maria Fahlberg, wird geboren. Sie stirbt am 9. Februar 1653 in Veckenstedt.

1609 Graf Heinrich von Stolberg baut das Kloster Ilsenburg für sich und als Witwensitz aus. Es entstehen herrschaftliche Räume und eine Rüstkammer. Die Gemeinde Ilsenburg erhält ein eigenes Siegel für Urkunden, Verträge und ähnliche Anlässe.

1611 Ahnhin 577, Anna Bielstein, wird geboren; sie stirbt am 28.Mai 1674 in Veckenstedt.

In Wernigerode wird die Frau des Fischmeisters Krätzschmar als Hexe verbrannt. Die evangelischen Geistlichen wollen sich anscheinend von ihren katholischen Amtsbrüdern keine Schwächeanfälle nachsagen lassen.

1614 Bären im Harz sind noch keine Mangelware. Das Rind eines Ilsenburgers wird von einem Bären gerissen. Das Todesurteil für Bären war aber schon viel früher gesprochen worden. Im Sachsenspiegel, der 1224 bis 1235 auf dem Falkenstein im Selketal entstanden sein soll, wird für den Reichsbannforst Harz den wilden Tieren Frieden bei Königsbann versprochen – aber nicht den Bären, Wölfen und Füchsen. 1705 wird am Brocken wahrscheinlich der letzte Bär erlegt.

1615 Am 23. Juni erhalten die Ilsenburger eine Einladung zum Schützenhof in Goslar. Es ist im Harzgau schon bekannt, daß sie gut mit Waffen umgehen können. Das Schreiben beginnt: »Denen Ehrnvesten Wolweisen vnd Fürsichtigen Herrn Bürgermeistere v. Schatt zu Ilsenburgh Entbieten Wir Bürgermeistere vnd Rath dero Kayserlichen Freyen vnd des heiligen Reichs Stadt Goslar vnseren Gruß, willige Dienste,vnd alles gutes, vnd fügen denselben hiemit zu wissen...«

1617 In Clausthal wird die Münze gegründet, die bis zum Juli 1849 Münzen aus Harzer Gold und Silber prägte.
Ahnin 1167, Maria Ohlendorf, wird geboren; sie stirbt am 14. Mai 1669 in Veckenstedt.

1618 Der 30 Jahre-Krieg beginnt. Seine Länge wird entscheidend beeinflußt durch die katholische Rom-Kurie, die die im Augsburger Religionsfrieden (1555) wesentlich beschnittene Macht durch die Gegenreformation wieder auf beherrschende Höhe bringen will. Er ist der zweite seiner Art. Der erste 30 Jahre-Krieg von 772 bis etwa 802 hat die Unterwerfung der heidnischen Sachsen zum Ziel und zeigt auch damals die Rom-Kurie als geistlichen Lenker der kaiserlichen Gewalt. Der dritte 30 Jahre-Krieg von 1914 bis 1944 bezweckt die Ausschaltung des Wettbewerbers Europa zugunsten der Milliardäre in den USA.

1619 Der Spekulant Statz von Münchhausen (siehe 1596) gerät in Zahlungsschwierigkeiten, in die auch die Grafen von Wernigerode verwickelt werden, weil sie ihm 27000 Reichsthaler schulden. Vor Ablauf des Konkurses im April 1625 vergleicht sich der Spekulant heimlich mit dem Domkapitel in Halberstadt, das gegen eine bestimmte Zahlung die Stapelburg erhält. Der damalige Berichter vermerkt: »Die Burg kam von einem ungerechten Besitzer an den andern.« Gegen diese Machenschaften erheben die Grafen von Wernigerode beim Kaiserlichen Kammergericht in Speyer vergeblich Einspruch.
Ahn 616, Joachim Wagenführ, wird geboren. Er vermählt sich am 15. Mai 1649 mit Margarethe Bernigeroth und stirbt am 3. Februar 1700.

1620 Der Ringwall Eydssenburg über Ilsenburg am Maitzenkopf in 570 m Höhe, 4 km südsüdwestlich von Eckerkrug, dient als Zuflucht für Mensch und Vieh.
Die Siedlung Altenau, 17 km südwestlich Schloß Ilsenburg, wird zur Stadt erhoben, weil dort Silbererze gefördert werden. Die Münze von Altenau prägt Wildemannstaler und Ausbeutetaler.

1622 Ahnin 1225, Maria Stern, wird 1622 geboren. Sie stirbt am 22. März 1694 in Veckenstedt.
Söldner plündern die Orte Ilsenburg und Drübeck. Auch Stapelburg bekommt seinen Teil ab. 1623 müssen die Stapelburger ihren an den Spekulanten Statz (siehe 1596 und 1619) gezahlten Kornzins nochmals an das Domkapitel in Halberstadt entrichten. Die Mittlerschaft zum lieben Gott war auch in Kriegszeiten eine kostspielige Angelegenheit, bei der die Daumenschrauben manchmal etwas nachgezogen werden mußten.

1623 Tserclaes Tilly, geboren im Februar 1559 auf Schloß Tilly in Brabant, seit 1623 Reichsgraf, Feldherr des katholischen Kaisers, hat seine Truppen am nördlichen Harzrand einquartiert. Den Ansässigen werden Abgaben auferlegt, daß die Schwarte knackt. Halberstadt wird wieder den katholischen Pfaffen unterstellt.

1624 Ahn 1268, Ernst Bänecke, wird geboren. Er vermählt sich am 15. Oktober 1649 mit Anna Förster und stirbt am 8. Februar 1683 in Veckenstedt.

1625 Wallenstein zieht von Northeim gegen Halberstadt. In Stapelburg werden mehrere tausend Mann Fußvolk und Reiterei einquartiert. Der Feuerschein brennender Dörfer um Bündheim bei Bad Harzburg veranlaßt die Stapelburger am 22. November mit dem Rest ihrer Habe in ein sicheres Waldversteck zu flüchten. Das dürfte eine Höhle unter der Ruine der Ahlsburg (3,4 km westlich Ilsenburg) gewesen sein, wo mein Freund Karl Schütze (Forsthaus Eckerkrug) und ich oft die Gegend erkundeten. Ein weiteres Versteck der Stapelburger war die Höhle im Forstort Schmale Scheide.
Albrecht von Wallenstein wurde am 24. 9. 1583 auf einem Schloß bei Arnau in Nordböhmen geboren. Als Feldherr des katholischen Kaiers wurde er 1625 Herzog von Friedland und

1627 Herzog von Mecklenburg und Fürst von Sagan. 1622 hatte er 58 Herrschaften vertriebener Protestanten in Böhmen aufgekauft. Diese Gebiete, die Kaiser Ferdinand 1624 zum Fürstentum Friedland erhoben hatte, mußten für Besoldung und Unterhalt der Wallenstein-Armee sorgen. Am 25. Februar 1634 wurde Wallenstein auf der Burg zu Eger ermordet – er war zu mächtig geworden.
Ahnin 633, Margarethe Bartling, wird geboren. Am 1. September 1682 stirbt sie in Veckenstedt.

1626 Ahn 1272, Hans Schrader, wird geboren. Er vermählt sich am 11. Juli 1652 mit Illian Heyer und stirbt am 20. März 1683 in Veckenstedt.
Kroaten plündern Harlingerode bei Bad Harzburg und stecken Bettingerode, Bündheim und Westerode in Brand. Nun darf auch die Pest nicht fehlen und hält reiche Ernte. Der bei Luter am Barenberge im evangelischen Heer kämpfende Graf Botho Ulrich zu Stolberg-Wernigerode fällt ihr zum Opfer.
In Wasserleben werden in diesem Jahre 400 an der Pest Verstorbene begraben.
Ende November stirbt Ernst von Mansfeld in Urakowitz bei Sarajewo. Als Landsknechtführer hat er gegen die katholischen Habsburger und ihre jesuitischen Drahtzieher gekämpft.
Bei Lutter am Barenberge, 32 km nordwestlich Schloß Ilsenburg, besiegt Tilly, der inzwischen Reichsgraf (1623) geworden ist, Christian IV. von Dänemark.

1627 Wernigerode wird gebrandschatzt und Blankenburg geplündert.
In Ilsenburg liegen kroatische Truppen, woran der Kroatenwinkel noch eine üble Erinnerung bewahrt.
Ahnin 433, Maria Block, wird geboren; sie stirbt am 3. Juli 1689 in Veckenstedt.
Ahn 882, Jürgen Block, wird geboren. Er vermählt sich am 12. Juli 1649 mit Dorothee Schlüter und stirbt am 6. Februar 1665 in Veckenstedt.

1628 Ahn 1224, Andreas Diedrich, wird geboren. Er vermählt sich am 20. Mai 1649 mit Maria Stern und stirbt am 24. April 1669 in Veckenstedt.

1629 Ahnin 617, Margarethe Bernigeroth, wird geboren; sie stirbt am 31. März 1703 in Veckenstedt.
Ahn 582, Jacob Bartling, wird geboren. Er vermählt sich am 11. November 1656 mit Catharina Horny und stirbt am 24. 11. 1700 in Veckenstedt.

1629 Ahnin 1269, Anna Förster, wird geboren und stirbt am 21. März 1690 in Veckenstedt.
Ahnin 883, Dorothee Schlüter, wird geboren; sie stirbt am 17. November 1703 in Veckenstedt.
Am 6. März erläßt Kaiser Ferdinand II. das Restitutionsedikt, das durch den unheilvollen Einfluß landfremder Jesuiten und der katholischen Beichtväter am Kaiserhof zu Wien zustande kommt. Sein Zweck: alle von den Protestanten eingezogenen katholischen Kirchengüter sind zurückzugeben. Katholische Landesherren sind berechtigt, den Protestantismus in ihren Erblanden zu unterdrücken. Im Zuge dieser Maßnahmen werden die Grafen aus Wernigerode vertrieben und das Kloster Ilsenburg wieder unter katholische Herrschaft gestellt, aber nur bis zum November 1631.

1630 Die Bannersburg (jetzt DDR-3601 Rohrsheim), 22 km nordöstlich Ilsenburg, wird von den Schweden besetzt, die die katholisch-habsburgischen Truppen in der benachbarten Westerburg bekriegen.
Im Oberharzer Bergbau wird eine Neuerung eingeführt: es wird mit Schwarzpulver gesprengt.
Ahnin 865, Gese Bolmann, stirbt am 29. September 1630 in Veckenstedt. Ahn 432, Valentin Bolman, wird am 6. August 1630 in Veckenstedt geboren. Er vermählt sich am 28. Juni 1652 mit Maria Block und stirbt am 18. Januar 1708 in Veckenstedt.

1631 Am 10. Mai erobert Tilly Magdeburg. 4500 Magdeburger können sich bei der Zerstörung ihrer Stadt in den Dom retten. Diese Möglichkeit blieb den 4500 heidnischen Sachsen versagt, als sie im Jahre 782 bei Verden an der Aller im Beisein der katholischen Pfaffen

von fränkischen Schergen ermordet wurden. Für diese Untat hatten die fränkischen Hofgeistlichen den Boden vorbereitet: in ihren Reichsannalen stellen sie die Sachsen als Auswurf der Menschheit dar.
Ahn 1152, Andreas Bormann, stirbt am 16. Oktober 1631 in Veckenstedt. Ahn 580, Paul Bolmann, wird geboren. Am 16. November 1658 vermählt er sich mit Catharina Bormann und stirbt am 6. Juli 1709 in Veckenstedt.
Ahn 588, Hans Heise, wird am 15. April geboren. Am 13. Oktober 1657 vermählt er sich mit Elisabeth Marre und stirbt am 18. Januar 1710.
Ahnin 589, Elisabeth Marre, wird geboren; sie stirbt am 1. Dezember 1714 in Veckenstedt.
Ahnin 881, Lucia Dörie, wird geboren; sie stirbt am 23. November 1691 in Veckenstedt.
Am 17. September wird Tilly bei Leipzig-Breitenfeld vom Schwedenkönig Gustav Adolf vernichtend geschlagen. Als Folge dieser Machtverschiebung kann Graf Heinrich Ernst von Wernigerode am 14. November das Kloster Ilsenburg wieder in Besitz nehmen. Mehr als zwei Jahre hatten die haßerfüllten Benediktiner die evangelische Bevölkerung Ilsenburgs drangsaliert und schikaniert.

1632 Am 15. April 1632 stirbt Tilly in Rain am Lech an einer tödlichen Wunde.

1633 Am 27. März verunglückt ein junger Mann in Silstedt bei Wernigerode tödlich, als er durch das Bockshornfeuer springt, was heute als Osterfeuer bezeichnet wird. Der Sprung durch das Bockshorn war ein alter Feuerbrauch unserer heidnischen Vorfahren und wurde durch die Rom-Pfaffen zu einer Sitte des christlichen Osterfestes umgefälscht. 1675 am 3. April wurde durch Erlaß in Wernigerode das Bockshornbrennen verboten.
Kroatische Söldner lassen den besten Teil der Stadt Stolberg (DDR-4713) in Flammen aufgehen. 1635 wird fast die ganze Stadt Harzgerode in Asche gelegt.
Ahn 434, Heinrich Berkhan, wird am 15. Januar in Veckenstedt geboren. Dort vermählt er sich am 10. November 1657 mit Anna Braunß und stirbt am 13. Auguts 1676.
Ahnin 583, Catharina Horny, wird am 23. November in Veckenstedt geboren und stirbt dort am 29. März 1699.
Ahn 886, Heinrich Brauckmüller, wird am 1. Juni 1633 in Veckenstedt geboren. Er vermählt sich am 17. November 1657 mit Elisabeth Förster und stirbt in Veckenstedt am 8. Oktober 1693.

1634 Im Sommer lassen sich Schüler des Gymnasiums Quedlinburg trotz der Kriegswirren nicht davon abhalten, den Brocken zu erklimmen. Vorher müssen sie aber in Wernigerode vom schwedischen Befehlshaber Oberst Bry die Erlaubnis einholen. Schon kurz hinter Hasserode beenden die Unternehmungslustigen ihre fröhlichen Lieder, denn nun geht es bergan, und der Schweiß der Edlen fließt in Strömen. Oberst Bry ist übrigens auch den Ilsenburgern kein Unbekannter. Seine Kontributionslisten machen ihnen schwer zu schaffen.
Die 1630 abgesetzten evangelischen Lehrer der Domschule in Halberstadt werden wieder in ihre Ämter eingeführt.
Im selben Jahr versammeln sich in Halberstadt die niedersächsischen Stände unter dem schwedischen Reichskanzler Oxenstierna.
Die Bewohner von Harlingerode bei Bad Harzburg müssen bei einem Treffen mit den Schweden zahlreiche Tote auf der Kampfstätte lassen – selbst der beste Freund kann als Besetzer auf die Dauer lästig werden. Dafür wächst auch 1983 noch unser Verständnis.
Von Helgoland wird 1634 berichtet, daß der im Gebiet der heutigen Düne damals vorhandene Kreidefelsen noch so hoch ist wie das heutige Oberland. Insel und Düne sind noch nicht getrennt.
Ahn 620, Hans Förster, wird am 2. Dezember in Veckenstedt geboren. Am 17. Oktober 1654 vermählt er sich mit Hedwig Wiegmann. Der Schmied ist vermutlich vor 1690 in der Fremde gestorben.
Ahnin 621, Hedwig Wiegmann, wird geboren und stirbt am 11. September 1690 in Veckenstedt.
Ahnin 1273, Illian Heyer, ist am 5. November in Veckenstedt geboren, wo sie auch am 21.

November 1708 starb.
Ahnin 887, Elisabeth Förster, ist am 5. August in Veckenstedt geboren und dort am 19. Dezember 1704 gestorben.
Ahn 894, Nikolaus Bänecke, ist am 25. Februar in Veckenstedt geboren, heiratete dort am 15. November 1659 Elisabeth Förster und starb dort am 11. Dezember 1700.

1635 Ahnin 435, Anna Braunß, wird am 13. Dezember in Veckenstedt geboren und stirbt dort am 10. April 1672

1637 Ahn 608, Jacob Förster, wird am 10. September in Veckenstedt geboren. Am 10. November 1663 vermählt er sich mit Catharina Abel. Er starb in Veckenstedt am 28. Februar 1718.
Ahn 892, Jacob Meves, wird am 14. April in Veckenstedt geboren. Am 24. November 1657 vermählt er sich mit Elisabeth Schrader. Am 11. Mai 1702 stirbt er in Veckenstedt.

1638 Ahnin 581, Catharina Bormann, wird am 29. Oktober in Veckenstedt geboren. Dort stirbt sie am 22. Juni 1686.

1639 Ahnin 895, Elisabeth Förster, wird am 16. Mai in Veckenstedt geboren, wo sie auch am 23. Dezember 1714 stirbt. Ihre Eltern Jacob Förster (Ahn 1790) und Maria Förster (Ahnin 1791) haben im Jahre 1636 drei Kinder verloren: Jacob stirbt an der Pest, Andreas stirbt im Langelschen Bruch während einer Plünderung, Maria ertrinkt.
Ahnin 893, Elisabeth Schrader, wird geboren. In Veckenstedt stirbt sie am 1. Januar 1702.

1640 Am Brocken wird der Forstort Buchholz erwähnt. Zu dieser Zeit oder früher müssen in 900 Meter Höhe Buchen gewachsen sein.
Ahnin 609, Catharina Abel, wird am 9. Mai 1640 in Veckenstedt geboren. Dort stirbt sie am 3. Februar 1718.

1641 Weimarische Haufen legen in Ilsenburg Feuer, plündern Wernigerode und verschonen fast kein Dorf. Nach dem Tode von Gustav Adolf, gefallen bei Lützen (jetzt DDR-4854) am 6. November 1632, hausen die schwedischen Truppen noch schlimmer als die kaiserlichen. Die Bewohner des Harzburger Amtes flüchten 1642 wieder einmal in die Harzberge. Im Schimmerwald bei Stapelburg lauern Schnapphähne, die sich von ihren Truppen entfernt haben, auf Beute.
Die katholischen Kaiserlichen gelangen durch Bestechung in den Besitz der Hornburg (D-3343). Der Verräter, ein schwedischer Oberst, kann sich nur wenige Tage seines Goldes erfreuen, dann wird er in Wolfenbüttel aufgehängt.
Am 12. September plündert ein katholisch-habsburgischer Streiftrupp Lauterberg (D-3422) und steckt den Ort in Brand.

1643 Ahn 2432, Thomas Förster, stirbt am 17. September in Veckenstedt. Sein Vater Jacob Förster hat 1542 noch Türkensteuer an den Kaiser in Wien zahlen müssen.

1644 Die 1151 von Bischof Ulrich von Halberstadt gegen Kaiser Rotbart gegründete Burg Langenstein (DDR-3724), 22 km östlich Ilsenburg, wird von den Schweden geplündert und verschwindet aus der Geschichte.

1645 Die Hornburg (D-3343) erlebt ihre letzte Belagerung und wird nach der Zerstörung nicht wieder aufgebaut.

1648 Am 24. Oktober beendet der Westfälische Frieden den 30 Jahre-Krieg. Der Friedensvertrag zwischen dem Kaiser in Wien und den Franzosen wird in Münster und mit den Schweden in Osnabrück unterzeichnet. Neben den Unabhängigkeitsbestrebungen weltlicher Landesherren waren an erster Stelle die Machtgier des katholischen Klerus und der Wahn Seelen beherrschen zu müssen, dafür verantwortlich, daß Deutschland mehr als die Hälfte seiner Bevölkerung und wertvollen Reichsboden verlor.
Der Große Kurfürst richtet die Preußische Fahrpost zwischen Memel an der Ostsee und Kleve (D-4190) links des unteren Rheins ein. Luftlinie etwa 1050 km. Friedrich Wilhelm (geb. 1620, gest. 9. 5. 1688) ist ab 1640 Kurfürst von Brandenburg. Durch diese Verbindung werden endlich auch Wernigerode und Ilsenburg an das Fernverkehrsnetz angeschlossen.
In der »fröhlichen« Pfalz leben noch 50000 Menschen – 1618 waren es rund eine Million

gewesen. Berlin ist von 20000 auf 6000 Einwohner abgesunken.

1649 Fürst Friedrich von Anhalt-Harzgerode (geb. 1630, gest. 1670) reitet am 26. Juli von Harzgerode aus mit Begleitung auf 15 Pferden zum Brocken. In seinem Tagebuch erwähnt er noch den zwei Morgen großen Hexenteich zwischen Brocken und Heinrichshöhe, der später vermoorte und den Hexenbrunnen, die Brockenquelle unter dem Wolkenhäuschen. Sein Eintrag, daß sich an dieser Quelle eine an eiserner Kette befestigte Schöpfkelle befunden habe, läßt folgern, daß der Brockengipfel damals häufiger von Einheimischen besucht wurde, als uns Berichte überliefern.

In Rübeland wird die Baumanns-Höhle dem Verkehr erschlossen, wie uns Dr.-Ing. Friedrich Stolberg 1932 wissen läßt. Der Hermanns-Höhle kam man erst 1866 auf die Spur.

1650 Am 14. Februar erläßt der fränkische Kreistag in Nürnberg ein Gesetz:

1) bis 1660 ist es verboten, Männer unter 60 Jahren in Klöster aufzunehmen;

2) Priester und Pfarrherrn haben zu heiraten (»ehelich zu verheyrathen«) außer denen, die einem Orden oder Stift angehören

3) jede Mannsperson kann zwei Weiber heiraten, muß sich aber anständig und so verhalten, daß keine Ehefrau benachteiligt wird (»beede Ehefrauen nicht allein nothwendig versorge, sondern auch allen Unwillen verhuette.«)

Für Geistesgestörte nach 1945 wäre das »Rassismus in Reinkultur«. Für den gesunden Menschenverstand von damals und heute ist das eine vorbildliche, weitsichtige Anordnung.

Die Heimburg, 16 km ostsüdöstlich von Ilsenburg, ist bereits eine Ruine. So stellt sie uns Matthäus Merian der Ältere (geb. 1593, gest. 1650) in seinen geschichtlich bedeutsamen Städtebildern dar. Um 1200 war sie eine der stärksten Wehranlagen und hatte unter Umgehung von Halberstadt die Kaiserliche Straße am Nordharz zu sichern. Kaiser Karl I. von Franken hatte Halberstadt seinerzeit der Rom-Kirche überlassen und damit der weltlichen Macht am Nordharz ein wichtiges Faustpfand entzogen.

Handschriftliche Aufzeichnungn aus dieser Zeit sind in den Kirchenbüchern noch mittelalterlich geprägt. Die meist sehr persönliche Buchstabenformung und die vor allem bei lateinischen Eintragungen üblichen Abkürzungen können oft nur von erfahrenen Fachleuten richtig gedeutet werden.

Am 2. November gehen am Breiten Weg in Halberstadt 132 Häuser in Flammen auf. Die mit Holz-Schindeln oder Stroh gedeckten Dächer sind immer ein besonderer Gefahrenherd.

1651 Ahn 436, Andreas Niehoff, wird am 12. Juni in Wernigerode geboren; er stirbt am 22. Januar 1705 in Veckenstedt.

Ahnin 445, Margarethe Bolmann, wird am 14. August in Veckenstedt geboren und stirbt dort am 11. Mai 1716.

Ahn 610, Andreas Bein, Amtsbraumeister, wird geboren. Am 26. Oktober 1680 vermählt er sich mit Catharina Hoiendorff und stirbt am 31. Januar 1727 in Veckenstedt.

Der Große Kurfürst von Brandenburg schenkt dem Schachdorf Ströbeck (DDR-3601) ein Schachbrett. Die zugehörigen silbernen Figuren gehen während der Franzosenzeit um 1806 verloren. Am 14. Mai 1931 spielt Generalfeldmarschall von Mackensen eine Begrüßungspartie gegen den Einheimischen Schönefuß. Als ihm die Sache zu lange dauert, sagt v. M.: »Die Preußen schießen schneller, mein Lieber.« Sch. antwortet: »Et het aber ook, Ruhe is de erste Bürgerpflicht.«

Der Husumer Kartograph Johannes Meyer veröffentlicht eine Landkarte des Wattenmeeres zwischen Helgoland und der Halbinsel Eiderstedt. Er hat das große Wattengebiet Süderstrand und das sich von Helgoland 14 km nach Osten erstreckende Wattenmeer vermessen. Diese untergegangenen, überaus fruchtbaren Ländereien hatten bis zur Katastrophe von 1220 v.Zr. großen Teilen der Nordmeervölker als Wohnsitz gedient.

1652 Ahnin 1219, Anna Abel geborene Schlüter, stirbt am 4. April in Veckenstedt.

Ahnin 613, Anna Bormann, wird am 5 Juni in Veckenstedt geboren und stirbt dort am 9. August 1719.

1653 Am 6. Juli bricht von Ilsenburg aus ein Unbekannter mit Begleitung um 2 Uhr früh zum Brocken auf. Dieser mit 12 Pferden durchgeführte Ausflug wird anschaulich geschildert. Als die Pferde der Felsen und des Morastes wegen nicht mehr vorwärts kommen, muß die Gruppe noch zwei Stunden mühselig kraxeln. Die Aussicht vom Gipfel entschädigt für alle Mühsal.
In Braunschweig verfaßt der Gärtner Johann Royer ein Lehrbuch über den Gartenbau. Es enthält Anweisungen über die Bereitung von Bratkartoffeln und Kartoffelsalat, die zu den ersten in deutscher Sprache gehören dürften. 1526 hatte der Spanier Pizarro im nördlichen Südamerika erstmals eine Kartoffel zu Gesicht bekommen.
Ahn 308, Hans Wagenführ, wird am 13. Juli in Veckenstedt geboren. Am 16. November 1686 vermählt er sich mit Ilsabee Wagenführ. Am 16. Februar 1722 stirbt er in Veckenstedt.
Ahnin 437, Name unbekannt, die Frau von Andreas Niehoff, wird geboren. Sie stirbt am 27. August 1706 in Veckenstedt.
Ahnin 439, Anna Lauingen, wird 1653 geboren und stirbt am 9. Mai 1723 in Langeln (DDR-3701). Weil es in Langeln einen Komturhof gab, vermutet der Familienforscher G. Wagenführ (Veckenstedt), daß es sich um Nachkommen des deutschen Ordenskomturs Hoyer von Lauingen handeln könnte.
Ahn 612, Hans Diedrich, wird am 21. April in Veckenstedt geboren. Dort vermählt er sich am 27. Februar 1677 mit Anna Bormann und stirbt dort am 11. Januar 1703.

1654 Ahnin 289, Ilsabe Rüsteberg, wird geboren und stirbt am 5. April 1718 als Frau Diedrich. Am 22. November 1671 hatte sie sich mit Sebastian Bormann (Ahn 288) vermählt.
Ahn 634, Jacob Bänecke, wird am 14. April 1654 in Veckenstedt geboren. Am 23. Oktober 1682 heiratet er Ilsabee Ruhe und stirbt am 12. Dezember 1714.

1656 Ahn 442, Hans Kremling, wird geboren. Am 27. November 1688 vermählt er sich mit Maria Brauckmüller. Am 2. Juni 1703 stirbt er in Veckenstedt.
Ahnin 611, Catharina Hoiendorff, wird geboren und stirbt am 19. Juli 1709 in Veckenstedt.

1657 Ahnin 635, Ilsabee Ruhe, wird am 19. April in Veckenstedt geboren. Am 31. Mai 1721 kommt sie bei einem Großbrand in Veckenstedt mit ihrer Schwiegertochter und zwei Enkelkindern in den Flammen um.

1658 Ahn 294, Jacob Heise, wird am 19. August 1658 in Veckenstedt geboren. Am 15. Mai 1683 vermählt er sich mit Maria Berkhan und stirbt am 17. Februar 1733 in seinem Geburtsort.
Ahnin 295, Maria Berkhan, wird am 23. August 1658 in Veckenstedt geboren und stirbt dort am 30. Januar 1723.
Ahn 440, Michael Abel, wird am 11. Mai 1658 in Veckenstedt geboren. Dort vermählt er sich am 14. Juni 1681 mit Margarethe Block und stirbt am 1. Oktober 1707.

1659 In Quedlinburg sollen an einem Tag 130 Hexen verbrannt worden sein. Das berichtete die Wernigeröder Zeitung 1935 in Nr. 203. Hexenprozesse in der Grafschaft Wernigerode wurden unter Graf Christoph II., der von 1631 bis 1638 regierte, endgültig verboten. Trotzdem hat sich die römisch-päpstliche Bulle von 1484, in der Innocenz VIII. zur Hexenverfolgung aufrief, auch nach der Reformation noch länger unheilvoll ausgewirkt.
Ahn 290, Valentin Bolmann, wird am 29. Oktober 1659 in Veckenstedt geboren. Dort vermählt er sich am 20. Oktober 1685 mit Dorothee Elisabeth Bartling und stirbt am 30. April 1717.

1660 Ahnin 443, Maria Brauckmüller, wird am 5. März 1660 in Veckenstedt geboren und stirbt dort am 20. September 1719.
Ahn 446, Hans Meves, wird am 6. August 1660 in Veckenstedt geboren. Dort vermählt er sich am 26. Juni 1688 mit Maria Bänecke und stirbt am 16. Februar 1713.

1661 Ahnin 441, Margarethe Block, wird am 15. September 1661 in Veckenstedt geboren und stirbt dort am 30. November 1726.
Ahn 444, Curd Körber, von Beruf Amtshofmeister, wird 1661 in Wasserleben geboren. Am

28. November 1682 ehelicht er Margarethe Bolmann in Veckenstedt und stirbt dort am 27. März 1727.

1662 Ahn 310, Joachim Förster, wird am 2. April 1662 in Veckenstedt geboren. Am 17. November 1691 vermählt er sich mit Maria Riemenschneider und stirbt am 15. Februar 1720 in seinem Geburtsort.
Ahnin 637, Margarethe Schrader, wird 1662 geboren und stirbt am 7. Oktober 1716 in Veckenstedt.
Der vom Rom-Papst geschürte Hexenwahn fordert neue Opfer. 4 arme alte Weiblein aus dem Dorf Besse (jetzt D-3501 Edermünde) werden »wegen bekannter Zauberei« hingerichtet. Das Bekennen wird durch Folter erzwungen. Nachzulesen in Brunner: Geschichte der Stadt Gudensberg, 1922, S. 418.

1663 Ahnin 309, Ilsabee Wagenführ, wird 1663 in Schauen geboren und stirbt am 20. September 1737 in Veckenstedt.
Ahn 636, Jacob Schrader, wird am 6. Juni 1663 in Veckenstedt geboren. Dort heiratet er am 6. Januar 1691 Margarethe Schrader und stirbt am 30. Januar 1716.

1664 Ahn 216, Hans Bolmann, wird am 21. Januar 1664 in Veckenstedt geboren. Dort ehelicht er am 21. Januar 1690 Anna Berkhan und stirbt am 8. November 1732.

1665 Aus der Bergstadt Grund wird in einer Familien-Handschrift berichtet, wie man den selbst gebrauten Kofent (Süßbier) auf Güte prüfte. Ein mit Kofent übergossener Schemel, auf den sich der Bürgermeister mit einer Lederhose setzte, mußte beim Aufstehen an der Hose kleben bleiben – dann war gut gebraut.
Ahn 316, Joachim Bolmann, wird am 17. Oktober 1665 in Veckenstedt geboren. Dort vermählt er sich am 4. Oktober 1710 mit Anna Margarethe Bänecke und stirbt dort am 3. April 1742.
Ahnin 447, Maria Bäneke, wird am 8. März 1665 in Veckenstedt geboren und stirbt dort am 15. November 1734.

1667 Ahnin 291, Dorothee Elisabeth Bartling, wird am 12. März 1667 in Veckenstedt geboren und stirbt dort am 23. April 1731.

1669 Ahnin 217, Anna Berkhan, wird am 6. Februar 1669 in Veckenstedt geboren und stirbt dort am 25. Juni 1721.

1671 Ahn 292, Heinrich Ehelebe, wird 1671 geboren. Am 3. Oktober 1702 vermählt er sich in Wasserleben mit Catharina Schrader und stirbt dort am 27. Oktober 1744.
In Ilsenburg wird eine 125 Pfund schwere Glocke umgegossen und verliert dabei 10 Pfund (5 kg) an Gewicht. Sie hing im Turm der Marienkirche und trug die Inschrift: »Ehre dem einigen Gott. Andreas Rungius, Pastor. Ilsenburck«. Von der weiteren Inschrift war nur noch der Schluß lesbar: »Anno Christi 1671.« Warum? Auf dem Glockenmantel hatten noch die Namen von drei Ilsenburger Kirchenvätern gestanden. Einige einflußreiche Bürger, denen das gründlich mißfiel, weil sie etwaige Ansprüche der Erben befürchteten, bohrten beim Grafen Heinrich Ernst so lange, bis der Büchsenschmied die strittigen Stellen entfernte.

1673 Der katholische Bischof Christoph Galen von Münster läßt mit Hilfe von 8000 (achttausend) Bewaffneten die Gebeine des Sachsen-Herzogs Widukind (Wittekind) aus dem evangelisch gewordenen Stift Herford gewaltsam nach Münster entführen. Er hoffte durch die Reliquien zusätzliche Einkünfte zu erzielen. Auf Drängen der Äbtissin Elisabeth von der Pfalz sandte er nach einem Jahr die geraubten Gebeine wieder nach Herford zurück. Die evangelischen Geistlichen sollen aber dem toten Widukind auch wenig Achtung entgegengebracht haben, wie der westfälische Geschichtsschreiber Jesuit Schalen (gest. 1676) berichtet: die Gebeine wurden in einer Kiste als Schaustücke für die Fremden aufbewahrt.

1674 Die Münzstätte in Wernigerode wird geschlossen, weil der Münzmeister unterwertige Münzen geprägt hat. Dabei hat er wohl Erfahrungen der Wipper- und Kipperzeit von 1619 bis 1622 zu nutzen versucht. Die Münze schillerte silbern, war aber innen aus Kupfer.

1676 Ahn 438, Hans Simon, vermählt sich am 12. September 1676 in Langeln mit Anna Lauingen.

1677 Landgraf Karl von Hessen vermietet 3000 hessische Soldaten für 32.000 Taler, die er dringend für den Bau neuer Schlösser benötigt, an König Christian V. von Dänemark. Am 21. Februar 1677 stirbt Baruch de Spinoza in Den Haag an Lungentuberkulose. Am 24. November 1632 wurde er in Amsterdam geboren. Seine Eltern stammten aus Portugal. Die jüdische Gemeinde in Amsterdam erzog ihn biblich-talmudisch, belegte ihn aber 1656 wegen religiöser Irrlehren mit dem Bannfluch. 1673 lehnte er eine Berufung an die Universität Heidelberg ab.
Beachtenswert sind seine Überlegungen, daß sich ein jenseitiger Gott nicht denken läßt und daß die Seele nichts anderes ist, als die Idee des wirklichen Körpers. Spinoza stand auch in Verbindung mit G.W. Leibniz, der sich 1710 in seiner »Theodizee« mit ihm auseinander setzte. Später machten sich G.E. Lessing, Fichte, Schleiermacher und auch Goethe Gedanken Spinozas zu eigen. Mich beeindruckt am stärksten, daß Spinoza Gott und Natur gleichsetzte.
1670 hatte Spinoza den theologisch-politischen Traktat im Sinne der Kirchenpolitik des niederländischen Staatsmannes Jan de Witt verfaßt. Dieser wurde am 20. August 1672 mit seinem Bruder Cornelius in Den Haag ermordet. Geboren in Dordrecht am 24. September 1625, war Jan de Witt seit 1652 Führer der republikanisch-ständischen Partei, die für die Aufhebung der spanischen Statthalterschaft kämpfte. Als der französische König Ludwig XIV. 1672 in die niederländische Republik einfiel, wurde Jan de Witt gestürzt und Wilhelm von Oranien als Statthalter von Holland berufen. (Brockhaus Enzyklopädie 1973, 17. Band, S. 744 und 1974, 20. Band, S. 420).

1679 Ahn 306, Andreas Diedrich, wird am 30. Dezember 1679 in Veckenstedt geboren. Er vermählt sich dort am 12. November 1711 mit Maria Elisabeth Küster und stirbt dort am 7. September 1731.
Ahnin 293, Catharina Schrader, wird 1679 geboren und stirbt am 24. November 1738 in Wasserleben.

1680 In Nord-Mexiko, dem heutigen USA-Staat Neu-Mexiko, empören sich die Pueblo-Indianer gegen ihre Ausbeuter, bringen 400 der verhaßten Eroberer um und treiben mehr als 2500 südwärts nach Mexiko. Diesen Aufstand vergelten die Spanier mit einem furchtbaren Blutbad.

1681 Ahnin 305, Elisabeth Bein, wird am 6. Juni 1681 in Veckenstedt geboren und stirbt dort am 16. Februar 1722.

1682 Ahn 304, Jacob Förster, wird am 24. März 1682 in Veckenstedt geboren. Dort vermählt er sich am 18. November 1704 mit Elisabeth Bein und stirbt am 24. März 1741 in Darlingerode (DDR-3701).
Ahnin 219, Maria Simon, wird am 4. November 1682 in Langeln geboren und stirbt am 13. Mai 1756 in Veckenstedt.

1683 Der Kaiser in Wien und der polnische Wahlkönig schließen am 31. März 1683 einen Vertrag gegen die Türken. Johann Sobiesky verpflichtet sich, mit 40.000 Mann zu Hilfe zu eilen; dafür soll er 200.000 Taler erhalten.
Als die Türken am 14. Juli 1683 die Belagerung von Wien beginnen, hat der Verteidiger Ernst Rüdiger Graf Starhemberg 10.000 Soldaten und 5.000 Mann Bürgerwehr unter seinem Befehl. Nach den Unterlagen des österreichischen kaiserlich-königlichen Kriegsarchivs haben 86.000 Mann der Verbündeten, darunter 13.000 bis 14.000 Polen, Wien befreit. Die kaiserlichen und sächsischen Truppen am linken Flügel an der Donau eröffneten den Kampf, die Mitte mit den Reichstruppen der Bayern, Franken und Schwaben stieß nach und die Polen auf dem rechten Flügel setzten zahlreiche Reiter-Truppen ein, die sich aber im ungeeigneten Gelände nicht entfalten konnten. Am Abend des 12. September 1683 befand sich das osmanische Heer in voller Auflösung. Die Zahlenangabe des polnischen Exil-Historikers Ritter Halecki von Nordenhorst, daß der König von Polen ein Heer von 30.000 Mann befehligt habe, dürfte stark übertrieben sein.
Bei dem Wiener Geschichtsforscher Hugo Hantsch, Ordinarius für österreichische Ge-

schichte, Benediktinerpater, langjähriger Häftling in einem NS-Konzentrationslager, lesen wir: ...»Schließlich marschierte auch die polnische Armee von ca. 13.000 bis 14.000 Mann mit einem ungeheuren Troß von 10.000 Wagen heran. Aus ihrem Versammlungsraum Krakau hatten sie Mähren durchquert, nicht überall ein gutes Andenken hinterlassend. ...« (Deutsche Monatshefte 34 (1983) Heft 8, S. 29)

Am 6. Oktober 1683 landen 13 Familien aus Krefeld am Ufer des Delaware-Flusses. Aber schon 1682 lebten deutsche Mennoniten mit Quäkern zusammen in Germantown, heute ein Stadtteil von Philadelphia, USA.

1684 Ahn 144, Hans Lorentz Bormann, wird am 21. Januar 1684 in Veckenstedt geboren. Am 15. November 1712 vermählt er sich mit Margarethe Bolmann und stirbt am 13. Oktober 1753 in seinem Heimatort.

Ahn 218, Joachim Niehoff, wird am 2. August 1684 in Veckenstedt geboren . Am 3. November 1705 heiratet er Maria Simon und stirbt am 17. Juni 1757 in Veckenstedt.

1685 In Quedlinburg wird im Konkordienrezeß festgelegt, daß im Stift Juden nicht geduldet werden dürfen. Im gleichen Jahre werden zwei Pferdediebe aus Vienenburg bestraft. Der Sohn wird aufgehängt, dem Vater wird der Kopf abgeschlagen, weil er zur katholischen Religion übergetreten ist.

Am 23. März werden auf der Heide bei Herzberg 10.000 Mann gemustert, die Herzog Ernst August von Braunschweig und sein Bruder Georg Wilhelm aus Celle dem Kaiser Leopold in Wien gegen die Türken zur Verfügung stellen. Von den anführenden Prinzen kehrt nur einer zurück.

1686 Ahnin 317, Anna Margarethe Bänecke, wird am 15. Februar 1686 in Veckenstedt geboren und stirbt dort am 20. Oktober 1757.

1688 gibt es in St. Andreasberg Ärger bei der Besetzung einer Pfarrstelle. Als der vom Konsistorium bestimmte, den Bergleuten aber nicht zusagende Pfarrer seine Antrittspredigt hält, machen die Bergleute vor der Kirche einen mordsmäßigen Radau. Der daran nicht ganz unbeteiligte Obergeschworene verliert dadurch neben der geachteten Stellung ein gutes Gehalt. Erst ein Bittgang nach Hannover beschwichtigt den Zorn des Landesherrn.

1689 Ahnin 145, Margarethe Bolmann, wird am 14. April 1689 in Veckenstedt geboren und stirbt dort am 21. Januar 1758.

1690 Der Hufschmied und Waffenschmied Jacob Niehoff übernimmt die einst gutsherrliche Schmiede der Edlen zu Oldenrod. Nach 250 Jahren und sieben Generationen feiert die Familie Niehoff 1940 ihr Handwerks-Jubiläum in Altenrode (jetzt DDR-3701 Darlingerode).

Ahnin 221, Anna Ilsabee Kremling, wird am 23. Juli 1690 in Veckenstedt geboren und stirbt dort am 5. Dezember 1750.

1691 Ahn 222, Alexander Leonhard Körber, wird am 18. Februar 1691 in Veckenstedt geboren. Dort ehelicht er am 20. November 1714 Maria Meves und stirbt am 10. Januar 1761.

Ahnin 307, Maria Elisabeth Küster, wird 1691 in Dingelstedt (DDR-3603) geboren; sie stirbt am 23. April 1775 in Veckenstedt.

1692 Johann Daniel Maior veröffentlicht zu Plön sein Buch »Bevölckertes Cimbrien oder zwischen der Ost- und West-See gelegene halb-Insel Deutschlandes«. Bemerkenswert ist im 87. Kapitel die Aussage: ».../Wie die übrigen Nord-Männer/unter dem Namen der Vandalen/Wenden/etc. ...« Für Maior ist es ohne Zweifel, daß Wandalen und Wenden Angehörige der Nordmänner, das heißt germanische Stämme sind. Dabei ist »Wenden« nur eine andere Bezeichnung für noch nicht zum Christentum gezwungene Wandalenstämme, die unter ihrem jeweiligen Sippen-Namen auftreten.

1693 Ahn 220, Heinrich Abel, wird am 17. Oktober 1693 in Veckenstedt geboren. Als Schneidermeister vermählt er sich am 5. November 1715 in Veckenstedt mit Anna Ilsabee Kremling und stirbt dort am 9. August 1757.

Ahnin 223, Maria Meves, wird am 14. September 1693 in Veckenstedt geboren und stirbt dort am 3. Januar 1739.

1694 Brandenburg-Preußen erwirbt die Herrschaft Hasserode bei Wernigerode. Friedrich der Große, der als »Alter Fritz« von 1740 bis 1786 regiert, läßt später die Harzer und Vorharzer Besitzungen durch die Kriegs- und Domänen-Kammer in Halberstadt verwalten. Ahn 154, Hans Jacob Wagenführ, wird am 22. März 1694 in Veckenstedt geboren. Dort vermählt er sich am 8. November 1718 mit Maria Elisabeth Förster und stirbt dort am 12. April 1770.

1697 Ahnin 147, Margarethe Heise, wird am 15. Juli 1697 in Veckenstedt geboren; sie stirbt am 16. Juni 1763 in Wasserleben.

Ahnin 319, Margarethe Maria Günther, wird 1697 in Drübeck geboren und stirbt am 13. Januar 1776 in Veckenstedt.

Die Ilsenburger Eisenhütte genießt Weltruf. Am 24. Juli 1697 trifft Zar Peter der Große in Ilsenburg ein und wohnt mehrere Tage auf dem Schloß. Graf Ernst zu Stolberg-Wernigerode, der erst am 15. Juli nach Hamburg gereist war, trifft zum Empfang des hohen Gastes am 23. Juli wieder im Schloß Ilsenburg ein.

Der Zar besichtigt die technischen Einrichtungen der Eisenhütte, 2 Hochöfen und 3 Frischfeuer und begutachtet die Erzeugnisse. (236 Jahre später werde ich 1933 in einem noch sehr warmen Kupolofen dieser Eisenhütte umherklettern und schadhafte Stellen der Ausmauerung ergänzen).

Auch vor einem Aufstieg zum Brocken schreckt der Zar nicht zurück. Nach den russischen Tagebüchern ist der Zar mit seiner Leibgarde vom Regiment Preobraschensk am 10. März aus Petersburg abgereist. In Königsberg ist die Reisegesellschaft 4 Wochen zu Gast, was den Kurfürsten von Brandenburg 150.000 Taler gekostet haben soll. Dann geht es zu Schiff von Pillau nach Kolberg und weiter in Richtung Harz. Von Magdeburg kommend, macht der Zar im bischöflichen Schloß Gröningen (DDR-3233) Rast und besichtigt das riesige Weinfaß sowie andere Besonderheiten.

Für seinen Aufenthalt in Holland, wo er sein Wissen und Können im Schiffbau vervollkommnet, trägt der Zar ein Siegel bei sich; auf dessen Umrandung steht in russischer und holländischer Sprache: »Ich bin im Zustand des Lernens und begehre der Lehrenden«.

1698 Ahn 318, Hans Michael Schrader, wird am 5. Mai 1698 in Veckenstedt geboren und stirbt dort am 28. August 1773.

Ahnin 155, Maria Elisabeth Förster, wird am 1. Oktober 1698 in Veckenstedt geboren und stirbt dort am 25. Dezember 1771.

1700 Die gräfliche Hofhaltung wird von Ilsenburg nach Wernigerode verlegt.

1703 Der Nordhäuser Arzt Georg Henning Behrens veröffentlicht sein Harz-Buch »Hercynia curiosa«. In einem besonderen Kapitel berichtet er »... von denen curieusen Fontainen oder Springbrunnen im Garten zu Hessen«. Gemeint ist nicht das Land zwischen Kassel und Darmstadt, sondern Hessen (Heim des Hessi) am Fallstein (jetzt DDR–3605). Dort hat Herzog Heinrich Julius von Braunschweig eine großartige Park-Anlage errichten lassen, die in Europa berühmt ist. Von diesen Wasserkünsten und Anlagen, 19 km nordnordöstlich von Ilsenburg, ist heute nichts mehr zu sehen.

Nicht vergessen ist dagegen Graf Hessi, der im Nordharzgebiet ältest bekannte Führer der Ostsachsen, den König Karl der Franke vor dem Jahre 800 besiegte, ehe Widukind niedergezwungen werden konnte. Berichte über Hessi finden wir in der Lebensbeschreibung (um 850) der heiligen Liutbirg aus dem ehemaligen Kloster Wendhausen (jetzt DDR–4308 Thale). 1343 gelangt Hessen in den Besitz der Herzöge von Braunschweig und wird erst 600 Jahre später wieder seinem ursprünglichen Verbande im Harzgau eingefügt.

Nach Norden hatte Hessen einen natürlichen Schutz durch ein langgestrecktes Sumpfgebiet. Das Große Bruch erstreckte sich von der Mündung der Ilse bei Hornburg (DDR–3343) bis zum Bode-Knie bei Oschersleben (DDR-3230) über eine Länge von 45 Kilometern und war in alten Zeiten undurchdringlich.

1706 Ahn 146, Hans Christoph Ehelebe, wird am 15. September 1706 in Wasserleben

geboren und stirbt dort am 28. Oktober 1786.
Bastian Heidekamb, wahrscheinlich aus Osterode am Harz, schnitzt 1706 den Altar in der Schloßkirche zu Ilsenburg. Den Auftrag hat ihm Graf Ernst von Stolberg-Wernigerode erteilt.
Ahn 96, Andreas Christoph der Ältere Ruhberg, wird am 23. August in Wülperode bei Vienenburg (D–3387) geboren. Als Mahlmüller vermählt er sich am 20. Oktober 1733 mit Anna Dorothee Elisabeth Bartge und stirbt am 23. Oktober 1765 in Ilsenburg am Harz.

1708 Ahn 152, Baltzer Förster, wird am 13. Juli 1708 in Veckenstedt geboren. Er heiratet dort am 27. Dezember 1736 Ilse Catharina Diedrich und stirbt am 9. April 1758.

1710 Das Kloster Waterler (jetzt DDR–3707 Wasserleben) hört auf zu bestehen. Fischteiche erinnern an das einstige Wirken der Mönche.

1711 Am 18. März stellt Gräfin Christina einen Erbzinsbrief aus, demzufolge das Ehepaar Morich in Veckenstedt an der Ilse eine Papiermühle erbauen und betreiben darf. Das Unternehmen bleibt ohne Erfolg. Am 30. April 1715 unterschreibt Graf Christian Ernst I. einen neuen Erbzinsbrief für Johann Kaspar Grove, einen erfahrenen Papiermacher aus Wernigerode. In Veckenstedt bürgert sich der Name Grovesmühle ein. Bis zum 10. Juni 1862 kann die Familie Grove die Papiermühle erfolgreich leiten.

1712 Am 24. Januar wird in Berlin Friedrich II., der Große, König von Preußen von 1740 bis 1786, geboren. Für meine Vorfahren und deren Zeitgenossen ist er als der »Alte Fritz« in die Geschichte eingegangen.

1713 Ahnin 153, Ilse Catharina Diedrich, wird am 19. November 1713 in Veckenstedt geboren; Sie stirbt dort am 13. Januar 1780.
Ahn 108, Curd Jacob Bollmann, wird am 25. Januar 1712 in Veckenstedt geboren. Er vermählt sich dort mit Maria Magdalena Niehof und stirbt dort am 6. März 1768.

1714 Drei Ilsenburger graben am Wienberg nach Schätzen. Offensichtlich beherrschen sie nicht die richtige Anwendung der Springwurzel (Wünschelrute). 10 Jahre später wird im Garten des Hüttenfaktors Grill ein neuer Versuch unternommen, bei dem aber selbst Sprüche aus dem Neuen Testament nicht helfen.
Hier muß ich einfügen, daß Könner seit Jahrtausenden die Rute zum Finden von Wasser und Erzen mit Erfolg gehandhabt haben – auch wenn heute noch hochbezahlte Wissenschaftspächter das Gegenteil in Lehrbüchern und Fernsehauftritten behaupten.
In Ilsenburg erregen diese Grabungen bald den Unwillen der Obrigkeit, die an die geheimnisvollen Umtriebe der sogenannten Venediger erinnert wird, die seit Jahrhunderten im Harz nach Silber und Gold suchen. Vor allem im Oberharz spüren die »Venediger« dem Gehalt der Erze nach, versprechen manchem Bergmann das Blaue vom Himmel und verschwinden mit dessen sauer verdienten Harz-Gulden auf Nimmerwiedersehen. Die Alchemie steht noch hoch im Kurs. Selbst Oberforstmeister Hans Dietrich von Zanthier, der die Forstakademie in Ilsenburg leitet, Forstmeister Johann Philipp von Hagen, dem zu Ehren die Hagenstraße nach Elbingerode benannt wird, und Bergrat Julius Eberhard Bode versuchen sich in der Alchemie; aber – außer Spesen nichts gewesen!
Das veranlaßt die Regierung in Hannover, 1749 das unbefugte Laborieren zu verbieten. Unseren Ilsenburger Pastor Haberland (tätig 1758 bis 1787) hindert das aber nicht, sich neben der Bibel in des »Basilius Valentinus chymische Schriften« zu vertiefen, die 1717 in Hamburg gedruckt wurden.
Eine ähnliche Tätigkeit bringt seinen Amtsbruder, Pastor Melchior Leporinus (Häselich), in Drübeck um Amt und Würden und verhilft dessen Pfarrgemeinde zum Beinamen »Hexennest«.
Vor beiden Forschern und deren Lebensauffassung ziehe ich meinen Hut.
Eigenlob ist zwar nicht ganz geruchlos, aber nett hört sich der folgende Vers aus jener Zeit doch an:

»Halberstadt im Sande, Derenburg im Lande,
Silstedt im Drecke, Wernigerode in der Ecke,

Darlingerode du Prophetenstadt, Altenrode hat Wasser nicht satt,
Drübeck du Hexennest, Ilsenburg du aller best.«

1716 Ahn 158, Andreas Bolmann, wird am 3. Mai 1716 in Veckenstedt geboren. Dort vermählt er sich am 7. Dezember 1741 mit Anna Catharina Schrader und stirbt dort am 27. Oktober 1804.

1717 In Salzburg verurteilt das Hofgericht 5 Männer zu Landesverweisung und achtjähriger Galeerenstrafe. Sie seien überführt als Werwölfe an 200 Stück Vieh gerissen zu haben. Was Vierbeinern anzulasten war, schoben hochgelehrte Herren der katholischen Obrigkeit den Bauern in die Schuhe.
Die Galeere, ein etwa 50 Meter langes und 6 Meter breites Kriegsschiff mit einigen Kanonen und einem Rammsporn, enthielt bis zu 50 Ruderbänke. Auf jeder Bank hatten drei bis fünf angekettete Galeerensklaven gleichzeitig ein Ruder zu bedienen. Die Seeschlacht von Tschesme, wo die Russen 1770 die türkische Flotte vernichteten, war einer der letzten Einsätze von Galeeren. Der türkische Hafen Tschesme liegt gegenüber der Ägäis-Insel Chios. Auch damals schon war man um eine gerechte Verteilung der Unannehmlichkeiten bemüht: auf den christlichen Ruderbänken saßen viele türkische Galeerensklaven und auf den türkischen Ruderbänken viele christliche.

1719 Ahnin 109, Maria Magdalena Niehof, wird am 1. Februar 1719 in Veckenstedt geboren und stirbt dort am 22. August 1753.

1720 In Flatow, 165 km östlich Stettin, in der ehemaligen Grenzmark Posen-Westpreußen, seit 1945 Zlotów, Kreisstadt unter polnischer Verwaltung, wird eine Namensliste der Schützengilde aufgestellt. Legt man diese Liste, die 32 Namen enthält, einem nach 1945 in Geschichte Umerzogenen vor, wird er außer dem Namensträger Berger alle anderen Schützen für Polen halten. Ein Vergleich mit den Kirchenbüchern von 1701 bis 1721 ergibt für 15 »Polen« dieser Liste, daß ihre deutschen Geburtsnamen in polnische Formen verfälscht wurden:

1) Jerzy Szulc ist der Deutsche Georg Schulz, Schönfärber
2) Tomasc Paprota ist der Deutsche Thomas Paproth
3) Marcin Spitgarb ist der Deutsche Martin Spittgerber, Bauer
4) Hermann Arynt ist der Deutsche Hermann Arndt, Schuhmacher
5) Jakub Kowalski ist der Deutsche Jakob Schmidt
6) Andrzy Radowski ist der Deutsche Andreas Fröhlich
7) Jan Peiel ist der Deutsche Johann Piel
8) Michael Zagrzebski ist der Deutsche Michael Gräber
9) Jan Stuba ist der Deutsche Johann Stuwe, Stadtrichter
10) Frydrych Krega ist der Deutsche Friedrich Kröger
11) Jerzy Wurma ist der Deutsche Georg Wurm
12) Piotr Hankowski ist der Deutsche Peter Hanke
13) Chrystian Paneberk ist der Deutsche Christian Panneberg
14) Marcin Szolowicz ist der Deutsche Martin Schüler
15) Maci Nagorniewicz ist der Deutsche Siegmund Wellsandt

So wurden und werden zusätzliche Polen gemacht. Dieses eine aus vielen anderen Beispielen zeigt, wie auf Betreiben des polnischen Adels und der katholischen Pfaffen ansässige Deutsche gewaltsam polonisiert wurden.
Über die ehemalige preußische Kreisstadt Flatow lesen wir im Brockhaus Konversationslexikon 1902, Band 6, S. 771, daß sie 4018 Einwohner im Jahre 1900 hatte, bestehend aus 2168 Evangelischen und 1534 Katholiken und 316 Israeliten.
In der letzten Nacht des Jahres zu Beginn von 1721 zerstört eine Sturmflut den »Wal«, die Verbindung zwischen der Düne und dem Buntsandsteinfelsen auf Helgoland. Auch hier war menschliche Habgier maßgebend an der Zerstörung beteiligt – durch Abbau und Verkauf der Kreidevorkommen.

1721 Nach siebenjähriger Bauzeit kann 1721 der Oderteich bei St. Andreasberg genutzt werden. 1750 wird der 20 km lange, bis Clausthal führende Dammgraben vollendet. Alle diese technischen Einrichtungen, wie auch der 26 km lange tief unter der Erde entwässernde Ernst-August-Stollen, dienen dem Bergbau im Harz.

1722 Ahn 72, Hans Jacob Bormann, wird am 9. April 1722 in Veckenstedt geboren. Dort vermählt er sich am 29. Januar 1764 mit Catharina Christina Ehlebe und stirbt dort am 7. Juni 1799.

1722 Stapelburg wird wieder dem Grafen von Stolberg-Wernigerode unterstellt. Beim Huldigungseid auf dem Schloß Wernigerode wird neu bestätigt, zu welchen Arten von Frondienst die Stapelburger verpflichtet sind: zum Mähen und Dreschen und Pflügen und Fuhrenmachen usw. Seit 1650 werden diese Arbeiten auch als Riegedienst bezeichnet. Das bedeutet, daß die Hauswirte in der Riege (der Reihe nach) Fronarbeit zu leisten und dazu noch ihren Zehnten zu entrichten haben.
Bauern aus dem Schachdorf Ströbeck folgen einem Aufruf des Soldatenkönigs Friedrich Wilhelm I. und wandern nach Ostpreeußen aus. Sie siedeln sich im Dorf Mazaitschen bei Darkehmen an und tragen dazu bei, die durch die Pest gerissenen Lücken wieder zu schließen. Angerapp (Darkehmen = Darkeymen) an der Angerapp, 25 km südsüdwestlich Gumbinnen, hat 1895 3.542 Einwohner, bestehend aus 3.408 Evangelischen und 61 Katholiken und 73 Israeliten, seit 1945 Kreisstadt Osersk unter polnischer Verwaltung, in der Luftlinie etwa 800 km ostnordöstlich von Ströbeck (DDR-3601) gelegen.

1723 Am 1. Januar wird Michael Feuerstacke aus Wasserleben zum Hegebereiter (Hegereuter) des Grafen Christian Ernst zu Stolberg-Wernigerode bestellt. Seine Hauptaufgabe ist die Überwachung der Forsten und Felder. In der Bestallung seines Nachfolgers Johann Peter Eich vom 26. Februar 1746 ist aufgeführt, daß auf die Erhaltung der Hecken und breiten Triften zwischen den Äckern zu achten ist. Diese bieten dem Kleinwild und der Vogelwelt günstige Plätze zum Brüten und Nisten. Umweltschutz wurde von der Obrigkeit gepflegt und überwacht, die vor allem beim Zehnten nicht zu kurz kommen wollte. Die Bauern dagegen waren bemüht, zwecks höherer Flächennutzung die Hecken zu beseitigen – Dummheit gegen Einsicht in ökologische Zusammenhänge.

1725 Ahnin 111, Dorothee Christiane Körber, wird am 14. Februar 1725 in Veckenstedt geboren und stirbt dort am 19. April 1789.
In alten braunschweiger Grenzakten für das Gebiet der Dreiherrenbrücke an der Ecker taucht der Name »Muxloch« auf, der auf den heutigen Landkarten als Muxklippe (582 m) erscheint. 1471 wurde der damalige Herr von Stapelburg, Herdan von Bila, mit einer Sägemühle »bi dem uxhole« belehnt. Ux ist vermutlich eine niedere nordgermanische Gottheit, die an Wasserläufen verehrt wurde. Dafür spricht auch das frühere Uxbridge (Brücke des Ux) im heutigen Groß-London, links der Colne, die der Themse unterhalb von Schloß Windsor von links zufließt. (siehe auch 1983, 13. Oktober)
Auf Schloß Blankenburg (DDR-3720), 20 km südöstlich Schloß Ilsenburg, verbringt in diesen Jahren Maria Theresia, die spätere Kaiserin von Österreich (geb. 1717, gest. 1780), eine glückliche Jugendzeit. 1123 war Lothar von Süpplingenburg, der nachmalige Kaiser Lothar III., Besitzer der Blankenburg gewesen, die 1182 auch Kaiser Rotbart in ihren Mauern sah. 1945 fand dieser braunschweigische Herzogsitz sein vorläufiges Ende.

1730 Bei Reddeber (DDR-3701) wird der Rest eines großartigen Eichenwaldes beseitigt, der sich vom Dorf bis zur Neuen Warte bei Wernigerode erstreckte. In dem geschätzten Jagdgebiet wurde um 1600 noch den Bären nachgestellt.

1731 Am 31. Oktober erläßt der Erzbischof von Salzburg den Befehl, alle Protestanten aus dem Land zu jagen. Der Freiherr Leopold Anton von Firmian war 1727 Erzbischof geworden und ließ mit Hilfe der Jesuiten bei Tag und Nacht die Häuser der lutherischen »Ketzer« durchsuchen, Bibeln und evangelische Erbauungsbücher stehlen, sowie die nicht an die römische Unfehlbarkeit Glaubenden auf jede erdenkliche Art peinigen.
Am 25. Mai 1732 kamen die ersten 300 Vertriebenen aus Salzburg über Harzburg und Stapelburg nach Ilsenburg, woe sie bewirtet wurden. In Wernigerode verweilten sie zwei Tage.

Am 16. September 1732 gelangten weitere 1.045 Salzburger über Elbingerode und das Mühlental nach Wernigerode. Bis auf kleinere Gruppen zogen die Vertriebenen bis nach Ostpreußen, wo ihnen der preußische König Friedrich Wilhelm I. eine neue Heimat bot. Ihre Nachkommen erlebten 1945 ein noch schlimmeres Schicksal als ihre Vorfahren.

1734 Ahnin 77, Anna Dorothee Wagenführ, wird am 20. März 1734 in Veckenstedt geboren und stirbt dort am 11. September 1793.
Ahnin 159, Anna Catharina Schrader, wird am 14. September 1734 in Veckenstedt geboren und stirbt dort am 19. Dezember 1815.
Ahnin 73, Chatharina Christina Ehlebe, wird am 24. Juni 1735 in Wasserleben geboren und stirbt in Veckenstedt am 17. Juni 1787.

1736 Ahn 48, Andreas Christoph der Jüngere Ruhberg, wird am 11. Januar 1736 in der Stum-Mühle bei Stötterlingen (DDR-3601) geboren. Als Mahlmüller vermählt er sich am 10. Juni 1759 mit Johanna Elisabeth Holzknecht.
Graf Christian Friedrich Ernst zu Stolberg-Wernigerode läßt auf dem Brocken das Wolkenhäuschen erbauen, das seinerzeit eine Erinnerungsplakette an den Besuch Goethes auf dem Brocken enthielt. Ein eigentliches Gasthaus auf dem obersten Gipfel wurde erst 1800 errichtet. Auf der Heinrichshöhe konnten Besucher seit 1743 in einem Wirtshaus nächtigen, dessen überwachsene Grundmauern ich 1930 nur mit Mühe ausfindig machte.

1739 Ernst Joachim de Westphalen gibt in Leipzig ein Kompendium der Geschichtswissenschaft in 4 Bänden heraus. Unter dem Titel »Monumenta inedita« erscheinen lateinische Texte von Nicolai Marschalk (geb. um 1465, gest. 1525), die Schede (geb. 1615, gest. 1641) in das Deutsche übersetzt. Dieses Geschichtswerk belegt, daß das Wort »Wenden« noch nicht gechristete germanische Wandalenstämme bezeichnet, die sich durch Heidentum und Mundart von den zum Christentum gezwungenen westgermanischen Stämmen deutlich unterscheiden. Aber mit Slawen haben sie nichts zu tun, wie uns die Umerzieher nach 1945 weismachen wollen. In den lateinischen Texten ist die Sammelbezeichnung für die noch heidnischen Stämme stets sclavi - und das bedeutet zu damaliger Zeit eindeutig Heiden. Wer das »c« in sclavi fortläßt und dann slavi = Slawen setzt, hat den Text und damit die Geschichte gefälscht. Es ist unbestritten, daß die am Limfjord in Jütland gelegene Landschaft »Vendsyssel« das Herkunftsland der germanischen Wandalen ist und verdeutscht nichts anderes bedeutet als »Wendensitz« oder »Wandalensitz«. Auch darf daran erinnert werden, daß die bei der Hanse übliche Bezeichnung »Wendisches Quartier« für die im Ostseeraum gelegenen Hansestädte in lateinischen Texten stets lautet: »urbs vandalica et hanseatica«.

1740 Ahn 78, Christian Zacharias Simon, wird 1740 geboren und lebt als Kossath (Bauer mit kleiner Ackerwirtschaft) in Wasserleben. Am 18. November 1822 stirbt er in Veckenstedt.
Herzog Heinrich Julius von Braunschweig läßt 1740 auf der Heinrichshöhe eine Torfstecherei und ein Wirtshaus errichten, das aber 1799 abbrennt und nicht wieder aufgebaut wird.

1741 Ahn 76, Ernst Jacob Förster, wird am 8. April 1741 in Veckenstedt geboren. Er vermählt sich dort am 17. November 1771 mit Anna Dorothee Wagenführ. Als Berufssoldat stirbt er 1780 im Lazarett zu Halberstadt.
Die Gemahlin des Grafen Heinrich Ernst von Stolberg-Wernigerode, Marie Agnes, geborene von Promnitz, stirbt 1741. Der inmitten von Ilsenburg gelegene Marienhof ist nach ihr benannt.

1743 Martin Heinrich Klaproth erblickt am 1. Dezember 1743 in Wernigerode das Licht der Welt. Als späterer Professor der Chemie wird er Uran, Zirkon, Strontium, Cer, Titan und Tellur entdecken. An Ausgangsstoffe für Kernwaffen (Atombomben) hat er sicher noch nicht gedacht.

1744 bis **1803** lebt Johann Gottfried Herder. Er weckt mit seinem oft auf falschen Voraussetzungen beruhenden Eintreten für die polnische Freiheitsbestrebungen schlafende Hunde, die später viele seiner deutschen Landsleute zerreißen werden.

1746 In Lütgenrode (jetzt D-3412 Nörten-Hardenberg 1), 58 km südwestlich Ilsenburg, wird im September Johann Christian Ruberg geboren – als Jüngster von 8 Geschwistern. Er ist ein

Bruder meines Ahns Nr. 48 Andreas Christoph der Jüngere Ruberg, Besitzer oder Pächter der Stum-Mühle bei Stötterlingen (jetzt DDR-3601), geb. 11.1.1736.
Der Vater Andreas Christoph Ruberg der Ältere, Ahn Nr. 96, wurde am 23.8.1706 in Wülperode bei Vienenburg geboren und starb am 23.10.1765 in Ilsenburg. Ahn Nr. 96 hatte 1744 die Mühle in Lütgenrode übernommen, ist aber schon im Oktober 1748 Müller in Osterwieck (DDR-3606). Ab 1749 betreibt er dann in Ilsenburg unter dem Schloß die Obermühle mit zwei Mahlgängen und im Vogelgesang die Vogelmühle mit einem Mahlgang.
Von 1755 bis 1759 erhält Johann Christian Unterricht vom Katecheten Dransfeld aus Horndorf (D-2121 Reinstorf, Kreis Lüneburg), der ihn in das Lateinische und Griechische einführt. Anschließend besucht er die Lateinische Hauptschule des Waisenhauses in Halle an der Saale. Die Wirren des Siebenjährigen Krieges (1756 bis 1763) lassen das Vermögen des Vaters zerrinnen, dem auf Antrag ein Universitätsstudium seines Sohnes auf gräfliche Kosten genehmigt wird. Im gräflichen Stipendiatenbuch ist Johann Christian unter Nr. 592 eingetragen. 1767 beginnt er in Halle Theologie zu studieren, weil er so am schnellsten zu einer leidlich bezahlten Stellung kommen kann.
Seine heimliche Liebe gilt aber unverändert der Probierkunst, obwohl sein 1765 verstorbener Vater einen Großteil seines Vermögens an den alchemistischen Schwindler von Bergen verloren hatte. Selbst ein so angesehener Mann wie Oberforstmeister von Zanthier, der Gründer der ersten deutschen Forstakademie, war auf diesen Scharlatan hereingefallen.
1780 hören wir wieder vom Goldmacher – jetzt ist er Steiger auf der Steinkohlengrube Emanuelssegen, 35 km südöstlich von Gleiwitz, und hat genügend Zeit, sich der Probierkunst (Alchemie) zu widmen.
Seine Forschungen waren auch bei der Glasherstellung so erfolgreich, daß ihm schon nach zwei Jahren die Leitung der Glashütte Wessola übertragen wird. Wessola, später Freude (Wessola), Kreis Gleiwitz, liegt 8 km südöstlich Bahnhof Kattowitz. Seit 1945 unter polnischer Verwaltung, umbenannt in Wesola, Powiat Gliwice.
1790 besucht der Goldmacher seinen Jugendfreund Litt, der inzwischen Hütteninspektor in Paprotzan geworden ist. Dort wird er auf zinkhaltigen Ofenbruch aufmerksam, der als Abfall mit der Eisenschlacke auf Halde liegt. Johann Christian weiß von einer Entdeckung des Erasmus Ebner, Rat des Herzogs Julius von Braunschweig, daß Ofenbruch wie der natürliche Galmei Messing liefert, wenn er mit Kupfer zusammen erschmolzen wird. Nach Oberschlesien war diese Kunde noch nicht gedrungen.
1798 wird der erste Zinkofen in Wessola in Betrieb gesetzt. Johann Christian zählt zwar zu den Großen des oberschlesischen Berg- und Hüttenwesens – aber seine Erfolge und sein unermüdlicher Forscherdrang schaffen ihm viele Feinde und Neider. Seine Ernennung zum Kammer-Assessor ist in Wirklichkeit eine Kaltstellung.
Seine rastlose Tätigkeit brachte ihm den Beinnamen »Unruhberg« ein.
Eine Steinkohlengrube erhielt den Namen »Rubergsgrube«.
Am 5. September 1807 ist er in Lawek einsam und verbittert verstorben. Lawek liegt 2,5 km südlich der Carlssegen-Grube in Wessola und 24 km nordöstlich Pleß an der Pszezinka, die von links zur Weichsel fließt (nach 16 km). Johann Christian Ruberg fand seine letzte Ruhestätte auf dem Friedhof der evanglisch-reformierten Gemeinde in dem bei Lawek gelegenen Dorf Anhalt, etwa 2 km von seiner Wohnung entfernt.

1747 Ahnin 79, Marie Charlotte Bolmann, wird am 8. April 1747 in Veckenstedt geboren und stirbt dort am 10. Dezember 1836.

1748 Ahn 54, Johann Paul Bollmann, wird am 13. Januar 1748 in Veckenstedt geboren. Als Kossath heiratet er dort am 2. Advent 1780 Dorothee Elisabeth Abel und stirbt dort am 23. Juni 1814.
In Braunlage läßt Herzog Karl I. von Braunschweig-Wolfenbüttel im Brandhai Kartoffeln anbauen. Es soll Branntwein hergestellt und durch diesen neuen Gewerbezweig die wirtschaftliche Lage der Bevölkerung verbessert werden. Das 1886 aufgestellte Kartoffeldenkmal erinnert an die gut gemeinten, aber wenig ertragreichen Versuche. Die in Ilsenburg ge-

gossene Eisenplatte trägt die Inschrift: »Hier sind 1748 die ersten Versuche mit dem Anbau der Kartoffel gemacht, der Name Kartoffelhecke erinnerte daran bis 1883«.

1750 Bei Zellerfeld auf der jetzigen Wiese vor dem Walde am Johanneser Kurhaus wird ein Markstein (Grenzstein = Markscheide) errichtet. Auf der Ostseite steht: »Alhier fangen an die Regenbogener Fundgrube 7 Maasen und 9 Lachter aufn Haubtgang. Joachim Christian Behr V.O.B.M. Johan Christoph Behr U.B.M. Johan Otto Wimmer Geschworner den 5. Sept. 1750«. Die Grube Regenbogen hatte 2 Tagesschächte: den Schreibfeder- und den Jungfrauer Schacht. Ein Geschworener stand einem Bergrevier vor, seine Stellung entsprach etwa dem heutigen Obersteiger.

Ein Missionar Mondorf teilt 1750 mit, daß auf der Taman-Halbinsel zwischen Asow-Meer und Schwarzmeer, dem östlichen Teil der Krim, noch gotisch-schwedisch gesprochen wird. Durch viele Jahrhunderte blieb dort ein gotisches Gemeindewesen erhalten.

1752 Am 2. Mai wird den ilsenburger Schützen das Scheibenschießen verboten. Und 1771 glauben die protestantischen Pietisten gänzlich ohne Schießen auskommen und alles mit der Bibel in der Hand regeln zu können.

1754 Am 15. Juni frühstückt der Alte Fritz (Friedrich der Große) an einer Quelle bei Friedrichsbrunn (DDR-4304). Er reist von Quedlinburg über den Harz zu seiner Grafschaft Hohnstein, die aus dem Harzgau, Zorgegau und Helmegau entstanden ist. Sie wird begrenzt im Norden vom Harz, im Osten von der Helme und unteren Unstrut, im Süden von der oberen Unstrut und oberen Leine, im Westen von der unteren Leine. Der preußische Landkreis Nordhausen hieß seit 1888 Grafschaft Hohenstein.

1755 Herzog Karl I. verfügt, daß Braunschweig-Stadt, 45 km nördlich Ilsenburg, Straßenpflaster erhält. Breite Straße und Gördelinger Straße werden 1756, Eiermarkt und Lange Brücke 1757 und Kleine Burg 1759 mit Steinen gepflastert.

1756 bis **1763** kämpft Friedrich der Große im Siebenjährigen Krieg um den Bestand seines Staates. Aus der ilsenburger Geschichte entnehmen wir, daß die Schützen erst nach dem Frieden von Hubertusburg (40 km östlich Leipzig) 1763 wieder ihr beliebtes Freischießen ausüben können.

1757 Am 18. Oktober wird der Dragoner Ernst Nordhoff aus Hildesheim bei der Kupferhütte unter dem Mühlberg bei Niedersachswerfen (DDR-5506) von Franzosen erschossen. Sie haben ihn auf ihrem Rückzug nach ihrer Niederlage in Sachsen als Arrestanten mit sich geführt. Noch 1922 erinnerte ein Steinkreuz mit lesbarer Inschrift an das Schicksal dieses Soldaten.

Bei Zilly (DDR-3601), 12,5 km nordöstlich Ilsenburg, wird Herzog Ferdinand von Braunschweig durch Herzog von Richelieu zum Rückzug nach Wegeleben (DDR-3607), 33 km ostnordöstlich Ilsenburg, gezwungen. Richelieu hat bei diesem Feldzug schon soviel erbeutet, daß er in Paris über eine Million Franken Schulden bezahlen kann. Auch für ein neues Gartenschloß, das der Volksmund »Pavillon d'Hannovre« nennt, bleibt noch genügend Beutegeld übrig. Am 28. September 1757 beginnen für Halberstadt harte Tage, als Richelieu dort Quartier bezieht und seine 80.000 Mann vor der Stadt lagern läßt.

1758 Am 25. August 1758 erringt der Alte Fritz einen Sieg über die Russen bei Zorndorf, Kreis Königsberg (Neumark), 8 km nördlich Küstrin, 7 km rechts der Oder; nach 1945 unter polnischer Verwaltung Sarbinowo, Powiat Chojna. Die Preußen verlieren 11.337 Mann, die Russen ziehen sich nach Verlusten von 23.674 Mann nach Landsberg an der Warthe zurück. Zum Erfolg hat der Reitergeneral von Seydlitz entscheidend beigetragen, der den Feind in den Morast bei Quartschen treibt.

1759 Ahn 48, Andreas Christoph der Jüngere Ruhberg, vermählt sich am 10. Juni 1759 mit Johanna Elisabeth Holzknecht.

Ahnin 55, Dorothee Elisabeth Abel, wird am 24. September 1759 in Veckenstedt geboren und stirbt dort am 24. Juli 1848.

1761 In der Klosterkirche Hersfeld (D-6430), 128 km südwestlich Ilsenburg, haben die Franzosen Getreide gelagert. Bei ihrem erzwungenen Abzug zünden sie die Kirche an – das

Getreide soll den Preußen und Hessen nicht zugute kommen. Dafür können wir seit 1951 in der Stiftsruine Theater spielen.

1763 Im Frieden von Hubertusburg (jetzt DDR 7264 Wermsdorf), 40 km östlich Leipzig, wird dem Alten Fritz am 15. Februar Schlesien endgültig zugesprochen. Hubertusburg liegt 170 km ostsüdöstlich Ilsenburg.
Im selben Jahr wird das Eisenhüttenwerk Sorge (DDR-3701), 27 km südlich Ilsenburg, das Karl Anton Walther mit geliehenem Geld zu einem ertragreichen Unternehmen entwickelt hat, von dem Juden Daniel Itzig aus Berlin übernommen. 1763 bezahlte Itzig für die Werke Sorge und Voigtsfelde 60.000 Taler; 1781 verkaufte er sie dem preußischen Fiskus für 285.000 Taler.

1767 Ahn 28, Johann Friedrich Julius Hedderich, wird 1767 geboren. Als Pochmeister vermählt er sich am 22. Mai 1808 mit Sophie Charlotte Bein in Ilsenburg am Harz.

1768 bis **1836** lebt Georg Samuel Bandtke. Nach einem Studium in Halle und Jena wird er 1790 Hofmeister beim polnischen Magnaten Graf Peter Ozarowski in Warschau – wes Brot ich eß, des Lied ich sing. Zwar stammt die Familie Bandtke aus Deutschland, wo Georg Samuel sich wissenschaftlich ausbilden ließ, aber er arbeitet Zeit seines Lebens gegen Deutschland und die Deutschen. Bandtke hat der auf Erfindungen und nicht auf geschichtlichen Tatsachen fußenden »Slawentheorie« zum Siege verholfen, die mancher der nach 1945 zu Amt und Würde gekommenen Professoren als wahres Evangelium betrachtet, vielleicht aber auch nur seinen Posten und seine Altersbezüge nicht gefährden will.
Was beinhaltet die Slawentheorie? Sie taucht erst um 1820 auf.

1) Der am Ende der Völkerwanderungszeit freigewordene Ostraum, in den die Slawen drangen.
   richtig: die Bauern blieben auf ihren Sitzen. Nur die jungen Überzähligen zogen mit ihren Familien zur Landnahme aus. Die daheim gebliebenen ostgermanischen Stämme sind Heiden und werden von den westlichen katholischen Geschichtsschreibern mit dem Sammelnamen »sclavi« bezeichnet. Durch Abschreibfehler oder gezielte Absicht wird dann das »c« in »sclavi« fortgelassen, und plötzlich sind aus »slavi« Slawen geworden. So einfach ist das!
   Ein Großteil der heutigen polnischen Bevölkerung besteht aus Nachkommen mehr oder minder vermischter ostgermanischer Stämme, denen durch den polnischen Adel im Verein mit katholischen Bischöfen die glagolithische Sprache an Stelle zahlreicher gotischer Mundarten aufgezwungen wurde.
   Wer will z.B. bei Fernseh-Aufnahmen von Straßenpassanten in einer Stadt oder von Werkstätten auf einer Werft unterscheiden können, ob das Holländer, Dänen, Schweden, Deutsche oder Polen sind?
   Auch in der Ukraine und in Weißrußland gibt es Millionen von Menschen, die genauso aussehen wie die Mitteleuropäer. Bei den Überflutungen durch die Mongolen z.B. hat wohl jeder Volksstamm in Mitteleuropa seinen Teil abbekommen und eine Blutauffrischung hat oft Folgen, die der Eroberer durchaus nicht beabsichtigte und die den Überrollten nicht schadeten.
2) Die polnischen oder slawischen Piasten.
   richtig: Die normannisch-wikingische Abkunft der schlesischen Piasten ist von den Historikern Laubert und Holtzmann nachgewiesen und von Otto Scheel »Die Wikinger«, Stuttgart 1938, erwähnt. Der germanisch-deutsche Anteil in den Stammbäumen der männlichen und weiblichen Linie der Piasten ist belegt durch Friedrich Schilling »Ursprung und Frühzeit des Deutschtums in Schlesien und im Land Leubus«. Diese Arbeit ist enthalten in »Ostdeutsche Forschungen«, Leipzig 1938, Band 4/5, ab S. 11; zwischen den Seiten 16/17 und S. 340/341 sind die zugehörigen Genealogien einzusehen.
   Vom 7. bis 10. Jahrhundert breiten sich nordgermanische Stämme neuerlich im Ostseeraum aus. Das erfahren wir von Carl Engel »Die ostgermanischen Stämme in Ost-

deutschland, die gotische Ostseeherrschaft in Osteuropa«, S. 174. Diese Arbeit erschien in »Deutsche Ostforschung«, Band I, Leipzig 1942. Truso am Drausensee bei Elbing ist um 900 nachgewiesen und Grobin an der Alanda in Kurland, nordöstlich von Libau, hat große Gräberfelder mit nordgermanischen Funden von der Zeit um 700.
Die schlesischen Piasten lassen sich in ihrem Stamm zurück bis zu Karl dem Großen und dem Sachsenherzog Widukind verfolgen.
Siehe dazu Walther Steller »Grundlagen der deutschen Geschichtsforschung«, I. Band, Wien 1973, S. 132 + 133.

3) Kolonisation des schlesischen und ostdeutschen Raumes.
richtig: Das Wort K. kommt in diesem Zusammenhang in der älteren Geschichtsschreibung nicht vor. Es entstand aus der falschen Deutung der in alten Rechtsdokumenten benutzten Abkürzung »Jus Col.« Sie bedeutet Recht der »Colonen«, das heißt der freien deutschen Bauern, die entweder ehemals heidnische ostgermanische Ansässige oder christliche Zugezogene waren.
Davon zu unterscheiden ist das »Jus Pol.« – das polnische Recht derjenigen Ansässigen, die in einem Zustand der Unfreiheit und Hörigkeit lebten.
Der Fehler besteht darin, daß die Bearbeiter der Urkunden »Jus Col.« mit Colonial-Recht übersetzten. Seit dieser Zeit reden und schreiben alle beamteten Historiker von der Kolonisierung und auf slawischer Seite vor allem von germanischer Kolonisierung. Übrigens gab es im heidnischen Teil Germaniens gar nichts zu kolonisieren, denn schon Adam von Bremen schrieb um 1070, daß Ostelbien reich an Männern, Waffen und Feldfrüchten ist.

4) Deutsche Städtegründungen im 13. Jahrhundert.
richtig: Es war überflüssig, Städte zu gründen – sie waren vorhanden. J.G. Kunisch z.B. macht uns mit einem geographischen Fragment aus dem 9. Jahrhundert bekannt, in dem die Sleenzani mit 15 Städten aufgeführt werden. Nach dieser 1847 in Breslau veröffentlichten Mitteilung hat es sich bei den Sleezani vermutlich um einen kleinen ostelbischen Stamm gehandelt. Aber alle diese heidnischen Städte hatten kein Recht, das den rom-christlichen Vorstellungen entsprach.
Weltliche Herrscher strebten im Verein mit der Rom-Kirche nach Machterweiterung und waren sich über den Nutzen gleicher Stadtrechte im klaren. Die unter ihren Einfluß gelangten Städte wurden daher mit Magdeburger Recht bewidmet. Die Brockhaus Enzyklopädie 1970, Band II., S. 779, meint: »Magdeburger Recht ... beherrschte den ganzen binnenländischen Osten des Abendlandes.«

5) Slawischer Ursprung von Ortsnamen und Flurnamen.
Als überzeugte Anhänger der »Slawentheorie« sind Vorgeschichtler der Universität Kiel unter Hermann Hinz seit 1945 und ist Reinhold Trautmann (seit 1923) und in Ost-Berlin seit 1945 bemüht, »slawische« Ursprünge dort zu suchen, wo es sich nachweislich um germanische Namensgebungen handelt.
Aufschlußreich ist, daß Trautmann die Arbeiten des Flurnamenforschers Ernst Schwarz aus den Jahren 1931 und 1951 totschweigt – sie widerlegen überzeugend Trautmanns Behauptungen.
richtig: für Ortsnamen nur ein Beispiel. Siusele im ostelbischen Sachsen ist nicht slawisch, sondern germanischen Ursprungs wie Süsel bei Lübeck oder Syssel in Schleswig und Jütland, was »Sitz« eines Stammes oder Häuptlings bedeutet. Hinz erwähnt mit keinem Wort die Ergebnisse der Vorgeschichtsforschungen von Fachkollegen wie die von Ernst Petersen aus 1942 und von Max Hundt aus 1953, die eine dauernde Besiedlung des mitteleuropäischen Raumes durch Germanen nachgewiesen haben. Bei neuesten Veröffentlichungen über die »slawische« Vergangenheit von Schleswig-Holstein bleibt nur der Eindruck: Was ich nicht erkennen kann, das seh' ich halt als slawisch an.
Schließlich noch der Hinweis auf Güstrow, Grünow, Schwartow usw. Die Endung -ow

ist hier die germanische »Au« oder »Aue«. Aus Schwartow wird z.B. Schwartau bei Lübeck.
Die Endsilbe -ow kann auch mit Flurbezeichnungen und Personennamen slawischer Herkunft verbunden sein wie z.B. Chruschtsch-ow, das trifft aber für den ostgermanisch besiedelten Raum nur in geringem Umfang zu.
Wenn jede Endung -ow ein sicherer Nachweis für slawische Herkunft wäre wie z.B. Arklow + Barrow + Carlow + Glasgow + Harlow + Harrow + Irlow + Linlithgow + Vicklow – dann müßte ganz England slawische Urheimat sein.

6) Die Wenden sind Westslawen.
Brockhaus Enzyklopädie 1974, 20. Band, S. 218: »Wenden, Sammelbez. für alle in Mittel- und Ost-Dtl. und in den Ostalpenländern ansässigen Slawen; im engeren Sinn die Sorben. Die Entstehung des Namens und seine sprachl. und geschichtl. Anknüpfung an den indogerman. (aber nicht slaw.) Stamm der Veneter oder an die Wandalen oder an german. weni (»Freund«) sind bisher nicht gesichert. (siehe Windische)«
richtig: Wenden und Wandalen sind zwei Benennungen für den germanischen Stamm, der seinen Ursitz in Nord-Jütland, im Vendsyssel hatte – die Landschaft zwischen Skagen und dem Limfjord trägt heute noch diesen Namen – und bedeutet »Wendesitz«. Auf einem Flugblatt aus dem 16. Jahrhundert ist der Landstrich zwischen Elbe und Weichsel, das sogenannte Wendenland, mit »Vandalia« bezeichnet. Die Hanse übersetzt das »urbs vandalica et hanseatica« für die im Ostseeraum gelegenen Hansestädte stets mit »Wendisches Quartier«. Die hannoverschen Wendlande haben nichts mit Slawen zu tun – ostfälische Sachsen wollten das Christen-Joch abschütteln und wieder zum Glauben ihrer Väter, der Wandalen = Wenden, zurückkehren. In althochdeutscher Zeit heißt das Mittelmeer noch »Wendesee« (wentilsêo) in Erinnerung an die Wandalen, die einst von Karthago aus als seebeherrschende Germanen Rom eroberten.

1770 Die Ernstburg, ein Jagdhaus 4 km südwestlich Ilsenburg, wird erbaut. Dort oben in 550 m Höhe bin ich gern gewesen. Als ich einmal zur Damaschkestr. 33 zurückkehrte, vermißte ich meinen Hausschlüssel. Der konnte nur bei einem Vogelbeerbaum entwichen sein, unter dem ich gelegen und dem Zuge der Wolken nachgeschaut hatte. Dort fand ich meinen Schlüssel auch. Benannt wurde das Jagdhaus unter dem Maizenkopf zwischen Ecker und Ilse nach dem Halberstädter Domdechanten Ludwig Ernst, Freiherr Spiegel zum Desenberg(1753 bis 1785).
Am 14. September gab Georg III., »von Gottes Gnaden König von Groß-Britannien ... Herzog zu Braunschweig und Lüneburg ...« eine Verordnung heraus, »daß fremde Bettler, Zigeuner und Landstreicher, Bärenzieher, Polnische Juden auch alle Betteljuden, unsere Lande bei ohnausbleiblicher Leib- und Lebens-Strafe meiden sollen.« Seit 1711 waren aber schon ähnliche Warnungen ergangen – anscheinend machten sie wenig Eindruck.
In Kalifornien leben zu dieser Zeit 150.000 Indianer, bevor die Weißen kommen. 1860 hat Kalifornien etwa 390.000 Weiße. Was mit den Eingeborenen geschah, ist unschwer zu erraten. Von C.W. Ceram erfahren wir 1972, »daß die Weißen in Kalifornien das Skalpieren einführten, das den kalifornischen Stämmen unbekannt war.« (S. 317) Dieser »american way of life« zeigt schon damals die Richtung, in der man Kriege zu führen gedenkt. Ein vorläufiger Höhepunkt wird am 13. und 14. Februar 1945 erreicht, als in Dresden 250.000 Menschen durch Sprengbomben zerfetzt oder durch Phosphorbomben bei lebendigem Leibe verbrannt werden.
Die westdeutschen Rundfunk- und Fernsehanstalten wissen auch 1982 noch nur von 35.000 Deutschen, die in Dresden ermordet wurden.
Aber was schert das schon den im Wohlstand verloddernden Normalverbraucher?

1771 Ahn 36, Jacob Bormann, wird am 12. September 1771 in Veckenstedt geboren, heiratet dort Ilse Maria Magdalena Elisabeth Bruns und stirbt dort am 4. Januar 1820.

1772 Die erste Forstakademie Deutschlands öffnet in Ilsenburg im Ilsetal gegenüber der Sägemühle ihre Pforten. Ihr Leiter, Oberforstmeister Hans Dietrich von Zanthier, geboren am 17. September 1717, kam 1749 unter dem Grafen Christian Ernst von Stolberg-Wernigerode nach Ilsenburg. Der Zanthier-Platz links der Ilse unter dem Ilsestein und die hohen Kiefern am Eckerkrug, die von Zanthier als Samenbäume pflanzen ließ, erinnerten mich in meiner Jugend an das vielseitige Wirken dieses Forstmannes. Sein Tod 1778 bedeutet auch das Ende der Forstakademie, der ein fähiger Nachfolger nicht beschieden ist.

1773 Ahn 24, Christian Friedrich Ruhberg, wird am 2. August 1773 geboren und heiratet als Lattenschneider in der Sägemühle am 23. April 1821 Johanna Sophie Luise Haberland. Er stirbt am 14. August 1856.

Ahn 38, Heinrich Ernst Förster, wird am 3. März 1773 in Veckenstedt geboren, wo er am 25. Trinitatis 1795 Maria Catharina Simon heiratet und nach sechzig Ehejahren am 22. September 1855 stirbt.

Ahnin 39, Maria Catharina Simon, wird am 17. Mai 1773 in Veckenstedt geboren und stirbt dort am 25. März 1861. Ein Bruder von ihr besucht die Schule in Wernigerode und ist 1812 Doktor der Philosophie.

1775 Am 18. Oktober wird Graf Ferdinand von Stolberg-Wernigerode geboren. Wie unterschiedlich die Gefahren für Leben und Besitz in Kriegszeiten verteilt sein können, erfahren wir aus seinem Lebenslauf. Er enthält auch Hinweise, wie es den Ilsenburgern zu Zeiten des großen, aus Corsica gebürtigen, Napoléon erging. Forstmeister von Hagen in Ilsenburg macht Graf Ferdinand mit den Forstwissenschaften vertraut.

1801 übernimmt er die Verwaltung der Herrschaften Peterswaldau, Jannowitz und Kreppelhof in Schlesien. Peterswaldau liegt 55 km südsüdwestlich Breslau am Ostabhang des Eulengebirges und hatte 1900 5.248 evangelische und 1.656 katholische Einwohner. Der 718 m hohe Zobten liegt 20 km nordnordöstlich vom Schloß Peterswaldau. 1805 weilt der Graf vom 29. bis 31. Mai. mit seiner Familie noch einmal in Wernigerode. Dann kommen schwere Zeiten für die Grafschaft und die Grafen. Der Frieden von Tilsit am 9. Juli 1807 beendet den Krieg zwischen Frankreich und Preußen. Napoléon ordnet Europa nach seinen Vorstellungen. Die Grafschaft Wernigerode wird dem von Kassel aus regierten Königreich Westfalen einverleibt.

In den Befreiungskriegen kämpft Graf Ferdinand bei Dresden und wird bei Kulm (Culm), 115 km südlich Danzig, rechts der Weichsel, verwundet. Culm ist Hauptstadt des Culmer Landes, seit 1945 Chelmo unter polnischer Verwaltung.

Graf Ferdinands Brüder Constantin und Anton kämpfen als preußische Offiziere gegen Napoléon. 1814 ist Graf Ferdinand auch an den Kämpfen in Frankreich beteiligt. Ein Tagebuch über diesen Feldzug hat uns der Oberjäger Christian Haun überliefert, Sohn des damaligen Pastors in Wasserleben. Haun war später gräflicher Forstinspektor in Ilsenburg, wo er auch seine letzte Ruhestätte fand.

1814 wird Graf Ferdinand am 4. Mai auf dem Rückmarsch in Rochefort an der Lomme mit Vivat-Rufen und Böllerschüssen begeistert aufgenommen. Warum? Rochefort in der jetzt belgischen Provinz Namur (siehe Michelin-Karte Nr. 53, 1:200.000) hat bis 1803 als Grafschaft Rochefort (im Volksmund »Rutschefort« genannt) den Grafen von Stolberg gehört. Reizvoll gelegen sind die Tropfstein-Höhlen von Rochefort und Han besondere Anziehungspunkte im Nationalpark »Lesse und Lomme«.

104 Jahre später, am 15. November 1918, wird mein Vater ebenfalls auf dem Rückmarsch Rochefort durchqueren – diesmal ohne Böllerschüsse.

In Clausthal wird 1775 die Bergakademie gegründet.

1776 Ahnin 37, Ilse Maria Magdalena Elisabeth Bruns, wird am 3. Dezember 1776 in Schauen geboren und stirbt am 8. März 1835 in Veckenstedt.

Graf Heinrich Ernst von Stolberg-Wernigerode läßt die Plessenburg bauen. Dieses Jagdhaus, 3,2 km südlich Schloß Ilsenburg, wird nach seinem Schwiegersohn benannt, dem Prinzen Friedrich Erdmann von Anhalt-Cöthen-Pleß. Wir erinnern uns, daß wir den Namen Anhalt und Pleß schon 1746 bei unserem Goldmacher Ruberg begegnet sind.

Die Plessenburg – früher das Forst- und Gasthaus, jetzt das Jagdhaus – war und ist ein belieb-

tes Ausflugsziel der Ilsenburger.
Der Landgraf Friedrich von Hessen vermietet 17.000 Untertanen an den britischen König. Diesen modernen Sklavenhandel hat Friedrich Schiller, lebte von 1759 bis 1805, in seinem Schauspiel »Kabale und Liebe« gebührend gebrandmarkt – denn auch sein Landesvater beschaffte sich auf diese Art Geld für den Ausbau seiner Schlösser. Landgraf Wilhelm IX. von Hessen lebte von 1743 bis 1821, regierte von 1785 bis 1803 als Landgraf und von 1803 bis 1821 als Kurfürst Wilhelm I. von Hessen. Ihm verdanken wir die Kunde, was ein Leben wert ist. Er erhielt:

12 Gulden für einen verwundeten Dragoner,
36 Gulden für einen gefallenen Dragoner oder Infanteristen,
112 Gulden für ein getötetes Pferd
150 Gulden für einen toten Dragoner mit totem Pferd

Die Sache scheint am einträglichsten gewesen zu sein, wenn niemand heimkehrte. Das scheint auch die Meinung der Brockhaus Enzyklopädie von 1968 zu sein, wo wir im 6. Band auf S. 610 lesen: »... Der Subsidienvertrag mit Großbritannien von 1784, der 12.000 hess. Soldaten nach Nordamerika brachte, war für die Wirtschaft des Landes sehr gewinnbringend.« H.W. Hammerbacher nennt 17.000 hessische Soldaten in »Die Donar-Eiche«, S. 220.
Im selben Jahr reiten am 30. Mai von Tilleda (DDR-4701) aus Goethe, Herzog Karl August von Sachsen-Weimar-Eisenach, Oberforstmeister von Wedel und Kammerrat von Kalb auf den Kyffhäuser.

1777 Am 5. Dezember befährt Johann Wolfgang von Goethe das berühmte Bergwerk Rammelsberg bei Goslar bis zur tiefsten Sohle und befaßt sich eingehend mit der Geologie des Harzes.
Sein Ururgroßvater Hans Goethe lebte als Vorsteher der Gemeinde Berka (DDR-5401) bei Sondershausen am Südharz, zog später nach Sangerhausen und starb dort 1686. Sein Sohn Hans Christian Goethe war Hufschmied in Artern (DDR-4730), 70 km südöstlich Ilsenburg. Dessen ältester Sohn Friedrich Georg, der Großvater unseres Dichters, zog als Schneider nach Frankfurt am Main. Dort wurde am 28. August 1749 Johann Wolfgang als erstes Kind des Kaiserlichen Rats Dr. Johann Kaspar Goethe und der Katherine Elisabeth Textor geboren.
Am 4. Dezember 1777 kommt Goethe bei Schneesturm durch Ilsenburg und weilt am 10. Dezember in der Försterei Torfhaus. Als sich die Nebel lichten, besteigt der Förster mit seinem Gast in 3 Stunden den Brocken. Was Goethe auf dem sagenumwobenen Blocksberg empfand, hat er unnachahmlich im »Faust« verewigt. In das Brocken-Fremdenbuch, das sich 1922 in der Sammlung Kippenberg befand, trägt sich Goethe 1783 und 1784 ein – für 1777 fand Gustav Heyse keine Eintragung, weil dieser Jahrgang zu sehr zerschlissen war.
Bei seinem Aufstieg mit dem Förster Christoph Degen am 10. Dezember ein viertel nach 10 Uhr hat Goethe insofern Glück, als er nicht einsinkt, weil die Schneedecke gefroren ist. Nach seinem Tagebuch ist er ein viertel nach ein Uhr auf dem Gipfel und um 4 Uhr wieder im Forsthaus. Goethes Führer war übrigens im Winter noch niemals auf dem Brocken gewesen.
Ein Fremdenbuch gab es schon 1759 im Wirtshaus auf der Heinrichshöhe, in das sich am 21. August Johann Jacobs »der Torfaufseher auf den Lerchenköpfen« (Torfhaus) eintrug. Er dürfte etwa dem Verlauf des späteren Goethewegs gefolgt sein.
Nach seiner Brockenbesteigung schreibt Goethe 1777 in sein Tagebuch: »Ich war oben und habe auf dem Teufelsaltar meinem Gott den tiefsten Dank gesagt.«
1784 schreibt er in das Fremdenbuch auf der Heinrichshöhe einen lateinischen Vers, den er selbst verdeutscht:

»Wär' nicht das Auge sonnenhaft,
Die Sonne könnt' es nie erblicken;
Läg' in uns nicht des Gottes eigene Kraft,
Wie könnt' uns Göttliches entzücken?«

1778 bis **1852** lebt Friedrich Ludwig Jahn. Er wird zwar nicht als Bergsteiger, aber als Turnvater bekannt. 1811 sorgt er durch Errichtung eines Turnplatzes auf der Hasenheide in Berlin dafür, daß seine Anhänger körperliche und geistige Kräfte für die Befreiung Deutschlands von der Fremdherrschaft des Napoleón entwickeln.

1783 Ahnin 29, Sophie Charlotte Bein, wird 1783 geboren und heiratet am 22. Mai 1808 Pochmeister Hedderich.
Meyer Amschel Rothschild, der von 1744 bis 1812 lebte, übernimmt 1783 in Frankfurt am Main die Verwaltung der angehäuften Gelder der hessischen Landgrafen Friedrich II. und Wilhelm IX. Diese Gelder wurden bisher von den Bankhäusern Harnier und Ruppel betreut. Damit vereinfacht sich das Einziehen der für die vermieteten und toten Soldaten anfallenden Gelder. Diese Blutgelder begründen den Aufstieg des Frankfurter Hauses zur Weltbank.
Selbst die Natur wird unwillig – 1783 brechen in Island 500 Krater auf!

1784 Ahn 50, Christian Ernst Haberland, Drahtzieher auf dem Hüttenwerk, heiratet am 28. Dezember 1784 Rosina Maria Elisabeth Mühlberg.
Goethe bemerkt bei seinen geologischen Studien, daß an den Schnarchern bei Schierke die Magnetnadel abgelenkt wird. Andre Vermessungskundige stellen später dasselbe an den Feuersteinklippen und Hohneklippen fest. Am Ilsestein wird die Magnetnadel auch abgelenkt. 1784 hatte Goethe noch auf dem Kleinen Brocken übernachtet, der später auf Geheiß des Landesherrn den Namen Heinrichshöhe erhielt; davon wußte Goethe, als er den zweiten Teil des »Faust« schrieb.
Einprägsam ist die Klage des Herrn der Hexenheit:

»Die nordischen Hexen wußt' ich wohl zu meistern.
Mir wird's nicht just mit diesen fremden Geistern.
Der Blocksberg bleibt ein gar bequem Lokal,
Wo man auch sei, man findet sich zumal.

Frau Ilse wacht für uns auf ihrem Stein,
Auf seiner Höh' wird Heinrich munter sein,
Die Schnarcher schnauzen zwar das Elend an,
Doch alles ist für tausend Jahr getan.
Wer weiß denn hier nur, wo er geht und steht,
Ob unter ihm sich nicht der Boden bläht?«

1785 Der Berghauptmann Heinrich von Trebra schreibt: »Braunlage ist ein braunschweigischer Harzort.« Das besagt nicht viel. Aus einer Urkunde von etwa 1250 über Besitzungen der Grafen von Regenstein erfahren wir von einem Waldstück »Brunsloh« als erstem Hinweis auf Braunlage. Daß es abseits der Verbindung zwischen den Kaiserpfalzen Goslar und Nordhausen lag, mußte nicht unbedingt ein Nachteil sein. Der Kaiserweg oder Heidenstieg hat auch damals nicht nur friedliche Reisende gesehen. Brunsloh ist braunes Gehölz oder Gehölz des Bruno, muß etwa zwischen Wurmberg, Achtermannshöhe, dreieckigem Pfahl sowie Kronenbach und Brunnenbach gelegen haben. Am dreieckigen Pfahl trafen sich einst die Herrschaften Braunschweig, Hannover und Stolberg.
Jacob Grimm wird am 4. Januar 1785 in Hanau am Main geboren. Sein Bruder Wilhelm kommt dort am 24. Februar 1786 zur Welt. Allein ihre Märchen wegen stehen sie bei mir in hohem Ansehen. Jacobs Untersuchungen zur Formenlehre, Lautlehre und Wortbildung der deutschen Sprache begründeten die geschichtliche Sprachforschung. Mit der Stoffsammlung für das »Deutsche Wörterbuch« begannen sie eine Riesenaufgabe, die bis heute noch nicht abgeschlossen ist. Für die Jugend unersetzlich sind die von ihnen gesammelten »Deutschen Sagen« sowie die »Kinder- und Hausmärchen«.
In Berlin starb Wilhelm am 16. Dezember 1859 und Jacob am 20. September 1863.
Als wir 1961 in Hanau wohnten und auf dem Wochenmarkt einkauften, war das Denkmal

der beiden Brüder Grimm ein ruhender Pol im Gewimmel der Marktbesucher.
Bei aller Achtung vor ihrem gewaltigen Lebenswerk sei angemerkt, daß die damaligen Anschauungen »Sprache gleich Volk« und »Mundart gleich Stamm« durch die von Theodor Frings am deutschen Sprachatlas gewonnenen Erkenntnisse überholt sind. Die Brockhaus Enzyklopädie 1968, Band 6, S. 624, weiß dazu von Th. Frings (1886 bis 1968) nur zu berichten, daß er den Zusammenhang von Mundart- und Kultur-Geographie deutlich gemacht habe.
Ahnin 27, Marie Elisabeth Luise Bollmann, wird am 23. April 1820 die zweite Frau von Andreas Spormann. Er ist Drahtzieher auf dem Hüttenwerk.

1786 Der Heidelberger Professor Gatterer läßt uns in einem Reisebericht wissen, daß der Oberharz höchstens noch zur Hälfte bewaldet ist. Die durch eine hemmungslose Industrie vor allem bei der Erzverhüttung entstandenen Schäden werden erst durch eine geordnete Forstwirtschaft behoben, 159 Jahre später bin ich 1945 bestürzt, als ganze Hänge im Harz für Reparationslieferungen kahl geschlagen werden. Ich fürchte, daß der fruchtbare Boden fortgespült wird und eine baumlose Karstlandschaft entsteht. Die Naturgötter ließen uns aber nicht im Stich.

1789 Am 2. November 1789 beschlagnahmt die französische Nationalversammlung das gesamte Kirchengut und läßt die Liegenschaften meist an Privatleute versteigern.
Das Einziehen kirchlichen Vermögens (Säkularisation) durch den Staat hat sich oft als zweckmäßig erwiesen, wie folgende Beispiele belegen:

1) Um 750 nach unserer Zeitrechnung belehnt Karl Martell den fränkischen Adel mit Kirchengütern;
2) König Philipp IV. der Schöne von Frankreich wurde 1268 geboren und regierte von 1285 bis 1314; auf sein Geheiß mußte der französische Papst Klemens V. 1312 auf dem Konzil zu Vienne den Templer-Orden wegen Ketzerei und Nutzlosigkeit auflösen. Dann nahm der König die ungheuren Silber-Schätze der Templer in Empfang.
3) 1525 wird das Gebiet des Deutschen Ordens in das weltliche Herzogtum Preußen umgewandelt;
4) 1552 zieht Frankreich die Bistümer Metz, Toul und Verdun ein;
5) 1648 erhält Brandenburg die Bistümer Minden, Halberstadt und Cammin sowie die Anwartschaft auf das Erzstift Magdeburg;
6) 1782 hebt Kaiser Joseph II. in Österreich mehr als 700 überflüssige Klöster auf;
7) Am 25. Februar 1803 werden durch den Reichsdeputationshauptschluß 70.000 Quadratkilometer kirchlicher Liegenschaften in Deutschland eingezogen.

1790 Am 23. Dezember wird in Figeac im Südosten Frankreichs Jean-Francois Champollion geboren. Ihm verdanken wir die Entzifferung der Hieroglyhphen und damit viele Kenntnisse über die Ägypter vor 4.000 Jahren.

1791 Graf Friedrich von Götzen, nachmals Generalgouverneur von Schlesien, berichtet über einen Besuch beim Oberforstmeister in Ilsenburg. Dabei erwähnt er das ehemalige Mönchskloster, das durch einen unterirdischen Gang mit einem noch bestehenden Nonnenkloster verbunden sei. Mit Schulfreunden und dem Prinzen Ludwig Christian bin ich zwischen 1920 und 1926 oft in den Kellern des ehemaligen Klosters Ilsenburg umhergekrochen. Wir suchten den Gang nach Drübeck, haben ihn aber leider nicht gefunden.
Von 1791 bis 1861 lebt Wenzel Hanka, der sich krampfhaft um Beweise bemüht, daß die tschechische Sprache uralt ist. Aber erst 1347 kamen Glagolithen-Mönche nach Prag, die die Mundart des Johannes Hus mit Hilfe der Glagolica-Kunstsprache zu dem entwickeln, was heute als tschechische Sprache gilt. Wunderbarerweise findet aber Hanka am 16. September 1817 in einem Gewölbe der Stadt Königinhof an der Elbe die »Königinhofer Handschrift«, tschechisch »Rukopis Královdvorský«. Aus einem begabten Dichter ist nun ein Geschichtsfälscher geworden. 1885 beweisen die Professoren Masaryk, Gebauer und Goll der tschechischen Universität in ihrer Zeitschrift »Athenäum« unwiderlegbar, daß Hanka plump gefälscht hat. Am 11. Jänner 1900 bringt die »Breslauer Morgenzeitung« einen Beitrag »Der

Fälscher der Königinhofer Handschrift«.

1792 Ahnin 21, Henriette Eyermann, wird am 7. Juni 1792 in Aschersleben geboren; sie stirbt dort am 29. November 1859.

1793 Ahn 22, Andreas Gottlieb Rohde, wird am 10. Mai 1793 in Aschersleben geboren. Dort vermählt er sich als Tuchmachermeister am 7. November 1819 mit Sophie Charlotte Schultze und stirbt dort am 10. Januar 1837.

Ahnin 25, Johanna Sophie Luise Haberland, wird am 17. Juni 1793 in Ilsenburg geboren; sie stirbt am 21. April 1869.

Ahnin 31, Marie Sophie Scheffler, wird am 27. März 1793 in Ilsenburg geboren. Ihr Todestag ist nicht bekannt.

1794 Ahn 30, Johann Wilhelm Holschumacher, wird am 10. November 1794 in Quedlinburg(?) geboren. Am 27. Juli 1817 vermählt er sich als Weißbäcker mit Marie Sophie Scheffler. Sein Todestag ist nicht ermittelt.

Daniel Ruberg läßt 1794 auf einem Metall-Schildchen 2 Gestalten einritzen, die offensichtlich einem Alchemie-Buch entstammen. Er kann selbst auf dem Schützenplatz seinen Hang zur Probierkunst und zum Goldmachen nicht verleugnen. Die Schützenkette war und ist ein besonderes Ehrenzeichen für die Ilsenburger Schützen und wurde vom jeweiligen Schützenkönig um ein kleines Schildchen bereichert.

1796 Ahnin 23, Sophie Charlotte Schultze, wird am 14. Juli 1796 in Aschersleben geboren; sie stirbt dort am 19. September 1849.

1797 Am Dienstag, den 3. Januar 1797, erscheint das erste Stück »Wernigerödisches Intelligenz-Blatt zum Besten und im Verlage des Arbeitshauses.«

Es besteht aus einem gefalteten Blatt mit 4 Druckseiten auf einem Format von 215 x 175 Millimeter. Redakteur Benzler bittet um Unterstützung durch Leute, die etwas mitzuteilen haben. Der Text ist gegliedert in

- Edikte und dahin gehörige Bekanntmachungen.
- Auszüge aus dem Landrecht für die Preußischen Staaten.
- Gerichtliche Bekanntmachungen.
- Vermischte Nachrichten.
- Wernigerödische Taxe vom Monat Januar 1797.

Aus letzterer erfahren wir: ein Quart Bier kostet 7 Pfennig, ein Stübchen 2 Groschen 2 Pfennig, ein Faß ohne Accise 6 Thaler 13 Groschen 4 Pfennig. Für 2 Pfennig gibt es 5 Lot Semmel und 2 Quentchen. Seit 1858 ist in Norddeutschland ein Quentchen gleich dem zehnten Teil eines Lotes. Vorher war das Lot aber als 1/32 Pfund in vier Quentchen (Quint, Quintel) eingeteilt. Für 3 Pfennig hat der Bäcker 16 Lot Weißbrot zu liefern; für 1 Groschen soll der Käufer 2 Pfund 10 Lot 3 Quentchen Hausbacken-Brot erhalten.

1 Wispel Weizen-Korn kostet 42 Thaler, Roggen 28, Gerste 21, Hafer 14. Ein Wispel (Winspel) war bis Ende 1871 in Norddeutschland gesetzliches Getreidemaß. In Preußen war 1 Wispel = 24 Scheffel = 13,191 Hektoliter = 1,3191 Kubikmeter.

- Personale des Waisen- und Arbeitshauses nach Arbeitsfähigkeit, beym Anfange des Jahres 1797:

  im Waisenhause wurden 8 männliche und 8 weibliche Genossen betreut, dem Arbeitshause gehörten 15 männliche und 20 weibliche Genossen an; verhaftete Bettler sind derzeit nicht vorhanden.

Zur Entstehung des Arbeitshauses lesen wir u.a. folgendes:

»... Christian Friedrich, unser gnädigst regierender Graf und Herr, entwarf am 14. May 1791, auf dem abgelegenen Drey-Annen-Hause, in stiller Entzogenheit, ganz aus den Tiefen seines an Weisheit und Güte reichen, stets durch den Vorsatz, des Guten immer mehr zu thun und zu verbreiten, geleiteten Geistes und Herzens, den Grundplan zu dieser Anstalt in Verbindung mit dem hiesigen Waisenhause, wie sie im Wesentlichen gegenwärtig glücklich besteht, und erklärte sich damals schon großmüthigst über die fehlenden Mittel der Unterhaltung mit folgenden denkwürtigen Worten: »So viel ist aber gewiß, daß so wie ichs mir bisher zum

Gesetz gemacht habe, die Armen-Kassen jedesmal zu unterstützen, wenn sie insolvent wurden, ich itzt um so viel mehr, da es nicht auf bloßes Allmosengeben, sondern auf die frohe Aussicht ankommt, daß dem alle Moralität zerstörenden Müssiggange gewehrt werde, keine Kosten scheue.« ...«

Wernigerödisches Intelligenz-Blatt

zum Besten und im Verlage des Arbeitshauses.

1stes Stück. Dienstag, den 3 Januar 1797.

Edikte und dahin gehörige Bekanntmachungen.

Durch ein Königl. Rescript vom 3ten des vorigen Monats ist die, vermöge des früheren vom 24sten Oct. nur bis zum Schluß des verflossenen Jahres verlängerte Erlaubniß der Getreide-Ausfuhr nach den associirten Ländern noch ferner bis zum letzten Tage des künftigen Monats Februar auf eben diese bedingte Weise erweitert.

Auszüge aus dem Landrecht für die Preuß. Staaten.

Unter manchen, in diesen Blättern von Zeit zu Zeit mitzutheilenden, gesetzlichen Bestimmungen des allgemeinen Landrechts für die Preußischen Staaten, welche von den bisherigen abweichen, in der Anwendung häufig vorkommen, aber gleichwohl noch nicht so allgemein bekannt sind, als sie es seyn würden, wenn solches, auch zu dieser Absicht in deutscher Sprache abgefaßte Gesetzbuch, würklich von jedermann gelesen würde, scheint auch, nach gelegentlichen Bemerkungen, die im 1 Theile 1 Titel §. 26 enthaltene noch nicht allgemein genug bekannt zu seyn, welche schon seit dem 1 Junius 1794 als Gesetz gilt und in Ausübung gebracht ist, und wonach " die Minderjährigkeit, ohne "Unterschied des Orts, der Herkunft, und des "Standes, nur bis zum zurückgelegten vier und "zwanzigsten Jahre dauert, statt daß sie sonst erst "mit dem vollendeten fünf und zwanzigsten Jahre "aufhörte."

Gerichtliche Bekanntmachungen.

Beym Gräfl. Stolberg. Justiz-Amt Wernigerode sind die von weiland Herrn Professor Bode zu Helmstedt nachgelassene, unter hiesiger Amts-Jurisdiction belegene Aecker und Wiesen auf Antrag der Erben voluntarie subhastiret, und sollen die von solchen auf hiesigem Stadtfelde, desgleichen auf Silstedter und Minsleber Feldflur belegene Stücke den 7 Januar 1797, früh 10 Uhr im hiesigen Justiz-Amte; und die auf Wasserleber Feldflur belegene Stücke den 13 Januar 1797, Vormittags 10 Uhr im obersten Kruge zu Wasserleben, meistbietend verkauft werden. Die Kauflustige können sich von der Lage und Taxe dieser Aecker und Wiesen, ingleichen denen davon zu entrichtenden Abgaben und Kaufbedingungen aus denen im hiesigen Justiz-Amte, zu Rathhause, auch in den Krügen zu Minsleben, Silstedt, Wasserleben und Langeln angeschlagenen Subhastations-Patenten näher unterrichten.

Wernigerode, den 20 December, 1796.

Gräfl. Stolberg. Justiz-Amt daselbst.

Vermischte Nachrichten.

Da resolvirt ist, daß, vom 28 März kommenden Jahrs an, die Herrschaftl. Mahlmühle auf der Heide in Wernigeröde mit administrirt, mithin für jetzt nicht wieder verpachtet werden soll:

1798 Am 23. März 1798 wird am Brocken der letzte Wolf im Harz erlegt. Spuren im frischen Schnee werden sein Verderben. Glücklicher Schütze ist Graf Ferdinant von Stolberg-Wernigerode, der sich im deutschen Befreiungskampf 1813 und 1814 als Führer der freiwilligen Jäger auszeichnen wird.
Johann Gottfried Seume (1763 bis 1810) steigt im Oktober 1798 von Ilsenburg zum Brocken auf. Er kommt von Halberstadt, wo er den Dichter Gleim besuchte. Seume übernachtet auf der Heinrichshöhe und erwähnt, daß der Bau einer Unterkunft auf der Brockenkuppe vorbereitet wird. 1781 hatte sich Seume von der Universität Leipzig abgesetzt, war hessischen Werbern in die Hände gefallen und von deren Landgrafen an die Engländer vermietet worden. Nachdem sich die englischen Kolonien in Nordamerika vom Mutterland gelöst hatten, kehrte er 1783 nach Europa zurück.

1803 Ahn 18, Christian Gottfried Bormann, wird am 8. März 1803 in Veckenstedt geboren. Dort vermählt er sich am 24. April 1831 mit Johanne Christiane Förster. Am 14. April 1871 stirbt er in Veckenstedt.
Die geistlichen Fürstentümer werden auf Druck Napoléons im Reichsdeputationshauptschluß zu Regensburg aufgehoben. Herzöge oder Landgrafen in Süddeutschland werden Großherzöge, Kurfürsten werden Könige, der Landgraf von Hessen-Kassel wird Kurfürst. Die romhörige geistliche Herrschaft hat eine empfindliche Schlappe erlitten.

1804 Ahnin 17, Johanna Katharina Rindert, wird am 21. November 1804 in Langenstein (DDR-3724) geboren und stirbt am 13. Januar 1869 in Wernigerode.

1805 Josef von Eichendorff besucht im September den Harz. Von Elbingerode aus besteigt er den Brocken und reist über Ilsenburg nach Wolfenbüttel weiter.

1806 Friedrich Gottschalck, Rat des Fürsten von Bernburg, gibt in Magdeburg das »Taschenbuch für Reisende in den Harz« heraus. Er kennt noch das 1743 auf der Heinrichshöhe erbaute Torfgräberhaus.
Ahn 16, Christoph Friedrich Becker, wird am 18. November 1806 in Langenstein bei Halberstadt geboren. Dort vermählt er sich am 26. Dezember 1826 als Steinsetzmeister mit Johanna Katharina Elisabeth Rindert. Nach vergeblicher Arbeitssuche setzt er am 30. März 1844 in Schermcke (DDR-3231) bei Oschersleben seinem Leben ein Ende.
Ahn 32, Christoph Becker, war Einlieger und Soldat. Von ihm ist nur bekannt, daß er mit Johanne Glaser verheiratet war. Ein Einlieger war ein landwirtschaftlicher Arbeiter ohne Grundeigentum.
Napoléon errichtet 1806 das Herzogtum Warschau und trennt damit die damals verbündeten Preußen und Russen.
Am 14. Oktober 1806 wird Friedrich Wilhelm III. – er lebte von 1770 bis 1840 und war ab 1797 König von Preußen – in der Doppelschlacht bei Jena und Auerstedt (DDR-5321), 120 km südöstlich Ilsenburg, von Napoléon entscheidend geschlagen und flüchtet mit den Resten seiner Armee durch den Unterharz nach Magdeburg. 1805 hatte er noch vom Brokken über die Vorlande des Harzes geschaut.
Schon im November 1806 erfassen die französischen Besetzer in Ilsenburg und Stapelburg alle preußischen Soldaten in Listen. Aus dem Gemeindevorsteher ist über Nacht ein »maire« geworden, der für Kontributionsleistungen und Einquartierungen verantwortlich ist. Die Franzosen setzen die eingezogenen Soldaten an allen Fronten ein. Im Juli 1810 stirbt der Stapelburger Wilhelm Schröder im Alter von 24 Jahren in Figueras (Nordostspanien) am Fieber. Er hat als Bewohner des Königreichs Westfalen an Napoléons Feldzug gegen Spanien teilnehmen müssen.

1807 Am 13. April überfällt eine 15 bis 20 Mann starke Bande von Räubern die Förstereien Torfhaus und Oderbrück. Trotz genauer Personalbeschreibungen können die Räuber in Richtung Elbingerode entkommen.
Es wird vermutet, daß es sich um die Mitglieder einer 500 Mann starken Horde handelt, die sich im Bambergischen aus entlaufenen Soldaten und anderem Gesindel gebildet hat. Der amtliche Bericht enthält den Satz: »... und bey einigen dabey gewesenen Burschen will man

den Judendialect bemerkt haben.«
Während der napoleonischen Zwischenzeit von 1807 bis 1813 werden die Lasten des Bauernstandes teilweise und die Leibeigenschaft ganz aufgehoben.
Freiherr vom Stein führt 1807 in Preußen Reformen durch: Bauernbefreiung, Gewerbefreiheit, neuzeitliche Städteordnung, Religionsfreiheit. Er schuf wesentliche Voraussetzungen für die deutsche Erhebung gegen Napoléon, der ihn 1808 ächtete.

1809 Am 9. September stirbt in Göttingen August Ludwig von Schlözer, der am 5. Juli 1735 in Gaggstadt an der Jagst (jetzt D-7184 Kirchberg) geboren wurde.
Wegen der Bedeutung dieses Mannes zitiere ich wörtlich aus Franz Wolff »Ostgermanien«, Tübingen 1977, S. 198 und 199:
»August Ludwig Schlözer (1738-1809), nach Studium der Theologie Professor und Deutschrusse, dürfte der erste sein, der das Wort Slawen in die Literatur einführt. Allgemein gilt er als »Anwalt der Slawen in Deutschland«, und nicht mit Unrecht nennt ihn Kopitar den »Slawenpatron«. 1761 wird er Gehilfe des russischen Reichshistoriographen und anschliessend Professor für russische Geschichte in Petersburg. 1769 nach Deutschland zurückgekehrt, ist er Professor für Politik in Göttingen. Von seinen Werken sind zu nennen: 1764 vergleichende russische Grammatik; 1768 Probe russischer Annalen; 1771 Allgemeine nordische Geschichte. Im letzteren Werk bringt er in das wirre Gespinst der Einbildung, Mutmaßung und der Ungereimtheiten in den bisherigen slawischen Geschichts- und Sprachwissenschaften eine planmäßige Ordnung hinein und entwirft ein slawisches Völkersystem in Grundrissen. Nach vergleichender Durchforschung der Grammatik und des Wortschatzes stellt er eine Einteilung aller slawischen Sprachen auf, wobei er neun Hauptdialekte unterscheidet. Das Kirchenslawische ist als tote Sprache nicht mitgezählt. Polabisch nennt er die Sprache der als ausgestorben geltenden wendischen Stämme in Norddeutschland.
Slawen sind bei ihm »der große, berühmte, alte, mächtige Völkerstamm im Norden, den wir noch zur Zeit so wenig kennen«. Er nennt sie ein »europäisches Urvolk«. Schlözer betreibt seine Forschungen mit Begeisterung, und er bringt dem Slawentum eine unbegrenzte Zuneigung entgegen. Seine Darstellung ist von bezaubernder Wärme. Dem deutschen Volk gegenüber, dem er entsprossen, ist er von schnöder Ungerechtigkeit; er kann sich wohl für ein fremdes Volk, nur nicht für sein eigenes begeistern. Matl schreibt von ihm: »Seine Arbeiten zur russischen Geschichte befruchten auf Jahrzehnte hinaus nicht nur die osteuropäische Geschichtsschreibung selbst, sondern geben auch der deutschen Kenntnis von Osteuropa ein Fundament«. Achtzehn Bände seiner Schriften werden in Preußen verboten. Der russische Zar adelt ihn für sein Wirken für Rußland und für sein Eintreten für das Slawentum.
Unter seinem Einfluß steht zweifellos Johann Gottfried Herder (1744-1803), romantischer Dichter, Denker, Anreger und Übersetzer.«
Das oben erwähnte Zitat von Josef Matl ist dessen Buch »Europa und die Slawen«, Wiesbaden 1964, entnommen.
Wenn Hermann Hirt (Geschichte der deutschen Sprache, München 1925) sagt: »Die Slawen, die den ganzen Osten einnehmen, sind seit Jahrtausenden unsere Nachbarn«, so ist diese Aussage dahingehend zu verbessern, daß die Bezeichnung »Slawen« erst im 19. Jahrhundert in der Literatur auftaucht. Tacitus nennt die zwischen Ostsee und Aral-See lebenden Völker Sarmaten, andere sprechen von Skythen. Diese den Germanen verwandte Urbevölkerung wurde wiederholt von asiatischen Stämmen überflutet. 1480 zum Beispiel konnte sich Rußland erst von den Mongolen befreien.
Bei den Klarstellungen zur Slawentheorie (siehe 1768) geht es nicht um die große Gruppe der Slawen innerhalb der in der Sowjetunion lebenden Völkerfamilie, sondern lediglich gegen die vereinten Anstrengungen des polnischen Adels und der katholischen Bischöfe, ihr Machtgebiet so weit wie möglich nach Westen zu verlagern und gegen Fälschungen der Geschichte zu Lasten der Deutschen.
Zur Geschichte der Slawen lesen wir in der Enzyklopädie »Die UdSSR« Leipzig 1959, Halbseite 294, in den beiden letzten Absätzen von A.J. Brjussow und A.M. Sacharow: »Die Her-

ausbildung der slawischen Stämme vollzog sich in einem langen, verwickelten Prozeß ungefähr vom 3. Jahrtausend v.u.Z. an in Mittel- und Osteuropa (im Weichsel- und Dnepr-Bekken sowie in Wolynien). Mitte des 1. Jahrtausends v.u.Z. treten erstmalig die frühslawischen Stämme in Erscheinung. Im Prozeß der slawischen Ethnogenese vollzog sich die Teilung in Ost-, Süd- und Westslawen.
Ende des 1. Jahrtausends v.u.Z. siedelten ostslawische Stämme bereits am Oberlauf der Oka und Wolga, an der Desna und am Dnepr. Die Grundlage ihres Wirtschaftslebens bildete die Landwirtschaft. Die frühesten bekannten Schriftquellen über die Slawen (Veneter) beziehen sich auf das 1. Jh.u.Z.«
Hierzu ist eine Ergänzung erforderlich. Den Angaben bei Plinius (23 bis 79 unserer Zeitrechnung) ist zu entnehmen, daß zwischen den Sarmaten im Norden des Schwarzmeeres und den an der Weichsel wohnenden Goten und Lugiern zu jener Zeit Veneder, Skiren und Hirren beheimatet sind. Die Skiren sind als germanisches Volk von der Forschung nachgewiesen. Nach Gutenbrunner (Germanische Frühzeit in den Berichten der Antike, Halle an der Saale 1939) sind auch die Hirren ein germanischer Volksstamm. Daß die Veneder (Veneter) zwischen den genannten Germanenstämmen der einzige slawische Stamm gewesen sein sollen, kann aus den antiken Geschichtsquellen nicht bewiesen werden.

1810 Der Südtiroler Sandwirt Andreas Hofer hat sich in einer Alpenhütte im Passeiertal verborgen. Am 28. Januar 1810 führt der Verräter Raffl, der sich die Belohnung verdienen will, italienische Soldaten zu dem Versteck. Am 20. Februar 1810 wird Andreas Hofer in Mantua von den Franzosen erschossen. In der Nacht vom 8. zum 9. Januar 1823 wird seine Leiche auf dem Friedhof zu Mantua ausgegraben und am 23. Februar 1823 in der Hofkirche zu Innsbruck beigesetzt. So ehrten die Deutsch-Österreicher einen Mann, der für sein Vaterland gefallen war.

1811 Am 8. August 1811 haben Stapelburg und Ilsenburg die zweifelhafte Ehre, vom König »Lustik« aus Kassel besucht zu werden. Die Reisegruppe kommt über Oker, den Lukaszoll bei Vienenburg von Abbenrode her. Auf dem Brocken wird übernachtet. Als dort nachts ein Feuer ausbricht, müssen die Herrschaften aus dem Gasthaus flüchten. König Jerôme will aber nicht nur die weite Sicht vom Blocksberg genießen, sondern selbst erkunden, ob nicht noch mehr aus den Bergwerken und Metallhütten des Harzes herauszuholen ist.
Fachmännisch beraten wird er vom Geheimen Finanzrat Dr. Israel Jakobson, der durch kräftige Vorschüsse dafür sorgt, daß die kostspielige Hofhaltung nicht ins Darben gerät. Bei dem Auferlegen drückender Lasten für die Bewohner des Königreiches Westfalen läßt es sich leider nicht vermeiden, daß der Geheime Finanzrat eine große Anzahl von Gütern für sich selbst erwirbt. Die Behörden von Seesen sind ihm aber zu Dank verpflichtet – er stiftet die noch 1935 bestehende Jakobson-Schule.
Ahnin 19, Johanne Christiane Förster, wird am 8. März 1811 in Veckenstedt geboren, wo sie auch am 7. April 1883 stirbt.

1812 Höheren Ortes besinnt man sich wieder darauf, wie nützlich es ist, wenn die Bürger schiessen und treffen können. Auch in Ilsenburg dürfen die Schützen nun auf ihre Scheiben zielen und abdrücken.

1813 Noch kann Napoléon den Harzern Befehle erteilen. Z.B. müssen die Sägemühlen in St. Andreasberg (D-3424) 15.000 Stück Dielen frei nach Magdeburg liefern. Die Bleierzeugung im Harz kann den Bedarf kaum befriedigen – 30 Mark werden für einen Zentner Blei bezahlt.
Nach der Niederlage Napoléons können Spanien und Frankreich Blei wieder wesentlich günstiger als der Harz anbieten. Die Förderung wird stark gedrosselt, und viele Bergleute verlassen den Harz.
Am 19. Oktober wird Napoléon in der Völkerschlacht bei Leipzig besiegt und muß mit den Resten der Großen Armee nach Frankreich flüchten. 1814 zur Abdankung gezwungen, versucht er nach der Elba-Verbannung nochmals sein Glück. 1815 wird er bei Waterloo (oder Belle-Alliance) endgültig bezwungen am 18. Juni. Waterloo, 15 km südlich der Kathedrale

von Brüssel, liegt 450 km westsüdwestlich Ilsenburg.
Die deutschen Fürsten sind nun wieder unter sich – es fehlt jedoch der starke Herrscher, der sie in einem vereinten Deutschen Reich dem Gesamtwohl verpflichten kann.

1814 Graf Anton zu Stolberg-Wernigerode läßt am 19. Oktober 1814 auf dem Ilsestein ein Kreuz aus Gußeisen errichten, mit dem er seine in den Freiheitskriegen gefallenen Kameraden ehrt.
Wenn ich 110 Jahre später, um 1925, sonntags mit Eltern, Verwandten und Bekannten vor »Hotel Prinzeß Ilse« Kuchen und Limonade genoß, war ich jedesmal hell begeistert über den geübten Turner, der in schwindelnder Höhe auf diesem Kreuz einen Handstand machte. Das Geschimpfe über solch bodenlosen Leichtsinn berührte micht nicht. Übrigens dreht die Magnetnadel oben auf dem Ilsestein über Morgen rasch nach Mittag; das Nordende zeigt dann nach Süden.

1815 Ahn 14, Karl Ernst Hedderich, wird am 7. März 1815 in Ilsenburg geboren. Dort vermählt er sich als Former in der Kunstgießerei am 25. April 1841 mit Sophie Christiane Johanna Holschumacher. Er stirbt am 27. Dezember 1884 in Ilsenburg.

1818 Ahnin 15, Sophie Christiane Johanna Holschumacher wird am 16. April 1818 in Ilsenburg geboren, wo sie auch am 5. Januar 1896 stirbt.

1821 Ahn 12, Johann Friedrich Wilhelm Ruhberg, mein Urgroßvater mütterlicherseits, wird am 13. Dezember 1821 in Ilsenburg geboren. Als Waldwärter des Grafen zu Stolberg-Wernigerode vermählt er sich am 6. April 1845 mit Johanne Marie Karoline Spormann. Er stirbt bereits am 22. Januar 1869 in Ilsenburg.

1822 Am 17. Januar besuchen Prediger Hildebrandt und Begleiter aus Halberstadt den Kriegs- und Seehelden Joachim Nettelbeck, der schon 84 Jahre zählt, in Kolberg an der Persante, 165 km östlich Stralsund. Nettelbeck, der von 1738 bis 1824 lebte, hatte den betagten Oberst von Loucadou 1807 zur Verteidigung von Kolberg ermuntert, die dann mit Hilfe von Oberst Gneisenau und Major Schill erfolgreich durchgehalten wurde.
Am 1. Juli 1822 einigen sich die Stapelburger und die Gräfliche Kammer in Wernigerode: sämtliche gutsherrlichen Hand- und Spanndienste werden abgeschafft.

1824 Heinrich Heine, der von 1797 bis 1856 lebte, reist von seinem Studienort Göttingen nach dem Harz und wandert zum Brocken. In das Fremdenbuch des Gasthauses trägt er ein: »Viele Steine – Aussicht keine – Heinrich Heine«. Es ist mal wieder Nebel, der manchmal das Brockengespenst gebiert, wenn die Sonne mithilft. Nach seinem Abstieg durch den Knochenbrecher erreicht er am Ilsestein vorüber Ilsenburg. Was ihn auf seiner Wanderung durch den Harz bewegte, hat Heine in seiner »Harzreise« anschaulich geschildert. Sein Gedicht von der Prinzessin Ilse verschafft ihm bleibende Anerkennung:

»Ich bin die Prinzeß Ilse
Und wohne im Ilsestein,
Komm mit nach meinem Schlosse,
Wir wollen selig sein.

Dein Haupt will ich benetzen
Mit meiner klaren Well'
Du sollst Deine Sorgen vergessen,
Du sorgenkranker Gesell.

In meinen weißen Armen,
An meiner weißen Brust,
Da sollst Du liegen und träumen
Von alter Märchenlust.

Ich will Dich küssen und herzen,
Wie ich geherzet und geküßt,
Den lieben Kaiser Heinrich,
Der nun gestorben ist.

Es blieben tot die Toten
Und nur der Lebendige lebt,
Und ich bin schön und blühend
Mein lachendes Herze bebt.

Und bebt mein Herz dort unten,
So klingt mein kristallendes Schloß,
Es tanzen die Fräulein und Ritter,
Es jubelt der Knappen Troß.

Es rauschen die seidenen Schleppen,
Es klingen die Eisensporn,
Die Zwerge trompeten und pauken
Und fiedeln und blasen das Horn.

Doch Dich soll mein Arm umschlingen,
Wie er Kaiser Heinrich umschlang,
Ich hielt ihm zu die Ohren,
Wenn die Trompet erklang.«

Liest man dieses Gedicht oder das von der Lorelei mit Genuß, ist es schwer verständlich, warum Heine später oft so giftig über Deutschland und die Deutschen herzog. »Heines zwiespältiges, widerspruchsvolles Wesen...« wie in der Brockhaus Enzyklopädie 1969, 8. Band, S. 322 zu lesen ist, läßt sich vielleicht damit erklären, daß er 1825, als er den Dr. jur. erworben hatte, vom jüdischen Glauben zum Christentum übertrat.
Seltsam aber bleibt, daß Heine von 1836 bis zum Februar 1848 aus der Kasse des französischen Ministeriums des Auswärtigen ein ansehnliches Jahrgeld erhielt. Das war der Zeitraum, in dem er das antideutsche Epos »Deutschland ein Wintermärchen« (1844) und zahlreiche Angriffe gegen deutsche Persönlichkeiten veröffentlichte. Genaueres enthält das Brockhaus Konversations-Lexikon 1902, 8. Band, S. 968.
1824 wird links der Ilse unterhalb Ilsenburg auf dem Gebiet des wüsten Betsingerode eine Pulverfabrik errichtet. Nach dem Ende der Schwarzpulvererzeugung wird auf diesem Fabrikgelände Dr. Lietz 1898 sein Landerziehungsheim gründen.

1825 Ahnin 13, Johanne Marie Karoline Spormann, wird am 14. Oktober 1825 in Ilsenburg geboren; sie stirbt dort am 13. November 1900.

1826 Rechts der Ilse unterhalb Ilsenburg wird der Grundstein zum Kupferhammer gelegt. Für die Ilsenburger ist das kein Neuland – seit dem 11. Jahrhundert verhütten sie Kupfererze aus Goslar. Im Verein mit anderen Hüttenwerken, die viel Brennholz benötigen, wurden zeitweise große Waldflächen kahl geschlagen.

1828 Ahn 8, Christoph Heinrich Becker, wird am 27. August 1828 in Langenstein geboren. Als Steinsetzmeister stirbt er am 12. Februar 1881 in Wernigerode.

1829 Die Gemeinde Altenrode bei Darlingerode (DDR-3701) legt einen neuen Friedhof an, 3 km östlich Schloß Ilsenburg, in den sie die Kaisersteine einbezieht. Dieser uralte Steinkreis von etwa 10 Meter Durchmesser besteht aus 7 Feldsteinen aus Granit und Quarz, die bis zur Sitzhöhe über den Erdboden reichen. 1855 beschreibt August Ey diese Stätte in seinem Harzbuch. Der am Osteingang des Dorfes gelegene Steinkreis ist von sieben hohen Bäumen umrahmt. Das ganze Mittelalter hindurch soll der Steinkreis eine Freistätte gewesen sein für

jeden, der ihn betrat. Niemand wagte eine Person in diesem Steinkreis anzutasten, auch wenn sie z.B. in Goslar einen Mord begangen hatte. Walter Grosse zitiert in seiner »Geschichte der Stadt und Grafschaft Wernigerode« einen altenröder Schäfer: »Wer da hennekomen is, is fri ewest.« Diese Eigenschaft weist auf eine alte Gerichtsstätte hin.
1830 meint Redakteur Delius in einer Beilage zu den »Wernigerödischen Intelligenzblättern«, daß in der Regel 7 Schöffen zu urteilen hatten. Das entspräche den 7 Steinen, wobei der westliche als Sitz des Richters gelten würde, der frei gegen Morgen blickt. Die Umstehenden bildeten einen Ring, mit dem auch das Gericht bezeichnet wurde. Was das Alter dieses Steinkreises betrifft, sei daran erinnert, daß bei Altenrode eine Siedlung mit über 100 Herdstellen aus der Jungsteinzeit (5000 bis 2500 Jahre vor unserer Zeitrechnung) entdeckt wurde. Die Kaisersteine waren wahrscheinlcih schon bei den heidnischen Sachsen Dingstätte (Thingstätte) und um 700 vorhanden.

1830 Der dänische Märchendichter Hans Christian Andersen, der von 1805 bis 1875 lebte, besucht 1830 den Harz. Er reist über Lübeck, Hamburg und Braunschweig. In Goslar besichtigt er die Stadt, fährt in den Rammelsberg ein und wandert dann durch das Okertal. In Ilsenburg besucht er den Ilsestein und steigt zum Brocken auf. Dort schreibt er sich in das Gästebuch ein, wo er viele bekannte Namen findet. Das vormitternächtliche Treiben der Reisenden am Hexenaltar läßt er uns anschaulich miterleben. Unter seinen Märchengestalten fehlt auch die Prinzeß Ilse nicht. Die schönste Erinnerung an Hans Christian sind seine Märchen, die in immer neuen Auflagen die Kinder vieler Völker begeistern.
141 Jahre später, am 19.8.1971, besuchte ich sein Geburtshaus in Odense. Das kleine Museum bewahrt unter seinen Schaustücken die goldene Uhr auf, die der Dichter als Anerkennung vom Deutschen Kaiser Wilhelm II. erhielt.
Odense liegt 390 km nördlich Ilsenburg auf der Insel Fünen.

1831 Am 8. September wird in Eschershausen (D-3456), 70 km westnordwestlich Ilsenburg, Wilhelm Raabe geboren. Gern gelesen wurden seine Erzählungen »Die Chronik der Sperlingsgasse« (1857) und »Der Hungerpastor« (1864). »Der Schüdderump« (1870) strömt geradezu reine Harzluft aus – auch wenn dort nicht alles eitel Freude ist, was vom Harzgau berichtet wird. Was ist der Schüdderump? Der Pestkarren, der die Pestleichen für ihre letzte Fahrt zum Friedhof aufnimmt. An einer Stelle im »Schüdderump« schreibt Raabe, daß »der alte sagenhafte Gipfel des Brocken so vertraut und doch so geheimnisvoll auf den Lauf dieser nachdenklichen Alltagsgeschichte herabsieht und in jeden Traum mit seinen uralten Märchen und ewig neuen Gedichten hineinwinkt.«
Wilhelm Raabe starb am 15. November 1910 in Braunschweig.
Was uns der Dichter in seiner Erzählung »Nach dem großen Kriege« mit auf den Weg gibt, hätte nach 1945 niemand besser in Worte fassen können:
»Die Berge sind den Göttern heilig! Hebe das Haupt und blicke auf aus der dumpfigen Luft, aus den schweren Nebeln, welche über der Gegenwart hängen, auf zu den drei deutschen Gipfeln, welche alle Alpen überragen, auf zum alten Brocken, auf welchem deutscher Geist dem bildlosen Wodan opferte, auf welchem deutscher Geist den Faust im ewigen Streben nach der Lösung der Rätsel der Menschheit führt; blicke auf zur Wartburg, wo das alte Geistesrüstzeug, die gute Wehr und Waffen unseres Volkes, neu geschmiedet wurde; blicke auf zum Kyffhäuser, in welchem die große Zukunft der Stunde harrt, in welcher die Raben nicht mehr fliegen werden, die Stunde, wo ein Volk geboren wird. Welche andere Nation kann solche Bergesgipfel aufweisen?«

1832 Ahn 10, mein Urgroßvater Karl Wilhelm Eyermann wird am 10. Januar in Aschersleben geboren, 54 km ostsüdöstlich von Ilsenburg.
Am 7. Oktober 1860 vermählt er sich als Tuchmacher mit Johanne August Rohde. Am 4. November 1897 stirbt er in Aschersleben.

1833 Der Wirt des Gasthauses »Zu den Rothen Forellen« in Ilsenburg verteilt ein Flugblatt: »Brockenreise auf Maulthieren. Die allenthalben gefundene gute Aufnahme der von mir seit einigen Jahren getroffenen Einrichtung, von hier auf Maulthieren nach dem Brocken zu reisen, hat mich veranlaßt, dieselben in diesem Jahr zu erweitern, und in dem ich daher hiermit allen geehrten Harzreisenden ergebenst anzeige, daß von jetzt an bis Ende Oktober bei mir hier im Herrschaftlichen Gasthofe zu den rothen Forellen, Maulthiere zum Reiten nach dem Brocken das Stück à 1 Thlr. (Thaler) 5 Sgr. (Silbergroschen) excl. des Weggelds zu haben sind, empfehle ich noch dabei ganz eigene bequeme Damensättel, die ich zu diesem Behufe besonders angeschafft habe.«

Am 8. Dezember 1833, nachmittag 4 Uhr, wird bei Hohegeiß (jetzt D-3389 Braunlage) der Zimmermann Heinrich Aukam im Alter von 18 Jahren als Wilddieb erschossen. Hiermit begann eine Blutrache, die 2 Wilddiebe und 2 Förster mit dem Leben bezahlen müssen. Zwei alte Steine auf einem aufgelassenen Friedhof in Hohegeiß erinnern an diese Tragödie – innerhalb einer herzförmigen Umrahmung ist auf dem einen Stein H A 1833 und auf dem anderen C K 1841 eingemeißelt.

Der junge Aukam war, obwohl er gar keine Waffe bei sich hatte, von dem Revierförster Eyme erschossen worden. Der bei diesem Kesseltreiben entwischte Christian Klapproth, der den jungen Aukam nur als Treiber mitgelotst hatte, schwor blutige Rache. Diesen Schwur löste er im Frühjahr 1835 am Wolfsberge ein und brachte dem Förster einen »ausgesucht niederträchtigen« Schuß bei, der nach einigen Tagen zum Tode führte. Wilhelm Eyme, der Sohn des Erschossenen, mußte wiederum bis zum 19. Mai 1841, abends halb 8 Uhr, warten, bis er seinen Vater rächen konnte. Damit war aber schon sein eigenes Todesurteil unterschrieben. Obwohl er nach Harzburg versetzt wurde, brachten ihn Jahre später Freunde des Klapproth auf grausame Weise um.

Die Gegensätze wurden dadurch verschärft, daß beide Wildschützen aus Benneckenstein (DDR-3702), 21 km südlich Ilsenburg, stammten. Für die Hohengeißer waren sie Elendige = Ausländer – wie nach 1945 wieder einmal. Außerdem konnte die Gilde der Wildschützen nicht vergessen, daß Christian Klapproth ohne Kopf beerdigt worden war. Dieser Kopf war 100 Taler wert, die der Graf von Wernigerode ausgesetzt hatte – und zwar für denjenigen, welcher ihm den Wilddieb ausliefern würde, der ihm seinen weißen Hirsch weggeschossen hatte.

1834 Am 17. Januar bricht im Wohnhaus des Kaufmanns Leonhard, Nr. 187 der Bleche, an der Ilse gelegen, in Ilsenburg ein Feuer aus, das erheblichen Schaden verursacht, auf Nachbargrundstücke aber nicht übergreift. Verfallene Kellerräume, in denen 1885 noch Kinder spielten, könnten von diesem Brand herrühren. Späterer Eigentümer dieses Grundstückes war Karl Kurre. In dem hinter seinem Harzandenkengeschäft liegenden Hause, Marienhöferstraße 14, verbrachte ich glückliche Jugendjahre.

Viel verheerender ist kurz danach ein Großfeuer in Hasselfelde (DDR-3723), 23 km südöstlich Ilsenburg, in der Nacht vom 6. zum 7. März 1834. Von 271 Häusern bleiben nur die kleinsten 55 übrig. Von 1700 Einwohnern haben 1500 ihr Obdach verloren. Der größte Teil des Viehs kommt in den Flammen um.

Ahnin 11, Johanne Auguste Rohde, wird am 4. März 1834 in Aschersleben geboren. Am 14. November 1876 stirbt sie in Wasserleben. Ihr Bruder Dr. Christian Rohde war später Arzt in Breslau. Ihr Onkel, Dr. Andreas Rohde, war als Arzt in holländischen Diensten auf Java tätig und starb am 13. Januar 1875 in Ballenstedt (DDR-4303).

Emanuel Geibel, der von 1815 bis 1884 lebte, weilt 1834 als 19-jähriger Gymnasiast aus Lübeck erstmals in Wernigerode. Am 15. Juli 1845 fährt er mit der Postkutsche zum zweiten Male in den Harz – über Hannover und Braunschweig nach Harzburg. Einige Tage später sehen wir ihn in Ilsenburg und im Ilsetal. Bei Mondschein entsteht dort das Gedicht »Am Bergsee«:

Am Bergsee, wo die Wipfel steigen,
Bis in die Nacht hab' ich gelauscht,
Da hat der Wald mit seinen Zweigen
Die alte Zeit mir wachgerauscht.

O Zeit der Liebe, Zeit der Lieder,
Der stillen, grünen Waldeslust,
Wie zog von dir ein Odem wieder
Sehnsüchtig heut durch meine Brust.

Der nächtlich tiefe Himmel blaute,
Auf ging der Mond im dunklen See;
Mir aber war's, dein Auge schaute
Zu mir empor in stillem Weh.

Weitere Reisen in den Harz sind nicht bekannt. Vergessen hat ihn Geibel aber nicht und faßt im Alter von 60 Jahren seine Empfindungen in die Worte: – Im Harz –

Ich klomm vom Ilsengrunde durch Waldgeklüft und Moor
In früher Morgenstunde den Brockenpfad empor.
In Busch und Wipfeln sauste der Wind mit frischem Schall,
Dazwischen wogt' und brauste von fern der Wasserfall.
Und steiler ward's und steiler, jetzt schloß der Forst sich auf,
Und stärker quoll vom Meiler der Brandgeruch herauf.
Und jetzt, vom Dunst umwoben, erblickt' ich überm Tann
Auf schroffer Wand ihn droben, vom Berg den Wilden Mann.
Im Eichenkranz, die Lenden umspannt vom Blätterschurz,
Stand er, die Keul' in Händen, hoch überm Wassersturz,
Und wie der Schaum die Klippen hinabschoß ohne Ruh,
Sang er mit bärt'gen Lippen ein mächtig Lied dazu:
Zwei Dinge lernt' ich preisen von alters her zumeist:
Im Berge wächst das Eisen, im Walde rauscht der Geist.
Die beiden halt' in Ehren, so wird im Zeitenlauf
Kein Feind dich je versehren; Glückauf, mein Volk, Glückauf!
Er sang's und steigend wallte der Nebel um ihn her,
Und als das Lied verhallte, gewahrt' ich ihn nicht mehr.

1835 In der Nacht vom 5. zum 6. Juni brennt auf dem Brocken ein hölzernes Nebengebäude ab – das Gasthaus erleidet keinen Schaden.

Elias Lönnrot, der von 1802 bis 1884 lebte, gibt 1835 »Kalevala« (Land des Kaleva = Finnland) heraus, das Nationalepos der Finnen, dessen einzelne Lieder seit Jahrhunderten von Volkssängern überliefert werden. Dieses Besinnen auf die nationale Vergangenheit trägt entscheidend dazu bei, daß Finnland 1917 mit Unterstützung durch ein deutsches Heer unter von der Goltz seine Unabhängigkeit erreicht und eine Republik gründet.

Ahnin 9, Johanna Friederike Luise Bormann, wird am 12. August 1835 in Veckenstedt geboren; am 8. Februar 1906 stirbt sie in Wernigerode.

1837 Der englische Schriftsteller Edward Bulwer – er lebte von 1803 bis 1873 – widmet seinen Roman »Ernest Maltravers« »... to the great German people, a race of thinkers and of critics.« Weltberühmt ist sein Roman »Die letzten Tage von Pompeji«. Bulwer trug dazu bei, daß die Bezeichnung »Volk der Dichter und Denker« für die Deutschen aufkam.

In Hannover hebt der König 1837 die Verfassung seines Landes auf. Aus dem Protest der 7 Göttinger Professoren entsteht schließlich der Ausdruck vom beschränkten Untertanenverstand. In diesem Wortlaut kommt er aber in dem angezogenen Schreiben des preußischen Ministers von Rockow nicht vor. Dort heißt es: »... Es ziemt dem Unterthanen ... nicht, die Handlungen des Staatsoberhauptes an den Maßstab seiner beschränkten Einsicht anzulegen ...«

Der Fahrweg von Ilsenburg zum Brocken wird auf dem Teilstück vom Namenstein unter den Zeterklippen bis zum Eisernen Handweiser wieder befahrbar gemacht. Aufwärts links wird an einem großen Felsen eingemeißelt: H G z S W 1837 (Henrich Graf zu Stolberg-Werni-

gerode).
Diese Inschrift später wieder erstehen zu lassen, wird sicher nicht am Mangel geeigneter Felsen scheitern.

1841 Die Eisenbahn Braunschweig - Harzburg geht in Betrieb. Jetzt können die guten Gabbro-Steine für das Straßenpflaster billig nach Braunschweig geschafft werden.

1842 Ludwig Uhland besucht im Sommer mit seiner Frau Bad Harzburg, nachmittags geht es weiter zum Brocken. Das Ehepaar kommt von Kopenhagen und hat auf der Rückreise auch Lübeck und Braunschweig besichtigt. Nach der Übernachtung im Brocken-Gasthaus wandern beide an den Ilsefällen bergab über den Ilsestein nach Ilsenburg und frühstücken im Gasthof zu den rothen Forellen. Dann geht es weiter nach Wernigerode, wo der Dichter noch am selben Tage in das Gästebuch der Fürstlichen Bücherei einträgt: »22. August 1842 – L. Uhland aus Tübingen«.

1846 An der Hagenstraße von Wernigerode nach Schierke werden die Gruben »Schliekstal« und »Louise Charlotte« aufgelassen. Dort waren Arsen-, Blei-, Kobalt-, Kupfer- und Zink-Erze gefördert worden. Als Junge war ich immer wieder erstaunt, wie oft ich Halden und Stollen bei meinen Streifzügen durch die Berge fand.
Im Sommer 1846 reist Otto von Bismarck von seinem Wohnsitz Schönhausen (jetzt DDR-3520) wieder in den Harz, den er 1832 von Göttingen aus erstmals besucht hatte. Schönhausen liegt 2,5 km rechts von der Elbe, 120 km nordöstlich Ilsenburg. Am 27. Juli trifft er mit Bekannten in Wernigerode ein. In Ilsenburg besichtigt er die Eisenhütte und steigt dann zum Brocken auf. Von den Hexensteinen schaut er weit in das Harzvorland – bei klarer Sicht sind die Dom-Türme von Magdeburg zu erkennen. Auf den Abstieg nach Harzburg folgt ein Besuch der Stadt Goslar. Von dort geht es über Ilsenburg, wo wieder in einem Gasthof gerastet wird, zurück nach Wernigerode.

1847 Am 26. Dezember schreibt der stapelburger Schützenmeister Gottlieb Becker in seine Chronik: »Die großen Gutsbesitzer und Engroshändler sahen ein, daß es jetzt Zeit war, die Armen zu drücken und den letzten Heller aus der Tasche zu holen. Die mittlere und arme Klasse mußte dulden. Denn diesen beiden Ständen ist von jeher der Zügel straff angezogen, daß ihnen nicht zu wohl wurde. Darum konnten die Großen die Preise setzen nach ihrer Willkür. Denn dieselben hatten einen Verein gegründet, und alle die darunter waren, spielten ein und dieselbe Rolle ... Die Not konnte die Regierung nicht bewegen, Abhilfe zu tun. Deshalb zeigte die Armut ihre Kräfte, plünderte Getreide- und Kartoffelwagen, welche ins Ausland fuhren.«

1848 Bei dieser Notlage fand die Revolution günstigen Nährboden.
Aus den Jugenderinnerungen von Therese Stutzer erfahren wir, daß es auch in Ilsenburg unruhig zuging und eingeworfene Fensterscheiben nicht fehlten. Auf der Straße wurde gesungen:

»Ach, wer war denn je so frech wie der Bürgermeister Schech;
Denn er schoß in seiner Wut Preußens König durch den Hut,
Und die teure Landesmutter durch den Rock ins Unterfutter.«

Aus Veckenstedt, Wasserleben, Drübeck, Altenrode und sonstigen Dörfern strömten die Menschen nach Ilsenburg – alle festlich gekleidet und viele mit schwarz-rot-goldenen Schärpen. Auf dem Festplatz stand neben einer großen schwarz-rot-goldenen Fahne der evangelische Pastor im Talar und redete. Dann wurde geschossen und getrommelt. Jetzt bekam es die kleine Therese mit der Angst und lief nach Hause. Obendrein wurde noch der Sohn ihrer Kinderfrau Must, die zärtlich »Luppe« gerufen wurde, als Anführer der Demokraten verhaftet. Ein Jahr später kehrte er unversehrt zurück. Als Krönung dieser Vorgänge überreichten Ehrenjungfrauen der ilsenburger Schützengesellschaft am 24. September 1848 eine schwarz-rot-goldene Freiheitsfahne.
Obrigkeit und Untertanen waren aber bald wieder einigermaßen ausgesöhnt – 1849 sangen

die Arbeiter auf der Eisenhütte und Lutchen Ohloff in der Tischlerei: »Schleswig-Holstein meerumschlungen, Schleswig-Holstein stammverwandt, wanke nicht mein Vaterland!« Therese Stutzer war die Tochter des Hütteninspektors Eduard Schott, der am 14. Mai 1808 in Seesen sein Erdendasein begann. Ihr Großvater war Direktor des Gymnasiums in Seesen, als Sanskrit-Forscher bekannt und beherrschte 7 Sprachen. Jerôme von Westfalen in Kassel (König Lustik) ernannte ihn zum Hofrat.
Meine Großmutter Karoline Ruhberg in Ilsenburg, Hochofenstr. 45, hat mir oft und gern von der Familie Schott erzählt.

1851 Heinrich Proehle, der Sammler von Harzsagen, durchstreift im Herbst den ganzen Harz und macht 22 Örtlichkeiten ausfindig, an denen Herr Heinrich, der von 877 bis 936 lebte und ab 919 deutscher König war, am Vogelherd oder Finkenheerd saß.

1854 Aus Stapelburg wandern die Familien Dasecke, Harre, Döhrmann, Sperling und Rasche nach den Vereinigten Staten von Nordamerika aus. Einige bringen es zu Wohlstand. Verbindungen zur alten Heimat schlafen bald ein.

1856 Ahnin 7, Karoline Therese Emma Marie Hedderich, meine Großmutter mütterlicherseits, wird am 12. April 1856 in Ilsenburg geboren; dort stirbt sie am 8. November 1934. Gern hörte ich ihr zu, wenn sie aus ihrer Jugendzeit erzählte.

1857 Seine Erlaucht Graf Botho erlangt bei den ilsenburger Schützen die Königswürde, was gebührend feucht-fröhlich gefeiert wird.
Als 1925 seine Durchlaucht Fürst Christian Ernst – mein Landesvater – Schützenkönig wird, bin ich mit 11 Jahren dabei und wundere mich über die Unmengen von Bier, die aus solchem Anlaß durch durstige Kehlen rinnen.
Am 21. Juli 1857 ist in Benneckenstein (DDR-3702), 22 km südlich Ilsenburg, die Heuernte und Beerenlese in vollem Gange. Plötzlich sitzt der Rote Hahn auf den Schindeln und flattert von Dach zu Dach. Wo entstand das Feuer? »In Rittersch Schmede oppen Barrij!« Zuerst eilt die Feuerwehr aus Sorge herbei und unterstützt die Einwohner, die in zwei langen Reihen von der Kirche bis zum Teichdamm das Löschwasser weiterreichen. Zu Hilfe kommen auch Wehren aus Hasselfelde, Hohegeiß, Stiege, Tanne und Trautenstein, können aber gegen einen orkanartigen Sturm wenig ausrichten. 90 schindelgedeckte Häuser und fast ebensoviel strohgedeckte Nebengebäude werden eingeäschert.

1859 Eine neue Ilse-Brücke zwischen Marienhof und Pfarrstraße in Ilsenburg wird dem Verkehr übergeben. Wo blieb die alte Brücke? Am 31. Juli 1858 führt die Ilse Hochwasser. Es hat zwei Tage ununterbrochen geregnet, und selbst die kleine Gasse neben unserer späteren Wohnung Marienhöferstr. 14 wird überflutet. Bald wird eine Unterspülung des rechten oberen Brücken-Widerlagers bemerkt und die Brücke abends viertel vor 7 Uhr gesperrt. Trotzdem wagen sich noch 6 Personen, darunter 4 Mädchen, auf das gefährdete Bauwerk, das plötzlich einstürzt. Erst am 1. August werden die völlig zerschlagenen Leichen aufgefunden und unter großer Teilnahme der Eingeborenen beigesetzt.
Als ich 1920 einen kleinen »Holländer« erhielt – ein Vierrad-Wägelchen, das durch Vorwärts-Rückwärts-Bewegen eines Handhebels über eine Kurbelachse angetrieben und dessen Vorderachse mit den Füßen gelenkt wurde –, entdeckte ich am gußeisernen Geländer dieser Brücke eine gußeiserne Tafel. Die Zeilen berührten mich seltsam, und ich fuhr vor der Tafel solange im Kreis herum, bis ich mir den Text eingeprägt hatte:

»Einst in meiner letzten Not
Laß mich nicht versinken,
Sollt ich auch den bittern Tod
Well' auf Welle trinken.
Reiche mir dann liebentbrannt,
Jesu, deine starke Hand.
Diese Brücke ist vollendet im Jahre 1859.«

1860 Am Zillierbach bei Wernigerode werden noch 13 Mühlen betrieben. Sie erhalten genügend Wasser, weil das Einzugsgebiet des Baches noch voller Sümpfe ist. Nach deren Trockenlegung reicht das Bachwasser noch für eine Mühle. Kaum vorstellbar, daß in früheren Jahrhunderten das Brennholz aus dem Harz zu Tal geflößt werden konnte. Oberhalb der Ronneberg-Mühle erinnert »Die Flöße« (plattdeutsch Flöte) an die damalige Holzsammelstelle.

1861 Am 18. September wird Walter Schott in Ilsenburg geboren. Nach dem Studium bei Professor Dopmeyer in Hannover und an der Berliner Akademie macht er sich als Bildhauer einen Namen. Von ihm wurden gestaltet: das Reiterstandbild Kaiser Wilhelm I. vor dem Kaiserhaus in Goslar (1900), die Rampenausschmückung für das Neue Palais bei Potsdam, die Marmorgruppe Albrechts des Bären für die Siegesallee in Berlin, die Kugelspielerin an der Königsallee in Düsseldorf (1898). 1899 erhielt er den Titel Professor.
1931 erregte er Aufsehen mit seinem Entwurf eines Ehrenmals für die Gefallenen des ersten Weltkrieges. Das Monument sollte 125 m hoch auf dem Brocken errichtet werden. Wohlbegründete Einwände der Naturschützer sowie künstlerische Bedenken ließen den Plan scheitern. Walter Schott hat uns in seinem Buch »Ein Künstlerleben« aufschlußreiche Erinnerungen an sein Wirken in Berlin vor 1914 hinterlassen.

1862 Am 16. November wird mein Großvater Wilhelm Ruhberg, Ahn 6, in Ilsenburg geboren. Sein Vater war Waldwärter beim Fürsten von Stolberg-Wernigerode und wohnte unter dem Schloß. Das Haus in der Mühlenstraße vor dem Hotel zur Erholung ist inzwischen abgerissen. An hohen Festtagen war es das Schönste für mich, wenn sich der Großvater auf meine Bitte einließ: »Opa, erzähl' mal was aus Deiner Jugendzeit.« Dann kam die Geschichte von dem Kater, der auf dem Heuboden so laut schnarchte, daß die Leute auf der Straße stehen blieben; von den kleinen Jagdhunden, die den Kurgästen gegen Geld gezeigt wurden, usw.
Friedrich Ruhberg, Ahn 12, ist jetzt 41 Jahre alt. Am 22. Januar 1869 stirbt er. Mit 7 Jahren muß mein Großvater nun mit für seine Geschwister sorgen.

1863 Bei Stempeda (DDR-4711), 9 km ostnordöstlich Nordhausen, 40 km südöstlich Ilsenburg, findet der vorläufig letzte Flurzug statt. Die Einwohner ziehen am 3. Pfingsttag durch die Flur nordwärts zur Höhe an der alten Straße nach Rodishain, wo geschmaust wird. Das geht zu Lasten der Gemeindekasse. Der Sinn dieses Flurzuges war, den Eingeborenen die Grenzziehung der einzelnen Äcker und des gesamten Dorfbesitzes alljährlich vor Augen zu führen und fehlende Grenzsteine zu ersetzen.
Im 3. Pfingsttag ist uraltes Brauchtum verborgen – z.B. begehen auch die Einwohner von Frankfurt am Main jährlich ihren Wäldches-Tag.

1864 Mein Großvater August Becker, Ahn 4, wird am 24. März in Wernigerode geboren. Später erfahre ich von ihm in Wasserleben, wie eine Zuckerfabrik aufgebaut ist und wie Zucker hergestellt wird. Außerhalb der Kampagne im Herbst, wenn alles im Hochbetrieb lief, waren die Fabrikanlagen ziemlich verlassen. Es machte mir einen Heidenspaß, dort umherzustrolchen – das war zwar verboten, aber deswegen besonders reizvoll.
Im Hotel »Zu den roten Forellen« in Ilsenburg am Harz spricht sich die Prominenz über eine Kohlenordnung aus. Neben wirtschaftlichen Belangen kommt auch der Spaß zu seinem Recht. Damals entstand ein Gedicht, das Carl Schönfeldt im Harzklub–Zweigverein am 12. Januar 1935 der Vergessenheit entriß und in launiger Form vortrug:

Köhlers wohnt oppen Brocken
De olle Hampsche löppet ob Socken
Oppen Ilsesteine steht en Krüze
De olle Roggesche besüht et
Ob de Blankschmehe schmetse Biele
Ob de Samöhle ät se en Käse iele
Lumme dei schpricket dumme

Duhmen schniet Latten
Oberförsters kriet junke Katten
Uhden brat Ziepollen
Ohnesorg sieht nahn Knollen
Krola is en Landschaftsmaler
Wöhlert speelt mit te Dahler
In de Möhle geiht et Klipp de Klapp
Schönfeldt makt et Beier tau schlapp
Diedrich backet klein Brod un Semmel
Bormann sitt obpen Schausterschemmel
Hasserodt hatt groten Prott
Bendix maket Semmelworst
Hüne schlacht en Kalf
Kantor Weber kriegt et half
Eggert kriegt et Gekröse
Ruhberg is ganz böse
Hänsch kucket taun Fenster rut
Brandt seegt et wird nischt drut
Reichs kriet de Beine
Schmed Menge maket se reine
Wielen kriet de Ohren
Un Piepers mött se schmoren
John hat en Provisor
Un gegenöber wohnte olle Brüser.

Meiner Mutter Sippe Ruhberg hat also auch ihr Teil abbekommen.

1865 Meine Großmutter Auguste Becker, geborene Eyermann, Ahnin 5, erblickt in Aschersleben das Licht der Welt. Wenn ich Ferien in Wasserleben verbrachte, schmeckte mir der selbstbereitete Himbeersaft besonders gut, weil die Oma damit nicht so sparsam umging wie die Ilsenburger. Aromatischer Saft muß – Wasser kann sein.

Am 15. April wird Abraham Lincoln, 16. Präsident der USA von 1861 bis 1865, in Washington ermordet. Behaltenswert ist sein Ausspruch: »Zum Narren halten kann man manche Leute immer und alle Leute manchmal, aber nicht alle Leute immer.«

In Blankenburg am Harz wird am 10. März Hermann von Frankenberg geboren, dessen Geschlecht dem schlesischen Uradel entstammt. Seit 1890 gehört er dem Magistrat der Stadt Braunschweig an, wo er bis zum Ruhestand als Stadtrat tätig ist. Als 1. Vorsitzender des Harzklubs hat er sich seit 1920 unvergängliche Verdienste um diese Vereinigung der Harzfreunde erworben. Er starb am 10. Januar 1931.

1866 Am 7. März wird in Elbingerode (DDR-3703) der Dichter Paul Ernst als Sohn eines Bergmannes geboren. Er ist also lupenreiner Proletarier. Der Tod ereilt ihn am 13. Mai 1933 in St. Georgen an der Stiefing (A-8413) in der Steiermark, 24 km südsüdöstlich Graz.

Zunächst in sozialdemokratischen Versammlungen der Lösung sozialer Probleme verpflichtet, gewinnt er tiefere Einsichten und bezeichnet etwa ab 1920 Sozialdemokraten und Bolschewisten als Auflösungserscheinungen einer untergehenden Gesellschaft.

Wegbereiter für viele seiner Veröffentlichungen waren die Verleger Albert Langen und Georg Müller in München. Von Paul Ernst geformte Sätze enthalten zeitlose Wahrheiten – einige Beispiele:

1) Die heutigen Menschen glauben, daß man die Arbeit so einrichten müsse, daß sie möglichst viel Ertrag abwerfe. Das ist ein falscher Glaube; man muß die Arbeit so einrichten, daß sie die Menschen beglückt.
2) Zucht und Selbstbeherrschung sind Ausdruck des Willens, und Zuchtlosigkeit ist Ausdruck der Schwäche.

3) Der Dichter, der zu seinem Volk gehört, sagt nichts, als was in seinem Volk – wenn auch schlummernd – lebendig ist.
4) Die Freiheit ist nicht etwas, was in den äußeren Verhältnissen liegt, sie liegt in den Menschen. Wer frei sein will, der ist frei.
5) Die Arbeit ist der Mittelpunkt für das Wesen jedes Menschen. Wer in seiner Arbeit zufrieden ist, der ist zufrieden. Zufrieden aber kann ein Mensch nur in freier Arbeit sein, mit welcher er sich bewußt in die große Arbeit seines Volkes einreiht, mag sein Teil an der großen Arbeit noch so geringfügig sein.
6) Das Lenken des Volkes geschieht nicht durch irgend welche äußere Kunst, die einfach gelernt werden kann. Sondern sie ist das Ergebnis des ganzen Menschen. Der richtige Lenker, das ist der Mann, welcher das Ziel weiß. Das Ziel weiß er aus sich selber. Er ist also das Höchste von Herrennatur, das es gibt: er ist Priester, Prophet, König und Held...

In Clausthal läßt der Obergeschworene Fr. Schell 1866 Papphülen mit feuchtem Kies füllen, der mit Sprengöl (Nitroglyzerin) getränkt wird. Durch diese Maßnahme verhindert Schell, das abtropfendes oder wegfließendes Sprengöl schwere Unfälle verursacht. Dynamit wird erst 1867 bekannt. Anläßlich des 100. Geburtstages von Alfred Nobel, der von 1833 bis 1896 lebte, meinte der »Öffentliche Anzeiger für den Harz« 1933, daß Alfred Nobel von einem Clausthaler Bergmann zur Herstellung von Dynamit angeregt wurde. Die Oberharzer brauchen sich also vor keinem Nobel-Preisträger verstecken.

Der Kurfürst von Hessen verbindet sich 1866 mit Österreich gegen Preußen, obwohl ihm Bismarck ein Bündnis angeboten und die Erhaltung der Selbständigkeit des Landes Hessen zugesichert hat. Auch die kurhessischen Stände fordern den Anschluß an Preußen. Mit dem Siege Preußens über Österreich nimmt das Kurfürstentum Hessen nach nur 56 Jahren ein unrühmliches Ende.

Friedrich Theodor Vischer, der von 1807 bis 1887 lebte, nimmt 1866 seine Lehrtätigkeit am Polytechnikum in Stuttgart auf. Mein Vater hob folgendes Gedicht auf: – Ein Losungswort –

Weichheit ist gut an ihrem Ort,
Aber sie ist kein Losungswort,
Kein Schild, keine Klinge und kein Griff,
Kein Panzer, kein Steuer für dein Schiff,
Du ruderst mit ihr vergebens.
Kraft ist die Parole des Lebens:
Kraft im Zuge des Strebens,
Kraft im Wagen,
Kraft im Schlagen,
Kraft im Behagen,
Kraft im Entsagen,
Kraft im Ertragen,
Kraft bei des Bruders Not und Leid
Im stillen Werke der Menschlichkeit.

1868 In Pultusk am Narew, 50 km nördlich Warschau, fallen bei einem Meteoriten-Schauer an die 100.000 »Pultusker Erbsen« auf die Erde und setzen die abergläubische Bevölkerung in Angst und Schrecken.

1869 stirbt Professor Johannes Karl Bähr, dessen langjährige Beobachtungen und Erfahrungen in Dresden als grundlegend und richtunggebend für die Radiästhesie angesehen werden können. Dieser Ansicht ist auch Benediktinerpater Prof. Dr. Cunibert Leo Mohlberg in seinem Buch »Radiästhetische Studien«, 5. Auflage S. 13, CH-9011 St. Gallen 1970. Bährs Werk »Der Dynamische Kreis. Die natürliche Reihenfolge der Elemente und zusammengesetzten Körper als Resultat der Beobachtung ihrer dynamischen Wirksamkeit« wurde 1861 bis 1868 in Dresden veröffentlicht und enthält 307 Seiten, 83 radierte Tafeln und 113 Holzschnitte; jeder Rutengänger und Pendler sollte es in seiner Bücherei haben. Leider ist es vergriffen.

1871 Ilsenburg ehrt nach dem deutsch-französischen Krieg seine gefallenen Bürger mit einem Krieger-Denkmal am Markt – eine Linde inmitten eines gußeisernen Gitters mit Gedenktafel. Ab 1919 war das für uns Kinder ein beliebter Treffpunkt, wo wir »Kriegen« spielten. Einer jagte hinter dem anderen her und wollte der Schnellste beim Überklettern des Gitters sein.

1877 Das letzte freiöffentliche Klage- und Rügegericht in Deutschland wird aufgehoben. Das geschah bei Stangerode (DDR-4721), 10 km westlich Hettstedt, 50 km ostsüdöstlich Ilsenburg, auf der südlich gelegenen Hochfläche des mittelalterlichen, jetzt wüsten Dorfes Volkmannrode unter alten Linden. Von allen Bauernfamilien der umliegenden Dörfer hatte zweimal im Jahr je ein männlicher oder weiblicher Vertreter zu erscheinen – zu Walpurgis am 1. Mai (eigentlich in der Nacht zum 1. Mai, wenn die Hexen = Hagedisen zum Blocksberg reiten) und zu Michaelis am 29. September. Für das Waldmahl der Gerichtsherren waren Forellen aus Harzgerode (DDR-4306) zu beschaffen. Der dazu Bestimmte hatte bei Fehlanzeige 10 Silbergroschen zu entrichten. Waren 4 Böllerschüsse verklungen und hatten die Gerichtsherren ihre Sitzplätze eingenommen, klopfte der Richter punkt 10 Uhr dreimal mit dem schwarzen Ebenholzstab. Dann ordneten sich die Dörfler stehend zum Kreise, und nach einleitenden Reden wurde Recht gehegt.

1879 Am 6. Mai stirbt der Maler Georg Heinrich Crola, der am 6. Juni 1804 in Dresden geboren wurde. Er lebte in einem schönen großen Haus im Ilsetal unter dem Schloß, das um 1925 von Frau Amtsrat Hinke bewohnt wurde und 1933 im Besitz von Frau Pastor Bartsch war. Alte verarmte Ilsenburgerinnen, die ihren Lebensabend in der von ihm geschaffenen Crola-Stiftung, im »Altenstübchen« verbringen, bewahren ihm ein dankbares Andenken. Seine Landschaftsbilder fanden Anerkennung in deutschen Landen. Der König von Bayern verlieh ihm den Maximiliansorden. Ilsenburger schauten gefesselt zu, wenn Crola durchziehende Zigeuner in seinen Park eingeladen hatte und sie am nächtlichen Feuer malte.
Das Gästebuch verzeichnet in diesem Jahr 1879 auf dem Brocken 421 Besucher. 1898 kamen schon 1920 Personen auf den Blocksberg.
Am 20. Dezember 1879 stürzt in Schottland die Eisenbahnbrücke über den Tay ein und reißt 200 Menschen in den Tod. Die 3250 m lange stählerne Fachwerk-Brücke ist ein warnendes Beispiel, welche Kräfte der Wind entfachen kann. Theodor Fontane, der von 1819 bis 1898 lebte, hat uns dieses Unglück in seiner Ballade »Die Brück' am Tay« packend überliefert. »Tand, Tand ist das Gebilde von Menschenhand.«

1880 Am 29. Mai wird Oswald Spengler in Blankenburg am Harz (DDR-3720) geboren. Er starb am 8. Mai 1936 in München. Sein bekanntestes Werk »Untergang des Abendlandes« erschien 1922 in überarbeiteter Auflage. Dazu schrieb er in Blankenburg: »Da erhebt sich denn das Geschrei über Pessimismus, mit dem die Ewiggestrigen jeden Gedanken verfolgen, der nur für die Pfadfinder des Morgen bestimmt ist... Die Welt verstehen nenne ich der Welt gewachsen sein. Die Härte des Lebens ist wesentlich, nicht der Begriff des Lebens, wie es die Vogel-Strauß-Politik des Idealismus lehrt. Wer sich nichts von Begriffen vormachen läßt, empfindet das nicht als Pessimismus, und auf die anderen kommt es nicht an... Von Goethe habe ich die Methode, von Nietzsche die Fragestellungen, und wenn ich mein Verhältnis zu diesem in eine Formel bringen soll, so darf ich sagen: ich habe aus seinem Ausblick einen Überblick gemacht.«

1881 H. Lloyd verfaßt einen Artikel über die anrüchigen Methoden der Standard-Oil-Gesellschaft, der die Bewegung der Muckrakers (Schmutzwühler) hervorruft. Diesen Namen erhielten die Protestler in den USA aber erst 1906 durch Theodor Roosevelt. Journalisten, Literaten und Volkswirte forderten Maßnahmen gegen den Machtmißbrauch großer Konzerne.
Theodor Fontane, der von 1819 bis 1898 lebte, veröffentlicht 1881 seine Harznovelle »Ellernklipp«. Sie bezieht sich auf Bäumlers Klippe, die oberhalb Ilsenburg auf dem Wege zur

Wolfshütte liegt. Nach dem Kirchenbuch hat der alte Bäumler am 28. Juni morgens gegen 1 Uhr seinen Sohn Johann Michael erstochen. Der 19-jährige Jägerbursche wurde am 29. Juni nach vorheriger Anatomie in Stille beigesetzt. Der Vater floh zu den unwegsamen Felsen, verfolgte von dort oben die Beisetzung seines Sohnes und machte seinem Leben ein Ende. Unter dem Zaren Alexander III. (1881 bis 1894 Regierungszeit) wird die russische Geheimpolizei »Ochrana« gegründet. Unter folgenden Namen wird sie auch später für Ordnung im Staate sorgen:

1) Ochrana = Schutz;
2) Tscheka = Außerordentliche Kommission zum Kampf gegen Konterrevolution und Sabotage (ab 1917);
3) GPU = Staatliche politische Verwaltung (ab 1922);
4) NKWD = Volkskommissariat für innere Angelegenheiten (ab 1934);
5) NKGB = Volkskommissariat für Staatssicherheit (ab 1941);
6) MWD = Ministerium für innere Angelegenheiten (ab 1946);
7) MGB = Ministerium für Staatssicherheit (ab 1946);
8) KGB = Komitee für Staatssicherheit (ab 1954).

1881 stirbt der britische Staatsmann Benjamin Disraeli, seit 1876 Earl of Beaconsfield. 1804 in London geboren, tritt er im Alter von 13 Jahren vom Judentum zur anglikanischen Kirche über. 1848 ist er Führer der Konservativen und schafft es 1875 als Premier-Minister, die Mehrheit der Aktien der Suez-Kanal-Gesellschaft zu erwerben. 1876 hat er die Voraussetzungen geschaffen, daß die Königin Victoria zur Kaiserin von Indien erhoben wird. Auf dem Berliner Kongreß 1878 gelang es Disraeli, die Türken zur Abtretung Zyperns an Großbritannien zu bewegen.
Daß Bismarck gegenüber einem derart fähigen britischen Premier-Minister trotzdem so erfolgreich für das Deutsche Reich wirken konnte, beweist das Können des »Eisernen« Kanzlers.
1.10.1881 erfolgt in Osterwieck der erste Spatenstich für die Eisenbahnlinie nach Wasserleben, wo am 3. Oktober mit dem Gleislegen begonnen wird. Die Fuhrunternehmer in Osterwieck sind natürlich wütend und lassen ihren Unmut auf Porzellan-Pfeifenköpfen verewigen:

»Wer hat denn nur den Dampf erdacht,
Die Fuhrleut' um das Brot gebracht,
Fürwahr, wir sind jetzt übel dran,
Der Teufel hol' die Eisenbahn!«

Hauptbefürworter des Bahnbaues waren der Buchdruckereibesitzer A.W. Zickfeldt und die Eigentümer der Zuckerfabrik. Dicht am Bahnhof Wasserleben außerhalb einer engen Gleiskurve hatte mein Großvater August Becker ein Ackerstück gepachtet. Wenn die Dampf-Lokomotive mit zuviel Schwung in die Kurve fuhr, kam sie spätestens zwischen den Kartoffeln meines Großvaters zum Stillstand. 1982 hat Theo Gille, Leiter der Arbeitsgemeinschaft für Ortschronik und Heimatgeschichte der Stadt Osterwieck die damaligen Verhältnisse anschaulich beschrieben.
1883 Ab 27. August verursacht einer der größten Vulkanausbrüche der Neuzeit am Krakatau vor der Westküste der Insel Java eine Flutwelle von 30 Meter Höhe, der etwa 40.000 Menschen in Indonesien zum Opfer fallen. Später wird mir mein Großvater August Becker in Wasserleben von leuchtenden Aschewolken erzählen, die 1883 und 1884 mitten in der Nacht am Himmel zu sehen waren und lange Zeit die Erde umkreisten.
Um 1883 wird in Ilsenburg vom Haus Nr. 45 in der Hochofenstraße ein Lichtbild aufgenommen. Die linke Hälfte des Hauses gehört Schlachtermeister Oppermann; in der rechten Hälfte betreiben Rubeau und Schultz eine Kunstguß-Niederlage. Diese Hälfte kauft 1892 mein Großvater Wilhelm Ruhberg und läßt 1893 das Gebäude um eine Zimmerbreite verlängern.

1884 Ahn 2, Hermann Wilhelm Becker, mein Vater, wird am 22. April 1884 in Wasserleben (DDR-3707) geboren.

Der Lahrer Hinkende Bote verwendet folgende Monatsnamen:

1) Schneemond	7) Heumond
2) Hornung	8) Erntemond
3) Lenzmond	9) Herbstmond
4) Ostermond	10) Weinmond
5) Wonnemond	11) Windmond
6) Brachmond	12) Wintermond

Ilsenburg wird 1884 an das Eisenbahnnetz angeschlossen, als Station an der Nebenlinie der Preußischen Staatsbahnen von Heudeber-Dannstedt nach Harzburg.

1885 Nach dem Lahrer Hinkenden Boten bestehen im Deutschen Reich folgende Herrscherhäuser:

1) Deutschland	Kaiserreich
2) Anhalt	Herzogtum
3) Baden	Großherzogtum
4) Bayern	Königreich
5) Braunschweig	Herzogtum
6) Hessen	Großherzogtum
7) Lippe-Detmold	Fürstentum
8) Lippe-Schaumburg	Fürstentum
9) Mecklenburg-Schwerin	Großherzogtum
10) Mecklenburg-Strelitz	Großherzogtum
11) Oldenburg	Großherzogtum

12)	Reuß-Greiz	Fürstentum
13)	Reuß-Schleiz	Fürstentum
14)	Sachsen-Weimar-Eisenach	Großherzogtum
15)	Sachsen-Meiningen und Hildburghausen	Herzogtum
16)	Sachsen-Altenburg	Herzogtum
17)	Sachsen-Koburg-Gotha	Herzogtum
18)	Sachsen	Königreich
19)	Schwarzburg-Rudolstadt	Fürstentum
20)	Schwarzburg-Sondershausen	Fürstentum
21)	Waldeck	Fürstentum
22)	Württemberg	Königreich

Die Zahnradbahn von Blankenburg nach Rübeland nimmt 1885 ihren Betrieb auf und gilt als Höchstleistung der Technik. 1931 können auf einer neuen Trasse 390 Tonnen statt bisher 180 Tonnen nach Rübeland befördert werden. Die Strecke ist jetzt zwar etwas länger, aber der kostspielige Zahnradbetrieb wird durch den im Flachland üblichen Reibungsantrieb ersetzt.

1886 Am 5. April wird der Vater meiner Frau, Otto August Gaebel, in Korschen geboren. Korschen, 72 km südöstlich Königsberg, war ein wichtiger Eisenbahnknoten der Strecken Berlin – Thorn – Allenstein – Insterburg – Kaunas – Wilna und Königsberg – Bialystok. Es liegt 725 km ostnordöstlich von Ilsenburg.

Am 22. Dezember 1886 hat mein Großvater Becker in seinen Hinkenden Boten eingetragen: starker Schneefall – alle Eisenbahnzüge blieben stecken.

1887 Am 28. Juni wird der Bruder meines Vaters, Fritz Becker, in Wasserleben geboren.

1888 In Rübeland (DDR-3725) wird die Hermannshöhle erschlossen. Ihren schönen Tropfsteingebilden begegnen wir auch in den 1924 bis 1927 entdeckten Höhlenbereichen.

Aus Schlesien und seinen Weinbaugebieten vernehmen wir 1888 schauerliche Kunde. Johannes Trojan, der von 1837 bis 1915 lebte und als politischer Satiriker am »Kladderadatsch« in Berlin wirkte, weiß uns das aber auf schonende Art beizubringen:

Die 88er Weine

In diesem Jahre am Rheine
Sind leider gewachsen Weine,
Die an Wert nur geringe.
Es reiften nur Säuerlinge
Im Verlauf dieses Herbstes.
Nur Herberes bracht' er
und Herbstes.
Zu viel Regen,
Zu wenig Sonnenschein
Ließen erhofften Segen
Zerronnen sein.
Nichts Gutes floß in die Tonnen ein.
Der 88er Wein ist leider kein Wein,
Um Leidende zu laben,
Um Gram zu begraben,
Um zu verscheuchen Trauer.
Dazu ist er viel zu sauer.

An der Mosel steht es noch schlimmer!
Da hört man nichts als Gewimmer,
Nichts als Ächzen und Stöhnen
Von Vätern und Söhnen,
Von Müttern und Töchtern
Über den noch viel schlechtern
Ertrag der heurigen Lese.
Der Wein ist wahrhaft böse!
Ein Rachenputzer und Krätzer,
Wie unter Gläubigen ein Ketzer,
Wie ein Strolch, ein gefährlicher,
Im Kreise Ehrlicher.
Unter guten Weinen erscheint er,
Aller Lust ist ein Feind er,
Aller Freud ein Verderber
Und sein Geschmack ist fast noch herber
Als der des Essigs des reinen,
Ein Wein ist es zum Weinen.

Aber der Wein, der in Sachsen
In diesem Jahr ist gewachsen
Und bei Naumburg im Tale
Der rasch fließenden Saale,
Der ist saurer viele Male
Als der sauerste Moselwein.
Wenn Du ihn schlürfst in Dich hinein,
Ist's, als ob ein Stachelschwein
Dir kröch durch Deine Kehle,
Das Deinem Magen als Höhle
Erkor, darin zu hausen.
Angst ergreift Dich und Grausen!

Aber der Grünberger
Der ist noch viel ärger!
Laß ihn nicht Deine Wahl sein.
Gegen ihn ist der Saalwein
Süßer denn Zucker.
Er ist ein Wein für die Mucker,
Für die schlechtesten Dichter
Und dergleichen Gelichter.
Er macht blaß die Wangen,
Wie Rasen, so grün, färbt er die Nasen.
Wer ihn trinkt, den durchschauert es,
Wer ihn trank, der bedauert es,
Er hat etwas so Versauertes,
Daß er sich gar nicht läßt mildern
Und nur schwer ist zu schildern
In Worten und Bildern.

Aber der Züllichauer
Ist noch zwölfmal so sauer.
Da ist ja an Säure ein Zwerg
Gegen ihn der Wein aus Grünberg.
Wie eine wilde, borstige Sau
Zu einer sanften, zarten Taube,
So verhält sich, das glaube,
Dieser Wein zu dem Rebensaft aus Schlesien.
Er ist gräßlich und greulich
Und über die Maßen abscheulich.
Man sollte ihn auf Schächerbänken
Den Gästen in die Becher schenken,
Mit ihm schwere Verbrecher tränken,
Aber nicht ehrliche Zecher kränken!

Wenn Du einmal kommst
In diesem Winter nach Bomst,
Deine Erfahrung zu mehren,
Und man setzt, um Dich zu ehren,
Dir heurigen Bomster Wein vor,
Dann sieh Dich ja fein vor,
Daß Du nichts davon verschüttest
Und Dir Dein Gewand damit zerrüttest.
Denn er frißt Löcher in die Kleider
und auch in das Schuhwerk, leider!
Denn dieses Weines Säure
Ist eine so ungeheure,
Daß gegen ihn Schwefelsäure
Der Milch gleicht, der süßen,
Die zarte Kindlein genießen.
Fällt ein Tropfen davon auf den Tisch,
So fährt er mit lautem Gezisch
Gleich hindurch durch die Platte.
Eisen zerstört er wie Watte,
Durch Stahl geht er wie Butter.
Er ist aller Sauerkeit Mutter.
Stand halten vor diesem Sauern
Weder Schlösser noch Mauern.
In diesem sauren Bomster Wein
Löst sich Granit auf und Ziegelstein,
Diamanten werden sogleich,
In ihn hineingelegt, wie Pflaumen weich,
Aus Platin macht er Mürbeteig.
Dieses vergiß nicht, falls Du kommst
In diesem Winter noch einmal nach Bomst!

Johannes Trojan (1837-1915)

1889 Am 20. April wird Adolf Hitler in Baunau am Inn in Oberösterreich geboren. 1983 wird ein örtlicher Geschäftsmann einem Vertreter der Austria Presse Agentur erklären, daß Besucher aus aller Welt bei zehn verkauften Ansichtskarten neunmal Hitlers Geburtshaus und nur einmal den Stadtturm von Braunau verlangen (DNZ Nr. 10, S. 6, 4.3.83)

1890 Auf dem Brocken wird ein 4200 Quadratmeter großer botanischer Garten von Prof. Peters, Universität Göttingen, angelegt. Die Lebensbedingungen entsprechen denen der Alpenpflanzen in 2000 Meter Höhe. Die Gastpflanzen auf dem Brocken behalten ihren Zwergwuchs und die ausgeprägte Blütenfarbe. Im ersten Weltkrieg verwilderte die Anlage, Gräser überwucherten alles. 1938 erst erstand der botanische Garten in neuer Schönheit mit Enzian, Edelweiß, Almenrausch und hunderten anderer Alpenpflanzen. Hoffen wir auf baldiges Entstehen einer neuen Anlage.

1891 Ahnin 3, Frida Christiane Wilhelmine Auguste Ruhberg, meine Mutter, wird am 18. Juli 1891 in Ilsenburg am Harz geboren.
Am 15. Februar schreibt Louis Kahlenberg, Green Bay, Virginia (jetzt Postleitzahl 23942 USA) an Witwe Frederike Gröben, Steinbrücke Nr. 25, Aschersleben, Provinz Sachsen: »Lieber Onkel und Tante... Hier in Virginia gefällt es uns sehr gut, es ist ein gesundes Klima und das Land ist gut und ausnahmsweis sehr billig, man kann schon den Morgen von 4 bis 15 Dollar kaufen, Land ist hier sehr viel zu haben, aber an Gebäulichkeiten mangelt es hier sehr, wir haben uns müssen letzten Sommer durch eine Tabaks Barn, Stallungen sowie alle übrigen nothwendigen Gebäulichkeiten selber bauen müssen. Viele Grüße an meine Mutter in der Badergasse ... Viele Grüße an die Familie Rohden. So auch an Familie Eyermanns.«
Am 10. August wird in Stuttgart-Bad Cannstatt Erwin Goldmann geboren, dessen jüdische Vorfahren seit mehr als fünfhundert Jahren in deutschen Landen lebten. Im 1. Weltkrieg ist er Truppenarzt in den Vogesen, in Galizien und der Ukraine. Er erhält das Eiserne Kreuz 1. Klasse, die Württembergische Goldene Militärverdienst-Medaille und das Verwundetenabzeichen. Er wird Mitglied der »Schwarzen Reichswehr« und des Deutschen Turnerbundes. 1913 wird er Dr. med. und 1924 dazu Dr. med. dent. Aus seiner Stellung als Ärztlicher Direktor wird er am 31. März 1933 aus rassischen Gründen entlassen. Von Januar 1939 bis zum November 1944 baut er Heilpflanzen an und betreut während dieser Zeit in Württemberg im Auftrage der Evangelischen Landeskirche »Nichtarische Christen« und ist Mitarbeiter des SD (des staatlichen Sicherheitsdienstes). Von November 1944 bis April 1945 war er in einem Arbeitslager bei Wolfenbüttel. Bis 1948 ließen ihn die Alliierten »einsitzen« und erst 1951 wurde er »entlastet«. Bis 1967 war er wieder Facharzt für Mund- und Kiefererkrankungen.
»So wechselvoll der Ablauf seines Lebens auch war, so beständig blieb seine Treue zum deutschen Vaterland.«
(Dr. Dr. Erwin Goldmann »Zwischen zwei Völkern – ein Rückblick«
Helmut Cramer-Verlag, Königswinter 1975)
Auf der inneren Umschlagseite dieses Buches wird eine lehrreiche Unterhaltung zwischen Dr. Dr. Erwin Goldmann und seinem Lektor überliefert, aus der hervorgeht, wie fragwürdig die Benennung »Jude« sein kann:

L: Als Jude werden Sie irgendwie von den Deutschen unterschieden, sind aber dem Aussehen nach von anderen Deutschen gar nicht zu unterscheiden.
G: »Meine Familie lebt seit rund fünfhundert Jahren hier im Lande, und keiner kennt die genauen »Mischverhältnisse«.«
L: Sprechen Sie hebräisch?
G: Nein, deutsch und schwäbisch.
L: Haben Sie die israelische Staatsbürgerschaft?
G: Nein, die deutsche.
L: Sie sind mosaischen Glaubens?
G: »Kein Stück! Ich bin in einem evangelisch geprägten Elternhaus aufgewachsen.«
L: Sind Zionisten das auserwählte Volk?
G: »Niemals! Es gibt in allen Völkern solche und solche.«
L: Gibt es eine jüdische Rasse?
G: »... gibt es sowieso nicht, bestenfalls ein jüdisches Volk innerhalb der Semiten –

und dazu gehören sinnigerweise auch die Araber.«

L: »Sind Sie ein Semit?«

G: »Sehe ich so aus?«

L: »Nein! Und damit sind wir wieder am Anfang! Wieso aber sind Sie der Meinung, ein Jude zu sein?«

G: »Man hat es mir so gesagt – immer wieder – und mich auch entsprechend behandelt.«

»Aber man hat ihn auch als »Nazi« behandelt. Und das, weil er sich überall als Deutscher zu bewähren versucht hatte! Wieso das aber, beschreibt Dr. Dr. Erwin Goldmann in diesem Buch.«

Es sollte Pflichtlektüre für jeden Schüler sein!

1893 Auf dem Brocken wird ein neuer Aussichtsturm mit mehreckigem Untergeschoß und rundem Oberteil vollendet. Bereits 1855 war der frühere Holzturm durch ein Steinbauwerk ersetzt worden.

1896 In den USA veröffentlicht Thomas Wilson 1896 im »Annual Report of Smithsonian Institution« seine Untersuchungen über das Vorkommen des Hakenkreuzes. Seiner Weltkarte entnehmen wir, daß es in Europa und Afrika vom Nordkap bis zur Sahara zu finden ist, von Spanien über Indien bis Japan und Sachalin, in Nord-, Mittel- und Südamerika.

Aus der Fülle der Fundorte bis zu den jüngsten Darstellungen nun einige Beispiele:

1) Um 4.000 v.Z., in der jüngeren Steinzeit, wurden im Dermel-Tal des Sahara-Atlas in Nordafrika Zeichnungen in Felswände geritzt, unter denen Herman Wirth auch ein rechtsweisendes Hakenkreuz entdeckte.

2) In der frühen Bronzezeit, um 2.500 v.Z., dürfte die Sonnenkultstätte Königstein bei Westerhausen (DDR-4301), 26 km ostsüdöstlich Schloß Ilsenburg entstanden sein. Es ist die Übergangszeit zu unseren germanischen Vorfahren, die um 2.100 v. Z. in die Geschichte eintreten, als die Streitaxt-Leute im Gebiet der Megalithiker siedeln. 1934 berichtet Hermann Thieme aus Thale am Harz (DDR-4308) über Untersuchungen, die er im Gebiet Königstein angestellt hat. Von einem Stein mit drei eingemeißelten Sonnenkreisen etwa 9 km entfernt, liegt mit einer Abweichung von 1 Grad 30 Minuten zur Südrichtung der sogenannte Glockenstein, ein 3 Meter hoher Granit-Block. H. Thieme fand aber auch nach längerem Suchen einen bemoosten, in genauer Südrichtung liegenden Felsblock, der durch eine in West-Ost-Richtung verlaufende Spalte in zwei gleiche Hälften geteilt war. Der nördliche Teil zeigt eine nach Osten offene, klar hervortretende Huf-Rune (Ur-Rune). Sie liegt zwischen zwei Hakenkreuzen, die mit einem weiter unten befindlichen dritten die genaue Nord-Süd-Richtung angeben und alle rechtsweisend sind. Nach dem Meßtischblatt liegt dieser »Spaltstein« genau südlich vom Königstein. Der um 1875 in der Nähe des jetzt wieder gefundenen Spaltsteins entdeckte Depotfund mit über 200 wertvollen Gegenständen aus der frühen und mittleren Bronzezeit, 2.500 bis 1.500 v.Z., kann bei dieser Sachlage eine Art Tempelschatz gewesen sein.

3) Um 2.500 v.Z. fertigt ein Goldschmied den von vier Rossen gezogenen Sonnenwagen von Kypros. Der runde Sonnenschild zeigt ein sechsschenkeliges rechtsweisendes Hakenkreuz mit gebogenen Schenkeln. Im Sonnenwagenrad sind in der rechten aufsteigenden Jahreshälfte zwei rechtsweisende vierschenkelige Hakenkreuze eingezeichnet und in der linken absteigenden Jahreshälfte zwei linksweisende vierschenkelige Hakenkreuze.

4) Auch auf Kreta und Zypern ist um 2.500 v.Z. das Hakenkreuz in verschiedenartiger Gestaltung häufig anzutreffen, wie wir 1933 von Wilhelm Scheuermann erfahren.

5) Bei den Ausgrabungen in Troja fand Heinrich Schliemann in der Schicht der zweiten Stadt (2.500 bis 2.300 v.Z.) u.a. Platten aus Bergkristall, deren Zweck zunächst unerklärt blieb. Dem englischen Physiker Sir G.B. Airy (1801 bis 1892) verdanken wir einen Hinweis auf den natürlichen Ursprung des Hakenkreuzes. Bei den Vorarbeiten für sein 1866 veröffentlichtes Buch »The undulatory theory of optics« untersuchte er Interferenzfiguren, die beim Betrachten einer Flamme durch zwei aufeinander gelegte Quarz-

scheiben sichtbar werden. Durch Verdrehen der Scheiben kann ein Rechtkreuz, ein Radkreuz oder ein linksweisendes, vierschenkeliges Hakenkreuz mit gebogenen Schenkeln dargestellt werden; letzteres wird auch als Airy-Spirale bezeichnet. Die Umstände sprechen dafür, daß zumindest den Priestern in Troja solche Interferenzerscheinungen auch schon bekannt gewesen sind.

6) Ein Siegelstein auf Kreta aus der Zeit um 2.000 v.Z. zeigt ein dreischenkeliges Hakenkreuz (Triskele = Dreipaß der gotischen Baumeister) als Sinnbild für die Jahreszeiten Frühling, Sommer und Winter.

7) Um 1800 v.Z. trug ein Hethiter-König ein mit Hakenkreuzen gesäumtes Gewand, wie uns durch ein Relief von Iwriz im Taurus überliefert ist. Eine weitere Bestätigung, daß die Hethiter keine Semiten sondern Indogermanen waren.

8) Auf dem Stein von Robernier, Gemeinde Montfort, Frankreich, sind drei Kreise um einen Mittelkreis erkennbar und rechts darunter ein linksweisendes vierschenkeliges Hakenkreuz. Der Stein ist um 1500 v.Z. bearbeitet worden.

9) Ein Bronze-Siegel der Hethiter in Kleinasien, das aus der Zeit um 1500 v.Z. stammt, zeigt auf der Unterseite ein rechtsweisendes Hakenkreuz in Labyrinth-Form. Der Handgriff stellt einen Hirsch dar.

10) Ein Ornament über einer Grabtür in Hirbet Abde in Nordwest-Arabien, damals Arabia Petraea genannt, zeigt rechts außen ein linksweisendes vierschenkeliges Hakenkreuz. Das Grab wird um 1500 v.Z. entstanden sein.

11) Der dänische Vorgeschichtsforscher Professor Ludvig Müller vertritt 1877 die Ansicht, daß das Hakenkreuz, dänisch Hagekors, international als Swastika bekannt, seit ältesten Zeiten bei indoarischen Stämmen ein heiliges Sinnzeichen darstellt. Für das Altindische als älteste indoarische Sprache gibt die Brockhaus-Enzyklopädie 1970, 9. Band, S. 79 die Zeit um 1400 v.Z. an.

12) In einem 1910 im »Memnon«, Heft 3, veröffentlichten Aufsatz »Das Hakenkreuz als Grundlage des westsemitischen Alphabets« lesen wir bei Wolfgang Schultz, daß die Hebräer von den Phöniziern deren Alphabet übernahmen und daraus ihre Quadratschrift entwickelten. Das fällt in die Zeit um 1300 v.Z. Alte jüdische Sekel-Münzen waren noch mit phönizischen Runen beschriftet.

13) Auf einer griechischen Vase, die um 1000 v.Z. entstanden ist, steht der Sonnengott auf einem von vier Rossen gezogenen Zweiradwagen. Sein Kittel ist auf der Brust mit einem linksweisenden Hakenkreuz geschmückt. Diesen Hinweis verdanken wir G. Schwantes in seiner »Vorgeschichte von Schleswig-Holstein«, Neumünster 1939.

14) In der späteren Bronzezeit um 1000 v.Z. erscheint das Hakenkreuz im germanischen Gebiet. Im heidnischen Rom bleibt es jahrhundertelang völlig unbekannt, taucht dann aber mit den ersten Christen um 250 n.Z. in den römischen Katakomben wieder auf. Die Alchemisten des 16. Jahrhunderts scheuen die Verwendung des Hakenkreuzes – sie haben anscheinend noch ein Gefühl für dessen uralte Heiligkeit.

15) Der schwedische Reichsantiquar Montelius stellte 1874 in Stockholm fest, daß das Hakenkreuz im Eisenalter (ab 800 v.Z.) recht häufig erscheint.

16) Vier Münzen aus Knossos aus der Zeit um 500 v.Z. zeigen ein linksweisendes und eine ein rechtsweisendes Hakenkreuz in Mäanderform (Labyrinth). In die Mitte der einen Münze ist ein achtspeichiges Jahresrad eingeprägt.

17) Aus mexikanischen und mittelamerikanischen »Ur«-Steinen aus der Zeit um 500 v.Z., folgert Herman Wirth, daß nach damaliger Auffassung der Verstorbene in sein »Ur«, in den Schoß der Mutter Erde eingeht, aus der er wie das Sonnenlicht, wie ihr neuer Umlauf wieder auferstehen wird. Sinnzeichen für diesen neuen Umlauf ist das linksweisende Hakenkreuz.

18) Bei Hohenschäftlarn (D-8021) in der Nähe von München wurde ein Zeichenstein aus der keltischen Wallburg gefunden. In den vier Feldern des rechtsweisenden rechtwinkligen Hakenkreuzes mit gebogenen Schenkeln sind vier erhabene Zeichen: Ur-Rune,

Tyr-Rune, Man-Rune und rechtsweisendes Hakenkreuz. Der Zeichenstein wurde um 500 v.Z. gefertigt.

19) In den römischen Katakomben ab 220 n.Z. ist das Hakenkreuz überwiegend rechtsweisend.

20) Eine um 300 n.Z. hergestellte Spange wurde auf Fünen in Dänemark gefunden. Nach Mitteilung von Herman Wirth zeigt sie ein rechtsweisendes Hakenkreuz mit gebogenen Schenkeln.

21) Im Mittelalter ab 400 hat die christliche Kirche das Hakenkreuz auf Glocken und Chorgewändern anbringen und auf Fenstergemälden darstellen lassen. Sie wußte, daß das Wort Swastika aus dem Sanskrit stammt und soviel wie Glücksbringer bedeutet.

22) Der im Jahre 408 ermordete Wandale und römische Feldherr Stilicho und seine Gemahlin sind in Ravenna beigesetzt. Ihr Grabmal ist mit rechtsweisenden Hakenkreuzen verziert.

23) Nach H. Wirth läßt sich die Ausstrahlung der nordwestlichen Urkultur bis Indonesien verfolgen. Ein auf den Nikobaren gefundenes, um 500 auf Holz gemaltes Bild, das nach Angabe eines Schamanen angefertigt wurde, zeigt im oberen Teil das achtspeichige Sonnenrad und rechts als Sinnzeichen des neuen Umlaufs ein linksweisendes Hakenkreuz.

24) Um 800 n.Z. entsteht in Mexiko als Zeichen aztekischer Kultsymbolik ein 40,5 Zentimeter hohes steinernes »Ur«, ähnlich einem Hufeisen und der Ur-Rune. Auf dem rechten Schenkel ist ein linksweisendes und auf dem linken Schenkel ein rechtsweisendes Hakenkreuz erkennbar.

25) Um 1100 n.Z. erscheint als Steinmetzzeichen an den Mauern der Burgruine Blankenhorn bei Eibensbach (D-7129 Güglingen) im Kreis Heilbronn ein linksweisendes Hakenkreuz, dessen vier Arme zweimal nach links geknickt sind; es könnte aus einem Quadrat im Kreis entstanden sein. Der Meister der damaligen Burg-Bauhütte wollte sein Steinmetzzeichen offensichtlich als glückverheißend verstanden wissen.

26) 1937 bringt »Der Harz« (40. Jahrgang, Heft 6, S. 190 + 191) Aufnahmen aus dem Dom-Museum zu Halberstadt mit Erläuterungen von Superintendent und Domprediger Sänger:
   a) ein Marien-Mäntelchen (um 1350) hat eine mit Hakenkreuzen und Eichenblättern verzierte Umrandung;
   b) ein Hungertuch für den Flügelaltar während der Fastenzeit zeigt rechts- und linksweisende Hakenkreuze in vielen Abwandlungen und dürfte nach 1300 entstanden sein;
   c) eine Altardecke zeigt Maria unter dem Kreuz, deren Gewand ganz mit rechtsweisenden Hakenkreuzen bedeckt ist.

27) Um 1400 schmücken die Steinmetze einer Bauhütte im Elsaß einen Strebepfeiler des St. Theobaldus-Münsters in Thann an der Thur mit einem rechtsweisenden Hakenkreuz. An anderen Stellen verwenden sie auch den Dreipaß = Triskele. Das linksweisende Hakenkreuz mit vier gebogenen Schenkeln nennen sie Vierpaß.

28) Ein in Osterwieck (DDR-3606) um 1550 erbautes Fachwerkhaus zeigt im Giebel ein geschnitztes linksweisendes Hakenkreuz mit vier gebogenen Schenkeln.

29) 1880 veröffentlicht E. Thomas in London sein Buch »The indian shwastika and its western counter-parts«. Er hat in Indien viele Formen des Hakenkreuzes aufgespürt und vergleicht sie mit Darstellungen in Europa.

30) Um 1900 schmückte ein Steinsetzmeister das Pflaster des Fußsteiges in der Prinz-Albrecht-Straße in Berlin mit Steinsetzungen in Form von Hakenkreuzen. Um 1930 fühlten sich Mitglieder des Preußischen Abgeordneten-Hauses durch diese Muster beleidigt – das Schmuck-Pflaster mußte entfernt werden. Wer keine Sorgen hat, der macht sich welche.

31) Vor 1914 war die indische Swastika, bei uns Hakenkreuz, bei den Franzosen croix gammée, bei den Engländern swastika, lateinisch crux gammata genannt, ein glückbringender Anhänger für Halsbänder, Armbänder und Uhren. Das letzte russische Zaren-Paar pflegte seine Hakenkreuz-Anhänger von einem jüdischen Juwelier in Berlin, Unter den Linden, zu beziehen.

Dieser gab später in Zuschriften an Zeitungen seinem Erstaunen Ausdruck, daß sich der Käuferkreis dieser Schmuckstücke plötzlich vollkommen geändert habe.

32) Wer weiß noch, daß der Kunstgewerbler Otto Hupp aus München vor 1914 im Deutschen Reichstag die Decke des Erfrischungsraumes für die Abgeordneten mit einem großen Hakenkreuz schmückte, das auch nach 1919 seinen Platz behielt?

33) Das Hakenkreuz muß auch in Rußland nicht nur bei der Obrigkeit beliebt gewesen sein. Sonst ist es kaum zu verstehen, daß die bolschewistische Revolutionsregierung 1918 die höheren Werte ihrer Rubel-Banknoten mit großen rechtsweisenden Hakenkreuzen verzierte – in derselben Form wie das spätere Hoheitszeichen des Dritten Reiches.

34) Um 1920 sangen die Freikorps-Kämpfer im Baltikum und an anderen Kampfstellen:
»Hakenkreuz am Stahlhelm, schwarz-weiß-rotes Band,
die Brigade Ehrhardt werden wir genannt...«
Auf den Stahlhelm war ein rechtsweisendes Hakenkreuz aufgemalt.

35) Um 1932 erregte der sozialdemokratische Abgeordnete Wolfgang Heine einen Sturm im Wasserglas, als er das Hakenkreuz ein jüdisches, ursprünglich aus Palästina stammendes Wahrzeichen nannte. Hierzu ist zu ergänzen, daß das Hakenkreuz schon vor seinem Erscheinen in Palästina jahrtausendelang in Nordeuropa beheimatet war.

36) Um 1150 v.Z. entstand eine in Castel Gandolfo bei Albano in der Nähe von Rom gefundene Hausurne. Sie ist auf Deckel und Mantel mit rechtsweisenden Hakenkreuzen verziert.

37) Am 12. Mai 1983 zeigt das ARD-Fernsehen um 20 Uhr 15 den Farbfilm »Wiedersehen mit Tibet« von Heinrich Harrer, der 1944 aus dem englischen Internierungslager Dehradun in Nord-Indien entfloh und in Lhasa gastlich aufgenommen wurde.
Als der Dalai Lama sein Land verlassen mußte, machte er Rast in einem buddhistischen Kloster an der indischen Grenze. Unter zahlreichen Schmuckgegenständen in diesem Kloster befand sich auch eine Prunkdecke. Sie zeigt auf weißem Untergrund in der oberen Hälfte zwei linksweisende schwarze Hakenkreuze und in der unteren Hälfte zwei rechtsweisende.

38) Am 17. September 1983 veröffentlicht die »Frankfurter Rundschau« Jahrgang 39, Nr. 216, in ihrer Lokal-Rundschau einen Aufsatz von Helga Franke über die Arbeiten der Restauratorin Jutta Göpfrich, die Schuhe und Sandalen römischer Legionäre für das Deutsche Ledermuseum in Offenbach wieder in ihren ursprünglichen Zustand versetzt. Die Überreste wurden aus einer römischen »Müllkippe« (um 300 n.Z.) in Mainz im November 1981 in 7 Meter Tiefe und 30 Meter von der römischen Stadtmauer entfernt vom Bagger freigelegt.
Ein Schuh zeigte auf der Laufseite der Sohle einen besonderen Schmuck: die Pinnen waren in Form eines Hakenkreuzes eingeschlagen. »Als germanisches Symbol für das Sonnenrad war es schon den Römern bekannt.« – Meiner Meinung nach erwartete ein in römischen Diensten stehender germanischer Krieger von dem Heilszeichen seiner Ahnen Glück für seine Unternehmungen.
Bis etwa 1924 wurden meine Schuhsohlen auch mit Pinnen benagelt. Eine Pinne war eine Art Heftzwecke mit kräftigem Eisenkopf.

1897 Tsingtau (grüne Insel), 540 km südöstlich Peking, an der Kiautschou-Bucht wird Hauptstadt des deutschen Pachtgebietes (bis 1996!) Kiautschou. Der in der Nähe befindliche 1083 m hohe Lauschan wird von den Deutschen aufgeforstet. Ein Fernsehfilm zeigte 1982 in der Stadt Tsingtau noch von den Deutschen errichtete Gebäude.
Ahn 10, mein Urgroßvater Wilhelm Eyermann, stirbt am 4. November in Aschersleben. Er war Tuchmacher.

1898 Am 28. April zieht Dr. Hermann Lietz mit einigen Lehrern, einer Hausdame und 6 Schülern in Ilsenburg in die Pulvermühle links der Ilse ein und eröffnet sein erstes Landerziehungsheim. Der Andrang war erstaunlich: 40 Schüler nach einem Jahr, 60 nach zwei, 100 nach drei Jahren, dazu noch die Tagesschüler.

Platz war zwar genügend vorhanden in den großen Lagerhallen der Pulvermühle, aber alle Schüler mußten tüchtig Hand anlegen, aus den dicken Bruchsteinmauern rund 40 große Fenster herauszubrechen.
Offensichtlich entsprach die Idee des Erziehungsheims einem über die Landesgrenzen greifenden Verlangen.
1901 schon wurde ein zweites Heim für die Mittelstufe in Haubinda (Sachen-Meiningen (DDR-6111) gegründet und 1904 ein drittes Heim für die Oberstufe auf Schloß Bieberstein (DDR-9201) in der Rhön. 1914 kurz vor dem 1. Weltkrieg gründete Dr. Lietz noch das Land-Waisenheim Grovesmühle in Veckenstedt (DDR-3701), das ab 1925 von Dr. Th. Zollmann vorbildlich geleitet wurde. Im Herbst 1935 folgte ihm der ehemalige Lietz-Schüler Dr. Johannsen, der nach dem 1. Weltkrieg und der Abtrennung von Nord-Schleswig wegen deutscher Gesinnung aus dem dänischen Hoheitsgebiet ausgewiesen worden war.
1924 mußte die Gründungsstätte Pulvermühle der Vergrößerung der Kupfer- und Messingwerke weichen, die auf das linke Ilse-Ufer übergriffen. Die erste Unterstufe des Heims (Sexta bis Quarta) wurde nach Schloß Gebesee (DDR-5102) bei Erfurt verlegt.
Was hat nun Eltern aus Norwegen, Österreich, England, Rußland, Chile, Mexiko, Argentinien, aus der Schweiz, aus den Vereinigten Staaten von Amerika veranlaßt, ihre Kinder von Dr. Lietz erziehen zu lassen?
Es war der Geist des Dr. Lietz – nicht der äußere Rahmen!

1) Man lebte in einer Gemeinschaft.
2) Lebensmittel mußten selbst geerntet werden. Die Schüler betrieben Gemüse- und Obstbau.
3) Handwerkliche Fertigkeiten wurden vermittelt. Die Schüler konnten sich in Schmiede, Schlosserei und Tischlerei betätigen.
4) Körperliche Abhärtung war verbunden mit Erziehung zu Kameradschaft, Vaterlandsliebe, Zuverlässigkeit, Entsagung und sozialer Verantwortung. Morgens und abends wurde der Körper mit kaltem Wasser abgerieben. Die Unentwegten und Dr. Lietz stellten sich auch im Winter unter das Wehr in der Ilse und genossen das Brocken-Wasser. Bergklettern, Fußball, Radfahren, Reiten, Rodeln, Schwimmen gehörten zur Ausbildung.
5) Die zweckmäßige Lebensweise ließ Krankheiten nicht aufkommen.
6) Reisen nach Skandinavien und in die Mittelmeerländer ergänzten die Fuß- und Radwanderungen in Deutschland.

1899 bis **1902** Burenkrieg in Südafrika. Nach anfänglichen Erfolgen der Buren siegen die Engländer, annektieren am 24. Mai 1900 den Oranje-Freistaat und am 1. September 1900 die Republik Transvaal. Die reichen Goldminen sind nun in britischem Besitz. Die Buren kämpfen weiter. In der Brockhaus Enzyklopädie 1967, 3. Band, S. 481 lesen wir: »... Die Briten führten zur Abwehr das Blockhaussystem ein, mit dessen Hilfe sie die Verkehrswege sicher beherrschten. Durch Abbrennen der Farmen, Vernichtung der Viehherden und Einweisung der Frauen und Kinder in Konzentrationslager, die viele Opfer forderten, wurde der Widerstandswille der kämpfenden Buren allmählich gebrochen.«
In China erhebt sich 1899 der Geheimbund der Boxer gegen Überfremdung durch christliche Missionare. Ein europäisches Expeditionskorps, darunter auch deutsche Soldaten, erzwingt eine Kriegsentschädigung von 450 Millionen Tael.
Die deutsche Regierung kauft am 30. Juni 1899 die Inselgruppe der Marianen (Ladronen = Diebinseln) von den Spaniern, die die Insel 1668 besetzt hatten. Die größte Insel Guam war aber schon von den USA gekauft worden. Die 1183 Quadratkilometer umfassende Inselgruppe liegt zwischen dem 144. und 146. Grad östlicher Länge und zwischen dem 13. und 21. Grad nördlicher Breite. Von den um 1670 vorhandenen etwa 125.000 Ureinwohnern (Chamorro) wurden 1901 noch 1330 gezählt, die spanisch sprachen und katholische Christen waren. Wollten die übrigen etwa keine Christen werden?
Am 17. Oktober 1920 übernahmen die Japaner die Inseln als Mandat und seit dem 19. Juli

1947 sind die Marianen Treuhandgebiet der USA.
Die Karolinen, ein deutscher Archipel zwischen Äquator und 11 Grad nördlicher Breite und zwischen 132 und 164 Grad östlicher Länge, werden am 30. Juni 1899 für 25 Millionen Pesetas von Spanien gekauft. Diese größte Inselgruppe Mikronesiens umfaßt eine Landfläche von 2.150 Quadradkilometern auf 963 Inseln. 1919 fiel der Archipel als Völerbundsmandat an Japan, 1947 als Treuhandgebiet der Vereinten Nationen an die USA.
In Verträgen vom 19. Januar und 10. Juli 1899 zwischen der britischen Regierung und dem Khediven von Ägypten wird der Sudan am oberen Nil eine britische Kolonie.
Houston Stewart Chamberlain (als Sohn eines britischen Admirals am 9. September 1855 in Portsmouth geboren, am 9. Januar 1927 in Bayreuth gestorben) veröffentlicht 1899 »Die Grundlagen des 19. Jahrhunderts«. Ich hatte das Buch in meinem Besitz und habe auch heute nichts daran auszusetzen. Was damals geschrieben wurde, war eine vernünftige Deutung der Zeitströmungen im europäischen Sinn. 1908 wurde Eva, die Tochter Richard Wagners, Frau Chamberlain.

1900 Am 2. Juli steigt an der Bucht von Manzell bei Friedrichshafen am Bodensee das erste Luftschiff des Grafen Zeppelin auf, das Dipl.-Ing. Th. Kober entworfen hat.
Ahnin 13, meine Urgroßmutter Johanne Ruhberg stirbt am 13. November 1900 im Alter von 75 Jahren in Ilsenburg am Harz.
Der 14. Dezember 1900 gilt als der Geburtstag der Quantentheorie. Max Planck (1858-1947) leitet auf der Sitzung der Deutschen Physikalischen Gesellschaft in Berlin das Gesetz der schwarzen Wärmestrahlung ab.

1901 Am 27. Oktober berichtet H. Helmholz von seiner Vereidigung im Dom zu Gnesen, die er großartig fand. Gnesen, jetzt Gniezno unter polnischer Verwaltung, liegt 270 km östlich Berlin und war Kreisstadt im preußischen Regierungsbezirk Bromberg. 1900 hatte es 21.693 Einwohner, davon die Hälfte Polen, 6.714 Evangelische und 1.179 Israeliten. H. Helmholz war ein Jugendfreund meines Vaters und wohnte in Wasserleben im Nebenhaus Bahnhofstr. 221.

1903 Am 26. Oktober grüßen die Seminaristen A. Pitschmann und O. Wiegel meinen Vater in Barby, Königliches Seminar, Stube V, von ihrem Ausflug nach Ronney an der Elbe. Der Poststempel Walternienburg (jetzt DDR-3401) verrät, daß sie sich in einer den Spatenforschern wohlbekannten Gegend aufhalten. Trichterbecherleute der Walternienburger Kultur lebten dort um 5500 bis 4000 vor unserer Zeitrechnung. Sie gehörten zur nordischen Megalith-Kultur, deren ihnen entsprechenden Vertreter in Schweden der Vra-Kultur zugeordnet werden.

1904 Die Leistungen der damaligen Reichspost kann man heute nur mit Neid bewundern. Am 4. Juli wird in Thale eine Postkarte um 8-9 Vormittag gestempelt. Der mit 7 Unterschriften versehene Gruß erreicht aber meinen Vater in Wasserleben nicht, weil der sich gerade bei seiner Tante Witwe Becker in Wernigerode, Büchtingstr. 35, aufhält. Trotz Nachsendung ist die Karte am selben Tage, 10-11 N(achmittag), in Wernigerode.

1905 Am 6. April geht aus Goslar eine Ansichtskarte an meinen Vater in Ilsenburg ab: »Lieber Willy! Unseren herzlichsten Glückwunsch senden wir Dir zu Deiner Lehrerstelle in Ilsenburg. Wir haben uns sehr gefreut, als wir dieses heute durch Frau Hühne erfuhren ... Recht viele Grüße ... Deine Tante Anna Gehrmann, auch mein Mann, Lehnchen und Otto lassen grüßen. Unsere Adresse ist Bäckerstr. 115.«
Am 16. April 1905 wird meine Mutter Frida Becker, Ahnin 3, in der evangelischen Schloßkirche zu Ilsenburg von Pastor Block konfirmiert.
Die Ilsenburger feiern im Juli 4 Tage lang das 350-jährige Bestehen der Schützengesellschaft. (Siehe 1555)
Der Kaiser in Berlin läßt durch Regierungspräsident Dr. Baltz ein goldenes Brustschild überreichen, das der jeweilige erste Schützenmeister an einem schwarz-weißen Bande bei Festlichkeiten tragen soll; das Schild trägt die Inschrift: »Wilhelm II. König von Preußen, der Schützengesellschaft zu Ilsenburg a.H. 1905.«

x Wilhelm Becker

Für die Königskette läßt der Herr der Grafschaft Wernigerode ein silbernes Brustschild überreichen; es trägt die Inschrift: »Fürst Christian Ernst zu Stolberg-Wernigerode der Schützengesellschaft zu Ilsenburg zum 350jährigen Jubiläum 1905.«
Bei dieser Jubelfeier waren auch Mitglieder des fürstlichen Hauses anwesend: Seine Durchlaucht Fürst Christian Ernst zu Stolberg-Wernigerode, Ihre Durchlaucht Fürstin Marie, die Mutter der Fürstin. Seine Durchlaucht Erbprinz Botho zu Stolberg-Wernigerode.
Glückwünsche erhielten die ilsenburger Schützen auch vom Bruder des Fürsten, Seiner Durchlaucht Prinz Wilhelm zu Stolberg-Wernigerode, Kaiserlich deutscher Botschafter in London, und vom Landrat Freiherr von Spitzemberg.
Ein Lichtbild überliefert uns die Veranstaltung auf dem Marktplatz in Ilsenburg anläßlich des 350-jährigen Jubiläums der ilsenburger Schützen. Zwischen dem gußeisernen Kandelaber und der alten Linde am Forellenteich sind von der Baufirma Ludwig Weber zwei tannengrünumhüllte Masten errichtet und durch eine große Girlande verbunden. Zwei vierspännige Kutschen halten auf dem Marktplatz, der von Schaulustigen bevölkert ist. In der Nähe des Kandelabers ist das Lehrer-Kollegium zu erkennen – darunter mein Vater, alle in feierlichem Schwarz mit Zylinder.
Das Lichtbild wurde vom Balkon des Bindseil'schen Hauses (jetzt Rathaus) aufgenommen, auf dem sich dann auch die hohen Herrschaften einfanden.
Am 11. Juli 1905 steigt wieder das jährliche Bergfest der Seminaristen von Barby. Einige junge Damen aus Bernburg grüßen Lehrer Wilhelm Becker in Ilsenburg, Schloßberg 18. Unterschrieben haben Ella Vogel, Liesbeth Beuckelmann, J. Beuckelmann, A. Siedentopf. Dazu sendet F. Bode die übliche Gruppenaufnahme von diesmal 32 Seminaristen. Diese Karte enthält eine aufschlußreiche Federzeichnung im mittelalterlichen Stil:
Überschrift »Willkommen Scholaren«. Links unten ist eingetragen »Das sind Füchse 1902«. Einer von denen bittet um Überlassung eines Zimmers, während der andere schon einer

Kneipe zusteuert. Es folgt der Eintrag »Das sind Brandner 1903«. In der Mitte sitzt ein Scholar vor seinem Arbeitstisch. Darunter »Gruß vom Bergfest 1903 Genthin«. Rechts oben ist eine Hintertür in der Hofmauer angedeutet, durch die ein Jüngling gerade das Seminargelände verläßt. »Der drückt sich beizeiten«. Das gilt wohl der Gruppe, die die Ausbildung vorzeitig abgebrochen hat. Darunter sehen wir zwei Gestalten vor einem Verkaufsstand »Der verkauft Bücher für Examina« und rechts unten schließlich das Tor in die Freiheit. »1905 – das ist der Herr Magister«, der die Urkunden zur bestandenen Abschlußprüfung verteilt.

1906 Ahnin 9, meine Urgroßmutter Luise Becker stirbt am 8. Februar im Alter von 71 Jahren in Wernigerode.

Am 27. Februar 1906 feiern Kaiser Wilhelm II. und Kaiserin Auguste Viktoria in Berlin Silberhochzeit. Zugegen sind Kronprinz Wilhelm (geb. 6.5.1882), Prinz Eitel Friedrich (geb. 7.7.1883), Prinz Adalbert (geb. 14.7.1884), Prinz August Wilhelm (geb. 29.1.1887), Prinz Oskar (geb. 27.7.1888), Prinz Joachim (geb. 17.12.1890), Prinzessin Victoria Luise (geb. 13.9.1892).

Am 9. März dankt Friedrich von Bodelschwingh, Leiter der Anstalt Bethel bei Bielefeld, mit eigenhändiger Unterschrift dem Lehrer Herbst in Ilsenburg für Spenden des Pfennigvereins.

Am 28. September ist Ernst Haberland in Barby an der Reihe, die Gruppenaufnahme vom Bergfest 1906 an ehemalige Seminaristen zu verteilen – also auch an meinen Vater in Ilsenburg. Ihm wird aber eine am selben Tag in Ilsenburg aufgegebene Karte mindestens so wertvoll gewesen sein. Mein Vater liest unter anderem:

»Dank für Ihre Karte,
Schönster von Ilsenburg!
Worauf ich lang schon warte:
Heute brenn' ich durch!
Lieber flotter Tänzer,
Ich verlasse Sie – – –
Doch Sie können glauben,
Ich vergess' Sie nie!«

Es muß hier eine junge Dame aus dem Pensionat Stöckeler im Spiele sein. Sie deutet an, daß sie lieber persönlich verabschiedet worden wäre. Statt dessen habe sie an ihrem letzten Tage im Töchterheim Pflaumenmuß einkochen müssen.

1907 Im Mai und Juni weilt Hermann Löns mit Frau und Kind in Wernigerode und besucht in 5 Wochen 16 mal den Brocken. Er hält Ausschau nach einem Bergpieper (Anthus spinoletta), entdeckt am Alpengarten auf dem Brocken aber nur das Nest eines Wiesenpiepers (Anthus pratensis) und zwei miteinander kämpfende Männchen.

Meinen Vater hielt es im Frühjahr 1907 auch nicht zu Hause. Er unternahm eine Weserfahrt und berichtete darüber in der »Ilsenburger Zeitung« vom 23. September 1907.

Am 4. September 1907 versucht Fritz Schubing meinen Vater, mit dem er in Ilsenburg befreundet war, zu einer Reise in die fröhliche Pfalz zu bewegen. Seine Ansichtskarte trägt den Spruch:

»Dhut St. Michel Budde trage,
Werds em waarm im Sunneschein,
Kann kaan Winzer sich beklage,
Dann do git's en gude Wein.
Schpringe Raaf ab von de Dauwe
An der Brenk im Wingartspad,
Do sin zuckrig aa die Trauwe
Un der Moscht e wohrer Schtaat.«

Fritz Schubing ist als Junglehrer in der Pfalz tätig und schickt vom 28. August 1907 bis zum 19. Dezember 1908 schöne Ansichtkarten aus Bad Dürkheim, Grünstadt, Göllheim, Quirnheim, Heuchelheim, Worms und Bergzabern.

Personen v. li. n. re.: Anna, Luise, x Wilhelm Ruhberg, 2. Mann unbekannt, Marie, Frida, Wilhelm

1908 Am 30. Juni stürzt der Tunguska-Meteorit in Sibirien auf unseren Planeten und verwüstet ein riesiges Gebiet. Absturzort: 61 Grad nördlicher Breite, 102 Grad östlicher Länge von Pulkowo. Die Nikolaj-Sternwarte im südlichen Stadtteil von Leningrad war bis 1917 Nullmeridian für russische Kartenwerke. Die Sternwarte liegt auf 59 Grad 46 Minuten 18 Sekunden nördlicher Breite und auf 30 Grad 19 Minuten 40 Sekunden östlicher Länge von Greenwich.
Der Einschlag wird von Reisenden im Transsibirien-Expreß als Feuerkugel im Gebiet der Steinigen Tunguska beobachtet.
Die russischen Forscher Petrow und Stulow nehmen an, daß es sich um einen Kometen handelt, der aus einer etwa eine Million Tonnen schweren Eiskugel bestand. Beim Eindringen in die Erdatmosphäre bildete sich ab 50 km Höhe am Kopf des Kometen überhitztes Gas, das die umgeknickten Bäume verbrannte. Weil aber in dem mehrere hundert Quadratkilometer großen verwüsteten Gebiet weder Krater noch Metallspuren entdeckt wurden, wird eine riesige Eiskugel vermutet, die keine Spuren hinterließ.

1909 Am 2. April schreibt die Schülerin Hedwig Lüders ihrem Lehrer Wilhelm Becker eine Karte aus Braunschweig. Sie hat eine Ansicht von der Schlacht bei Oelper am 1. April 1809 ausgewählt. Ihr Vater Lüders hatte ein Lebensmittelgeschäft am Bahnhof in Ilsenburg. Dessen Sohn Kurt war später mit mir auf der rechten Seite der Republikgegner. Der ältere Bruder Willi Lüders war Führer der Kommunisten (KPD) in Ilsenburg. Mein Vater erzählte mir, daß Willi einer seiner besten Schüler gewesen sei. Heute bin ich der Meinung, daß beide Brüder für eine bessere Zukunft kämpften – auf verschiedenen Wegen.
Am 30. Mai 1909 fliegt Graf Zeppelin mit seinem Luftschiff über Leipzig und den Augustusplatz. Mein Vater erhält eine Aufnahme dieses Ereignisses von seinem Bruder Fritz.

x Ernst Ruhberg

1910 Ein Lichtbild aus dieser Zeit belegt, daß die untere Achsenschmiede im Ilsetal bei Ilsenburg oberhalb der Sägemühle an der Brennwiese noch in Betrieb war. Ernst Ruhberg, Bruder meines Großvaters Wilhelm Ruhberg, steht mit 5 Arbeitskollegen vor Stapeln von Eisenknüppeln, aus denen Fahrzeug-Achsen geschmiedet werden.
Ein anderes Lichtbild dieses Jahres ist von der Ilsebrücke am Oberkrug in Richtung Bäckerei Kelber aufgenommen. Das Ecke Punierstraße/Vogelgesang befindliche Geschäft von Hermann Bretthauer habe ich 1919 nicht mehr vorgefunden – ich kann mich nur an die Kellerruine neben Gärtnerei Schröder erinnern.
Am 20. Mai 1910 erscheint der Halley-Komet, dem ein Heidelberger Astronom üble Wirkungen auf unseren Planeten vorausgesagt hat. Die mögliche kosmische Giftgaswolke bleibt aber aus. Ob das bei seiner von Astronomen errechneten Wiederkehr 1986 auch so glimpflich abläuft, wollen wir hoffen.
Nach dem Brockhaus Konversations-Lexikon 1902, 8. Band, S. 652 hat Edmund Halley (1656-1742) nach Vorschriften von Newton die Bahnen von 24 Kometen berechnet, die von 1337 bis 1698 beobachtet worden waren. Der Komet von 1682 war bereits 1607, 1531 und 1456 erschienen. Hierzu ergänzt die Brockhaus Enzyklopädie 1969, 8. Band, S. 86: »... 1705 sagte er die Wiederkehr des nach ihm benannten Halleyschen Kometen von 1682 für 1758/59 voraus.« – »Aus histor. Quellen ist die regelmäßige Wiederkehr in insgesamt 27 Erscheinungen bis zurück zum Jahre 187 v. Chr. nachgewiesen.«
Das Jahr 187 v.Z. kann ich allerdings in der von mir erstellten Erscheinungsfolge nicht unterbringen. Mit einem mittleren Abstand von 76 Jahren könnte der Komet etwa in den folgenden Jahren erschienen sein:

v.Z.	**1226**(1)	v.Z.	391	n.Z.	**451**(5)	n.Z.	1300
	1150		315		528		
	1074		239		605		1378
	998		163		682		**1456**(7)
	922		88		759		**1531**(8)
	846		**12**(3)		836		**1607**(9)
	770	n.Z.	**66**(4)		913		**1682**(10)
	694		143		990		**1759**(11)
	618		221		**1066**(6)		**1835**(12)
	542		298		1144		**1910**
	467(2)		375		1222		1986

(1)Bei J. Spanuth (Die Atlanter 1977, S. 244) lesen wir, daß der Komet Phaeton = Halley nach den Berechnungen der Astronomen um 1226 v.Z. am Himmel erschienen ist, was dem Jahr 1220 v.Z. der Geschichtswissenschaftler entsprechen würde. Die durch den Kometen verursachten Katastrophen sind nach dem Tode des Merenptah (1222 v.Z., nach Arno Peters 1220 v.Z.) und vor dem Regierungsantritt Ramses III. (1200 v.Z.) eingetreten. Die absolute Chronologie liegt für diese Zeiten nicht fest – die Geschichtsforscher geben z.B. für den Tod Ramses II. folgende Jahre an:

1246 v.Z. Fr. Bilabel;
1234 A. Scharff und Arno Peters;
1232 James Henry Breasted;
1224 J. von Beckerath;
1223 J. Lehmann.

Bei allen Zeitangaben ist mithin ein Spielraum von 23 Jahren möglich. Bei meinen obigen zwischen die bestätigten Jahreszahlen eingefügten Daten kann eine Abweichung von plus minus zwei Jahren möglich sein.

2) Die erste verbürgte Nachricht über den Kometen Halley verdanken wir 467 v.Z. den Chinesen. (Erhard Keppler »Vorbeiflug am Halleyschen Kometen«, Zeitschrift für Flugwissenschaften und Weltraumforschung 4 (1980) Heft 3, S. 157)

3) 12 v.Z. soll der Komet in Rom den Tod des Marcus Vipsanius Agrippa angezeigt haben, der 31 v.Z. Antonius und Kleopatra bei Aktium besiegt hatte. (E. Keppler S. 158)

4) 66 n.Z. schloß man in Rom aus dem Erscheinen des Kometen auf die bevorstehende Vernichtung Jerusalems, die Titus im Jahre 70 n.Z. nach fünfmonatiger Belagerung vollzog und im ganzen römischen Reich eine Sondersteuer für Juden einführte.

5) 451 n.Z. erschien der Komet über den Katalaunischen Feldern bei Chalons-sur-Marne, wo die Westgoten und die Römer unter Aëtius gegen die Hunnen unter Etzel kämpften. Der Rückzug der Hunnen könnte von den Himmelserscheinungen beeinflußt worden sein.
(E. Keppler, S. 158)

6) 1066 n.Z. deuteten die Angelsachsen das Erscheinen des Kometen als böses Vorzeichen für ihren König Harold II., der dann am 14. Oktober auf der Heide 16 km nordwestlich Hastings von König Wilhelm aus der Normandie besiegt wurde und sein Leben verlor. (E. Keppler, S. 158) Am 10. Juli 1976 fragte ich einen englischen Schüler in der Nähe von Hastings nach dem Schlachtfeld – seine ausführliche Auskunft und seine geschichtlichen Kenntnisse gefielen meiner Frau und mir.

7) 1456 n.Z. fragten sich die Einwohner von Belgrad und ihre türkischen Belagerer, wie das Erscheinen des Kometen wohl zu deuten sei. (E. Keppler, S. 158)

8) bis 11) Für 1531 und 1607 fand Edmund Halley noch Beobachtungsberichte, 1682 war er Augenzeuge, und das für 1758 oder 1759 vorausgesagte Ereignis trat am 12. März 1759 ein.

12) Für 1835 teilt M. Zanot (Die Welt ging dreimal unter, 1976) mit, daß der Komet im Herbst erschien.

Der Komet hieß bei den damaligen Griechen Phaëton (der Strahlende), bei den Ägyptern Sekhmet, bei den Syrern Stern Anat, bei den indischen Parsen Tistrya.

1911 Eine am 11. Juli in Olbernhau im Erzgebirge gestempelte Ansichtskarte macht meinen Vater mit der Dreckschänke in Breitenbach und dem dort 1904 entstandenen Lied »Da Draakschenk« in erzgebirgischer Mundart bekannt. Der Dichter A. Günther aus Gottesgab läßt verlauten, daß er die hohe Ehre hatte, die 4 Vierzeiler-Verse vor Seiner Majestät dem König Friedrich August von Sachsen und vor seiner Kaiserlichen und Königlichen Hoheit dem Herrn Erzherzog Karl Franz Josef vortragen zu dürfen.

1912 Am 29. März wird Hanna Reitsch in Hirschberg (Schlesien), 135 km östlich Dresden, als Tochter des Augenarztes Dr. Reitsch geboren. Für ihre einmaligen Leistungen im 2. Weltkrieg erhielt sie von Adolf Hitler das Eiserne Kreuz 2. und 1. Klasse sowie das Militärfliegerabzeichen in Gold mit Brillanten. Wie erbärmlich sie nach 1945 von deutschsprechenden USA-Militärs behandelt wurde, sollte jeder Deutsche in ihrem Buch »Höhen und Tiefen« nachlesen.

Am 11. Juli (Donnerstag) 1912 werden Wilhelm Becker und Frida Ruhberg in Ilsenburg standesamtlich getraut. Die kirchliche Trauung findet in der Schloßkirche statt. Auf der Hochzeitsreise werden Nürnberg, München, Starnberg, Tutzing, Possenhofen und Leipzig besucht. Eine Danksagungskarte meiner Eltern blieb noch erhalten:

»Für die Glückwünsche und Aufmerksamkeiten zu unserer Vermählung danken wir herzlich.

Ilsenburg, Hagenbergstr. 10 g
im Juli 1912
Lehrer W. Becker und Frau Frida geb. Ruhberg.«

Die Waldwirtschaft im Harz wird 1912 durch folgende Zahlen anschaulich gemacht: 900.000 Festmeter Holz für 10 Millionen Mark werden jährlich geliefert. Diese Arbeiten erfordern den Einsatz von mehreren tausend Waldarbeitern, Fuhrleuten und Kulturfrauen sowie von etwa 500 Forstbeamten.

1913 Im Juli 1913 löst Pendelmeister Abbé Mermet in Miers bei Pardirac, 180 km östlich Bordeaux, eine schwierige Aufgabe. Bei einer Abfüllanlage für Mineralwasser, dessen Zusammensetzung dem Wasser von Karlsbad gleichkommen soll, wird vor der Inbetriebnahme bemerkt, daß das Wasser seinen Mineralgehalt verloren hat. Mermet erpendelt, daß ein unterirdischer Erdrutsch die Mineralquelle abgelenkt hat. Nach seinen Angaben wird ein Stollen in einer bestimmten Richtung bis zu einer genau angegebenen Stelle getrieben – und die Mineralquelle sprudelt in alter Güte.

Siehe 1937, 7. September

Verzeichnis

der Personen und Sachen

Abkürzungen:

=A16 Ahn 16
(GW) Große Wanderung 1945 (S. 93 bis 96)
(Kd) Konfirmanden 1928 in Ilsenburg am Harz
(RG) Reform-Realgymnasium Bad Harzburg
(W1) Erster Weltkrieg 1914 bis 1918
(W2) Zweiter Weltkrieg 1939 bis 1945